国家级一流本科专业建设点
高等教育审计精品教材

Auditing Laws, Regulations and Standards

审计法规与准则

（第四版）

陈希晖 主编

东北财经大学出版社 大连
Dongbei University of Finance & Economics Press

图书在版编目（CIP）数据

审计法规与准则 / 陈希晖主编. —4版. —大连：东北财经大学出版社，2024.2（2025.7重印）
（高等教育审计精品教材）
ISBN 978-7-5654-5135-5

Ⅰ.审… Ⅱ.陈… Ⅲ.①审计法-中国-高等学校-教材 ②审计标准-中国-高等学校-教材 Ⅳ.①D922.27 ②F239.221

中国国家版本馆CIP数据核字（2024）第020199号

东北财经大学出版社出版
（大连市黑石礁尖山街217号 邮政编码 116025）
网 址：http://www.dufep.cn
读者信箱：dufep@dufe.edu.cn
大连雪莲彩印有限公司印刷 东北财经大学出版社发行
幅面尺寸：185mm×260mm 字数：757千字 印张：32.25 插页：1
2024年2月第4版 2025年7月第3次印刷
责任编辑：王 莹 责任校对：一 心
封面设计：张智波 版式设计：原 皓
定价：73.00元

教学支持 售后服务 联系电话：（0411）84710309

如有印装质量问题，请联系营销部：（0411）84710711

第四版前言

一直以来，审计专业教育包括国家审计、内部审计、注册会计师审计三个方向。一提到审计，大家首先想到注册会计师审计，想到审计就是查账的；一打开审计学教材，看到的大多是注册会计师审计的内容。开设“审计法规与准则”课程这么多年来，作为课程负责人，一直想寻觅一套能够涵盖三种审计主体的审计法规与准则教材，但都未能如愿，要么是对某一审计主体的审计法规汇编或解读，要么是对某一审计主体的某一种审计法规或准则的解读，收齐三类审计主体的主要审计法规与准则往往代价很大，非常不利于学生的学习。

目前已有的审计学教材，不论是国家审计、内部审计还是注册会计师审计，从内容上看，大多与审计准则脱节。一方面，审计准则变化较快，教材修订跟不上；另一方面，审计师资紧缺，教师对审计准则的变化和审计实务的发展难以精准把握。审计学专业学生在实践训练普遍缺失的情况下，对审计法规与准则的学习显得尤为重要。

近年来，三类审计主体的审计工作取得了很大的进展，国家审计对象突破了公共资金，向国有资产、国有资源拓展，领导干部经济责任审计、自然资源资产离任审计、政策落实跟踪审计成为法定审计业务。习近平总书记在二十届中央审计委员会第一次会议上强调：“审计是党和国家监督体系的重要组成部分，是推动国家治理体系和治理能力现代化的重要力量。”这一重要论述明确了审计的新定位。党的十八大以来，党中央、国务院高度重视国家审计，尤其是中央审计委员会成立以后，审计的地位得到大幅提升，对审计工作也提出了更高的要求，发布了一系列文件来指导国家审计的发展。自2003年以来，内部审计得到政府、企事业单位的高度重视，在中国内部审计协会的推动下，内部审计理念发生根本性变化，内部审计准则在2013年完成修订，之后不断完善。2009年国务院56号文发布后，中国注册会计师协会发布了一系列文件推动注册会计师行业的发展，注册会计师审计准则国际趋同的步伐加快；2021年国务院30号文明确提出了规范财务审计秩序，促进注册会计师行业健康发展的总体要求、工作原则、具体措施，财政部发布了相关指导性文件，并对注册会计师审计准则作出了新的修订；为进一步强化注册会计师的独立性，提升审计质量，2024年12月31日财政部印发《中国注册会计师独立性准则第1号——财务报表审计和审阅业务对独立性的要求》，系统明确了注册会计师在执行财务报表审计和审阅业务时为保持实质性与形式上的独立性所需遵循的全面要求。为全面反映审计法治化建设的最新成果，我们更新了这部教材。

本教材的主要特点是：

1.体现了三位一体的审计框架。内容上包含了三类审计主体的审计人员目前最常用、最具有指导意义的审计法规与准则。既有审计专业性法律，又有相关行政法规和准则，尤其是全面收录了三类审计主体现行的审计准则，保留了审计法规与准则的原貌，有利于读者对三类审计主体的法规进行比较研究。

2. 跟踪审计法规与准则的最新发展。审计法治化建设一直在进行，教材在保持相对稳定的基础上收录了最新的审计法规与准则，如国家审计法规与准则部分收录了2017年和2019年两办印发的《领导干部自然资源资产离任审计规定（试行）》《党政主要领导干部和国有企事业单位主要领导人员经济责任审计规定》，以及2021年修订的《中华人民共和国审计法》；内部审计法规与准则部分收录了2018年审计署发布的第11号令及2019年、2021年新发布的两个内部审计具体准则，同时更新了《内部审计基本准则》；注册会计师审计法规与准则部分收录了2016年、2019年、2020年、2021年和2022年新修订的审计准则与质量管理准则，同时收录了中国注册会计师独立性准则第1号。对没有收录的重要的审计指南和审计规范性文件提供了二维码链接，供下载和学习。。

3. 对审计法规与准则从总体到三类审计主体进行了描述。一方面，对审计法规与准则进行了整体描述，包括审计法规的层次、分类，审计准则的性质、修订及其在审计理论结构中的地位；另一方面，对三类审计主体的审计法规与准则的发展、现状和未来进行全景描述。此外，我们还对国际审计组织制定的相关审计准则体系进行了初步介绍。

本教材没有对三类审计主体的相关法规和准则进行系统归类、分析，主要是考虑法规与准则条文一般较严谨，主观的归类分析难免会曲解原文。当然，在以后教材的修订中，我们将进行初步的尝试，或许可以使教材更加生动。

由于三类审计主体除准则之外的各种审计指南篇幅较长、形式各异，且审计指南仅供审计主体参照执行，因此，考虑到篇幅限制，本教材没有收录这些指南。

由于时间紧迫，形式上略显粗糙，内容上也难免存在不足之处，敬请读者批评指正！

陈希晖

2023年12月

2025年7月修改

目　录

1 绪 论

1.1 审计法规概述

审计法规有时称为审计标准，有广义和狭义之分。审计法规体系有一定的层次结构，审计准则是审计法规中规章的组成部分，是指导审计人员工作的行为要求，是审计产品的生产说明书，是审计组织有效管理的工作手册，是审计供求双方订立的交易契约。基于审计评价本质的观点，审计准则是连接审计理论和实践的桥梁。

一、审计法规及其分类

广义的审计法规是指用于规范审计主体和审计客体的行为规范。从这个意义上讲，会计准则也是一种审计法规，是约束审计客体的行为规范；一些预算、社保、环境等领域的法规同样属于审计法规，它们一方面用于合规审计定性，另一方面作为审计处理处罚的依据。狭义的审计法规主要用于规范审计主体的审计行为，它是审计行为的一种约束与引导机制，包括技术性规范和社会性规范两部分。审计技术性规范主要是指审计职业技术标准，一般指审计准则；审计社会性规范主要是指审计职业道德和法律规范，即道德标准和法律标准。因此，审计法规主要包括审计技术性规范、道德规范和法律规范三部分。实际上，审计职业道德规范同样属于审计主体与利益相关人交互行为方面的规范，属于广义的法规范畴，可以将审计法规理解为两层含义：一是行为规则；二是工作标准。行为规则包括审计组织规范、职责、权限、行为和道德上的要求；工作标准是指审计人员在实际业务中有明确的具体要求的规定。

根据规范的审计主体不同，审计法规可以分为三类，即国家审计法规、内部审计法规、注册会计师审计法规。国家审计法规是指由国家规定或者认可的审计机关及其审计人员在开展审计活动时应当遵守的行为规则和工作标准；内部审计法规是指内部审计机构或审计人员在开展内部审计工作时应当遵守的行为规则和工作标准；注册会计师审计法规是指会计师事务所或者注册会计师在开展审计活动时应当遵守的行为规则和工作标准。按照规范内容不同，审计法规主要包括审计组织性规范、审计实体性规范、审计程序性规范及审计指导性规范。

二、审计法规的层次及其关系

（一）审计法规的三个层次

1.宪法和法律

宪法规定了国家的根本制度和根本任务，是国家的根本大法，具有最高的法律效力。法律是由享有立法权的立法机关（全国人民代表大会和全国人民代表大会常务委员会）依照法定程序制定、修改并颁布，并由国家强制力保证实施的基本法律和普通法律的总称。法律由国家主席签署主席令予以公布，因而，法律的级别是最高的。宪法明确了中国实行国家审计制度，并对审计监督的基本原则、审计机关的设置和领导体制、审计监督的基本职责、审计长的地位和任免等基本制度做了规定。这些规定是国家审计规范体系的基础。

按照与审计的相关性，法律包括与审计密切相关的《中华人民共和国注册会计师法》和《中华人民共和国审计法》（以下简称《审计法》），也包括含有审计规定的其他法律，如《中华人民共和国预算法》、《中华人民共和国会计法》和《中华人民共和国证券法》等，另外，有些法律如《中华人民共和国行政诉讼法》、《中华人民共和国行政处罚法》和《中华人民共和国国家赔偿法》等也适用于审计，尤其是国家审计。

2.行政法规

行政法规是国家行政机关（国务院）根据宪法和法律颁布的行政规范的总称，通常由国务院总理签署国务院令公布。这些法规也具有全国通用性，是对法律的补充，在成熟的情况下会被补充进法律，其地位仅次于法律。行政法规按照制定主体可以分为两类：一类是国务院制定并颁布的行政法规，如2010年修订并颁布的《中华人民共和国审计法实施条例》，2014年颁布的《国务院关于加强审计工作的意见》；另一类是国务院各部门制定经国务院办公厅批准转发的行政法规，如2009年国务院办公厅转发财政部《关于加快发展我国注册会计师行业的若干意见》。行政法规按照与审计的相关性也分为两类：一类是国务院或国务院办公厅颁布的与审计相关的专门法规，如1995年国务院颁布的《中央预算执行情况审计监督暂行办法》，2021年国务院办公厅印发的《关于进一步规范财务审计秩序 促进注册会计师行业健康发展的意见》；另一类是国务院颁布的包含审计相关条款或适用于审计工作的其他行政法规，如2011年修订颁布的《财政违法行为处罚处分条例》。

3.规章

除上述两个层次之外的审计规范统称为规章。规章包括国务院各部委制定并颁布的部门规章，地方各级人民代表大会、政府制定的条例、办法，还包括全国性和地方性行业协会制定的准则、细则等规章。审计法规大部分以规章的形式存在。我们后面提到的审计准则，作为审计人员的行为规范，基本上都是由相关部门或行业协会发布的，如审计署发布的《中华人民共和国国家审计准则》（以下简称《国家审计准则》）、中国内部审计协会发布的《中国内部审计准则》等。

（二）审计法规三个层次之间的关系

高层次法规是低层次法规的制定依据，低层次法规不能与高层次法规相抵触。一般情况下审计法规的第一条都明确了制定依据，这些依据基本上就是高层次法规，如《中华人民共和国国家审计准则》的制定依据是"《中华人民共和国审计法》、《中华人民共和国审计法实施条例》和其他有关法律法规"；《中国内部审计基本准则》的制定依据是"《审计法》及其实施条例，以及其他有关法律、法规和规章"。按照效力来看，宪法高于其他法律，法律高于行政法规，行政法规高于规章。按照《中华人民共和国立法法》第九十六条的规定，下位法不得违反上位法的规定。下位法的相关条款违反上位法规定的，上位法的制定机构有权要求下位法的制定机构对相关条款予以改变或者撤销。

低层次法规是对高层次法规的解释和补充。低层次法规如《中华人民共和国审计法实施条例》就是对高层次法规《中华人民共和国审计法》的解释。一般情况下，层次越高，制定程序越复杂，制定周期越长，低层次法规则相反。当高层次法规的修订不能满足实务工作的需求时，也可以先制定低层次法规予以补充，待时机成熟后，再修订高层次法规。例如，20世纪八九十年代，我国地方审计机关任期经济责任审计搞得如火如荼，地方审计机关作为行政机关必须依法行政，但《审计法》的修订周期较长，为指导地方审计机关开展审计业务，中共中央办公厅、国务院办公厅（以下简称两办）于1999年联合发布了《县级以下党政领导干部任期经济责任审计暂行规定》和《国有企业及国有控股企业领导人员任期经济责任审计暂行规定》；2000年，审计署发布了《县级以下党政领导干部任期经济责任审计暂行规定实施细则》和《国有企业及国有控股企业领导人员任期经济责任审计暂行规定实施细则》，在一定程度上弥补了《审计法》的缺陷；2006年修订后的《审计法》才授权审计机关开展经济责任审计。也就是说，2006年之前审计机关开展经济责任审计实际上是无法可依，但两办发布的暂行规定和审计署发布的实施细则作为补充，对指导审计机关开展经济责任审计发挥了巨大作用。政策落实跟踪审计也是如此，2021年修订的《审计法》将政策落实跟踪审计纳入审计业务范围。

1.2 审计准则概述

审计准则是由政府部门或职业团体制定的，用以规定审计人员应有的素质和专业资格，规范和指导其执业行为，衡量和评价其工作质量的权威性标准，是审计人员执行审计业务、获取审计证据、形成审计结论、出具审计报告的专业标准。

一、审计准则的产生

虽然最早出现的审计是国家审计，但最早出现的审计准则是注册会计师审计准则。

1845年，英国修订《公司法》，授权审计人员对公司会计报表开展审计，自此以后注册会计师正式登上历史舞台。注册会计师对没有规则的会计系统予以查证，进而判断当事人是否有欺骗行为。在当时的审计环境下，审计人员形成了封闭式的以传统经验为主的审计工作方式，这种师傅带徒弟的工作模式不利于审计知识的传播和审计人才的培养。

随着社会的发展，审计需求大幅增加，审计队伍出现了鱼目混珠、良莠不齐的情况，这种滥竽充数的结果使得注册会计师的声誉每况愈下。之后，虽然个别有识之士对审计实务进行了理论总结，但没有得到审计实务界的认可，审计实务界普遍存在盲目乐观的态度。

随着资本市场的形成，股份公司数量剧增，西方政府对股份公司的发展采取的是一种自由放任的态度，一些不良分子趁机从事投机和欺诈活动，审计人员很难及时、全面地发现这些行为，一些投机者利用审计人员经验不足的缺陷，频频向审计人员发难，将审计人员一个接一个推向法庭，形成了历史上的第一次“诉讼爆炸”时期，如里兹地产建筑投资公司控诉审计人员夏巴德的案件（1887）、伦敦大众银行审计案件（1895）、美国克雷格公司控诉审计人员安荣案（1925）等均产生于这一时期。鉴于当时的审计法律不够完善，审计的技术性较强，在前期大多数案件中，法庭都做了有利于审计人员的判决，使得很多被迫卷入案件的审计人员避免了法律的惩罚。尽管如此，社会舆论界还是给审计人员施加了越来越多的压力，他们认为，审计人员卷入纠纷的根本原因是其对审计业务不够熟悉。

随着社会信任度的降低，审计业务出现萎缩，公众的审计需求减弱。与此同时，美国政府界也对注册会计师行业提出批评，建议他们成立审计行业管理组织，建立规章制度，指导审计工作。在内外环境压力下，英格兰威尔士特许注册会计师协会于1880年成立后，制定了道德标准与规范约束会计师事务所和注册会计师的执业行为。1887年，美国会计师联合会成立。1917年，美国注册公共会计师协会（于1916年由会计师联合会改组成立）

制定了第一个关于审计范围的公告——《统一会计——联邦储备委员会暂定提案》，揭开了制定审计准则的序幕，并于1947年公布了世界上最早的审计准则——《审计准则试行方案——公认的重要性和范围》。由此看出，审计准则的产生是多方博弈的结果。

内部审计准则的产生离不开国际内部审计师协会（IIA）的努力。1940年成立的IIA一直致力于推动内部审计的发展：1947年发布了《内部审计师责任说明书》；20世纪70年代，在推动注册内部审计师考试的同时发布了注册内部审计师职业道德规范，成立职业准则委员会，研究制定国际内部审计准则；1978年发布了第一部内部审计职业实务准则。第一部国家审计准则——《政府机构、计划项目、活动和职能的审计准则》于1972年由美国审计总署颁布。内部审计准则和国家审计准则的产生动因主要是满足提高审计质量的需要。

二、审计准则的性质

审计准则是审计供求双方订立的交易契约。在日常交易时由于信息不对称，审计服务的需求者对服务质量无法观察，因此只能通过订立交易契约，对无形产品的形成过程和提供程序加以约定，从而间接实现对其质量的控制、保证和提高。

这种约定包括两部分：一是关于生产和提供的纯技术性约定，最终形成审计技术准则；二是关于供给者与需求者交互行为方面的约定，形成职业道德准则，它与审计准则共同构成了审计职业规范。

既然审计质量无法观察，审计报告使用者就会提出对无形产品的生产过程和提供程序进行规范的要求，这是一种基于程序公平的必然逻辑，审计职业界制定审计准则是对审计报告使用者提出的上述要求的回应。

三、审计准则与审计理论结构

审计理论结构可以定义为审计理论系统内部各组成要素之间相互联系、相互作用的方式或程序，也就是审计理论体系内部各要素之间的排列和组合形式（如图1-1所示）。探讨审计理论结构，绕不开对审计理论逻辑起点的探讨。关于逻辑起点，理论界存在着审计本质起点论、审计动因起点论、审计对象起点论、审计职能起点论、审计目标起点论、审计假设起点论、审计环境起点论、哲学基础起点论、理论基础起点论、财务责任起点论以及目标与假设双重起点论、审计性质与目标双重起点论、环境与目标双重起点论、生产力与生产关系起点论等多种不同观点。

（一）基于审计评价观的审计理论结构

关于审计的含义，最具代表性的是美国会计学会（AAA）审计基本概念委员会于1973年发表的《基本审计概念说明》（A Statement of Basic Auditing Concepts），将其定义为“审计是一个系统化过程，即通过客观地获取和评价有关经济活动与经济事项认定的证据，以证实这些认定与既定标准的符合程度，并将结果传递给有关使用者”。通俗地讲，审计就是将事实和标准进行比较，将评价结果报告给利益相关方的过程，审计人员通过取证再现事实，这里的标准主要是衡量被审计单位优劣的标准，简称审计评价标准。

根据上述定义，审计的本质是评价，是一种评价制度或评价行为，这种评价区别于其他评价的主要特点包括：审计评价具有一定的保证程度，可以减少不确定性，提高信息的决策有用性，能减少信息不对称，降低代理成本，提高透明度（有利于治理）；评价主体是具有独立性和专业胜任能力的组织与个人；通过审计评价，可以发现和抑制机会主义行为，维持秩序，促进和谐；评价结果与受托责任相关，有利于受托责任认定、解除。

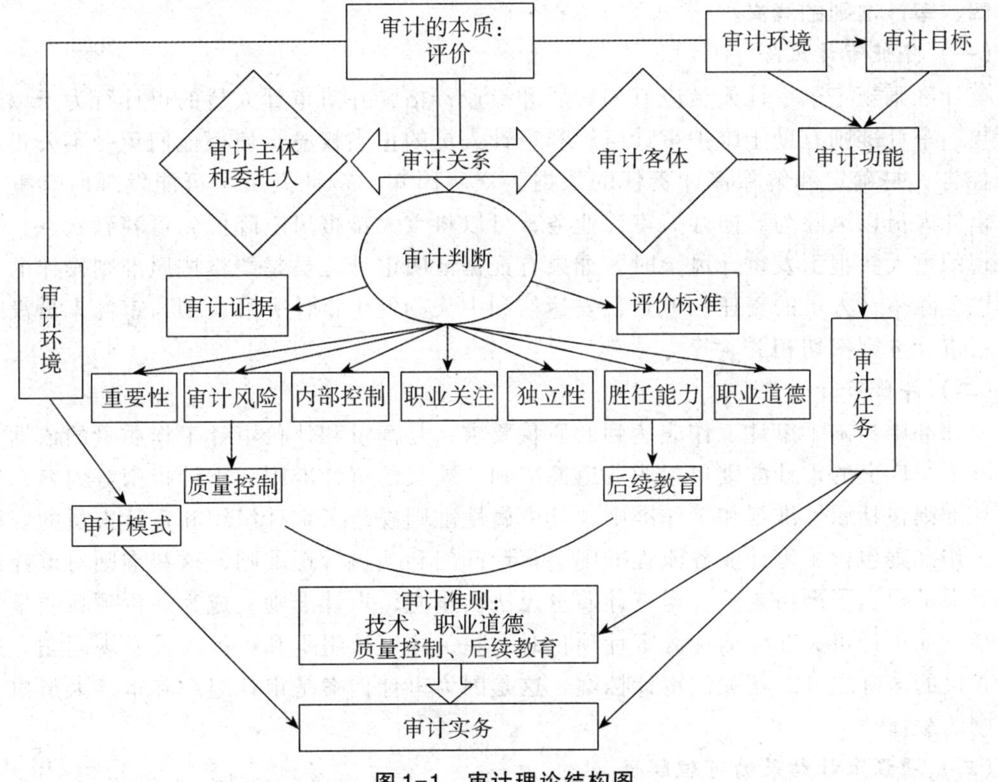

图 1-1　审计理论结构图

国家审计强调的监督功能，源于国家审计的处理处罚权；注册会计师审计强调的鉴证功能，是注册会计师审计评价功能的自然延伸。

以审计评价观为逻辑起点，我们发现，审计离不开三方关系人，审计的核心是评价，而评价是基于审计证据和评价标准的比较；要作出审计判断，一般需要确定重要性水平，同时也产生了审计风险和内部控制评价的需求，并要求审计人员保持应有的职业关注；审计判断要求审计人员有独立性，有专业胜任能力和职业道德。审计风险产生了质量控制的要求，胜任能力要求审计人员进行后续教育。这些核心概念具体体现在审计准则和审计职业道德准则中。另外，审计环境与审计目标密切相关，审计环境影响审计目标进而影响审计功能的发挥，审计功能在不同的时期体现为不同的审计任务，审计环境的变化影响审计模式，进而形成不同的审计实务。因此，基于审计评价观的审计理论结构，可以将审计的本质作为起点，演绎出审计的核心概念，形成严密的、前后一贯的理论结构。

（二）审计准则：连接审计理论和实践的桥梁

从审计准则的产生来看，审计准则既来源于实践，是对实践的总结，又对审计理论的核心概念进行诠释。审计技术准则是审计实务、程序和技术方法的理论总结；审计职业道德准则，是审计人员非技术行为中对审计结论可能产生重大影响的一些职业行为要求。审计职业道德准则与审计技术准则是相互依赖的审计理论结构要素，它们共同构成了审计理论结构的重要内容，同时，审计准则又是指导审计人员工作的行为要求，可以用于指导审计实践，是审计产品的生产说明书，是审计组织有效管理的工作手册。因此，审计准则是连接审计理论和实践的桥梁。

四、审计准则的意义

（一）降低审计风险

审计准则规定了审计人员应有的素质和专业资格，并对审计人员的审计行为予以规范和指导。审计准则有助于维护审计组织和审计人员的正当权益，使得他们免受不公正的指责和控告，是确定和解除审计责任的依据。众所周知，审计人员不可能发现所有重大错报，审计人员以风险为导向开展审计业务，可以将重大错报风险降低到可容忍状态，当未能发现的重大错报引发审计风险时，如果有证据证明审计人员是严格按照准则操作的，一般可以免除审计人员的责任。但是，安达信和中天勤发生审计失败，则与审计人员没有严格执行审计准则密切相关。

（二）评价审计质量

审计准则提出了审计工作应达到的质量要求，是衡量和评价审计工作质量的依据。一般情况下，广义的审计准则包括职业道德准则、狭义的审计准则、审计指南等内容；狭义的审计准则包括属性准则和工作准则，其中属性准则规范了审计组织和审计人员的资格条件，工作准则包含了审计业务流程准则、审计部门和项目管理准则，这些准则对审计组织和审计人员提出了严格要求。当审计质量无法衡量时，审计准则就成为评价项目质量的重要标准。如审计机关在评估优秀审计项目时，除关注审计组织和审计人员发现问题、提出有效建议的多寡之外，还关注审计档案，这是因为审计档案是审计组织和审计人员执行审计准则的载体。

（三）增强审计结果的可理解性

在审计报告尤其是注册会计师审计报告中，标准无保留意见审计报告占比很大，这类报告的内容几乎没有差异，注册会计师审计是资本市场维护商业正义和防范重大错报的最后一道防线，可以提高投资者对财务报告的信任度，但广大投资者对审计质量是无法观察的，通过熟悉审计准则，社会公众可以获知几种审计报告是如何出具的。譬如，社会公众会知道，注册会计师对财务报告的错弊进行审查，只有当发现汇总的重大错报低于重要性水平时，或者虽然超过可容忍的重要性水平，但被审计单位同意进行调整，并一直调整到重大错报低于可容忍的重要性水平时，注册会计师才会出具标准无保留意见审计报告，说明其财务报告是公允的，基本上是可以信赖的；如被审计单位不接受调整，注册会计师则会出具非标准审计报告。因此，审计准则是审计组织与社会进行沟通的媒介，它有助于加强社会公众对审计工作结果的理解和信任。

（四）提高审计人员揭示问题的能力

刘家义认为，国家审计作为依法用权力监督制约权力的制度安排，具有预防、揭示和抵御等功能，是国家治理这个大系统中内生的“免疫系统”。能否揭示国家治理中各利益主体的机会主义行为，取决于审计人员的业务能力、职业道德。高超的业务能力能提高审计人员发现问题的概率，良好的职业道德能够保证审计人员客观地报告审计结果。如果发现了问题却不报告或不能客观地报告，则是审计人员的职业道德问题。审计人员的业务能力与审计准则的先进程度有关，先进的审计准则蕴含的审计模式能够提高审计人员发现问题的能力。不仅国家审计如此，内部审计和注册会计师审计同样如此，审计人员必须认真学习审计准则的先进理念，这样才能在执行审计业务时游刃有余。

（五）有利于推动审计理论研究和审计人才培养

审计准则是审计产品的生产说明书。审计准则的产生，说明审计工作有规律可循，标志着审计理论的产生。与传统的师傅带徒弟的传播方式不同，审计准则有利于审计知识的传播，有利于审计人才的培养。目前，审计学教材一般也是随着审计准则的修订而修订。另外，审计准则的修订与审计理论研究形成互动，可以进一步推动审计理论的发展。

五、审计准则的修订

（一）审计实践的发展

审计准则来源于审计实践，又指导审计实践，是最佳审计实践的提炼和总结。随着环境的变化和审计实践的发展，原有的审计准则可能无法适用于审计实践，这时，就产生了修订审计准则的需求。以内部审计准则的修订为例，随着经济社会发展，各类组织对内部审计的重视程度越来越高，在审计理念、审计目标、审计职能和审计内容方面发生了重大变化，原有审计准则在逻辑性和系统性方面的缺陷也暴露无遗，因此，中国内部审计协会在2013年对原准则进行了修订，发布了新版内部审计准则体系。

（二）审计相关理论的发展

审计准则除了来源于审计实践，还吸收了审计理论的研究成果。如内部控制的发展就推动了审计准则的修订和发展。早期，被审计对象规模较小，审计一般采用详细审计模式。随着被审计单位的规模越来越大，审计人员考虑成本效益原则，确定重点领域并配置较多的资源，一般情况下，内部控制越薄弱的地方发生差错的概率越大，内部控制评价成为确定审计重点的主要思路。随着内部控制从制度两分法、三要素发展到五要素，审计准则也不断进行修订，出现制度基础审计模式、风险导向审计模式。

（三）借鉴国外成果

审计既有社会属性，也有自然属性。就国家审计而言，社会属性更强一些，不同的国体、政体下，审计的业务安排、方式方法有一定差异；就注册会计师审计而言，随着全球一体化和我国市场经济的发展，自然属性越来越突出，审计准则趋于国际化成为常态，注册会计师审计准则与国际审计准则全面趋同，因此，国际审计准则明晰化项目直接推动了我国2010年注册会计师审计准则的修订。

2 国家审计法规与准则

2.1 国家审计法规与准则概述

国家审计法规与准则是审计机关和审计人员在开展审计活动过程中应当遵守的行为规则和工作标准。经过四十多年的发展，我国国家审计法规与准则体系逐步完善，目前已经形成了以《审计法》及其实施条例、《党政主要领导干部和国有企事业单位主要领导人员经济责任审计规定》、《领导干部自然资源资产离任审计规定（试行）》和《国家审计准则》为主的审计规范体系。

一、国家审计法规与准则构成

1.宪法

宪法是国家的根本大法。1982年制定的《中华人民共和国宪法》（以下简称《宪法》）明确了中国实行国家审计制度，并对审计监督的基本原则、审计机关的设置和领导体制、审计监督的基本职责、审计长的地位和任免等基本制度做了规定。《宪法》共有七条规定直接涉及国家审计。第九十一条规定："国务院设立审计机关，对国务院各部门和地方各级政府的财政收支，对国家的财政金融机构和企业事业组织的财务收支，进行审计监督。审计机关在国务院总理领导下，依照法律规定独立行使审计监督权，不受其他行政机关、社会团体和个人的干涉。"第一百零九条规定："县级以上的地方各级人民政府设立审计机关。地方各级审计机关依照法律规定独立行使审计监督权，对本级人民政府和上一级审计机关负责。"根据第六十二、六十三、六十七、八十、八十六条的规定，审计长为国务院组成人员，审计长的人选由国务院总理提名，由全国人民代表大会及其常务委员会决定，由国家主席任免。将实行审计监督制度写入国家根本大法，奠定了中国国家审计事业发展的基石。

2.《审计法》和其他有关国家审计的法律

《审计法》是专门规定国家审计制度的法律，是国家审计规范体系的核心。《审计法》对我国审计监督的基本原则、审计机关和审计人员的资格条件、审计机关职责、审计机关权限、审计程序、法律责任等国家审计的基本制度进行了全面规定。我们常说的审计机关和审计人员要"依法审计"，主要是依照《审计法》规定的法定职责、法定权限和法定程序开展审计业务并依照相关法律规定的处理处罚标准进行处理处罚。我国第一部《审计法》于1994年8月31日经第八届全国人民代表大会常务委员会第九次会议通过，自1995年1月1日起施行。2006年2月28日，第十届全国人民代表大会常务委员会第二十次会议通过了修订后的《审计法》。随着**《国务院关于加强审计工作的意见》**和中共中央办公厅、国务院办公厅《关于完善审计制度若干重大问题的框架意见》的发布以及中央审计委员会的成立，审计环境发生重大变化，审计的地位大幅提升，2021年10月23日第十三届全国人民代表大会常务委员会第三十一次会议通过了《关于修改〈中华人民共和国审计法〉的决

国务院关于加强审计工作的意见

定》，对《审计法》进行了第二次修正。除《审计法》之外，其他一些法律（如《中华人民共和国预算法》《中华人民共和国会计法》《中华人民共和国证券法》等财经法律）对审计机关就这些领域的审计监督作了明确规定；另外，作为国家行政机关，审计机关同样要遵守包括《中华人民共和国行政处罚法》《中华人民共和国行政复议法》《中华人民共和国行政诉讼法》《中华人民共和国国家赔偿法》在内的行政监督法律的规定。另外，人大常委会办公厅2020年发布了**《关于进一步加强各级人大常委会对审计查出突出问题整改情况监督的意见》**。

关于进一步加强各级人大常委会对审计查出突出问题整改情况监督的意见

3.中共中央办公厅、国务院办公厅发布的有关国家审计的行政法规

有关国家审计的行政法规一般由国务院制定并发布或者由国务院相关部门制定经国务院批准发布，是在全国范围内适用的具有普遍约束力的国家审计规范性文件。在我国，中国共产党是执政党，政府是行政机关，是党的路线、方针、政策的贯彻者和执行者，党管干部是党的干部制度的基本原则。因此，中共中央办公厅、国务院办公厅也联合发布了一些国家审计的相关文件，如2015年发布的《关于完善审计制度若干重大问题的框架意见》，2017年发布的《领导干部自然资源资产离任审计规定（试行）》，2019年发布的《党政主要领导干部和国有企事业单位主要领导人员经济责任审计规定》，2021年发布的《关于建立健全审计查出问题整改长效机制的意见》，2022年发布的**《关于建立健全领导干部自然资源资产离任审计评价指标体系的意见》**。

关于建立健全领导干部自然资源资产离任审计评价指标体系的意见

国务院根据《宪法》和《审计法》的相关规定，制定了《中华人民共和国审计法实施条例》，将《审计法》的一些规定具体化。国务院于1995年发布的《中央预算执行情况审计监督暂行办法》，对中央预算执行情况和其他财政财务收支审计的内容、中央预算执行审计情况、审计结果报告制度和审计工作报告制度等要求作出了规定。国务院于2004年发布的《财政违法行为处罚处分条例》（2011年进行了修订），规定了国家机关在财政收入和支出管理方面的财政违法行为，企业等营利性单位及个人的财政违法行为，以及对财政违法行为的处理、处罚和处分的种类和具体内容，是审计机关对查出的财政违法行为进行处理处罚的重要依据。另外，国务院于2014年发布了《国务院关于加强审计工作的意见》。

审计机关封存资料资产规定

审计机关审计档案管理规定

4.审计署和地方各级人民代表大会、地方各级人民政府制定的与国家审计相关的规章

审计署是国家审计准则的制定主体，审计署成立后一直致力于审计法治化建设。例如，1996年，审计署制定了38个审计规范，其中就包括部分审计准则；2000年至2003年，审计署以1号令、2号令、3号令、5号令发布了《中华人民共和国国家审计基本准则》（以下简称《国家审计基本准则》）等20个审计准则；2004年，审计署以6号令发布了《审计机关审计项目质量控制办法（试行）》；2010年，审计署以8号令发布了《国家审计准则》，形成国家审计准则“一本通”；同年，审计署以9号令发布了**《审计机关封存资料资产规定》**；2012年，审计署、国家档案局以10号令发布了**《审计机关审**

审计机关审计听证规定

"十四五"国家审计工作发展规划

计档案管理规定》；2021年，审计署以14号令发布了**《审计机关审计听证规定》**。上述准则和规定对国家审计工作的各主要环节及其质量控制作出了明确规定。除制定准则外，中央审计委员会办公室、审计署还制定并发布了**《"十四五"国家审计工作发展规划》**等规范性文件。

在审计人员行为规范方面，2000年，审计署发布了《审计署关于加强审计纪律的规定》，首次提出审计"八不准"；2008年，经过第一次修订，审计署发布了《审计署关于加强审计纪律的八项规定》；2015年，经过第二次修订，审计署发布了**《审计"八不准"工作纪律》**，在一定程度上弥补了审计机关审计人员职业道德准则的缺憾；2018年，审计署发布了**《审计"四严禁"工作要求》**，在"八不准"工作纪律的基础上对审计人员提出新的要求，同时要求将审计"八不准"工作纪律和审计"四严禁"工作要求作为审计通知书附件，并在进点张贴审计组纪律中予以公示。

审计"四严禁"工作要求与审计"八不准"工作纪律

除上述准则和规定外，审计署办公厅还先后发布了**《国家重大政策措施落实情况跟踪审计实施办法（试行）》《政府财务报告审计办法（试行）》**，用于指导政策落实跟踪审计和政府财务报告审计，审计署各业务司还发布了相关审计指南，如《中央部门预算执行审计指南》和《地方党委政府主要领导干部经济责任审计指南》等。另外，为指导计算机审计业务，审计署于2006年至2013年发布了49个计算机审计实务公告。根据相关法律法规，县级以上地方政府和审计机关也制定了与国家审计相关的规章，如江苏省人民代表大会常务委员会于2011年发布的**《江苏省审计条例》**（2020年进行了修订）、深圳市人民代表大会常务委员会于2019年第三次修正的《深圳经济特区审计监督条例》、江苏省审计厅于2010年组织编写的《江苏省绩效审计操作指南》。

国家重大政策措施落实情况跟踪审计实施办法（试行）

政府财务报告审计办法（试行）

5.其他有关财政财务收支的法律法规和规章

广义上的国家审计法规与准则还包括衡量被审计单位是非对错并作出处理处罚的法律法规。目前，审计机关还没有全面开展严格意义上的财务审计（即政府综合财务报告审计），其主要业务是合规审计、绩效审计和经济责任审计。经济责任审计是合规审计、绩效审计及其责任界定的综合，而独立型绩效审计作为审计机关的选择性动作还没有全面开展，因此初步形成了以合规审计为重点的综合审计模式。合规审计定性和处理处罚标准作为合规审计的执法标准散见于各行业、各领域的法律法规、规章制度中。2013年以来，审计署各业务司陆续对这些规范进行整理，制定了包括中央部门预算执行审计、财政审计、金融机构审计、企业审计、社会保障资金审计、固定资产投资审计、外资运用审计、资源环境审计等八个领域在内的审计常用定性表述及适用法规向导，用于指导审计工作，并于2020年对相关内容进行了修订。

江苏省审计条例

二、国家审计法规与准则的发展

（一）国家审计法规的发展

1.审计法及其实施条例的发展

由于宪法不可能解决审计机关行使国家审计权的具体问题，因此，从1983年起，我国开始进行多层次的审计立法。1985年8月，国务院发布了《关于审计工作的暂行规定》；1988年11月，国务院发布了《中华人民共和国审计条例》；1989年6月，审计署发布了《中华人民共和国审计条例施行细则》；1994年8月，第八届全国人大常委会第九次会议通过了《中华人民共和国审计法》，标志着我国审计工作真正走上法治化道路；1997年10月，为保障《审计法》的顺利实施，国务院发布了《中华人民共和国审计法实施条例》（以下简称《审计法实施条例》）。这些法规的发布极大地促进了国家审计准则的发展。随着国家政治经济环境的变化，《审计法》及《审计法实施条例》分别于2006年和2010年进行了第一次修订，2021年《审计法》进行了第二次修订。

2.经济责任审计相关规范的发展

经济责任审计作为我国国家审计的主要特色业务之一，产生于20世纪80年代末期。早期的经济责任审计包括目标经济责任审计、破产经济责任审计、承包经营经济责任审计、离任审计等业务。随着国企改革的发展，离任审计成为经济责任审计的主要形式。伴随着改革开放，离任审计对象延伸到党政领导干部，离任审计发展为任期经济责任审计。在这期间，审计署陆续发布了相关规章，指导相关审计业务的发展。为规范经济责任审计的发展，1999年，中共中央办公厅、国务院办公厅联合发布了两个暂行规定，分别为《县级以下党政领导干部任期经济责任审计暂行规定》和《国有企业及国有控股企业领导人员任期经济责任审计暂行规定》，这是我国经济责任审计的第一项法规，标志着我国经济责任审计制度的初步确立；随后，2000年审计署对上述两个暂行规定进行细化，发布了两个暂行规定实施细则，分别为《县级以下党政领导干部任期经济责任审计暂行规定实施细则》和《国有企业及国有控股企业领导人员任期经济责任审计暂行规定实施细则》。在上述规范的指导下，任期经济责任审计对象逐渐由县级扩展到地厅级，2006年修订后的《审计法》第二十五条对经济责任审计进行了法律授权，自此，经济责任审计有法可依。2010年两办发布了《党政主要领导干部和国有企业领导人员经济责任审计规定》，要求经济责任审计对象实现省部级党政领导全覆盖，并积极推进任中经济责任审计。2019年两办修订发布了《党政主要领导干部和国有企事业单位主要领导人员经济责任审计规定》。2014年，为进一步规范经济责任审计，中央纪委机关、中央组织部、中央编办、监察部、人力资源社会保障部、审计署、国资委联合印发了《党政主要领导干部和国有企业领导人员经济责任审计规定实施细则》，对经济责任审计对象、内容、评价、责任界定、审计报告、结果运用、组织管理等方面进行了细化。为推进生态文明建设，党的十八届三中全会提出“探索领导干部自然资源资产离任审计”的要求。2015年11月9日，两办印发了《开展领导干部自然资源资产离任审计试点方案》，自然资源资产离任审计工作正式揭开帷幕。2017年11月，两办印发的《领导干部自然资源资产离任审计规定（试行）》，为进一步推进自然资源资产离任审计奠定了基础。2022年，两办印发的《关于建立健全领导干部自然资源资产离任审计评价指标体系的意见》为自然资源资产离任审计评价体系的建立提供了指导意见。

（二）国家审计准则的发展

国家审计准则的构建经历了一个由起步到深化再到基本建成准则体系的过程，从审计准则的形式上看，可以分为三个发展阶段：

1.审计准则与行政规定并存的阶段

审计机关成立之初，受当时国家审计发展水平所限，审计工作的很多方面难以完全按照科学的准则进行规范，只能以行政规定作出要求。这些规范性文件中有的具有准则性质，有的则是工作制度、办法和规定。1995年，审计署着手制定审计准则。1996年底，审计署发布了38个审计规范性文件（简称“38个审计规范”）。这些规范的发布和贯彻执行，对于推进审计工作基础建设、规范审计行为、保证审计质量、促进效率提高发挥了积极作用。

2.分层次审计准则与质量控制办法并行的阶段

从1999年起，审计署在38个审计规范的基础上构建国家审计准则体系。2000年以来，审计署陆续以4个审计署令的形式发布了《国家审计基本准则》等20个审计准则。这个准则体系由三个层次构成：第一个层次是《国家审计基本准则》。它主要规定了审计机关和审计人员开展审计工作的基本原则，并就审计活动主要环节与要素提出了原则性要求。《国家审计基本准则》对上承接《审计法》和其他法规的要求，对下统领具体审计准则。第二个层次是具体审计准则和专业审计准则。具体审计准则是针对审计活动主要要素和主要行为进行规范的准则，包括审计方案准则、审计证据准则、审计工作底稿准则、审计报告编审准则、审计复核准则等；专业审计准则是对专业审计活动进行规范的准则，如《审计机关国家建设项目审计准则》。第三个层次是审计指南。审计指南是指导和规范国家审计业务某些方面的具体审计操作的指导性文件，主要包括《世界银行贷款项目审计操作指南》、《商业银行审计指南》和《中央部门预算执行审计操作指南》等。

为进一步提高审计质量，2004年2月，审计署发布了《审计机关审计项目质量控制办法（试行）》（审计署第6号令），对包括编制审计方案、收集审计证据、编写审计日记和审计工作底稿、出具审计报告、归集审计档案等在内的全过程质量控制作出了规定。至此，国家审计准则形成了分层次审计准则与质量控制办法并存的状况，而在其后实际执行过程中，质量控制办法事实上替代了审计准则。

3.单一审计准则阶段

近年来，随着中国经济社会形势发生深刻变化，审计工作也有了深入发展，使得审计准则修订的任务更加迫切。一是《审计法》及其实施条例修订后，原有审计准则需要做相应修订，以便使其与这些法律法规相一致。二是各级审计机关树立了科学审计理念，不断加大审计力度，创新了审计监督方式方法，积累了许多经验，需要对其加以总结并通过制定准则固定下来。三是原有准则中的一些规定不能完全适应新形势下审计工作实践的发展要求，而且原有体系较庞杂，一些准则之间交叉重复，需要加以修订。

2008年7月18日，审计署印发了《关于成立国家审计准则咨询专家组和修订工作组的通知》，这标志着新的审计准则的修订工作正式启动。经过近两年的工作，《中华人民共和国国家审计准则》于2010年7月8日经审计署审计长会议审议通过，以审计署第8号令予以公布，自2011年1月1日起施行。

三、国家审计法规与准则的现状和未来展望

目前，审计机关和审计人员在开展审计业务时应当遵循的行为规范和工作规范主要包括《宪法》《审计法》《审计法实施条例》《中华人民共和国国家审计准则》及经济责任审计方面的法规。其中，经济责任审计和自然资源资产离任审计方面的法规主要包括《党政主要领导干部和国有企事业单位主要领导人员经济责任审计规定》和《党政主要领导干部和国有企业领导人员经济责任审计规定实施细则》以及《领导干部自然资源资产离任审计

规定（试行）》等。本部分主要收录了上述主要法规和准则。

随着中共中央办公厅、国务院办公厅**《关于完善审计制度若干重大问题的框架意见》**的发布，我国国家审计法规和准则将会进一步修订和完善。该框架意见对于省以下地方审计机关人财物统管、审计全覆盖、审计职业化等重大问题作出规定。党的十九大以来，党中央作出了改革审计管理体制的决策部署，组建了中央审计委员会，并进一步优化了审计署职责，经过多年探索，建立了中国特色社会主义审计制度，初步形成了集中统一、全面覆盖、权威高效的审计监督体系。2021年新修订的《审计法》在2006年修订版《审计法》的基础上修改34条，增加7条，合并1条，修订后共60条。新版《审计法》明确了党对审计工作的领导，对重大政策措施落实情况审计、自然资源资产离任审计进行了授权，审计对象拓展到国有资产、国有资源，扩大和调整了公共工程和金融机构审计的范围，增加了特定事项的专项审计、审计机关和军队审计机构联合审计；在权限方面，增加了国家政务信息系统和数据共享平台对审计机关的开放权，赋予了审计机关对发现的经济社会运行中存在的风险隐患进行报告、通报的职责，拓展了对被审计单位信息系统的检察权；在结果运用方面，要求审计机关将审计报告、审计决定报上一级审计机关，并在审计整改和结果运用方面作出了更明确的规定；在审计工作报告中增加"决算草案审计""国有资产、国有资源审计"情况，在审计报告重点报告内容中增加"预算绩效情况"。下一步，根据新修订的《审计法》,《审计法实施条例》和《国家审计准则》将进一步修订，审计法规和准则体系进一步完善。

关于完善审计制度若干重大问题的框架意见

随着经济责任审计实践的发展和审计体制改革的推进，原《党政主要领导干部和国有企业领导人员经济责任审计规定》的局限性凸显。2019年7月，修订后的经济责任审计规定发布，新规定的名称改为《党政主要领导干部和国有企事业单位主要领导人员经济责任审计规定》，新规定明确了经济责任审计的指导思想及其在"四个促进"中的作用，细化了年度经济责任审计项目计划的制定和变更程序，将经济责任审计中的三档责任变更为两档责任，要求审计人员对被审计领导干部在坚持"三个区分开来"的基础上作出综合评价，强化了各责任主体对经济责任审计结果的运用，要求审计委员会在审计计划、审计报告和被审计领导干部救济中发挥重要作用。

随着政府会计改革的推进，政府综合财务报告审计将提上日程，尽管在2020年审计署办公厅印发了《政府财务报告审计办法（试行）》，但目前该办法的可操作性较差，政府财务报告审计相关准则的制定很有必要；随着自然资源资产离任审计的进一步推进，各省都发布了领导干部自然资源资产离任审计实施细则，而全国性的《领导干部自然资源资产离任审计指南》的编制迫在眉睫；审计"四严禁"工作要求和审计"八不准"工作纪律可以考虑纳入审计职业道德准则，应尽快着手制定审计机关审计人员职业道德规范。

习近平总书记担任中央审计委员会主任，亲自谋划、亲自部署、亲自推动审计领域重大工作，对审计工作作出一系列重要论述，尤其是**在二十届中央审计委员会第一次会议上的讲话**，深刻阐述了审计监督的一系列重大理论和实践问题，科学回答了为什么要加强审计监督、加强什么样的审计监督、怎样加强审计监督等重大课题，形成了新时代党在审计领域的重大理论和实

习近平：在二十届中央审计委员会第一次会议上的讲话

侯凯：学习贯彻落实党的二十大精神推动审计工作高质量发展

践成果，指引新时代审计工作走出了一条契合中国国情的审计新路子。习近平总书记的重要讲话和论述精神如何在审计法规与准则中得到体现，也是后续修订审计法规和准则中需要关注的问题。另外，借鉴国际政府审计准则体系进一步完善我国国家审计准则体系也是“以创新规范立业”的应有之义。

四、国际政府审计准则体系

（一）国际政府审计准则体系概述

世界审计组织对审计准则体系的建设非常重视，将准则建设列为四大战略目标之首（其余三项目标分别为能力建设、知识共享、典范组织）。近几十年来，世界审计组织不断完善准则体系，2013年初步建立起系统的最高审计机关国际准则（ISSAI），2019年以来转向构建世界审计组织职业准则公告（IFPP）。

1.最高审计机关国际准则（ISSAI）的形成

早在1968年，世界审计组织第六届（东京）大会就对“最高审计机关审计程序和方法”作出了规定。1977年，世界审计组织第九届（利马）大会发布《利马宣言——关于审计理念的指导原则》，对审计独立性、议会政府和管理当局的关系、最高审计机关的权力、审计方法、审计人员、国际经验交流、审计报告等作出了规范。

1984年，世界审计组织第26次理事会成立审计准则委员会，初步搭建了审计准则体系的基本框架，形成了ISSAI的雏形。2004年，世界审计组织第十八届（布达佩斯）大会上通过了《世界审计组织2005—2010年战略规划》，提议成立职业准则委员会。2010年，世界审计组织第二十届（约翰内斯堡）大会发布《南非宣言》，首次明确了ISSAI的名称，即最高审计机关国际准则，大会通过了39个《最高审计机关国际准则》和《世界审计组织良治指南》，累计形成了74项审计准则、指南和最佳实践。2013年，世界审计组织第二十一届（北京）大会又通过了12个文件，共同构成了完整的ISSAI体系。它包括四个层次（第一层次为根本原则，第二层次为最高审计机关发挥作用的前提，第三层次为审计准则，第四层次为审计指南）以及与第四层次平行的“最高审计机关促进政府良治指南”。

2.世界审计组织职业准则公告（IFPP）的初步调整

2014年，世界审计组织第66次理事会研究了ISSAI体系准则数量过多、范围复杂、内容交叉等问题，决定组建一个专家论坛，对ISSAI体系进行审阅和评估，确定各层次的准则和指南是否需要修订、合并或者废止，并制订相应计划。2016年设立的职业准则公告论坛（FIPP）成为常设机构，成为负责对未来新发布的审计准则、指南项目倡议书、征求意见稿、上报审批稿等前期环节审批把关并有权对世界审计组织职业准则体系作出调整的唯一机构。

目前，职业准则公告论坛已经完成了优化现有准则体系的工作任务，将此前的“4+1格局”整合为三个层次。针对新体系下的准则制定与更新，FIPP还编制了独立的战略发展规划。该规划以三年为一个周期，对世界审计组织各分委员会、工作组及项目团队拟编制或更新的职业准则进行梳理汇总并提出建议。目前，新旧准则体系的融合正在发展之中，部分ISSAI准则文件还未能完成修订以便进入新体系。

（二）国际政府审计准则体系框架和内容

1.世界审计组织职业准则公告体系

世界审计组织职业准则公告体系

2019年修订后的准则体系成为世界审计组织职业准则公告（IFPP）。世界审计组织职业准则公告体系分为三个层次：第一个层次为INTOSAI原则；第二个层次为INTOSAI准则；第三个层次为INTOSAI指南。具体结构见表2-1。

表2-1　　世界审计组织职业准则公告体系

<table>
<tr><td colspan="6">一、INTOSAI 原则（P）</td></tr>
<tr><td colspan="6">1.组建原则（P 1-9）</td></tr>
<tr><td colspan="6">2. 核心原则（P 10-99）</td></tr>
<tr><td colspan="6">二、INTOSAI准则（ISSAI）</td></tr>
<tr><td colspan="5">1.公共部门审计基本原则（ISSAI 100-129）</td><td rowspan="5">4.职业能力准则
COMP
700-799
7000-7499</td></tr>
<tr><td colspan="5">2.SAI组织要求（ISSAI 130-199）</td></tr>
<tr><td>3.业务</td><td>财务审计
ISSAI</td><td>绩效审计
ISSAI</td><td>合规审计
ISSAI</td><td>其他业务
ISSAI</td></tr>
<tr><td>原则</td><td>200-299</td><td>300-399</td><td>400-499</td><td>600-699</td></tr>
<tr><td>准则</td><td>2000-2899</td><td>3000-3899</td><td>4000-4899</td><td>6000-6499</td></tr>
<tr><td colspan="6">三、INTOSAI指南（GUID）</td></tr>
<tr><td colspan="5">1.SAI组织指南 GUID1900-1999</td><td rowspan="5">4.职业能力指南
COMP
7500-7999</td></tr>
<tr><td>2.业务</td><td>财务审计
GUID</td><td>绩效审计GUID</td><td>合规审计GUID</td><td>其他业务
GUID</td></tr>
<tr><td>指南</td><td>2900-2999</td><td>3900-3999</td><td>4900-4999</td><td>6500-6999</td></tr>
<tr><td colspan="5">3.特殊主题业务指南：GUID 5000-5999</td></tr>
<tr><td colspan="5">5.其他指南：GUID 9000-9999</td></tr>
</table>

注：其中阴影部分涉及的项目为在建项目。

2. IFPP的内容及其与原ISSAI的对应关系（见表2-2）

表2-2　　IFPP的内容及其与原ISSAI的对应关系

IFPP	对应之前的ISSAI
INTOSAI-P1 利马宣言	ISSAI 1 利马宣言
INTOSAI-P10 墨西哥宣言	ISSAI 10墨西哥宣言
INTOSAI-P12 SAI的价值和裨益：在公民生活中发挥重要作用	ISSAI 12 SAI的价值和裨益：在公民生活中发挥重要作用
INTOSAI-P20 透明度和问责原则	ISSAI 20透明度和问责原则
INTOSAI-P50 SAI司法活动原则	无

续表

ISSAI 100公共部门审计基本原则	ISSAI 100公共部门审计基本原则
ISSAI 130道德规范	ISSAI 30道德规范
ISSAI 140 SAI质量控制	ISSAI 40 SAI质量控制
ISSAI 150 SAI在审计人员能力建设中的职责	无
ISSAI 200财务审计原则	ISSAI 200财务审计基本原则
ISSAI 300绩效审计原则	ISSAI 300绩效审计基本原则
ISSAI 400合规审计原则	ISSAI 400合规审计基本原则
ISSAI 2000财务审计准则的应用	无
ISSAI 3000绩效审计准则	ISSAI 3000绩效审计准则
ISSAI 4000合规审计准则	ISSAI 4000合规审计准则
GUID 1900同业复核	ISSAI 5600同业复核
GUID 1950审计职业胜任能力框架的确定	无
GUID 1951审计人员职业规划的路径	无
GUID 2900财务审计准则的指南	无
GUID 3910绩效审计基本概念	ISSAI 3100绩效审计基本概念
GUID 3920绩效审计程序	ISSAI 3200绩效审计程序
GUID 4900合规审计在检查遵循性和适当性方面应考虑的规范和标准	无
GUID 5090国际组织审计	ISSAI 5000国际组织审计
GUID 5091国际组织审计管理	INTOSAI GOV 国际组织外部审计原则
GUID 5100信息系统审计	ISSAI 5300 IT审计
GUID 5200环境视角下的审计活动	ISSAI 5110环境视角下开展绩效审计
GUID 5201财务与合规审计背景下的环境审计	ISSAI 5120财务与合规审计背景下的环境审计
GUID 5202可持续发展：SAI的角色	ISSAI 5130可持续发展：SAI的角色
GUID 5203国际环境协议审计中的合作	ISSAI 5140国际环境协议审计中SAI如何合作
GUID 5250公共债务审计指南	无
GUID 5259公共债务信息系统	ISSAI 5450公共债务管理信息系统审计
GUID 5260公共资产治理	INTOSAI GOV 9160加强公共资产善治
GUID 5270腐败预防审计	ISSAI 5700腐败预防审计

续表

GUID 5280 公共采购审计指南	无
GUID 5290 关键国家指标开发和利用审计	无
GUID 5320 私有化绩效审计指南	无
GUID 5330 灾害管理审计指南	无
GUID 9000 SAI合作审计	ISSAI 5800合作审计
GUID 9010准则建设程序独立的重要性	INTOSAI 9200准则建设程序独立的重要性
GUID 9020 公共政策评估	INTOSAI 9400公共政策评估指南
GUID 9030与SAI独立性相关的最佳实务	ISSAI 11与SAI独立性相关的指南和最佳实务
GUID 9030与SAI透明度相关的最佳实务	ISSAI 21透明度和问责原则——最佳实务

注：SAI是最高审计机关（Supreme Audit Institution）的简称。

上述世界审计组织的审计准则体系可以在世界审计组织官网下载，下载地址：https://www.issai.org/professional-pronouncements/?n=0-1000000000。

2.2 国家审计法规与准则汇编

2.2.1 中华人民共和国审计法

（1994年8月31日第八届全国人民代表大会常务委员会第九次会议通过　根据2006年2月28日第十届全国人民代表大会常务委员会第二十次会议《关于修改〈中华人民共和国审计法〉的决定》第一次修正　根据2021年10月23日第十三届全国人民代表大会常务委员会第三十一次会议《关于修改〈中华人民共和国审计法〉的决定》第二次修正）

第一章　总则

第一条　为了加强国家的审计监督，维护国家财政经济秩序，提高财政资金使用效益，促进廉政建设，保障国民经济和社会健康发展，根据宪法，制定本法。

第二条　国家实行审计监督制度。坚持中国共产党对审计工作的领导，构建集中统一、全面覆盖、权威高效的审计监督体系。

国务院和县级以上地方人民政府设立审计机关。

国务院各部门和地方各级人民政府及其各部门的财政收支，国有的金融机构和企业事业组织的财务收支，以及其他依照本法规定应当接受审计的财政收支、财务收支，依照本法规定接受审计监督。

审计机关对前款所列财政收支或者财务收支的真实、合法和效益，依法进行审计监督。

第三条　审计机关依照法律规定的职权和程序，进行审计监督。

审计机关依据有关财政收支、财务收支的法律、法规和国家其他有关规定进行审计评价，在法定职权范围内作出审计决定。

第四条 国务院和县级以上地方人民政府应当每年向本级人民代表大会常务委员会提出审计工作报告。审计工作报告应当报告审计机关对预算执行、决算草案以及其他财政收支的审计情况，重点报告对预算执行及其绩效的审计情况，按照有关法律、行政法规的规定报告对国有资源、国有资产的审计情况。必要时，人民代表大会常务委员会可以对审计工作报告作出决议。

国务院和县级以上地方人民政府应当将审计工作报告中指出的问题的整改情况和处理结果向本级人民代表大会常务委员会报告。

第五条 审计机关依照法律规定独立行使审计监督权，不受其他行政机关、社会团体和个人的干涉。

第六条 审计机关和审计人员办理审计事项，应当客观公正，实事求是，廉洁奉公，保守秘密。

第二章　审计机关和审计人员

第七条 国务院设立审计署，在国务院总理领导下，主管全国的审计工作。审计长是审计署的行政首长。

第八条 省、自治区、直辖市、设区的市、自治州、县、自治县、不设区的市、市辖区的人民政府的审计机关，分别在省长、自治区主席、市长、州长、县长、区长和上一级审计机关的领导下，负责本行政区域内的审计工作。

第九条 地方各级审计机关对本级人民政府和上一级审计机关负责并报告工作，审计业务以上级审计机关领导为主。

第十条 审计机关根据工作需要，经本级人民政府批准，可以在其审计管辖范围内设立派出机构。

派出机构根据审计机关的授权，依法进行审计工作。

第十一条 审计机关履行职责所必需的经费，应当列入预算予以保证。

第十二条 审计机关应当建设信念坚定、为民服务、业务精通、作风务实、敢于担当、清正廉洁的高素质专业化审计队伍。

审计机关应当加强对审计人员遵守法律和执行职务情况的监督，督促审计人员依法履职尽责。

审计机关和审计人员应当依法接受监督。

第十三条 审计人员应当具备与其从事的审计工作相适应的专业知识和业务能力。

审计机关根据工作需要，可以聘请具有与审计事项相关专业知识的人员参加审计工作。

第十四条 审计机关和审计人员不得参加可能影响其依法独立履行审计监督职责的活动，不得干预、插手被审计单位及其相关单位的正常生产经营和管理活动。

第十五条 审计人员办理审计事项，与被审计单位或者审计事项有利害关系的，应当回避。

第十六条 审计机关和审计人员对在执行职务中知悉的国家秘密、工作秘密、商业秘密、个人隐私和个人信息，应当予以保密，不得泄露或者向他人非法提供。

第十七条 审计人员依法执行职务，受法律保护。

任何组织和个人不得拒绝、阻碍审计人员依法执行职务，不得打击报复审计人员。

审计机关负责人依照法定程序任免。审计机关负责人没有违法失职或者其他不符合任职条件的情况的，不得随意撤换。

地方各级审计机关负责人的任免，应当事先征求上一级审计机关的意见。

第三章　审计机关职责

第十八条　审计机关对本级各部门（含直属单位）和下级政府预算的执行情况和决算以及其他财政收支情况，进行审计监督。

第十九条　审计署在国务院总理领导下，对中央预算执行情况、决算草案以及其他财政收支情况进行审计监督，向国务院总理提出审计结果报告。

地方各级审计机关分别在省长、自治区主席、市长、州长、县长、区长和上一级审计机关的领导下，对本级预算执行情况、决算草案以及其他财政收支情况进行审计监督，向本级人民政府和上一级审计机关提出审计结果报告。

第二十条　审计署对中央银行的财务收支，进行审计监督。

第二十一条　审计机关对国家的事业组织和使用财政资金的其他事业组织的财务收支，进行审计监督。

第二十二条　审计机关对国有企业、国有金融机构和国有资本占控股地位或者主导地位的企业、金融机构的资产、负债、损益以及其他财务收支情况，进行审计监督。

遇有涉及国家财政金融重大利益情形，为维护国家经济安全，经国务院批准，审计署可以对前款规定以外的金融机构进行专项审计调查或者审计。

第二十三条　审计机关对政府投资和以政府投资为主的建设项目的预算执行情况和决算，对其他关系国家利益和公共利益的重大公共工程项目的资金管理使用和建设运营情况，进行审计监督。

第二十四条　审计机关对国有资源、国有资产，进行审计监督。

审计机关对政府部门管理的和其他单位受政府委托管理的社会保险基金、全国社会保障基金、社会捐赠资金以及其他公共资金的财务收支，进行审计监督。

第二十五条　审计机关对国际组织和外国政府援助、贷款项目的财务收支，进行审计监督。

第二十六条　根据经批准的审计项目计划安排，审计机关可以对被审计单位贯彻落实国家重大经济社会政策措施情况进行审计监督。

第二十七条　除本法规定的审计事项外，审计机关对其他法律、行政法规规定应当由审计机关进行审计的事项，依照本法和有关法律、行政法规的规定进行审计监督。

第二十八条　审计机关可以对被审计单位依法应当接受审计的事项进行全面审计，也可以对其中的特定事项进行专项审计。

第二十九条　审计机关有权对与国家财政收支有关的特定事项，向有关地方、部门、单位进行专项审计调查，并向本级人民政府和上一级审计机关报告审计调查结果。

第三十条　审计机关履行审计监督职责，发现经济社会运行中存在风险隐患的，应当及时向本级人民政府报告或者向有关主管机关、单位通报。

第三十一条　审计机关根据被审计单位的财政、财务隶属关系或者国有资源、国有资产监督管理关系，确定审计管辖范围。

审计机关之间对审计管辖范围有争议的，由其共同的上级审计机关确定。

上级审计机关对其审计管辖范围内的审计事项，可以授权下级审计机关进行审计，但本法第十八条至第二十条规定的审计事项不得进行授权；上级审计机关对下级审计机关审计管辖范围内的重大审计事项，可以直接进行审计，但是应当防止不必要的重复审计。

第三十二条 被审计单位应当加强对内部审计工作的领导，按照国家有关规定建立健全内部审计制度。

审计机关应当对被审计单位的内部审计工作进行业务指导和监督。

第三十三条 社会审计机构审计的单位依法属于被审计单位的，审计机关按照国务院的规定，有权对该社会审计机构出具的相关审计报告进行核查。

第四章 审计机关权限

第三十四条 审计机关有权要求被审计单位按照审计机关的规定提供财务、会计资料以及与财政收支、财务收支有关的业务、管理等资料，包括电子数据和有关文档。被审计单位不得拒绝、拖延、谎报。

被审计单位负责人应当对本单位提供资料的及时性、真实性和完整性负责。

审计机关对取得的电子数据等资料进行综合分析，需要向被审计单位核实有关情况的，被审计单位应当予以配合。

第三十五条 国家政务信息系统和数据共享平台应当按照规定向审计机关开放。

审计机关通过政务信息系统和数据共享平台取得的电子数据等资料能够满足需要的，不得要求被审计单位重复提供。

第三十六条 审计机关进行审计时，有权检查被审计单位的财务、会计资料以及与财政收支、财务收支有关的业务、管理等资料和资产，有权检查被审计单位信息系统的安全性、可靠性、经济性，被审计单位不得拒绝。

第三十七条 审计机关进行审计时，有权就审计事项的有关问题向有关单位和个人进行调查，并取得有关证明材料。有关单位和个人应当支持、协助审计机关工作，如实向审计机关反映情况，提供有关证明材料。

审计机关经县级以上人民政府审计机关负责人批准，有权查询被审计单位在金融机构的账户。

审计机关有证据证明被审计单位违反国家规定将公款转入其他单位、个人在金融机构账户的，经县级以上人民政府审计机关主要负责人批准，有权查询有关单位、个人在金融机构与审计事项相关的存款。

第三十八条 审计机关进行审计时，被审计单位不得转移、隐匿、篡改、毁弃财务、会计资料以及与财政收支、财务收支有关的业务、管理等资料，不得转移、隐匿、故意毁损所持有的违反国家规定取得的资产。

审计机关对被审计单位违反前款规定的行为，有权予以制止；必要时，经县级以上人民政府审计机关负责人批准，有权封存有关资料和违反国家规定取得的资产；对其中在金融机构的有关存款需要予以冻结的，应当向人民法院提出申请。

审计机关对被审计单位正在进行的违反国家规定的财政收支、财务收支行为，有权予以制止；制止无效的，经县级以上人民政府审计机关负责人批准，通知财政部门和有关主管机关、单位暂停拨付与违反国家规定的财政收支、财务收支行为直接有关的款项，已经拨付的，暂停使用。

审计机关采取前两款规定的措施不得影响被审计单位合法的业务活动和生产经营活动。

第三十九条 审计机关认为被审计单位所执行的上级主管机关、单位有关财政收支、财务收支的规定与法律、行政法规相抵触的，应当建议有关主管机关、单位纠正；有关主管机关、单位不予纠正的，审计机关应当提请有权处理的机关、单位依法处理。

第四十条 审计机关可以向政府有关部门通报或者向社会公布审计结果。

审计机关通报或者公布审计结果，应当保守国家秘密、工作秘密、商业秘密、个人隐私和个人信息，遵守法律、行政法规和国务院的有关规定。

第四十一条 审计机关履行审计监督职责，可以提请公安、财政、自然资源、生态环境、海关、税务、市场监督管理等机关予以协助。有关机关应当依法予以配合。

第五章 审计程序

第四十二条 审计机关根据经批准的审计项目计划确定的审计事项组成审计组，并应当在实施审计三日前，向被审计单位送达审计通知书；遇有特殊情况，经县级以上人民政府审计机关负责人批准，可以直接持审计通知书实施审计。

被审计单位应当配合审计机关的工作，并提供必要的工作条件。

审计机关应当提高审计工作效率。

第四十三条 审计人员通过审查财务、会计资料，查阅与审计事项有关的文件、资料，检查现金、实物、有价证券和信息系统，向有关单位和个人调查等方式进行审计，并取得证明材料。

向有关单位和个人进行调查时，审计人员应当不少于二人，并出示其工作证件和审计通知书副本。

第四十四条 审计组对审计事项实施审计后，应当向审计机关提出审计组的审计报告。审计组的审计报告报送审计机关前，应当征求被审计单位的意见。被审计单位应当自接到审计组的审计报告之日起十日内，将其书面意见送交审计组。审计组应当将被审计单位的书面意见一并报送审计机关。

第四十五条 审计机关按照审计署规定的程序对审计组的审计报告进行审议，并对被审计单位对审计组的审计报告提出的意见一并研究后，出具审计机关的审计报告。对违反国家规定的财政收支、财务收支行为，依法应当给予处理、处罚的，审计机关在法定职权范围内作出审计决定；需要移送有关主管机关、单位处理、处罚的，审计机关应当依法移送。

审计机关应当将审计机关的审计报告和审计决定送达被审计单位和有关主管机关、单位，并报上一级审计机关。审计决定自送达之日起生效。

第四十六条 上级审计机关认为下级审计机关作出的审计决定违反国家有关规定的，可以责成下级审计机关予以变更或者撤销，必要时也可以直接作出变更或者撤销的决定。

第六章 法律责任

第四十七条 被审计单位违反本法规定，拒绝、拖延提供与审计事项有关的资料的，或者提供的资料不真实、不完整的，或者拒绝、阻碍检查、调查、核实有关情况的，由审计机关责令改正，可以通报批评，给予警告；拒不改正的，依法追究法律责任。

第四十八条 被审计单位违反本法规定，转移、隐匿、篡改、毁弃财务、会计资料以及与财政收支、财务收支有关的业务、管理等资料，或者转移、隐匿、故意毁损所持有的违反国家规定取得的资产，审计机关认为对直接负责的主管人员和其他直接责任人员依法应当给予处分的，应当向被审计单位提出处理建议，或者移送监察机关和有关主管机关、单位处理，有关机关、单位应当将处理结果书面告知审计机关；构成犯罪的，依法追究刑事责任。

第四十九条 对本级各部门（含直属单位）和下级政府违反预算的行为或者其他违反国家规定的财政收支行为，审计机关、人民政府或者有关主管机关、单位在法定职权范围内，依照法律、行政法规的规定，区别情况采取下列处理措施：

（一）责令限期缴纳应当上缴的款项；

（二）责令限期退还被侵占的国有资产；

（三）责令限期退还违法所得；

（四）责令按照国家统一的财务、会计制度的有关规定进行处理；

（五）其他处理措施。

第五十条 对被审计单位违反国家规定的财务收支行为，审计机关、人民政府或者有关主管机关、单位在法定职权范围内，依照法律、行政法规的规定，区别情况采取前条规定的处理措施，并可以依法给予处罚。

第五十一条 审计机关在法定职权范围内作出的审计决定，被审计单位应当执行。

审计机关依法责令被审计单位缴纳应当上缴的款项，被审计单位拒不执行的，审计机关应当通报有关主管机关、单位，有关主管机关、单位应当依照有关法律、行政法规的规定予以扣缴或者采取其他处理措施，并将处理结果书面告知审计机关。

第五十二条 被审计单位应当按照规定时间整改审计查出的问题，将整改情况报告审计机关，同时向本级人民政府或者有关主管机关、单位报告，并按照规定向社会公布。

各级人民政府和有关主管机关、单位应当督促被审计单位整改审计查出的问题。审计机关应当对被审计单位整改情况进行跟踪检查。

审计结果以及整改情况应当作为考核、任免、奖惩领导干部和制定政策、完善制度的重要参考；拒不整改或者整改时弄虚作假的，依法追究法律责任。

第五十三条 被审计单位对审计机关作出的有关财务收支的审计决定不服的，可以依法申请行政复议或者提起行政诉讼。

被审计单位对审计机关作出的有关财政收支的审计决定不服的，可以提请审计机关的本级人民政府裁决，本级人民政府的裁决为最终决定。

第五十四条 被审计单位的财政收支、财务收支违反国家规定，审计机关认为对直接负责的主管人员和其他直接责任人员依法应当给予处分的，应当向被审计单位提出处理建议，或者移送监察机关和有关主管机关、单位处理，有关机关、单位应当将处理结果书面告知审计机关。

第五十五条 被审计单位的财政收支、财务收支违反法律、行政法规的规定，构成犯罪的，依法追究刑事责任。

第五十六条 报复陷害审计人员的，依法给予处分；构成犯罪的，依法追究刑事责任。

第五十七条 审计人员滥用职权、徇私舞弊、玩忽职守或者泄露、向他人非法提供所知悉的国家秘密、工作秘密、商业秘密、个人隐私和个人信息的，依法给予处分；构成犯罪的，依法追究刑事责任。

第七章 附 则

第五十八条 领导干部经济责任审计和自然资源资产离任审计，依照本法和国家有关规定执行。

第五十九条 中国人民解放军和中国人民武装警察部队审计工作的规定，由中央军事委员会根据本法制定。

审计机关和军队审计机构应当建立健全协作配合机制，按照国家有关规定对涉及军地经济事项实施联合审计。

第六十条 本法自1995年1月1日起施行。1988年11月30日国务院发布的《中华人民共和国审计条例》同时废止。

2.2.2 中华人民共和国审计法实施条例

（1997年10月21日中华人民共和国国务院令第231号公布 2010年2月2日国务院第100次常务会议修订通过）

第一章 总 则

第一条 根据《中华人民共和国审计法》（以下简称审计法）的规定，制定本条例。

第二条 审计法所称审计，是指审计机关依法独立检查被审计单位的会计凭证、会计账簿、财务会计报告以及其他与财政收支、财务收支有关的资料和资产，监督财政收支、财务收支真实、合法和效益的行为。

第三条 审计法所称财政收支，是指依照《中华人民共和国预算法》和国家其他有关规定，纳入预算管理的收入和支出，以及下列财政资金中未纳入预算管理的收入和支出：

（一）行政事业性收费；

（二）国有资源、国有资产收入；

（三）应当上缴的国有资本经营收益；

（四）政府举借债务筹措的资金；

（五）其他未纳入预算管理的财政资金。

第四条 审计法所称财务收支，是指国有的金融机构、企业事业组织以及依法应当接受审计机关审计监督的其他单位，按照国家财务会计制度的规定，实行会计核算的各项收入和支出。

第五条 审计机关依照审计法和本条例以及其他有关法律、法规规定的职责、权限和程序进行审计监督。

审计机关依照有关财政收支、财务收支的法律、法规，以及国家有关政策、标准、项目目标等方面的规定进行审计评价，对被审计单位违反国家规定的财政收支、财务收支行为，在法定职权范围内作出处理、处罚的决定。

第六条 任何单位和个人对依法应当接受审计机关审计监督的单位违反国家规定的财政收支、财务收支行为，有权向审计机关举报。审计机关接到举报，应当依法及时处理。

第二章　审计机关和审计人员

第七条　审计署在国务院总理领导下，主管全国的审计工作，履行审计法和国务院规定的职责。

地方各级审计机关在本级人民政府行政首长和上一级审计机关的领导下，负责本行政区域的审计工作，履行法律、法规和本级人民政府规定的职责。

第八条　省、自治区人民政府设有派出机关的，派出机关的审计机关对派出机关和省、自治区人民政府审计机关负责并报告工作，审计业务以省、自治区人民政府审计机关领导为主。

第九条　审计机关派出机构依照法律、法规和审计机关的规定，在审计机关的授权范围内开展审计工作，不受其他行政机关、社会团体和个人的干涉。

第十条　审计机关编制年度经费预算草案的依据主要包括：

（一）法律、法规；

（二）本级人民政府的决定和要求；

（三）审计机关的年度审计工作计划；

（四）定员定额标准；

（五）上一年度经费预算执行情况和本年度的变化因素。

第十一条　审计人员实行审计专业技术资格制度，具体按照国家有关规定执行。

审计机关根据工作需要，可以聘请具有与审计事项相关专业知识的人员参加审计工作。

第十二条　审计人员办理审计事项，有下列情形之一的，应当申请回避，被审计单位也有权申请审计人员回避：

（一）与被审计单位负责人或者有关主管人员有夫妻关系、直系血亲关系、三代以内旁系血亲或者近姻亲关系的；

（二）与被审计单位或者审计事项有经济利益关系的；

（三）与被审计单位、审计事项、被审计单位负责人或者有关主管人员有其他利害关系，可能影响公正执行公务的。

审计人员的回避，由审计机关负责人决定；审计机关负责人办理审计事项时的回避，由本级人民政府或者上一级审计机关负责人决定。

第十三条　地方各级审计机关正职和副职负责人的任免，应当事先征求上一级审计机关的意见。

第十四条　审计机关负责人在任职期间没有下列情形之一的，不得随意撤换：

（一）因犯罪被追究刑事责任的；

（二）因严重违法、失职受到处分，不适宜继续担任审计机关负责人的；

（三）因健康原因不能履行职责1年以上的；

（四）不符合国家规定的其他任职条件的。

第三章　审计机关职责

第十五条　审计机关对本级人民政府财政部门具体组织本级预算执行的情况，本级预算收入征收部门征收预算收入的情况，与本级人民政府财政部门直接发生预算缴款、拨款关系的部门、单位的预算执行情况和决算，下级人民政府的预算执行情况和决算，以及其他财政收支情况，依法进行审计监督。经本级人民政府批准，审计机关对其他取得财政资金的单位和项目接受、运用财政资金的真实、合法和效益情况，依法进行审计监督。

第十六条 审计机关对本级预算收入和支出的执行情况进行审计监督的内容包括：

（一）财政部门按照本级人民代表大会批准的本级预算向本级各部门（含直属单位）批复预算的情况、本级预算执行中调整情况和预算收支变化情况；

（二）预算收入征收部门依照法律、行政法规的规定和国家其他有关规定征收预算收入情况；

（三）财政部门按照批准的年度预算、用款计划，以及规定的预算级次和程序，拨付本级预算支出资金情况；

（四）财政部门依照法律、行政法规的规定和财政管理体制，拨付和管理政府间财政转移支付资金情况以及办理结算、结转情况；

（五）国库按照国家有关规定办理预算收入的收纳、划分、留解情况和预算支出资金的拨付情况；

（六）本级各部门（含直属单位）执行年度预算情况；

（七）依照国家有关规定实行专项管理的预算资金收支情况；

（八）法律、法规规定的其他预算执行情况。

第十七条 审计法第十七条所称审计结果报告，应当包括下列内容：

（一）本级预算执行和其他财政收支的基本情况；

（二）审计机关对本级预算执行和其他财政收支情况作出的审计评价；

（三）本级预算执行和其他财政收支中存在的问题以及审计机关依法采取的措施；

（四）审计机关提出的改进本级预算执行和其他财政收支管理工作的建议；

（五）本级人民政府要求报告的其他情况。

第十八条 审计署对中央银行及其分支机构履行职责所发生的各项财务收支，依法进行审计监督。

审计署向国务院总理提出的中央预算执行和其他财政收支情况审计结果报告，应当包括对中央银行的财务收支的审计情况。

第十九条 审计法第二十一条所称国有资本占控股地位或者主导地位的企业、金融机构，包括：

（一）国有资本占企业、金融机构资本（股本）总额的比例超过50%的；

（二）国有资本占企业、金融机构资本（股本）总额的比例在50%以下，但国有资本投资主体拥有实际控制权的。

审计机关对前款规定的企业、金融机构，除国务院另有规定外，比照审计法第十八条第二款、第二十条规定进行审计监督。

第二十条 审计法第二十二条所称政府投资和以政府投资为主的建设项目，包括：

（一）全部使用预算内投资资金、专项建设基金、政府举借债务筹措的资金等财政资金的；

（二）未全部使用财政资金，财政资金占项目总投资的比例超过50%，或者占项目总投资的比例在50%以下，但政府拥有项目建设、运营实际控制权的。

审计机关对前款规定的建设项目的总预算或者概算的执行情况、年度预算的执行情况和年度决算、单项工程结算、项目竣工决算，依法进行审计监督；对前款规定的建设项目进行审计时，可以对直接有关的设计、施工、供货等单位取得建设项目资金的真实性、合法性进行调查。

第二十一条 审计法第二十三条所称社会保障基金，包括社会保险、社会救助、社会福利基金以及发展社会保障事业的其他专项基金；所称社会捐赠资金，包括来源于境内外的货币、有价证券和实物等各种形式的捐赠。

第二十二条 审计法第二十四条所称国际组织和外国政府援助、贷款项目，包括：

（一）国际组织、外国政府及其机构向中国政府及其机构提供的贷款项目；

（二）国际组织、外国政府及其机构向中国企业事业组织以及其他组织提供的由中国政府及其机构担保的贷款项目；

（三）国际组织、外国政府及其机构向中国政府及其机构提供的援助和赠款项目；

（四）国际组织、外国政府及其机构向受中国政府委托管理有关基金、资金的单位提供的援助和赠款项目；

（五）国际组织、外国政府及其机构提供援助、贷款的其他项目。

第二十三条 审计机关可以依照审计法和本条例规定的审计程序、方法以及国家其他有关规定，对预算管理或者国有资产管理使用等与国家财政收支有关的特定事项，向有关地方、部门、单位进行专项审计调查。

第二十四条 审计机关根据被审计单位的财政、财务隶属关系，确定审计管辖范围；不能根据财政、财务隶属关系确定审计管辖范围的，根据国有资产监督管理关系，确定审计管辖范围。

两个以上国有资本投资主体投资的金融机构、企业事业组织和建设项目，由对主要投资主体有审计管辖权的审计机关进行审计监督。

第二十五条 各级审计机关应当按照确定的审计管辖范围进行审计监督。

第二十六条 依法属于审计机关审计监督对象的单位的内部审计工作，应当接受审计机关的业务指导和监督。

依法属于审计机关审计监督对象的单位，可以根据内部审计工作的需要，参加依法成立的内部审计自律组织。审计机关可以通过内部审计自律组织，加强对内部审计工作的业务指导和监督。

第二十七条 审计机关进行审计或者专项审计调查时，有权对社会审计机构出具的相关审计报告进行核查。

审计机关核查社会审计机构出具的相关审计报告时，发现社会审计机构存在违反法律、法规或者执业准则等情况的，应当移送有关主管机关依法追究责任。

第四章 审计机关权限

第二十八条 审计机关依法进行审计监督时，被审计单位应当依照审计法第三十一条规定，向审计机关提供与财政收支、财务收支有关的资料。被审计单位负责人应当对本单位提供资料的真实性和完整性作出书面承诺。

第二十九条 各级人民政府财政、税务以及其他部门（含直属单位）应当向本级审计机关报送下列资料：

（一）本级人民代表大会批准的本级预算和本级人民政府财政部门向本级各部门（含

直属单位）批复的预算，预算收入征收部门的年度收入计划，以及本级各部门（含直属单位）向所属各单位批复的预算；

（二）本级预算收支执行和预算收入征收部门的收入计划完成情况月报、年报，以及决算情况；

（三）综合性财政税务工作统计年报、情况简报，财政、预算、税务、财务和会计等规章制度；

（四）本级各部门（含直属单位）汇总编制的本部门决算草案。

第三十条 审计机关依照审计法第三十三条规定查询被审计单位在金融机构的账户的，应当持县级以上人民政府审计机关负责人签发的协助查询单位账户通知书；查询被审计单位以个人名义在金融机构的存款的，应当持县级以上人民政府审计机关主要负责人签发的协助查询个人存款通知书。有关金融机构应当予以协助，并提供证明材料，审计机关和审计人员负有保密义务。

第三十一条 审计法第三十四条所称违反国家规定取得的资产，包括：

（一）弄虚作假骗取的财政拨款、实物以及金融机构贷款；

（二）违反国家规定享受国家补贴、补助、贴息、免息、减税、免税、退税等优惠政策取得的资产；

（三）违反国家规定向他人收取的款项、有价证券、实物；

（四）违反国家规定处分国有资产取得的收益；

（五）违反国家规定取得的其他资产。

第三十二条 审计机关依照审计法第三十四条规定封存被审计单位有关资料和违反国家规定取得的资产的，应当持县级以上人民政府审计机关负责人签发的封存通知书，并在依法收集与审计事项相关的证明材料或者采取其他措施后解除封存。封存的期限为7日以内；有特殊情况需要延长的，经县级以上人民政府审计机关负责人批准，可以适当延长，但延长的期限不得超过7日。

对封存的资料、资产，审计机关可以指定被审计单位负责保管，被审计单位不得损毁或者擅自转移。

第三十三条 审计机关依照审计法第三十六条规定，可以就有关审计事项向政府有关部门通报或者向社会公布对被审计单位的审计、专项审计调查结果。

审计机关经与有关主管机关协商，可以在向社会公布的审计、专项审计调查结果中，一并公布对社会审计机构相关审计报告核查的结果。

审计机关拟向社会公布对上市公司的审计、专项审计调查结果的，应当在5日前将拟公布的内容告知上市公司。

第五章 审计程序

第三十四条 审计机关应当根据法律、法规和国家其他有关规定，按照本级人民政府和上级审计机关的要求，确定年度审计工作重点，编制年度审计项目计划。

审计机关在年度审计项目计划中确定对国有资本占控股地位或者主导地位的企业、金融机构进行审计的，应当自确定之日起7日内告知列入年度审计项目计划的企业、金融机构。

第三十五条 审计机关应当根据年度审计项目计划，组成审计组，调查了解被审计单位的有关情况，编制审计方案，并在实施审计3日前，向被审计单位送达审计通知书。

第三十六条 审计法第三十八条所称特殊情况，包括：

（一）办理紧急事项的；

（二）被审计单位涉嫌严重违法违规的；

（三）其他特殊情况。

第三十七条 审计人员实施审计时，应当按照下列规定办理：

（一）通过检查、查询、监督盘点、发函询证等方法实施审计；

（二）通过收集原件、原物或者复制、拍照等方法取得证明材料；

（三）对与审计事项有关的会议和谈话内容作出记录，或者要求被审计单位提供会议记录材料；

（四）记录审计实施过程和查证结果。

第三十八条 审计人员向有关单位和个人调查取得的证明材料，应当有提供者的签名或者盖章；不能取得提供者签名或者盖章的，审计人员应当注明原因。

第三十九条 审计组向审计机关提出审计报告前，应当书面征求被审计单位意见。被审计单位应当自接到审计组的审计报告之日起10日内，提出书面意见；10日内未提出书面意见的，视同无异议。

审计组应当针对被审计单位提出的书面意见，进一步核实情况，对审计组的审计报告作必要修改，连同被审计单位的书面意见一并报送审计机关。

第四十条 审计机关有关业务机构和专门机构或者人员对审计组的审计报告以及相关审计事项进行复核、审理后，由审计机关按照下列规定办理：

（一）提出审计机关的审计报告，内容包括：对审计事项的审计评价，对违反国家规定的财政收支、财务收支行为提出的处理、处罚意见，移送有关主管机关、单位的意见，改进财政收支、财务收支管理工作的意见；

（二）对违反国家规定的财政收支、财务收支行为，依法应当给予处理、处罚的，在法定职权范围内作出处理、处罚的审计决定；

（三）对依法应当追究有关人员责任的，向有关主管机关、单位提出给予处分的建议；对依法应当由有关主管机关处理、处罚的，移送有关主管机关；涉嫌犯罪的，移送司法机关。

第四十一条 审计机关在审计中发现损害国家利益和社会公共利益的事项，但处理、处罚依据又不明确的，应当向本级人民政府和上一级审计机关报告。

第四十二条 被审计单位应当按照审计机关规定的期限和要求执行审计决定。对应当上缴的款项，被审计单位应当按照财政管理体制和国家有关规定缴入国库或者财政专户。审计决定需要有关主管机关、单位协助执行的，审计机关应当书面提请协助执行。

第四十三条 上级审计机关应当对下级审计机关的审计业务依法进行监督。

下级审计机关作出的审计决定违反国家有关规定的，上级审计机关可以责成下级审计机关予以变更或者撤销，也可以直接作出变更或者撤销的决定；审计决定被撤销后需要重新作出审计决定的，上级审计机关可以责成下级审计机关在规定的期限内重新作出审计决定，也可以直接作出审计决定。

下级审计机关应当作出而没有作出审计决定的，上级审计机关可以责成下级审计机关在规定的期限内作出审计决定，也可以直接作出审计决定。

第四十四条 审计机关进行专项审计调查时，应当向被调查的地方、部门、单位出示专项审计调查的书面通知，并说明有关情况；有关地方、部门、单位应当接受调查，如实反映情况，提供有关资料。

在专项审计调查中，依法属于审计机关审计监督对象的部门、单位有违反国家规定的财政收支、财务收支行为或者其他违法违规行为的，专项审计调查人员和审计机关可以依照审计法和本条例的规定提出审计报告，作出审计决定，或者移送有关主管机关、单位依法追究责任。

第四十五条 审计机关应当按照国家有关规定建立、健全审计档案制度。

第四十六条 审计机关送达审计文书，可以直接送达，也可以邮寄送达或者以其他方式送达。直接送达的，以被审计单位在送达回证上注明的签收日期或者见证人证明的收件日期为送达日期；邮寄送达的，以邮政回执上注明的收件日期为送达日期；以其他方式送达的，以签收或者收件日期为送达日期。

审计机关的审计文书的种类、内容和格式，由审计署规定。

第六章 法律责任

第四十七条 被审计单位违反审计法和本条例的规定，拒绝、拖延提供与审计事项有关的资料，或者提供的资料不真实、不完整，或者拒绝、阻碍检查的，由审计机关责令改正，可以通报批评，给予警告；拒不改正的，对被审计单位可以处5万元以下的罚款，对直接负责的主管人员和其他直接责任人员，可以处2万元以下的罚款，审计机关认为应当给予处分的，向有关主管机关、单位提出给予处分的建议；构成犯罪的，依法追究刑事责任。

第四十八条 对本级各部门（含直属单位）和下级人民政府违反预算的行为或者其他违反国家规定的财政收支行为，审计机关在法定职权范围内，依照法律、行政法规的规定，区别情况采取审计法第四十五条规定的处理措施。

第四十九条 对被审计单位违反国家规定的财务收支行为，审计机关在法定职权范围内，区别情况采取审计法第四十五条规定的处理措施，可以通报批评，给予警告；有违法所得的，没收违法所得，并处违法所得1倍以上5倍以下的罚款；没有违法所得的，可以处5万元以下的罚款；对直接负责的主管人员和其他直接责任人员，可以处2万元以下的罚款，审计机关认为应当给予处分的，向有关主管机关、单位提出给予处分的建议；构成犯罪的，依法追究刑事责任。

法律、行政法规对被审计单位违反国家规定的财务收支行为处理、处罚另有规定的，从其规定。

第五十条 审计机关在作出较大数额罚款的处罚决定前，应当告知被审计单位和有关人员有要求举行听证的权利。较大数额罚款的具体标准由审计署规定。

第五十一条 审计机关提出的对被审计单位给予处理、处罚的建议以及对直接负责的主管人员和其他直接责任人员给予处分的建议，有关主管机关、单位应当依法及时作出决定，并将结果书面通知审计机关。

第五十二条 被审计单位对审计机关依照审计法第十六条、第十七条和本条例第十五条规定进行审计监督作出的审计决定不服的，可以自审计决定送达之日起60日内，提请审计机关的本级人民政府裁决，本级人民政府的裁决为最终决定。

审计机关应当在审计决定中告知被审计单位提请裁决的途径和期限。

裁决期间，审计决定不停止执行。但是，有下列情形之一的，可以停止执行：

（一）审计机关认为需要停止执行的；

（二）受理裁决的人民政府认为需要停止执行的；

（三）被审计单位申请停止执行，受理裁决的人民政府认为其要求合理，决定停止执行的。

裁决由本级人民政府法制机构办理。裁决决定应当自接到提请之日起60日内作出；有特殊情况需要延长的，经法制机构负责人批准，可以适当延长，并告知审计机关和提请裁决的被审计单位，但延长的期限不得超过30日。

第五十三条 除本条例第五十二条规定的可以提请裁决的审计决定外，被审计单位对审计机关作出的其他审计决定不服的，可以依法申请行政复议或者提起行政诉讼。

审计机关应当在审计决定中告知被审计单位申请行政复议或者提起行政诉讼的途径和期限。

第五十四条 被审计单位应当将审计决定执行情况书面报告审计机关。审计机关应当检查审计决定的执行情况。

被审计单位不执行审计决定的，审计机关应当责令限期执行；逾期仍不执行的，审计机关可以申请人民法院强制执行，建议有关主管机关、单位对直接负责的主管人员和其他直接责任人员给予处分。

第五十五条 审计人员滥用职权、徇私舞弊、玩忽职守，或者泄露所知悉的国家秘密、商业秘密的，依法给予处分；构成犯罪的，依法追究刑事责任。

审计人员违法违纪取得的财物，依法予以追缴、没收或者责令退赔。

第七章 附 则

第五十六条 本条例所称以上、以下，包括本数。

本条例第五十二条规定的期间的最后一日是法定节假日的，以节假日后的第一个工作日为期间届满日。审计法和本条例规定的其他期间以工作日计算，不含法定节假日。

第五十七条 实施经济责任审计的规定，另行制定。

第五十八条 本条例自2010年5月1日起施行。

2.2.3 财政违法行为处罚处分条例

（2004年11月30日中华人民共和国国务院令第427号公布 根据2011年1月8日《国务院关于废止和修改部分行政法规的决定》修正）

第一条 为了纠正财政违法行为，维护国家财政经济秩序，制定本条例。

第二条 县级以上人民政府财政部门及审计机关在各自职权范围内，依法对财政违法行为作出处理、处罚决定。

省级以上人民政府财政部门的派出机构，应当在规定职权范围内，依法对财政违法行为作出处理、处罚决定；审计机关的派出机构，应当根据审计机关的授权，依法对财政违法行为作出处理、处罚决定。

根据需要，国务院可以依法调整财政部门及其派出机构（以下统称财政部门）、审计机关及其派出机构（以下统称审计机关）的职权范围。

有财政违法行为的单位，其直接负责的主管人员和其他直接责任人员，以及有财政违法行为的个人，属于国家公务员的，由监察机关及其派出机构（以下统称监察机关）或者任免机关依照人事管理权限，依法给予行政处分。

第三条 财政收入执收单位及其工作人员有下列违反国家财政收入管理规定的行为之一的，责令改正，补收应当收取的财政收入，限期退还违法所得。对单位给予警告或者通报批评。对直接负责的主管人员和其他直接责任人员给予警告、记过或者记大过处分；情节严重的，给予降级或者撤职处分：

（一）违反规定设立财政收入项目；

（二）违反规定擅自改变财政收入项目的范围、标准、对象和期限；

（三）对已明令取消、暂停执行或者降低标准的财政收入项目，仍然依照原定项目、标准征收或者变换名称征收；

（四）缓收、不收财政收入；

（五）擅自将预算收入转为预算外收入；

（六）其他违反国家财政收入管理规定的行为。

《中华人民共和国税收征收管理法》等法律、行政法规另有规定的，依照其规定给予行政处分。

第四条 财政收入执收单位及其工作人员有下列违反国家财政收入上缴规定的行为之一的，责令改正，调整有关会计账目，收缴应当上缴的财政收入，限期退还违法所得。对单位给予警告或者通报批评。对直接负责的主管人员和其他直接责任人员给予记大过处分；情节较重的，给予降级或者撤职处分；情节严重的，给予开除处分：

（一）隐瞒应当上缴的财政收入；

（二）滞留、截留、挪用应当上缴的财政收入；

（三）坐支应当上缴的财政收入；

（四）不依照规定的财政收入预算级次、预算科目入库；

（五）违反规定退付国库库款或者财政专户资金；

（六）其他违反国家财政收入上缴规定的行为。

《中华人民共和国税收征收管理法》、《中华人民共和国预算法》等法律、行政法规另有规定的，依照其规定给予行政处分。

第五条 财政部门、国库机构及其工作人员有下列违反国家有关上解、下拨财政资金规定的行为之一的，责令改正，限期退还违法所得。对单位给予警告或者通报批评。对直接负责的主管人员和其他直接责任人员给予记过或者记大过处分；情节较重的，给予降级或者撤职处分；情节严重的，给予开除处分：

（一）延解、占压应当上解的财政收入；

（二）不依照预算或者用款计划核拨财政资金；

（三）违反规定收纳、划分、留解、退付国库库款或者财政专户资金；

（四）将应当纳入国库核算的财政收入放在财政专户核算；

（五）擅自动用国库库款或者财政专户资金；

（六）其他违反国家有关上解、下拨财政资金规定的行为。

第六条 国家机关及其工作人员有下列违反规定使用、骗取财政资金的行为之一的，责令改正，调整有关会计账目，追回有关财政资金，限期退还违法所得。对单位给予警告或者通报批评。对直接负责的主管人员和其他直接责任人员给予记大过处分；情节较重的，给予降级或者撤职处分；情节严重的，给予开除处分：

（一）以虚报、冒领等手段骗取财政资金；

（二）截留、挪用财政资金；

（三）滞留应当下拨的财政资金；

（四）违反规定扩大开支范围，提高开支标准；

（五）其他违反规定使用、骗取财政资金的行为。

第七条 财政预决算的编制部门和预算执行部门及其工作人员有下列违反国家有关预算管理规定的行为之一的，责令改正，追回有关款项，限期调整有关预算科目和预算级次。对单位给予警告或者通报批评。对直接负责的主管人员和其他直接责任人员给予警告、记过或者记大过处分；情节较重的，给予降级处分；情节严重的，给予撤职处分：

（一）虚增、虚减财政收入或者财政支出；

（二）违反规定编制、批复预算或者决算；

（三）违反规定调整预算；

（四）违反规定调整预算级次或者预算收支种类；

（五）违反规定动用预算预备费或者挪用预算周转金；

（六）违反国家关于转移支付管理规定的行为；

（七）其他违反国家有关预算管理规定的行为。

第八条 国家机关及其工作人员违反国有资产管理的规定，擅自占有、使用、处置国有资产的，责令改正，调整有关会计账目，限期退还违法所得和被侵占的国有资产。对单位给予警告或者通报批评。对直接负责的主管人员和其他直接责任人员给予记大过处分；情节较重的，给予降级或者撤职处分；情节严重的，给予开除处分。

第九条 单位和个人有下列违反国家有关投资建设项目规定的行为之一的，责令改正，调整有关会计账目，追回被截留、挪用、骗取的国家建设资金，没收违法所得，核减或者停止拨付工程投资。对单位给予警告或者通报批评，其直接负责的主管人员和其他直接责任人员属于国家公务员的，给予记大过处分；情节较重的，给予降级或者撤职处分；情节严重的，给予开除处分：

（一）截留、挪用国家建设资金；

（二）以虚报、冒领、关联交易等手段骗取国家建设资金；

（三）违反规定超概算投资；

（四）虚列投资完成额；

（五）其他违反国家投资建设项目有关规定的行为。

《中华人民共和国政府采购法》、《中华人民共和国招标投标法》、《国家重点建设项目管理办法》等法律、行政法规另有规定的，依照其规定处理、处罚。

第十条 国家机关及其工作人员违反《中华人民共和国担保法》及国家有关规定，擅自提供担保的，责令改正，没收违法所得。对单位给予警告或者通报批评。对直接负责的主管人员和其他直接责任人员给予警告、记过或者记大过处分；造成损失的，给予降级或者撤职处分；造成重大损失的，给予开除处分。

第十一条 国家机关及其工作人员违反国家有关账户管理规定，擅自在金融机构开立、使用账户的，责令改正，调整有关会计账目，追回有关财政资金，没收违法所得，依法撤销擅自开立的账户。对单位给予警告或者通报批评。对直接负责的主管人员和其他直接责任人员给予降级处分；情节严重的，给予撤职或者开除处分。

第十二条 国家机关及其工作人员有下列行为之一的，责令改正，调整有关会计账目，追回被挪用、骗取的有关资金，没收违法所得。对单位给予警告或者通报批评。对直接负责的主管人员和其他直接责任人员给予降级处分；情节较重的，给予撤职处分；情节严重的，给予开除处分：

（一）以虚报、冒领等手段骗取政府承贷或者担保的外国政府贷款、国际金融组织贷款；

（二）滞留政府承贷或者担保的外国政府贷款、国际金融组织贷款；

（三）截留、挪用政府承贷或者担保的外国政府贷款、国际金融组织贷款；

（四）其他违反规定使用、骗取政府承贷或者担保的外国政府贷款、国际金融组织贷款的行为。

第十三条 企业和个人有下列不缴或者少缴财政收入行为之一的，责令改正，调整有关会计账目，收缴应当上缴的财政收入，给予警告，没收违法所得，并处不缴或者少缴财政收入10%以上30%以下的罚款；对直接负责的主管人员和其他直接责任人员处3 000元以上5万元以下的罚款：

（一）隐瞒应当上缴的财政收入；

（二）截留代收的财政收入；

（三）其他不缴或者少缴财政收入的行为。

属于税收方面的违法行为，依照有关税收法律、行政法规的规定处理、处罚。

第十四条 企业和个人有下列行为之一的，责令改正，调整有关会计账目，追回违反规定使用、骗取的有关资金，给予警告，没收违法所得，并处被骗取有关资金10%以上50%以下的罚款或者被违规使用有关资金10%以上30%以下的罚款；对直接负责的主管人员和其他直接责任人员处3 000元以上5万元以下的罚款：

（一）以虚报、冒领等手段骗取财政资金以及政府承贷或者担保的外国政府贷款、国际金融组织贷款；

（二）挪用财政资金以及政府承贷或者担保的外国政府贷款、国际金融组织贷款；

（三）从无偿使用的财政资金以及政府承贷或者担保的外国政府贷款、国际金融组织贷款中非法获益；

（四）其他违反规定使用、骗取财政资金以及政府承贷或者担保的外国政府贷款、国际金融组织贷款的行为。

属于政府采购方面的违法行为，依照《中华人民共和国政府采购法》及有关法律、行政法规的规定处理、处罚。

第十五条 事业单位、社会团体、其他社会组织及其工作人员有财政违法行为的，依照本条例有关国家机关的规定执行；但其在经营活动中的财政违法行为，依照本条例第十三条、第十四条的规定执行。

第十六条 单位和个人有下列违反财政收入票据管理规定的行为之一的，销毁非法印制的票据，没收违法所得和作案工具。对单位处5 000元以上10万元以下的罚款；对直接负责的主管人员和其他直接责任人员处3 000元以上5万元以下的罚款。属于国家公务员的，还应当给予降级或者撤职处分；情节严重的，给予开除处分：

（一）违反规定印制财政收入票据；

（二）转借、串用、代开财政收入票据；

（三）伪造、变造、买卖、擅自销毁财政收入票据；

（四）伪造、使用伪造的财政收入票据监（印）制章；

（五）其他违反财政收入票据管理规定的行为。

属于税收收入票据管理方面的违法行为，依照有关税收法律、行政法规的规定处理、处罚。

第十七条 单位和个人违反财务管理的规定，私存私放财政资金或者其他公款的，责令改正，调整有关会计账目，追回私存私放的资金，没收违法所得。对单位处3 000元以上5万元以下的罚款；对直接负责的主管人员和其他直接责任人员处2 000元以上2万元以下的罚款。属于国家公务员的，还应当给予记大过处分；情节严重的，给予降级或者撤职处分。

第十八条 属于会计方面的违法行为，依照会计方面的法律、行政法规的规定处理、处罚。对其直接负责的主管人员和其他直接责任人员，属于国家公务员的，还应当给予警告、记过或者记大过处分；情节较重的，给予降级或者撤职处分；情节严重的，给予开除处分。

第十九条 属于行政性收费方面的违法行为，《中华人民共和国行政许可法》、《违反行政事业性收费和罚没收入收支两条线管理规定行政处分暂行规定》等法律、行政法规及国务院另有规定的，有关部门依照其规定处理、处罚、处分。

第二十条 单位和个人有本条例规定的财政违法行为，构成犯罪的，依法追究刑事责任。

第二十一条 财政部门、审计机关、监察机关依法进行调查或者检查时，被调查、检查的单位和个人应当予以配合，如实反映情况，不得拒绝、阻挠、拖延。

违反前款规定的，责令限期改正。逾期不改正的，对属于国家公务员的直接负责的主管人员和其他直接责任人员，给予警告、记过或者记大过处分；情节严重的，给予降级或者撤职处分。

第二十二条 财政部门、审计机关、监察机关依法进行调查或者检查时，经县级以上人民政府财政部门、审计机关、监察机关的负责人批准，可以向与被调查、检查单位有经济业务往来的单位查询有关情况，可以向金融机构查询被调查、检查单位的存款，有关单位和金融机构应当配合。

财政部门、审计机关、监察机关在依法进行调查或者检查时，执法人员不得少于2人，并应当向当事人或者有关人员出示证件；查询存款时，还应当持有县级以上人民政府财政部门、审计机关、监察机关签发的查询存款通知书，并负有保密义务。

第二十三条 财政部门、审计机关、监察机关依法进行调查或者检查时，在有关证据可能灭失或者以后难以取得的情况下，经县级以上人民政府财政部门、审计机关、监察机关的负责人批准，可以先行登记保存，并应当在7日内及时作出处理决定。在此期间，当事人或者有关人员不得销毁或者转移证据。

第二十四条　对被调查、检查单位或者个人正在进行的财政违法行为，财政部门、审计机关应当责令停止。拒不执行的，财政部门可以暂停财政拨款或者停止拨付与财政违法行为直接有关的款项，已经拨付的，责令其暂停使用；审计机关可以通知财政部门或者其他有关主管部门暂停财政拨款或者停止拨付与财政违法行为直接有关的款项，已经拨付的，责令其暂停使用，财政部门和其他有关主管部门应当将结果书面告知审计机关。

第二十五条　依照本条例规定限期退还的违法所得，到期无法退还的，应当收缴国库。

第二十六条　单位和个人有本条例所列财政违法行为，财政部门、审计机关、监察机关可以公告其财政违法行为及处理、处罚、处分决定。

第二十七条　单位和个人有本条例所列财政违法行为，弄虚作假骗取荣誉称号及其他有关奖励的，应当撤销其荣誉称号并收回有关奖励。

第二十八条　财政部门、审计机关、监察机关的工作人员滥用职权、玩忽职守、徇私舞弊的，给予警告、记过或者记大过处分；情节较重的，给予降级或者撤职处分；情节严重的，给予开除处分。构成犯罪的，依法追究刑事责任。

第二十九条　财政部门、审计机关、监察机关及其他有关监督检查机关对有关单位或者个人依法进行调查、检查后，应当出具调查、检查结论。有关监督检查机关已经作出的调查、检查结论能够满足其他监督检查机关履行本机关职责需要的，其他监督检查机关应当加以利用。

第三十条　财政部门、审计机关、监察机关及其他有关机关应当加强配合，对不属于其职权范围的事项，应当依法移送。受移送机关应当及时处理，并将结果书面告知移送机关。

第三十一条　对财政违法行为作出处理、处罚和处分决定的程序，依照本条例和《中华人民共和国行政处罚法》、《中华人民共和国行政监察法》等有关法律、行政法规的规定执行。

第三十二条　单位和个人对处理、处罚不服的，依照《中华人民共和国行政复议法》、《中华人民共和国行政诉讼法》的规定申请复议或者提起诉讼。

国家公务员对行政处分不服的，依照《中华人民共和国行政监察法》、《中华人民共和国公务员法》等法律、行政法规的规定提出申诉。

第三十三条　本条例所称“财政收入执收单位”，是指负责收取税收收入和各种非税收入的单位。

第三十四条　对法律、法规授权的具有管理公共事务职能的组织以及国家行政机关依法委托的组织及其工勤人员以外的工作人员，企业、事业单位、社会团体中由国家行政机关以委任、派遣等形式任命的人员以及其他人员有本条例规定的财政违法行为，需要给予处分的，参照本条例有关规定执行。

第三十五条　本条例自2005年2月1日起施行。1987年6月16日国务院发布的《国务院关于违反财政法规处罚的暂行规定》同时废止。

2.2.4 党政主要领导干部和国有企事业单位主要领导人员经济责任审计规定

第一章 总 则

第一条 为了坚持和加强党对审计工作的集中统一领导，强化对党政主要领导干部和国有企事业单位主要领导人员（以下统称领导干部）的管理监督，促进领导干部履职尽责、担当作为，确保党中央令行禁止，根据《中华人民共和国审计法》和有关党内法规，制定本规定。

第二条 经济责任审计工作以马克思列宁主义、毛泽东思想、邓小平理论、“三个代表”重要思想、科学发展观、习近平新时代中国特色社会主义思想为指导，增强“四个意识”、坚定“四个自信”、做到“两个维护”，认真落实党中央、国务院决策部署，紧紧围绕统筹推进“五位一体”总体布局和协调推进“四个全面”战略布局，贯彻新发展理念，聚焦经济责任，客观评价，揭示问题，促进经济高质量发展，促进全面深化改革，促进权力规范运行，促进反腐倡廉，推进国家治理体系和治理能力现代化。

第三条 本规定所称经济责任，是指领导干部在任职期间，对其管辖范围内贯彻执行党和国家经济方针政策、决策部署，推动经济和社会事业发展，管理公共资金、国有资产、国有资源，防控重大经济风险等有关经济活动应当履行的职责。

第四条 领导干部经济责任审计对象包括：

（一）地方各级党委、政府、纪检监察机关、法院、检察院的正职领导干部或者主持工作1年以上的副职领导干部；

（二）中央和地方各级党政工作部门、事业单位和人民团体等单位的正职领导干部或者主持工作1年以上的副职领导干部；

（三）国有和国有资本占控股地位或者主导地位的企业（含金融机构，以下统称国有企业）的法定代表人或者不担任法定代表人但实际行使相应职权的主要领导人员；

（四）上级领导干部兼任下级单位正职领导职务且不实际履行经济责任时，实际分管日常工作的副职领导干部；

（五）党中央和县级以上地方党委要求进行经济责任审计的其他主要领导干部。

第五条 领导干部履行经济责任的情况，应当依规依法接受审计监督。

经济责任审计可以在领导干部任职期间进行，也可以在领导干部离任后进行，以任职期间审计为主。

第六条 领导干部的经济责任审计按照干部管理权限确定。遇有干部管理权限与财政财务隶属关系等不一致时，由对领导干部具有干部管理权限的部门与同级审计机关共同确定实施审计的审计机关。

审计署审计长的经济责任审计，按照中央审计委员会的决定组织实施。地方审计机关主要领导干部的经济责任审计，由地方党委与上一级审计机关协商后，由上一级审计机关组织实施。

第七条 审计委员会办公室、审计机关依规依法独立实施经济责任审计，任何组织和个人不得拒绝、阻碍、干涉，不得打击报复审计人员。

对有意设置障碍、推诿拖延的，应当进行批评和通报；造成恶劣影响的，应当严肃问责追责。

第八条 审计委员会办公室、审计机关和审计人员对经济责任审计工作中知悉的国家秘密、商业秘密和个人隐私，负有保密义务。

第九条 各级党委和政府应当保证履行经济责任审计职责所必需的机构、人员和经费。

第二章 组织协调

第十条 各级党委和政府应当加强对经济责任审计工作的领导，建立健全经济责任审计工作联席会议（以下简称联席会议）制度。联席会议由纪检监察机关和组织、机构编制、审计、财政、人力资源社会保障、国有资产监督管理、金融监督管理等部门组成，召集人由审计委员会办公室主任担任。联席会议在同级审计委员会的领导下开展工作。

联席会议下设办公室，与同级审计机关内设的经济责任审计机构合署办公。办公室主任由同级审计机关的副职领导或者相当职务层次领导担任。

第十一条 联席会议主要负责研究拟订有关经济责任审计的制度文件，监督检查经济责任审计工作情况，协调解决经济责任审计工作中出现的问题，推进经济责任审计结果运用，指导下级联席会议的工作，指导和监督部门、单位内部管理领导干部经济责任审计工作，完成审计委员会交办的其他工作。

联席会议办公室负责联席会议的日常工作。

第十二条 经济责任审计应当有计划地进行，根据干部管理监督需要和审计资源等实际情况，对审计对象实行分类管理，科学制定经济责任审计中长期规划和年度审计项目计划，推进领导干部履行经济责任情况审计全覆盖。

第十三条 年度经济责任审计项目计划按照下列程序制定：

（一）审计委员会办公室商同级组织部门提出审计计划安排，组织部门提出领导干部年度审计建议名单；

（二）审计委员会办公室征求同级纪检监察机关等有关单位意见后，纳入审计机关年度审计项目计划；

（三）审计委员会办公室提交同级审计委员会审议决定。

对属于有关主管部门管理的领导干部进行审计的，审计委员会办公室商有关主管部门提出年度审计建议名单，纳入审计机关年度审计项目计划，提交审计委员会审议决定。

第十四条 年度经济责任审计项目计划一经确定不得随意变更。确需调减或者追加的，应当按照原制定程序，报审计委员会批准后实施。

第十五条 被审计领导干部遇有被有关部门采取强制措施、纪律审查、监察调查或者死亡等特殊情况，以及存在其他不宜继续进行经济责任审计情形的，审计委员会办公室商同级纪检监察机关、组织部门等有关单位提出意见，报审计委员会批准后终止审计。

第三章 审计内容

第十六条 经济责任审计应当以领导干部任职期间公共资金、国有资产、国有资源的管理、分配和使用为基础，以领导干部权力运行和责任落实情况为重点，充分考虑领导干部管理监督需要、履职特点和审计资源等因素，依规依法确定审计内容。

第十七条 地方各级党委和政府主要领导干部经济责任审计的内容包括：

（一）贯彻执行党和国家经济方针政策、决策部署情况；

（二）本地区经济社会发展规划和政策措施的制定、执行和效果情况；

（三）重大经济事项的决策、执行和效果情况；

（四）财政财务管理和经济风险防范情况，民生保障和改善情况，生态文明建设项目、资金等管理使用和效益情况，以及在预算管理中执行机构编制管理规定情况；

（五）在经济活动中落实有关党风廉政建设责任和遵守廉洁从政规定情况；

（六）以往审计发现问题的整改情况；

（七）其他需要审计的内容。

第十八条 党政工作部门、纪检监察机关、法院、检察院、事业单位和人民团体等单位主要领导干部经济责任审计的内容包括：

（一）贯彻执行党和国家经济方针政策、决策部署情况；

（二）本部门本单位重要发展规划和政策措施的制定、执行和效果情况；

（三）重大经济事项的决策、执行和效果情况；

（四）财政财务管理和经济风险防范情况，生态文明建设项目、资金等管理使用和效益情况，以及在预算管理中执行机构编制管理规定情况；

（五）在经济活动中落实有关党风廉政建设责任和遵守廉洁从政规定情况；

（六）以往审计发现问题的整改情况；

（七）其他需要审计的内容。

第十九条 国有企业主要领导人员经济责任审计的内容包括：

（一）贯彻执行党和国家经济方针政策、决策部署情况；

（二）企业发展战略规划的制定、执行和效果情况；

（三）重大经济事项的决策、执行和效果情况；

（四）企业法人治理结构的建立、健全和运行情况，内部控制制度的制定和执行情况；

（五）企业财务的真实合法效益情况，风险管控情况，境外资产管理情况，生态环境保护情况；

（六）在经济活动中落实有关党风廉政建设责任和遵守廉洁从业规定情况；

（七）以往审计发现问题的整改情况；

（八）其他需要审计的内容。

第二十条 有关部门和单位、地方党委和政府的主要领导干部由上级领导干部兼任，且实际履行经济责任的，对其进行经济责任审计时，审计内容仅限于该领导干部所兼任职务应当履行的经济责任。

第四章 审计实施

第二十一条 审计委员会办公室、审计机关应当根据年度经济责任审计项目计划，组成审计组并实施审计。

第二十二条 对同一地方党委和政府主要领导干部，以及同一部门、单位2名以上主要领导干部的经济责任审计，可以同步组织实施，分别认定责任。

第二十三条 审计委员会办公室、审计机关应当按照规定，向被审计领导干部及其所在单位或者原任职单位（以下统称所在单位）送达审计通知书，抄送同级纪检监察机关、组织部门等有关单位。

地方审计机关主要领导干部的经济责任审计通知书，由上一级审计机关送达。

第二十四条 实施经济责任审计时，应当召开由审计组主要成员、被审计领导干部及其所在单位有关人员参加的会议，安排审计工作有关事项。联席会议有关成员单位根据工作需要可以派人参加。

审计组应当在被审计单位公示审计项目名称、审计纪律要求和举报电话等内容。

第二十五条 经济责任审计过程中，应当听取被审计领导干部所在单位领导班子成员的意见。

对地方党委和政府主要领导干部的审计，还应当听取同级人大常委会、政协主要负责同志的意见。

审计委员会办公室、审计机关应当听取联席会议有关成员单位的意见，及时了解与被审计领导干部履行经济责任有关的考察考核、群众反映、巡视巡察反馈、组织约谈、函询调查、案件查处结果等情况。

第二十六条 被审计领导干部及其所在单位，以及其他有关单位应当及时、准确、完整地提供与被审计领导干部履行经济责任有关的下列资料：

（一）被审计领导干部经济责任履行情况报告；

（二）工作计划、工作总结、工作报告、会议记录、会议纪要、决议决定、请示、批示、目标责任书、经济合同、考核检查结果、业务档案、机构编制、规章制度、以往审计发现问题整改情况等资料；

（三）财政收支、财务收支相关资料；

（四）与履行职责相关的电子数据和必要的技术文档；

（五）审计所需的其他资料。

第二十七条 被审计领导干部及其所在单位应当对所提供资料的真实性、完整性负责，并作出书面承诺。

第二十八条 经济责任审计应当加强与领导干部自然资源资产离任审计等其他审计的统筹协调，科学配置审计资源，创新审计组织管理，推动大数据等新技术应用，建立健全审计工作信息和结果共享机制，提高审计监督整体效能。

第二十九条 经济责任审计过程中，可以依规依法提请有关部门、单位予以协助。有关部门、单位应当予以支持，并及时提供有关资料和信息。

第三十条 审计组实施审计后，应当向派出审计组的审计委员会办公室、审计机关提交审计报告。

审计报告一般包括被审计领导干部任职期间履行经济责任情况的总体评价、主要业绩、审计发现的主要问题和责任认定、审计建议等内容。

第三十一条 审计委员会办公室、审计机关应当书面征求被审计领导干部及其所在单位对审计组审计报告的意见。

第三十二条 被审计领导干部及其所在单位应当自收到审计组审计报告之日起10个工作日内提出书面意见；10个工作日内未提出书面意见的，视同无异议。

审计组应当针对被审计领导干部及其所在单位提出的书面意见，进一步研究和核实，对审计报告作出必要的修改，连同被审计领导干部及其所在单位的书面意见一并报送审计委员会办公室、审计机关。

第三十三条 审计委员会办公室、审计机关按照规定程序对审计组审计报告进行审定，出具经济责任审计报告；同时出具经济责任审计结果报告，在经济责任审计报告的基础上，简要反映审计结果。

经济责任审计报告和经济责任审计结果报告应当事实清楚、评价客观、责任明确、用词恰当、文字精炼、通俗易懂。

第三十四条 经济责任审计报告、经济责任审计结果报告等审计结论性文书按照规定程序报同级审计委员会，按照干部管理权限送组织部门。根据工作需要，送纪检监察机关等联席会议其他成员单位、有关主管部门。

地方审计机关主要领导干部的经济责任审计结论性文书，由上一级审计机关送有关组织部门。根据工作需要，送有关纪检监察机关。

经济责任审计报告应当送达被审计领导干部及其所在单位。

第三十五条 经济责任审计中发现的重大问题线索，由审计委员会办公室按照规定向审计委员会报告。

应当由纪检监察机关或者有关主管部门处理的问题线索，由审计机关依规依纪依法移送处理。

被审计领导干部所在单位存在的违反国家规定的财政收支、财务收支行为，依法应当给予处理处罚的，由审计机关在法定职权范围内作出审计决定。

第三十六条 经济责任审计项目结束后，审计委员会办公室、审计机关应当组织召开会议，向被审计领导干部及其所在单位领导班子成员等有关人员反馈审计结果和相关情况。联席会议有关成员单位根据工作需要可以派人参加。

第三十七条 被审计领导干部对审计委员会办公室、审计机关出具的经济责任审计报告有异议的，可以自收到审计报告之日起30日内向同级审计委员会办公室申诉。审计委员会办公室应当组成复查工作小组，并要求原审计组人员等回避，自收到申诉之日起90日内提出复查意见，报审计委员会批准后作出复查决定。复查决定为最终决定。

地方审计机关主要领导干部对上一级审计机关出具的经济责任审计报告有异议的，可以自收到审计报告之日起30日内向上一级审计机关申诉。上一级审计机关应当组成复查工作小组，并要求原审计组人员等回避，自收到申诉之日起90日内作出复查决定。复查决定为最终决定。

本条规定的期间的最后一日是法定节假日的，以节假日后的第一个工作日为期间届满日。

第五章 审计评价

第三十八条 审计委员会办公室、审计机关应当根据不同领导职务的职责要求，在审计查证或者认定事实的基础上，综合运用多种方法，坚持定性评价与定量评价相结合，依照有关党内法规、法律法规、政策规定、责任制考核目标等，在审计范围内，对被审计领导干部履行经济责任情况，包括公共资金、国有资产、国有资源的管理、分配和使用中个人遵守廉洁从政（从业）规定等情况，作出客观公正、实事求是的评价。

审计评价应当有充分的审计证据支持，对审计中未涉及的事项不作评价。

第三十九条 对领导干部履行经济责任过程中存在的问题，审计委员会办公室、审计机关应当按照权责一致原则，根据领导干部职责分工，综合考虑相关问题的历史背景、决策过程、性质、后果和领导干部实际所起的作用等情况，界定其应当承担的直接责任或者领导责任。

第四十条　领导干部对履行经济责任过程中的下列行为应当承担直接责任：

（一）直接违反有关党内法规、法律法规、政策规定的；

（二）授意、指使、强令、纵容、包庇下属人员违反有关党内法规、法律法规、政策规定的；

（三）贯彻党和国家经济方针政策、决策部署不坚决不全面不到位，造成公共资金、国有资产、国有资源损失浪费，生态环境破坏，公共利益损害等后果的；

（四）未完成有关法律法规规章、政策措施、目标责任书等规定的领导干部作为第一责任人（负总责）事项，造成公共资金、国有资产、国有资源损失浪费，生态环境破坏，公共利益损害等后果的；

（五）未经民主决策程序或者民主决策时在多数人不同意的情况下，直接决定、批准、组织实施重大经济事项，造成公共资金、国有资产、国有资源损失浪费，生态环境破坏，公共利益损害等后果的；

（六）不履行或者不正确履行职责，对造成的后果起决定性作用的其他行为。

第四十一条　领导干部对履行经济责任过程中的下列行为应当承担领导责任：

（一）民主决策时，在多数人同意的情况下，决定、批准、组织实施重大经济事项，由于决策不当或者决策失误造成公共资金、国有资产、国有资源损失浪费，生态环境破坏，公共利益损害等后果的；

（二）违反部门、单位内部管理规定造成公共资金、国有资产、国有资源损失浪费，生态环境破坏，公共利益损害等后果的；

（三）参与相关决策和工作时，没有发表明确的反对意见，相关决策和工作违反有关党内法规、法律法规、政策规定，或者造成公共资金、国有资产、国有资源损失浪费，生态环境破坏，公共利益损害等后果的；

（四）疏于监管，未及时发现和处理所管辖范围内本级或者下一级地区（部门、单位）违反有关党内法规、法律法规、政策规定的问题，造成公共资金、国有资产、国有资源损失浪费，生态环境破坏，公共利益损害等后果的；

（五）除直接责任外，不履行或者不正确履行职责，对造成的后果应当承担责任的其他行为。

第四十二条　对被审计领导干部以外的其他责任人员，审计委员会办公室、审计机关可以适当方式向有关部门、单位提供相关情况。

第四十三条　审计评价时，应当把领导干部在推进改革中因缺乏经验、先行先试出现的失误和错误，同明知故犯的违纪违法行为区分开来；把上级尚无明确限制的探索性试验中的失误和错误，同上级明令禁止后依然我行我素的违纪违法行为区分开来；把为推动发展的无意过失，同为谋取私利的违纪违法行为区分开来。对领导干部在改革创新中的失误和错误，正确把握事业为上、实事求是、依纪依法、容纠并举等原则，经综合分析研判，可以免责或者从轻定责，鼓励探索创新，支持担当作为，保护领导干部干事创业的积极性、主动性、创造性。

第六章　审计结果运用

第四十四条　各级党委和政府应当建立健全经济责任审计情况通报、责任追究、整改落实、结果公告等结果运用制度，将经济责任审计结果以及整改情况作为考核、任免、奖惩被审计领导干部的重要参考。

经济责任审计结果报告以及审计整改报告应当归入被审计领导干部本人档案。

第四十五条 审计委员会办公室、审计机关应当按照规定以适当方式通报或者公告经济责任审计结果，对审计发现问题的整改情况进行监督检查。

第四十六条 联席会议其他成员单位应当在各自职责范围内运用审计结果：

（一）根据干部管理权限，将审计结果以及整改情况作为考核、任免、奖惩被审计领导干部的重要参考；

（二）对审计发现的问题作出进一步处理；

（三）加强审计发现问题整改落实情况的监督检查；

（四）对审计发现的典型性、普遍性、倾向性问题和提出的审计建议及时进行研究，将其作为采取有关措施、完善有关制度规定的重要参考。

联席会议其他成员单位应当以适当方式及时将审计结果运用情况反馈审计委员会办公室、审计机关。党中央另有规定的，按照有关规定办理。

第四十七条 有关主管部门应当在各自职责范围内运用审计结果：

（一）根据干部管理权限，将审计结果以及整改情况作为考核、任免、奖惩被审计领导干部的重要参考；

（二）对审计移送事项依规依纪依法作出处理处罚；

（三）督促有关部门、单位落实审计决定和整改要求，在对相关行业、单位管理和监督中有效运用审计结果；

（四）对审计发现的典型性、普遍性、倾向性问题和提出的审计建议及时进行研究，并将其作为采取有关措施、完善有关制度规定的重要参考。

有关主管部门应当以适当方式及时将审计结果运用情况反馈审计委员会办公室、审计机关。

第四十八条 被审计领导干部及其所在单位根据审计结果，应当采取以下整改措施：

（一）对审计发现的问题，在规定期限内进行整改，将整改结果书面报告审计委员会办公室、审计机关，以及组织部门或者主管部门；

（二）对审计决定，在规定期限内执行完毕，将执行情况书面报告审计委员会办公室、审计机关；

（三）根据审计发现的问题，落实有关责任人员的责任，采取相应的处理措施；

（四）根据审计建议，采取措施，健全制度，加强管理；

（五）将审计结果以及整改情况纳入所在单位领导班子党风廉政建设责任制检查考核的内容，作为领导班子民主生活会以及领导班子成员述责述廉的重要内容。

第七章 附 则

第四十九条 审计委员会办公室、审计机关和审计人员，被审计领导干部及其所在单位，以及其他有关单位和个人在经济责任审计中的职责、权限、法律责任等，本规定未作规定的，依照党中央有关规定、《中华人民共和国审计法》、《中华人民共和国审计法实施条例》和其他法律法规执行。

第五十条 有关部门、单位对内部管理领导干部开展经济责任审计参照本规定执行，或者根据本规定制定具体办法。

第五十一条 本规定由中央审计委员会办公室、审计署负责解释。

第五十二条 本规定自2019年7月7日起施行。2010年10月12日中共中央办公厅、国务院办公厅印发的《党政主要领导干部和国有企业领导人员经济责任审计规定》同时废止。

2.2.5 领导干部自然资源资产离任审计规定（试行）

第一条 为了加快推进生态文明建设，践行绿色发展理念，促进自然资源资产节约集约利用和生态环境安全，推动领导干部切实履行自然资源资产管理和生态环境保护责任，根据《中共中央、国务院关于加快推进生态文明建设的意见》和《中共中央、国务院关于印发〈生态文明体制改革总体方案〉的通知》以及有关党内法规和国家法律法规，制定本规定。

第二条 领导干部离任时，应当接受自然资源资产离任审计。

审计机关开展领导干部自然资源资产离任审计适用本规定。本规定未明确的，依照《中华人民共和国审计法》、《中华人民共和国审计法实施条例》和其他有关法律法规的规定执行。

第三条 本规定所称领导干部自然资源资产离任审计，是指审计机关依法依规对主要领导干部任职期间履行自然资源资产管理和生态环境保护责任情况进行的审计。

第四条 本规定所称自然资源资产管理和生态环境保护责任，是指主要领导干部任职期间依法依规对本地区、本部门（单位）以及主管业务领域的以下工作应当履行的责任：

（一）土地、水、森林、草原、矿产、海洋等自然资源资产的管理开发利用；

（二）大气、水、土壤等环境保护和环境改善；

（三）森林、草原、荒漠、河流、湖泊、湿地、海洋等生态系统的保护和修复；

（四）其他与自然资源资产管理和生态环境保护相关的事项。

第五条 领导干部自然资源资产离任审计对象包括：

（一）地方各级党委和政府主要领导干部；

（二）各级发展改革、国土资源、环境保护、水利、农业、林业、能源、海洋等承担自然资源资产管理和生态环境保护工作部门（单位）的主要领导干部。

第六条 审计机关应当依照干部管理权限，根据组织部门委托，确定领导干部自然资源资产离任审计计划。

审计机关在组织审计时，应当坚持以开展领导干部自然资源资产离任审计为主，采取独立实施方式，也可以与领导干部经济责任审计统筹实施，由同一审计组一并审计。

第七条 审计机关开展领导干部自然资源资产离任审计应当坚持依法审计、问题导向、客观求实、鼓励创新、推动改革的原则。

第八条 领导干部自然资源资产离任审计内容主要包括：

（一）贯彻执行中央生态文明建设方针政策和决策部署情况；

（二）遵守自然资源资产管理和生态环境保护法律法规情况；

（三）自然资源资产管理和生态环境保护重大决策情况；

（四）完成自然资源资产管理和生态环境保护目标情况；

（五）履行自然资源资产管理和生态环境保护监督责任情况；

（六）组织自然资源资产和生态环境保护相关资金征管用和项目建设运行情况；

（七）履行其他相关责任情况。

审计机关应当充分考虑被审计领导干部所在地区的主体功能定位、自然资源资产禀赋特点、资源环境承载能力等，针对不同类别自然资源资产和重要生态环境保护事项，分别确定审计内容，突出审计重点。

第九条 本规定第八条第一款第一项所称的贯彻执行中央生态文明建设方针政策和决策部署情况，主要包括：

（一）生态文明体制改革相关制度建立以及落实情况；

（二）国家有关自然资源资产和生态环境保护重大战略贯彻落实情况；

（三）生态文明建设领域推进供给侧结构性改革情况。

第十条 本规定第八条第一款第二项所称的遵守自然资源资产管理和生态环境保护法律法规情况，主要包括：

（一）组织制定地方有关规章制度情况；

（二）制定、批准、审批和组织实施自然资源开发利用、生态环境保护规划（计划）中遵守资源环境生态法律法规情况；

（三）相关重大经济活动或者建设项目中遵守资源环境生态法律法规情况。

第十一条 本规定第八条第一款第三项所称的自然资源资产管理和生态环境保护重大决策情况，是指经济社会发展重大决策、资源开发利用和生态环境保护重大事项审批以及规划（计划）的调整情况，主要包括：

（一）落实国家资源生态环境保护相关禁止性、限制性、约束性政策要求情况；

（二）落实主体功能区规划、国土规划、土地利用总体规划、城乡规划等情况；

（三）国家公园等自然保护地自然生态系统保护情况；

（四）落实环境影响评价有关要求情况；

（五）推动重点生态功能区产业准入负面清单落地实施等情况以及效果。

第十二条 本规定第八条第一款第四项所称的完成自然资源资产管理和生态环境保护目标情况，主要包括：

（一）国家确定的自然资源利用、环境治理、环境质量、生态保护等方面约束性指标完成情况；

（二）国家关于大气、水、土壤污染防治等行动计划目标完成情况；

（三）其他纳入国家和地方生态文明建设考核目标完成情况。

第十三条 本规定第八条第一款第五项所称的履行自然资源资产管理和生态环境保护监督责任情况，主要包括：

（一）自然资源资产开发的合法性、管理的有序性、使用的有效性以及生态环境保护状况等情况；

（二）自然资源消耗上限、环境质量底线、生态保护红线等资源环境生态红线管控等情况；

（三）资源环境承载能力变化情况以及监测预警机制建立运行情况；

（四）严重损毁自然资源资产和重大生态破坏（灾害）、环境污染事件预防处置情况；

（五）干预环境监测、环境统计以及数据弄虚作假案件处理情况；

（六）对以前年度中央相关督察、国家审计和专项考核检查等发现问题的督促整改情况。

第十四条 本规定第八条第一款第六项所称的组织自然资源资产和生态环境保护相关资金征管用和项目建设运行情况，主要包括：

（一）与自然资源资产和生态环境保护相关税费、政府性基金以及国有自然资源资产有偿使用收入等的征管用情况；

（二）国家以及地方生态环境保护资金投入以及使用情况；

（三）用能权、排污权、碳排放权、用水权等管理情况；

（四）自然资源开发利用和生态环境保护重点项目、设施建设运营情况以及信息系统建设和信息共享情况。

第十五条 审计机关应当以自然资源资产负债表或者有关部门管理数据资料反映的自然资源资产实物量和生态环境质量状况变化为基础进行审计。

第十六条 审计机关进行领导干部自然资源资产离任审计时，被审计领导干部及其所在地方、部门（单位）和其他相关单位应当依法向审计机关提供与被审计领导干部任职期间履行自然资源资产管理和生态环境保护责任有关的下列资料：

（一）签订的相关目标责任书以及完成情况，上级有关部门（单位）对其考核情况以及相关方面业绩的评估与奖惩情况；

（二）上级党委和政府或者有关部门（单位）进行例行或者专项检查情况及其出具的检查报告、结论性文书，当地党委和政府以及相关部门（单位）的整改情况；

（三）相关会议文件、材料、纪要和记录，相关工作规划（计划）以及执行情况，相关规章制度和重大决策事项的文件和资料等；

（四）财务以及资源环境调查、监测、统计等资料数据（含地理信息数据等电子数据）；

（五）被审计领导干部的述职报告以及对有关情况的说明材料；

（六）审计机关依法要求提供的其他有关资料。

被审计领导干部及其所在地方、部门（单位）和其他相关单位应当对所提供资料的真实性、完整性负责。

第十七条 审计机关应当根据审计查证事实，依照法律法规、国家有关政策规定和生态文明建设考核目标等，充分考虑地域、气候、季节、生长期等自然因素影响，以及环境问题的潜伏性、时滞性、外部性等，针对自然资源资产管理和生态环境保护工作特点，研究建立健全审计评价指标体系，将定性评价与定量评价相结合，对领导干部履行自然资源资产管理和生态环境保护责任情况作出客观公正、实事求是的评价。

审计评价应当与审计内容相统一，评价结论应当有充分的审计证据支持。

第十八条 审计机关应当根据被审计领导干部任职期间所在地区或者主管业务领域自然资源资产管理和生态环境保护情况，结合审计结果，对被审计领导干部任职期间自然资源资产管理和生态环境保护情况变化产生的原因进行综合分析，按照好、较好、一般、较差、差5个等次客观评价被审计领导干部履行自然资源资产管理和生态环境保护责任情况。

各级审计机关可以根据被审计领导干部所在地区或者主管业务领域的实际情况，进一步研究细化审计评价标准。

第十九条 本规定所称的好，主要是指被审计领导干部任职期间认真履行自然资源资产管理和生态环境保护责任，积极采取措施并取得显著成效，所在地区或者主管业务领域自然资源资产和生态环境得到有效保护或者明显改善，且在审计抽查的约束性指标、相关规划（计划）目标任务和资源环境生态红线管控任务完成情况中，未发现指标、目标、任务完成和数据真实性方面存在问题；所在地区或者主管业务领域未发生严重损毁自然资源资产和重大生态破坏（灾害）、环境污染事件；在第八条规定的其他审计范围内未发现被审计领导干部存在违纪违法违规问题。

第二十条 本规定第十八条所称的较好，主要是指被审计领导干部任职期间履行自然资源资产管理和生态环境保护责任并取得较好成效，所在地区或者主管业务领域自然资源资产和生态环境得到保护或者一定改善，所在地区或者主管业务领域未发生严重损毁自然资源资产和重大生态破坏（灾害）、环境污染事件，但存在以下问题之一的：

（一）在审计抽查的约束性指标、相关规划（计划）目标任务和资源环境生态红线管控任务完成情况中，发现个别地区（部门）在数据真实性方面存在问题；

（二）在第八条规定的其他审计范围内发现被审计领导干部对个别工作监督管理不力，导致所在地区、部门（单位）存在个别、尚未造成严重后果的问题。

第二十一条 本规定第十八条所称的一般，主要是指被审计领导干部任职期间基本履行自然资源资产管理和生态环境保护责任并取得一定成效，所在地区或者主管业务领域未发生严重损毁自然资源和重大生态破坏（灾害）、环境污染事件，但存在以下问题之一的：

（一）在审计抽查的约束性指标、相关规划（计划）目标任务和资源环境生态红线管控任务完成情况中，发现少数指标、目标、任务未完成，一些地区（部门）在数据真实性方面存在问题；

（二）在第八条规定的其他审计范围内发现被审计领导干部对相关工作监督管理不力，导致所在地区、部门（单位）存在一些局部性、尚未造成严重后果的问题。

第二十二条 本规定第十八条所称的较差，主要是指被审计领导干部任职期间履行一定的自然资源资产管理和生态环境保护责任但取得成效不好，存在以下问题之一的：

（一）被审计领导干部推进相关工作不力，在审计抽查的约束性指标、相关规划（计划）目标和资源环境生态红线管控任务完成情况中，发现较多指标、目标、任务未完成，较多地区（部门）在数据真实性方面存在问题；

（二）较重大履职不到位，造成较严重损毁自然资源和重大生态破坏（灾害）、环境污染事件或者较重大突发环境事件隐患未得到有效治理；

（三）在第八条规定的其他审计范围内发现被审计领导干部有较严重的违纪违法违规行为。

第二十三条 本规定第十八条所称的差，主要是指被审计领导干部任职期间未履行自然资源资产管理和生态环境保护责任，存在以下问题之一的：

（一）被审计领导干部未落实中央生态文明建设方针政策和决策部署，在审计抽查的约束性指标、相关规划（计划）目标和资源环境生态红线管控任务完成情况中，发现多数指标、目标、任务未完成，多数地区（部门）在数据真实性方面存在问题；

（二）重大履职不到位，造成严重损毁自然资源和重大生态破坏（灾害）、环境污染事件或者重大突发环境事件隐患未得到有效治理；

（三）在第八条规定的其他审计范围内发现被审计领导干部有严重的违纪违法违规行为。

第二十四条 审计机关实施领导干部自然资源资产离任审计后，应当向被审计领导干部及所在地区、部门（单位）出具审计意见。与领导干部经济责任审计统筹实施的审计项目，应当将有关自然资源资产管理和生态环境保护责任方面的情况单独反映，向被审计领导干部及其所在地区、部门（单位）出具审计意见。审计意见应当提交委托审计的组织部门。

第二十五条 审计署应当向党中央、国务院报告领导干部自然资源资产离任审计情况。

地方审计机关应当将领导干部自然资源资产离任审计情况向本级党委和政府报告，同时向上级审计机关报告。

第二十六条 各级党委和政府应当逐步探索和推行领导干部自然资源资产离任审计结果公告制度。

第二十七条 被审计领导干部所在地区、部门（单位）违反国家规定的财政收支、财务收支行为，依法应当给予处理的，由审计机关在法定职权范围内作出审计决定。

第二十八条 对审计发现的人为因素造成严重损毁自然资源资产和破坏生态环境的责任事故等问题线索，需要由有关部门调查处理或者追究相关人员责任的，审计机关应当依纪依法移送有关部门处理。涉及领导干部涉嫌违纪问题线索的，审计机关应当向同级党组织报告，必要时向上级党组织报告，并按照规定将问题线索移送相关纪检监察机关处理。

对审计移送的问题线索，有关部门应当依纪依法认真查处，所涉责任人不论是否已调离转岗、提拔或者退休，都应当按照《中国共产党问责条例》、《党政领导干部生态环境损害责任追究办法（试行）》等实行终身问责，并及时向审计机关反馈查处结果。

第二十九条 被审计领导干部对审计机关出具的领导干部自然资源资产离任审计意见有异议的，可以自收到审计意见之日起30个工作日内向出具审计意见的审计机关申诉，审计机关应当自收到申诉之日起30个工作日内作出复查决定；被审计领导干部对复查决定仍有异议的，可以自收到复查决定之日起30个工作日内向上一级审计机关申请复核，上一级审计机关应当自收到复核申请之日起60个工作日内作出复核决定。

上一级审计机关的复核决定或者审计署的复查决定为审计机关的最终决定。

第三十条 对审计发现的自然资源资产管理和生态环境保护中的典型性、普遍性、倾向性问题和提出的审计建议，有关地区、部（单位）应当认真研究，及时解决，建立健全有关制度规定。

第三十一条 被审计领导干部及其所在地区、部门（单位）对审计发现的问题应当及时整改。

被审计领导干部所在地区、部门（单位）应当以适当方式向社会公告整改结果。

第三十二条 有关部门和单位应当根据干部管理监督工作的相关要求，将审计结果以及整改情况作为考核、任免、奖惩领导干部的重要依据，并以适当方式将审计结果运用情况反馈审计机关。审计结果以及整改情况材料应当归入被审计领导干部本人档案。

第三十三条 国务院及地方各级政府负有资源资产管理和生态环境保护职责的工作部门应当加强部门联动，尽快建立自然资源资产数据共享平台，并向审计机关开放，为审计提供专业支持和制度保障，支持、配合审计机关开展审计。

第三十四条 县以上各级党委和政府应当加强对本地区领导干部自然资源资产离任审计工作的领导，及时听取本级审计机关的审计工作情况汇报并接受、配合上级审计机关审计。

第三十五条 审计机关依法独立实施领导干部自然资源资产离任审计，不受其他行政机关、社会团体和个人的干涉。审计人员依法履行审计监督职责，受法律保护。

任何组织和个人不得拒绝、阻碍审计人员依法执行职务，不得打击报复审计人员。

第三十六条 审计机关和审计人员对审计中知悉的国家秘密、商业秘密，负有保密义务。

第三十七条 领导干部任职期间，根据工作需要，审计机关可以参照本规定对其履行自然资源资产管理和生态环境保护责任情况开展审计。

第三十八条 本规定由审计署负责解释。

第三十九条 本规定自2017年9月19日起施行。

2.2.6 中华人民共和国国家审计准则

第一章 总 则

第一条 为了规范和指导审计机关和审计人员执行审计业务的行为，保证审计质量，防范审计风险，发挥审计保障国家经济和社会健康运行的“免疫系统”功能，根据《中华人民共和国审计法》、《中华人民共和国审计法实施条例》和其他有关法律法规，制定本准则。

第二条 本准则是审计机关和审计人员履行法定审计职责的行为规范，是执行审计业务的职业标准，是评价审计质量的基本尺度。

第三条 本准则中使用“应当”、“不得”词汇的条款为约束性条款，是审计机关和审计人员执行审计业务必须遵守的职业要求。

本准则中使用“可以”词汇的条款为指导性条款，是对良好审计实务的推介。

第四条 审计机关和审计人员执行审计业务，应当适用本准则。其他组织或者人员接受审计机关的委托、聘用，承办或者参加审计业务，也应当适用本准则。

第五条 审计机关和审计人员执行审计业务，应当区分被审计单位的责任和审计机关的责任。

在财政收支、财务收支以及有关经济活动中，履行法定职责、遵守相关法律法规、建立并实施内部控制、按照有关会计准则和会计制度编报财务会计报告、保持财务会计资料的真实性和完整性，是被审计单位的责任。

依据法律法规和本准则的规定，对被审计单位财政收支、财务收支以及有关经济活动独立实施审计并作出审计结论，是审计机关的责任。

第六条 审计机关的主要工作目标是通过监督被审计单位财政收支、财务收支以及有关经济活动的真实性、合法性、效益性，维护国家经济安全，推进民主法治，促进廉政建设，保障国家经济和社会健康发展。

真实性是指反映财政收支、财务收支以及有关经济活动的信息与实际情况相符合的程度。

合法性是指财政收支、财务收支以及有关经济活动遵守法律、法规或者规章的情况。

效益性是指财政收支、财务收支以及有关经济活动实现的经济效益、社会效益和环境效益。

第七条 审计机关对依法属于审计机关审计监督对象的单位、项目、资金进行审计。

审计机关按照国家有关规定，对依法属于审计机关审计监督对象的单位的主要负责人经济责任进行审计。

第八条 审计机关依法对预算管理或者国有资产管理使用等与国家财政收支有关的特定事项向有关地方、部门、单位进行专项审计调查。

审计机关进行专项审计调查时，也应当适用本准则。

第九条 审计机关和审计人员执行审计业务，应当依据年度审计项目计划，编制审计实施方案，获取审计证据，作出审计结论。

审计机关应当委派具备相应资格和能力的审计人员承办审计业务，并建立和执行审计质量控制制度。

第十条 审计机关依据法律法规规定，公开履行职责的情况及其结果，接受社会公众的监督。

第十一条 审计机关和审计人员未遵守本准则约束性条款的，应当说明原因。

第二章 审计机关和审计人员

第十二条 审计机关和审计人员执行审计业务，应当具备本准则规定的资格条件和职业要求。

第十三条 审计机关执行审计业务，应当具备下列资格条件：

（一）符合法定的审计职责和权限；

（二）有职业胜任能力的审计人员；

（三）建立适当的审计质量控制制度；

（四）必需的经费和其他工作条件。

第十四条 审计人员执行审计业务，应当具备下列职业要求：

（一）遵守法律法规和本准则；

（二）恪守审计职业道德；

（三）保持应有的审计独立性；

（四）具备必需的职业胜任能力；

（五）其他职业要求。

第十五条 审计人员应当恪守严格依法、正直坦诚、客观公正、勤勉尽责、保守秘密的基本审计职业道德。

严格依法就是审计人员应当严格依照法定的审计职责、权限和程序进行审计监督，规范审计行为。

正直坦诚就是审计人员应当坚持原则，不屈从于外部压力；不歪曲事实，不隐瞒审计发现的问题；廉洁自律，不利用职权谋取私利；维护国家利益和公共利益。

客观公正就是审计人员应当保持客观公正的立场和态度，以适当、充分的审计证据支持审计结论，实事求是地作出审计评价和处理审计发现的问题。

勤勉尽责就是审计人员应当爱岗敬业，勤勉高效，严谨细致，认真履行审计职责，保证审计工作质量。

保守秘密就是审计人员应当保守其在执行审计业务中知悉的国家秘密、商业秘密；对于执行审计业务取得的资料、形成的审计记录和掌握的相关情况，未经批准不得对外提供和披露，不得用于与审计工作无关的目的。

第十六条 审计人员执行审计业务时，应当保持应有的审计独立性，遇有下列可能损害审计独立性情形的，应当向审计机关报告：

（一）与被审计单位负责人或者有关主管人员有夫妻关系、直系血亲关系、三代以内旁系血亲以及近姻亲关系；

（二）与被审计单位或者审计事项有直接经济利益关系；

（三）对曾经管理或者直接办理过的相关业务进行审计；

（四）可能损害审计独立性的其他情形。

第十七条 审计人员不得参加影响审计独立性的活动，不得参与被审计单位的管理活动。

第十八条 审计机关组成审计组时，应当了解审计组成员可能损害审计独立性的情形，并根据具体情况采取下列措施，避免损害审计独立性：

（一）依法要求相关审计人员回避；

（二）对相关审计人员执行具体审计业务的范围作出限制；

（三）对相关审计人员的工作追加必要的复核程序；

（四）其他措施。

第十九条 审计机关应当建立审计人员交流等制度，避免审计人员因执行审计业务长期与同一被审计单位接触可能对审计独立性造成的损害。

第二十条 审计机关可以聘请外部人员参加审计业务或者提供技术支持、专业咨询、专业鉴定。

审计机关聘请的外部人员应当具备本准则第十四条规定的职业要求。

第二十一条 有下列情形之一的外部人员，审计机关不得聘请：

（一）被刑事处罚的；

（二）被劳动教养的；

（三）被行政拘留的；

（四）审计独立性可能受到损害的；

（五）法律规定不得从事公务的其他情形。

第二十二条 审计人员应当具备与其从事审计业务相适应的专业知识、职业能力和工作经验。

审计机关应当建立和实施审计人员录用、继续教育、培训、业绩评价考核和奖惩激励制度，确保审计人员具有与其从事业务相适应的职业胜任能力。

第二十三条 审计机关应当合理配备审计人员，组成审计组，确保其在整体上具备与审计项目相适应的职业胜任能力。

被审计单位的信息技术对实现审计目标有重大影响的，审计组的整体胜任能力应当包括信息技术方面的胜任能力。

第二十四条 审计人员执行审计业务时，应当合理运用职业判断，保持职业谨慎，对被审计单位可能存在的重要问题保持警觉，并审慎评价所获取审计证据的适当性和充分性，得出恰当的审计结论。

第二十五条 审计人员执行审计业务时，应当从下列方面保持与被审计单位的工作关系：

（一）与被审计单位沟通并听取其意见；

（二）客观公正地作出审计结论，尊重并维护被审计单位的合法权益；

（三）严格执行审计纪律；

（四）坚持文明审计，保持良好的职业形象。

第三章 审计计划

第二十六条 审计机关应当根据法定的审计职责和审计管辖范围，编制年度审计项目计划。

编制年度审计项目计划应当服务大局，围绕政府工作中心，突出审计工作重点，合理安排审计资源，防止不必要的重复审计。

第二十七条 审计机关按照下列步骤编制年度审计项目计划：

（一）调查审计需求，初步选择审计项目；

（二）对初选审计项目进行可行性研究，确定备选审计项目及其优先顺序；

（三）评估审计机关可用审计资源，确定审计项目，编制年度审计项目计划。

第二十八条 审计机关从下列方面调查审计需求，初步选择审计项目：

（一）国家和地区财政收支、财务收支以及有关经济活动情况；

（二）政府工作中心；

（三）本级政府行政首长和相关领导机关对审计工作的要求；

（四）上级审计机关安排或者授权审计的事项；

（五）有关部门委托或者提请审计机关审计的事项；

（六）群众举报、公众关注的事项；

（七）经分析相关数据认为应当列入审计的事项；

（八）其他方面的需求。

第二十九条 审计机关对初选审计项目进行可行性研究，确定初选审计项目的审计目标、审计范围、审计重点和其他重要事项。

进行可行性研究重点调查研究下列内容：

（一）与确定和实施审计项目相关的法律法规和政策；

（二）管理体制、组织结构、主要业务及其开展情况；

（三）财政收支、财务收支状况及结果；

（四）相关的信息系统及其电子数据情况；

（五）管理和监督机构的监督检查情况及结果；

（六）以前年度审计情况；

（七）其他相关内容。

第三十条 审计机关在调查审计需求和可行性研究过程中，从下列方面对初选审计项目进行评估，以确定备选审计项目及其优先顺序：

（一）项目重要程度，评估在国家经济和社会发展中的重要性、政府行政首长和相关领导机关及公众关注程度、资金和资产规模等；

（二）项目风险水平，评估项目规模、管理和控制状况等；

（三）审计预期效果；

（四）审计频率和覆盖面；

（五）项目对审计资源的要求。

第三十一条 年度审计项目计划应当按照审计机关规定的程序审定。

审计机关在审定年度审计项目计划前，根据需要，可以组织专家进行论证。

第三十二条 下列审计项目应当作为必选审计项目：

（一）法律法规规定每年应当审计的项目；

（二）本级政府行政首长和相关领导机关要求审计的项目；

（三）上级审计机关安排或者授权的审计项目。

审计机关对必选审计项目，可以不进行可行性研究。

第三十三条 上级审计机关直接审计下级审计机关审计管辖范围内的重大审计事项，应当列入上级审计机关年度审计项目计划，并及时通知下级审计机关。

第三十四条 上级审计机关可以依法将其审计管辖范围内的审计事项，授权下级审计机关进行审计。对于上级审计机关审计管辖范围内的审计事项，下级审计机关也可以提出授权申请，报有管辖权的上级审计机关审批。

获得授权的审计机关应当将授权的审计事项列入年度审计项目计划。

第三十五条 根据中国政府及其机构与国际组织、外国政府及其机构签订的协议和上级审计机关的要求，审计机关确定对国际组织、外国政府及其机构援助、贷款项目进行审计的，应当纳入年度审计项目计划。

第三十六条 对于预算管理或者国有资产管理使用等与国家财政收支有关的特定事项，符合下列情形的，可以进行专项审计调查：

（一）涉及宏观性、普遍性、政策性或者体制、机制问题的；

（二）事项跨行业、跨地区、跨单位的；

（三）事项涉及大量非财务数据的；

（四）其他适宜进行专项审计调查的。

第三十七条 审计机关年度审计项目计划的内容主要包括：

（一）审计项目名称；

（二）审计目标，即实施审计项目预期要完成的任务和结果；

（三）审计范围，即审计项目涉及的具体单位、事项和所属期间；

（四）审计重点；

（五）审计项目组织和实施单位；

（六）审计资源。

采取跟踪审计方式实施的审计项目，年度审计项目计划应当列明跟踪的具体方式和要求。

专项审计调查项目的年度审计项目计划应当列明专项审计调查的要求。

第三十八条 审计机关编制年度审计项目计划可以采取文字、表格或者两者相结合的形式。

第三十九条 审计机关计划管理部门与业务部门或者派出机构，应当建立经常性的沟通和协调机制。

调查审计需求、进行可行性研究和确定备选审计项目，以业务部门或者派出机构为主实施；备选审计项目排序、配置审计资源和编制年度审计项目计划草案，以计划管理部门为主实施。

第四十条 审计机关根据项目评估结果，确定年度审计项目计划。

第四十一条 审计机关应当将年度审计项目计划报经本级政府行政首长批准并向上一级审计机关报告。

第四十二条 审计机关应当对确定的审计项目配置必要的审计人力资源、审计时间、审计技术装备、审计经费等审计资源。

第四十三条 审计机关同一年度内对同一被审计单位实施不同的审计项目，应当在人员和时间安排上进行协调，尽量避免给被审计单位工作带来不必要的影响。

第四十四条 审计机关应当将年度审计项目计划下达审计项目组织和实施单位执行。

年度审计项目计划一经下达，审计项目组织和实施单位应当确保完成，不得擅自变更。

第四十五条 年度审计项目计划执行过程中，遇有下列情形之一的，应当按照原审批程序调整：

（一）本级政府行政首长和相关领导机关临时交办审计项目的；

（二）上级审计机关临时安排或者授权审计项目的；

（三）突发重大公共事件需要进行审计的；

（四）原定审计项目的被审计单位发生重大变化，导致原计划无法实施的；

（五）需要更换审计项目实施单位的；

（六）审计目标、审计范围等发生重大变化需要调整的；

（七）需要调整的其他情形。

第四十六条 上级审计机关应当指导下级审计机关编制年度审计项目计划，提出下级审计机关重点审计领域或者审计项目安排的指导意见。

第四十七条 年度审计项目计划确定审计机关统一组织多个审计组共同实施一个审计项目或者分别实施同一类审计项目的，审计机关业务部门应当编制审计工作方案。

第四十八条 审计机关业务部门编制审计工作方案，应当根据年度审计项目计划形成过程中调查审计需求、进行可行性研究的情况，开展进一步调查，对审计目标、范围、重点和项目组织实施等进行确定。

第四十九条 审计工作方案的内容主要包括：

（一）审计目标；

（二）审计范围；

（三）审计内容和重点；

（四）审计工作组织安排；

（五）审计工作要求。

第五十条 审计机关业务部门编制的审计工作方案应当按照审计机关规定的程序审批。在年度审计项目计划确定的实施审计起始时间之前，下达到审计项目实施单位。

审计机关批准审计工作方案前，根据需要，可以组织专家进行论证。

第五十一条 审计机关业务部门根据审计实施过程中情况的变化，可以申请对审计工作方案的内容进行调整，并按审计机关规定的程序报批。

第五十二条 审计机关应当定期检查年度审计项目计划执行情况，评估执行效果。

审计项目实施单位应当向下达审计项目计划的审计机关报告计划执行情况。

第五十三条 审计机关应当按照国家有关规定，建立和实施审计项目计划执行情况及其结果的统计制度。

第四章 审计实施

第一节 审计实施方案

第五十四条 审计机关应当在实施项目审计前组成审计组。

审计组由审计组组长和其他成员组成。审计组实行审计组组长负责制。审计组组长由审计机关确定，审计组组长可以根据需要在审计组成员中确定主审，主审应当履行其规定职责和审计组组长委托履行的其他职责。

第五十五条 审计机关应当依照法律法规的规定，向被审计单位送达审计通知书。

第五十六条 审计通知书的内容主要包括被审计单位名称、审计依据、审计范围、审计起始时间、审计组组长及其他成员名单和被审计单位配合审计工作的要求。同时，还应当向被审计单位告知审计组的审计纪律要求。

采取跟踪审计方式实施审计的，审计通知书应当列明跟踪审计的具体方式和要求。

专项审计调查项目的审计通知书应当列明专项审计调查的要求。

第五十七条 审计组应当调查了解被审计单位及其相关情况，评估被审计单位存在重要问题的可能性，确定审计应对措施，编制审计实施方案。

对于审计机关已经下达审计工作方案的，审计组应当按照审计工作方案的要求编制审计实施方案。

第五十八条 审计实施方案的内容主要包括：

（一）审计目标；

（二）审计范围；

（三）审计内容、重点及审计措施，包括审计事项和根据本准则第七十三条确定的审计应对措施；

（四）审计工作要求，包括项目审计进度安排、审计组内部重要管理事项及职责分工等。

采取跟踪审计方式实施审计的，审计实施方案应当对整个跟踪审计工作作出统筹安排。

专项审计调查项目的审计实施方案应当列明专项审计调查的要求。

第五十九条 审计组调查了解被审计单位及其相关情况，为作出下列职业判断提供基础：

（一）确定职业判断适用的标准；

（二）判断可能存在的问题；

（三）判断问题的重要性；

（四）确定审计应对措施。

第六十条 审计人员可以从下列方面调查了解被审计单位及其相关情况：

（一）单位性质、组织结构；

（二）职责范围或者经营范围、业务活动及其目标；

（三）相关法律法规、政策及其执行情况；

（四）财政财务管理体制和业务管理体制；

（五）适用的业绩指标体系以及业绩评价情况；

（六）相关内部控制及其执行情况；

（七）相关信息系统及其电子数据情况；

（八）经济环境、行业状况及其他外部因素；

（九）以往接受审计和监管及其整改情况；

（十）需要了解的其他情况。

第六十一条 审计人员可以从下列方面调查了解被审计单位相关内部控制及其执行情况：

（一）控制环境，即管理模式、组织结构、责权配置、人力资源制度等；

（二）风险评估，即被审计单位确定、分析与实现内部控制目标相关的风险，以及采取的应对措施；

（三）控制活动，即根据风险评估结果采取的控制措施，包括不相容职务分离控制、授权审批控制、资产保护控制、预算控制、业绩分析和绩效考评控制等；

（四）信息与沟通，即收集、处理、传递与内部控制相关的信息，并能有效沟通的情况；

（五）对控制的监督，即对各项内部控制设计、职责及其履行情况的监督检查。

第六十二条 审计人员可以从下列方面调查了解被审计单位信息系统控制情况：

（一）一般控制，即保障信息系统正常运行的稳定性、有效性、安全性等方面的控制；

（二）应用控制，即保障信息系统产生的数据的真实性、完整性、可靠性等方面的控制。

第六十三条 审计人员可以采取下列方法调查了解被审计单位及其相关情况：

（一）书面或者口头询问被审计单位内部和外部相关人员；

（二）检查有关文件、报告、内部管理手册、信息系统的技术文档和操作手册；

（三）观察有关业务活动及其场所、设施和有关内部控制的执行情况；

（四）追踪有关业务的处理过程；

（五）分析相关数据。

第六十四条 审计人员根据审计目标和被审计单位的实际情况，运用职业判断确定调查了解的范围和程度。

对于定期审计项目，审计人员可以利用以往审计中获得的信息，重点调查了解已经发生变化的情况。

第六十五条 审计人员在调查了解被审计单位及其相关情况的过程中，可以选择下列标准作为职业判断的依据：

（一）法律、法规、规章和其他规范性文件；

（二）国家有关方针和政策；

（三）会计准则和会计制度；

（四）国家和行业的技术标准；

（五）预算、计划和合同；

（六）被审计单位的管理制度和绩效目标；

（七）被审计单位的历史数据和历史业绩；

（八）公认的业务惯例或者良好实务；

（九）专业机构或者专家的意见；

（十）其他标准。

审计人员在审计实施过程中需要持续关注标准的适用性。

第六十六条 职业判断所选择的标准应当具有客观性、适用性、相关性、公认性。

标准不一致时，审计人员应当采用权威的和公认程度高的标准。

第六十七条 审计人员应当结合适用的标准，分析调查了解的被审计单位及其相关情况，判断被审计单位可能存在的问题。

第六十八条 审计人员应当运用职业判断，根据可能存在问题的性质、数额及其发生的具体环境，判断其重要性。

第六十九条 审计人员判断重要性时，可以关注下列因素：

（一）是否属于涉嫌犯罪的问题；

（二）是否属于法律法规和政策禁止的问题；

（三）是否属于故意行为所产生的问题；

（四）可能存在问题涉及的数量或者金额；

（五）是否涉及政策、体制或者机制的严重缺陷；

（六）是否属于信息系统设计缺陷；

（七）政府行政首长和相关领导机关及公众的关注程度；

（八）需要关注的其他因素。

第七十条 审计人员实施审计时，应当根据重要性判断的结果，重点关注被审计单位可能存在的重要问题。

第七十一条 需要对财务报表发表审计意见的，审计人员可以参照中国注册会计师执业准则的有关规定确定和运用重要性。

第七十二条 审计组应当评估被审计单位存在重要问题的可能性，以确定审计事项和审计应对措施。

第七十三条 审计组针对审计事项确定的审计应对措施包括：

（一）评估对内部控制的依赖程度，确定是否及如何测试相关内部控制的有效性；

（二）评估对信息系统的依赖程度，确定是否及如何检查相关信息系统的有效性、安全性；

（三）确定主要审计步骤和方法；

（四）确定审计时间；

（五）确定执行的审计人员；

（六）其他必要措施。

第七十四条 审计组在分配审计资源时，应当为重要审计事项分派有经验的审计人员和安排充足的审计时间，并评估特定审计事项是否需要利用外部专家的工作。

第七十五条 审计人员认为存在下列情形之一的，应当测试相关内部控制的有效性：

（一）某项内部控制设计合理且预期运行有效，能够防止重要问题的发生；

（二）仅实施实质性审查不足以为发现重要问题提供适当、充分的审计证据。

审计人员决定不依赖某项内部控制的，可以对审计事项直接进行实质性审查。

被审计单位规模较小、业务比较简单的，审计人员可以对审计事项直接进行实质性审查。

第七十六条 审计人员认为存在下列情形之一的，应当检查相关信息系统的有效性、安全性：

（一）仅审计电子数据不足以为发现重要问题提供适当、充分的审计证据；

（二）电子数据中频繁出现某类差异。

审计人员在检查被审计单位相关信息系统时，可以利用被审计单位信息系统的现有功能或者采用其他计算机技术和工具，检查中应当避免对被审计单位相关信息系统及其电子数据造成不良影响。

第七十七条 审计人员实施审计时，应当持续关注已作出的重要性判断和对存在重要问题可能性的评估是否恰当，及时作出修正，并调整审计应对措施。

第七十八条 遇有下列情形之一的，审计组应当及时调整审计实施方案：

（一）年度审计项目计划、审计工作方案发生变化的；

（二）审计目标发生重大变化的；

（三）重要审计事项发生变化的；

（四）被审计单位及其相关情况发生重大变化的；

（五）审计组人员及其分工发生重大变化的；

（六）需要调整的其他情形。

第七十九条 一般审计项目的审计实施方案应当经审计组组长审定，并及时报审计机关业务部门备案。

重要审计项目的审计实施方案应当报经审计机关负责人审定。

第八十条 审计组调整审计实施方案中的下列事项，应当报经审计机关主要负责人批准：

（一）审计目标；

（二）审计组组长；

（三）审计重点；

（四）现场审计结束时间。

第八十一条 编制和调整审计实施方案可以采取文字、表格或者两者相结合的形式。

第二节 审计证据

第八十二条 审计证据是指审计人员获取的能够为审计结论提供合理基础的全部事

实，包括审计人员调查了解被审计单位及其相关情况和对确定的审计事项进行审查所获取的证据。

第八十三条 审计人员应当依照法定权限和程序获取审计证据。

第八十四条 审计人员获取的审计证据，应当具有适当性和充分性。

适当性是对审计证据质量的衡量，即审计证据在支持审计结论方面具有的相关性和可靠性。相关性是指审计证据与审计事项及其具体审计目标之间具有实质性联系。可靠性是指审计证据真实、可信。

充分性是对审计证据数量的衡量。审计人员在评估存在重要问题的可能性和审计证据质量的基础上，决定应当获取审计证据的数量。

第八十五条 审计人员对审计证据的相关性分析时，应当关注下列方面：

（一）一种取证方法获取的审计证据可能只与某些具体审计目标相关，而与其他具体审计目标无关；

（二）针对一项具体审计目标可以从不同来源获取审计证据或者获取不同形式的审计证据。

第八十六条 审计人员可以从下列方面分析审计证据的可靠性：

（一）从被审计单位外部获取的审计证据比从内部获取的审计证据更可靠；

（二）内部控制健全有效情况下形成的审计证据比内部控制缺失或者无效情况下形成的审计证据更可靠；

（三）直接获取的审计证据比间接获取的审计证据更可靠；

（四）从被审计单位财务会计资料中直接采集的审计证据比经被审计单位加工处理后提交的审计证据更可靠；

（五）原件形式的审计证据比复制件形式的审计证据更可靠。

不同来源和不同形式的审计证据存在不一致或者不能相互印证时，审计人员应当追加必要的审计措施，确定审计证据的可靠性。

第八十七条 审计人员获取的电子审计证据包括与信息系统控制相关的配置参数、反映交易记录的电子数据等。

采集被审计单位电子数据作为审计证据的，审计人员应当记录电子数据的采集和处理过程。

第八十八条 审计人员根据实际情况，可以在审计事项中选取全部项目或者部分特定项目进行审查，也可以进行审计抽样，以获取审计证据。

第八十九条 存在下列情形之一的，审计人员可以对审计事项中的全部项目进行审查：

（一）审计事项由少量大额项目构成的；

（二）审计事项可能存在重要问题，而选取其中部分项目进行审查无法提供适当、充分的审计证据的；

（三）对审计事项中的全部项目进行审查符合成本效益原则的。

第九十条 审计人员可以在审计事项中选取下列特定项目进行审查：

（一）大额或者重要项目；

（二）数量或者金额符合设定标准的项目；

（三）其他特定项目。

选取部分特定项目进行审查的结果，不能用于推断整个审计事项。

第九十一条 在审计事项包含的项目数量较多，需要对审计事项某一方面的总体特征作出结论时，审计人员可以进行审计抽样。

审计人员进行审计抽样时，可以参照中国注册会计师执业准则的有关规定。

第九十二条 审计人员可以采取下列方法向有关单位和个人获取审计证据：

（一）检查，是指对纸质、电子或者其他介质形式存在的文件、资料进行审查，或者对有形资产进行审查；

（二）观察，是指察看相关人员正在从事的活动或者执行的程序；

（三）询问，是指以书面或者口头方式向有关人员了解关于审计事项的信息；

（四）外部调查，是指向与审计事项有关的第三方进行调查；

（五）重新计算，是指以手工方式或者使用信息技术对有关数据计算的正确性进行核对；

（六）重新操作，是指对有关业务程序或者控制活动独立进行重新操作验证；

（七）分析，是指研究财务数据之间、财务数据与非财务数据之间可能存在的合理关系，对相关信息作出评价，并关注异常波动和差异。

审计人员进行专项审计调查，可以使用上述方法及其以外的其他方法。

第九十三条 审计人员应当依照法律法规规定，取得被审计单位负责人对本单位提供资料真实性和完整性的书面承诺。

第九十四条 审计人员取得证明被审计单位存在违反国家规定的财政收支、财务收支行为以及其他重要审计事项的审计证据材料，应当由提供证据的有关人员、单位签名或者盖章；不能取得签名或者盖章不影响事实存在的，该审计证据仍然有效，但审计人员应当注明原因。

审计事项比较复杂或者取得的审计证据数量较大的，可以对审计证据进行汇总分析，编制审计取证单，由证据提供者签名或者盖章。

第九十五条 被审计单位的相关资料、资产可能被转移、隐匿、篡改、毁弃并影响获取审计证据的，审计机关应当依照法律法规的规定采取相应的证据保全措施。

第九十六条 审计机关执行审计业务过程中，因行使职权受到限制而无法获取适当、充分的审计证据，或者无法制止违法行为对国家利益的侵害时，根据需要，可以按照有关规定提请有权处理的机关或者相关单位予以协助和配合。

第九十七条 审计人员需要利用所聘请外部人员的专业咨询和专业鉴定作为审计证据的，应当对下列方面作出判断：

（一）依据的样本是否符合审计项目的具体情况；

（二）使用的方法是否适当和合理；

（三）专业咨询、专业鉴定是否与其他审计证据相符。

第九十八条 审计人员需要使用有关监管机构、中介机构、内部审计机构等已经形成的工作结果作为审计证据的，应当对该工作结果的下列方面作出判断：

（一）是否与审计目标相关；

（二）是否可靠；

（三）是否与其他审计证据相符。

第九十九条 审计人员对于重要问题，可以围绕下列方面获取审计证据：

（一）标准，即判断被审计单位是否存在问题的依据；

（二）事实，即客观存在和发生的情况，事实与标准之间的差异构成审计发现的问题；

（三）影响，即问题产生的后果；

（四）原因，即问题产生的条件。

第一百条 审计人员在审计实施过程中，应当持续评价审计证据的适当性和充分性。

已采取的审计措施难以获取适当、充分审计证据的，审计人员应当采取替代审计措施；仍无法获取审计证据的，由审计组报请审计机关采取其他必要的措施或者不作出审计结论。

第三节 审计记录

第一百零一条 审计人员应当真实、完整地记录实施审计的过程、得出的结论和与审计项目有关的重要管理事项，以实现下列目标：

（一）支持审计人员编制审计实施方案和审计报告；

（二）证明审计人员遵循相关法律法规和本准则；

（三）便于对审计人员的工作实施指导、监督和检查。

第一百零二条 审计人员作出的记录，应当使未参与该项业务的有经验的其他审计人员能够理解其执行的审计措施、获取的审计证据、作出的职业判断和得出的审计结论。

第一百零三条 审计记录包括调查了解记录、审计工作底稿和重要管理事项记录。

第一百零四条 审计组在编制审计实施方案前，应当对调查了解被审计单位及其相关情况作出记录。调查了解记录的内容主要包括：

（一）对被审计单位及其相关情况的调查了解情况；

（二）对被审计单位存在重要问题可能性的评估情况；

（三）确定的审计事项及其审计应对措施。

第一百零五条 审计工作底稿主要记录审计人员依据审计实施方案执行审计措施的活动。

审计人员对审计实施方案确定的每一审计事项，均应当编制审计工作底稿。一个审计事项可以根据需要编制多份审计工作底稿。

第一百零六条 审计工作底稿的内容主要包括：

（一）审计项目名称；

（二）审计事项名称；

（三）审计过程和结论；

（四）审计人员姓名及审计工作底稿编制日期并签名；

（五）审核人员姓名、审核意见及审核日期并签名；

（六）索引号及页码；

（七）附件数量。

第一百零七条 审计工作底稿记录的审计过程和结论主要包括：

（一）实施审计的主要步骤和方法；

（二）取得的审计证据的名称和来源；

（三）审计认定的事实摘要；

（四）得出的审计结论及其相关标准。

第一百零八条 审计证据材料应当作为调查了解记录和审计工作底稿的附件。一份审计证据材料对应多个审计记录时，审计人员可以将审计证据材料附在与其关系最密切的审计记录后面，并在其他审计记录中予以注明。

第一百零九条 审计组起草审计报告前，审计组组长应当对审计工作底稿的下列事项进行审核：

（一）具体审计目标是否实现；

（二）审计措施是否有效执行；

（三）事实是否清楚；

（四）审计证据是否适当、充分；

（五）得出的审计结论及其相关标准是否适当；

（六）其他有关重要事项。

第一百一十条 审计组组长审核审计工作底稿，应当根据不同情况分别提出下列意见：

（一）予以认可；

（二）责成采取进一步审计措施，获取适当、充分的审计证据；

（三）纠正或者责成纠正不恰当的审计结论。

第一百一十一条 重要管理事项记录应当记载与审计项目相关并对审计结论有重要影响的下列管理事项：

（一）可能损害审计独立性的情形及采取的措施；

（二）所聘请外部人员的相关情况；

（三）被审计单位承诺情况；

（四）征求被审计对象或者相关单位及人员意见的情况、被审计对象或者相关单位及人员反馈的意见及审计组的采纳情况；

（五）审计组对审计发现的重大问题和审计报告讨论的过程及结论；

（六）审计机关业务部门对审计报告、审计决定书等审计项目材料的复核情况和意见；

（七）审理机构对审计项目的审理情况和意见；

（八）审计机关对审计报告的审定过程和结论；

（九）审计人员未能遵守本准则规定的约束性条款及其原因；

（十）因外部因素使审计任务无法完成的原因及影响；

（十一）其他重要管理事项。

重要管理事项记录可以使用被审计单位承诺书、审计机关内部审批文稿、会议记录、会议纪要、审理意见书或者其他书面形式。

第四节　重大违法行为检查

第一百一十二条 审计人员执行审计业务时，应当保持职业谨慎，充分关注可能存在的重大违法行为。

第一百一十三条 本准则所称重大违法行为是指被审计单位和相关人员违反法律法规、涉及金额比较大、造成国家重大经济损失或者对社会造成重大不良影响的行为。

第一百一十四条 审计人员检查重大违法行为，应当评估被审计单位和相关人员实施重大违法行为的动机、性质、后果和违法构成。

第一百一十五条 审计人员调查了解被审计单位及其相关情况时，可以重点了解可能与重大违法行为有关的下列事项：

（一）被审计单位所在行业发生重大违法行为的状况；

（二）有关的法律法规及其执行情况；

（三）监管部门已经发现和了解的与被审计单位有关的重大违法行为的事实或者线索；

（四）可能形成重大违法行为的动机和原因；

（五）相关的内部控制及其执行情况；

（六）其他情况。

第一百一十六条 审计人员可以通过关注下列情况，判断可能存在的重大违法行为：

（一）具体经济活动中存在的异常事项；

（二）财务和非财务数据中反映出的异常变化；

（三）有关部门提供的线索和群众举报；

（四）公众、媒体的反映和报道；

（五）其他情况。

第一百一十七条 审计人员根据被审计单位实际情况、工作经验和审计发现的异常现象，判断可能存在重大违法行为的性质，并确定检查重点。

审计人员在检查重大违法行为时，应当关注重大违法行为的高发领域和环节。

第一百一十八条 发现重大违法行为的线索，审计组或者审计机关可以采取下列应对措施：

（一）增派具有相关经验和能力的人员；

（二）避免让有关单位和人员事先知晓检查的时间、事项、范围和方式；

（三）扩大检查范围，使其能够覆盖重大违法行为可能涉及的领域；

（四）获取必要的外部证据；

（五）依法采取保全措施；

（六）提请有关机关予以协助和配合；

（七）向政府和有关部门报告；

（八）其他必要的应对措施。

第五章 审计报告

第一节 审计报告的形式和内容

第一百一十九条 审计报告包括审计机关进行审计后出具的审计报告以及专项审计调查后出具的专项审计调查报告。

第一百二十条 审计组实施审计或者专项审计调查后，应当向派出审计组的审计机关提交审计报告。审计机关审定审计组的审计报告后，应当出具审计机关的审计报告。遇有特殊情况，审计机关可以不向被调查单位出具专项审计调查报告。

第一百二十一条 审计报告应当内容完整、事实清楚、结论正确、用词恰当、格式规范。

第一百二十二条 审计机关的审计报告（审计组的审计报告）包括下列基本要素：

（一）标题；

（二）文号（审计组的审计报告不含此项）；

（三）被审计单位名称；

（四）审计项目名称；

（五）内容；

（六）审计机关名称（审计组名称及审计组组长签名）；

（七）签发日期（审计组向审计机关提交报告的日期）。

经济责任审计报告还包括被审计人员姓名及所担任职务。

第一百二十三条 审计报告的内容主要包括：

（一）审计依据，即实施审计所依据的法律法规规定；

（二）实施审计的基本情况，一般包括审计范围、内容、方式和实施的起止时间；

（三）被审计单位基本情况；

（四）审计评价意见，即根据不同的审计目标，以适当、充分的审计证据为基础发表的评价意见；

（五）以往审计决定执行情况和审计建议采纳情况；

（六）审计发现的被审计单位违反国家规定的财政收支、财务收支行为和其他重要问题的事实、定性、处理处罚意见以及依据的法律法规和标准；

（七）审计发现的移送处理事项的事实和移送处理意见，但是涉嫌犯罪等不宜让被审计单位知悉的事项除外；

（八）针对审计发现的问题，根据需要提出的改进建议。

审计期间被审计单位对审计发现的问题已经整改的，审计报告还应当包括有关整改情况。

经济责任审计报告还应当包括被审计人员履行经济责任的基本情况，以及被审计人员对审计发现问题承担的责任。

核查社会审计机构相关审计报告发现的问题，应当在审计报告中一并反映。

第一百二十四条 采取跟踪审计方式实施审计的，审计组在跟踪审计过程中发现的问题，应当以审计机关的名义及时向被审计单位通报，并要求其整改。

跟踪审计实施工作全部结束后，应当以审计机关的名义出具审计报告。审计报告应当反映审计发现但尚未整改的问题，以及已经整改的重要问题及其整改情况。

第一百二十五条 专项审计调查报告除符合审计报告的要素和内容要求外，还应当根据专项审计调查目标重点分析宏观性、普遍性、政策性或者体制、机制问题并提出改进建议。

第一百二十六条 对审计或者专项审计调查中发现被审计单位违反国家规定的财政收支、财务收支行为，依法应当由审计机关在法定职权范围内作出处理处罚决定的，审计机关应当出具审计决定书。

第一百二十七条 审计决定书的内容主要包括：

（一）审计的依据、内容和时间；

（二）违反国家规定的财政收支、财务收支行为的事实、定性、处理处罚决定以及法律法规依据；

（三）处理处罚决定执行的期限和被审计单位书面报告审计决定执行结果等要求；

（四）依法提请政府裁决或者申请行政复议、提起行政诉讼的途径和期限。

第一百二十八条 审计或者专项审计调查发现的依法需要移送其他有关主管机关或者单位纠正、处理处罚或者追究有关人员责任的事项，审计机关应当出具审计移送处理书。

第一百二十九条 审计移送处理书的内容主要包括：

（一）审计的时间和内容；

（二）依法需要移送有关主管机关或者单位纠正、处理处罚或者追究有关人员责任事项的事实、定性及其依据和审计机关的意见；

（三）移送的依据和移送处理说明，包括将处理结果书面告知审计机关的说明；

（四）所附的审计证据材料。

第一百三十条 出具对国际组织、外国政府及其机构援助、贷款项目的审计报告，按照审计机关的相关规定执行。

第二节 审计报告的编审

第一百三十一条 审计组在起草审计报告前，应当讨论确定下列事项：

（一）评价审计目标的实现情况；

（二）审计实施方案确定的审计事项完成情况；

（三）评价审计证据的适当性和充分性；

（四）提出审计评价意见；

（五）评估审计发现问题的重要性；

（六）提出对审计发现问题的处理处罚意见；

（七）其他有关事项。

审计组应当对讨论前款事项的情况及其结果作出记录。

第一百三十二条 审计组组长应当确认审计工作底稿和审计证据已经审核，并从总体上评价审计证据的适当性和充分性。

第一百三十三条 审计组根据不同的审计目标，以审计认定的事实为基础，在防范审计风险的情况下，按照重要性原则，从真实性、合法性、效益性方面提出审计评价意见。

审计组应当只对所审计的事项发表审计评价意见。对审计过程中未涉及、审计证据不适当或者不充分、评价依据或者标准不明确以及超越审计职责范围的事项，不得发表审计评价意见。

第一百三十四条 审计组应当根据审计发现问题的性质、数额及其发生的原因和审计报告的使用对象，评估审计发现问题的重要性，如实在审计报告中予以反映。

第一百三十五条 审计组对审计发现的问题提出处理处罚意见时，应当关注下列因素：

（一）法律法规的规定；

（二）审计职权范围：属于审计职权范围的，直接提出处理处罚意见，不属于审计职权范围的，提出移送处理意见；

（三）问题的性质、金额、情节、原因和后果；

（四）对同类问题处理处罚的一致性；

（五）需要关注的其他因素。

审计发现被审计单位信息系统存在重大漏洞或者不符合国家规定的，应当责成被审计单位在规定期限内整改。

第一百三十六条 审计组应当针对经济责任审计发现的问题，根据被审计人员履行职责情况，界定其应当承担的责任。

第一百三十七条 审计组实施审计或者专项审计调查后，应当提出审计报告，按照审计机关规定的程序审批后，以审计机关的名义征求被审计单位、被调查单位和拟处罚的有关责任人员的意见。

经济责任审计报告还应当征求被审计人员的意见；必要时，征求有关干部监督管理部门的意见。

审计报告中涉及的重大经济案件调查等特殊事项，经审计机关主要负责人批准，可以不征求被审计单位或者被审计人员的意见。

第一百三十八条 被审计单位、被调查单位、被审计人员或者有关责任人员对征求意见的审计报告有异议的，审计组应当进一步核实，并根据核实情况对审计报告作出必要的修改。

审计组应当对采纳被审计单位、被调查单位、被审计人员、有关责任人员意见的情况和原因，或者上述单位或人员未在法定时间内提出书面意见的情况作出书面说明。

第一百三十九条 对被审计单位或者被调查单位违反国家规定的财政收支、财务收支行为，依法应当由审计机关进行处理处罚的，审计组应当起草审计决定书。

对依法应当由其他有关部门纠正、处理处罚或者追究有关责任人员责任的事项，审计组应当起草审计移送处理书。

第一百四十条 审计组应当将下列材料报送审计机关业务部门复核：

（一）审计报告；

（二）审计决定书；

（三）被审计单位、被调查单位、被审计人员或者有关责任人员对审计报告的书面意见及审计组采纳情况的书面说明；

（四）审计实施方案；

（五）调查了解记录、审计工作底稿、重要管理事项记录、审计证据材料；

（六）其他有关材料。

第一百四十一条 审计机关业务部门应当对下列事项进行复核，并提出书面复核意见：

（一）审计目标是否实现；

（二）审计实施方案确定的审计事项是否完成；

（三）审计发现的重要问题是否在审计报告中反映；

（四）事实是否清楚、数据是否正确；

（五）审计证据是否适当、充分；

（六）审计评价、定性、处理处罚和移送处理意见是否恰当，适用法律法规和标准是否适当；

（七）被审计单位、被调查单位、被审计人员或者有关责任人员提出的合理意见是否采纳；

（八）需要复核的其他事项。

第一百四十二条 审计机关业务部门应当将复核修改后的审计报告、审计决定书等审计项目材料连同书面复核意见，报送审理机构审理。

第一百四十三条 审理机构以审计实施方案为基础，重点关注审计实施的过程及结果，主要审理下列内容：

（一）审计实施方案确定的审计事项是否完成；

（二）审计发现的重要问题是否在审计报告中反映；

（三）主要事实是否清楚、相关证据是否适当、充分；

（四）适用法律法规和标准是否适当；

（五）评价、定性、处理处罚意见是否恰当；

（六）审计程序是否符合规定。

第一百四十四条 审理机构审理时，应当就有关事项与审计组及相关业务部门进行沟通。

必要时，审理机构可以参加审计组与被审计单位交换意见的会议，或者向被审计单位和有关人员了解相关情况。

第一百四十五条 审理机构审理后，可以根据情况采取下列措施：

（一）要求审计组补充重要审计证据；

（二）对审计报告、审计决定书进行修改。

审理过程中遇有复杂问题的，经审计机关负责人同意后，审理机构可以组织专家进行论证。

审理机构审理后，应当出具审理意见书。

第一百四十六条 审理机构将审理后的审计报告、审计决定书连同审理意见书报送审计机关负责人。

第一百四十七条 审计报告、审计决定书原则上应当由审计机关审计业务会议审定；特殊情况下，经审计机关主要负责人授权，可以由审计机关其他负责人审定。

第一百四十八条 审计决定书经审定，处罚的事实、理由、依据、决定与审计组征求意见的审计报告不一致并且加重处罚的，审计机关应当依照有关法律法规的规定及时告知被审计单位、被调查单位和有关责任人员，并听取其陈述和申辩。

第一百四十九条 对于拟作出罚款的处罚决定，符合法律法规规定的听证条件的，审计机关应当依照有关法律法规的规定履行听证程序。

第一百五十条 审计报告、审计决定书经审计机关负责人签发后，按照下列要求办理：

（一）审计报告送达被审计单位、被调查单位；

（二）经济责任审计报告送达被审计单位和被审计人员；

（三）审计决定书送达被审计单位、被调查单位、被处罚的有关责任人员。

第三节 专题报告与综合报告

第一百五十一条 审计机关在审计中发现的下列事项，可以采用专题报告、审计信息等方式向本级政府、上一级审计机关报告：

（一）涉嫌重大违法犯罪的问题；

（二）与国家财政收支、财务收支有关政策及其执行中存在的重大问题；

（三）关系国家经济安全的重大问题；

（四）关系国家信息安全的重大问题；

（五）影响人民群众经济利益的重大问题；

（六）其他重大事项。

第一百五十二条 专题报告应当主题突出、事实清楚、定性准确、建议适当。

审计信息应当事实清楚、定性准确、内容精炼、格式规范、反映及时。

第一百五十三条 审计机关统一组织审计项目的，可以根据需要汇总审计情况和结果，编制审计综合报告。必要时，审计综合报告应当征求有关主管机关的意见。

审计综合报告按照审计机关规定的程序审定后，向本级政府和上一级审计机关报送，或者向有关部门通报。

第一百五十四条 审计机关实施经济责任审计项目后，应当按照相关规定，向本级政府行政首长和有关干部监督管理部门报告经济责任审计结果。

第一百五十五条 审计机关依照法律法规的规定，每年汇总对本级预算执行情况和其他财政收支情况的审计报告，形成审计结果报告，报送本级政府和上一级审计机关。

第一百五十六条 审计机关依照法律法规的规定，代本级政府起草本级预算执行情况和其他财政收支情况的审计工作报告（稿），经本级政府行政首长审定后，受本级政府委托向本级人民代表大会常务委员会报告。

第四节 审计结果公布

第一百五十七条 审计机关依法实行公告制度。审计机关的审计结果、审计调查结果依法向社会公布。

第一百五十八条 审计机关公布的审计和审计调查结果主要包括下列信息：

（一）被审计（调查）单位基本情况；

（二）审计（调查）评价意见；

（三）审计（调查）发现的主要问题；

（四）处理处罚决定及审计（调查）建议；

（五）被审计（调查）单位的整改情况。

第一百五十九条 在公布审计和审计调查结果时，审计机关不得公布下列信息：

（一）涉及国家秘密、商业秘密的信息；

（二）正在调查、处理过程中的事项；

（三）依照法律法规的规定不予公开的其他信息。

涉及商业秘密的信息，经权利人同意或者审计机关认为不公布可能对公共利益造成重大影响的，可以予以公布。

审计机关公布审计和审计调查结果应当客观公正。

第一百六十条 审计机关公布审计和审计调查结果，应当指定专门机构统一办理，履行规定的保密审查和审核手续，报经审计机关主要负责人批准。

审计机关内设机构、派出机构和个人，未经授权不得向社会公布审计和审计调查结果。

第一百六十一条 审计机关统一组织不同级次审计机关参加的审计项目，其审计和审计调查结果原则上由负责该项目组织工作的审计机关统一对外公布。

第一百六十二条 审计机关公布审计和审计调查结果按照国家有关规定需要报批的，未经批准不得公布。

第五节 审计整改检查

第一百六十三条 审计机关应当建立审计整改检查机制，督促被审计单位和其他有关单位根据审计结果进行整改。

第一百六十四条 审计机关主要检查或者了解下列事项：

（一）执行审计机关作出的处理处罚决定情况；

（二）对审计机关要求自行纠正事项采取措施的情况；

（三）根据审计机关的审计建议采取措施的情况；

（四）对审计机关移送处理事项采取措施的情况。

第一百六十五条 审计组在审计实施过程中，应当及时督促被审计单位整改审计发现的问题。

审计机关在出具审计报告、作出审计决定后，应当在规定的时间内检查或者了解被审计单位和其他有关单位的整改情况。

第一百六十六条 审计机关可以采取下列方式检查或者了解被审计单位和其他有关单位的整改情况：

（一）实地检查或者了解；

（二）取得并审阅相关书面材料；

（三）其他方式。

对于定期审计项目，审计机关可以结合下一次审计，检查或者了解被审计单位的整改情况。

检查或者了解被审计单位和其他有关单位的整改情况应当取得相关证明材料。

第一百六十七条 审计机关指定的部门负责检查或者了解被审计单位和其他有关单位整改情况，并向审计机关提出检查报告。

第一百六十八条 检查报告的内容主要包括：

（一）检查工作开展情况，主要包括检查时间、范围、对象和方式等；

（二）被审计单位和其他有关单位的整改情况；

（三）没有整改或者没有完全整改事项的原因和建议。

第一百六十九条 审计机关对被审计单位没有整改或者没有完全整改的事项，依法采取必要措施。

第一百七十条 审计机关对审计决定书中存在的重要错误事项，应当予以纠正。

第一百七十一条 审计机关汇总审计整改情况，向本级政府报送关于审计工作报告中指出问题的整改情况的报告。

第六章 审计质量控制和责任

第一百七十二条 审计机关应当建立审计质量控制制度，以保证实现下列目标：

（一）遵守法律法规和本准则；

（二）作出恰当的审计结论；

（三）依法进行处理处罚。

第一百七十三条 审计机关应当针对下列要素建立审计质量控制制度：

（一）审计质量责任；

（二）审计职业道德；

（三）审计人力资源；

（四）审计业务执行；

（五）审计质量监控。

对前款第二、三、四项应当按照本准则第二至五章的有关要求建立审计质量控制制度。

第一百七十四条 审计机关实行审计组成员、审计组主审、审计组组长、审计机关业务部门、审理机构、总审计师和审计机关负责人对审计业务的分级质量控制。

第一百七十五条 审计组成员的工作职责包括：

（一）遵守本准则，保持审计独立性；

（二）按照分工完成审计任务，获取审计证据；

（三）如实记录实施的审计工作并报告工作结果；

（四）完成分配的其他工作。

第一百七十六条 审计组成员应当对下列事项承担责任：

（一）未按审计实施方案实施审计导致重大问题未被发现的；

（二）未按照本准则的要求获取审计证据导致审计证据不适当、不充分的；

（三）审计记录不真实、不完整的；

（四）对发现的重要问题隐瞒不报或者不如实报告的。

第一百七十七条 审计组组长的工作职责包括：

（一）编制或者审定审计实施方案；

（二）组织实施审计工作；

（三）督导审计组成员的工作；

（四）审核审计工作底稿和审计证据；

（五）组织编制并审核审计组起草的审计报告、审计决定书、审计移送处理书、专题报告、审计信息；

（六）配置和管理审计组的资源；

（七）审计机关规定的其他职责。

第一百七十八条 审计组组长应当从下列方面督导审计组成员的工作：

（一）将具体审计事项和审计措施等信息告知审计组成员，并与其讨论；

（二）检查审计组成员的工作进展，评估审计组成员的工作质量，并解决工作中存在的问题；

（三）给予审计组成员必要的培训和指导。

第一百七十九条 审计组组长应当对审计项目的总体质量负责，并对下列事项承担责任：

（一）审计实施方案编制或者组织实施不当，造成审计目标未实现或者重要问题未被发现的；

（二）审核未发现或者未纠正审计证据不适当、不充分问题的；

（三）审核未发现或者未纠正审计工作底稿不真实、不完整问题的；

（四）得出的审计结论不正确的；

（五）审计组起草的审计文书和审计信息反映的问题严重失实的；

（六）提出的审计处理处罚意见或者移送处理意见不正确的；

（七）对审计组发现的重要问题隐瞒不报或者不如实报告的；

（八）违反法定审计程序的。

第一百八十条 根据工作需要，审计组可以设立主审。主审根据审计分工和审计组组长的委托，主要履行下列职责：

（一）起草审计实施方案、审计文书和审计信息；

（二）对主要审计事项进行审计查证；

（三）协助组织实施审计；

（四）督导审计组成员的工作；

（五）审核审计工作底稿和审计证据；

（六）组织审计项目归档工作；

（七）完成审计组组长委托的其他工作。

第一百八十一条 审计组组长将其工作职责委托给主审或者审计组其他成员的，仍应当对委托事项承担责任。受委托的成员在受托范围内承担相应责任。

第一百八十二条 审计机关业务部门的工作职责包括：

（一）提出审计组组长人选；

（二）确定聘请外部人员事宜；

（三）指导、监督审计组的审计工作；

（四）复核审计报告、审计决定书等审计项目材料；

（五）审计机关规定的其他职责。

业务部门统一组织审计项目的，应当承担编制审计工作方案，组织、协调审计实施和汇总审计结果的职责。

第一百八十三条 审计机关业务部门应当及时发现和纠正审计组工作中存在的重要问题，并对下列事项承担责任：

（一）对审计组请示的问题未及时采取适当措施导致严重后果的；

（二）复核未发现审计报告、审计决定书等审计项目材料中存在的重要问题的；

（三）复核意见不正确的；

（四）要求审计组不在审计文书和审计信息中反映重要问题的。

业务部门对统一组织审计项目的汇总审计结果出现重大错误、造成严重不良影响的事项承担责任。

第一百八十四条 审计机关审理机构的工作职责包括：

（一）审查修改审计报告、审计决定书；

（二）提出审理意见；

（三）审计机关规定的其他职责。

第一百八十五条 审计机关审理机构对下列事项承担责任：

（一）审理意见不正确的；

（二）对审计报告、审计决定书作出的修改不正确的；

（三）审理时应当发现而未发现重要问题的。

第一百八十六条 审计机关负责人的工作职责包括：

（一）审定审计项目目标、范围和审计资源的配置；

（二）指导和监督检查审计工作；

（三）审定审计文书和审计信息；

（四）审计管理中的其他重要事项。

审计机关负责人对审计项目实施结果承担最终责任。

第一百八十七条 审计机关对审计人员违反法律法规和本准则的行为，应当按照相关规定追究其责任。

第一百八十八条 审计机关应当按照国家有关规定，建立健全审计项目档案管理制度，明确审计项目归档要求、保存期限、保存措施、档案利用审批程序等。

第一百八十九条 审计项目归档工作实行审计组组长负责制，审计组组长应当确定立卷责任人。

立卷责任人应当收集审计项目的文件材料，并在审计项目终结后及时立卷归档，由审计组组长审查验收。

第一百九十条 审计机关实行审计业务质量检查制度，对其业务部门、派出机构和下级审计机关的审计业务质量进行检查。

第一百九十一条 审计机关可以通过查阅有关文件和审计档案、询问相关人员等方式、方法，检查下列事项：

（一）建立和执行审计质量控制制度的情况；

（二）审计工作中遵守法律法规和本准则的情况；

（三）与审计业务质量有关的其他事项。

审计业务质量检查应当重点关注审计结论的恰当性、审计处理处罚意见的合法性和适当性。

第一百九十二条 审计机关开展审计业务质量检查，应当向被检查单位通报检查结果。

第一百九十三条 审计机关在审计业务质量检查中，发现被检查的派出机构或者下级审计机关应当作出审计决定而未作出的，可以依法直接或者责成其在规定期限内作出审计决定；发现其作出的审计决定违反国家有关规定的，可以依法直接或者责成其在规定期限内变更、撤销审计决定。

第一百九十四条 审计机关应当对其业务部门、派出机构实行审计业务年度考核制度，考核审计质量控制目标的实现情况。

第一百九十五条 审计机关可以定期组织优秀审计项目评选，对被评为优秀审计项目的予以表彰。

第一百九十六条 审计机关应当对审计质量控制制度及其执行情况进行持续评估，及时发现审计质量控制制度及其执行中存在的问题，并采取措施加以纠正或者改进。

审计机关可以结合日常管理工作或者通过开展审计业务质量检查、考核和优秀审计项目评选等方式，对审计质量控制制度及其执行情况进行持续评估。

第七章　附　则

第一百九十七条　审计机关和审计人员开展下列工作，不适用本准则的规定：

（一）配合有关部门查处案件；

（二）与有关部门共同办理检查事项；

（三）接受交办或者接受委托办理不属于法定审计职责范围的事项。

第一百九十八条　地方审计机关可以根据本地实际情况，在遵循本准则规定的基础上制定实施细则。

第一百九十九条　本准则由审计署负责解释。

第二百条　本准则自2011年1月1日起施行。附件所列的审计署以前发布的审计准则和规定同时废止。

附件：废止的审计准则和规定目录（本书从略）。

3 内部审计法规与准则

3.1 内部审计法规与准则概述

内部审计一般服务于管理层，其社会影响远远低于政府审计和注册会计师审计。内部审计在法律层面上还是空白，相关的行政法规也不够健全。内部审计规范体系的核心是内部审计准则体系，2003年，审计署发布修订后的《审计署关于内部审计工作的规定》，揭开了内部审计准则建设的序幕，到2009年，内部审计准则体系初步建成。自2012年开始，中国内部审计协会对原准则进行了系统的修订，并于2013年发布了修订后的内部审计准则体系。2018年，审计署发布第11号令，再次修订发布了《审计署关于内部审计工作的规定》，为新时代的内部审计工作提供了科学、规范的指引。

一、内部审计法规与准则的构成

（一）审计法及有关内部审计的其他法律

国家审计机关作为行政机关必须依法行政，注册会计师审计是资本市场的最后一道防线。与国家审计和注册会计师审计不同，内部审计为管理层服务，一般不为社会所认知。因此，关于内部审计，目前没有专门的法律予以规范，有关条款散见于《审计法》和《会计法》。

2006年修订的《审计法》规定，依法属于审计机关审计监督对象的单位，应当按照国家有关规定建立健全内部审计制度；其内部审计工作应当接受审计机关的业务指导和监督。2021年修订的《审计法》要求："被审计单位应当加强对内部审计工作的领导，按照国家有关规定建立健全内部审计制度。审计机关应当对被审计单位的内部审计工作进行业务指导和监督。"该条款将"审计机关监督对象"改为"被审计单位"，并且站在被审计单位的视角谈"健全内部审计制度"，站在审计机关的视角谈"指导和监督"职责，要求审计机关要主动指导和监督内部审计工作。

2017年修订的《会计法》第二十七条要求："各单位应当建立、健全本单位内部会计监督制度。单位内部会计监督制度应当符合下列要求：……（四）对会计资料定期进行内部审计的办法和程序应当明确。"2019年10月公布的《中华人民共和国会计法修订草案（征求意见稿）》提出："单位应当加强内部会计监督，通过内部控制、内部审计等手段，确保会计凭证、会计账簿、财务会计报告和其他会计资料真实、完整。"该条款明确了内部审计是内部会计监督的重要手段，并对单位建立健全内部控制提出了总体要求。

（二）有关内部审计的行政法规

2010年修订的《审计法实施条例》规定："依法属于审计机关审计监督对象的单位的内部审计工作，应当接受审计机关的业务指导和监督。依法属于审计机关审计监督对象的单位，可以根据内部审计工作的需要，参加依法成立的内部审计自律组织。审计机关可以通过内部审计自律组织，加强对内部审计工作的业务指导和监督。"

2014年发布的《国务院关于加强审计工作的意见》在"六、提升审计能力"的

“（二十）保证履行审计职责必需的力量和经费”中提出了“加强内部审计工作，充分发挥内部审计的作用”；2015年中共中央办公厅、国务院办公厅印发的《关于完善审计制度若干重大问题的框架意见》在“六、加强审计资源统筹整合”中也提出了“加强内部审计工作，充分发挥内部审计作用”。上述两个文件主要是关于国家审计的顶层设计，但无一例外地提到了内部审计的重要性。

2015年10月，《国务院办公厅关于加强和改进企业国有资产监督防止国有资产流失的意见》对健全国有企业审计监督体系提出了明确的要求，要求实现企业国有资产审计监督全覆盖，探索国有企业领导干部任期轮审制度，探索建立国有企业经常性审计制度，对国有企业重大财务异常、重大资产损失及风险隐患、国有企业境外资产等开展专项审计，对重大决策部署、投资项目、重要专项资金开展跟踪审计。上述要求拓展了国有企业审计业务，对企业内部审计业务开展具有指导意义。

2017年3月，中共中央办公厅、国务院办公厅印发了《关于深化国有企业和国有资本审计监督的若干意见》，要求“建立健全内部审计监督机制。加强对内部审计工作的业务指导和监督，推动国有企业加强对内部审计的组织领导，完善内部审计管理体制，加快建立总审计师制度，建立健全内部审计机构向企业党组织、董事会负责和定期报告工作机制。审计机关在国有企业和国有资本审计中，特别是在国有企业三级以下单位审计中，要有效利用内部审计力量和成果，同时加强对内部审计质量的检查”，并要求国有资产监督管理部门做好国有企业内部审计的监督管理工作。该文件要求审计机关加强国有企业和国有资本审计监督，并提出了总审计师的制度安排。

（三）有关内部审计的部门规章

财政部会同证监会、审计署、银监会、保监会联合下发了《企业内部控制基本规范》（2008）、《企业内部控制应用指引》（2010）、《企业内部控制评价指引》（2010）和《企业内部控制审计指引》（2010）。其中，《企业内部控制基本规范》将内部审计作为内部控制五要素之一的内部环境的重要组成部分，指出“企业应当加强内部审计工作，保证内部审计机构设置、人员配备和工作的独立性。内部审计机构应当结合内部审计监督，对内部控制的有效性进行监督检查。内部审计机构对监督检查中发现的内部控制缺陷，应当按照企业内部审计工作程序进行报告；对监督检查中发现的内部控制重大缺陷，有权直接向董事会及其审计委员会、监事会报告”，并且要求明确内部审计在企业内部监督中的职责权限、程序和方法。适用于注册会计师从事内部控制审计工作的《企业内部控制审计指引》，主要强调了注册会计师内部控制审计工作中对内部审计人员成果的利用，以及内部审计部门对内部控制监督失效的控制缺陷。《企业内部控制评价指引》要求在评价内部监督时重点关注内部审计在监督中的作用发挥情况，同时明确了内部审计机构也可以组织实施内部控制评价工作。

2017年财政部印发的《小企业内部控制规范（试行）》提出，“具备条件的小企业，可以设立内部审计部门（岗位）或通过内部审计业务外包来提高内部控制监督的独立性和质量”。关于行政事业单位内部审计，2012年财政部发布《行政事业单位内部控制规范（试行）》，对内部审计和审计机关在行政事业单位内部控制中的职能和作用进行了规范。综上，财政部发布的相关文件一般是从内部控制的视角对内部审计提出要求或对内部审计工作进行监督。

2003年成立的国务院国有资产管理监督委员会（以下简称国资委）是代表国家履行国有企业出资人职责的机构。2004年，国资委发布了《中央企业内部审计管理暂行办法》，明确了中央企业内部审计机构设置、主要职责、工作程序、工作要求和罚则等内容，为中央企业内部审计工作的开展提供了制度保障，并对加强中央企业财务监督与风险控制起到了积极作用。同年，为加强经济责任审计工作，客观评判企业负责人任期经济责任及经营绩效，国资委还发布了《中央企业经济责任审计管理暂行办法》，明确了中央企业经济责任审计工作组织、审计内容、审计机构委托、工作程序、工作结果、罚则等内容。2005年，国资委发布了《关于加强中央企业内部审计工作的通知》，从加强机构和队伍建设、完善内部控制机制等12个方面对中央企业内部审计工作提出了要求。为提高经济责任审计质量，2006年，国资委又发布了《中央企业经济责任审计实施细则》，细化了经济责任审计的工作组织、工作程序，明确了财务基础审计、企业绩效评价、经济责任审计评价的具体操作，规范了经济责任审计工作报告和质量控制，并对审计责任和工作纪律提出了要求。同年，国资委还发布了《中央企业风险管理指引》，强调内部审计和审计委员会是风险管理的第三道防线，企业内部审计部门每年应对风险管理工作及其效果进行监督评价，评价结果报送董事会或其下设的审计委员会和风险管理委员会。2016年，国资委发布了《关于进一步加强中央企业内部审计工作的通知》，从完善内部审计工作体制机制、发挥内部审计功能作用，突出内部审计工作重点，加强内部审计问题整改落实、提升审计队伍能力水平等方面提出了具体要求。综上，国资委作为国有企业的出资人代表，高度重视内部审计工作，多次制定和发布了内部审计专门规章。2020年，国资委印发了《关于深化中央企业内部审计监督工作的实施意见》，对中央企业内部审计工作作出了全面部署，是中央企业内部审计机构开展内部审计工作的根本遵循，在内部审计领导和管理体制机制、内部审计运行机制、内部审计工作重点等方面都有所突破。

2002年，证监会、国家经贸委印发的《上市公司治理准则》提到，上市公司董事会可以设立审计委员会，审计委员会的主要职责包括“监督公司的内部审计制度及其实施”“负责内部审计与外部审计之间的沟通”等。2016年，证监会修订的《上市公司章程指引》中专设“第八章　财务会计制度、利润分配和审计”，其中“第二节　内部审计”规定：“第一百五十六条　公司实行内部审计制度，配备专职审计人员，对公司财务收支和经济活动进行内部审计监督。”“第一百五十七条　公司内部审计制度和审计人员的职责，应当经董事会批准后实施。审计负责人向董事会负责并报告工作。”

2004年，经国务院批准，中小企业板在深圳证券交易所设立。为规范中小企业板上市公司内部审计工作，提高内部审计工作质量，保护投资者合法权益，深圳证券交易所于2007年发布了《中小企业板上市公司内部审计工作指引》，共七章三十八条，具体包括总则、一般规定、职责和总体要求、具体实施、信息披露、监督管理与违反本指引的处理、附则。综上，证监会主要从公司治理的视角对内部审计提出了要求，深圳证券交易所为中小企业内部审计工作制定了详细的规范。

银监会于2014年修订发布的《商业银行内部控制指引》，明确了内部审计部门、内控管理部门和业务部门的相关职责；于2016年修订发布的《商业银行内部审计指引》，明确了商业银行内部审计的组织架构，内部审计章程、职责与权限，内部审计工作流程，部分审计活动外包，考核与问责，监管评估等内容。

保监会于2010年发布了《保险公司董事及高级管理人员审计管理办法》，主要包括审计的组织实施、审计报告、法律责任等内容；2012年发布了《保险公司董事及高级管理人员审计指南》，指南共11个文件，近5万字，除总则外，包括高管审计报告，董事长、总经理和审计负责人审计以及8个职能部门负责人的审计指南；2012年还发布了《保险稽查审计指引》，包括《保险稽查审计指引第1号：基本手册》《保险稽查审计指引第2号：财务分册》《保险稽查审计指引第3号：公司层面内部控制分册》《保险稽查审计指引第4号：人身保险业务分册》《保险稽查审计指引第5号：资金运用分册》《保险稽查审计指引第6号：财产保险业务分册》《保险稽查审计第7号：再保险分册》《保险稽查审计第8号：反洗钱分册》；2015年发布了《保险机构内部审计工作规范》，共八章四十九条，除总则和附则以外，包括一般原则、内部审计机构和人员、内部审计作业管理、内部审计结果运用、内部审计监督和内部审计责任追究。鉴于银行业和保险行业的特殊性，国家金融监督管理机关对行业内部审计高度重视并制定了相关工作规范。

党的十九大以来，审计署加强了对内部审计工作的指导和监督。2018年1月12日，审计署同时发布了《关于内部审计工作的规定》和《关于加强内部审计工作业务指导和监督的意见》，内部审计工作开启了新的征程。

除上述部门外，其他一些部委和地方政府部门也制定了内部审计相关规范，如2012年卫生部发布的《卫生部直属单位主要领导干部经济责任审计规定》，2017年国家卫生与计划生育委员会发布的《卫生计生系统内部审计工作规定》等文件。到目前为止，全国大部分省份都发布了《××省内部审计工作规定》和《××省人民政府关于进一步加强内部审计工作的意见》。

（四）内部审计准则体系

内部审计准则体系一般包括三个层次：第一个层次是内部审计基本准则和内部审计职业道德规范；第二个层次是内部审计具体准则，一般包括内部审计作业准则、业务准则和管理准则；第三个层次是内部审计实务指南。其中,第一、二个层次是内部审计机构和人员进行内部审计的执业规范，内部审计机构和人员应当遵照执行，第三个层次是为内部审计机构和人员从事内部审计业务提供的操作性指导意见，内部审计机构和人员可以参照执行。

二、内部审计法规与准则的发展

与西方国家内部审计产生的历史不同，我国内部审计不是自发产生的，其产生离不开国家审计的推动，早期的内部审计相关规定散见于国家审计的法规之中。

1983年8月国务院批转《审计署关于开展审计工作几个问题的请示》，明确了“对下属单位实行集中统一领导或下属单位较多的主管部门，以及大中型企业事业组织，可根据工作需要，建立内部审计机构，或配备审计人员，实行内部审计监督”。1985年8月，国务院发布《关于审计工作的暂行规定》，要求国务院和县级以上地方各级人民政府各部门、大中型企事业单位应当建立内部审计监督制度，根据审计业务需要，分别设立审计机构，配备审计人员，在本部门、本单位主要负责人领导下，负责本部门、本单位的财务收支及其经济效益审计，内部审计的业务要受国家审计机关的领导。1985年12月，审计署发布《关于内部审计工作的若干规定》，明确了内部审计机构的主要任务、职权和程序。1988年11月，国务院发布《中华人民共和国审计条例》，对内部审计的机构设置、人员职责、工作范围和领导关系作出了明确规定。

20世纪90年代以后，随着市场经济体制改革的推进，关于设立内部审计制度的要求散见于原国家经济体制改革委员会发布的《股份有限公司规范意见》和《有限责任公司规范意见》。1994年8月颁布的《审计法》用列举法进一步明确了内部审计机构的设置要求及其与审计机关的关系。为落实《审计法》关于内部审计的规定，1995年审计署发布了《审计署关于内部审计工作的规定》，1999年修订的《会计法》也对会计资料提出了定期审计的要求。2006年新修订的《审计法》采用描述法进一步扩大了内部审计机构的设置要求，2010年国务院发布的修订后的《审计法实施条例》强化了审计机关对内部审计的指导和监督。

2003年，审计署发布了修订后的《审计署关于内部审计工作的规定》（即审计署第4号令），之后中国内部审计协会陆续发布了一系列内部审计准则。2003年至2009年，中国内部审计协会分6批陆续发布了1个内部审计基本准则、1个内部审计职业道德规范和29个内部审计具体准则。与此同时，2004年开始，中国内部审计协会开始发布内部审计实务指南，目前已经发布了6个内部审计实务指南（其中，2019年对《第3101号内部审计实务指南——审计报告》进行了修订，2022年对《第3204号内部审计实务指南——经济责任审计》进行了修订）。到2011年，我国内部审计规范体系基本建成。

随着各类组织对内部审计的重视程度日益提高，内部审计迎来了新的发展机遇和挑战，对内部审计准则也提出了新的要求。自2012年开始，中国内部审计协会对原准则进行了全面、系统的修订。2013年8月发布了最新版的中国内部审计准则，包括1个基本准则、1个职业道德规范和20个内部审计具体准则。2016年1月22日，中国内部审计协会发布了两个具体准则，包括1个业务准则即《第2205号内部审计具体准则——经济责任审计》，1个管理准则即《第2308号内部审计具体准则——审计档案工作》。2019年5月6日，中国内部审计协会发布了1个管理准则即《第2309号内部审计具体准则——内部审计业务外包管理》。2021年，中国内部审计协会根据两办发布的《经济责任审计规定》，对《第2205号内部审计具体准则——经济责任审计》进行了修订。2023年，中国内部审计协会又对《第1101号——内部审计基本准则》进行了修订。

随着我国经济社会的快速发展，内部审计的内外部环境发生了很大变化，审计法及其实施条例先后作出了重大修改，特别是党的十八大以来《国务院关于加强审计工作的意见》《关于深化国有企业和国有资本审计监督的若干意见》等党中央、国务院文件对新时代的审计监督工作提出了新的、更高的要求，审计署第4号令已经不能完全适应新形势的需要：一是内部审计职责范围需要根据新时代新要求作相应调整；二是内部审计独立性需要进一步强化；三是内部审计结果运用缺乏明确规范，作用难以充分发挥；四是审计机关指导监督的职责范围和方式方法等缺乏明确规范，影响了指导监督力度。为进一步加强和规范依法属于审计机关审计监督对象的单位（即被审计单位）的内部审计工作，充分发挥内部审计作用，审计署于2018年对第4号令进行了修订。

新修订的《审计署关于内部审计工作的规定》共七章三十四条，具体包括总则、内部审计机构和人员管理、内部审计职责权限和程序、审计结果运用、对内部审计工作的指导和监督、责任追究、附则。第一章总则和第七章附则主要明确了《审计署关于内部审计工作的规定》的制定依据、内部审计的定义、单位内部审计制度的建立、内部审计职业道德原则及《审计署关于内部审计工作的规定》的适用范围、实施时间和解释权归属。第二章内部审计机构和人员管理主要明确了内部审计机构的隶属关系（包括建立总审计师制度）、人员配备（包括向社会购买审计服务）、内部审计人员的专业胜任能力要求、职业保障机制（如经费保障等）。第三章内部审计职责权限和程序明确了内部审计机构的12项职责和11项权限、单位内部审计管理体制、内部审计程序、经济责任审计的特殊要求等。第四章审计结果运用主要涉及审计发现问题整改机制、与其他内部监督力量的协作配合和工作机制、单位对重大违法违纪线索的移送管理、审计机关对内部审计结果的成果利用机制等。第五章对内部审计工作的指导和监督主要规范了审计机关对内部审计工作的业务指导和监督职责范围、指导和监督的方式、审计机关与内部审计自律组织的关系等内容。第六章责任追究主要涉及对被审计单位及相关人员的责任追究、对内部审计机构或人员责任追究以及对打击报复陷害内部审计人员的相关责任人的责任追究等。总体来看，审计署第11号令进一步拓展了内部审计职责范围，强化了内部审计的独立性，明确了内部审计结果的运用，加强了审计机关对内部审计工作的业务指导和监督。

审计署关于加强内部审计工作业务指导和监督的意见

为配合审计署第11号令，加强审计机关对内部审计工作的业务指导和监督，审计署于2018年发布了《审计署关于加强内部审计工作业务指导和监督的意见》（审法发〔2018〕2号），要求建立健全指导和监督工作长效机制，建立健全内部审计资料备案及成果运用机制，建立健全与主管部门的协作机制；加强对建立健全内部审计工作机制的指导，加强对内部审计计划安排和审计重点的指导，加强对内部审计人员的业务指导；加强日常监督，结合实施审计项目开展监督，开展专项检查。

关于深化中央企业内部审计监督工作的实施意见

为贯彻落实党中央、国务院关于加快建立健全国有企业、国有资本审计监督体系和制度的决策部署，完善以管资本为主的国有资产监管体制，有效推动构建集中统一、全面覆盖、权威高效的审计监督体系，深化中央企业内部审计监督工作，2020年国资委印发了《关于深化中央企业内部审计监督工作的实施意见》。该实施意见从体制机制、主要工作、重点领域以及内部审计监管等方面对深化中央企业内部审计监督工作提出了工作要求。一是进一步完善内部审计管理体制机制。明确建立健全党委（党组）、董事会（或主要负责人）直接领导下的内部审计领导体制，发挥董事会审计委员会管理和指导作用，完善激励约束机制，压实工作责任，加强集团总部对内部审计工作的统一管控。二是强化内部审计监督。围绕贯彻落实党中央重大决策部署和国家重大战略任务情况、提质增效稳增长、突出主责主业、混合所有制改革、大额资金管控、对赌模式并购投资、高风险业务和“三重一大”事项等重点领域和关键环节，提出加强内部审计监督检查等具体工作要求。三是进一步规范内部审计工作。针对近年来经济责任审计、境外经营投资、内控体系建设、审计整改落实及结果运用等方面新的工作要求和存在的突出问题，明确、细化相关内部审计工作要求。四是加强出资人对内部审计的监管。对审计计划编制、重大事项报告等工作提出要求，明确建立健全出资人对内部审计工作的检查评估工作机制、加大责任追究力度等。

2023年6月，为适应新时期内部审计的发展要求，中国内部审计协会对内部审计基本准则进行了修订，本次修订突出了“加强党对内部审计工作的领导”的规定，增加了数字化环境对内部审计的影响及内部审计推动审计整改的相关条款，删除了提前三天下达审计通知书的规定，将审计报告中的“审计结论”改为“审计评价”并调至“审计发现”前面。

2023年12月，为指导和规范内部审计质量评估工作，提升内部审计质量评估工作质量，推动内部审计职业化发展，中国内部审计协会发布了《内部审计质量评估团体标准》（T/CIIAS 0001—2023），对内部审计质量评估原则、方法、内容、工作管理、流程、标准和评估工具作出了具体规定，2014年发布的《内部审计质量评估办法》同时废止。

内部审计质量评估团体标准

三、内部审计准则体系的现状

自2012年开始，中国内部审计协会对原准则进行了全面、系统的修订，到目前为止，现行内部审计准则体系具体包括基本准则、职业道德规范、具体准则和实务指南，其中具体准则包括9个作业准则、5个业务准则、9个管理准则，另外还有6个实务指南。具体如下：

（1）基本准则（1个）

1101 内部审计基本准则

（2）职业道德规范（1个）

1201 内部审计人员职业道德规范

（3）具体准则（23个）

①作业准则（9个）

2101 审计计划　　2102 审计通知书

2103 审计证据　　2104 审计工作底稿

2105 结果沟通　　2106 审计报告

2107 后续审计　　2108 审计抽样

2109 分析程序

②业务准则（5个）

2201 内部控制审计　　2202 绩效审计

2203 信息系统审计　　2204 对舞弊行为进行检查和报告

2205 经济责任审计

③管理准则（9个）

2301 内部审计机构的管理　　2302 与董事会或者最高管理层的关系

2303 内部审计与外部审计的协调　　2304 利用外部专家服务

2305 人际关系　　2306 内部审计质量控制

2307 评价外部审计工作质量　　2308 审计档案工作

2309 内部审计业务外包管理

（4）实务指南（6个）

3101 审计报告　　3201 建设项目审计

3202 物资采购审计　　3203 高校内部审计

3204 经济责任审计　　3205 信息系统审计

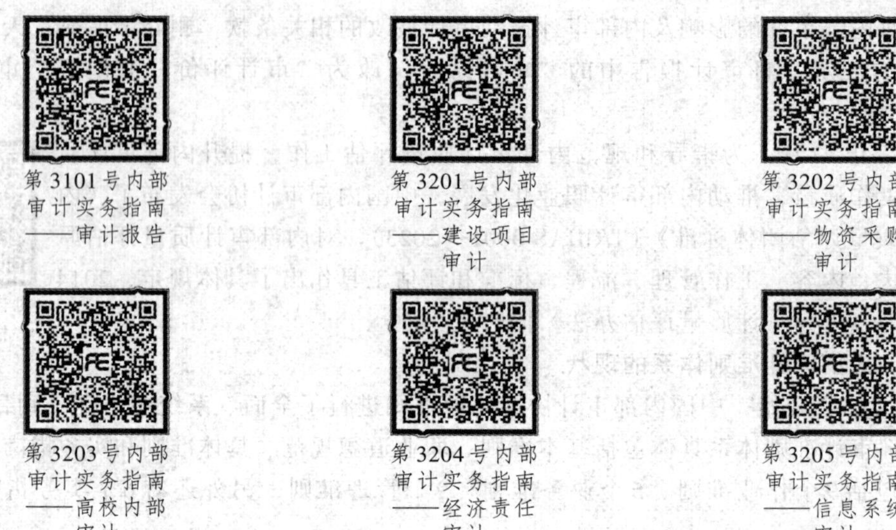

第3101号内部审计实务指南——审计报告

第3201号内部审计实务指南——建设项目审计

第3202号内部审计实务指南——物资采购审计

第3203号内部审计实务指南——高校内部审计

第3204号内部审计实务指南——经济责任审计

第3205号内部审计实务指南——信息系统审计

新的准则体系主要体现出以下特点：

1.提升了准则体系结构的科学性和合理性

新准则将具体准则分为作业类、业务类和管理类，在分类的基础上，对准则体系采用四位数编码进行编号。内部审计基本准则和内部审计人员职业道德规范为第一层次，千位数为1；具体准则为第二层次，千位数为2；实务指南为第三层次，千位数为3。新的编号方式借鉴了国际内部审计准则的经验，体现了准则体系的系统性和准则之间的逻辑关系，也为准则未来发展预留了空间。同时，针对部分准则存在的内容交叉、重复，个别准则不适应内部审计最新发展等问题，对准则体系结构和内容进行了调整。修订后的准则体系由内部审计基本准则、内部审计人员职业道德规范、23个具体准则和6个实务指南构成。

2.反映了内部审计的最新发展理念

结合国际、国内内部审计理念和实务的最新发展变化，新准则将内部审计定义为“一种独立、客观的确认和咨询活动，它通过运用系统、规范的方法，审查和评价组织的业务活动、内部控制和风险管理的适当性和有效性，以促进组织完善治理、增加价值和实现目标”，基本上实现了与国际内部审计师协会（IIA）定义的接轨。如将“监督和评价”职能改为“确认和咨询”职能，拓展了内部审计的职能范围，突出了内部审计的价值增值功能；明确了内部审计在提升组织治理水平、促进价值增值以及实现组织目标方面的重要作用；将风险导向审计理念全面贯彻于整个准则体系中，强调内部审计机构和人员应当全面关注组织风险，以风险为基础组织实施内部审计业务等。

3.增强了准则的适用性和可操作性

新准则立足于内部审计实践的发展，对部分准则的内容进行了调整、充实和完善，进一步增强了适用性和可操作性。例如，将经济性、效率性和效果性三个具体准则合并修订为绩效审计准则；对遵循性审计、风险管理审计、内部审计的控制自我评估法三个准则进行调整和补充，形成修订后的内部控制审计准则，并与《企业内部控制基本规范》及其配套指引相衔接，进一步增强了准则的适用性。再如，进一步细化了内部审计人员职业道德中有关诚信正直、客观性、专业胜任能力和保密等具体要求，删除了关于舞弊的预防、协助董事会或最高管理层工作等不易操作的内容。

尽管新修订的准则体系更加系统和完善，但随着内部审计基本准则的修订，内部审计具体准则也需要加以系统梳理和完善，譬如基本准则中删除提前三天下达审计通知书的规定，相应的具体准则也应进一步修订。不仅如此，还需要密切关注IIA内部审计准则的最新修订，尤其是借鉴其发布的60项补充指南，以便进一步完善我国内部审计准则和指南体系。

本部分收录了《审计署关于内部审计工作的规定》和中国内部审计准则体系。

四、国际内部审计师协会（IIA）内部审计准则体系的发展及现状

1.国际内部审计专业实务框架发布之前的准则建设

为了规范内部审计机构及人员的行为，促进内部审计事业发展，1947年，IIA颁布了第1号《内部审计师责任说明书》（SRIA），对内部审计的概念和职责做出了明确界定，这是内部审计发展史上的一座里程碑，揭开了内部审计规范建设的序幕。1968年，IIA又颁布了内部审计人员《职业道德规范》，旨在明确内部审计人员必须遵守的行为规范。1978年，IIA颁布了《内部审计专业实务标准》，为内部审计职业的规范化发展奠定了基础。1999年6月，IIA正式通过了修订后的内部审计专业实务框架（PPF）和内部审计的全新定义。该框架由内部审计强制性指南、强力推荐的指南、IIA认可或制定的指南三部分构成，其中，强制性指南包括内部审计定义、《职业道德规范》和《内部审计专业实务标准》。

2.国际内部审计专业实务框架的发布

2007年8月，IIA理事会成立的专门任务小组启动了内部审计专业实务框架的修订工作。2008年7月，IIA理事会通过了全新的IPPF，并于2009年发布国际内部审计专业实务框架（IPPF），这一框架为全球内部审计领域提供了一个权威高效的职业准则体系。IPPF包含两个部分：强制性指南和推荐性指南。其中，强制性指南明确规定了内部审计机构必须遵循的准则，包括内部审计定义、《职业道德规范》和《国际内部审计专业实务标准》；推荐性指南旨在为内部审计机构提供最佳实践和有价值的建议，涵盖立场公告、实务公告和实务指南等内容。此外，为保证准则能够适应世界经济发展的新变化、迎接新挑战、保持先进性，IIA建立了持续审核机制，依照至少按每三年一次的频率对准则体系进行全面审查，必要时进行调整和修订。IPPF与PPF相比，条文表述更加清晰、精确、简练；透明度更高，便于审计人员以外的人理解和使用；时效性提升，及时审查修订并欢迎社会各界提供意见和建议；严谨度与可信度提高，不易出现歧义。

3.国际内部审计专业实务框架的修订

2013年修订的国际内部审计专业实务框架（IPPF）未对结构进行调整，只对部分准则内容进行了更新，例如对现代业务环境和新兴风险进行了更新，以使准则体系与时俱进。此外，准则引入了组织内部控制框架的概念，强调了内部审计与董事会和高级管理层的合作关系，强化了内部审计人员在风险评估、监督和反馈等方面的责任。

2017年修订的国际内部审计专业实务框架（IPPF）在原有基础上新增了内部审计的使命这一部分，仍然保留强制性指南和推荐性指南两大部分。在强制性指南中，除了原有的内部审计定义、《职业道德规范》和《国际内部审计专业实务标准》外，还特别增加了内部审计实务的核心原则，进一步明确和强化了内部审计工作的基本原则，同时，为了保持与时俱进，还对《国际内部审计专业实务标准》中的部分内容进行了必要的修改和完善。将推荐性指南调整为补充指南和执行指南两大部分，补充指南包括《实务指南》、《全球技术审计指南》（GTAT）和《IT风险评估指南》（GAIT）等一系列实用性工具，为内部审计工作提供了指导和参考；而原来的实务公告则被归入新的执行指南中，提供了更加具体的操作指导，帮助内部审计机构更好地理解和应用相关标准。此外，立场公告不再作为IPPF的正式组成部分。

4.国际内部审计专业实务框架现状

面对这样的机遇与挑战并存的世界经济发展局势，IIA持续审查经济发展的宏观环境，在2022年下半年启动对旧版IPPF的修订工作。经过一段时间的精心筹备和深入研讨，IIA于2023年年初完成并公布了《全球内部审计准则》的征求意见稿，广泛收集内部审计从业人员、利益相关方以及社会各界人士的意见和建议，确保更好地服务于全球内部审计行业的发展，为经济主体克服挑战和不确定性、获取经济发展新动能保驾护航。2024年1月，IIA发布了《全球内部审计准则》，该准则将自2025年1月起正式生效。

修订后的国际内部审计专业实务框架（IPPF）包括强制性指南和补充性指南两部分。强制性指南包含《全球内部审计准则》和《专项要求》，其中《全球内部审计准则》是新版IPPF的核心。《全球内部审计准则》将2017版国际内部审计专业实务框架（IPPF）中六大要素（使命、核心原则、定义、职业道德规范、国际内部审计专业实务标准、执行指南和补充指南）的内容纳入其中，并划分为五个领域。每一领域下又设置若干原则。在阐述内部审计的每一项原则时，IIA均制定了与之对应的一个或多个标准，这些标准详细列出了具体的实施要求，并提出了在执行标准时需考虑的关键因素。此外，为了帮助理解和执行，IIA还提供了证明标准得到遵循的相关示例。修订后的《全球内部审计准则》一方面将为规范审计实务提供范式与标准，另一方面将成为评估和提高内部审计质量的基础。专项要求旨在提高与特定审计主题相关的内部审计服务的一致性和质量，并支持内部审计人员在这些风险领域开展审计业务。专项要求还进一步强调了内部审计在应对跨行业和部门间复杂多变的风险环境时持续保持其相关性和适应性的重要性。补充性指南即《全球指南》。《全球指南》由《全球实务指南》《全球技术审计指南》《金融服务实务指南》《公共部门实务指南》构成。《全球指南》通过提供执行内部审计服务的非强制性信息、建议和最佳实践来支持标准，从而促进对《全球内部审计准则》的有效遵循。根据IIA官网信息，目前国际内部审计实务专业框架的相关文件及其发布时间见表9-3。

表9-3 国际内部审计专业实务框架

2024版IPPF框架		具体文件名称（发布时间）
强制性指南	全球内部审计准则	全球内部审计准则（2024）
	专项要求（1个）	网络安全专项要求和用户指南（2025）
补充性指南（全球指南34个）	全球实务指南（11个）	评估风险管理流程（2024） 反腐败活动审计（2021） 文化审计（2024） 第三方管理审计（2018） 协调与依赖：与其他鉴证提供者合作（2025） 制定基于风险的内部审计计划（2025）

续表

<table>
<tr><th colspan="2">2024版IPPF框架</th><th>具体文件名称（发布时间）</th></tr>
<tr><td rowspan="4">补充性指南（全球指南34个）</td><td>全球实务指南（11个）</td><td>计划制订：评估欺诈风险（2017）
计划制订：确定目标和范围（2017）
内部审计整合方法（2022）
内部审计与欺诈（2024）
内部审计能力框架（2025）</td></tr>
<tr><td>全球技术审计指南（12个）</td><td>网络安全评估（2021）
网络时间回应和恢复审计（2024）
身份和访问管理审计（2024）
IT治理审计（2021）
网络和通讯管理审计（2024）
理解和审计大数据（2017）
业务应用程序审计（2021）
网络安全运营审计（2025）
内部威胁程序审计（2021）
移动计算审计（2024）
内部审计师的IT审计要点（2021）
IT变更管理（2021）</td></tr>
<tr><td>金融服务实务指南（7个）</td><td>银行资本充足率和压力测试审计（2025）
银行流动性风险管理审计（2024）
操作风险审计（2020）
信用风险审计（2020）
金融机构市场风险管理审计（2020）
模型风险管理审计（2018）
金融服务公司内部审计的基础（2021）</td></tr>
<tr><td>公共部门实务指南（4个）</td><td>公共部门捐赠资金审计（2014）
公共部门采购审计（2021）
在公共部门建立有效的内部审计（2024）
公共部门内部审计的特色（2024）</td></tr>
</table>

3.2 内部审计法规与准则汇编

3.2.1 审计署关于内部审计工作的规定

第一章 总 则

第一条 为了加强内部审计工作，建立健全内部审计制度，提升内部审计工作质量，充分发挥内部审计作用，根据《中华人民共和国审计法》《中华人民共和国审计法实施条例》以及国家其他有关规定，制定本规定。

第二条 依法属于审计机关审计监督对象的单位（以下统称单位）的内部审计工作，以及审计机关对单位内部审计工作的业务指导和监督，适用本规定。

第三条 本规定所称内部审计，是指对本单位及所属单位财政财务收支、经济活动、内部控制、风险管理实施独立、客观的监督、评价和建议，以促进单位完善治理、实现目标的活动。

第四条 单位应当依照有关法律法规、本规定和内部审计职业规范，结合本单位实际情况，建立健全内部审计制度，明确内部审计工作的领导体制、职责权限、人员配备、经费保障、审计结果运用和责任追究等。

第五条 内部审计机构和内部审计人员从事内部审计工作，应当严格遵守有关法律法规、本规定和内部审计职业规范，忠于职守，做到独立、客观、公正、保密。

内部审计机构和内部审计人员不得参与可能影响独立、客观履行审计职责的工作。

第二章 内部审计机构和人员管理

第六条 国家机关、事业单位、社会团体等单位的内部审计机构或者履行内部审计职责的内设机构，应当在本单位党组织、主要负责人的直接领导下开展内部审计工作，向其负责并报告工作。

国有企业内部审计机构或者履行内部审计职责的内设机构应当在企业党组织、董事会（或者主要负责人）直接领导下开展内部审计工作，向其负责并报告工作。国有企业应当按照有关规定建立总审计师制度。总审计师协助党组织、董事会（或者主要负责人）管理内部审计工作。

第七条 内部审计人员应当具备从事审计工作所需要的专业能力。单位应当严格内部审计人员录用标准，支持和保障内部审计机构通过多种途径开展继续教育，提高内部审计人员的职业胜任能力。

内部审计机构负责人应当具备审计、会计、经济、法律或者管理等工作背景。

第八条 内部审计机构应当根据工作需要，合理配备内部审计人员。除涉密事项外，可以根据内部审计工作需要向社会购买审计服务，并对采用的审计结果负责。

第九条 单位应当保障内部审计机构和内部审计人员依法依规独立履行职责，任何单位和个人不得打击报复。

第十条 内部审计机构履行内部审计职责所需经费，应当列入本单位预算。

第十一条 对忠于职守、坚持原则、认真履职、成绩显著的内部审计人员，由所在单位予以表彰。

第三章 内部审计职责权限和程序

第十二条 内部审计机构或者履行内部审计职责的内设机构应当按照国家有关规定和本单位的要求，履行下列职责：

（一）对本单位及所属单位贯彻落实国家重大政策措施情况进行审计；

（二）对本单位及所属单位发展规划、战略决策、重大措施以及年度业务计划执行情况进行审计；

（三）对本单位及所属单位财政财务收支进行审计；

（四）对本单位及所属单位固定资产投资项目进行审计；

（五）对本单位及所属单位的自然资源资产管理和生态环境保护责任的履行情况进行

审计；

（六）对本单位及所属单位的境外机构、境外资产和境外经济活动进行审计；

（七）对本单位及所属单位经济管理和效益情况进行审计；

（八）对本单位及所属单位内部控制及风险管理情况进行审计；

（九）对本单位内部管理的领导人员履行经济责任情况进行审计；

（十）协助本单位主要负责人督促落实审计发现问题的整改工作；

（十一）对本单位所属单位的内部审计工作进行指导、监督和管理；

（十二）国家有关规定和本单位要求办理的其他事项。

第十三条 内部审计机构或者履行内部审计职责的内设机构应有下列权限：

（一）要求被审计单位按时报送发展规划、战略决策、重大措施、内部控制、风险管理、财政财务收支等有关资料（含相关电子数据，下同），以及必要的计算机技术文档；

（二）参加单位有关会议，召开与审计事项有关的会议；

（三）参与研究制定有关的规章制度，提出制定内部审计规章制度的建议；

（四）检查有关财政财务收支、经济活动、内部控制、风险管理的资料、文件和现场勘察实物；

（五）检查有关计算机系统及其电子数据和资料；

（六）就审计事项中的有关问题，向有关单位和个人开展调查和询问，取得相关证明材料；

（七）对正在进行的严重违法违规、严重损失浪费行为及时向单位主要负责人报告，经同意作出临时制止决定；

（八）对可能转移、隐匿、篡改、毁弃会计凭证、会计账簿、会计报表以及与经济活动有关的资料，经批准，有权予以暂时封存；

（九）提出纠正、处理违法违规行为的意见和改进管理、提高绩效的建议；

（十）对违法违规和造成损失浪费的被审计单位和人员，给予通报批评或者提出追究责任的建议；

（十一）对严格遵守财经法规、经济效益显著、贡献突出的被审计单位和个人，可以向单位党组织、董事会（或者主要负责人）提出表彰建议。

第十四条 单位党组织、董事会（或者主要负责人）应当定期听取内部审计工作汇报，加强对内部审计工作规划、年度审计计划、审计质量控制、问题整改和队伍建设等重要事项的管理。

第十五条 下属单位、分支机构较多或者实行系统垂直管理的单位，其内部审计机构应当对全系统的内部审计工作进行指导和监督。系统内各单位的内部审计结果和发现的重大违纪违法问题线索，在向本单位党组织、董事会（或者主要负责人）报告的同时，应当及时向上一级单位的内部审计机构报告。

单位应当将内部审计工作计划、工作总结、审计报告、整改情况以及审计中发现的重大违纪违法问题线索等资料报送同级审计机关备案。

第十六条 内部审计的实施程序，应当依照内部审计职业规范和本单位的相关规定执行。

第十七条 内部审计机构或者履行内部审计职责的内设机构，对本单位内部管理的领导人员实施经济责任审计时，可以参照执行国家有关经济责任审计的规定。

第四章 审计结果运用

第十八条 单位应当建立健全审计发现问题整改机制，明确被审计单位主要负责人为整改第一责任人。对审计发现的问题和提出的建议，被审计单位应当及时整改，并将整改结果书面告知内部审计机构。

第十九条 单位对内部审计发现的典型性、普遍性、倾向性问题，应当及时分析研究，制定和完善相关管理制度，建立健全内部控制措施。

第二十条 内部审计机构应当加强与内部纪检监察、巡视巡察、组织人事等其他内部监督力量的协作配合，建立信息共享、结果共用、重要事项共同实施、问题整改问责共同落实等工作机制。

内部审计结果及整改情况应当作为考核、任免、奖惩干部和相关决策的重要依据。

第二十一条 单位对内部审计发现的重大违纪违法问题线索，应当按照管辖权限依法依规及时移送纪检监察机关、司法机关。

第二十二条 审计机关在审计中，特别是在国家机关、事业单位和国有企业三级以下单位审计中，应当有效利用内部审计力量和成果。对内部审计发现且已经纠正的问题不再在审计报告中反映。

第五章 对内部审计工作的指导和监督

第二十三条 审计机关应当依法对内部审计工作进行业务指导和监督，明确内部职能机构和专职人员，并履行下列职责：

（一）起草有关内部审计工作的法规草案；

（二）制定有关内部审计工作的规章制度和规划；

（三）推动单位建立健全内部审计制度；

（四）指导内部审计统筹安排审计计划，突出审计重点；

（五）监督内部审计职责履行情况，检查内部审计业务质量；

（六）指导内部审计自律组织开展工作；

（七）法律、法规规定的其他职责。

第二十四条 审计机关可以通过业务培训、交流研讨等方式，加强对内部审计人员的业务指导。

第二十五条 审计机关应当对单位报送的备案资料进行分析，将其作为编制年度审计项目计划的参考依据。

第二十六条 审计机关可以采取日常监督、结合审计项目监督、专项检查等方式，对单位的内部审计制度建立健全情况、内部审计工作质量情况等进行指导和监督。

对内部审计制度建设和内部审计工作质量存在问题的，审计机关应当督促单位内部审计机构及时进行整改并书面报告整改情况；情节严重的，应当通报批评并视情况抄送有关主管部门。

第二十七条 审计机关应当按照国家有关规定对内部审计自律组织进行政策和业务指导，推动内部审计自律组织按照法律法规和章程开展活动。必要时，可以向内部审计自律组织购买服务。

第六章　责任追究

第二十八条　被审计单位有下列情形之一的，由单位党组织、董事会（或者主要负责人）责令改正，并对直接负责的主管人员和其他直接责任人员进行处理：

（一）拒绝接受或者不配合内部审计工作的；

（二）拒绝、拖延提供与内部审计事项有关的资料，或者提供资料不真实、不完整的；

（三）拒不纠正审计发现问题的；

（四）整改不力、屡审屡犯的；

（五）违反国家规定或者本单位内部规定的其他情形。

第二十九条　内部审计机构或者履行内部审计职责的内设机构和内部审计人员有下列情形之一的，由单位对直接负责的主管人员和其他直接责任人员进行处理；涉嫌犯罪的，移送司法机关依法追究刑事责任：

（一）未按有关法律法规、本规定和内部审计职业规范实施审计导致应当发现的问题未被发现并造成严重后果的；

（二）隐瞒审计查出的问题或者提供虚假审计报告的；

（三）泄露国家秘密或者商业秘密的；

（四）利用职权谋取私利的；

（五）违反国家规定或者本单位内部规定的其他情形。

第三十条　内部审计人员因履行职责受到打击、报复、陷害的，单位党组织、董事会（或者主要负责人）应当及时采取保护措施，并对相关责任人员进行处理；涉嫌犯罪的，移送司法机关依法追究刑事责任。

第七章　附　则

第三十一条　本规定所称国有企业是指国有和国有资本占控股地位或者主导地位的企业、金融机构。

第三十二条　不属于审计机关审计监督对象的单位的内部审计工作，可以参照本规定执行。

第三十三条　本规定由审计署负责解释。

第三十四条　本规定自2018年3月1日起施行。审计署于2003年3月4日发布的《审计署关于内部审计工作的规定》（2003年审计署第4号令）同时废止。

3.2.2　中国内部审计准则

第1101号——内部审计基本准则

（2023年修订）

第一章　总　则

第一条　为了规范内部审计工作，保证内部审计质量，明确内部审计机构和内部审计人员的责任，根据《审计法》及其实施条例，以及其他有关法律、法规和规章，制定本准则。

第二条　本准则所称内部审计，是一种独立、客观的确认和咨询活动，它通过运用系统、规范的方法，审查和评价组织的业务活动、内部控制和风险管理的适当性和有效性，以促进组织完善治理、增加价值和实现目标。

第三条 本准则适用于各类组织的内部审计机构、内部审计人员及其从事的内部审计活动。其他组织或者人员接受委托、聘用，承办或者参与内部审计业务，也应当遵守本准则。

第二章 一般准则

第四条 组织应当设置与其目标、性质、规模、治理结构等相适应的内部审计机构，并配备具有相应资格的内部审计人员。

第五条 内部审计的目标、职责和权限等内容应当在组织的内部审计章程中明确规定。

第六条 内部审计机构和内部审计人员应当保持独立性和客观性，不得负责被审计单位的业务活动、内部控制和风险管理的决策与执行。

第七条 内部审计人员应当遵守职业道德，在实施内部审计业务时保持应有的职业谨慎。

第八条 内部审计人员应当具备相应的专业胜任能力，并通过后续教育加以保持和提高。

第九条 内部审计人员应当履行保密义务，对于实施内部审计业务中所获取的信息保密。

第三章 作业准则

第十条 内部审计机构和内部审计人员应当全面关注组织风险，以风险为基础组织实施内部审计业务。

第十一条 内部审计人员应当充分运用重要性原则，考虑差异或者缺陷的性质、数量等因素，合理确定重要性水平。

第十二条 内部审计机构应当根据组织的风险状况、管理需要及审计资源的配置情况，编制年度审计计划，并报经组织党委（党组）、董事会（或者主要负责人）或者最高管理层批准。

第十三条 内部审计人员根据年度审计计划确定的审计项目，编制项目审计方案。

第十四条 内部审计机构应当在实施审计前，向被审计单位或者被审计人员送达审计通知书，做好审计准备工作。

第十五条 内部审计人员应当深入了解被审计单位的情况，审查和评价业务活动、内部控制和风险管理的适当性和有效性。

第十六条 内部审计人员应当关注被审计单位业务活动、内部控制和风险管理中的舞弊风险，对舞弊行为进行检查和报告。

第十七条 内部审计人员可以运用审核、观察、监盘、访谈、调查、函证、计算和分析程序等方法，获取相关、可靠和充分的审计证据，以支持审计结论、意见和建议。

第十八条 内部审计人员在实施审计时，应当关注数字化环境对内部审计工作的影响。

第十九条 内部审计人员应当在审计工作底稿中记录审计程序的执行过程，获取的审计证据，以及作出的审计结论。

第二十条 内部审计人员应当在审计项目完成后，及时收集整理相关信息和资料，做好归档工作。

第二十一条 内部审计人员应当以适当方式提供咨询服务，改善组织的业务活动、内部控制和风险管理。

第四章 报告准则

第二十二条 内部审计机构应当在实施必要的审计程序后，及时出具审计报告。

第二十三条 审计报告应当客观、完整、清晰，具有建设性并体现重要性原则。

第二十四条 审计报告应当包括审计概况、审计依据、审计评价、审计发现、审计意见和审计建议。

第二十五条 审计报告应当包含是否遵循内部审计准则的声明。如存在未遵循内部审计准则的情形，应当在审计报告中作出解释和说明。

第五章 内部管理准则

第二十六条 内部审计机构应当接受组织党委（党组）、董事会（或者主要负责人）的领导和监督，并保持与党委（党组）、董事会（或者主要负责人）或者最高管理层及时、高效的沟通。

第二十七条 内部审计机构应当建立合理、有效的组织结构，多层级组织的内部审计机构可以实行集中管理或者分级管理。

第二十八条 内部审计机构应当根据内部审计准则及相关规定，结合本组织的实际情况制定内部审计工作手册，指导内部审计人员的工作。

第二十九条 内部审计机构应当对内部审计质量实施有效控制，建立指导、监督、分级复核和内部审计质量评估制度，并接受内部审计质量外部评估。

第三十条 内部审计机构应当编制中长期审计规划、年度审计计划、本机构人力资源计划和财务预算。

第三十一条 内部审计机构应当建立激励约束机制，对内部审计人员的工作进行考核、评价和奖惩。

第三十二条 内部审计机构应当在党委（党组）、董事会（或者主要负责人）或者最高管理层的支持和监督下，做好与外部审计的协调工作。

第三十三条 内部审计机构应当跟踪审计发现问题和审计意见建议的落实情况，督促被审计单位做好审计整改工作。

第三十四条 内部审计机构负责人应当对内部审计机构管理的适当性和有效性负主要责任。

第六章 附 则

第三十五条 本准则由中国内部审计协会发布并负责解释。

第三十六条 本准则自2023年7月1日起施行。2014年1月1日起施行的《第1101号——内部审计基本准则》同时废止。

第1201号——内部审计人员职业道德规范

第一章 总 则

第一条 为了规范内部审计人员的职业行为，维护内部审计职业声誉，根据《审计法》及其实施条例，以及其他有关法律、法规和规章，制定本规范。

第二条 内部审计人员职业道德是内部审计人员在开展内部审计工作中应当具有的职业品德、应当遵守的职业纪律和应当承担的职业责任的总称。

第三条 内部审计人员从事内部审计活动时，应当遵守本规范，认真履行职责，不得损害国家利益、组织利益和内部审计职业声誉。

第二章 一般原则

第四条 内部审计人员在从事内部审计活动时，应当保持诚信正直。

第五条 内部审计人员应当遵循客观性原则，公正、不偏不倚地作出审计职业判断。

第六条 内部审计人员应当保持并提高专业胜任能力，按照规定参加后续教育。

第七条 内部审计人员应当遵循保密原则，按照规定使用其在履行职责时所获取的信息。

第八条 内部审计人员违反本规范要求的，组织应当批评教育，也可以视情节给予一定的处分。

第三章 诚信正直

第九条 内部审计人员在实施内部审计业务时，应当诚实、守信，不应有下列行为：

（一）歪曲事实；

（二）隐瞒审计发现的问题；

（三）进行缺少证据支持的判断；

（四）做误导性的或者含糊的陈述。

第十条 内部审计人员在实施内部审计业务时，应当廉洁、正直，不应有下列行为：

（一）利用职权谋取私利；

（二）屈从于外部压力，违反原则。

第四章 客观性

第十一条 内部审计人员实施内部审计业务时，应当实事求是，不得由于偏见、利益冲突而影响职业判断。

第十二条 内部审计人员实施内部审计业务前，应当采取下列步骤对客观性进行评估：

（一）识别可能影响客观性的因素；

（二）评估可能影响客观性因素的严重程度；

（三）向审计项目负责人或者内部审计机构负责人报告客观性受损可能造成的影响。

第十三条 内部审计人员应当识别下列可能影响客观性的因素：

（一）审计本人曾经参与过的业务活动；

（二）与被审计单位存在直接利益关系；

（三）与被审计单位存在长期合作关系；

（四）与被审计单位管理层有密切的私人关系；

（五）遭受来自组织内部和外部的压力；

（六）内部审计范围受到限制；

（七）其他。

第十四条 内部审计机构负责人应当采取下列措施保障内部审计的客观性：

（一）提高内部审计人员的职业道德水准；

（二）选派适当的内部审计人员参加审计项目，并进行适当分工；

（三）采用工作轮换的方式安排审计项目及审计组；

（四）建立适当、有效的激励机制；

（五）制定并实施系统、有效的内部审计质量控制制度、程序和方法；

（六）当内部审计人员的客观性受到严重影响，且无法采取适当措施降低影响时，停止实施有关业务，并及时向董事会或者最高管理层报告。

第五章　专业胜任能力

第十五条　内部审计人员应当具备下列履行职责所需的专业知识、职业技能和实践经验：

（一）审计、会计、财务、税务、经济、金融、统计、管理、内部控制、风险管理、法律和信息技术等专业知识，以及与组织业务活动相关的专业知识；

（二）语言文字表达、问题分析、审计技术应用、人际沟通、组织管理等职业技能；

（三）必要的实践经验及相关职业经历。

第十六条　内部审计人员应当通过后续教育和职业实践等途径，了解、学习和掌握相关法律法规、专业知识、技术方法和审计实务的发展变化，保持和提升专业胜任能力。

第十七条　内部审计人员实施内部审计业务时，应当保持职业谨慎，合理运用职业判断。

第六章　保　密

第十八条　内部审计人员应当对实施内部审计业务所获取的信息保密，非因有效授权、法律规定或其他合法事由不得披露。

第十九条　内部审计人员在社会交往中，应当履行保密义务，警惕非故意泄密的可能性。

内部审计人员不得利用其在实施内部审计业务时获取的信息牟取不正当利益，或者以有悖于法律法规、组织规定及职业道德的方式使用信息。

第七章　附　则

第二十条　本规范由中国内部审计协会发布并负责解释。

第二十一条　本规范自2014年1月1日起施行。

第2101号内部审计具体准则——审计计划

第一章　总　则

第一条　为了规范审计计划的编制与执行，保证有计划、有重点地开展审计业务，提高审计质量和效率，根据《内部审计基本准则》，制定本准则。

第二条　本准则所称审计计划，是指内部审计机构和内部审计人员为完成审计业务，达到预期的审计目的，对审计工作或者具体审计项目作出的安排。

第三条　本准则适用于各类组织的内部审计机构、内部审计人员及其从事的内部审计活动。其他组织或者人员接受委托、聘用，承办或者参与内部审计业务，也应当遵守本准则。

第二章 一般原则

第四条 审计计划一般包括年度审计计划和项目审计方案。

年度审计计划是对年度预期要完成的审计任务所作的工作安排，是组织年度工作计划的重要组成部分。

项目审计方案是对实施具体审计项目所需要的审计内容、审计程序、人员分工、审计时间等作出的安排。

第五条 内部审计机构应当在本年度编制下年度审计计划，并报经组织董事会或者最高管理层批准；审计项目负责人应当在审计项目实施前编制项目审计方案，并报经内部审计机构负责人批准。

第六条 内部审计机构应当根据批准后的审计计划组织开展内部审计活动。在审计计划执行过程中，如有必要，应当按照规定的程序对审计计划进行调整。

第七条 内部审计机构负责人应当定期检查审计计划的执行情况。

第三章 年度审计计划

第八条 内部审计机构负责人负责年度审计计划的编制工作。

第九条 编制年度审计计划应当结合内部审计中长期规划，在对组织风险进行评估的基础上，根据组织的风险状况、管理需要和审计资源的配置情况，确定具体审计项目及时间安排。

第十条 年度审计计划应当包括下列基本内容：

（一）年度审计工作目标；

（二）具体审计项目及实施时间；

（三）各审计项目需要的审计资源；

（四）后续审计安排。

第十一条 内部审计机构在编制年度审计计划前，应当重点调查了解下列情况，以评价具体审计项目的风险：

（一）组织的战略目标、年度目标及业务活动重点；

（二）对相关业务活动有重大影响的法律、法规、政策、计划和合同；

（三）相关内部控制的有效性和风险管理水平；

（四）相关业务活动的复杂性及其近期变化；

（五）相关人员的能力及其岗位的近期变动；

（六）其他与项目有关的重要情况。

第十二条 内部审计机构负责人应当根据具体审计项目的性质、复杂程度及时间要求，合理安排审计资源。

第四章 项目审计方案

第十三条 内部审计机构应当根据年度审计计划确定的审计项目和时间安排，选派内部审计人员开展审计工作。

第十四条 审计项目负责人应当根据被审计单位的下列情况，编制项目审计方案：

（一）业务活动概况；

（二）内部控制、风险管理体系的设计及运行情况；

（三）财务、会计资料；

（四）重要的合同、协议及会议记录；

（五）上次审计结论、建议及后续审计情况；

（六）上次外部审计的审计意见；

（七）其他与项目审计方案有关的重要情况。

第十五条 项目审计方案应当包括下列基本内容：

（一）被审计单位、项目的名称；

（二）审计目标和范围；

（三）审计内容和重点；

（四）审计程序和方法；

（五）审计组成员的组成及分工；

（六）审计起止日期；

（七）对专家和外部审计工作结果的利用；

（八）其他有关内容。

第五章 附 则

第十六条 本准则由中国内部审计协会发布并负责解释。

第十七条 本准则自2014年1月1日起施行。

第2102号内部审计具体准则——审计通知书

第一章 总 则

第一条 为了规范审计通知书的编制与送达，根据《内部审计基本准则》，制定本准则。

第二条 本准则所称审计通知书，是指内部审计机构在实施审计之前，告知被审计单位或者人员接受审计的书面文件。

第三条 本准则适用于各类组织的内部审计机构、内部审计人员及其从事的内部审计活动。其他组织或者人员接受委托、聘用，承办或者参与的内部审计业务，也应当遵守本准则。

第二章 审计通知书的编制与送达

第四条 审计通知书应当包括下列内容：

（一）审计项目名称；

（二）被审计单位名称或者被审计人员姓名；

（三）审计范围和审计内容；

（四）审计时间；

（五）需要被审计单位提供的资料及其他必要的协助要求；

（六）审计组组长及审计组成员名单；

（七）内部审计机构的印章和签发日期。

第五条 内部审计机构应当根据经过批准后的年度审计计划和其他授权或者委托文件编制审计通知书。

第六条 内部审计机构应当在实施审计三日前，向被审计单位或者被审计人员送达审计通知书。特殊审计业务的审计通知书可以在实施审计时送达。

第七条 审计通知书送达被审计单位，必要时可以抄送组织内部相关部门。

经济责任审计项目的审计通知书送达被审计人员及其所在单位，并抄送有关部门。

第三章 附 则

第八条 本准则由中国内部审计协会发布并负责解释。

第九条 本准则自2014年1月1日起施行。

第2103号内部审计具体准则——审计证据

第一章 总 则

第一条 为了规范审计证据的获取及处理，保证审计证据的相关性、可靠性和充分性，根据《内部审计基本准则》，制定本准则。

第二条 本准则所称审计证据，是指内部审计人员在实施内部审计业务中，通过实施审计程序所获取的，用以证实审计事项，支持审计结论、意见和建议的各种事实依据。

第三条 本准则适用于各类组织的内部审计机构、内部审计人员及其从事的内部审计活动。其他组织或者人员接受委托、聘用，承办或者参与内部审计业务，也应当遵守本准则。

第二章 一般原则

第四条 内部审计人员应当依据不同的审计事项及其审计目标，获取不同种类的审计证据。

审计证据主要包括下列种类：

（一）书面证据；

（二）实物证据；

（三）视听证据；

（四）电子证据；

（五）口头证据；

（六）环境证据。

第五条 内部审计人员获取的审计证据应当具备相关性、可靠性和充分性。

相关性，即审计证据与审计事项及其具体审计目标之间具有实质性联系。

可靠性，即审计证据真实、可信。

充分性，即审计证据在数量上足以支持审计结论、意见和建议。

第六条 审计项目的各级复核人员应当在各自职责范围内对审计证据的相关性、可靠性和充分性予以复核。

第七条 内部审计人员在获取审计证据时，应当考虑下列基本因素：

（一）具体审计事项的重要性。内部审计人员应当从数量和性质两个方面判断审计事项的重要性，以做出获取审计证据的决策。

（二）可以接受的审计风险水平。证据的充分性与审计风险水平密切相关。可以接受的审计风险水平越低，所需证据的数量越多。

（三）成本与效益的合理程度。获取审计证据应当考虑成本与效益的对比，但对于重要审计事项，不应当将审计成本的高低作为减少必要审计程序的理由。

（四）适当的抽样方法。

第三章 审计证据的获取与处理

第八条 内部审计人员向有关单位和个人获取审计证据时，可以采用（但不限于）下列方法：

（一）审核；

（二）观察；

（三）监盘；

（四）访谈；

（五）调查；

（六）函证；

（七）计算；

（八）分析程序。

第九条 内部审计人员应当将获取的审计证据名称、来源、内容、时间等完整、清晰地记录于审计工作底稿中。

采集被审计单位电子数据作为审计证据的，内部审计人员应当记录电子数据的采集和处理过程。

第十条 内部审计机构可以聘请其他专业机构或者人员对审计项目的某些特殊问题进行鉴定，并将鉴定结论作为审计证据。内部审计人员应当对所引用鉴定结论的可靠性负责。

第十一条 对于被审计单位有异议的审计证据，内部审计人员应当进一步核实。

第十二条 内部审计人员获取的审计证据，如有必要，应当由证据提供者签名或者盖章。如果证据提供者拒绝签名或者盖章，内部审计人员应当注明原因和日期。

第十三条 内部审计人员应当对获取的审计证据进行分类、筛选和汇总，保证审计证据的相关性、可靠性和充分性。

第十四条 在评价审计证据时，应当考虑审计证据之间的相互印证关系及证据来源的可靠程度。

第四章 附 则

第十五条 本准则由中国内部审计协会发布并负责解释。

第十六条 本准则自2014年1月1日起施行。

第2104号内部审计具体准则——审计工作底稿

第一章 总 则

第一条 为了规范审计工作底稿的编制和使用，根据《内部审计基本准则》，制定本准则。

第二条 本准则所称审计工作底稿，是指内部审计人员在审计过程中所形成的工作记录。

第三条 本准则适用于各类组织的内部审计机构、内部审计人员及其从事的内部审计活动。其他组织或者人员接受委托、聘用，承办或者参与内部审计业务，也应当遵守本准则。

第二章 一般原则

第四条 内部审计人员在审计工作中应当编制审计工作底稿，以达到下列目的：

（一）为编制审计报告提供依据；

（二）证明审计目标的实现程度；

（三）为检查和评价内部审计工作质量提供依据；

（四）证明内部审计机构和内部审计人员是否遵循内部审计准则；

（五）为以后的审计工作提供参考。

第五条 审计工作底稿应当内容完整、记录清晰、结论明确，客观地反映项目审计方案的编制及实施情况，以及与形成审计结论、意见和建议有关的所有重要事项。

第六条 内部审计机构应当建立审计工作底稿的分级复核制度，明确规定各级复核人员的要求和责任。

第三章 审计工作底稿的编制与复核

第七条 审计工作底稿主要包括下列要素：

（一）被审计单位的名称；

（二）审计事项及其期间或者截止日期；

（三）审计程序的执行过程及结果记录；

（四）审计结论、意见及建议；

（五）审计人员姓名和审计日期；

（六）复核人员姓名、复核日期和复核意见；

（七）索引号及页次；

（八）审计标识与其他符号及其说明等。

第八条 项目审计方案的编制及调整情况应当编制审计工作底稿。

第九条 审计工作底稿中可以使用各种审计标识，但应当注明含义并保持前后一致。

第十条 审计工作底稿应当注明索引编号和顺序编号。相关审计工作底稿之间如存在勾稽关系，应当予以清晰反映，相互引用时应当交叉注明索引编号。

第十一条 审计工作底稿的复核工作应当由比审计工作底稿编制人员职位更高或者经验更为丰富的人员承担。

第十二条 如果发现审计工作底稿存在问题，复核人员应当在复核意见中加以说明，并要求相关人员补充或者修改审计工作底稿。

第十三条 在审计业务执行过程中，审计项目负责人应当加强对审计工作底稿的现场复核。

第四章 审计工作底稿的归档与保管

第十四条 内部审计人员在审计项目完成后，应当及时对审计工作底稿进行分类整理，按照审计工作底稿相关规定进行归档、保管和使用。

第十五条 审计工作底稿归组织所有，由内部审计机构或者组织内部有关部门具体负责保管。

第十六条 内部审计机构应当建立审计工作底稿保管制度。如果内部审计机构以外的组织或者个人要求查阅审计工作底稿，必须经内部审计机构负责人或者其主管领导批准，但国家有关部门依法进行查阅的除外。

第五章 附 则

第十七条 本准则由中国内部审计协会发布并负责解释。

第十八条 本准则自2014年1月1日起施行。

第2105号内部审计具体准则——结果沟通

第一章 总 则

第一条 为了规范内部审计的结果沟通，保证审计工作质量，根据《内部审计基本准则》，制定本准则。

第二条 本准则所称结果沟通，是指内部审计机构与被审计单位、组织适当管理层就审计概况、审计依据、审计发现、审计结论、审计意见和审计建议进行的讨论和交流。

第三条 本准则适用于各类组织的内部审计机构、内部审计人员及其从事的内部审计活动。其他组织或者人员接受委托、聘用，承办或者参与内部审计业务，也应当遵守本准则。

第二章 一般原则

第四条 结果沟通的目的，是提高审计结果的客观性、公正性，并取得被审计单位、组织适当管理层的理解和认同。

第五条 内部审计机构应当建立审计结果沟通制度，明确各级人员的责任，进行积极有效的沟通。

第六条 内部审计机构应当与被审计单位、组织适当管理层进行认真、充分的沟通，听取其意见。

第七条 结果沟通一般采取书面或者口头方式。

第八条 内部审计机构应当在审计报告正式提交之前进行审计结果的沟通。

第九条 内部审计机构应当将结果沟通的有关书面材料作为审计工作底稿归档保存。

第三章 结果沟通的内容

第十条 结果沟通主要包括下列内容：

（一）审计概况；

（二）审计依据；

（三）审计发现；

（四）审计结论；

（五）审计意见；

（六）审计建议。

第十一条 如果被审计单位对审计结果有异议，审计项目负责人及相关人员应当进行核实和答复。

第十二条 内部审计机构负责人应当与组织适当管理层就审计过程中发现的重大问题及时进行沟通。

第十三条 内部审计机构与被审计单位进行结果沟通时，应当注意沟通技巧。

第四章 附 则

第十四条 本准则由中国内部审计协会发布并负责解释。

第十五条 本准则自2014年1月1日起施行。

第2106号内部审计具体准则——审计报告

第一章 总 则

第一条 为了规范审计报告的编制、复核和报送，根据《内部审计基本准则》，制定本准则。

第二条 本准则所称审计报告，是指内部审计人员根据审计计划对被审计单位实施必要的审计程序后，就被审计事项作出审计结论，提出审计意见和审计建议的书面文件。

第三条 本准则适用于各类组织的内部审计机构、内部审计人员及其从事的内部审计活动。其他组织或者人员接受委托、聘用，承办或者参与内部审计业务，也应当遵守本准则。

第二章 一般原则

第四条 内部审计人员应当在审计实施结束后，以经过核实的审计证据为依据，形成审计结论、意见和建议，出具审计报告。如有必要，内部审计人员可以在审计过程中提交期中报告，以便及时采取有效的纠正措施改善业务活动、内部控制和风险管理。

第五条 审计报告的编制应当符合下列要求：

（一）实事求是、不偏不倚地反映被审计事项的事实；

（二）要素齐全、格式规范，完整反映审计中发现的重要问题；

（三）逻辑清晰、用词准确、简明扼要、易于理解；

（四）充分考虑审计项目的重要性和风险水平，对于重要事项应当重点说明；

（五）针对被审计单位业务活动、内部控制和风险管理中存在的主要问题或者缺陷提出可行的改进建议，以促进组织实现目标。

第六条 内部审计机构应当建立健全审计报告分级复核制度，明确规定各级复核人员的要求和责任。

第三章 审计报告的内容

第七条 审计报告主要包括下列要素：

（一）标题；

（二）收件人；

（三）正文；

（四）附件；

（五）签章；

（六）报告日期；

（七）其他。

第八条 审计报告的正文主要包括下列内容：

（一）审计概况，包括审计目标、审计范围、审计内容及重点、审计方法、审计程序及审计时间等；

（二）审计依据，即实施审计所依据的相关法律法规、内部审计准则等规定；

（三）审计发现，即对被审计单位的业务活动、内部控制和风险管理实施审计过程中所发现的主要问题的事实；

（四）审计结论，即根据已查明的事实，对被审计单位业务活动、内部控制和风险管理所作的评价；

（五）审计意见，即针对审计发现的主要问题提出的处理意见；

（六）审计建议，即针对审计发现的主要问题，提出的改善业务活动、内部控制和风险管理的建议。

第九条 审计报告的附件应当包括针对审计过程、审计中发现问题所作出的具体说明，以及被审计单位的反馈意见等内容。

第四章 审计报告的编制、复核与报送

第十条 审计组应当在实施必要的审计程序后，及时编制审计报告，并征求被审计对象的意见。

第十一条 被审计单位对审计报告有异议的，审计项目负责人及相关人员应当核实，必要时应当修改审计报告。

第十二条 审计报告经过必要的修改后，应当连同被审计单位的反馈意见及时报送内部审计机构负责人复核。

第十三条 内部审计机构应当将审计报告提交被审计单位和组织适当管理层，并要求被审计单位在规定的期限内落实纠正措施。

第十四条 已经出具的审计报告如果存在重要错误或者遗漏，内部审计机构应当及时更正，并将更正后的审计报告提交给原审计报告接收者。

第十五条 内部审计机构应当将审计报告及时归入审计档案，妥善保存。

第五章 附 则

第十六条 本准则由中国内部审计协会发布并负责解释。

第十七条 本准则自2014年1月1日起施行。

第2107号内部审计具体准则——后续审计

第一章 总 则

第一条 为了规范后续审计活动，提高审计效果，根据《内部审计基本准则》，制定本准则。

第二条 本准则所称后续审计，是指内部审计机构为跟踪检查被审计单位针对审计发现的问题所采取的纠正措施及其改进效果，而进行的审查和评价活动。

第三条 本准则适用于各类组织的内部审计机构、内部审计人员及其从事的内部审计活动。其他组织或者人员接受委托、聘用，承办或者参与内部审计业务，也应当遵守本准则。

第二章 一般原则

第四条 对审计中发现的问题采取纠正措施，是被审计单位管理层的责任。评价被审计单位管理层所采取的纠正措施是否及时、合理、有效，是内部审计人员的责任。

第五条 内部审计机构可以在规定期限内，或者与被审计单位约定的期限内实施后续审计。

第六条 内部审计机构负责人可以适时安排后续审计工作，并将其列入年度审计计划。

第七条 内部审计机构负责人如果初步认定被审计单位管理层对审计发现的问题已采

取了有效的纠正措施，可以将后续审计作为下次审计工作的一部分。

第八条 当被审计单位基于成本或者其他方面考虑，决定对审计发现的问题不采取纠正措施并做出书面承诺时，内部审计机构负责人应当向组织董事会或者最高管理层报告。

第三章 后续审计程序

第九条 审计项目负责人应当编制后续审计方案，对后续审计作出安排。

第十条 编制后续审计方案时应当考虑下列因素：

（一）审计意见和审计建议的重要性；

（二）纠正措施的复杂性；

（三）落实纠正措施所需要的时间和成本；

（四）纠正措施失败可能产生的影响；

（五）被审计单位的业务安排和时间要求。

第十一条 对于已采取纠正措施的事项，内部审计人员应当判断是否需要深入检查，必要时可以提出应在下次审计中予以关注。

第十二条 内部审计人员应当根据后续审计的实施过程和结果编制后续审计报告。

第四章 附 则

第十三条 本准则由中国内部审计协会发布并负责解释。

第十四条 本准则自2014年1月1日起施行。

第2108号内部审计具体准则——审计抽样

第一章 总 则

第一条 为了规范内部审计人员运用审计抽样方法，提高审计质量和效率，根据《内部审计基本准则》，制定本准则。

第二条 本准则所称审计抽样，是指内部审计人员在审计业务实施过程中，从被审查和评价的审计总体中抽取一定数量具有代表性的样本进行测试，以样本审查结果推断总体特征，并作出审计结论的一种审计方法。

第三条 本准则适用于各类组织的内部审计机构、内部审计人员及其从事的内部审计活动。其他组织或者人员接受委托、聘用，承办或者参与内部审计业务，也应当遵守本准则。

第二章 一般原则

第四条 确定抽样总体、选择抽样方法时应当以审计目标为依据，并考虑被审计单位及审计项目的具体情况。

第五条 抽样总体的确定应当遵循相关性、充分性和经济性原则。

相关性是指抽样总体与审计对象及其审计目标相关；充分性是指抽样总体能够在数量上代表审计项目的实际情况；经济性是指抽样总体的确定符合成本效益原则。

第六条 审计抽样方法包括统计抽样和非统计抽样。在审计抽样过程中，可以采用统计抽样方法，也可以采用非统计抽样方法，或者两种方法结合使用。

第七条 选取的样本应当有代表性，具有与审计总体相似的特征。

第八条 内部审计人员在选取样本时，应当对业务活动中存在重大差异或者缺陷的风险以及审计过程中的检查风险进行评估，并充分考虑因抽样引起的抽样风险及其他因素引起的非抽样风险。

第九条 抽样结果的评价应当从定量和定性两个方面进行，并以此为依据合理推断审计总体特征。

第三章 抽样程序和方法

第十条 审计抽样的一般程序包括下列步骤：

（一）根据审计目标及审计对象的特征制定审计抽样方案；

（二）选取样本；

（三）对样本进行审查；

（四）评价抽样结果；

（五）根据抽样结果推断总体特征；

（六）形成审计结论。

第十一条 审计抽样方案包括下列主要内容：

（一）审计总体，是指由审计对象的各个单位组成的整体；

（二）抽样单位，是指从审计总体中抽取并代表总体的各个单位；

（三）样本，是指在抽样过程中从审计总体中抽取的部分单位组成的整体；

（四）误差，是指业务活动、内部控制和风险管理中存在的差异或者缺陷；

（五）可容忍误差，是指内部审计人员可以接受的差异或者缺陷的最大程度；

（六）预计总体误差，是指内部审计人员预先估计的审计总体中存在的差异或者缺陷；

（七）可靠程度，是指预计抽样结果能够代表审计总体质量特征的概率；

（八）抽样风险，是指内部审计人员依据抽样结果得出的结论与总体特征不相符合的可能性；

（九）样本量，是指为了能使内部审计人员对审计总体作出审计结论所抽取样本单位的数量；

（十）其他因素。

第十二条 内部审计人员应当根据审计重要性水平，合理确定预计总体误差、可容忍误差和可靠程度。

第十三条 内部审计人员应当根据审计目标和审计对象的特征，选择确定审计抽样方法。

统计抽样，是指以数理统计方法为基础，按照随机原则从总体中选取样本进行审查，并对总体特征进行推断的审计抽样方法。主要包括发现抽样、连续抽样等属性抽样方法，以及单位均值抽样、差异估计抽样和货币单位抽样等变量抽样方法。

非统计抽样，是指内部审计人员根据自己的专业判断和经验抽取样本进行审查，并对总体特征进行推断的审计抽样方法。

统计抽样和非统计抽样审计方法相互结合使用，可以降低抽样风险。

第十四条 内部审计人员应当根据下列要素确定样本量：

（一）审计总体。审计总体的量越大，所需要的样本量越多；

（二）可容忍误差。可容忍误差越大，所需样本量越少；

（三）预计总体误差。预计总体误差越大，所需样本量越多；

（四）抽样风险。抽样风险越小，所需样本量越多；

（五）可靠程度。可靠程度越大，所需样本量越多。

第十五条 内部审计人员可以运用下列方法选取样本：

（一）随机数表选样法；

（二）系统选样法；

（三）分层选样法；

（四）整群选样法；

（五）任意选样法。

第十六条 内部审计人员在选取样本之后，应当对样本进行审查，获取相关、可靠和充分的审计证据。

第四章 抽样结果的评价

第十七条 内部审计人员应当根据预先确定的误差构成条件，确定存在误差的样本。

第十八条 内部审计人员应当对抽样风险和非抽样风险进行评估，以防止对审计总体作出不恰当的审计结论。

第十九条 抽样风险主要包括两类：

（一）误受风险，是指样本结果表明审计项目不存在重大差异或者缺陷，而实际上却存在着重大差异或者缺陷的可能性；

（二）误拒风险，是指样本结果表明审计项目存在重大差异或者缺陷，而实际上并没有存在重大差异或者缺陷的可能性。

第二十条 非抽样风险是由抽样之外的其他因素造成的风险，一般包括下列原因：

（一）审计程序设计及执行不恰当；

（二）抽样过程没有按照规范程序执行；

（三）样本审查结果解释错误；

（四）审计人员业务能力不足；

（五）其他原因。

第二十一条 内部审计人员应当根据样本误差，采用适当的方法，推断审计总体误差。

第二十二条 内部审计人员应当根据抽样结果的评价，确定审计证据是否足以证实某一审计总体特征。如果推断的总体误差超过可容忍误差，应当增加样本量或者执行替代审计程序。

第二十三条 内部审计人员在上述评价的基础上还应当考虑误差性质、误差产生的原因，以及误差对其他审计项目可能产生的影响等。

第五章 附 则

第二十四条 本准则由中国内部审计协会发布并负责解释。

第二十五条 本准则自2014年1月1日起施行。

第2109号内部审计具体准则——分析程序

第一章 总 则

第一条 为了规范内部审计人员执行分析程序的行为，提高审计质量和效率，根据

《内部审计基本准则》，制定本准则。

第二条 本准则所称分析程序，是指内部审计人员通过分析和比较信息之间的关系或者计算相关的比率，以确定合理性，并发现潜在差异和漏洞的一种审计方法。

第三条 本准则适用于各类组织的内部审计机构、内部审计人员及其从事的内部审计活动。其他组织或者人员接受委托、聘用，承办或者参与内部审计业务，也应当遵守本准则。

第二章 一般原则

第四条 内部审计人员应当合理运用职业判断，根据需要在审计过程中执行分析程序。

第五条 内部审计人员执行分析程序，有助于实现下列目标：

（一）确认业务活动信息的合理性；

（二）发现差异；

（三）分析潜在的差异和漏洞；

（四）发现不合法和不合规行为的线索。

第六条 内部审计人员通过执行分析程序，能够获取与下列事项相关的证据：

（一）被审计单位的持续经营能力；

（二）被审计事项的总体合理性；

（三）业务活动、内部控制和风险管理中差异和漏洞的严重程度；

（四）业务活动的经济性、效率性和效果性；

（五）计划、预算的完成情况；

（六）其他事项。

第七条 分析程序所使用的信息按其存在的形式划分，主要包括下列内容：

（一）财务信息和非财务信息；

（二）实物信息和货币信息；

（三）电子数据信息和非电子数据信息；

（四）绝对数信息和相对数信息。

第八条 执行分析程序时，应当考虑信息之间的相关性，以免得出不恰当的审计结论。

第九条 内部审计人员应当保持应有的职业谨慎，在确定对分析程序结果的依赖程度时，需要考虑下列因素：

（一）分析程序的目标；

（二）被审计单位的性质及其业务活动的复杂程度；

（三）已收集信息资料的相关性、可靠性和充分性；

（四）以往审计中对被审计单位内部控制、风险管理的评价结果；

（五）以往审计中发现的差异和漏洞。

第三章 分析程序的执行

第十条 分析程序一般包括下列基本内容：

（一）将当期信息与历史信息相比较，分析其波动情况及发展趋势；

（二）将当期信息与预测、计划或者预算信息相比较，并作差异分析；

（三）将当期信息与内部审计人员预期信息相比较，分析差异；

（四）将被审计单位信息与组织其他部门类似信息相比较，分析差异；

（五）将被审计单位信息与行业相关信息相比较，分析差异；

（六）对财务信息与非财务信息之间的关系、比率的计算与分析；

（七）对重要信息内部组成因素的关系、比率的计算与分析。

第十一条 分析程序主要包括下列具体方法：

（一）比较分析；

（二）比率分析；

（三）结构分析；

（四）趋势分析；

（五）回归分析；

（六）其他技术方法。

内部审计人员可以根据审计目标和审计事项单独或者综合运用以上方法。

第十二条 内部审计人员需要在审计计划阶段执行分析程序，以了解被审计事项的基本情况，确定审计重点。

第十三条 内部审计人员需要在审计实施阶段执行分析程序，对业务活动、内部控制和风险管理进行审查，以获取审计证据。

第十四条 内部审计人员需要在审计终结阶段执行分析程序，验证其他审计程序所得结论的合理性，以保证审计质量。

第四章 对分析程序结果的利用

第十五条 内部审计人员应当考虑下列影响分析程序效率和效果的因素：

（一）被审计事项的重要性；

（二）内部控制、风险管理的适当性和有效性；

（三）获取信息的便捷性和可靠性；

（四）分析程序执行人员的专业素质；

（五）分析程序操作的规范性。

第十六条 内部审计人员执行分析程序发现差异时，应当采用下列方法对其进行调查和评价：

（一）询问管理层获取其解释和答复；

（二）实施必要的审计程序，确认管理层解释和答复的合理性与可靠性；

（三）如果管理层没有作出恰当解释，应当扩大审计范围，执行其他审计程序，实施进一步审查，以便得出审计结论。

第五章 附 则

第十七条 本准则由中国内部审计协会发布并负责解释。

第十八条 本准则自2014年1月1日起施行。

第2201号内部审计具体准则——内部控制审计

第一章 总 则

第一条 为了规范内部审计人员实施内部控制审计的行为，保证内部控制审计质量，根据《内部审计基本准则》，制定本准则。

第二条 本准则所称内部控制审计，是指内部审计机构对组织内部控制设计和运行的有效性进行的审查和评价活动。

第三条 本准则适用于各类组织的内部审计机构、内部审计人员及其从事的内部控制审计活动。其他组织或者人员接受委托、聘用，承办或者参与内部审计业务，也应当遵守本准则。

第二章 一般原则

第四条 董事会及管理层的责任是建立、健全内部控制并使之有效运行。

内部审计的责任是对内部控制设计和运行的有效性进行审查和评价，出具客观、公正的审计报告，促进组织改善内部控制及风险管理。

第五条 内部控制审计应当以风险评估为基础，根据风险发生的可能性和对组织单个或者整体控制目标造成的影响程度，确定审计的范围和重点。

内部审计人员应当关注串通舞弊、滥用职权、环境变化和成本效益等内部控制的局限性。

第六条 内部控制审计应当在对内部控制全面评价的基础上，关注重要业务单位、重大业务事项和高风险领域的内部控制。

第七条 内部控制审计应当真实、客观地揭示经营管理的风险状况，如实反映内部控制设计和运行的情况。

第八条 内部控制审计按其范围划分，分为全面内部控制审计和专项内部控制审计。

全面内部控制审计，是针对组织所有业务活动的内部控制，包括内部环境、风险评估、控制活动、信息与沟通、内部监督五个要素所进行的全面审计。

专项内部控制审计，是针对组织内部控制的某个要素、某项业务活动或者业务活动某些环节的内部控制所进行的审计。

第三章 内部控制审计的内容

第九条 内部审计机构可以参考《企业内部控制基本规范》及配套指引的相关规定，根据组织的实际情况和需要，通过审查内部环境、风险评估、控制活动、信息与沟通、内部监督等要素，对组织层面内部控制的设计与运行情况进行审查和评价。

第十条 内部审计人员开展内部环境要素审计时，应当以《企业内部控制基本规范》和各项应用指引中有关内部环境要素的规定为依据，关注组织架构、发展战略、人力资源、组织文化、社会责任等，结合本组织的内部控制，对内部环境进行审查和评价。

第十一条 内部审计人员开展风险评估要素审计时，应当以《企业内部控制基本规范》有关风险评估的要求，以及各项应用指引中所列主要风险为依据，结合本组织的内部控制，对日常经营管理过程中的风险识别、风险分析、应对策略等进行审查和评价。

第十二条 内部审计人员开展控制活动要素审计时，应当以《企业内部控制基本规范》和各项应用指引中关于控制活动的规定为依据，结合本组织的内部控制，对相关控制活动的设计和运行情况进行审查和评价。

第十三条 内部审计人员开展信息与沟通要素审计时，应当以《企业内部控制基本规范》和各项应用指引中有关内部信息传递、财务报告、信息系统等规定为依据，结合本组织的内部控制，对信息收集处理和传递的及时性、反舞弊机制的健全性、财务报告的真实性、信息系统的安全性，以及利用信息系统实施内部控制的有效性进行审查和评价。

第十四条 内部审计人员开展内部监督要素审计时，应当以《企业内部控制基本规范》有关内部监督的要求，以及各项应用指引中有关日常管控的规定为依据，结合本组织的内部控制，对内部监督机制的有效性进行审查和评价，重点关注监事会、审计委员会、内部审计机构等是否在内部控制设计和运行中有效发挥监督作用。

第十五条 内部审计人员根据管理需求和业务活动的特点，可以针对采购业务、资产管理、销售业务、研究与开发、工程项目、担保业务、业务外包、财务报告、全面预算、合同管理、信息系统等，对业务层面内部控制的设计和运行情况进行审查和评价。

第四章 内部控制审计的具体程序与方法

第十六条 内部控制审计主要包括下列程序：

（一）编制项目审计方案；

（二）组成审计组；

（三）实施现场审查；

（四）认定控制缺陷；

（五）汇总审计结果；

（六）编制审计报告。

第十七条 内部审计人员在实施现场审查之前，可以要求被审计单位提交最近一次的内部控制自我评估报告。

内部审计人员应当结合内部控制自我评估报告，确定审计内容及重点，实施内部控制审计。

第十八条 内部审计机构可以适当吸收组织内部相关机构熟悉情况的业务人员参加内部控制审计。

第十九条 内部审计人员应当综合运用访谈、问卷调查、专题讨论、穿行测试、实地查验、抽样和比较分析等方法，充分收集组织内部控制设计和运行是否有效的证据。

第二十条 内部审计人员编制审计工作底稿应当详细记录实施内部控制审计的内容，包括审查和评价的要素、主要风险点、采取的控制措施、有关证据资料，以及内部控制缺陷认定结果等。

第五章 内部控制缺陷的认定

第二十一条 内部控制缺陷包括设计缺陷和运行缺陷。内部审计人员应当根据内部控制审计结果，结合相关管理层的自我评估，综合分析后提出内部控制缺陷认定意见，按照规定的权限和程序进行审核后予以认定。

第二十二条 内部审计人员应当根据获取的证据，对内部控制缺陷进行初步认定，并按照其性质和影响程度分为重大缺陷、重要缺陷和一般缺陷。

重大缺陷，是指一个或者多个控制缺陷的组合，可能导致组织严重偏离控制目标。重要缺陷，是指一个或者多个控制缺陷的组合，其严重程度和经济后果低于重大缺陷，但仍有可能导致组织偏离控制目标。一般缺陷，是指除重大缺陷、重要缺陷之外的其他缺陷。

重大缺陷、重要缺陷和一般缺陷的认定标准，由内部审计机构根据上述要求，结合本组织具体情况确定。

第二十三条 内部审计人员应当编制内部控制缺陷认定汇总表，对内部控制缺陷及其成因、表现形式和影响程度进行综合分析和全面复核，提出认定意见，并以适当的形式向组织适当管理层报告。重大缺陷应当及时向组织董事会或者最高管理层报告。

第六章　内部控制审计报告

第二十四条　内部控制审计报告的内容，应当包括审计目标、依据、范围、程序与方法、内部控制缺陷认定及整改情况，以及内部控制设计和运行有效性的审计结论、意见、建议等相关内容。

第二十五条　内部审计机构应当向组织适当管理层报告内部控制审计结果。一般情况下，全面内部控制审计报告应当报送组织董事会或者最高管理层。包含有重大缺陷认定的专项内部控制审计报告在报送组织适当管理层的同时，也应当报送董事会或者最高管理层。

第二十六条　经董事会或者最高管理层批准，内部控制审计报告可以作为《企业内部控制评价指引》中要求的内部控制评价报告对外披露。

第七章　附　则

第二十七条　本准则由中国内部审计协会发布并负责解释。

第二十八条　本准则自2014年1月1日起施行。

第2202号内部审计具体准则——绩效审计

第一章　总　则

第一条　为了规范绩效审计工作，提高绩效审计质量和效率，根据《内部审计基本准则》，制定本准则。

第二条　本准则所称绩效审计，是指内部审计机构和内部审计人员对本组织经营管理活动的经济性、效率性和效果性进行的审查和评价。

经济性，是指组织经营管理过程中获得一定数量和质量的产品或者服务及其他成果时所耗费的资源最少；效率性，是指组织经营管理过程中投入资源与产出成果之间的对比关系；效果性，是指组织经营管理目标的实现程度。

第三条　本准则适用于各类组织的内部审计机构、内部审计人员及其从事的绩效审计活动。其他组织或者人员接受委托、聘用，承办或者参与内部审计业务，也应当遵守本准则。

第二章　一般原则

第四条　内部审计机构应当充分考虑实施绩效审计项目对内部审计人员专业胜任能力的需求，合理配置审计资源。

第五条　组织各管理层根据授权承担相应的经营管理责任，对经营管理活动的经济性、效率性和效果性负责。内部审计机构开展绩效审计不能减轻或者替代管理层的责任。

第六条　内部审计机构和内部审计人员根据实际需要选择和确定绩效审计对象，既可以针对组织的全部或者部分经营管理活动，也可以针对特定项目和业务。

第三章　绩效审计的内容

第七条　根据实际情况和需要，绩效审计可以同时对组织经营管理活动的经济性、效率性和效果性进行审查和评价，也可以只侧重某一方面进行审查和评价。

第八条 绩效审计主要审查和评价下列内容：

（一）有关经营管理活动经济性、效率性和效果性的信息是否真实、可靠；

（二）相关经营管理活动的人、财、物、信息、技术等资源取得、配置和使用的合法性、合理性、恰当性和节约性；

（三）经营管理活动既定目标的适当性、相关性、可行性和实现程度，以及未能实现既定目标的情况及其原因；

（四）研发、财务、采购、生产、销售等主要业务活动的效率；

（五）计划、决策、指挥、控制及协调等主要管理活动的效率；

（六）经营管理活动预期的经济效益和社会效益等的实现情况；

（七）组织为评价、报告和监督特定业务或者项目的经济性、效率性和效果性所建立的内部控制及风险管理体系的健全性及其运行的有效性；

（八）其他有关事项。

第四章 绩效审计的方法

第九条 内部审计机构和内部审计人员应当依据重要性、审计风险和审计成本，选择与审计对象、审计目标及审计评价标准相适应的绩效审计方法，以获取相关、可靠和充分的审计证据。

第十条 选择绩效审计方法时，除运用常规审计方法以外，还可以运用下列方法：

（一）数量分析法，即对经营管理活动相关数据进行计算分析，并运用抽样技术对抽样结果进行评价的方法；

（二）比较分析法，即通过分析、比较数据间的关系、趋势或者比率获取审计证据的方法；

（三）因素分析法，即查找产生影响的因素，并分析各个因素的影响方向和影响程度的方法；

（四）量本利分析法，即分析一定期间内的业务量、成本和利润三者之间变量关系的方法；

（五）专题讨论会，即通过召集组织相关管理人员就经营管理活动特定项目或者业务的具体问题进行讨论的方法；

（六）标杆法，即对经营管理活动状况进行观察和检查，通过与组织内外部相同或者相似经营管理活动的最佳实务进行比较的方法；

（七）调查法，即凭借一定的手段和方式（如访谈、问卷），对某种或者某几种现象、事实进行考察，通过对搜集到的各种资料进行分析处理，进而得出结论的方法；

（八）成本效益（效果）分析法，即通过分析成本和效益（效果）之间的关系，以每单位效益（效果）所消耗的成本来评价项目效益（效果）的方法；

（九）数据包络分析法，即以相对效率概念为基础，以凸分析和线性规划为工具，应用数学规划模型计算比较决策单元之间的相对效率，对评价对象做出评价的方法；

（十）目标成果法，即根据实际产出成果评价被审计单位或者项目的目标是否实现，将产出成果与事先确定的目标和需求进行对比，确定目标实现程度的方法；

（十一）公众评价法，即通过专家评估、公众问卷及抽样调查等方式，获取具有重要参考价值的证据信息，评价目标实现程度的方法。

第五章　绩效审计的评价标准

第十一条　内部审计机构和内部审计人员应当选择适当的绩效审计评价标准。

绩效审计评价标准应当具有可靠性、客观性和可比性。

第十二条　绩效审计评价标准的来源主要包括：

（一）有关法律法规、方针、政策、规章制度等的规定；

（二）国家部门、行业组织公布的行业指标；

（三）组织制定的目标、计划、预算、定额等；

（四）同类指标的历史数据和国际数据；

（五）同行业的实践标准、经验和做法。

第十三条　内部审计机构和内部审计人员在确定绩效审计评价标准时，应当与组织管理层进行沟通，在双方认可的基础上确定绩效审计评价标准。

第六章　绩效审计报告

第十四条　绩效审计报告应当反映绩效审计评价标准的选择、确定及沟通过程等重要信息，包括必要的局限性分析。

第十五条　绩效审计报告中的绩效评价应当根据审计目标和审计证据作出，可以分为总体评价和分项评价。当审计风险较大，难以做出总体评价时，可以只做分项评价。

第十六条　绩效审计报告中反映的合法、合规性问题，除进行相应的审计处理外，还应当侧重从绩效的角度对问题进行定性，描述问题对绩效造成的影响、后果及严重程度。

第十七条　绩效审计报告应当注重从体制、机制、制度上分析问题产生的根源，兼顾短期目标和长期目标、个体利益和组织整体利益，提出切实可行的建议。

第七章　附　则

第十八条　本准则由中国内部审计协会发布并负责解释。

第十九条　本准则自2014年1月1日起施行。

第2203号内部审计具体准则——信息系统审计

第一章　总　则

第一条　为了规范信息系统审计工作，提高审计质量和效率，根据《内部审计基本准则》，制定本准则。

第二条　本准则所称信息系统审计，是指内部审计机构和内部审计人员对组织的信息系统及其相关的信息技术内部控制和流程所进行的审查与评价活动。

第三条　本准则适用于各类组织的内部审计机构、内部审计人员及其从事的信息系统审计活动。其他组织或者人员接受委托、聘用，承办或者参与内部审计业务，也应当遵守本准则。

第二章　一般原则

第四条　信息系统审计的目的是通过实施信息系统审计工作，对组织是否实现信息技术管理目标进行审查和评价，并基于评价意见提出管理建议，协助组织信息技术管理人员有效地履行职责。

组织的信息技术管理目标主要包括：

（一）保证组织的信息技术战略充分反映组织的战略目标；

（二）提高组织所依赖的信息系统的可靠性、稳定性、安全性及数据处理的完整性和准确性；

（三）提高信息系统运行的效果与效率，合理保证信息系统的运行符合法律法规以及相关监管要求。

第五条 组织中信息技术管理人员的责任是进行信息系统的开发、运行和维护，以及与信息技术相关的内部控制的设计、执行和监控；信息系统审计人员的责任是实施信息系统审计工作并出具审计报告。

第六条 从事信息系统审计的内部审计人员应当具备必要的信息技术及信息系统审计专业知识、技能和经验。必要时，实施信息系统审计可以利用外部专家服务。

第七条 信息系统审计可以作为独立的审计项目组织实施，也可以作为综合性内部审计项目的组成部分实施。

当信息系统审计作为综合性内部审计项目的一部分时，信息系统审计人员应当及时与其他相关内部审计人员沟通信息系统审计中的发现，并考虑依据审计结果调整其他相关审计的范围、时间及性质。

第八条 内部审计人员应当采用以风险为基础的审计方法进行信息系统审计，风险评估应当贯穿于信息系统审计的全过程。

第三章 信息系统审计计划

第九条 内部审计人员在实施信息系统审计前，需要确定审计目标并初步评估审计风险，估算完成信息系统审计或者专项审计所需的资源，确定重点审计领域及审计活动的优先次序，明确审计组成员的职责，编制信息系统审计方案。

第十条 编制信息系统审计方案时，除遵循相关内部审计具体准则的规定，还应当考虑下列因素：

（一）高度依赖信息技术、信息系统的关键业务流程及相关的组织战略目标；

（二）信息技术管理的组织架构；

（三）信息系统框架和信息系统的长期发展规划及近期发展计划；

（四）信息系统及其支持的业务流程的变更情况；

（五）信息系统的复杂程度；

（六）以前年度信息系统内、外部审计所发现的问题及后续审计情况；

（七）其他影响信息系统审计的因素。

第十一条 当信息系统审计作为综合性内部审计项目的一部分时，内部审计人员在审计计划阶段还应当考虑项目审计目标及要求。

第四章 信息技术风险评估

第十二条 内部审计人员进行信息系统审计时，应当识别组织所面临的与信息技术相关的内、外部风险，并采用适当的风险评估技术与方法，分析和评价其发生的可能性及影响程度，为确定审计目标、范围和方法提供依据。

第十三条 信息技术风险是指组织在信息处理和信息技术运用过程中产生的、可能影响组织目标实现的各种不确定因素。信息技术风险，包括组织层面的信息技术风险、一般性控制层面的信息技术风险及业务流程层面的信息技术风险等。

第十四条 内部审计人员在识别和评估组织层面、一般性控制层面的信息技术风险时，需要关注下列内容：

（一）业务关注度，即组织的信息技术战略与组织整体发展战略规划的契合度以及信息技术（包括硬件及软件环境）对业务和用户需求的支持度；

（二）信息资产的重要性；

（三）对信息技术的依赖程度；

（四）对信息技术部门人员的依赖程度；

（五）对外部信息技术服务的依赖程度；

（六）信息系统及其运行环境的安全性、可靠性；

（七）信息技术变更；

（八）法律规范环境；

（九）其他。

第十五条 业务流程层面的信息技术风险受行业背景、业务流程的复杂程度、上述组织层面及一般性控制层面的控制有效性等因素的影响而存在差异。一般而言，内部审计人员应当了解业务流程，并关注下列信息技术风险：

（一）数据输入；

（二）数据处理；

（三）数据输出。

第十六条 内部审计人员应当充分考虑风险评估的结果，以合理确定信息系统审计的内容及范围，并对组织的信息技术内部控制设计合理性和运行有效性进行测试。

第五章 信息系统审计的内容

第十七条 信息系统审计主要是对组织层面信息技术控制、信息技术一般性控制及业务流程层面相关应用控制的审查和评价。

第十八条 信息技术内部控制的各个层面均包括人工控制、自动控制和人工、自动相结合的控制形式，内部审计人员应当根据不同的控制形式采取恰当的审计程序。

第十九条 组织层面信息技术控制，是指董事会或者最高管理层对信息技术治理职能及内部控制的重要性的态度、认识和措施。内部审计人员应当考虑下列控制要素中与信息技术相关的内容：

（一）控制环境。内部审计人员应当关注组织的信息技术战略规划对业务战略规划的契合度、信息技术治理制度体系的建设、信息技术部门的组织结构和关系、信息技术治理相关职权与责任的分配、信息技术人力资源管理、对用户的信息技术教育和培训等方面。

（二）风险评估。内部审计人员应当关注组织的风险评估的总体架构中信息技术风险管理的框架、流程和执行情况，信息资产的分类以及信息资产所有者的职责等方面。

（三）信息与沟通。内部审计人员应当关注组织的信息系统架构及其对财务、业务流程的支持度、董事会或者最高管理层的信息沟通模式、信息技术政策/信息安全制度的传达与沟通等方面。

（四）内部监督。内部审计人员应当关注组织的监控管理报告系统、监控反馈、跟踪处理程序以及组织对信息技术内部控制的自我评估机制等方面。

第二十条 信息技术一般性控制是指与网络、操作系统、数据库、应用系统及其相关人员有关的信息技术政策和措施，以确保信息系统持续稳定的运行，支持应用控制的有效性。对信息技术一般性控制的审计应当考虑下列控制活动：

（一）信息安全管理。内部审计人员应当关注组织的信息安全管理政策，物理访问及针对网络、操作系统、数据库、应用系统的身份认证和逻辑访问管理机制，系统设置的职责分离控制等。

（二）系统变更管理。内部审计人员应当关注组织的应用系统及相关系统基础架构的变更、参数设置变更的授权与审批，变更测试，变更移植到生产环境的流程控制等。

（三）系统开发和采购管理。内部审计人员应当关注组织的应用系统及相关系统基础架构的开发和采购的授权审批，系统开发的方法论，开发环境、测试环境、生产环境严格分离情况，系统的测试、审核、移植到生产环境等环节。

（四）系统运行管理。内部审计人员应当关注组织的信息技术资产管理、系统容量管理、系统物理环境控制、系统和数据备份及恢复管理、问题管理和系统的日常运行管理等。

第二十一条 业务流程层面应用控制是指在业务流程层面为了合理保证应用系统准确、完整、及时完成业务数据的生成、记录、处理、报告等功能而设计、执行的信息技术控制。对业务流程层面应用控制的审计应当考虑下列与数据输入、数据处理以及数据输出环节相关的控制活动：

（一）授权与批准；

（二）系统配置控制；

（三）异常情况报告和差错报告；

（四）接口/转换控制；

（五）一致性核对；

（六）职责分离；

（七）系统访问权限；

（八）系统计算；

（九）其他。

第二十二条 信息系统审计除上述常规的审计内容外，内部审计人员还可以根据组织当前面临的特殊风险或者需求，设计专项审计以满足审计战略，具体包括（但不限于）下列领域：

（一）信息系统开发实施项目的专项审计；

（二）信息系统安全专项审计；

（三）信息技术投资专项审计；

（四）业务连续性计划的专项审计；

（五）外包条件下的专项审计；

（六）法律、法规、行业规范要求的内部控制合规性专项审计；

（七）其他专项审计。

第六章 信息系统审计的方法

第二十三条 内部审计人员在进行信息系统审计时，可以单独或者综合运用下列审计方法获取相关、可靠和充分的审计证据，以评估信息系统内部控制的设计合理性和运行有效性：

（一）询问相关控制人员；
（二）观察特定控制的运用；
（三）审阅文件和报告及计算机文档或者日志；
（四）根据信息系统的特性进行穿行测试，追踪交易在信息系统中的处理过程；
（五）验证系统控制和计算逻辑；
（六）登录信息系统进行系统查询；
（七）利用计算机辅助审计工具和技术；
（八）利用其他专业机构的审计结果或者组织对信息技术内部控制的自我评估结果；
（九）其他。

第二十四条 信息系统审计人员可以根据实际需要利用计算机辅助审计工具和技术进行数据的验证、关键系统控制/计算的逻辑验证、审计样本选取等；内部审计人员在充分考虑安全的前提下，可以利用可靠的信息安全侦测工具进行渗透性测试等。

第二十五条 内部审计人员在对信息系统内部控制进行评估时，应当获得相关、可靠和充分的审计证据以支持审计结论完成审计目标，并应当充分考虑系统自动控制的控制效果的一致性及可靠性的特点，在选取审计样本时可以根据情况适当减少样本量。在系统未发生变更的情况下，可以考虑适当降低审计频率。

第二十六条 内部审计人员在审计过程中应当在风险评估的基础上，依据信息系统内部控制评估的结果重新评估审计风险，并根据剩余风险设计进一步的审计程序。

第七章 附 则

第二十七条 本准则由中国内部审计协会发布并负责解释。

第二十八条 本准则自2014年1月1日起施行。

第2204号内部审计具体准则——对舞弊行为进行检查和报告

第一章 总 则

第一条 为了规范内部审计机构和内部审计人员在审计活动中对舞弊行为进行检查和报告，提高审计效率和效果，根据《内部审计基本准则》，制定本准则。

第二条 本准则所称舞弊，是指组织内、外人员采用欺骗等违法违规手段，损害或者谋取组织利益，同时可能为个人带来不正当利益的行为。

第三条 本准则适用于各类组织的内部审计机构、内部审计人员及其从事的内部审计活动。其他组织或者人员接受委托、聘用，承办或者参与内部审计业务，也应当遵守本准则。

第二章 一般原则

第四条 组织管理层对舞弊行为的发生承担责任。建立、健全并有效实施内部控制，预防、发现及纠正舞弊行为是组织管理层的责任。

第五条 内部审计机构和内部审计人员应当保持应有的职业谨慎，在实施的审计活动中关注可能发生的舞弊行为，并对舞弊行为进行检查和报告。

第六条 内部审计机构和内部审计人员在检查和报告舞弊行为时，应当从下列方面保持应有的职业谨慎：

（一）具有识别、检查舞弊的基本知识和技能，在实施审计项目时警惕相关方面可能存在的舞弊风险；

（二）根据被审计事项的重要性、复杂性以及审计成本效益，合理关注和检查可能存在的舞弊行为；

（三）运用适当的审计职业判断，确定审计范围和审计程序，以检查、发现和报告舞弊行为；

（四）发现舞弊迹象时，应当及时向适当管理层报告，提出进一步检查的建议。

第七条 由于内部审计并非专为检查舞弊而进行，即使审计人员以应有的职业谨慎执行了必要的审计程序，也不能保证发现所有的舞弊行为。

第八条 损害组织经济利益的舞弊，是指组织内、外人员为谋取自身利益，采用欺骗等违法违规手段使组织经济利益遭受损害的不正当行为。具体包括下列情形：

（一）收受贿赂或者回扣；

（二）将正常情况下可以使组织获利的交易事项转移给他人；

（三）贪污、挪用、盗窃组织资产；

（四）使组织为虚假的交易事项支付款项；

（五）故意隐瞒、错报交易事项；

（六）泄露组织的商业秘密；

（七）其他损害组织经济利益的舞弊行为。

第九条 谋取组织经济利益的舞弊，是指组织内部人员为使本组织获得不当经济利益而其自身也可能获得相关利益，采用欺骗等违法违规手段，损害国家和其他组织或者个人利益的不正当行为。具体包括下列情形：

（一）支付贿赂或者回扣；

（二）出售不存在或者不真实的资产；

（三）故意错报交易事项、记录虚假的交易事项，使财务报表使用者误解而作出不适当的投融资决策；

（四）隐瞒或者删除应当对外披露的重要信息；

（五）从事违法违规的经营活动；

（六）偷逃税款；

（七）其他谋取组织经济利益的舞弊行为。

第十条 内部审计人员在检查和报告舞弊行为时，应当特别注意做好保密工作。

第三章 评估舞弊发生的可能性

第十一条 内部审计人员在审查和评价业务活动、内部控制和风险管理时，应当从以下方面对舞弊发生的可能性进行评估：

（一）组织目标的可行性；

（二）控制意识和态度的科学性；

（三）员工行为规范的合理性和有效性；

（四）业务活动授权审批制度的有效性；

（五）内部控制和风险管理机制的有效性；

（六）信息系统运行的有效性。

第十二条 内部审计人员除考虑内部控制的固有局限外，还应当考虑下列可能导致舞弊发生的情况：

（一）管理人员品质不佳；

（二）管理人员遭受异常压力；

（三）业务活动中存在异常交易事项；

（四）组织内部个人利益、局部利益和整体利益存在较大冲突。

第十三条 内部审计人员应当根据可能发生的舞弊行为的性质，向组织适当管理层报告，同时就需要实施的舞弊检查提出建议。

第四章 舞弊的检查

第十四条 舞弊的检查是指实施必要的检查程序，以确定舞弊迹象所显示的舞弊行为是否已经发生。

第十五条 内部审计人员进行舞弊检查时，应当根据下列要求进行：

（一）评估舞弊涉及的范围及复杂程度，避免向可能涉及舞弊的人员提供信息或者被其所提供的信息误导；

（二）设计适当的舞弊检查程序，以确定舞弊者、舞弊程度、舞弊手段及舞弊原因；

（三）在舞弊检查过程中，与组织适当管理层、专业舞弊调查人员、法律顾问及其他专家保持必要的沟通；

（四）保持应有的职业谨慎，以避免损害相关组织或者人员的合法权益。

第五章 舞弊的报告

第十六条 舞弊的报告是指内部审计人员以书面或者口头形式向组织适当管理层或者董事会报告舞弊检查情况及结果。

第十七条 在舞弊检查过程中，出现下列情况时，内部审计人员应当及时向组织适当管理层报告：

（一）可以合理确信舞弊已经发生，并需要深入调查；

（二）舞弊行为已经导致对外披露的财务报表严重失实；

（三）发现犯罪线索，并获得了应当移送司法机关处理的证据。

第十八条 内部审计人员完成必要的舞弊检查程序后，应当从舞弊行为的性质和金额两方面考虑其严重程度，并出具相应的审计报告。审计报告的内容主要包括舞弊行为的性质、涉及人员、舞弊手段及原因、检查结论、处理意见、提出的建议及纠正措施。

第六章 附 则

第十九条 本准则由中国内部审计协会发布并负责解释。

第二十条 本准则自2014年1月1日起施行。

第2205号内部审计具体准则——经济责任审计

第一章 总 则

第一条 为了贯彻落实《党政主要领导干部和国有企事业单位主要领导人员经济责任审计规定》，坚持和加强党对审计工作的集中统一领导，强化对部门、单位（以下统称单位）内部管理主要领导干部和主要领导人员（以下统称领导干部）的管理监督，规范开展经济责任审计工作，提高审计质量和效果，根据有关党内法规、《审计署关于内部审计工作的规定》（中华人民共和国审计署令第11号）、《内部审计基本准则》及相关内部审计具体准则，制定本准则。

第二条 本准则所称经济责任，是指领导干部在本单位任职期间，对其管辖范围内贯彻执行党和国家经济方针政策、决策部署，推动本单位事业发展，管理公共资金、国有资产、国有资源，防控经济风险等有关经济活动应当履行的职责。

第三条 本准则所称经济责任审计，是指内部审计机构、内部审计人员对本单位所管理的领导干部在任职期间的经济责任履行情况的监督、评价和建议活动。

第四条 经济责任审计工作以马克思列宁主义、毛泽东思想、邓小平理论、“三个代表”重要思想、科学发展观、习近平新时代中国特色社会主义思想为指导，贯彻创新、协调、绿色、开放、共享的新发展理念，聚焦经济责任，客观评价，揭示问题，促进党和国家经济方针政策和决策部署的落实，促进领导干部履职尽责和担当作为，促进权力规范运行和反腐倡廉，促进组织规范管理和目标实现。

第五条 本准则适用于党政工作部门、纪检监察机关、法院、检察院、事业单位和人民团体，国有及国有资本占控股地位或主导地位的企业（含金融机构）等单位的内部审计机构、内部审计人员所从事的经济责任审计活动，其他类型单位可以参照执行。

第二章 一般原则

第六条 经济责任审计的对象包括：党政工作部门、纪检监察机关、法院、检察院、事业单位和人民团体等单位所属独立核算单位的主要领导干部，以及所属非独立核算但负有经济管理职能单位的主要领导干部；企业（含金融机构）本级中层主要领导干部，下属全资、控股或占主导地位企业的主要领导干部，以及对经营效益产生重大影响或掌握重要资产的部门和机构的主要领导干部；上级要求以及本单位内部确定的其他重要岗位人员等。

第七条 经济责任审计可以在领导干部任职期间进行，也可以在领导干部离任后进行，以任职期间审计为主。

第八条 经济责任审计应当根据干部监督管理需要和审计资源等实际情况有计划地进行，对审计对象实行分类管理，科学制定年度审计计划，推进领导干部履行经济责任情况审计全覆盖。

第九条 经济责任审计一般由内部审计机构商同级组织人事部门，或者根据组织人事部门的书面建议，拟定经济责任审计项目安排，纳入年度审计计划，报本单位党组织、董事会（或者主要负责人）批准后组织实施。

经济责任年度审计计划确定后，一般不得随意调整。确需调整的，应当按照管理程序，报本单位党组织、董事会（或者主要负责人）批准后实施。

第十条 被审计领导干部遇有被国家机关采取强制措施、纪律审查、监察调查或者死亡等特殊情况，以及存在其他不宜继续进行经济责任审计情形的，内部审计机构应商本单位纪检监察机构、组织人事部门等有关部门并提出意见，报本单位党组织、董事会（或者主要负责人）批准后终止审计程序。

第十一条 各单位可以结合实际情况，建立健全经济责任审计工作组织协调机制，成立相应的经济责任审计工作协调机构（以下统称协调机构），负责研究制定本单位有关经济责任审计的制度文件，监督检查经济责任审计工作情况，协调解决工作中出现的问题，推进经济责任审计结果运用。协调机构在本单位党组织、董事会（或者主要负责人）的领导下开展工作。

第十二条　协调机构一般由内部审计、纪检监察、组织人事及其他相关监督管理职能部门组成。协调机构下设办公室，负责日常工作，办公室设在内部审计机构，办公室主任由内部审计机构负责人担任。

第三章　审计内容

第十三条　内部审计机构应当根据被审计领导干部的职责权限和任职期间履行经济责任情况，结合被审计领导干部监督管理需要、履职特点、审计资源及其任职期间所在单位的实际情况，依规依法确定审计内容。

第十四条　经济责任审计的主要内容一般包括：

（一）贯彻执行党和国家经济方针政策和决策部署，推动单位可持续发展情况；

（二）发展战略的制定、执行和效果情况；

（三）治理结构的建立、健全和运行情况；

（四）管理制度的健全和完善，特别是内部控制和风险管理制度的制定和执行情况，以及对下属单位的监管情况；

（五）有关目标责任制完成情况；

（六）重大经济事项决策程序的执行情况及其效果；

（七）重要经济项目的投资、建设、管理及效益情况；

（八）财政、财务收支的真实、合法和效益情况；

（九）资产的管理及保值增值情况；

（十）自然资源资产管理和生态环境保护责任的履行情况；

（十一）境外机构、境外资产和境外经济活动的真实、合法和效益情况；

（十二）在经济活动中落实有关党风廉政建设责任和遵守廉洁从业规定情况；

（十三）以往审计发现问题的整改情况；

（十四）其他需要审计的内容。

第四章　审计程序和方法

第十五条　经济责任审计可分为审计准备、审计实施、审计报告和后续审计四个阶段。

（一）审计准备阶段主要工作包括：组成审计组、开展审前调查、编制审计方案和下达审计通知书。审计通知书送达被审计领导干部及其所在单位，并抄送同级纪检监察机构、组织人事部门等有关部门。

（二）审计实施阶段主要工作包括：召开审计进点会议、收集有关资料、获取审计证据、编制审计工作底稿、与被审计领导干部及其所在单位交换意见。被审计领导干部应当参加审计进点会并述职。

（三）审计报告阶段主要工作包括：编制审计报告、征求意见、修改与审定审计报告、出具审计报告、建立审计档案。

（四）后续审计阶段主要工作包括：移交重大审计线索、推进责任追究、检查审计发现问题的整改情况和审计建议的实施效果。

第十六条　对单位内同一部门、同一所属单位的2名以上领导干部的经济责任审计，可以同步组织实施，分别认定责任。

第十七条 内部审计人员应当考虑审计目标、审计重要性、审计风险和审计成本等因素，综合运用审核、观察、监盘、访谈、调查、函证、计算和分析等审计方法，充分运用信息化手段和大数据分析，获取相关、可靠和充分的审计证据。

第五章 审计评价

第十八条 内部审计机构应当根据被审计领导干部的职责要求，依据有关党内法规、法律法规、政策规定、责任制考核目标等，结合所在单位的实际情况，根据审计查证或者认定的事实，坚持定性评价与定量评价相结合，客观公正、实事求是地进行审计评价。

第十九条 审计评价应当遵循全面性、重要性、客观性、相关性和谨慎性原则。审计评价应当与审计内容相一致，一般包括被审计领导干部任职期间履行经济责任的主要业绩、主要问题以及应当承担的责任。

审计评价事项应当有充分的审计证据作支持，对审计中未涉及、审计证据不适当或不充分的事项不作评价。

第二十条 审计评价可以综合运用多种方法，主要包括：与同业对比分析和跨期分析；与被审计领导干部履行经济责任有关的指标量化分析；将被审计领导干部履行经济责任的行为或事项置于相关经济社会环境中进行对比分析等。

内部审计机构应当根据审计内容和审计评价的需要，合理选择定性和定量评价指标。

第二十一条 审计评价的依据一般包括：

（一）党和国家有关经济方针政策和决策部署；

（二）党内法规、法律、法规、规章、规范性文件；

（三）国家和行业的有关标准；

（四）单位的内部管理制度、发展战略、规划和目标；

（五）有关领导的职责分工文件，有关会议记录、纪要、决议和决定，有关预算、决算和合同，有关内部管理制度；

（六）有关主管部门、职能管理部门发布或者认可的统计数据、考核结果和评价意见；

（七）专业机构的意见和公认的业务惯例或者良好实务；

（八）其他依据。

第二十二条 对被审计领导干部履行经济责任过程中存在的问题，内部审计机构应当按照权责一致原则，根据领导干部职责分工及相关问题的历史背景、决策过程、性质、后果和领导干部实际发挥的作用等情况，界定其应当承担的直接责任或者领导责任。

内部审计机构对被审计领导干部应当承担责任的问题或者事项，可以提出责任追究建议。

第二十三条 领导干部对履行经济责任过程中的下列行为应当承担直接责任：

（一）直接违反有关党内法规、法律法规、政策规定的；

（二）授意、指使、强令、纵容、包庇下属人员违反有关党内法规、法律法规、政策规定的；

（三）贯彻党和国家经济方针政策、决策部署不坚决不全面不到位，造成公共资金、国有资产、国有资源损失浪费，生态环境破坏，公共利益损害等后果的；

（四）未完成有关法律法规规章、政策措施、目标责任书等规定的领导干部作为第一责任人（负总责）事项，造成公共资金、国有资产、国有资源损失浪费，生态环境破坏，公共利益损害等后果的；

（五）未经民主决策程序或者民主决策时在多数人不同意的情况下，直接决定、批准、组织实施重大经济事项，造成公共资金、国有资产、国有资源损失浪费，生态环境破坏，公共利益损害等后果的；

（六）不履行或者不正确履行职责，对造成的后果起决定性作用的其他行为。

第二十四条 领导干部对履行经济责任过程中的下列行为应当承担领导责任：

（一）民主决策时，在多数人同意的情况下，决定、批准、组织实施重大经济事项，由于决策不当或者决策失误造成公共资金、国有资产、国有资源损失浪费，生态环境破坏，公共利益损害等后果的；

（二）违反单位内部管理规定造成公共资金、国有资产、国有资源损失浪费，生态环境破坏，公共利益损害等后果的；

（三）参与相关决策和工作时，没有发表明确的反对意见，相关决策和工作违反有关党内法规、法律法规、政策规定，或者造成公共资金、国有资产、国有资源损失浪费，生态环境破坏，公共利益损害等后果的；

（四）疏于监管，未及时发现和处理所管辖范围内本级或者下一级地区（部门、单位）违反有关党内法规、法律法规、政策规定的问题，造成公共资金、国有资产、国有资源损失浪费，生态环境破坏，公共利益损害等后果的；

（五）除直接责任外，不履行或者不正确履行职责，对造成的后果应当承担责任的其他行为。

第二十五条 审计评价时，应当把领导干部在推进改革中因缺乏经验、先行先试出现的失误和错误，同明知故犯的违纪违法行为区分开来；把上级尚无明确限制的探索性试验中的失误和错误，同上级明令禁止后依然我行我素的违纪违法行为区分开来；把为推动发展的无意过失，同为谋取私利的违纪违法行为区分开来。正确把握事业为上、实事求是、依纪依法、容纠并举等原则，经综合分析研判，可以免责或者从轻定责，鼓励探索创新，支持担当作为，保护领导干部干事创业的积极性、主动性、创造性。

第二十六条 被审计领导干部以外的其他人员对有关问题应当承担的责任，内部审计机构可以以适当方式向组织人事部门等提供相关情况。

第六章　审计报告

第二十七条 审计组实施经济责任审计项目后，应当编制审计报告。

第二十八条 经济责任审计报告的内容，主要包括：

（一）基本情况，包括审计依据、实施审计的情况、被审计领导干部所在单位的基本情况、被审计领导干部的任职及分工情况等；

（二）被审计领导干部履行经济责任情况的总体评价；

（三）被审计领导干部履行经济责任情况的主要业绩；

（四）审计发现的主要问题和责任认定；

（五）审计处理意见和建议；

（六）以往审计发现问题的整改情况；

（七）其他必要的内容。

第二十九条 内部审计机构应当将审计组编制的审计报告书面征求被审计领导干部及其所在单位的意见。被审计领导干部及其所在单位在收到征求意见的审计报告后，应当在规定的时间内提出书面意见；逾期未提出书面意见的，视同无异议。

第三十条 审计组应当针对收到的书面意见，进一步核实情况，对审计报告作出必要的修改，连同被审计领导干部及其所在单位的书面意见一并报送内部审计机构审定。

第三十一条 内部审计机构按照规定程序审定并出具审计报告，同时可以根据实际情况出具经济责任审计结果报告，简要反映审计结果。

经济责任审计报告和经济责任审计结果报告应当事实清楚、评价客观、责任明确、用词恰当、文字精炼、通俗易懂。

第三十二条 内部审计机构应当将审计报告、审计结果报告按照规定程序报本单位党组织、董事会（或者主要负责人）；提交委托审计的组织人事部门；送纪检监察机构等协调机构成员部门。

审计报告送达被审计领导干部及其所在单位和相关部门。

第七章 审计结果运用

第三十三条 内部审计机构应当推动经济责任审计结果的充分运用，推进单位健全经济责任审计整改落实、责任追究、情况通报等制度。

第三十四条 内部审计机构发现被审计领导干部及其所在单位违反党内法规、法律法规和规章制度时，应当建议由单位的权力机构或有关部门对责任单位和责任人员作出处理、处罚决定；发现涉嫌违法犯罪线索时，应当及时报告本单位党组织、董事会（或者主要负责人）。

第三十五条 内部审计机构应当推动经济责任审计结果作为干部考核、任免和奖惩的重要依据。推动被审计领导干部及其所在单位将审计结果以及整改情况纳入所在单位领导班子党风廉政建设责任制考核的内容，作为领导班子民主生活会以及领导班子成员述责述廉的重要内容。

经济责任审计结果报告应当按照规定归入被审计领导干部本人档案。

第三十六条 内部审计机构应当推动建立健全单位纪检监察等其他内部监督管理职能部门的协调贯通机制，在各自职责范围内运用审计结果。

第三十七条 内部审计机构应当及时跟踪、了解、核实被审计领导干部及其所在单位对于审计发现问题和审计建议的整改落实情况。必要时，内部审计机构应当开展后续审计，审查和评价被审计领导干部及其所在单位对审计发现问题的整改情况。

第三十八条 内部审计机构应当将经济责任审计结果和被审计领导干部及其所在单位的整改落实情况，在一定范围内进行通报；对审计发现的典型性、普遍性、倾向性问题和有关建议，以综合报告、专题报告等形式报送党组织、董事会（或者主要负责人），提交有关部门。

第三十九条 内部审计机构应当有效利用国家审计机关、上级单位对本单位实施经济责任审计的成果，督促本单位及所属单位整改审计发现问题，落实审计建议。

第八章 附 则

第四十条 本准则由中国内部审计协会发布并负责解释。

第四十一条　本准则自2021年3月1日起施行。2016年3月1日起施行的《第2205号内部审计具体准则——经济责任审计》同时废止。

第2301号内部审计具体准则——内部审计机构的管理

第一章　总　则

第一条　为了规范内部审计机构的管理工作，保证审计质量，提高审计效率，根据《内部审计基本准则》，制定本准则。

第二条　本准则所称内部审计机构的管理，是指内部审计机构对内部审计人员和内部审计活动实施的计划、组织、领导、控制和协调工作。

第三条　本准则适用于各类组织的内部审计机构。

第二章　一般原则

第四条　内部审计机构的管理主要包括下列目的：

（一）实现内部审计目标；

（二）促使内部审计资源得到充分和有效的利用；

（三）提高内部审计质量，更好地履行内部审计职责；

（四）促使内部审计活动符合内部审计准则的要求。

第五条　内部审计机构应当接受组织董事会或者最高管理层的领导和监督，内部审计机构负责人应当对内部审计机构管理的适当性和有效性负主要责任。

第六条　内部审计机构应当制定内部审计章程，对内部审计的目标、职责和权限进行规范，并报经董事会或者最高管理层批准。

内部审计章程应当包括下列主要内容：

（一）内部审计目标；

（二）内部审计机构的职责和权限；

（三）内部审计范围；

（四）内部审计标准；

（五）其他需要明确的事项。

第七条　内部审计机构应当建立合理、有效的组织结构，多层级组织的内部审计机构可以实行集中管理或者分级管理。

实行集中管理的内部审计机构可以对下级组织实行内部审计派驻制或者委派制。

实行分级管理的内部审计机构应当通过适当的组织形式和方式对下级内部审计机构进行指导和监督。

第八条　内部审计机构管理的内容主要包括下列方面：

（一）审计计划；

（二）人力资源；

（三）财务预算；

（四）组织协调；

（五）审计质量；

（六）其他事项。

第九条　内部审计机构的管理可以分为部门管理和项目管理。部门管理主要包括内部审计机构运行过程中的一般性行政管理。项目管理主要包括内部审计机构对审计项目业务工作的管理与控制。

第三章 部门管理的内容和方法

第十条 内部审计机构应当根据组织的风险状况、管理需要及审计资源的配置情况，编制年度审计计划。

第十一条 内部审计机构应当根据内部审计目标和管理需要，加强人力资源管理，保证人力资源利用的充分性和有效性，主要包括下列内容：

（一）内部审计人员的聘用；

（二）内部审计人员的培训；

（三）内部审计人员的工作任务安排；

（四）内部审计人员专业胜任能力分析；

（五）内部审计人员的业绩考核与激励机制；

（六）其他有关事项。

第十二条 内部审计机构负责人应当根据年度审计计划和人力资源计划编制财务预算。编制财务预算时应当考虑下列因素：

（一）内部审计人员的数量；

（二）内部审计工作的安排；

（三）内部审计机构的行政管理活动；

（四）内部审计人员的教育及培训要求；

（五）内部审计工作的研究和发展；

（六）其他有关事项。

第十三条 内部审计机构应当根据组织的性质、规模和特点，编制内部审计工作手册，以指导内部审计人员的工作。内部审计工作手册主要包括下列内容：

（一）内部审计机构的目标、权限和职责的说明；

（二）内部审计机构的组织、管理及工作说明；

（三）内部审计机构的岗位设置及岗位职责说明；

（四）主要审计工作流程；

（五）内部审计质量控制制度、程序和方法；

（六）内部审计人员职业道德规范和奖惩措施；

（七）内部审计工作中应当注意的事项。

第十四条 内部审计机构和内部审计人员应当在组织董事会或者最高管理层的支持和监督下，做好与组织其他机构和外部审计的协调工作。

第十五条 内部审计机构应当接受组织董事会或者最高管理层的领导和监督，在日常工作中保持有效的沟通，向其定期提交工作报告，适时提交审计报告。

第十六条 内部审计机构应当制定内部审计质量控制制度，通过实施督导、分级复核、审计质量内部评估、接受审计质量外部评估等，保证审计质量。

第四章 项目管理的内容和方法

第十七条 内部审计机构应当根据年度审计计划确定的审计项目，编制项目审计方案并组织实施，在实施过程中做好审计项目管理与控制工作。

第十八条 在审计项目管理过程中，内部审计机构负责人与项目负责人应当充分履行职责，以确保审计质量，提高审计效率。

第十九条 内部审计机构负责人在项目管理中应当履行下列职责：

（一）选派审计项目负责人并对其进行有效的授权；

（二）审定项目审计方案；

（三）督导审计项目的实施；

（四）协调、沟通审计过程中发现的重大问题；

（五）审定审计报告；

（六）督促被审计单位对审计发现问题的整改；

（七）其他有关事项。

第二十条 审计项目负责人应当履行的职责包括下列方面：

（一）编制项目审计方案；

（二）组织审计项目的实施；

（三）对项目审计工作进行现场督导；

（四）向内部审计机构负责人及时汇报审计进展及重大审计发现；

（五）组织编制审计报告；

（六）组织实施后续审计；

（七）其他有关事项。

第二十一条 内部审计机构可以采取下列辅助管理工具，完善和改进项目管理工作，保证审计项目管理与控制的有效性：

（一）审计工作授权表；

（二）审计任务清单；

（三）审计工作底稿检查表；

（四）审计文书跟踪表；

（五）其他辅助管理工具。

第二十二条 内部审计机构应当建立审计项目档案管理制度，加强审计工作底稿的归档、保管、查询、复制、移交和销毁等环节的管理工作，妥善保存审计档案。

第五章 附 则

第二十三条 本准则由中国内部审计协会发布并负责解释。

第二十四条 本准则自2014年1月1日起施行。

第2302号内部审计具体准则——与董事会或者最高管理层的关系

第一章 总 则

第一条 为了明确和协调内部审计机构与董事会或者最高管理层的关系，保证内部审计的独立性，增强内部审计工作的有效性，根据《内部审计基本准则》，制定本准则。

第二条 本准则所称与董事会或者最高管理层的关系，是指内部审计机构因其隶属于董事会或者最高管理层所形成的接受其领导并向其报告的组织关系。

第三条 本准则适用于各类组织的内部审计机构。

第二章 一般原则

第四条 内部审计机构应当接受董事会或者最高管理层的领导，保持与董事会或最高管理层的良好关系，实现董事会、最高管理层与内部审计在组织治理中的协同作用。

第五条 对内部审计机构有管理权限的董事会或者类似的机构包括：

（一）董事会；

（二）董事会下属的审计委员会；

（三）非盈利组织的理事会。

第六条 对内部审计机构有管理权限的最高管理层包括：

（一）总经理；

（二）与总经理级别相当的人员。

第七条 内部审计机构与董事会或者最高管理层的关系主要包括：

（一）接受董事会或者最高管理层的领导；

（二）向董事会或者最高管理层报告工作。

第八条 内部审计机构负责人应当积极寻求董事会或者最高管理层对内部审计工作的理解与支持。

第九条 在设立监事会的组织中，内部审计机构应当在授权范围内配合监事会的工作。

第三章 接受董事会或者最高管理层的领导

第十条 内部审计机构接受董事会或者最高管理层领导的方式主要包括：

（一）报请董事会或者最高管理层批准审计工作事项；

（二）接受并完成董事会或者最高管理层的业务委派。

第十一条 内部审计机构应当向董事会或者最高管理层报请批准的事项主要包括：

（一）内部审计章程；

（二）年度审计计划；

（三）人力资源计划；

（四）财务预算；

（五）内部审计政策的制定及变动。

第十二条 内部审计机构除实施常规审计业务外，还可以接受董事会或者最高管理层委派的下列事项：

（一）进行舞弊检查；

（二）实施专项审计；

（三）开展经济责任审计；

（四）评价社会审计组织的工作质量；

（五）其他。

第四章 向董事会或者最高管理层报告

第十三条 内部审计机构应当与董事会或者最高管理层保持有效的沟通，除向董事会或者最高管理层提交审计报告之外，还应当定期提交工作报告，一般每年至少一次。

第十四条 内部审计机构的工作报告应当概括、清晰地说明内部审计工作的开展以及内部审计资源的使用情况，主要包括下列内容：

（一）年度审计计划的执行情况；

（二）审计项目涉及范围及审计意见的总括说明；

（三）对组织业务活动、内部控制和风险管理的总体评价；

（四）审计中发现的差异和缺陷的汇总及其原因分析；

（五）审计发现的重要问题和建议；

（六）财务预算的执行情况；

（七）人力资源计划的执行情况；

（八）内部审计工作的效率和效果；

（九）董事会或者最高管理层要求或关注的其他内容。

第十五条 内部审计机构提交工作报告时，还应当对年度审计计划、财务预算和人力资源计划执行中出现的重大偏差及原因做出说明，并提出改进措施。

第十六条 内部审计机构应当及时向董事会或者最高管理层提交审计报告，审计报告应当清晰反映审计发现的重要问题、审计结论、意见和建议。

第十七条 日常工作中，内部审计机构还应当与董事会或者最高管理层就下列事项进行交流：

（一）董事会或者最高管理层关注的领域；

（二）内部审计活动满足董事会或者最高管理层信息需求的程度；

（三）内部审计的新趋势和最佳实务；

（四）内部审计与外部审计之间的协调。

第五章 附 则

第十八条 本准则由中国内部审计协会发布并负责解释。

第十九条 本准则自2014年1月1日起施行。

第2303号内部审计具体准则——内部审计与外部审计的协调

第一章 总 则

第一条 为了规范内部审计与外部审计的协调工作，提高审计效率和效果，根据《内部审计基本准则》，制定本准则。

第二条 本准则所称内部审计与外部审计的协调，是指内部审计机构与社会审计组织、国家审计机关在审计工作中的沟通与合作。

第三条 本准则适用于各类组织的内部审计机构。

第二章 一般原则

第四条 内部审计应当做好与外部审计的协调工作，以实现下列目的：

（一）保证充分、适当的审计范围；

（二）减少重复审计，提高审计效率；

（三）共享审计成果，降低审计成本；

（四）持续改进内部审计机构工作。

第五条 内部审计与外部审计的协调工作，应当在组织董事会或者最高管理层的支持和监督下，由内部审计机构负责人具体组织实施。

第六条 内部审计机构负责人应当定期对内外部审计的协调工作进行评估，并根据评估结果及时调整、改进内外部审计协调工作。

第七条 内部审计机构应当在外部审计对本组织开展审计时做好协调工作。

第三章 协调的方法和内容

第八条 内部审计与外部审计之间的协调，可以通过定期会议、不定期会面或者其他沟通方式进行。

第九条 内部审计与外部审计的协调工作包括下列方面：

（一）与外部审计机构和人员的沟通；

（二）配合外部审计工作；

（三）评价外部审计工作质量；

（四）利用外部审计工作成果。

第十条 内部审计与外部审计应当在审计范围上进行协调。在编制年度审计计划和项目审计方案时，应当考虑双方的工作，以确保充分、适当的审计范围，最大限度减少重复性工作。

第十一条 在条件允许的情况下，内部审计与外部审计应当在必要的范围内互相交流相关审计工作底稿，以便利用对方的工作成果。

第十二条 内部审计与外部审计应当相互参阅审计报告。

第十三条 内部审计与外部审计应当在具体审计程序和方法上相互沟通，达成共识，以促进双方的合作。

第四章 附 则

第十四条 本准则由中国内部审计协会发布并负责解释。

第十五条 本准则自2014年1月1日起施行。

第2304号内部审计具体准则——利用外部专家服务

第一章 总 则

第一条 为了规范内部审计机构利用外部专家服务的行为，提高审计质量和效率，根据《内部审计基本准则》，制定本准则。

第二条 本准则所称利用外部专家服务，是指内部审计机构聘请在某一领域中具有专门技能、知识和经验的人员或者单位提供专业服务，并在审计活动中利用其工作结果的行为。

第三条 本准则适用于各类组织的内部审计机构。

第二章 一般原则

第四条 内部审计机构可以根据实际需要利用外部专家服务。利用外部专家服务是为了获取相关、可靠和充分的审计证据，保证审计工作的质量。

第五条 外部专家应当对其所选用的假设、方法及其工作结果负责。

第六条 内部审计机构应当对利用外部专家服务结果所形成的审计结论负责。

第七条 内部审计机构和内部审计人员可以在下列方面利用外部专家服务：

（一）特定资产的评估；

（二）工程项目的评估；

（三）产品或者服务质量问题；

（四）信息技术问题；

（五）衍生金融工具问题；

（六）舞弊及安全问题；

（七）法律问题；

（八）风险管理问题；

（九）其他。

第八条 外部专家可以由内部审计机构从组织外部聘请，也可以在组织内部指派。

第三章 对外部专家的聘请

第九条 内部审计机构聘请外部专家时，应当对外部专家的独立性、客观性进行评价，评价时应当考虑下列影响因素：

（一）外部专家与被审计单位之间是否存在重大利益关系；

（二）外部专家与被审计单位董事会、最高管理层是否存在密切的私人关系；

（三）外部专家与审计事项之间是否存在专业相关性；

（四）外部专家是否正在或者即将为组织提供其他服务；

（五）其他可能影响独立性、客观性的因素。

第十条 在聘请外部专家时，内部审计机构应当对外部专家的专业胜任能力进行评价，考虑其专业资格、专业经验与声望等。

第十一条 在利用外部专家服务前，内部审计机构应当与外部专家签订书面协议。书面协议主要包括下列内容：

（一）外部专家服务的目的、范围及相关责任；

（二）外部专家服务结果的预定用途；

（三）在审计报告中可能提及外部专家的情形；

（四）外部专家利用相关资料的范围；

（五）报酬及其支付方式；

（六）对保密性的要求；

（七）违约责任。

第四章 对外部专家服务结果的评价和利用

第十二条 内部审计机构在利用外部专家服务结果作为审计证据时，应当评价其相关性、可靠性和充分性。

第十三条 内部审计机构在评价外部专家服务结果时，应当考虑下列影响因素：

（一）外部专家选用的假设和方法的适当性；

（二）外部专家所用资料的相关性、可靠性和充分性。

第十四条 在利用外部专家服务时，如果有必要，应当在审计报告中提及。

第十五条 内部审计机构对外部专家服务评价后，如果认为其服务的结果无法形成相关、可靠和充分的审计证据，应当通过实施其他替代审计程序补充获取相应的审计证据。

第五章 附 则

第十六条 本准则由中国内部审计协会发布并负责解释。

第十七条 本准则自2014年1月1日起施行。

第2305号内部审计具体准则——人际关系

第一章 总 则

第一条 为了规范内部审计人员与组织内、外相关机构和人员建立和保持良好的人际关系，保证内部审计工作顺利而有效地进行，提高审计效率和效果，根据《内部审计基本准则》，制定本准则。

第二条 本准则所称人际关系，是指内部审计人员与组织内外相关机构和人员之间的相互交往与联系。

第三条 本准则适用于各类组织的内部审计机构中的内部审计人员。其他组织或者人员接受委托、聘用，承办或者参与内部审计业务，也应当遵守本准则。

第二章 一般原则

第四条 内部审计人员在从事内部审计活动中，需要与下列机构和人员建立人际关系：

（一）组织适当管理层和相关人员；

（二）被审计单位和相关人员；

（三）组织内部各职能部门和相关人员；

（四）组织外部相关机构和人员；

（五）内部审计机构中的其他成员。

第五条 内部审计人员应当与组织内外相关机构和人员进行必要的沟通，保持良好的人际关系，以实现下列目的：

（一）在内部审计工作中与相关机构和人员建立相互信任的关系，促进彼此的交流与沟通；

（二）在内部审计工作中取得相关机构和人员的理解和配合，及时获得相关、可靠和充分的信息，提高内部审计效率；

（三）保证内部审计意见得到有效落实，实现内部审计目标。

第六条 内部审计人员应当具备建立良好人际关系的意识和能力。

第七条 内部审计人员在人际关系的处理中应当注意保持独立性和客观性。

第八条 内部审计人员应当在遵循有关法律、法规的情况下灵活、妥善地处理人际关系。

第九条 内部审计机构负责人应当定期对内部审计人员的人际关系进行评价，并根据评价结果及时采取措施改进人际关系。

第三章 处理人际关系的方式和方法

第十条 内部审计人员在处理人际关系时，应当主动、及时、有效地进行沟通，以保证信息的快捷传递和充分交流。

第十一条 内部审计人员处理人际关系时采用的沟通类型包括：

（一）人员沟通，即内部审计人员与相关人员之间的沟通。

（二）组织沟通，即内部审计机构在特定组织环境下的沟通，主要包括与上下级部门之间的信息交流，与组织内各平行部门之间的信息交流，信息在非平行、非隶属部门之间的交流。

第十二条　内部审计人员处理人际关系时采用的主要沟通方式有口头沟通和书面沟通两种。

口头沟通，即内部审计人员利用口头语言进行信息交流。书面沟通，即内部审计人员利用书面语言进行信息交流。

第十三条　内部审计人员人际关系冲突的原因主要包括：

（一）缺乏必要、及时的信息沟通；

（二）对同一事物的认识存在分歧，导致不同的评价；

（三）各自的价值观、利益观不一致；

（四）职业道德信念的差异。

第十四条　内部审计人员应当及时、妥善地化解人际冲突，可以采取的方法主要包括：

（一）暂时回避，寻找适当的时机再进行协调；

（二）说服、劝导；

（三）适当的妥协；

（四）互相协作；

（五）向适当管理层报告，寻求协调；

（六）其他。

第十五条　内部审计人员应当积极、主动地与对内部审计工作负有领导责任的组织适当管理层进行沟通，可以采取的沟通途径主要包括：

（一）与组织适当管理层就审计计划进行沟通，以达成共识；

（二）咨询组织适当管理层，了解内部控制环境；

（三）根据审计发现的问题和作出的审计结论，及时向组织适当管理层提出审计意见和建议；

（四）出具书面审计报告之前，利用各种沟通方式征求组织适当管理层对审计结论、意见和建议的意见。

第十六条　内部审计人员应当与被审计单位建立并保持良好的人际关系，可以采取下列沟通途径获得被审计单位的理解、配合和支持：

（一）在了解被审计单位基本情况时，应当进行及时、有效的沟通和协调；

（二）通过询问、会谈、会议、问卷调查等沟通方式，了解被审计单位业务活动、内部控制和风险管理的情况；

（三）通过口头方式或者其他非正式方式，与被审计单位交流审计中发现的问题；

（四）在审计报告提交之前，以书面方式与被审计单位进行结果沟通。

第十七条　内部审计人员应当与组织内其他职能部门建立并保持良好的人际关系，确保在下列方面得到支持与配合：

（一）了解组织及相关职能部门的情况；

（二）寻求审计中发现问题的解决方法；

（三）落实审计结论、意见和建议；

（四）有效利用审计成果；

（五）其他。

第十八条　内部审计人员应当与组织外部相关机构和人员之间建立并保持良好的人际关系，以获得更多的认同、支持及协助。

第十九条　内部审计人员应当重视内部审计机构成员间的人际关系，相互协作，相互包容。

第四章　附　则

第二十条　本准则由中国内部审计协会发布并负责解释。

第二十一条　本准则自2014年1月1日起施行。

第2306号内部审计具体准则——内部审计质量控制

第一章　总　则

第一条　为了规范内部审计质量控制工作，保证内部审计质量，根据《内部审计基本准则》，制定本准则。

第二条　本准则所称内部审计质量控制，是指内部审计机构为保证其审计质量符合内部审计准则的要求而制定和执行的制度、程序和方法。

第三条　本准则适用于各类组织的内部审计机构和内部审计人员。

第二章　一般原则

第四条　内部审计机构负责人对制定并实施系统、有效的质量控制制度与程序负主要责任。

第五条　内部审计质量控制主要包括下列目标：

（一）保证内部审计活动遵循内部审计准则和本组织内部审计工作手册的要求；

（二）保证内部审计活动的效率和效果达到既定要求；

（三）保证内部审计活动能够增加组织的价值，促进组织实现目标。

第六条　内部审计质量控制分为内部审计机构质量控制和内部审计项目质量控制。

第七条　内部审计机构负责人和审计项目负责人通过督导、分级复核、质量评估等方式对内部审计质量进行控制。

第三章　内部审计机构质量控制

第八条　内部审计机构负责人对内部审计机构质量负责。

第九条　内部审计机构质量控制需要考虑下列因素：

（一）内部审计机构的组织形式及授权状况；

（二）内部审计人员的素质与专业结构；

（三）内部审计业务的范围与特点；

（四）成本效益原则的要求；

（五）其他。

第十条　内部审计机构质量控制主要包括下列措施：

（一）确保内部审计人员遵守职业道德规范；

（二）保持并不断提升内部审计人员的专业胜任能力；

（三）依据内部审计准则制定内部审计工作手册；

（四）编制年度审计计划及项目审计方案；

（五）合理配置内部审计资源；

（六）建立审计项目督导和复核机制；

（七）开展审计质量评估；

（八）评估审计报告的使用效果；

（九）对审计质量进行考核与评价。

第四章 内部审计项目质量控制

第十一条 内部审计项目负责人对审计项目质量负责。

第十二条 内部审计项目质量控制应当考虑下列因素：

（一）审计项目的性质及复杂程度；

（二）参与项目审计的内部审计人员的专业胜任能力；

（三）其他。

第十三条 内部审计项目质量控制主要包括下列措施：

（一）指导内部审计人员执行项目审计方案；

（二）监督审计实施过程；

（三）检查已实施的审计工作。

第十四条 内部审计项目负责人在指导内部审计人员开展项目审计时，应当告知项目组成员下列事项：

（一）项目组成员各自的责任；

（二）被审计项目或者业务的性质；

（三）与风险相关的事项；

（四）可能出现的问题；

（五）其他。

第十五条 内部审计项目负责人监督内部审计实施过程时，应当履行下列职责：

（一）追踪业务的过程；

（二）解决审计过程中出现的重大问题，根据需要修改原项目审计方案；

（三）识别在审计过程中需要咨询的事项；

（四）其他。

第十六条 内部审计项目负责人在检查已实施的审计工作时，应当关注下列内容：

（一）审计工作是否已按照审计准则和职业道德规范的规定执行；

（二）审计证据是否相关、可靠和充分；

（三）审计工作是否实现了审计目标。

第五章 附 则

第十七条 本准则由中国内部审计协会发布并负责解释。

第十八条 本准则自2014年1月1日起施行。

第2307号内部审计具体准则——评价外部审计工作质量

第一章 总 则

第一条 为规范内部审计机构对外部审计工作质量的评价工作，有效利用外部审计成果，提高内部审计效率和效果，根据《内部审计基本准则》，制定本准则。

第二条 本准则所称评价外部审计工作质量，是指由内部审计机构对外部审计工作过程及结果的质量所进行的评价活动。

第三条 本准则适用于各类组织的内部审计机构。

第二章 一般原则

第四条 内部审计机构应当根据适当的标准对外部审计工作质量进行客观评价，合理利用外部审计成果。

第五条 评价外部审计工作质量，可以按照评价准备、评价实施和评价报告三个阶段进行。

第六条 内部审计机构应当挑选具有足够专业胜任能力的人员对外部审计工作质量进行评价。

第三章 评价准备

第七条 在评价外部审计工作质量之前，内部审计机构应当考虑下列因素：

（一）评价活动的必要性；

（二）评价活动的可行性；

（三）评价活动预期结果的有效性。

第八条 在决定对外部审计工作质量进行评价后，内部审计机构应当编制适当的评价方案。评价方案应当包括下列主要内容：

（一）评价目的；

（二）评价的主要内容与步骤；

（三）评价的依据；

（四）评价工作的主要方法；

（五）评价工作的时间安排；

（六）评价人员的分工。

第九条 内部审计机构应当取得反映外部审计工作质量的审计报告及其他相关资料。

第十条 内部审计机构应当详细了解外部审计所采用的审计依据、实施的审计过程及其在审计过程中与组织之间进行协调的情况。

第十一条 如有必要，内部审计机构可以与外部审计机构就评价事项进行适当的沟通。

第四章 评价实施

第十二条 内部审计机构在评价外部审计工作质量时，应当重点关注下列内容：

（一）外部审计机构和人员的独立性与客观性；

（二）外部审计人员的专业胜任能力；

（三）外部审计人员的职业谨慎性；

（四）外部审计机构的信誉；

（五）外部审计所采用审计程序及方法的适当性；

（六）外部审计所采用审计依据的有效性；

（七）外部审计所获取审计证据的相关性、可靠性和充分性。

第十三条 内部审计机构在评价外部审计工作质量时，应当充分考虑其与内部审计活动的差异。

第十四条 内部审计机构在评价外部审计工作质量时，可以采用审核、观察、询问等常用方法，以及与有关方面进行沟通、协调的方法。

第十五条 内部审计机构应当将评价工作过程及结果记录于审计工作底稿中。

第五章 评价报告

第十六条 内部审计机构做出外部审计工作质量评价结论之前，应当征求组织内部有关部门和人员的意见。必要时，内部审计人员也可以就评价结论与被评价的外部审计机构进行沟通。

第十七条 内部审计机构完成外部审计工作质量评价之后，应当编制评价报告。评价报告一般包括下列要素：

（一）评价报告的名称；

（二）被评价外部审计机构的名称；

（三）评价目的；

（四）评价的主要内容及方法；

（五）评价结果；

（六）评价报告编制人员及编制时间。

第六章 附 则

第十八条 本准则由中国内部审计协会发布并负责解释。

第十九条 本准则自2014年1月1日起施行。

第2308号内部审计具体准则——审计档案工作

第一章 总 则

第一条 为了规范审计档案工作，提高审计档案质量，发挥审计档案作用，根据《中华人民共和国档案法》和《内部审计基本准则》，制定本准则。

第二条 本准则所称审计档案，是指内部审计机构和内部审计人员在审计项目实施过程中形成的、具有保存价值的历史记录。

第三条 本准则所称审计档案工作，是指内部审计机构对应纳入审计档案的材料（以下简称审计档案材料）进行收集、整理、立卷、移交、保管和利用的活动。

第四条 本准则适用于各类组织的内部审计机构、内部审计人员及其从事的内部审计活动。其他单位或人员接受委托、聘用，承办或者参与内部审计项目，形成的审计档案材料应当交回组织，并遵守本准则。

第二章 一般原则

第五条 内部审计人员在审计项目实施结束后，应当及时收集审计档案材料，按照立卷原则和方法进行归类整理、编目装订、组合成卷和定期归档。

第六条 内部审计人员立卷时，应当遵循按性质分类、按单元排列、按项目组卷原则。

第七条 内部审计人员应当坚持谁审计、谁立卷的原则，做到审结卷成、定期归档。

第八条 内部审计人员应当按审计项目立卷，不同审计项目不得合并立卷。跨年度的审计项目，在审计终结的年度立卷。

第九条 审计档案质量的基本要求是：审计档案材料应当真实、完整、有效、规范，并做到遵循档案材料的形成规律和特点，保持档案材料之间的有机联系，区别档案材料的重要程度，便于保管和利用。

第十条 内部审计机构应当建立审计档案工作管理制度，明确规定审计档案管理人员的要求和责任。

第十一条 内部审计项目负责人应当对审计档案的质量负主要责任。

第三章 审计档案的范围与排列

第十二条 内部审计人员应当及时收集在审计项目实施过程中直接形成的文件材料和与审计项目有关的其他审计档案材料。

第十三条 内部审计人员应当根据审计档案材料的保存价值和相互之间的关联度，以审计报告相关内容的需要为标准，整理鉴别和选用需要立卷的审计档案材料，并归集形成审计档案。

第十四条 审计档案材料主要包括以下几类：

（一）立项类材料：审计委托书、审计通知书、审前调查记录、项目审计方案等；

（二）证明类材料：审计承诺书、审计工作底稿及相应的审计取证单、审计证据等；

（三）结论类材料：审计报告、审计报告征求意见单、被审计对象的反馈意见等；

（四）备查类材料：审计项目回访单、被审计对象整改反馈意见、与审计项目联系紧密且不属于前三类的其他材料等。

第十五条 审计档案材料应当按下列四个单元排列：

（一）结论类材料，按逆审计程序、结合其重要程度予以排列；

（二）证明类材料，按与项目审计方案所列审计事项对应的顺序、结合其重要程度予以排列；

（三）立项类材料，按形成的时间顺序、结合其重要程度予以排列；

（四）备查类材料，按形成的时间顺序、结合其重要程度予以排列。

第十六条 审计档案内每组材料之间的排列要求：

（一）正件在前，附件在后；

（二）定稿在前，修改稿在后；

（三）批复在前，请示在后；

（四）批示在前，报告在后；

（五）重要文件在前，次要文件在后；

（六）汇总性文件在前，原始性文件在后。

第四章 纸质审计档案的编目、装订与移交

第十七条 纸质审计档案主要包括下列要素：

（一）案卷封面；

（二）卷内材料目录；

（三）卷内材料；

（四）案卷备考表。

第十八条 案卷封面应当采用硬卷皮封装。

第十九条 卷内材料目录应当按卷内材料的排列顺序和内容编制。

第二十条 卷内材料应当逐页注明顺序编号。

第二十一条 案卷备考表应当填写立卷人、项目负责人、检查人、立卷时间以及情况说明。

第二十二条 纸质审计档案的装订应当符合下列要求：

（一）拆除卷内材料上的金属物；

（二）破损和褪色的材料应当修补或复制；

（三）卷内材料装订部分过窄或有文字的，用纸加宽装订；

（四）卷内材料字迹难以辨认的，应附抄件加以说明；

（五）卷内材料一般不超过200页装订。

第二十三条 内部审计人员（立卷人）应当将获取的电子证据的名称、来源、内容、时间等完整、清晰地记录于纸质材料中，其证物装入卷内或物品袋内附卷保存。

第二十四条 内部审计人员（立卷人）完成归类整理，经项目负责人审核、档案管理人员检查后，按规定进行编目和归档，向组织内部档案管理部门（以下简称档案管理部门）办理移交手续。

第五章　电子审计档案的建立、移交与接收

第二十五条 内部审计机构在条件允许的情况下，可以为审计项目建立电子审计档案。

第二十六条 内部审计机构应当确保电子审计档案的真实、完整、可用和安全。

第二十七条 电子审计档案应当采用符合国家标准的文件存储格式，确保能够长期有效读取。主要包括以下内容：

（一）用文字处理技术形成的文字型电子文件；

（二）用扫描仪、数码相机等设备获得的图像电子文件；

（三）用视频或多媒体设备获得的多媒体电子文件；

（四）用音频设备获得的声音电子文件；

（五）其他电子文件。

第二十八条 内部审计机构在审计项目完成后，应当以审计项目为单位，按照归档要求，向档案管理部门办理电子审计档案的移交手续，并符合以下基本要求：

（一）元数据应当与电子审计档案一起移交，一般采用基于XML的封装方式组织档案数据；

（二）电子审计档案的文件有相应纸质、缩微制品等载体的，应当在元数据中著录相关信息；

（三）采用技术手段加密的电子审计档案应当解密后移交，压缩的电子审计档案应当解压缩后移交；特殊格式的电子审计档案应当与其读取平台一起移交；

（四）内部审计机构应当将已移交的电子审计档案在本部门至少保存5年，其中的涉密信息必须符合保密存储要求。

第二十九条 电子审计档案移交的主要流程包括：组织和迁移转换电子审计档案数据、检验电子审计档案数据和移交电子审计档案数据等步骤。

第三十条 电子审计档案的移交可采用离线或在线方式进行。离线方式是指内部审计机构一般采用光盘移交电子审计档案；在线方式是指内部审计机构通过与管理要求相适应的网络传输电子审计档案。

第三十一条 档案管理部门可以建立电子审计档案接收平台，进行电子审计档案数据的接收、检验、迁移、转换、存储等工作。

第三十二条 电子审计档案检验合格后办理交接手续，由交接双方签字；也可采用电子形式并以电子签名方式予以确认。

第六章 审计档案的保管和利用

第三十三条 审计档案应当归组织所有，一般情况下，由档案管理部门负责保管，档案管理部门应当安排对审计档案业务熟悉的人员对接收的纸质和电子审计档案进行必要的检查。

第三十四条 归档与纸质文件相同的电子文件时，应当在彼此之间建立准确、可靠的标识关系，并注明含义、保持一致。

第三十五条 内部审计机构和档案管理部门应当按照国家法律法规和组织内部管理规定，结合自身实际需要合理确定审计档案的保管期限。

第三十六条 审计档案的密级和保密期限应当根据审计工作保密事项范围和有关部门保密事项范围合理确定。

第三十七条 内部审计机构和档案管理部门应当定期开展保管期满审计档案的鉴定工作，对不具有保存价值的审计档案进行登记造册，经双方负责人签字，并报组织负责人批准后，予以销毁。

第三十八条 内部审计机构应当建立健全审计档案利用制度。借阅审计档案，一般限定在内部审计机构内部。

内部审计机构以外或组织以外的单位查阅或者要求出具审计档案证明的，必须经内部审计机构负责人或者组织的主管领导批准，国家有关部门依法进行查阅的除外。

第三十九条 损毁、丢失、涂改、伪造、出卖、转卖、擅自提供审计档案的，由组织依照有关规定追究相关人员的责任；构成犯罪的，移送司法机关依法追究刑事责任。

第七章 附 则

第四十条 本准则由中国内部审计协会发布并负责解释。

第四十一条 本准则自2016年3月1日起施行。

第2309号内部审计具体准则——内部审计业务外包管理

第一章 总 则

第一条 为了规范内部审计业务外包管理行为，保证内部审计质量，根据《内部审计基本准则》，制定本准则。

第二条 本准则所称内部审计业务外包管理，是指组织及其内部审计机构将业务委托给本组织外部具有一定资质的中介机构，而实施的相关管理活动。

第三条 本准则适用于各类组织的内部审计机构。接受委托的中介机构在实施内部审计业务时应当遵守中国内部审计准则。

第二章 一般原则

第四条 除涉密事项外，内部审计机构可以根据具体情况，考虑下列因素，对内部审计业务实施外包：

（一）内部审计机构现有的资源无法满足工作目标要求；

（二）内部审计人员缺乏特定的专业知识或技能；

（三）聘请中介机构符合成本效益原则；

（四）其他因素。

第五条 内部审计机构需要将内部审计业务外包给中介机构实施的，应当确定外包的具体项目，并经过组织批准。

第六条 内部审计业务外包通常包括业务全部外包和业务部分外包两种形式：

（一）业务全部外包，是指内部审计机构将一个或多个审计项目委托中介机构实施，并由中介机构编制审计项目的审计报告；

（二）业务部分外包，是指一个审计项目中，内部审计机构将部分业务委托给中介机构实施，内部审计机构根据情况利用中介机构的业务成果，编制审计项目的审计报告。

第七条 内部审计业务外包管理的关键环节一般包括：选择中介机构、签订业务外包合同（业务约定书）、审计项目外包的质量控制、评价中介机构的工作质量等。

第八条 内部审计机构应当对中介机构开展的受托业务进行指导、监督、检查和评价，并对采用的审计结果负责。

第三章 选择中介机构

第九条 内部审计机构应当根据外包业务的要求，通过一定的方式，按照一定的标准，遴选一定数量的中介机构，建立中介机构备选库。

第十条 内部审计机构确定纳入备选库的中介机构时，应当重点考虑以下条件：

（一）依法设立，合法经营，无违法、违规记录；

（二）具备国家承认的相应专业资质；

（三）从业人员具备相应的专业胜任能力；

（四）拥有良好的职业声誉。

内部审计机构应当根据实际情况和业务外包需求，以及对中介机构工作质量的评价结果，定期对备选库进行更新。

第十一条 内部审计机构可以根据审计项目需要和实际情况，提出对选择中介机构的具体要求。相关部门按照公开、公正、公平的原则，采取公开招标、邀请招标、询价、定向谈判等形式，确定具体实施审计项目的中介机构。

第四章 签订业务外包合同（业务约定书）

第十二条 按照组织合同管理的权限和程序，内部审计机构可以负责起草或者参与起草业务外包合同（业务约定书），正式签订前应当将合同文本提交组织的法律部门审查，或征求法律顾问或律师的意见，以规避其中的法律风险。

第十三条 组织应当与选择确定的中介机构签订书面的业务外包合同（业务约定书），主要内容应当包括：

（一）工作目标；

（二）工作内容；

（三）工作质量要求；

（四）成果形式和提交时间；

（五）报酬及支付方式；

（六）双方的权利与义务；

（七）违约责任和争议解决方式；

（八）保密事项；

（九）双方的签字盖章。

第十四条 如业务外包过程中涉及主合同之外其他特殊权利义务的，组织也可以与中介机构签订单独的补充协议进行约定。

第十五条 内部审计机构应当按照组织合同管理有关规定，严格履行业务外包合同（业务约定书）相关手续。

第五章 审计项目外包的质量控制

第十六条 内部审计机构应当充分参与、了解中介机构编制的项目审计方案的详细内容，明确审计目标、审计范围、审计内容、审计程序及方法，确保项目审计方案的科学性。

第十七条 在审计项目实施过程中，内部审计机构应当定期或不定期听取中介机构工作汇报、询问了解审计项目实施情况、帮助解决工作中遇到的问题等，确保中介机构业务实施过程的顺利。

第十八条 内部审计机构应当对中介机构提交的审计报告初稿进行复核并提出意见，确保审计报告的质量。

第十九条 中介机构完成审计项目工作后，内部审计机构应当督促其按照审计档案管理相关规定汇总整理并及时提交审计项目的档案资料。

第二十条 中介机构未能全面有效履行外包合同规定的义务，有下列情形之一的，内部审计机构可以向组织建议终止合同，拒付或酌情扣减审计费用：

（一）未按合同的要求实施审计，随意简化审计程序；

（二）审计程序不规范，审计报告严重失实，审计结论不准确，且拒绝进行重新审计或纠正；

（三）存在应披露而未披露的重大事项等重大错漏；

（四）违反职业道德，弄虚作假、串通作弊、泄露被审计单位秘密；

（五）擅自将受托审计业务委托给第三方；

（六）其他损害委托方或被审计单位的行为。

第六章 评价中介机构的工作质量

第二十一条 内部审计机构可以针对具体的审计项目对中介机构的工作质量进行评价，也可以针对中介机构一定时期的工作质量进行总体评价。

第二十二条 内部审计机构对中介机构工作质量的评价，一般包括：

（一）履行业务外包合同（业务约定书）承诺的情况；

（二）审计项目的质量；

（三）专业胜任能力和职业道德；

（四）归档资料的完整性；

（五）其他方面。

第二十三条 内部审计机构可以采用定性、定量或者定性定量相结合的方式对中介机构的工作质量进行评价。

第二十四条 组织及其内部审计机构应当把对中介机构工作质量评价的结果，作为建立中介机构备选库、选择和确定中介机构的重要参考。中介机构违背业务外包合同（业务约定书）的，内部审计机构应当根据评价结果，依照合同约定，向组织建议追究中介机构的违约责任。

第七章　附　则

第二十五条　本准则由中国内部审计协会发布并负责解释。

第二十六条　本准则自2019年6月1日起施行。

4 注册会计师审计法规与准则

4.1 注册会计师审计法规与准则概述

注册会计师审计是资本市场上的最后一道防线，注册会计师审计法规与准则建设是我国市场经济法治化建设的重要组成部分。2009年，国务院办公厅转发财政部《关于加快发展我国注册会计师行业的若干意见》，有力地推动了我国注册会计师行业的相关法规和准则建设。2006年以来，我国注册会计师审计准则走上了一条与国际审计准则全面趋同的道路。

一、注册会计师审计法规与准则的构成

1.《注册会计师法》和有关注册会计师审计的其他法律

1993年，全国人民代表大会常务委员会制定的《注册会计师法》，是规范注册会计师职业行为的专门法律。《注册会计师法》包括注册会计师资格的认定、业务范围和规则、会计师事务所的组建要求、注册会计师协会的组织与业务以及注册会计师的法律责任等内容，是一部全面调整、规范注册会计师职业的基础性法规。除《注册会计师法》外，其他一些法律中也规定有注册会计师审计的内容，如《审计法》《会计法》《证券法》《商业银行法》《公司法》等都有关于注册会计师审计的内容。

2.注册会计师审计相关行政法规

2009年国务院办公厅转发财政部《关于加快发展我国注册会计师行业的若干意见》（国办发〔2009〕56号），该文件是指导注册会计师审计的纲领性文件。文件要求：加快形成大中小会计师事务所协调发展的合理布局；切实加大促进注册会计师行业发展的政策扶持和引导力度；全面实施注册会计师行业人才战略；严格注册会计师行业行政监管和自律约束；不断加强注册会计师行业诚信建设和内部治理；进一步强化注册会计师行业加快发展的组织领导。2010年修订的《审计法实施条例》强调了构建国家审计、内部审计和注册会计师审计三位一体的审计格局。2021年，国务院办公厅印发《国务院办公厅关于进一步规范财务审计秩序促进注册会计师行业健康发展的意见》（国办发〔2021〕30号），对切实加强会计师事务所监管、遏制财务造假、有效发挥注册会计师审计鉴证作用作出了顶层设计，之后，财政部、中国注册会计师协会发布了若干文件予以跟进。

国务院办公厅关于进一步规范财务审计秩序促进注册会计师行业健康发展的意见

3.注册会计师审计相关部门规章

2010年，财政部、审计署、证监会、银监会、保监会联合发布《企业内部控制审计指引》，企业内部控制审计业务由原来的一次性业务或面向少数企业的业务（A股企业原先仅在IPO时需要，或者赴美国和日本等地上市企业需要，或者金融证券等高风险行业需要）变成了与财务报表审计一样的经常性业务，每年需执行一次。为落实国办发〔2009〕56号文，《财政部、工商总局关于推动大中型会计师事务所采用特殊普通合伙组织形式的暂行规定》（财会〔2010〕12号）、《财政部关于科学引导小型会计师事务所规范发展的暂行规定》（财会〔2010〕13号）相继发布，中国注册会计师协会发布了《会计师事务所财务管理暂行办法》和《会计师事务所合并程序指引》等文件。2021年国办30号文发布后，财政部先后发布《会计师事务所自查自纠报告管理办法》《上市公司年报审计监管工作规程》《中国注册会计师协会惩戒委员会工作规则》《中国注册会计师协会申诉委员会工作规则》《中国注册会计师协会会员违规行为惩戒办法》《中国注册会计师协会执业质量检查人员管理办法》《会计师事务所监督检查办法》《注册会计师行业诚信建设纲要》《关于严禁会计师事务所以或有收费方式提供审计服务的通知》等文件。另外，2021年4月，中国注册会计师协会发布了《注册会计师行业发展规划（2021—2025年）》。

4.注册会计师审计准则体系

（1）注册会计师职业道德守则

为了顺应经济社会发展对注册会计师诚信和职业道德水平提出的更高要求，规范中国注册会计师协会会员的职业行为，进一步提高职业道德水平，维护职业形象，保持与国际职业会计师道德守则的持续动态趋同，中国注册会计师协会对《中国注册会计师职业道德守则（2009）》和《中国注册会计师协会非执业会员职业道德守则（2009）》进行了全面修订。其中，修订后的《中国注册会计师职业道德守则（2020）》具体包括《中国注册会计师职业道德守则第1号——职业道德基本原则》《中国注册会计师职业道德守则第2号——职业道德概念框架》《中国注册会计师职业道德守则第3号——提供专业服务的具体要求》《中国注册会计师职业道德守则第4号——审计和审阅业务对独立性的要求》《中国注册会计师职业道德守则第5号——其他鉴证业务对独立性的要求》。

（2）注册会计师执业准则

注册会计师执业准则是由中国注册会计师协会拟定、财政部批准发布、对会计师事务所和注册会计师具有约束力、规范注册会计师业务的行为规范。最新的执业准则体系包括鉴证业务准则、相关服务准则、质量控制准则三部分。其中，鉴证业务准则包括基本准则、审计准则、审阅准则、其他鉴证业务准则（包括历史财务信息审计或审阅以外的鉴证业务、预测性财务信息的审核）。相关服务准则包括对财务信息执行商定程序和代编财务信息。为了指导注册会计师更好地运用中国注册会计师审计准则，解决审计实务问题，防范审计风险，中国注册会计师协会分两批发布了《中国注册会计师审计准则问题解答》，对注册会计师执行审计业务中的职业怀疑、函证、存货监盘、收入确认、重大非常规交易、关联方、会计分录测试、重要性及评价错报、项目质量复核、集团财务报表审计、会计估计、货币资金审计、持续经营等问题进行了详细的解答。

（3）注册会计师执业准则应用指南

注册会计师执业准则应用指南是对注册会计师执业准则的细化、深化和具体化，为注册会计师如何正确理解和运用准则提供具有可操作性的指导意见，与注册会计师执业准则构成一个完整的注册会计师执业规范体系。指南发挥其体例相对灵活的特点，针对具有概念框架功能的准则，指南进一步系统阐述其理论基础、规范的理由和对执业的影响，指导注册会计师理解执业理念和方法；针对具有实务操作功能的准则，指南重点阐述其核心程序和具体方法，通过大量的解释、说明、举例和图示，指导注册会计师正确运用程序和具体方法。注册会计师在执行审计业务时，应当将审计准则、应用指南与问题解答一并掌握和执行。

（4）注册会计师业务指引、指南和指导意见

除上述准则和应用指南外，针对注册会计师从事的特殊领域的审计业务，中国注册会计师协会发布了一系列业务指引，如基金财务报表审计指引、商业银行审计指引、高校财务报表审计指引、高新技术企业认定专项审计指引等。为规范注册会计师从事的内部控制审计业务，2011年，针对2010年财政部、审计署、证监会、银监会、保监会联合发布的《企业内部控制审计指引》，中国注册会计师协会发布了《企业内部控制审计指引实施意见》。2015年，中国注册会计师协会发布了《企业内部控制审计问题解答》，对内部控制审计实务中遇到的问题进行了详细解答。为贯彻落实行业发展规划，深入实施新业务拓展战略，推动注册会计师行业更好地服务于全面深化改革，中国注册会计师协会自2010年开始发布《注册会计师业务指导目录》。2014年发布的《注册会计师业务指导目录》列示了注册会计师可以从事的鉴证业务271项、相关咨询服务业务149项、会计服务示范基地创新业务17项，对每项业务的属性、依据、委托人、报告使用者、能力要求等进行了解读。另外，2007年，中国注册会计师协会发布了《中国注册会计师胜任能力指南》；2022年12月，中国注册会计师协会修订印发了《中国注册会计师行业人才胜任能力指南》。2015年，中国注册会计师协会还发布了《中国注册会计师职业判断指南》，对职业判断的概念和必要性、注册会计师运用职业判断的主要领域、职业判断的决策过程、影响职业判断质量的因素等进行了阐述和讨论，并为如何做好职业判断、提高职业判断能力提供了参考和建议。

中国注册会计师行业人才胜任能力指南

中国注册会计师职业判断指南

二、注册会计师审计法规与准则的发展

1.注册会计师审计法规的发展

1988年11月《中华人民共和国审计条例》发布后，审计署于1989年颁布了《中华人民共和国审计条例施行细则》、《审计署关于内部审计工作的规定》和《审计署关于社会审计工作的规定》等一系列审计制度。《中华人民共和国注册会计师法》由中华人民共和国第八届全国人民代表大会常务委员会第四次会议于1993年10月31日通过。2021年10月，

财政部公布了《中华人民共和国注册会计师法修订草案（征求意见稿）》。根据该修订草案，现行注册会计师法为七章四十六条，修订后为十章九十九条，增加了64条，修改了35条，并新增“监督管理”“特定实体审计”“会计服务市场开放和跨境审计”三章。

2.注册会计师职业道德规范的发展

早在《注册会计师法》发布之前，中国注册会计师协会于1992年9月就发布了《中国注册会计师职业道德守则（试行）》，在规范注册会计师行为方面发挥了重大作用。在启动独立审计准则制定工作后，1996年12月中注协发布了《中国注册会计师职业道德基本准则》，与《中国注册会计师质量控制基本准则》《中国注册会计师职业后续教育基本准则》共同构成除独立审计基本准则之外的三大相关基本准则。随着安然事件、银广夏事件的爆发，注册会计师行业成为众矢之的，中国注册会计师协会于2002年6月发布了《中国注册会计师职业道德规范指导意见》，对职业道德基本准则的相关问题进行了细化。2006年后，我国注册会计师审计准则与国际审计准则全面趋同，在借鉴国际职业会计师职业道德守则的基础上，中注协于2009年10月发布了《中国注册会计师职业道德守则》。2018年4月，国际会计师职业道德准则理事会（IESBA）发布了新修订的《国际会计师职业道德守则》。借鉴《国际会计师职业道德守则》，2020年12月17日，中国注册会计师协会发布了新修订的《中国注册会计师职业道德守则（2020）》和《中国注册会计师协会非执业会员职业道德守则（2020）》。

本次修订完善了职业道德概念框架，扩展了与礼品和款待相关的规定，增加了与应对违反法律法规行为相关的规定，强化了与会计师事务所长期审计某一客户相关的规定，修订了与关键审计合伙人任职及冷却期相关的规定，增加了与为审计客户提供非鉴证服务相关的规定，细化了非执业会员在编制和列报信息方面的规定，增加了与非执业会员面临违反职业道德基本原则的压力相关的规定。

为进一步强化注册会计师的独立性，提升审计质量，2024年12月31日财政部印发《中国注册会计师独立性准则第1号——财务报表审计和审阅业务对独立性的要求》，系统明确了注册会计师在执行财务报表审计和审阅业务时为保持实质与形式上的独立性所需遵循的全面要求。

3.注册会计师执业准则体系的发展

1980年，注册会计师行业恢复不久，针对验资审计业务，启动了职业标准的制定工作，中国注册会计师协会成立后加快了专业标准的制定工作，1991年到1993年，中注协先后发布了《注册会计师检查验证会计报表规则（试行）》等7个执业规则。1994年之后，经财政部同意，中注协开始起草审计准则。

（1）1994年至2004年，中注协发布独立审计准则体系。1993年《注册会计师法》颁布后，经财政部同意，中注协于1994年5月开始起草独立审计准则，到2004年，中注协先后分6批制定了审计准则，共计48个项目，具体包括独立审计基本准则和3个相关基本准则（职业道德基本准则、质量控制基本准则、后续教育基本准则）、28个独立审计具体准则、10个独立审计实务公告、6个注册会计师执业规范指南。其中，基本准则、具体准则和实务公告是注册会计师执行独立审计业务、出具审计报告的法定要求，会计师事务所和注册会计师执行审计业务应当遵照执行；注册会计师执业规范指南是对注册会计师执行独立审计业务、出具审计报告的具体指导，注册会计师应当参照执行。到2004年，我国审计准则体系框架基本建立起来。

（2）2006年2月，财政部以财会〔2006〕4号文发布了《中国注册会计师执业准则》，包括鉴证业务准则45个、相关服务准则2个、质量控制准则1个。这次修订按照会计科目的编号原理进行编号，有一定的内在逻辑，具有科学性和严谨性。为了帮助广大注册会计师正确理解和运用注册会计师执业准则，中国注册会计师协会在注册会计师执业准则框架下制定了应用指南。准则指南覆盖所有准则项目，共48项，计100余万字，自2007年1月1日起与《中国注册会计师执业准则》同步施行。

（3）2010年11月，财政部以财会〔2010〕21号文发布了《中国注册会计师审计准则第1101号——注册会计师的总体目标和审计工作的基本要求》等38项准则，财会〔2006〕4号文中《中国注册会计师审计准则第1101号——财务报表审计的目标和一般原则》等35项准则同时废止。经过本次修订，我国审计准则的结构进一步规范，审计准则的可理解性进一步提高。这次修订的主要背景是国际审计与鉴证准则理事会于2009年2月完成的国际审计准则明晰化项目，该项目旨在对每项准则明确界定目标、要求，消除理解歧义，调整准则结构，提高可理解性。修订后的准则与国际审计准则在数量上和结构上实现了趋同。

（4）2016年12月23日，财政部印发《中国注册会计师审计准则第1504号——在审计报告中沟通关键审计事项》等12项中国注册会计师审计准则。本次发布的12项审计准则中，最为核心的1项是新制定的《中国注册会计师审计准则第1504号——在审计报告中沟通关键审计事项》，该准则要求在上市公司的审计报告中增设关键审计事项部分，披露审计工作中的重点、难点等审计项目的个性化信息，要求注册会计师说明某事项被认定为关键审计事项的原因、针对该事项是如何实施审计工作的。该准则仅适用于上市实体的审计业务。除该准则外，《中国注册会计师审计准则第1501号——对财务报表形成审计意见和出具审计报告》《中国注册会计师审计准则第1502号——在审计报告中发表非无保留意见》《中国注册会计师审计准则第1503号——在审计报告中增加强调事项段和其他事项段》《中国注册会计师审计准则第1151号——与治理层的沟通》《中国注册会计师审计准则第1324号——持续经营》《中国注册会计师审计准则第1521号——注册会计师对其他信息的责任》等6项准则属于作出实质性修订的准则，另外5项准则包括《中国注册会计师审计准则第1111号——就审计业务约定条款达成一致意见》《中国注册会计师审计准则第1131号——审计工作底稿》《中国注册会计师审计准则第1301号——审计证据》《中国注册会计师审计准则第1332号——期后事项》《中国注册会计师审计准则第1341号——书面声明》，属于为保持审计准则体系的内在一致性而作出相应文字调整的准则，这11项准则中，有的条款是仅对上市实体审计业务的规定，有的条款是对所有被审计单位（包括上市实体和非上市实体）审计业务的规定。审计报告相关准则的修订，也是对2015年年初国际审计与鉴证准则理事会（IAASB）发布新修订的审计报告相关准则的回应，标志着我国审计报告模式的改变。

（5）2019年2月，为了满足资本市场改革与发展对高质量会计信息的需求，保持我国审计准则与国际准则的持续全面趋同，规范和指导注册会计师应对审计环境和注册会计师利用内部审计人员的工作、应对违反法律法规行为、财务报表披露审计等方面审计实务的新发展，中国注册会计师协会修订了《中国注册会计师审计准则第1101号——注册会计师的总体目标和审计工作的基本要求》等18项审计准则。

（6）2020年11月，为了回应社会各界对审计质量的关切，指导会计师事务所建立健全质量管理体系，提高会计师事务所质量管理能力，提升审计质量，防范审计风险，中国注册会计师协会拟订（修订）了《会计师事务所质量管理准则第5101号——业务质量管理》（修订）、《会计师事务所质量管理准则第5102号——项目质量复核》（拟订）以及《中国注册会计师审计准则第1121号——对财务报表审计实施的质量管理》（修订）等3个与会计师事务所质量管理相关的准则，并经财政部批准发布。

（7）2021年12月，为了贯彻落实《国务院办公厅关于进一步规范财务审计秩序促进注册会计师行业健康发展的意见》（国办发〔2021〕30号）中"持续提升审计质量"和"完善审计准则体系"的要求，规范和指导注册会计师开展实务工作，保持我国审计准则与国际准则的持续动态趋同，中国注册会计师协会修订了《中国注册会计师审计准则第1601号——审计特殊目的财务报表的特殊考虑》、《中国注册会计师审计准则第1603号——审计单一财务报表和财务报表特定要素的特殊考虑》和《中国注册会计师审计准则第1604号——对简要财务报表出具报告的业务》等3项审计准则；2022年1月，中国注册会计师协会对《中国注册会计师鉴证业务基本准则》等11项准则进行了一致性修订。2022年12月，中国注册会计师协会修订了《中国注册会计师审计准则第1211号——重大错报风险的识别和评估》《中国注册会计师审计准则第1321号——会计估计和相关披露的审计》等两项审计准则，并对《中国注册会计师审计准则第1101号——注册会计师的总体目标和审计工作的基本要求》等23项准则进行了一致性修订。

三、注册会计师审计法规与准则的现状与展望

（一）注册会计师审计法规、规章

1993年《注册会计师法》颁布后，经过10年的发展，原来有些规定已经不适用于发展了的注册会计师行业，2014年8月全国人大常委会通过了修订后的《注册会计师法》。除《注册会计师法》的规定外，1999年财政部发布了《关于会计师事务所从事基本建设工程预算、结算、决算审核暂行办法》，2010年财政部、审计署、证监会、银监会、保监会联合发布了《企业内部控制审计指引》。

（二）注册会计师执业准则体系

1.注册会计师职业道德守则

注册会计师职业道德守则，包括《中国注册会计师职业道德守则》和《中国注册会计师协会非执业会员职业道德守则》。

2.注册会计师执业准则和应用指南

以2006年版为基础，经过2010年、2016年、2019年、2020年、2021年和2022年的修订，目前共53项注册会计师执业准则，具体包括1项鉴证业务基本准则、45项审计准则、1项审阅准则、2项其他鉴证业务准则、2项相关服务准则和2项质量控制准则。中注协还发布了应用指南。这些准则具体情况如下：

（1）中国注册会计师鉴证业务准则（49项）

①中国注册会计师鉴证业务基本准则（1项）

②中国注册会计师审计准则（45项）

1101　注册会计师的总体目标和审计工作的基本要求

1111 就审计业务约定条款达成一致意见
1121 对财务报表审计实施的质量管理
1131 审计工作底稿
1141 财务报表审计中与舞弊相关的责任
1142 财务报表审计中对法律法规的考虑
1151 与治理层的沟通
1152 向治理层和管理层通报内部控制缺陷
1153 前任注册会计师和后任注册会计师的沟通
1201 计划审计工作
1211 重大错报风险的识别和评估
1221 计划和执行审计工作时的重要性
1231 针对评估的重大错报风险采取的应对措施
1241 对被审计单位使用服务机构的考虑
1251 评价审计过程中识别出的错报
1301 审计证据
1311 对存货、诉讼和索赔、分部信息等特定项目获取审计证据的具体考虑
1312 函证
1313 分析程序
1314 审计抽样
1321 会计估计和相关披露的审计
1323 关联方
1324 持续经营
1331 首次审计业务涉及的期初余额
1332 期后事项
1341 书面声明
1401 对集团财务报表审计的特殊考虑
1411 利用内部审计人员的工作
1421 利用专家的工作
1501 对财务报表形成审计意见和出具审计报告
1502 在审计报告中发表非无保留意见
1503 在审计报告中增加强调事项段和其他事项段
1504 在审计报告中沟通关键事项
1511 比较信息：对应数据和比较财务报表
1521 注册会计师对其他信息的责任
1601 审计特殊目的财务报表的特殊考虑
1602 验资
1603 审计单一财务报表和财务报表特定要素的特殊考虑
1604 对简要财务报表出具报告的业务
1611 商业银行财务报表审计

1612　银行间函证程序

1613　与银行监管机构的关系

1631　财务报表审计中对环境事项的考虑

1632　衍生金融工具的审计

1633　电子商务对财务报表审计的影响

③中国注册会计师审阅准则（1项）

2101　财务报表审阅

④中国注册会计师其他鉴证业务准则（2项）

3101　历史财务信息审计或审阅以外的鉴证业务

3111　预测性财务信息的审核

（2）中国注册会计师相关服务准则（2项）

4101　对财务信息执行商定程序

4111　代编财务信息

（3）会计师事务所质量管理准则（2项）

5101　业务质量管理

5102　项目质量复核

上述准则体系借鉴了会计科目的编号方法，把编号设计为4位数。千位数为1代表审计准则，百位数为1代表审计的一般原则与责任准则，百位数为2代表风险评估和风险应对准则，百位数为3代表审计证据准则，百位数为4代表利用其他主体的工作准则，百位数为5代表审计结论和报告准则，百位数为6代表特殊领域准则；千位数为2代表审阅准则；千位数为3代表其他鉴证业务准则；千位数为4代表相关服务准则；千位数为5代表质量控制准则。

（三）中注协发布的审计指引

中注协发布的审计指引具体包括《高新技术企业认定专项审计指引》（2008）、《企业内部控制审计指引》（2010）、《企业内部控制审计指引实施意见》（2011）、《基金财务报表审计指引》（2012）、《高校财务报表审计指引》（2014）、《商业银行审计指引》（2014）、《中央财政科技计划项目（课题）结题审计指引》（2018）、《科创板创新试点红筹企业财务报告差异调节信息和补充财务信息审计指引》（2019）、《注册制下创新试点红筹企业财务报告差异调节信息和补充财务信息审计指引》（2020）、《银行函证及回函工作操作指引》（2020）等。

银行函证及回函工作操作指引

（四）其他

除上述规范外，中注协还发布了相关规范指导会计师事务所相关业务，具体包括《外商投资企业外方权益确认表审核指导意见》（2012）、《注册会计师业务指导目录》（2014）、《中国注册会计师职业判断指南》（2015）、《会计师事务所财政支出绩效评价业务指引》（2016）等。另外，国办发〔2009〕56号文发布后，有关部门也发布了相关规范，如中注协发布了《关于改进和加强行业监管工作的意见》《会计师事务所合并程序指引》《会计师事务所财务管理暂行办法》，财政部发布了《关于科学引导小型会计师事务所规范发展的暂行规定》，财政部、国家工商行政管理总局联合发布了《关于推动大中型会计师事务所采用特殊普通合伙组织形式的暂行规定》。

本部分主要收录了《注册会计师法》、注册会计师职业道德守则和注册会计师执业准则三部分。

未来相关部门将进一步完善《注册会计师法》，在推动我国注册会计师做大做强方面会进一步发布相关的规范，在内部控制审计方面发布内部控制审计指南或者纳入注册会计师执业准则体系，同时，紧密跟踪国际审计与鉴证准则理事会的最新进展，及时修订和完善我国的注册会计师审计准则体系。

4.2 注册会计师审计法规与准则汇编

4.2.1 中华人民共和国注册会计师法 修订草案

（征求意见稿）

第一章 总 则

第一条 为了发挥注册会计师在社会经济活动中的鉴证、服务和监督作用，加强对注册会计师和会计师事务所的管理，规范注册会计师的执业行为，维护社会主义市场经济秩序和公共利益，保护投资者、注册会计师和会计师事务所合法权益，制定本法。

第二条 注册会计师是依照本法第二章规定取得注册会计师证书，接受委托从事审计、鉴证业务和会计服务业务的执业人员。

第三条 下列审计、鉴证业务应当由注册会计师承办：

（一）审查企业、公共部门、非营利组织或者机构的财务报表，出具审计报告；

（二）针对企业、公共部门、非营利组织或者机构内部控制设计与运行的有效性进行审计，出具审计报告；

（三）验证企业资本，出具验资报告；

（四）办理企业合并、分立、清算事宜中的审计业务，出具有关的报告；

（五）法律、行政法规规定的其他审计、鉴证业务。

注册会计师依法执行审计、鉴证业务出具的报告，具有证明效力。

第四条 会计师事务所是依照本法第三章规定设立并取得执业许可，承办注册会计师业务的专业服务机构。

注册会计师执行业务，应当加入会计师事务所并且专职执业。

第五条 注册会计师协会是由注册会计师和会计师事务所组成的社会团体。中国注册会计师协会是注册会计师的全国组织。省、自治区、直辖市注册会计师协会是注册会计师的地方组织，依法接受中国注册会计师协会的监督、指导。

第六条 会计师事务所、注册会计师应当遵守法律、行政法规规定，遵循注册会计师执业准则，恪守职业道德。

会计师事务所、注册会计师依法独立、客观、公正执业，受法律法规保护，不受任何单位和个人的干涉。

第七条 国务院财政部门主管全国注册会计师行业。国务院财政部门和省、自治区、直辖市人民政府财政部门（以下简称省级以上财政部门），依法对注册会计师、会计师事务所和注册会计师协会进行监督、管理、指导。

第二章 注册会计师

第八条 国家实行注册会计师全国统一考试制度。国务院财政部门制定注册会计师全国统一考试办法，中国注册会计师协会组织实施考试。

省级以上财政部门对同级注册会计师协会组织实施注册会计师全国统一考试的情况进行监督、指导。

第九条 具有下列条件之一的，可以申请参加注册会计师全国统一考试：

（一）具有高等专科以上学校毕业的学历；

（二）具有会计或者相关专业中级以上技术资格。

具有会计或者相关专业高级技术资格的人员，可以免予部分科目的考试。

第十条 申请注册会计师注册，应当具备下列条件：

（一）通过注册会计师全国统一考试，取得全科合格证明；

（二）有两年以上在会计师事务所专职从事本法第三条规定的审计、鉴证业务工作的经历。

第十一条 国务院财政部门制定注册会计师注册办法和任职资格检查办法，中国注册会计师协会组织省级注册会计师协会实施。申请注册会计师注册的人员（以下简称注册申请人）通过所在会计师事务所向省级注册会计师协会提交注册申请。准予注册的，由省级注册会计师协会发放国务院财政部门统一印制的注册会计师证书，并予以公告。

省级注册会计师协会应当将准予注册和未准予注册人员名单、任职资格检查结果等信息报省级财政部门备案。省级财政部门发现注册不符合规定和任职资格检查结果处理不当的，应当予以纠正。

第十二条 注册申请人有下列情形之一的，不予注册：

（一）不具有完全民事行为能力或者健康状况不能胜任执业的；

（二）因受刑事处罚，自刑罚执行完毕之日起至申请注册之日止不满五年的（过失犯罪的除外）；

（三）因在财务、会计、审计、企业管理或者其他相关工作中犯有严重错误受行政处罚，自处罚决定之日起至申请注册之日止不满二年的；

（四）受吊销注册会计师证书处罚的。

第十三条 已取得注册会计师证书的人员，经核查存在下列情形之一的，撤销注册并予以公告：

（一）对不符合本法规定条件的申请人准予注册的；

（二）申请人以欺骗、贿赂等不正当手段取得注册的；

（三）未持续符合本法规定的注册条件的；

（四）不在会计师事务所专职执业的；

（五）自行停止执行注册会计师业务满一年的。

依照前款规定被撤销注册的人员可以重新申请注册，但应当符合本法第十条、第十二条的规定。

第三章 会计师事务所

第十四条 会计师事务所应当采用普通合伙或者特殊普通合伙组织形式。

第十五条 设立普通合伙会计师事务所，应当具备下列条件：

（一）两名以上由注册会计师担任的合伙人，且合伙人均符合国务院财政部门规定的条件；

（二）书面合伙协议；

（三）实地经营场所。

第十六条 设立特殊普通合伙会计师事务所，应当具备下列条件：

（一）十五名以上由注册会计师担任的合伙人，且合伙人均符合国务院财政部门规定的条件；

（二）六十名以上注册会计师；

（三）书面合伙协议；

（四）实地经营场所；

（五）国务院财政部门规定的其他条件。

其他专业资格人员担任特殊普通合伙会计师事务所合伙人的条件，由国务院财政部门规定。

第十七条 申请会计师事务所执业许可，应当经省级财政部门批准，并报国务院财政部门备案。国务院财政部门发现批准不当的，应当通知原审批机关撤销执业许可。

未取得本法规定的会计师事务所执业许可的机构，不得在名称中使用“会计师事务所”字样，不得从事本法第三条规定的业务。

会计师事务所无需进行工商登记。

第十八条 会计师事务所设立分所，须经分所所在地的省级人民政府财政部门批准。

会计师事务所对分所的业务活动和债务承担责任。

第十九条 会计师事务所设立分所，应当具备下列条件：

（一）取得会计师事务所执业许可三年以上，内部管理制度健全；

（二）五十名以上注册会计师；

（三）设立分所前三年内未因为执业行为受到行政处罚。

第二十条 会计师事务所设立的分所应当具备下列条件：

（一）分所负责人须为具有注册会计师证书的会计师事务所合伙人；

（二）不少于五名注册会计师。注册会计师注册关系不在分所所在地的，其注册关系可以不作变动，但不计入本项规定的五名注册会计师；

（三）实地经营场所。

第二十一条 会计师事务所可在总所所在市（县）之外的地方设立分所，且一个城市只能设立一家分所。国务院财政部门另有规定的除外。

第二十二条 会计师事务所执业不受行业、区域限制。法律另有规定的，从其规定。

第二十三条 会计师事务所应当在人员调配、财务安排、业务承接、技术标准和信息化建设方面实行实质性一体化管理。

第二十四条 会计师事务所应当建立、完善内部治理机制，建立、实施质量管理制度，明确首席合伙人、质量管理合伙人、签字注册会计师和其他从业人员在内部治理和质量管理中的权利和责任。

第二十五条 首席合伙人是会计师事务所的主要负责人。会计师事务所的首席合伙人由执行合伙事务的合伙人担任。

会计师事务所首席合伙人除符合国务院财政部门规定的合伙人条件外，还应当符合下列条件：

（一）在境内有稳定住所，每年在境内居留不少于六个月，且最近连续居留已满十年；

（二）具有对外代表会计师事务所并管理会计师事务所的职权。

第二十六条 会计师事务所合伙人发生下列情形之一时，当然退伙，特定事实发生之日为退伙时间：

（一）死亡或者依法被宣告死亡、宣告失踪；

（二）被依法宣告为无民事行为能力人或者限制民事行为能力人；

（三）个人丧失偿债能力；

（四）其在会计师事务所的财产份额全部依法转让；

（五）其在会计师事务所的财产份额全部被人民法院强制执行；

（六）不再具备法律、行政法规、部门规章或者合伙协议规定的合伙人资格条件。

第二十七条 会计师事务所的名称应当符合国家有关规定。未经相关会计师事务所同意，会计师事务所不得使用包含其他已取得执业许可的会计师事务所字号的名称。

第二十八条 会计师事务所变更名称、组织形式、首席合伙人、合伙人、经营场所的，应当报所在地省级财政部门备案。变更后的会计师事务所，应当符合本法规定的执业许可条件。

第二十九条 会计师事务所有下列情形之一的，省级财政部门应当办理会计师事务所执业许可注销手续，并予以公告：

（一）未能持续符合会计师事务所执业许可条件，经限期整改仍不符合条件，执业许可被依法撤销的；

（二）依法终止的；

（三）法律、行政法规规定的应当注销执业许可的其他情形。

会计师事务所执业许可被依法注销的，自执业许可被注销之日起，不得在企业名称中继续使用“会计师事务所”字样，不得开展本法第三条规定的业务。

第三十条 省级财政部门对会计师事务所持续符合执业许可条件等情况开展年度检查考核。省级财政部门应当向国务院财政部门报告会计师事务所年度检查考核结果。

年度检查考核发现会计师事务所未持续符合执业许可条件，经限期整改仍不符合条件的，由省级财政部门撤销执业许可。

第四章 注册会计师协会

第三十一条 注册会计师和会计师事务所应当加入注册会计师协会。

第三十二条 中国注册会计师协会的章程由全国会员代表大会制定，并报国务院财政部门备案。地方注册会计师协会的章程由地方会员代表大会制定，并报同级人民政府财政部门备案。

中国注册会计师协会依照本法和章程的规定行使职权。

第三十三条 注册会计师协会对注册会计师和会计师事务所的执业情况进行自律检查。

第五章 执业规范

第三十四条 注册会计师执业应当遵守执业准则。

中国注册会计师协会拟定注册会计师执业准则，报国务院财政部门批准后实施。任何单位不得擅自修改注册会计师执业准则，出台关于注册会计师执业准则的解释、补充规定，或者改变注册会计师执业准则的适用范围、执行口径等。

本法所称注册会计师执业准则，还包括职业道德守则、质量管理准则及相关应用指南等。

第三十五条 委托方应当以竞争性谈判等能够充分了解会计师事务所专业胜任能力的方式选择会计师事务所承办本法第三条规定的审计、鉴证业务。属于政府采购的，选聘方式应当符合政府采购有关法律的要求。

委托方应当按照内部控制要求选聘会计师事务所。会计师事务所选聘评价标准应当突出质量因素，不以报价水平作为主要权重。

第三十六条 参与选聘的会计师事务所不得有下列行为：

（一）故意隐瞒资质要求等相关情况；

（二）与其他投标人串通、与委托方有关人员串通，虚假投标；

（三）其他违反法律、法规的行为。

第三十七条 注册会计师承办业务，由其所在的会计师事务所统一受理并与委托人签订委托合同。委托期限可以为一年以上，并符合有关法律法规规定。

委托人应当按合同约定的期限和方式向会计师事务所支付费用。

第三十八条 会计师事务所、注册会计师应当按照执业准则的要求执行审计业务，严格遵守下列规定：

（一）实施风险评估程序，编制审计计划；

（二）实施审计程序，获取审计证据；

（三）编制和保存审计工作底稿；

（四）运用职业判断，保持职业怀疑态度；

（五）发表审计意见，出具审计报告；

（六）遵守相关职业道德要求（包括与独立性相关的要求）。

第三十九条 会计师事务所、注册会计师执行业务，可以根据需要查阅被审计单位的有关资料、文件及电子数据，查看被审计单位的业务现场和设施，要求委托人或者被审计单位提供其他必要的协助。被审计单位对其提供的有关资料、文件及电子数据的真实性、完整性、准确性负责。

会计师事务所、注册会计师按照执业准则的要求，可以向与被审计单位有资金往来或者业务往来的金融机构、供应商、客户等相关单位函证核对相关信息。被审计单位的供应商和客户、金融机构等相关单位应当配合会计师事务所实施审计程序、获取审计证据，并对其提供的有关资料和文件的真实性、完整性、准确性负责。

符合规定的电子函证和书面函证具有同等效力。

第四十条 会计师事务所、注册会计师识别出相关单位配合被审计单位舞弊的迹象，且通过常规审计程序无法获取充分、适当的审计证据时，有权查阅相关单位的资金账户、证券账户、银行账户以及其他具有支付、托管、结算等功能的账户信息，获取并核实相关单位的银行账户资金往来等资料，以应对识别出的舞弊风险。

第四十一条 会计师事务所、注册会计师对在执行业务中知悉的国家秘密、商业秘密和个人隐私，负有保密义务。法律法规另有规定的除外。

第四十二条 会计师事务所应当增强信息安全责任意识，建立、实施信息安全制度。会计师事务所、注册会计师执业活动形成的工作底稿及相关文件、资料及电子数据应当存储在境内。

对审计数据的储存、访问、使用和传输应当符合国家保密规定和被审计单位的保密要求。

第四十三条 会计师事务所、注册会计师执行业务，遇有下列情形之一的，应当解除业务约定或者按照准则规定出具非无保留意见的报告：

（一）委托人或者被审计单位示意其作不实或者不当证明的；

（二）委托人或者被审计单位故意不提供有关资料和文件的；

（三）因委托人或者被审计单位有其他不合理要求，致使出具的报告不能对重要事项作出正确表述的。

第四十四条 审计报告应当由符合国务院财政部门规定的资质要求的注册会计师签名，并加盖会计师事务所印章。

第四十五条 审计报告使用人应当按照法律规定和审计报告载明的使用范围使用审计报告。

审计报告使用人违反前款规定使用审计报告，会计师事务所及签字注册会计师不承担责任。

第四十六条 会计师事务所、注册会计师从事本法第三条规定的审计、鉴证业务形成的审计档案保存期限不得少于十年。

已到保存期限，但国务院财政部门或者省级财政部门尚未完成检查或法律诉讼涉及的审计档案，不得销毁。

审计档案所有权属于会计师事务所。审计档案及复制件应当存放在境内，未经批准不得携带、传递出境。

第四十七条 会计师事务所按照国务院财政部门的规定建立职业风险基金，办理职业责任保险，或者同时采用两种风险补偿方式。

第四十八条 注册会计师、会计师事务所从事执业活动不得有下列行为：

（一）允许他人以本人名义执业，冒用他人名义执业，或者允许本所人员冒名执业；

（二）允许其他单位或者个人以本所名义承办业务，或者冒用其他会计师事务所名义承办业务；

（三）注册会计师未专职执业，在其执业的会计师事务所之外的其他机构获取工资性收入；

（四）采用强迫、欺诈、贿赂、低价竞争等不正当方式招揽业务，或者通过网络平台或者其他媒介售卖注册会计师业务报告；

（五）对其能力进行广告宣传以招揽业务；

（六）承办与自身规模、执业能力、风险承担能力不匹配的业务；

（七）未建立、实施信息安全制度，或者未按本法规定保管审计档案，或者未经批准携带、传递审计档案出境；

（八）执行审计业务期间，在法律、行政法规规定不得买卖被审计单位的证券或者不得购买被审计单位或者个人的其他财产的期限内，买卖被审计单位的股票、债券、其他衍生品或者购买被审计单位或者个人所拥有的其他财产；

（九）索取、收受委托合同约定以外的酬金或者其他财物，或者利用执行业务之便，谋取其他不正当的利益；

（十）泄露国家秘密、商业秘密或者个人隐私；

（十一）在与委托人或者被审计单位有利害关系的情况下承办相关业务；

（十二）违反法律、法规的其他行为。

第四十九条 注册会计师、会计师事务所执行审计业务、出具审计报告，不得有下列行为：

（一）对同一委托单位的同一事项，依据相同的审计证据出具不同结论的审计报告；

（二）隐瞒审计中发现的问题，发表不恰当的审计意见；

（三）为被审计单位编造或者伪造事由，出具虚假或者不实的审计报告；

（四）在审计程序严重缺失的情况下，出具审计报告；

（五）其他严重违反执业准则的行为。

第六章 监督管理

第五十条 省级以上财政部门应当建立日常监管和重点检查相结合，以信用监管为保障的监督管理机制。

第五十一条 省级以上财政部门依法对下列事项开展日常监督管理：

（一）会计师事务所和注册会计师执业质量情况；

（二）会计师事务所持续符合执业许可条件情况，注册会计师持续符合注册条件情况；

（三）会计师事务所一体化管理情况；

（四）会计师事务所和注册会计师独立性保持情况；

（五）会计师事务所风险管理和质量管理制度建立与实施情况；

（六）会计师事务所报备情况；

（七）会计师事务所信息安全制度建立与实施情况；

（八）审计档案保管情况；

（九）法律、行政法规规定的其他事项。

第五十二条 省级以上财政部门应当对发生下列情形的会计师事务所实施重点检查：

（一）首次承接本法第六十四条规定的特定实体审计业务的；

（二）被实名投诉或者举报的；

（三）以不正当方式承揽业务的；

（四）低价竞争、审计收费明显低于成本的；

（五）有不良执业记录且未整改的；

（六）客户数量、规模与会计师事务所的执业能力、风险承担能力不匹配的；

（七）不按规定进行报备的；

（八）需要实施重点检查的其他情形。

第五十三条 省级以上财政部门依法履行职责，有权采取以下措施：

（一）对会计师事务所及分所、被审计单位的营业场所进行现场监督检查；

（二）询问会计师事务所的合伙人和员工、与监督检查事项有关的单位和个人，可以要求其对与被监督检查事项有关的情况作出说明或者提供证明；要求其按照指定的方式报送与被监督检查事项有关的文件、资料及电子数据；

（三）查阅、复制与被监督检查事项有关的审计底稿、原始凭证、财务会计记录等文件、资料及电子数据；对可能被转移、隐匿或者毁损的文件、资料及电子数据，可以予以封存、扣押；

（四）检查会计师事务所的业务系统和内部管理系统，复制有关数据资料。

除上述措施外，省级以上财政部门可以采取责令改正、监管谈话、出具问询函、出具警示函、责令公开说明、责令定期报告、暂不受理有关文件、认定为不适当人选、责令开展内部合规检查、责令更换合伙人等管理措施。

第五十四条 会计师事务所、注册会计师应当接受财政部门依法实施的监督检查，如实提供工作底稿、相关资料及电子数据，不得拒绝、延误、阻挠、逃避检查，不得谎报、隐匿、销毁相关证据材料。

第五十五条 对会计师事务所和注册会计师执业质量的检查和责任认定应当以注册会计师执业准则为依据。

第五十六条 会计师事务所在出具审计、鉴证报告后，应当向财政部门报备相关执业信息。

第五十七条 会计师事务所应当每年向省级财政部门报备以下事项：

（一）审计、税务、咨询和其他业务收入信息；

（二）职业风险基金提取、使用和累计金额，职业责任保险保费、累计赔偿限额和保单复印件；

（三）接受监督检查情况，受刑事处罚、行政处罚和行业惩戒及整改情况；

（四）年度自查报告；

（五）国务院财政部门规定的其他事项。

从事本法第六十三条规定的特定实体审计业务的会计师事务所，还应当向国务院财政部门报备特定实体审计相关的业务收入、客户名单、审计报告数量、经审计的本所财务报表，以及国务院财政部门要求报备的其他信息。

会计师事务所应当对报备资料的真实性、完整性、准确性负责。

第五十八条 省级财政部门应当审核汇总第五十七条规定的本行政区域内会计师事务所年度报备信息后报国务院财政部门。

省级财政部门应当汇总上年度本行政区域内注册会计师和会计师事务所名单，及其受刑事处罚、行政处罚、行业惩戒及整改情况等信息，并依法向社会公开。

国务院财政部门应当汇总上年度从事特定实体审计业务的会计师事务所名单、特定实体审计执业情况，及其因从事特定实体审计业务而受刑事处罚、行政处罚、行业惩戒及整改情况等信息，并依法向社会公开。

第五十九条 国务院财政部门建立会计师事务所、注册会计师信用管理机制，会同相关部门推行严重失信主体名单管理制度和联合惩戒机制。

第六十条 国务院财政部门建立注册会计师行业统一监管信息平台，对注册会计师考试组织实施、注册会计师注册审批、注册会计师任职资格检查、会计师事务所执业许可审批、跨境审计许可备案、会计师事务所报备等事项进行动态管理和实时监测。

第六十一条 任何单位或者个人对违反本法的行为有权检举。对检举有功的单位和个人，按照国家有关规定给予表彰和奖励。

收到检举的部门有权处理的，应当依法及时进行处理；无权处理的，应当告知检举人或者移送有权处理的部门进行处理。收到检举的部门、负责处理的部门应当为检举人保密，不得以任何方式泄露检举人的个人信息或者检举材料。

第六十二条 省级财政部门可以委托设区的市级或者直辖市的区人民政府财政部门（以下简称市级财政部门）开展下列监督管理工作：

（一）会计师事务所年度检查考核；

（二）会计师事务所报备；

（三）对会计师事务所和注册会计师的日常监督管理和重点检查。

第七章 特定实体审计

第六十三条 本法所称特定实体包括：

（一）公开发行股票、债券、存托凭证和国务院依法认定的其他证券的企业；

（二）银行、保险、证券等非上市中央金融机构；

（三）其他非上市中央企业；

（四）国务院财政部门规定的其他特定单位。

第六十四条 （备案管理）会计师事务所为特定实体提供审计服务，应当向国务院财政部门备案。其他法律有相关规定的，从其规定。

国务院财政部门制定会计师事务所从事特定实体审计业务的备案标准和要求。

第六十五条 会计师事务所从事特定实体财务报表审计业务的，审计报告的签字注册会计师承担同一单位审计业务的时间不得超过五个连续的会计年度。

第六十六条 会计师事务所从事特定实体审计业务，发生以下情形之一的，应当向国务院财政部门报告：

（一）特定实体更换为其提供审计服务的会计师事务所的；

（二）会计师事务所从同一特定实体取得的审计收费超过会计师事务所本年度审计收费总额的百分之二十的；

（三）发现特定实体存在重大风险隐患、重大资产损失和违法违规线索的。

发生前款第（一）项情形的，前任和现任会计师事务所均应当将有关情况向国务院财政部门报告。

第六十七条 从事特定实体审计业务的会计师事务所，应当在每年5月底前公开披露以下事项：

（一）会计师事务所法律结构、所有权信息、所属的国际网络情况；

（二）会计师事务所的内部治理结构、质量管理制度以及管理层关于内部制度有效性的说明；

（三）上一年度接受监管部门和行业协会检查的情况说明；

（四）上一年度特定实体审计业务客户名单，如有不宜披露情况的，应向国务院财政部门说明；

（五）独立性声明，包括对内部独立性合规检查情况的说明；

（六）对本所注册会计师业务培训和继续教育情况的说明；

（七）对合伙人收益分配基础的说明；

（八）对签字注册会计师轮换情况的说明；

（九）业务收入情况：

1.特定实体审计业务收入；

2.与特定实体受同一控制下的其他实体或者控制方为本所审计客户的，应披露从其他实体取得的审计业务收入；

3.从其他非特定实体取得的审计业务收入；

4.从审计客户取得的非审计业务收入（含本所和统一管理下的其他专业服务机构）；

5.其他非审计业务收入（含本所和统一管理下的其他专业服务机构）。

上述披露事项的报告应当由首席合伙人签名，在会计师事务所的网站公布，并应当自公布之日起保留至少五年。

会计师事务所应当向国务院财政部门报告上述年度信息的披露情况。

第八章　会计服务市场开放和跨境审计

第六十八条　国务院财政部门负责会计服务市场开放、会计师事务所跨境审计监管合作与等效认可、注册会计师执业准则国际趋同等效等事项。

第六十九条　境外会计师事务所为境外机构或者企业在中国境内发行股票、债券、存托凭证或者其他证券出具审计报告的，应当依据本法规定的注册会计师执业准则，或国务院财政部门认定的已与本法规定的注册会计师执业准则等效的准则，并应当由国务院财政部门批准。

第七十条　境外会计师事务所需要在中国境内办理以下业务的，应当由省级财政部门批准：

（一）从事中国境内企业境外上市审计业务；

（二）对中国境内相关机构临时性执行审计业务；

（三）其他涉及出具境外审计报告的业务。

境外会计师事务所以委托境内会计师事务所等方式开展前款相关业务，且未派人员入境执业的，应向省级财政部门备案。

第七十一条　境外会计师事务所和相关境内会计师事务所对申请信息、备案信息及提交材料的真实性、完整性、准确性负责。

第七十二条　其他国家或者地区对中国境内居民取得当地注册会计师资格、执业、设立会计师事务所或者担任合伙人等事项有限制性规定的，我国可以采取对等管理措施。

第七十三条　其他国家或者地区对中国注册会计师或者会计师事务所开展业务有限制性规定的，我国可以采取对等管理措施。

第七十四条　会计师事务所、注册会计师在涉外业务活动中应当增强保密意识，确保信息安全。

未经批准，任何单位和个人不得擅自向境外提供或者携带、传递出境与本法第七十条规定的注册会计师执业活动相关的文件或者资料。

境外监管机构与国务院财政部门签订监管合作协议或者备忘录的，有关监管措施、审计工作底稿保存等事项按照协议或者备忘录的约定执行。

第九章 法律责任

第七十五条 违反本法第十条和第十二条的规定，采取隐瞒有关情况、提供虚假材料等手段，未提供申请注册的真实材料的，由省级财政部门对负有责任的相关人员给予警告，并处一万元以上五万元以下的罚款。

违反本法第十三条第（二）项的规定，采取欺骗、贿赂等不正当手段取得注册会计师证书的，由省级财政部门予以撤销，对负有责任的相关人员给予警告，并处一万元以上五万元以下的罚款。

第七十六条 违反本法第十五条至第二十一条的规定，采取隐瞒有关情况、提供虚假材料等手段，未提供申请执业许可的真实材料的，省级财政部门不予受理或者不予许可，对直接负责的主管人员和其他直接责任人员给予警告，并处一万元以上五万元以下的罚款。

违反本法规定，采取欺骗、贿赂等不正当手段取得执业许可的，由省级财政部门予以撤销，对相关人员的处罚参照前款。

第七十七条 会计师事务所违反本法第二十三条、第二十七条、第五十四条、第五十六条、第五十七条规定的，由省级以上财政部门责令限期改正，对会计师事务所给予警告，并处五万元以上三十万元以下的罚款。拒不改正的，暂停执行业务一个月至一年。对直接负责的主管人员和其他直接责任人员给予警告，并处一万元以上五万元以下的罚款。

第七十八条 会计师事务所违反本法第二十四条的规定，由省级以上财政部门给予警告，并处十万元以上五十万元以下罚款。情节严重的，并处暂停执行业务一个月至一年。对直接负责的主管人员和其他直接责任人员给予警告，并处五万元以上三十万元以下的罚款。

第七十九条 会计师事务所违反本法第二十五条的规定，聘任不符合任职资格条件的人员担任首席合伙人的、由省级以上财政部门责令限期改正，并对会计师事务所给予警告，并处五万元以上三十万元以下的罚款。拒不改正的，并处暂停执行业务一个月至一年。对相关当事人给予警告，并处一万元以上五万元以下的罚款。

第八十条 会计师事务所违反本法第二十八条的规定，未按要求进行变更备案的，由省级以上财政部门责令限期改正，给予警告，并处五万元以上三十万元以下的罚款。情节严重的，并处暂停执行业务一个月至一年。对直接负责的主管人员和其他直接责任人员给予警告，并处一万元以上五万元以下的罚款。

第八十一条 会计师事务所违反本法第三十六条的规定，在选聘中存在违法违规行为的，由省级以上财政部门对会计师事务所责令限期改正，给予警告，并处项目合同（服务费用）金额百分之五以上百分之十以下的罚款，情节严重的，并处暂停执行业务一个月至一年。对主要负责人、项目合伙人、签字注册会计师及其他直接人员给予警告，并处五万元以上三十万元以下的罚款。

委托方违反本法第三十五条规定的，由省级以上财政部门责令限期改正，给予警告，并处项目合同（服务费用）金额百分之五以上百分之十以下的罚款。

第八十二条 注册会计师从事执业活动违反本法第四十二条至第四十四条、第四十六条、第四十八条第（一）项至第（七）项规定的，由省级以上财政部门责令限期改正，给予警告，没收违法所得，并处违法所得一倍以上十倍以下的罚款；没有违法所得或者违法所得不足十万元的，并处十万元以上一百万元以下的罚款。情节严重的，并处限制从业三个月至六个月。

注册会计师从事执业活动违反本法第四十八条第（八）项至第（十二）项规定的，由省级以上财政部门责令限期改正，给予警告，没收违法所得，并处违法所得一倍以上十倍以下的罚款；没有违法所得或者违法所得不足二十万元的，并处二十万元以上二百万元以下的罚款。情节严重的，并处限制从业六个月至一年，或者吊销注册会计师证书。

第八十三条　会计师事务所从事执业活动违反本法第四十一条至第四十四条、第四十六条、第四十八条第（一）项至第（七）项规定的，由省级以上财政部门责令限期改正，给予警告，没收违法所得，并处违法所得一倍以上十倍以下的罚款；没有违法所得或者违法所得不足二十万元的，处以二十万元以上二百万元以下的罚款。情节严重的，并处暂停执行业务一个月至六个月。

会计师事务所从事执业活动违反本法第四十八条第（八）项至第（十二）项规定的，由省级以上财政部门责令限期改正，给予警告，没收违法所得，并处违法所得一倍以上十倍以下的罚款；没有违法所得或者违法所得不足五十万元的，并处五十万元以上三百万元以下的罚款。情节严重的，并处暂停执行业务六个月至一年，或者吊销会计师事务所执业许可。

会计师事务所因前两款行为受到处罚的，对其直接负责的主管人员和其他直接责任人员给予警告，并处十万元以上二百万元以下的罚款。情节严重的，并处限制从业三个月至一年，或者吊销注册会计师证书。

第八十四条　会计师事务所违反本法第四十七条的规定，未按要求提取职业风险基金或者购买职业责任保险的，由省级以上财政部门责令限期改正，给予警告，并处十万元以上五十万元以下罚款。拒不改正的，暂停执行业务一个月至一年。对直接负责的主管人员和其他直接责任人员给予警告，并处五万元以上三十万元以下的罚款。

第八十五条　会计师事务所从事本法第三条规定的审计业务，未保持职业怀疑，未获取充分、适当的审计证据，出具的审计报告存在虚假记载、误导性陈述或者重大遗漏的，由省级以上财政部门给予警告，没收业务收入，并处业务收入一倍以上五倍以下的罚款，可以并处暂停执行业务一个月至六个月。没有业务收入或者业务收入不足五十万元的，处以五十万元以上二百万元以下的罚款。对签字注册会计师、直接负责的主管人员和其他责任人员给予警告，并处二十万元以上一百万元以下的罚款。情节严重的，并处限制从业三个月至六个月。

第八十六条　会计师事务所从事本法第三条规定的审计业务，未保持职业怀疑，未获取充分、适当的审计证据，出具的审计报告存在虚假记载、误导性陈述或者重大遗漏，有第四十九条规定的严重违规情形，或者有其他情节严重的情形，造成重大社会影响的，由省级以上财政部门没收业务收入，并处业务收入五倍以上十倍以下的罚款，可以并处暂停执行业务六个月至一年或者吊销会计师事务所执业许可。没有业务收入或者业务收入不足二百万元的，并处二百万元以上五百万元以下的罚款，可以并处暂停执业六个月至一年或者吊销会计师事务所执业许可。对签字注册会计师、直接负责的主管人员和其他责任人员给予警告，并处一百万元以上二百万元以下的罚款，可以并处限制从业三个月至一年或者吊销注册会计师证书。

第八十七条 会计师事务所执行特定实体审计业务违反本法第六十四条、第六十六条和第六十七条规定的，由省级以上财政部门对会计师事务所责令限期改正，给予警告，并处十万元以上五十万元以下的罚款。情节严重的，并处暂停执业一个月至一年。对直接负责的主管人员和其他直接责任人员给予警告，并处五万元以上三十万元以下的罚款。情节严重的，并处限制执业三个月至一年。

会计师事务所违反本法第六十五条的规定，未按期轮换特定实体审计报告的签字注册会计师的，由省级以上财政部门参照前款处理。对签字注册会计师给予警告，处以五万元以上三十万元以下罚款。情节严重的，对相关责任人员可以限制从业三个月至一年。

第八十八条 对违反本法第十七条的规定，未经批准承办本法第三条规定的审计、鉴证业务的单位，由省级以上财政部门责令限期改正，给予警告，没收违法所得，并处违法所得一倍以上十倍以下的罚款；没有违法所得或者违法所得不足二十万元的，处以二十万元以上二百万元以下的罚款。对直接负责的主管人员和其他直接责任人员给予警告，并处十万元以上五十万元以下的罚款。

相关单位有下列行为之一的，按照前款规定处理：

（一）会计师事务所被暂停执行业务期间，依然承办相关业务的；

（二）未按本法规定取得会计师事务所执业许可或者被依法注销、吊销会计师事务所执业许可的企业，在企业名称中使用“会计师事务所”字样的。

在本法施行前已经取得营业执照的会计师事务所，存在第一款或者第二款第（二）项的情形且未按期整改的，由市场监管部门吊销营业执照。

第八十九条 利害关系人因合理信赖，使用会计师事务所出具的存在虚假记载、误导性陈述或者重大遗漏的审计报告造成损失的，会计师事务所应当区分以下情形依法承担赔偿责任：

（一）属于一般过失的，被审计单位的财产依法强制执行后仍不足以赔偿损失的，由会计师事务所在审计收费金额范围内承担补充赔偿责任；

（二）属于重大过失的，被审计单位的财产依法强制执行后仍不足以赔偿损失的，由会计师事务所承担一定比例的补充赔偿责任；

（三）属于故意的，会计师事务所应当与被审计单位承担连带赔偿责任。

会计师事务所能够证明存在下列情形的，不承担民事责任：

（一）已经按照执业准则规定的程序执行审计，并保持必要的职业谨慎，但仍未能发现差错；

（二）实施审计所必须依赖的金融机构、供应商、客户等相关单位提供虚假或者不实的证明文件，会计师事务所在保持必要的职业谨慎情况下未能发现其虚假或者不实；

（三）已对被审计单位的舞弊迹象提出警告并在审计报告中予以指明。

特殊普通合伙会计师事务所因执业行为承担的民事赔偿责任，由直接负责的合伙人承担无限责任，其他合伙人的责任以其在合伙企业中的财产份额为限。

国务院财政部门组织成立注册会计师职业责任鉴定委员会。职业责任鉴定委员会对存在争议的、需要进行鉴定的注册会计师职业责任，出具鉴定意见。

第九十条 相关单位违反本法第三十九条第二款的规定，提供虚假或者不实的证明文件，导致会计师事务所出具的审计报告存在虚假记载、误导性陈述或者重大遗漏的，由财政部门或者有关主管部门给予警告，并处五十万元以上三百万元以下的罚款。对直接负责的主管人员和其他直接责任人员给予警告，并处五万元以上五十万元以下的罚款。其他法律另有规定的，从其规定。

第九十一条 相关单位违反本法第三十九条第二款的规定，提供虚假或者不实的证明文件，导致会计师事务所出具的审计报告存在虚假记载、误导性陈述或者重大遗漏，造成委托人、其他利害人损失的，应当按以下情形依法承担赔偿责任：

（一）属于一般过失的，被审计单位的财产依法强制执行后仍不足以赔偿损失的，由相关单位在不实证明金额范围内承担补充赔偿责任；

（二）属于重大过失的，被审计单位的财产依法强制执行后仍不足以赔偿损失的，由相关单位承担一定比例的补充赔偿责任；

（三）属于故意的，相关单位应当与被审计单位承担连带赔偿责任。

第九十二条 委托人或者被审计单位存在本法第四十三条规定的，由省级以上财政部门给予警告，并处二十万元以上三百万元以下罚款。对直接负责的主管人员和其他直接责任人员给予警告，并处十万元以上一百万元以下的罚款。

第九十三条 会计师事务所、注册会计师为逃避责任承担，采取与第三方恶意串通等方式进行财产转移，损害他人合法权益的，该财产转移行为无效。

第九十四条 违反本法第三十四条第二款的规定，擅自修改注册会计师执业准则，出台相关解释、补充规定，或者改变注册会计师执业准则的适用范围、执行口径的，由省级以上财政部门责令限期改正，并对单位处以三十万元以上二百万元以下的罚款。对单位负责人、直接负责的主管人员和其他直接责任人员给予警告，可以并处十万元以上一百万元以下的罚款；属于国家工作人员的，还应当由其所在单位或者有关单位给予处分。

第九十五条 会计师事务所、注册会计师和本法涉及的其他单位及人员违反本法规定，涉嫌犯罪的，移送司法机关，依法追究其刑事责任。

第九十六条 境外会计师事务所违反本法第六十九条至第七十一条的规定，未履行审批、备案程序或者在审批、备案过程中隐瞒有关情况、提交虚假材料的，省级以上财政部门可以采取责令限期改正、约谈、公告、通报所在国家或者地区的注册会计师监管机构等方式进行处理。情节严重的，省级以上财政部门可以撤销该境外会计师事务所执业许可或者备案，将该境外会计师事务所和相关人员列入不受欢迎的清单，移交有关主管部门对相关人员限期出境，并在五年内不再接受其审批申请和备案材料。对聘用或者接受其审计的国内机构，处以五十万元以上五百万元以下的罚款。

会计师事务所违反本法第七十四条规定的，参照前款处理。

第九十七条 财政部门工作人员在实施注册会计师行业管理工作中，滥用职权、玩忽职守、徇私舞弊或者泄露国家秘密、商业秘密的，按照《中华人民共和国公务员法》、《中华人民共和国监察法》、《财政违法行为处罚处分条例》等国家有关规定追究相应责任；涉嫌犯罪的，移送司法机关，依法追究刑事责任。

第十章 附 则

第九十八条 本法自 年 月 日起施行。

本法施行前依法设立的有限责任会计师事务所，应当在本法施行后两年内转制为普通合伙或者特殊普通合伙组织形式。

本法施行前已经取得营业执照的会计师事务所，应当在本法施行后一年内注销营业执照。

第九十九条 本法所称暂停执行业务，是指限制会计师事务所在一定期限内出具相关审计业务的报告或者限制出具全部审计业务的报告的制度。

本法所称限制从业，是指限制注册会计师在一定期限内出具相关审计业务的报告或者限制出具全部审计业务的报告的制度。

4.2.2 中国注册会计师独立性准则第1号
——财务报表审计和审阅业务对独立性的要求

（2024年12月31日发布）

第一章 总 则

第一条 为深入贯彻落实党中央、国务院决策部署，顺应经济社会发展对注册会计师诚信执业的更高要求，强化注册会计师的独立性，提升审计质量，维护公众利益，促进高质量发展，根据《中华人民共和国注册会计师法》及相关法律法规，制定本准则。

第二条 本准则适用于财务报表审计业务。本准则对财务报表审计业务提出的独立性要求同样适用于财务报表审阅业务。

第二章 定 义

第三条 独立性，包括实质上的独立性和形式上的独立性：

（一）实质上的独立性，是指注册会计师在作出职业判断和提出结论时，发自内心地遵循了诚信原则、客观公正原则，保持了职业怀疑。

（二）形式上的独立性，是指注册会计师在理性且充分知情的第三方看来是否独立，即理性且充分知情的第三方在权衡所有相关事实和情况后，认为会计师事务所、审计项目团队成员等相关人员遵循了诚信原则、客观公正原则，保持了职业怀疑。

第四条 审计项目组，包括会计师事务所执行某项审计业务的合伙人和员工，以及为该业务实施审计程序的其他人员，但不包括外部专家以及为审计项目组提供直接协助的被审计单位内部审计人员。

第五条 审计项目团队，包括审计项目组所有成员和会计师事务所中直接影响审计业务结果的其他人员，以及网络事务所中直接影响审计业务结果的所有人员。

会计师事务所中直接影响审计业务结果的其他人员通常包括：

（一）能够影响审计项目合伙人的薪酬和业绩评价的人员，以及提供直接指导、管理或监督的人员，包括从审计项目合伙人的直接上级至会计师事务所管理合伙人（或同等职位）之间的各层级人员。

（二）针对审计业务中的技术问题或行业特定问题、交易或事项提供咨询的人员。

（三）对审计业务实施质量管理的人员，包括项目质量复核人员。

第六条 关键审计合伙人，是指审计项目组中负责对财务报表审计所涉及的重大事项作出关键决策或判断的合伙人，包括项目合伙人、项目质量复核人员、其他关键审计合伙人。

关键审计合伙人通常不包括质量管理主管合伙人（或同等职位），除非其同时担任项目合伙人、项目质量复核人员或其他关键审计合伙人。

第七条 项目合伙人，是指会计师事务所中负责某项业务及其执行，并代表会计师事务所在报告上签字的合伙人。

如果项目合伙人以外的其他注册会计师在业务报告上签字，本准则对项目合伙人作出的规定也适用于该签字注册会计师。

第八条 项目质量复核人员，是指会计师事务所中实施项目质量复核的合伙人或其他类似职位的人员，或者由会计师事务所委派实施项目质量复核的外部人员。

第九条 审计业务期间，是指会计师事务所承接审计业务之日至业务结束日的期间。其中，承接审计业务之日以签订业务约定书或审计项目组开始执行审计业务二者时间孰早为准，业务结束日以其中一方通知解除业务关系或出具最终审计报告二者时间孰晚为准。

第十条 公开交易实体，是指发行可通过公开市场机制转让和交易金融工具的实体，包括相关证券法律法规规定的上市实体，即股权、股票、债券在认可的证券交易所挂牌交易或按照认可的证券交易所、其他类似机构的规则流通的实体。

第十一条 关联实体，是指与客户存在下列任一关系的实体：

（一）能够对客户施加直接或间接控制的实体，并且客户对该实体重要。

（二）在客户中拥有直接经济利益的实体，并且该实体对客户具有重大影响，在客户中拥有的直接经济利益对该实体重要。

（三）受到客户直接或间接控制的实体。

（四）客户（或受到客户直接或间接控制的实体）拥有其直接经济利益的实体，并且客户能够对该实体施加重大影响，在实体中拥有的直接经济利益对客户和受到客户直接或间接控制的实体均重要。

（五）与客户处于同一控制下的实体，并且客户和该实体对于其控制方均重要。

第十二条 审计客户，是指执行审计业务所针对的实体。

如果审计客户是公开交易实体，则本准则所称审计客户包括该客户的所有关联实体。

如果审计客户不是公开交易实体，则本准则所称审计客户仅包括该客户直接或间接控制的关联实体。如果认为存在涉及其他关联实体的关系或情形，且与评价会计师事务所独立性相关，在识别、评价对独立性的不利影响以及采取防范措施时，应当将其他关联实体包括在内。

第十三条 网络，是指由多个实体组成，旨在通过合作实现下列一个或多个目的的联合体：

（一）共享收益、分担成本。

（二）共享所有权、控制权或管理权。

（三）执行统一的质量管理政策和程序。

（四）执行同一经营战略。

（五）使用同一品牌。

（六）共享重要的专业资源。

第十四条 网络事务所，是指与某会计师事务所处于同一网络的其他会计师事务所或实体。

第十五条 经济利益，是指因持有某一实体的股权、债券、贷款、基金份额等权益工具或债务工具而拥有的利益，包括为取得这种利益享有的权利和承担的义务，以及与这种利益直接挂钩的金融衍生品。

第十六条 直接经济利益，是指下列经济利益：

（一）个人或实体直接拥有并控制的经济利益（包括授权他人管理的经济利益）。

（二）个人或实体通过基金、期货、信托、理财或第三方等方式实质拥有的经济利益，并且有能力实施控制，或影响其投资决策。

第十七条 间接经济利益，是指个人或实体通过基金、期货、信托、理财或第三方等方式实质拥有的经济利益，但没有能力控制这些投资工具，也没有能力影响其投资决策。

第十八条 近亲属，包括主要近亲属和其他近亲属。其中，主要近亲属是指配偶、父母、子女，其他近亲属是指兄弟姐妹、祖父母、外祖父母、孙子女、外孙子女。

第十九条 分部，是指会计师事务所内部按照地理位置或业务类型划分的分支机构、业务条线或区域。

第三章 独立性基本要求

第一节 恪守独立性原则

第二十条 在执行审计业务时，会计师事务所及其相关人员应当恪守独立性原则。

第二十一条 会计师事务所及其相关人员应当持续对违反独立性的情形保持警觉。

第二十二条 针对具体情形，会计师事务所及其相关人员应当采取下列步骤：

（一）识别对独立性的不利影响。

（二）评价不利影响的严重程度。

（三）必要时，采取防范措施消除不利影响或将其降低至可接受的水平。

会计师事务所及其相关人员应当识别可能对独立性产生不利影响的因素，包括自身利益、自我评价、密切关系、外在压力、推介或代理等行为。

第二十三条 当遇到本准则未明确规定的情形时，会计师事务所及其相关人员应当按照本准则第二十二条的规定予以应对。

第二十四条 如果会计师事务所属于某一网络，应当与网络事务所的审计客户保持独立。

第二十五条 会计师事务所应当从整个网络层面考虑独立性。如果网络事务所与审计客户之间存在影响会计师事务所独立性的利益和关系，会计师事务所应当按照本准则的要求在考虑独立性时一并考虑。

第二节 公众利益实体

第二十六条 如果审计客户属于公众利益实体，会计师事务所及其相关人员应当遵守本准则中适用于公众利益实体的规定。

第二十七条 会计师事务所及其相关人员应当考虑客户的财务状况等因素对公众利益的影响程度，在此基础上确定客户是否属于公众利益实体。

第二十八条 会计师事务所及其相关人员在评价客户的财务状况等因素对公众利益的影响程度时，需要考虑的因素主要包括：

（一）实体的业务或活动的性质，例如，实体的主要业务是否对公众有较大财务影响。

（二）实体是否受到监管。

（三）实体的规模。

（四）实体对其所在行业的重要性以及对其他行业和整个经济的潜在系统性影响。

（五）利益相关者（包括投资者、客户、债权人和员工）的数量和性质。

第二十九条 会计师事务所及其相关人员应当将下列实体作为公众利益实体：

（一）公开交易实体。

（二）以吸收公众存款作为其主要职能的实体。

（三）以向公众提供保险作为其主要职能的实体。

（四）中央企业集团公司。

（五）根据法律法规的规定，应当视为公众利益实体的实体。

第三十条 会计师事务所及其相关人员应当根据本准则第二十七条和第二十八条的规定，进一步考虑是否将下列实体作为公众利益实体：

（一）面向公众投资者的证券、基金、期货、信托、理财等金融产品涉及的主体。

（二）非上市金融机构。但其资金并非来源于公众且不具有大量利益相关者的非上市金融机构除外。

（三）利益相关者众多的国有企业。

（四）其他拥有大量利益相关者的实体。

第三十一条 法律法规可能对本准则第二十九条和第三十条所列实体作出更详细的规定，会计师事务所及其相关人员应当遵守这些规定。

第三十二条 针对某实体的财务报表执行审计业务，如果适用了对公众利益实体的独立性要求，除非违反保密义务，会计师事务所应当以适当方式向利益相关者及时公开披露这一事实。

第三节 保持独立性的期间

第三十三条 会计师事务所及其相关人员应当在审计业务期间和财务报表涵盖的期间独立于审计客户。

第三十四条 如果会计师事务所承接审计业务的时点在财务报表涵盖的期间或之后，会计师事务所应当确定下列因素是否对独立性产生不利影响：

（一）在财务报表涵盖的期间或之后，且在承接审计业务之前，与审计客户之间存在的经济利益或商业关系。

（二）会计师事务所以往向该审计客户提供的专业服务。

第三十五条 如果会计师事务所在承接公众利益实体的审计业务之前，曾向该实体提供影响独立性的非鉴证服务，则可能因自我评价对独立性产生不利影响。在上述情况下，除非同时满足下列条件，会计师事务所不得承接该审计业务：

（一）在承接审计业务之前，已终止提供该非鉴证服务。

（二）会计师事务所已采取防范措施消除不利影响或将其降低至可接受的水平。

（三）会计师事务所确定，在理性且充分知情的第三方看来，不利影响能够被消除或降低至可接受的水平。

第四节　禁止承担管理层职责

第三十六条　会计师事务所及其相关人员不得承担审计客户管理层的职责。

第三十七条　在向审计客户提供专业服务时，会计师事务所及其相关人员应当确保属于管理层职责的所有判断和决策都由客户管理层作出。这包括确保下列事项：

（一）客户管理层委派具备适当技能、知识和经验的人员，承担客户方面的决策职能，并对专业服务进行监督。

（二）客户管理层对专业服务进行监督，并评价已提供服务的结果是否足以满足客户的目的。

（三）客户管理层对依据专业服务的结果采取的行动承担责任。

第五节　与客户治理层的沟通

第三十八条　会计师事务所及其相关人员应当根据职业判断，定期就可能影响独立性的关系和其他事项与客户治理层沟通。

第三十九条　当与客户治理层沟通时，会计师事务所及其相关人员应当确定沟通的治理层成员范围。如果与治理层的下设组织（如审计委员会）或部分成员沟通，还应当确定是否需要与治理层整体进行沟通，以使其所有成员充分知情。

第四十条　如果会计师事务所及其相关人员与同时承担客户管理层职责和治理层职责的人员沟通，应当确保这种沟通能够向所有负有治理责任的人员充分传递应予沟通的信息。

第四章　收　费

第一节　审计收费水平

第四十一条　会计师事务所在确定审计收费水平时应当主要考虑下列因素：

（一）审计业务所需的知识和技能。

（二）所需审计人员的水平和经验。

（三）各级别审计人员提供服务所需的时间。

（四）执行审计业务所需承担的责任。

在审计业务得到良好的计划、监督及管理的前提下，审计收费通常以每一审计人员适当的小时收费标准或日收费标准为基础计算。

第四十二条　会计师事务所不得因向审计客户提供审计以外的服务而影响审计收费。

第二节　或有收费

第四十三条　会计师事务所不得以或有收费方式提供审计服务，包括直接和间接的或有收费。

第四十四条　如果出现下列情形之一，会计师事务所及其网络事务所不得以或有收费方式（包括直接和间接的或有收费）为审计客户提供非鉴证服务：

（一）非鉴证服务的收费由对财务报表发表审计意见的会计师事务所取得，并且该收费对会计师事务所影响重大或预期影响重大。

（二）非鉴证服务的收费由参与大部分审计工作的网络事务所取得，并且该收费对网络事务所影响重大或预期影响重大。

（三）非鉴证服务的结果以及收费金额，取决于与财务报表重大金额审计相关的未来或当期的判断。

第三节 审计以外的服务收费

第四十五条 如果会计师事务所向审计客户提供审计以外的服务收取的费用占向该审计客户收取的全部费用比例很大，可能对独立性产生不利影响。会计师事务所应当按照本准则第二十二条的规定，识别、评价和应对该不利影响。

第四节 逾期收费

第四十六条 如果应从审计客户收取的相当部分的费用长期逾期或者逾期费用较高时，会计师事务所应当确定：

（一）逾期收费是否可能被视同向客户提供贷款，本准则第七章针对向客户提供贷款的情形作出明确规定。

（二）会计师事务所是否继续接受委托或继续执行审计业务。

第五节 收费的依赖程度

第四十七条 会计师事务所应当持续关注对客户收费的依赖程度是否可能影响独立性，并按照本准则第二十二条的规定，识别、评价和应对该不利影响。

第四十八条 如果会计师事务所连续五年从某一非公众利益实体审计客户收取的全部费用，占其收费总额的比例超过或可能超过 30%，为了将不利影响降低至可接受的水平，会计师事务所应当采取下列防范措施之一：

（一）在对第五年度财务报表发表审计意见之前，由其他会计师事务所独立复核第五年度的审计工作。

（二）在对第五年度财务报表发表审计意见之后、对第六年度财务报表发表审计意见之前，由其他会计师事务所独立复核第五年度的审计工作。

第四十九条 针对本准则第四十八条所述的情形，如果五年后收费比例持续超过 30%，会计师事务所应当自第六年度起每年采取本准则第四十八条所述的任一防范措施，以应对因会计师事务所从该客户收取的费用总额而产生的不利影响。

第五十条 如果会计师事务所连续二年从某一公众利益实体审计客户收取的全部费用，占其收费总额的比例超过或可能超过 15%，该会计师事务所应当确定在对第二年度财务报表发表审计意见之前，由其他会计师事务所实施相当于项目质量复核的复核（以下简称发表审计意见前复核）是否能够将不利影响降低至可接受的水平，如果不能，则应当终止该审计业务。

第五十一条 如果会计师事务所连续三年持续出现本准则第五十条所述的收费情形，会计师事务所应当在对第三年度财务报表发表审计意见之后，终止对该公众利益实体审计客户的审计业务。

第六节 沟通与公众利益实体审计客户相关的收费信息

第五十二条 针对财务报表审计，会计师事务所应当及时与公众利益实体审计客户的治理层沟通下列信息：

（一）向会计师事务所已付或应付的财务报表审计费用。

（二）上述收费水平产生的不利影响是否处于可接受的水平；如果否，会计师事务所为了将不利影响降低至可接受的水平已采取或拟采取的措施。

第五十三条 针对审计以外的服务，会计师事务所应当按照下列要求及时与公众利益实体审计客户的治理层沟通下列信息：

（一）在财务报表涵盖期间内，会计师事务所就提供的审计以外的服务向客户收取的费用。此类费用应当仅包括向客户及其直接或间接控制的、纳入会计师事务所将发表意见的财务报表合并范围的关联实体收取的费用。

（二）如果审计以外的服务收费占审计收费的比例可能对独立性产生不利影响，则沟通：

1.此类不利影响是否处于可接受的水平；

2.如果此类不利影响超出可接受的水平，会计师事务所为了将不利影响降低至可接受的水平已采取或拟采取的措施。

第五十四条 针对会计师事务所向公众利益实体审计客户直接或间接控制的其他关联实体提供服务而收取的费用，如果与评价该会计师事务所独立性相关，应当按照本准则第五十三条第（一）项的规定沟通收费相关信息。

第五十五条 如果会计师事务所从某一公众利益实体审计客户收取的全部费用，占其收费总额的比例超过或可能超过15%，该会计师事务所应当向治理层沟通：

（一）相关事实以及这种情况是否可能仍持续发生。

（二）为应对产生的不利影响而采取的防范措施，包括在相关情况下实施发表审计意见前复核（参见本准则第五十条）。

第五章 礼品和款待

第五十六条 会计师事务所、审计项目团队成员不得接受审计客户的礼品。

第五十七条 会计师事务所、审计项目团队成员应当评价接受款待产生不利影响的严重程度，并在必要时采取防范措施消除不利影响或将其降低至可接受的水平。如果款待超出业务活动中的正常往来，会计师事务所、审计项目团队成员应当拒绝接受。注册会计师应当考虑款待是否具有不当影响注册会计师行为的意图，如果具有该意图，即使从性质和金额上来说均明显不重要，会计师事务所、审计项目团队成员也不得接受该款待。

第五十八条 会计师事务所、审计项目团队成员应当了解并遵守反腐败和反贿赂相关法律法规的规定。即使法律法规未予禁止，会计师事务所、审计项目团队成员仍然需要考虑相关情形，并按照本准则第二十二条的规定，识别、评价和应对不利影响。

第六章 经济利益

第一节 一般规定

第五十九条 在审计客户中拥有经济利益，可能对独立性产生不利影响。会计师事务所及其相关人员应当按照本准则第二十二条的规定，识别、评价和应对该不利影响。

第二节 在审计客户中拥有经济利益

第六十条 下列各方不得在审计客户中拥有直接经济利益或重大间接经济利益：

（一）会计师事务所及其合伙人。

（二）审计项目团队成员及其主要近亲属。

（三）与执行审计业务的项目合伙人同处一个分部的其他合伙人的主要近亲属。

（四）为审计客户提供非审计服务的其他合伙人和管理人员，以及这些人员的主要近亲属。

第六十一条 如果同时满足下列条件，本准则第六十条第（三）项和第（四）项所述的主要近亲属可以在审计客户中拥有直接经济利益或重大间接经济利益：

（一）该主要近亲属作为审计客户的员工有权（如通过退休金或股票期权计划）取得该经济利益，并且会计师事务所在必要时能够应对因该经济利益产生的不利影响。

（二）该主要近亲属拥有处置该经济利益的权利或者有权行使股票期权时，能够尽快处置或放弃该经济利益。

第三节 在控制审计客户的实体中拥有经济利益

第六十二条 如果实体在审计客户中拥有控制性的权益，并且审计客户对该实体重要，会计师事务所、审计项目团队成员及其主要近亲属不得在该实体中拥有直接经济利益或重大间接经济利益。

第四节 作为受托管理人拥有经济利益

第六十三条 如果本准则第六十条第（一）项至第（四）项所述各方作为受托管理人在审计客户中拥有直接经济利益或重大间接经济利益，除非同时满足下列条件，否则同样适用本准则第六十条的规定：

（一）受托管理人、审计项目团队成员、二者的主要近亲属、会计师事务所均不是受托财产的受益人。

（二）通过信托在审计客户中拥有的经济利益对于该项信托而言并不重大。

（三）该项信托不能对审计客户施加重大影响。

（四）受托管理人、审计项目团队成员、二者的主要近亲属、会计师事务所对涉及审计客户经济利益的投资决策没有重大影响。

第五节 与审计客户拥有共同经济利益

第六十四条 如果会计师事务所、审计项目团队成员或其主要近亲属在某一实体拥有经济利益，并且审计客户也在该实体拥有经济利益，除非满足下列条件之一，否则会计师事务所、审计项目团队成员及其主要近亲属不得在该实体中拥有经济利益：

（一）经济利益对会计师事务所、审计项目团队成员及其主要近亲属，以及审计客户均不重大。

（二）审计客户无法对该实体施加重大影响。

拥有此类经济利益的人员，在成为审计项目团队成员之前，该人员或其主要近亲属应当处置全部经济利益，或处置足够数量的经济利益，使剩余经济利益不再重大。

第六节 被动获取的经济利益

第六十五条 如果会计师事务所、审计项目团队成员或其主要近亲属、审计项目团队以外的人员或其主要近亲属通过继承、受赠，或者因企业合并或类似情况，从审计客户获得直接经济利益或重大间接经济利益，而根据本准则的规定不允许拥有此类经济利益，应当采取下列措施：

（一）如果会计师事务所、审计项目团队成员或其主要近亲属获得经济利益，应当立即处置全部经济利益，或处置全部直接经济利益并处置足够数量的间接经济利益，以使剩余经济利益不再重大。

（二）如果审计项目团队以外的人员或其主要近亲属获得经济利益，应当在合理期限内尽快处置全部经济利益，或处置全部直接经济利益并处置足够数量的间接经济利益，以使剩余经济利益不再重大。在完成处置该经济利益前，会计师事务所应当在必要时采取防范措施消除不利影响。

第七章 贷款和担保

第六十六条 会计师事务所、审计项目团队成员或其主要近亲属不得从不属于银行或类似金融机构的审计客户取得贷款，或由此类审计客户提供贷款担保。

第六十七条 会计师事务所、审计项目团队成员或其主要近亲属不得从银行或类似金融机构的审计客户取得贷款，或由此类审计客户提供贷款担保，除非该贷款或担保是按照正常的程序、条款和条件进行的。

第六十八条 会计师事务所、审计项目团队成员或其主要近亲属不得在银行或类似金融机构的审计客户开立存款或经纪账户，除非该存款或经纪账户是按照正常的商业条件开立的。

第六十九条 会计师事务所、审计项目团队成员或其主要近亲属不得向审计客户提供贷款或担保。

第八章 商业关系

第七十条 会计师事务所、审计项目团队成员不得与审计客户或其董事、监事、高级管理人员建立密切的商业关系。

第七十一条 如果审计客户或其董事、监事、高级管理人员，或上述各方作为投资者的任何组合，在某股东人数有限的实体中拥有经济利益，会计师事务所、审计项目团队成员或其主要近亲属不得拥有会涉及该实体经济利益的商业关系，除非同时满足下列条件：

（一）这种商业关系对于会计师事务所、审计项目团队成员或其主要近亲属以及审计客户均不重要。

（二）该经济利益对上述投资者或投资者组合并不重大。

（三）该经济利益不能使上述投资者或投资者组合控制该实体。

第九章 家庭关系和私人关系

第七十二条 拥有下列关系之一的人员不得成为审计项目团队成员：

（一）主要近亲属是审计客户的董事、监事、高级管理人员，或能够对会计师事务所将发表意见的财务报表或会计记录的编制施加重大影响的员工（以下简称特定员工）。

（二）在审计业务期间或财务报表涵盖的期间曾担任上述职务。

第七十三条 如果审计项目团队成员与审计客户的董事、监事、高级管理人员或特定员工存在其他近亲属关系或其他密切关系，也将因自身利益、密切关系或外在压力对独立性产生不利影响。拥有此类关系的审计项目团队成员应当按照会计师事务所的政策和程序进行咨询。

第七十四条 会计师事务所中审计项目团队以外的合伙人或员工，与审计客户的董事、监事、高级管理人员或特定员工之间存在家庭关系或私人关系，可能因自身利益、密切关系或外在压力对独立性产生不利影响。会计师事务所合伙人或员工在知悉此类关系后，应当按照会计师事务所的政策和程序进行咨询。

第十章 与审计客户之间的人员交流

第一节 一般规定

第七十五条 在审计报告涵盖的期间内曾担任审计客户的董事、监事、高级管理人员或特定员工的人员不得担任审计项目团队成员。

第七十六条 会计师事务所的合伙人或员工不得兼任审计客户的董事、监事或高级管理人员。

第七十七条　如果会计师事务所前任合伙人或审计项目团队前任成员加入审计客户，担任董事、监事、高级管理人员或特定员工，会计师事务所应当确保上述人员与会计师事务所之间不再保持关联。如果会计师事务所与该类人员仍保持关联，除非同时满足下列条件，否则将产生非常严重的不利影响，导致没有防范措施能够消除不利影响或将其降低至可接受的水平：

（一）该人员无权从会计师事务所获取报酬或福利，除非该报酬或福利是按照预先确定的固定金额支付的。

（二）应付该人员的金额对会计师事务所不重要。

（三）该人员未继续参与，并且在外界看来未参与会计师事务所的经营活动或职业活动。

第七十八条　会计师事务所应当制定政策和程序，要求审计项目团队成员在与审计客户协商受雇于该客户时，向会计师事务所报告。在接到报告后，会计师事务所应当评价不利影响的严重程度，并在必要时采取防范措施，如将该成员调离审计项目团队或由适当人员复核该成员在审计项目团队中作出的重大判断。

第七十九条　如果会计师事务所向审计客户借出员工，可能因自我评价、密切关系、推介或代理等行为产生不利影响。

会计师事务所应当评价借出员工产生不利影响的严重程度，并在必要时采取防范措施消除不利影响或将其降低至可接受的水平。

防范措施可能包括：

（一）对借出员工的工作进行额外复核，可能能够应对因自我评价产生的不利影响。

（二）不安排借出员工作为审计项目团队成员，可能能够应对因密切关系、推介或代理等行为产生的不利影响。

（三）合理安排审计项目团队成员的职责，使借出员工不对其在借出期间执行的工作进行审计，可能能够应对因自我评价产生的不利影响。

如果因向审计客户借出员工而使会计师事务所与审计客户管理层的观点和利益紧密捆绑，通常没有防范措施能够消除不利影响或将其降低至可接受的水平。

第八十条　除非同时满足下列条件，否则会计师事务所不得向审计客户借出员工：

（一）仅在短期内向客户借出员工。

（二）借出的员工不承担审计客户的管理层职责，且审计客户负责指导和监督该员工的活动。

（三）借出的员工提供的专业服务对会计师事务所独立性产生的不利影响已被消除或降低至可接受的水平。

（四）借出的员工不参与本准则禁止会计师事务所提供的专业服务。

第二节　公众利益实体审计客户

第八十一条　除非同时满足下列条件，为公众利益实体审计客户执行审计业务的关键审计合伙人不得加入该审计客户担任董事、监事、高级管理人员或特定员工：

（一）该合伙人不再担任该公众利益实体审计业务的关键审计合伙人后，该公众利益实体发布了涵盖期间不少于十二个月的已审计财务报表。

（二）该合伙人未参与该财务报表的审计。

第八十二条　会计师事务所前任管理合伙人（或同等职位）不得加入公众利益实体审

计客户担任董事、监事、高级管理人员或特定员工，除非该管理合伙人（或同等职位）不再担任该职位已超过十二个月。

第八十三条 如果由于企业合并，导致出现本准则第八十一条和第八十二条所述的情形，在同时满足下列条件时，不视为独立性受到损害：

（一）该人员接受该职务时，并未预料到会发生企业合并。

（二）该人员在会计师事务所中应得的报酬或福利都已全额支付，除非该报酬或福利是按照预先确定的固定金额支付的，并且应付该人员的金额对会计师事务所不重要。

（三）该人员未继续参与，或在外界看来未参与会计师事务所的经营活动或职业活动。

（四）已就该人员在审计客户中的职位与治理层沟通。

第十一章 与审计客户长期存在业务关系

第一节 一般规定

第八十四条 如果与审计客户长期存在业务关系所产生的不利影响仅能通过将审计项目团队成员轮换出审计项目团队予以应对，会计师事务所应当确定一个足够长的期间，在该期间内该成员不得有下列行为：

（一）成为审计项目组成员。

（二）对该审计项目实施质量管理。

（三）对该审计项目的结果施加直接影响。

第二节 与特定实体审计客户长期存在业务关系的相关规定

第八十五条 会计师事务所应当制定政策和程序，指定专门岗位或人员对本所连续为公众利益实体审计客户执行审计业务的年限实施跟踪和监控。

会计师事务所应当识别和评价因长期连续为某一公众利益实体审计客户执行审计业务可能对独立性产生的不利影响，不利影响的严重程度主要取决于下列因素：

（一）会计师事务所已经为该审计客户提供专业服务的总体时间长度，包括审计、其他鉴证和非鉴证服务。

（二）为该审计客户提供专业服务的核心人员是否发生变化。

（三）该审计客户在性质或业务规模上对会计师事务所或项目合伙人是否重要。

（四）某合伙人的报酬对来源于该审计客户的收费的依赖程度。

（五）该审计客户会计、审计和财务报告问题的性质和复杂程度，以及审计业务的风险。

（六）会计师事务所内部质量管理体系和利益分配机制，能否有效防止某些特定合伙人的利益与该审计客户直接挂钩。

第八十六条 如果会计师事务所为某一公众利益实体审计客户连续执行审计业务的时间达到十年或以上，会计师事务所应当评价对独立性产生的不利影响，并在事务所层面采取防范措施。会计师事务所应当考虑在事务所层面采取下列防范措施：

（一）扩大审计项目团队成员轮换的范围，除实施本准则第八十八条至第九十四条规定的关键审计合伙人轮换外，将轮换范围扩大到审计项目团队其他核心成员。

（二）除项目质量复核外，由独立于审计项目团队、具备充分时间和胜任能力的人员实施第二轮质量复核，或由会计师事务所以外独立的、具备充分时间和胜任能力的人员实施外部质量复核。第二轮质量复核或外部质量复核需要形成质量复核专项报告，重点关注审计项目团队的独立性情况，以及审计项目组作出的重大判断和据此得出的结论。

（三）指定专门岗位或人员定期评价实施关键审计合伙人轮换以及审计项目团队其他核心成员轮换的情况和效果，形成书面结论。

（四）与被审计单位治理层书面沟通，沟通内容包括会计师事务所长期承接该审计业务的事实、可能对独立性产生的不利影响，以及所采取的防范措施。

如果无法消除不利影响或将其降低至可接受的水平，不得继续为该公众利益实体审计客户执行审计业务。

第八十七条　针对某些特定类型实体，相关法律法规可能对执行其审计业务的会计师事务所或注册会计师作出轮换方面的规定，注册会计师应当遵守这些法律法规中的相关规定。

第三节　与公众利益实体审计客户关键审计合伙人轮换相关的任职期规定

第八十八条　如果审计客户属于公众利益实体，会计师事务所任何人员担任下列职务的累计时间不得超过五年：

（一）项目合伙人（包括其他签字注册会计师）。

（二）项目质量复核人员。

（三）其他关键审计合伙人。

任职期结束后，该人员应当遵守本章第四节有关冷却期的规定。

此外，在任职期内，如果某人员继担任项目合伙人之后立即或不久担任项目质量复核人员，可能因自我评价对客观公正原则产生不利影响，该人员在二年内不得担任该审计业务的项目质量复核人员。

第八十九条　注册会计师担任本准则第八十八条第（一）项至第（三）项所述职务的时间应当累计计算，除非该人员不再担任这些职务的期间达到最短时间要求，否则累计期间不得清零并重新计算。最短时间要求应当是一个连续的期间，至少等于该人员所适用的冷却期。本准则第九十二条和第九十三条规定了冷却期的计算方法。

第九十条　在确定某人员担任关键审计合伙人的年限时，服务年限应当包括该人员在之前任职的会计师事务所工作时针对同一审计业务担任关键审计合伙人的年限。

第九十一条　如果审计客户成为公众利益实体，在确定关键审计合伙人的任职时间时，会计师事务所应当考虑，在该客户成为公众利益实体之前，该合伙人作为关键审计合伙人已为该客户提供服务的时间。

如果在审计客户成为公众利益实体之前，该合伙人作为关键审计合伙人已为该客户服务的时间不超过三年，则该人员还可以为该客户继续提供服务的年限为五年减去已经服务的年限。

如果在审计客户成为公众利益实体之前，该合伙人作为关键审计合伙人已为该客户服务的时间超过三年，在取得客户治理层同意的前提下，该合伙人最多还可以继续服务二年。

如果审计客户是首次公开发行股票或者向不特定对象公开发行股票并上市的公司，关键审计合伙人在该公司发行股票或上市后连续执行审计业务的期限，不得超过两个完整会计年度。

第四节 与公众利益实体审计客户关键审计合伙人轮换相关的冷却期规定

第九十二条 如果某人员担任项目合伙人（包括其他签字注册会计师）累计达到五年，冷却期应当为连续五年。

如果某人员担任项目质量复核人员累计达到五年，冷却期应当为连续三年。

如果某人员担任其他关键审计合伙人累计达到五年，冷却期应当为连续二年。

第九十三条 如果某人员相继担任多项关键审计合伙人职责累计达到五年，冷却期应当按照下列规定计算：

（一）担任项目合伙人累计达到三年或以上，冷却期应当为连续五年。

（二）担任项目质量复核人员累计达到三年或以上，冷却期应当为连续三年。

（三）担任项目合伙人和项目质量复核人员累计达到三年或以上，但累计担任项目合伙人未达到三年，冷却期应当为连续三年。

（四）担任多项关键审计合伙人职责，并且不符合上述各项情况，冷却期应当为连续二年。

第九十四条 在冷却期内，关键审计合伙人不得有下列行为：

（一）成为审计项目组成员或为审计项目提供项目质量管理。

（二）就有关技术或行业特定问题、交易或事项向审计项目组或审计客户提供咨询（如果与审计项目组沟通仅限于该人员任职期间的最后一个年度所执行的工作或得出的结论，并且该工作和结论与审计业务仍然相关，则不违反本项规定）。

（三）负责领导或协调会计师事务所向审计客户提供的专业服务，或者监控会计师事务所与审计客户的关系。

（四）执行上述各项未提及的、涉及审计客户且导致该人员出现下列情况的职责或活动（包括提供非鉴证服务）：

1.与审计客户高级管理层或治理层进行重大或频繁的互动；

2.对审计业务的结果施加直接影响。

第五节 与公众利益实体审计客户关键审计合伙人轮换相关的其他规定

第九十五条 针对本准则第八十八条至第九十四条与关键审计合伙人任职期和冷却期相关的规定，会计师事务所应当制定政策和程序，保证轮换的实施效果，防止流于形式。这些政策和程序应当包括：

（一）会计师事务所应当建立完善的内部质量管理体系和利益分配机制，保证本所的人力资源和客户资源实现一体化统筹管理，并定期评价本所内部质量管理体系和利益分配机制的设计和执行情况，重点关注是否存在特定合伙人的利益与某一审计客户直接挂钩的情况。

（二）会计师事务所应当指定专门岗位或人员对关键审计合伙人的轮换情况进行实时监控，通过建立关键审计合伙人服务年限清单等方式，管理关键审计合伙人相关信息，每年对轮换情况进行复核，并在全所范围内统一进行轮换。会计师事务所应当将轮换实施情况作为内部质量管理制度执行情况检查的一部分。

第十二章 为审计客户提供非鉴证服务

第一节 一般规定

第九十六条 在接受委托向审计客户提供非鉴证服务之前，会计师事务所应当按照本准则第二十二条的规定，识别、评价和应对提供该服务可能对独立性产生的不利影响。

第九十七条 当向同一审计客户提供多种非鉴证服务时，会计师事务所应当单独考虑提供每项服务产生的不利影响，还应当综合考虑因提供这些服务对独立性产生的不利影响。

第九十八条 关键审计合伙人的薪酬或业绩评价不得与其向审计客户推销的非鉴证服务直接挂钩。

本条并不禁止会计师事务所合伙人之间正常的利润分享安排。

第九十九条 在向审计客户提供非鉴证服务之前，会计师事务所应当评价是否存在下列风险，以确定提供该服务是否可能因自我评价产生不利影响：

（一）服务结果将构成会计记录、财务报告内部控制或会计师事务所将发表意见的财务报表的一部分，或者对其产生影响。

（二）在执行审计业务的过程中，审计项目团队将评价或依赖会计师事务所提供非鉴证服务时作出的判断或实施的活动。

第一百条 如果提供非鉴证服务可能因自我评价对财务报表审计产生不利影响，则会计师事务所不得向公众利益实体审计客户提供该非鉴证服务（参见本准则第九十九条）。

第一百零一条 如果同时满足下列条件，会计师事务所可以针对审计过程中出现的信息或事项向公众利益实体审计客户提供意见和建议：

（一）不承担管理层职责（参见本准则第三十六条和第三十七条）。

（二）按照本准则第二十二条的规定，识别、评价和应对并非因自我评价对独立性产生的不利影响。

第一百零二条 对公众利益实体审计客户财务报表发表意见的会计师事务所在向下列实体提供非鉴证服务之前，与该公众利益实体审计客户的治理层沟通，有助于提高审计的独立性：

（一）该公众利益实体；

（二）直接或间接控制该公众利益实体的实体；

（三）由该公众利益实体直接或间接控制的实体。

除非相关事项已通过事先与该公众利益实体治理层达成一致的机制获得了允许，否则会计师事务所应当：

（一）告知该公众利益实体的治理层，会计师事务所已确定提供该非鉴证服务同时满足下列条件：

1.未被禁止；

2.将不会对独立性产生不利影响或已识别的不利影响处于可接受的水平，或者能够消除该不利影响或将其降低至可接受的水平。

（二）向公众利益实体的治理层提供信息，使其能够就提供的服务对会计师事务所独立性的影响作出知情的评估。

第一百零三条 会计师事务所不得向本准则第一百零二条所述的实体提供非鉴证服务，除非公众利益实体的治理层对下列方面表示同意：

（一）会计师事务所得出的结论，该结论指出提供该服务将不会对独立性产生不利影响，或已识别的不利影响处于可接受的水平；或者能够消除该不利影响，或将其降低至可接受的水平。

（二）会计师事务所可以提供该服务。

第一百零四条 如果法律法规禁止会计师事务所向公众利益实体的治理层提供有关非鉴证服务的信息，或者提供此类信息将导致披露涉密或敏感信息，在同时满足下列条件时，会计师事务所可以提供有关服务：

（一）会计师事务所在不违反其法律或专业义务的情况下提供了允许提供的部分信息。

（二）会计师事务所告知公众利益实体的治理层，提供该服务将不会对独立性产生不利影响，或已识别的不利影响处于可接受的水平；或者能够消除该不利影响，或将其降低至可接受的水平。

（三）治理层不反对本条第（二）项中会计师事务所得出的结论。

第一百零五条 如果存在下列情况之一，会计师事务所应当拒绝提供非鉴证服务或者终止审计业务：

（一）会计师事务所未被允许向公众利益实体的治理层提供信息，除非这种情况已通过事先与治理层达成一致的机制得到解决。

（二）公众利益实体的治理层不同意会计师事务所得出下列结论：提供该服务将不会对独立性产生不利影响，或已识别的不利影响处于可接受的水平；或者能够消除该不利影响，或将其降低至可接受的水平。

第一百零六条 当审计客户成为公众利益实体时，除非同时满足下列条件，否则向该客户提供非鉴证服务（无论是当前还是以往提供的）将会损害会计师事务所的独立性：

（一）以往向该客户提供非鉴证服务符合本章有关向非公众利益实体提供非鉴证服务的规定。

（二）对于当前正在向该客户提供的非鉴证服务，如果属于不允许向公众利益实体审计客户提供的非鉴证服务，应当在客户成为公众利益实体之前终止；如果不可行，则应当在客户成为公众利益实体之后尽快终止。

（三）会计师事务所与成为公众利益实体审计客户的治理层达成一致，采取进一步措施应对超出可接受水平的不利影响。

第一百零七条 本准则并未涵盖会计师事务所向审计客户提供的所有非鉴证服务。当遇到本准则未明确规定的非鉴证服务时，会计师事务所应当按照本准则第二十二条的规定予以应对。

第二节 会计和记账服务

第一百零八条 按照本准则第三十六条的规定，会计师事务所及其相关人员不得承担审计客户管理层职责。按照适用的财务报告编制基础编制财务报表是管理层的职责，这种职责包括但不限于：

（一）设计、执行和维护必要的内部控制，以使财务报表不存在由于舞弊或错误导致的重大错报。

（二）评估被审计单位的持续经营能力和运用持续经营假设是否适当，并披露与持续经营相关的事项。

（三）确定会计政策并运用该政策确定会计处理方法，并作出恰当的会计估计。

（四）编制或更改会计分录，确定或批准交易的账户分类。

（五）编制或更改以电子形式或其他形式存在的、用以证明交易发生的相关凭证或数据。

第一百零九条 除非同时满足下列条件，否则会计师事务所不得向非公众利益实体审计客户提供会计和记账服务，包括编制会计师事务所将发表意见的财务报表（包括财务报表附注）或构成财务报表基础的财务信息：

（一）该服务是日常性或机械性的。

（二）会计师事务所能够采取防范措施应对超出可接受水平的不利影响。

第一百一十条 会计师事务所不得向公众利益实体审计客户提供会计和记账服务，包括提供编制单一财务报表、编制财务报表特定要素、编制财务报表附注、编制合并财务报表等方面的服务。

第三节 行政事务性服务

第一百一十一条 行政事务性服务包括协助客户执行正常经营过程中的日常性或机械性任务。会计师事务所及其相关人员应当按照本准则第二十二条的规定，识别、评价和应对行政事务性服务可能对独立性产生的不利影响。

第四节 评估服务

第一百一十二条 如果评估结果具有高度的主观性，并且评估服务对会计师事务所将发表意见的财务报表具有重大影响，会计师事务所不得向审计客户提供评估服务。

第一百一十三条 对于向公众利益实体审计客户提供的评估服务，如果可能因自我评价对独立性产生不利影响，则会计师事务所不得提供该服务（参见本准则第九十九条和第一百条）。

第五节 税务服务

第一百一十四条 如果会计师事务所向审计客户提供的税务服务或推荐的交易涉及营销、规划或提供意见，以支持会计师事务所以往直接或间接建议的税务处理，且该税务处理或交易的重要目的是为审计客户减少、免除、推迟缴纳税款，除非会计师事务所确信该税务处理具备有说服力的税收法律法规依据，否则会计师事务所不得提供该税务服务或推荐该交易。

第一百一十五条 会计师事务所不得向公众利益实体审计客户提供计算当期所得税或递延所得税负债（或资产）的服务（参见本准则第九十九条和第一百条）。

第一百一十六条 如果同时存在下列情形，会计师事务所不得向审计客户提供税务咨询和税务策划服务：

（一）税务建议的有效性取决于特定会计处理或财务报表列报。

（二）审计项目团队对相关会计处理或财务报表列报的适当性存有疑问。

第一百一十七条 对于向公众利益实体审计客户提供的税务咨询和税务策划服务，如果可能因自我评价对独立性产生不利影响，会计师事务所不得提供该服务（参见本准则第九十九条和第一百条）。

第一百一十八条 对于向公众利益实体审计客户提供的基于税务目的的评估服务，如果可能因自我评价对独立性产生不利影响，会计师事务所不得提供该服务（参见本准则第九十九条和第一百条）。

第一百一十九条 对于向公众利益实体审计客户提供的涉及协助解决税务纠纷的税务服务，如果可能因自我评价对独立性产生不利影响，会计师事务所不得提供该服务（参见本准则第九十九条和第一百条）。

第一百二十条 针对非公众利益实体审计客户，在同时满足下列条件时，会计师事务所不得向该审计客户提供涉及协助解决税务纠纷的税务服务：

（一）该服务涉及在有关税务纠纷的仲裁、调解、裁决等非诉纠纷解决机制和诉讼中担任代理人或辩护人。

（二）所涉金额对会计师事务所将发表意见的财务报表具有重大影响。

第一百二十一条 如果会计师事务所向公众利益实体审计客户提供涉及协助解决税务纠纷的税务服务，且该服务涉及在仲裁、调解、裁决等非诉纠纷解决机制和诉讼中担任代理人或辩护人，会计师事务所不得提供该服务。

第六节 内部审计服务

第一百二十二条 为避免承担管理层职责，只有在同时满足下列条件时，会计师事务所才能向审计客户提供内部审计服务：

（一）审计客户委派合适的、具有胜任能力的人员（该人员向治理层报告），始终负责内部审计活动。

（二）审计客户委派合适的、具有胜任能力的人员（该人员向治理层报告），承担设计、执行、监督与维护内部控制的责任。

（三）审计客户评估内部审计服务的风险，复核并批准内部审计服务的工作范围和频率。

（四）审计客户评价内部审计服务的适当性，以及内部审计服务发现的事项。

（五）审计客户评价并确定应当实施的内部审计服务建议，并对实施过程进行管理。

（六）审计客户向治理层报告内部审计服务中发现的重大问题和提出的建议。

第一百二十三条 对于向公众利益实体审计客户提供的内部审计服务，如果可能因自我评价对独立性产生不利影响，会计师事务所不得提供该服务（参见本准则第九十九条和第一百条）。

第七节 信息技术系统服务

第一百二十四条 按照本准则第三十六条的规定，会计师事务所及其相关人员不得承担审计客户管理层职责。如果向审计客户提供信息技术系统服务，会计师事务所应当确保同时满足下列条件：

（一）审计客户认可其建立和监督内部控制的责任。

（二）审计客户委派具有相应权限和胜任能力的人员，就信息技术系统的设计、开发、实施、运行、维护、监控、更新或升级，作出管理层职责内的所有管理决策。

（三）审计客户评价信息技术系统设计、开发、实施、运行、维护、监控、更新或升级的适当性及结果。

（四）审计客户对信息技术系统运行及其使用或生成的数据负责。

第一百二十五条 对于向公众利益实体审计客户提供的信息技术系统服务，如果可能因自我评价对独立性产生不利影响，会计师事务所不得提供该服务（参见本准则第九十九条和第一百条）。

第八节 诉讼支持服务

第一百二十六条 对于向公众利益实体审计客户提供的诉讼支持服务，如果可能因自我评价对独立性产生不利影响，会计师事务所不得提供该服务（参见本准则第九十九条和第一百条）。

第一百二十七条 会计师事务所及其相关人员在涉及其审计客户的仲裁或诉讼中担任专家证人时，如果满足下列条件之一，因推介或代理等行为产生的不利影响将处于可接受的水平：

（一）就客户所涉事项担任专家证人是仲裁机构或人民法院、人民检察院指定的。

（二）当同时满足下列条件时，就集体诉讼（或同等团体代表诉讼）担任专家证人：

1.会计师事务所的审计客户在该集体或团体成员中的比例（数量和涉案金额）低于20%；

2.审计客户没有被指定主导集体诉讼；

3.审计客户没有被集体或团体授权决定会计师事务所提供服务的性质和范围，以及提供此类服务的条件。

针对公众利益实体审计客户，除非本条第一款规定的情况适用，否则会计师事务所及其相关人员不得在涉及该公众利益实体审计客户的仲裁或诉讼中担任专家证人。

第九节 法律服务

第一百二十八条 对于向公众利益实体审计客户提供的法律建议，如果可能因自我评价对独立性产生不利影响，会计师事务所不得提供该服务（参见本准则第九十九条和第一百条）。

第一百二十九条 会计师事务所的合伙人或员工不得担任审计客户的法律顾问。

第一百三十条 如果所涉金额对会计师事务所将发表意见的财务报表具有重大影响，会计师事务所及其相关人员不得为非公众利益实体审计客户在仲裁、调解、裁决等非诉纠纷解决机制和诉讼中担任代理人或辩护人。

第一百三十一条 会计师事务所及其相关人员不得为公众利益实体审计客户在仲裁、调解、裁决等非诉纠纷解决机制和诉讼中担任代理人或辩护人。

第十节 招聘服务

第一百三十二条 按照本准则第三十六条的规定，会计师事务所及其相关人员不得承担审计客户管理层职责。如果向审计客户提供招聘服务，会计师事务所应当确保同时满足下列条件：

（一）客户委派具有相应权限和胜任能力的人员，就聘用职位候选人，作出管理层职责内的所有管理决策。

（二）客户就聘用程序作出所有管理决策，包括：

1.确定准候选人是否合适并选择适合该职位的候选人；

2.确定雇佣条款并协商如工资、工时及其他报酬等具体条件。

第一百三十三条 在向审计客户提供招聘服务时，会计师事务所不得代表客户与应聘者进行谈判。

第一百三十四条 如果审计客户拟招聘董事、监事、高级管理人员或特定员工，会计师事务所不得向审计客户提供下列招聘服务：

（一）寻找或筛选候选人。

（二）对候选人实施背景调查。

（三）推荐拟任命的人员。

（四）建议特定候选人的雇佣条款、薪酬或相关福利。

第十一节　公司财务服务

第一百三十五条　会计师事务所不得提供涉及推荐或承销审计客户股票、债券或其他金融工具的公司财务服务，也不得对此类股票、债券或其他金融工具提供投资建议。

第一百三十六条　如果同时存在下列情形，会计师事务所不得向审计客户提供财务建议：

（一）财务建议的有效性取决于会计师事务所将发表意见的财务报表中的特定会计处理或财务报表列报。

（二）审计项目团队对相关会计处理或财务报表列报的适当性存有疑问。

第一百三十七条　对于向公众利益实体审计客户提供的公司财务服务，如果可能因自我评价对独立性产生不利影响，会计师事务所不得提供该服务（参见本准则第九十九条和第一百条）。

第十三章　诉讼或诉讼威胁

第一百三十八条　如果会计师事务所、审计项目团队成员与审计客户发生诉讼或可能发生诉讼，将对独立性产生不利影响。会计师事务所及其相关人员应当按照本准则第二十二条的规定，识别、评价和应对该不利影响。

第十四章　违反本准则的规定时应当采取的措施

第一百三十九条　如果会计师事务所认为已发生违反本准则规定（以下简称违规）的情况，应当采取下列措施：

（一）终止、暂停或消除引发违规的利益或关系，并处理违规后果。

（二）考虑是否存在适用于该违规行为的法律法规，如果存在，遵守该法律法规的规定，并考虑向相关监管机构报告该违规行为。

（三）按照会计师事务所的政策和程序，立即就该违规行为与下列人员沟通：

1.项目合伙人；

2.负责独立性相关政策和程序的人员；

3.会计师事务所和网络中的其他相关人员；

4.根据本准则的要求需要采取适当行动的人员。

（四）评价违规行为的严重程度及其对会计师事务所的客观公正和出具审计报告能力的影响。

（五）根据违规行为的严重程度，确定是否终止审计业务，或者是否能够采取适当行动以妥善处理违规后果。

在作出上述决策时，会计师事务所应当运用职业判断并考虑理性且充分知情的第三方是否可能得出会计师事务所的客观公正受到损害从而导致无法出具审计报告的结论。

第一百四十条　如果会计师事务所确定能够采取措施妥善处理违规后果，应当与审计客户治理层沟通下列事项：

（一）违规的严重程度，包括其性质和持续时间。

（二）违规是如何发生以及如何识别出的。

（三）已采取或拟采取的措施，以及这些措施能够妥善处理违规后果并使会计师事务所能够出具审计报告的原因。

（四）会计师事务所根据职业判断认为客观公正并未受到损害及其理由。

（五）会计师事务所已采取或拟采取的、用于降低进一步违规风险或避免发生进一步违规行为的措施。

会计师事务所应当尽快开展上述沟通，除非治理层对于非重大的违规行为有其他沟通时间方面的要求。

第一百四十一条 针对本准则第一百四十条规定的与治理层的沟通，会计师事务所应当以书面形式记录下列方面：

（一）根据本准则第一百四十条的规定沟通的所有事项。

（二）治理层认可已采取或拟采取的措施。

（三）对下列情况的描述：

1,会计师事务所内部旨在合理保证独立性原则得以遵循、且与此项违规行为相关的政策和程序；

2.会计师事务所已采取或拟采取的、用于降低进一步违规风险或避免发生进一步违规行为的措施。

第一百四十二条 如果会计师事务所确定无法采取行动妥善处理违规后果，应当尽快通知审计客户治理层，并在法律法规允许的情况下终止审计业务。如果法律法规禁止终止该审计业务，会计师事务所应当遵守相关报告或披露要求。

第一百四十三条 如果审计客户治理层认为已采取或拟采取的措施不能够妥善处理违规后果，会计师事务所应当按照本准则第一百四十二条的规定终止审计业务。

第一百四十四条 如果违规行为发生在上期审计报告出具之前，会计师事务所应当评价违规行为的严重程度及其对会计师事务所的客观公正和出具当期审计报告能力的影响。

会计师事务所还应当：

（一）考虑违规行为对会计师事务所以前期间出具的审计报告客观公正的影响，以及在必要时撤回此类审计报告的可能性。

（二）与审计客户治理层沟通该事项。

第一百四十五条 会计师事务所应当记录下列事项：

（一）违规事项。

（二）采取的措施。

（三）作出的关键决策。

（四）与治理层沟通的所有事项。

（五）与职业组织或监管机构进行的沟通。

如果会计师事务所继续执行该审计业务，还应当记录下列事项：

（一）根据会计师事务所的职业判断，客观公正并未受到损害。

（二）所采取的措施能够妥善处理违规后果，从而使会计师事务所能够出具审计报告及其理由。

第十五章 工作记录

第一百四十六条 会计师事务所应当记录遵守独立性要求的情况，包括形成的结论，以及为形成结论而与适当的人员沟通的主要内容。

第一百四十七条 如果需要采取防范措施将不利影响降低至可接受的水平，会计师事务所应当记录该不利影响的性质，以及采取的防范措施。

第一百四十八条 如果通过对不利影响的严重程度进行分析，确定该不利影响未超出可接受的水平，会计师事务所应当记录不利影响的性质以及得出上述结论的理由。

第十六章 附 则

第一百四十九条 本准则由财政部负责解释。

第一百五十条 本准则自2025年7月1日起施行。

第一百五十一条 本准则施行前，会计师事务所已承接的非公众利益实体审计客户，按照本准则的规定属于公众利益实体的，关键审计合伙人轮换参照本准则第九十一条执行。

第一百五十二条 本准则施行前，会计师事务所已承接了非鉴证服务，按照本准则的规定不得提供的，实施过渡期安排，即会计师事务所在本准则发布之日前已与审计客户签订业务约定书或已经开始提供非鉴证服务的，可以继续按照约定条款提供该服务，但应当于2026年7月1日前符合本准则的规定。

4.2.3 中国注册会计师执业准则体系

中国注册会计师鉴证业务基本准则

（2022年1月5日修订）

第一章 总 则

第一条 为了规范注册会计师执行鉴证业务，明确鉴证业务的目标和要素，确定中国注册会计师审计准则、中国注册会计师审阅准则、中国注册会计师其他鉴证业务准则（分别简称审计准则、审阅准则和其他鉴证业务准则）适用的鉴证业务类型，根据《中华人民共和国注册会计师法》，制定本准则。

第二条 鉴证业务包括历史财务信息审计业务、历史财务信息审阅业务和其他鉴证业务。

注册会计师执行历史财务信息审计业务、历史财务信息审阅业务和其他鉴证业务时，应当遵守本准则以及依据本准则制定的审计准则、审阅准则和其他鉴证业务准则。

第三条 本准则所称注册会计师，是指取得注册会计师证书并在会计师事务所执业的人员，有时也指其所在的会计师事务所。

本准则所称鉴证业务要素，是指鉴证业务的三方关系、鉴证对象、标准、证据和鉴证报告。

第四条 注册会计师执行鉴证业务时，应当遵守相关职业道德要求和会计师事务所质量管理相关准则。

第二章 鉴证业务的定义和目标

第五条 鉴证业务是指注册会计师对鉴证对象信息提出结论，以增强除责任方之外的预期使用者对鉴证对象信息信任程度的业务。

鉴证对象信息是按照标准对鉴证对象进行评价和计量的结果。如责任方按照会计准则和相关会计制度（标准）对其财务状况、经营成果和现金流量（鉴证对象）进行确认、计量和列报（包括披露，下同）而形成的财务报表（鉴证对象信息）。

第六条 鉴证对象信息应当恰当反映既定标准运用于鉴证对象的情况。如果没有按照既定标准恰当反映鉴证对象的情况，鉴证对象信息可能存在错报，而且可能存在重大错报。

第七条 鉴证业务分为基于责任方认定的业务和直接报告业务。在基于责任方认定的业务中，责任方对鉴证对象进行评价或计量，鉴证对象信息以责任方认定的形式为预期使用者获取。如在财务报表审计中，被审计单位管理层（责任方）对财务状况、经营成果和现金流量（鉴证对象）进行确认、计量和列报（评价或计量）而形成的财务报表（鉴证对象信息）即为责任方的认定，该财务报表可为预期报表使用者获取，注册会计师针对财务报表出具审计报告。这种业务属于基于责任方认定的业务。

在直接报告业务中，注册会计师直接对鉴证对象进行评价或计量，或者从责任方获取对鉴证对象评价或计量的认定，而该认定无法为预期使用者获取，预期使用者只能通过阅读鉴证报告获取鉴证对象信息。如在内部控制鉴证业务中，注册会计师可能无法从管理层（责任方）获取其对内部控制有效性的评价报告（责任方认定），或虽然注册会计师能够获取该报告，但预期使用者无法获取该报告，注册会计师直接对内部控制的有效性（鉴证对象）进行评价并出具鉴证报告，预期使用者只能通过阅读该鉴证报告获得内部控制有效性的信息（鉴证对象信息）。这种业务属于直接报告业务。

第八条 鉴证业务的保证程度分为合理保证和有限保证。

合理保证的鉴证业务的目标是注册会计师将鉴证业务风险降至该业务环境下可接受的低水平，以此作为以积极方式提出结论的基础。如在历史财务信息审计中，要求注册会计师将审计风险降至可接受的低水平，对审计后的历史财务信息提供高水平保证（合理保证），在审计报告中对历史财务信息采用积极方式提出结论。这种业务属于合理保证的鉴证业务。

有限保证的鉴证业务的目标是注册会计师将鉴证业务风险降至该业务环境下可接受的水平，以此作为以消极方式提出结论的基础。如在历史财务信息审阅中，要求注册会计师将审阅风险降至该业务环境下可接受的水平（高于历史财务信息审计中可接受的低水平），对审阅后的历史财务信息提供低于高水平的保证（有限保证），在审阅报告中对历史财务信息采用消极方式提出结论。这种业务属于有限保证的鉴证业务。

第三章 业务承接

第九条 在接受委托前，注册会计师应当初步了解业务环境。业务环境包括业务约定事项、鉴证对象特征、使用的标准、预期使用者的需求、责任方及其环境的相关特征，以及可能对鉴证业务产生重大影响的事项、交易、条件和惯例等其他事项。

第十条 在初步了解业务环境后，只有认为符合独立性和专业胜任能力等相关职业道德规范的要求，并且拟承接的业务具备下列所有特征，注册会计师才能将其作为鉴证业务予以承接：

（一）鉴证对象适当；

（二）使用的标准适当且预期使用者能够获取该标准；

（三）注册会计师能够获取充分、适当的证据以支持其结论；

（四）注册会计师的结论以书面报告形式表述，且表述形式与所提供的保证程度相适应；

（五）该业务具有合理的目的。如果鉴证业务的工作范围受到重大限制，或委托人试图将注册会计师的名字和鉴证对象不适当地联系在一起，则该业务可能不具有合理的目的。

第十一条 当拟承接的业务不具备本准则第十条规定的鉴证业务的所有特征，不能将其作为鉴证业务予以承接时，注册会计师可以提请委托人将其作为非鉴证业务（如商定程序、代编财务信息、管理咨询、税务服务等相关服务业务），以满足预期使用者的需要。

第十二条 如果某项鉴证业务采用的标准不适当，但满足下列条件之一时，注册会计师可以考虑将其作为一项新的鉴证业务：

（一）委托人能够确认鉴证对象的某个方面适用于所采用的标准，注册会计师可以针对该方面执行鉴证业务，但在鉴证报告中应当说明该报告的内容并非针对鉴证对象整体；

（二）能够选择或设计适用于鉴证对象的其他标准。

第十三条 对已承接的鉴证业务，如果没有合理理由，注册会计师不应将该项业务变更为非鉴证业务，或将合理保证的鉴证业务变更为有限保证的鉴证业务。

当业务环境变化影响到预期使用者的需求，或预期使用者对该项业务的性质存在误解时，注册会计师可以应委托人的要求，考虑同意变更该项业务。如果发生变更，注册会计师不应忽视变更前获取的证据。

第四章 鉴证业务的三方关系

第十四条 鉴证业务涉及的三方关系人包括注册会计师、责任方和预期使用者。

责任方与预期使用者可能是同一方，也可能不是同一方。

第十五条 注册会计师可以承接符合本准则第十条规定的各类鉴证业务。

如果鉴证业务涉及的特殊知识和技能超出了注册会计师的能力，注册会计师可以利用专家协助执行鉴证业务。在这种情况下，注册会计师应当确信包括专家在内的项目组整体已具备执行该项鉴证业务所需的知识和技能，并充分参与该项鉴证业务和了解专家所承担的工作。

第十六条 责任方是指下列组织或人员：

（一）在直接报告业务中，对鉴证对象负责的组织或人员；

（二）在基于责任方认定的业务中，对鉴证对象信息负责并可能同时对鉴证对象负责的组织或人员。

责任方可能是鉴证业务的委托人，也可能不是委托人。

第十七条 注册会计师通常提请责任方提供书面声明，表明责任方已按照既定标准对鉴证对象进行评价或计量，无论该声明是否能为预期使用者获取。

在直接报告业务中，当委托人与责任方不是同一方时，注册会计师可能无法获取此类书面声明。

第十八条 预期使用者是指预期使用鉴证报告的组织或人员。责任方可能是预期使用者，但不是唯一的预期使用者。

注册会计师可能无法识别使用鉴证报告的所有组织和人员，尤其在各种可能的预期使用者对鉴证对象存在不同的利益需求时。注册会计师应当根据法律法规的规定或与委托人签订的协议识别预期使用者。

在可行的情况下，鉴证报告的收件人应当明确为所有的预期使用者。

第十九条　在可行的情况下，注册会计师应当提请预期使用者或其代表，与注册会计师和责任方（如果委托人与责任方不是同一方，还包括委托人）共同确定鉴证业务约定条款。

无论其他人员是否参与，注册会计师都应当负责确定鉴证业务程序的性质、时间和范围，并对鉴证业务中发现的、可能导致对鉴证对象信息作出重大修改的问题进行跟踪。

第二十条　当鉴证业务服务于特定的使用者，或具有特定目的时，注册会计师应当考虑在鉴证报告中注明该报告的特定使用者或特定目的，对报告的用途加以限定。

第五章　鉴证对象

第二十一条　鉴证对象与鉴证对象信息具有多种形式，主要包括：

（一）当鉴证对象为财务业绩或状况时（如历史或预测的财务状况、经营成果和现金流量），鉴证对象信息是财务报表；

（二）当鉴证对象为非财务业绩或状况时（如企业的运营情况），鉴证对象信息可能是反映效率或效果的关键指标；

（三）当鉴证对象为物理特征时（如设备的生产能力），鉴证对象信息可能是有关鉴证对象物理特征的说明文件；

（四）当鉴证对象为某种系统和过程时（如企业的内部控制或信息技术系统），鉴证对象信息可能是关于其有效性的认定；

（五）当鉴证对象为一种行为时（如遵守法律法规的情况），鉴证对象信息可能是对法律法规遵守情况或执行效果的声明。

第二十二条　鉴证对象具有不同特征，可能表现为定性或定量、客观或主观、历史或预测、时点或期间。这些特征将对下列方面产生影响：

（一）按照标准对鉴证对象进行评价或计量的准确性；

（二）证据的说服力。

鉴证报告应当说明与预期使用者特别相关的鉴证对象特征。

第二十三条　适当的鉴证对象应当同时具备下列条件：

（一）鉴证对象可以识别；

（二）不同的组织或人员对鉴证对象按照既定标准进行评价或计量的结果合理一致；

（三）注册会计师能够收集与鉴证对象有关的信息，获取充分、适当的证据，以支持其提出适当的鉴证结论。

第六章　标　准

第二十四条　标准是指用于评价或计量鉴证对象的基准，当涉及列报时，还包括列报的基准。

标准可以是正式的规定，如编制财务报表所使用的会计准则和相关会计制度；也可以是某些非正式的规定，如单位内部制定的行为准则或确定的绩效水平。

第二十五条　注册会计师在运用职业判断对鉴证对象作出合理一致的评价或计量时，需要有适当的标准。

适当的标准应当具备下列所有特征：

（一）相关性：相关的标准有助于得出结论，便于预期使用者作出决策；

（二）完整性：完整的标准不应忽略业务环境中可能影响得出结论的相关因素，当涉及列报时，还包括列报的基准；

（三）可靠性：可靠的标准能够使能力相近的注册会计师在相似的业务环境中，对鉴证对象作出合理一致的评价或计量；

（四）中立性：中立的标准有助于得出无偏向的结论；

（五）可理解性：可理解的标准有助于得出清晰、易于理解、不会产生重大歧义的结论。

注册会计师基于自身的预期、判断和个人经验对鉴证对象进行的评价和计量，不构成适当的标准。

第二十六条 注册会计师应当考虑运用于具体业务的标准是否具备本准则第二十五条所述的特征，以评价该标准对此项业务的适用性。在具体鉴证业务中，注册会计师评价标准各项特征的相对重要程度，需要运用职业判断。

标准可能是由法律法规规定的，或由政府主管部门或国家认可的专业团体依照公开、适当的程序发布的，也可能是专门制定的。采用标准的类型不同，注册会计师为评价该标准对于具体鉴证业务的适用性所需执行的工作也不同。

第二十七条 标准应当能够为预期使用者获取，以使预期使用者了解鉴证对象的评价或计量过程。标准可以通过下列方式供预期使用者获取：

（一）公开发布；

（二）在陈述鉴证对象信息时以明确的方式表述；

（三）在鉴证报告中以明确的方式表述；

（四）常识理解，如计量时间的标准是小时或分钟。

如果确定的标准仅能为特定的预期使用者获取，或仅与特定目的相关，鉴证报告的使用也应限于这些特定的预期使用者或特定目的。

第七章 证 据

第一节 总体要求

第二十八条 注册会计师应当以职业怀疑态度计划和执行鉴证业务，获取有关鉴证对象信息是否不存在重大错报的充分、适当的证据。

注册会计师应当及时对制定的计划、实施的程序、获取的相关证据以及得出的结论作出记录。

第二十九条 注册会计师在计划和执行鉴证业务，尤其在确定证据收集程序的性质、时间和范围时，应当考虑重要性、鉴证业务风险以及可获取证据的数量和质量。

第二节 职业怀疑态度

第三十条 职业怀疑态度是指注册会计师以质疑的思维方式评价所获取证据的有效性，并对相互矛盾的证据，以及引起对文件记录或责任方提供的信息的可靠性产生怀疑的证据保持警觉。

第三十一条 鉴证业务通常不涉及鉴定文件记录的真伪，注册会计师也不是鉴定文件记录真伪的专家，但应当考虑用作证据的信息的可靠性，包括考虑与信息生成和维护相关的控制的有效性。

如果在执行业务过程中识别出的情况使其认为文件记录可能是伪造的或文件记录中的某些条款已发生变动，注册会计师应当作出进一步调查，包括直接向第三方询证，或考虑利用专家的工作，以评价文件记录的真伪。

第三节　证据的充分性和适当性

第三十二条　证据的充分性是对证据数量的衡量，主要与注册会计师确定的样本量有关。证据的适当性是对证据质量的衡量，即证据的相关性和可靠性。

所需证据的数量受鉴证对象信息重大错报风险的影响，即风险越大，可能需要的证据数量越多；所需证据的数量也受证据质量的影响，即证据质量越高，可能需要的证据数量越少。

尽管证据的充分性和适当性相关，但如果证据的质量存在缺陷，注册会计师仅靠获取更多的证据可能无法弥补其质量上的缺陷。

第三十三条　证据的可靠性受其来源和性质的影响，并取决于获取证据的具体环境。

注册会计师通常按照下列原则考虑证据的可靠性：

（一）从外部独立来源获取的证据比从其他来源获取的证据更可靠；

（二）内部控制有效时内部生成的证据比内部控制薄弱时内部生成的证据更可靠；

（三）直接获取的证据比间接获取或推论得出的证据更可靠；

（四）以文件记录形式（无论是纸质、电子或其他介质）存在的证据比口头形式的证据更可靠；

（五）从原件获取的证据比从传真或复印件获取的证据更可靠。在运用本条第二款第（一）项至第（五）项所述原则评价证据的可靠性时，注册会计师应当注意可能出现的重大例外情况。

第三十四条　如果针对某项认定从不同来源获取的证据或获取的不同性质的证据能够相互印证，与该项认定相关的证据通常具有更强的说服力。

如果从不同来源获取的证据或获取的不同性质的证据不一致，可能表明某项证据不可靠，注册会计师应当追加必要的程序予以解决。

第三十五条　针对一个期间的鉴证对象信息获取充分、适当的证据，通常要比针对一个时点的鉴证对象信息获取充分、适当的证据更困难。

针对过程提出的结论通常限于鉴证业务涵盖的期间，注册会计师不应对该过程是否在未来以特定方式继续发挥作用提出结论。

第三十六条　注册会计师可以考虑获取证据的成本与所获取信息有用性之间的关系，但不应仅以获取证据的困难和成本为由减少不可替代的程序。

在评价证据的充分性和适当性以支持鉴证报告时，注册会计师应当运用职业判断，并保持职业怀疑态度。

第四节　重要性

第三十七条　在确定证据收集程序的性质、时间和范围，评估鉴证对象信息是否不存在错报时，注册会计师应当考虑重要性。在考虑重要性时，注册会计师应当了解并评估哪些因素可能会影响预期使用者的决策。

注册会计师应当综合数量和性质因素考虑重要性。在具体业务中评估重要性以及数量和性质因素的相对重要程度，需要注册会计师运用职业判断。

第五节 鉴证业务风险

第三十八条 鉴证业务风险是指在鉴证对象信息存在重大错报的情况下，注册会计师提出不恰当结论的可能性。

在直接报告业务中，鉴证对象信息仅体现在注册会计师的结论中，鉴证业务风险包括注册会计师不恰当地提出鉴证对象在所有重大方面遵守标准的结论的可能性。

第三十九条 在合理保证的鉴证业务中，注册会计师应当将鉴证业务风险降至具体业务环境下可接受的低水平，以获取合理保证，作为以积极方式提出结论的基础。

在有限保证的鉴证业务中，由于证据收集程序的性质、时间和范围与合理保证的鉴证业务不同，其风险水平高于合理保证的鉴证业务；但注册会计师实施的证据收集程序至少应当足以获取有意义的保证水平，作为以消极方式提出结论的基础。

当注册会计师获取的保证水平很有可能在一定程度上增强预期使用者对鉴证对象信息的信任时，这种保证水平是有意义的保证水平。

第四十条 鉴证业务风险通常体现为重大错报风险和检查风险。重大错报风险是指鉴证对象信息在鉴证前存在重大错报的可能性。

检查风险是指某一鉴证对象信息存在错报，该错报单独或连同其他错报是重大的，但注册会计师未能发现这种错报的可能性。

注册会计师对重大错报风险和检查风险的考虑受具体业务环境的影响，特别受鉴证对象性质，以及所执行的是合理保证鉴证业务还是有限保证鉴证业务的影响。

第六节 证据收集程序的性质、时间和范围

第四十一条 证据收集程序的性质、时间和范围因业务的不同而不同。注册会计师应当清楚表达证据收集程序，并以适当的形式运用于合理保证的鉴证业务和有限保证的鉴证业务。

第四十二条 在合理保证的鉴证业务中，为了能够以积极方式提出结论，注册会计师应当通过下列不断修正的、系统化的执业过程，获取充分、适当的证据：

（一）了解鉴证对象及其他的业务环境事项，在适用的情况下包括了解内部控制；

（二）在了解鉴证对象及其他的业务环境事项的基础上，评估鉴证对象信息可能存在的重大错报风险；

（三）应对评估的风险，包括制定总体应对措施以及确定进一步程序的性质、时间和范围；

（四）针对已识别的风险实施进一步程序，包括实施实质性程序，以及在必要时测试控制运行的有效性；

（五）评价证据的充分性和适当性。

第四十三条 合理保证提供的保证水平低于绝对保证。由于下列因素的存在，将鉴证业务风险降至零几乎不可能，也不符合成本效益原则：

（一）选择性测试方法的运用；

（二）内部控制的固有局限性；

（三）大多数证据是说服性而非结论性的；

（四）在获取和评价证据以及由此得出结论时涉及大量判断；

（五）在某些情况下鉴证对象具有特殊性。

第四十四条　合理保证的鉴证业务和有限保证的鉴证业务都需要运用鉴证技术和方法，收集充分、适当的证据。与合理保证的鉴证业务相比，有限保证的鉴证业务在证据收集程序的性质、时间、范围等方面是有意识地加以限制的。

无论是合理保证还是有限保证的鉴证业务，如果注意到某事项可能导致对鉴证对象信息是否需要作出重大修改产生疑问，注册会计师应当执行其他足够的程序，追踪这一事项，以支持鉴证结论。

第七节　可获取证据的数量和质量

第四十五条　可获取证据的数量和质量受下列因素的影响：

（一）鉴证对象和鉴证对象信息的特征；

（二）业务环境中除鉴证对象特征以外的其他事项。

第四十六条　对任何类型的鉴证业务，如果下列情形对注册会计师的工作范围构成重大限制，阻碍注册会计师获取所需要的证据，注册会计师提出无保留结论是不恰当的：

（一）客观环境阻碍注册会计师获取所需要的证据，无法将鉴证业务风险降至适当水平；

（二）责任方或委托人施加限制，阻碍注册会计师获取所需要的证据，无法将鉴证业务风险降至适当水平。

第八节　记　录

第四十七条　注册会计师应当记录重大事项，以提供证据支持鉴证报告，并证明其已按照鉴证业务准则的规定执行业务。

第四十八条　对需要运用职业判断的所有重大事项，注册会计师应当记录推理过程和相关结论。

如果对某些事项难以进行判断，注册会计师还应当记录得出结论时已知悉的有关事实。

第四十九条　注册会计师应当将鉴证过程中考虑的所有重大事项记录于工作底稿。

在运用职业判断确定工作底稿的编制和保存范围时，注册会计师应当考虑，使未曾接触该项鉴证业务的有经验的专业人士了解实施的鉴证程序，以及作出重大决策的依据。

第八章　鉴证报告

第五十条　注册会计师应当出具含有鉴证结论的书面报告，该鉴证结论应当说明注册会计师就鉴证对象信息获取的保证。

注册会计师应当考虑其他报告责任，包括在适当时与治理层沟通。

第五十一条　在基于责任方认定的业务中，注册会计师的鉴证结论可以采用下列两种表述形式：

（一）明确提及责任方认定，如“我们认为，责任方作出的‘根据×标准，内部控制在所有重大方面是有效的’这一认定是公允的”；

（二）直接提及鉴证对象和标准，如“我们认为，根据×标准，内部控制在所有重大方面是有效的”。

在直接报告业务中，注册会计师应当明确提及鉴证对象和标准。

第五十二条　在合理保证的鉴证业务中，注册会计师应当以积极方式提出结论，如“我们认为，根据×标准，内部控制在所有重大方面是有效的”或“我们认为，责任方作出的‘根据×标准，内部控制在所有重大方面是有效的’这一认定是公允的”。

在有限保证的鉴证业务中，注册会计师应当以消极方式提出结论，如“基于本报告所述的工作，我们没有注意到任何事项使我们相信，根据×标准，×系统在任何重大方面是无效的”或“基于本报告所述的工作，我们没有注意到任何事项使我们相信，责任方作出的‘根据×标准，×系统在所有重大方面是有效的’这一认定是不公允的”。

第五十三条 当存在本准则第五十四条至第五十六条所述情况时，注册会计师应当对其影响程度作出判断。如果这些情况影响重大，注册会计师不能出具无保留结论的报告。

第五十四条 对任何类型的鉴证业务，如果注册会计师的工作范围受到限制，注册会计师应当视受到限制的重大与广泛程度，出具保留结论或无法提出结论的报告。

在某些情况下，注册会计师应当考虑解除业务约定。

第五十五条 如果存在下列情形，注册会计师应当视其影响的重大与广泛程度，出具保留结论或否定结论的报告：

（一）注册会计师的结论提及责任方的认定，且该认定未在所有重大方面作出公允表达；

（二）注册会计师的结论直接提及鉴证对象和标准，且鉴证对象信息存在重大错报。

第五十六条 在承接业务后，如果发现标准或鉴证对象不适当，可能误导预期使用者，注册会计师应当视其重大与广泛程度，出具保留结论或否定结论的报告。

如果发现标准或鉴证对象不适当，造成工作范围受到限制，注册会计师应当视受到限制的重大与广泛程度，出具保留结论或无法提出结论的报告。

在某些情况下，注册会计师应当考虑解除业务约定。

第五十七条 当注册会计师针对鉴证对象信息出具报告，或同意将其姓名与鉴证对象联系在一起时，则注册会计师与该鉴证对象发生了关联。

如果获知他人不恰当地将其姓名与鉴证对象相关联，注册会计师应当要求其停止这种行为，并考虑采取其他必要的措施，包括将不恰当使用注册会计师姓名这一情况告知所有已知的使用者或征询法律意见。

第九章 附 则

第五十八条 注册会计师执行司法诉讼中涉及会计、审计、税务或其他事项的鉴定业务，除有特定要求者外，应当参照本准则办理。

第五十九条 某些业务可能符合本准则第五条鉴证业务的定义，使用者可能从业务报告的意见、观点或措辞中推测出某种程度的保证，但如果满足下列所有条件，注册会计师执行这些业务不必遵守本准则：

（一）注册会计师的意见、观点或措辞对整个业务而言仅是附带性的；

（二）注册会计师出具的书面报告被明确限定为仅供报告中所提及的使用者使用；

（三）与特定预期使用者达成的书面协议中，该业务未被确认为鉴证业务；

（四）在注册会计师出具的报告中，该业务未被称为鉴证业务。

第六十条 本准则自2022年1月5日起施行。

中国注册会计师审计准则第1101号
——注册会计师的总体目标和审计工作的基本要求

（2022年12月22日修订）

第一章　总　则

第一条　为了规范注册会计师按照中国注册会计师审计准则（简称审计准则）执行财务报表审计工作，确立注册会计师的总体目标，明确注册会计师为实现总体目标而需要执行审计工作的性质和范围，以及在执行财务报表审计业务时承担的责任，制定本准则。

第二条　审计准则适用于注册会计师执行财务报表审计业务。

当执行其他历史财务信息审计业务时，注册会计师可以根据具体情况遵守适用的相关审计准则，以满足此类业务的要求。

第二章　定　义

第三条　注册会计师，是指取得注册会计师证书并在会计师事务所执业的人员，通常是指项目合伙人或项目组其他成员，有时也指其所在的会计师事务所。

当审计准则明确指出应由项目合伙人遵守的规定或承担的责任时，使用“项目合伙人”而非“注册会计师”的称谓。

第四条　本准则所称财务报表，是指依据某一财务报告编制基础对被审计单位历史财务信息作出的结构性表述，旨在反映某一时点的经济资源或义务，或者某一时期经济资源或义务的变化。财务报表通常是指整套财务报表，有时也指单一财务报表。披露包括财务报告编制基础所要求的、明确允许的或者由于其他原因（如实务惯例）作出的解释性或描述性信息。披露是财务报表不可分割的组成部分，通常包括在财务报表附注中，也可能在财务报表表内反映，或者通过财务报表的交叉索引作出提示。

第五条　历史财务信息，是指以财务术语表述的某一特定实体的信息，这些信息主要来自特定实体的会计系统，反映了过去一段时间内发生的经济事项，或者过去某一时点的经济状况或情况。

第六条　适用的财务报告编制基础，是指法律法规要求采用的财务报告编制基础；或者管理层和治理层（如适用）在编制财务报表时，就被审计单位性质和财务报表目标而言，采用的可接受的财务报告编制基础。

财务报告编制基础分为通用目的编制基础和特殊目的编制基础。

通用目的编制基础，是指旨在满足广大财务报表使用者共同的财务信息需求的财务报告编制基础，主要是指会计准则和会计制度。

特殊目的编制基础，是指旨在满足财务报表特定使用者财务信息需求的财务报告编制基础，包括计税核算基础、监管机构的要求和合同约定等。

第七条　管理层，是指对被审计单位经营活动的执行负有经营管理责任的人员。在某些被审计单位，管理层包括部分或全部的治理层成员，如治理层中负有经营管理责任的人员，或参与日常经营管理的业主（以下简称业主兼经理）。

第八条　治理层，是指对被审计单位战略方向以及管理层履行经营管理责任负有监督责任的人员或组织。治理层的责任包括监督财务报告过程。在某些被审计单位，治理层可能包括管理层，如治理层中负有经营管理责任的人员，或业主兼经理。

第九条 与管理层和治理层责任相关的执行审计工作的前提（以下简称执行审计工作的前提），是指管理层和治理层（如适用）认可并理解其应当承担下列责任，这些责任构成注册会计师按照审计准则的规定执行审计工作的基础：

（一）按照适用的财务报告编制基础编制财务报表，并使其实现公允反映（如适用）；

（二）设计、执行和维护必要的内部控制，以使财务报表不存在由于舞弊或错误导致的重大错报；

（三）向注册会计师提供必要的工作条件，包括允许注册会计师接触与编制财务报表相关的所有信息（如记录、文件和其他事项），向注册会计师提供审计所需的其他信息，允许注册会计师在获取审计证据时不受限制地接触其认为必要的内部人员和其他相关人员。

第十条 错报，是指某一财务报表项目的金额、分类或列报，与按照适用的财务报告编制基础应当列示的金额、分类或列报之间存在的差异。错报可能是由于错误或舞弊导致的。

当注册会计师对财务报表是否在所有重大方面按照适用的财务报告编制基础编制并实现公允反映发表审计意见时，错报还包括根据注册会计师的判断，为使财务报表在所有重大方面实现公允反映，需要对金额、分类或列报作出的必要调整。

第十一条 审计证据，是指注册会计师为了得出审计结论和形成审计意见而使用的信息。审计证据包括构成财务报表基础的会计记录所含有的信息和其他的信息。

审计证据的充分性，是对审计证据数量的衡量。注册会计师需要获取的审计证据的数量受其对重大错报风险评估的影响，并受审计证据质量的影响。

审计证据的适当性，是对审计证据质量的衡量，即审计证据在支持审计意见所依据的结论方面具有的相关性和可靠性。

第十二条 合理保证，是指注册会计师在财务报表审计中提供的一种高度但非绝对的保证。

第十三条 审计风险，是指当财务报表存在重大错报时，注册会计师发表不恰当审计意见的可能性。审计风险取决于重大错报风险和检查风险。

第十四条 重大错报风险，是指财务报表在审计前存在重大错报的可能性。重大错报风险分为财务报表层次的重大错报风险和认定层次的重大错报风险。认定层次的重大错报风险由固有风险和控制风险两部分组成。

固有风险，是指在不考虑控制的情况下，交易类别、账户余额和披露的某一认定易于发生错报（无论该错报是舞弊还是错误导致）的可能性。

控制风险，是指交易类别、账户余额和披露的某一认定发生了错报，该错报单独或连同其他错报可能是重大的，但控制没有及时防止或发现并纠正这个错报的可能性。

第十五条 检查风险，是指如果存在某一错报，该错报单独或连同其他错报可能是重大的，注册会计师为将审计风险降低到可接受的低水平而实施程序后没有发现这种错报的风险。

第十六条 职业判断，是指在审计准则、财务报告编制基础和职业道德要求的框架下，注册会计师综合运用相关知识、技能和经验，作出适合审计业务具体情况、有根据的行动决策。

第十七条 职业怀疑，是指注册会计师执行审计业务的一种态度，包括采取质疑的思维方式，对可能表明由于错误或舞弊导致错报的迹象保持警觉，以及对审计证据进行审慎评价。

第三章 财务报表审计

第十八条 审计的目的是提高财务报表预期使用者对财务报表的信赖程度。这一目的可以通过注册会计师对财务报表是否在所有重大方面按照适用的财务报告编制基础编制发表审计意见得以实现。就大多数通用目的财务报告编制基础而言，注册会计师针对财务报表是否在所有重大方面按照财务报告编制基础编制并实现公允反映发表审计意见。注册会计师按照审计准则和相关职业道德要求执行审计工作，能够形成这样的意见。

第十九条 财务报表是由被审计单位管理层在治理层的监督下编制的。审计准则不对管理层或治理层设定责任，也不超越法律法规对管理层或治理层责任作出的规定。

管理层和治理层（如适用）认可与财务报表相关的责任，是注册会计师执行审计工作的前提，构成注册会计师按照审计准则的规定执行审计工作的基础。

财务报表审计并不减轻管理层或治理层的责任。

第二十条 注册会计师应当按照审计准则的规定，对财务报表整体是否不存在舞弊或错误导致的重大错报获取合理保证，以作为发表审计意见的基础。

合理保证是一种高水平保证。当注册会计师获取充分、适当的审计证据将审计风险降低到可接受的低水平时，就获取了合理保证。

由于审计存在固有限制，注册会计师据以得出结论和形成审计意见的大多数审计证据是说服性而非结论性的，因此，审计只能提供合理保证，不能提供绝对保证。

第二十一条 在计划和执行审计工作，以及评价识别出的错报对审计的影响和未更正的错报（如有）对财务报表的影响时，注册会计师应当运用重要性概念。

如果合理预期某一错报（包括漏报）单独或连同其他错报可能影响财务报表使用者依据财务报表作出的经济决策，则该项错报通常被认为是重大的。

重要性取决于在具体环境下对错报金额或性质的判断，或同时受到两者的影响，并受到注册会计师对于财务报表使用者对财务信息需求的了解的影响。

注册会计师针对财务报表整体发表审计意见，因此没有责任发现对财务报表整体影响并不重大的错报。

第二十二条 审计准则旨在规范和指导注册会计师对财务报表整体是否不存在重大错报获取合理保证，要求注册会计师在整个审计过程中运用职业判断和保持职业怀疑。

需要运用职业判断并保持职业怀疑的重要审计环节主要包括：

（一）通过了解被审计单位及其环境、适用的财务报告编制基础和被审计单位内部控制体系，识别和评估舞弊或错误导致的重大错报风险；

（二）通过对评估的风险设计和实施恰当的应对措施，针对是否存在重大错报获取充分、适当的审计证据；

（三）根据从获取的审计证据中得出的结论，对财务报表形成审计意见。

第二十三条 注册会计师发表审计意见的形式取决于适用的财务报告编制基础以及相关法律法规的规定。

第二十四条 按照审计准则和相关法律法规的规定，注册会计师还可能就审计中出现的事项，负有与管理层、治理层和其他财务报表使用者进行沟通和向其报告的责任。

第四章 总体目标

第二十五条 在执行财务报表审计工作时，注册会计师的总体目标是：

（一）对财务报表整体是否不存在由于舞弊或错误导致的重大错报获取合理保证，使得注册会计师能够对财务报表是否在所有重大方面按照适用的财务报告编制基础编制发表审计意见；

（二）按照审计准则的规定，根据审计结果对财务报表出具审计报告，并与管理层和治理层沟通。

第二十六条 在任何情况下，如果不能获取合理保证，并且在审计报告中发表保留意见也不足以实现向财务报表预期使用者报告的目的，注册会计师应当按照审计准则的规定出具无法表示意见的审计报告，或者在法律法规允许的情况下终止审计业务或解除业务约定。

第五章 要 求

第一节 与财务报表审计相关的职业道德要求

第二十七条 注册会计师应当遵守与财务报表审计相关的职业道德要求，包括遵守有关独立性的要求。

第二节 职业怀疑

第二十八条 在计划和实施审计工作时，注册会计师应当保持职业怀疑，认识到可能存在导致财务报表发生重大错报的情形。

第三节 职业判断

第二十九条 在计划和实施审计工作时，注册会计师应当运用职业判断。

第四节 审计证据和审计风险

第三十条 为了获取合理保证，注册会计师应当获取充分、适当的审计证据，以将审计风险降低到可接受的低水平，使其能够得出合理的结论，作为形成审计意见的基础。

第五节 按照审计准则的规定执行审计工作

第三十一条 注册会计师应当遵守与审计工作相关的所有审计准则。如果某项审计准则有效且所适用的情形存在，则该项审计准则与审计工作相关。

第三十二条 注册会计师应当掌握审计准则及应用指南的全部内容，以理解每项审计准则的目标并恰当地遵守其要求。

第三十三条 除非注册会计师已经遵守本准则以及与审计工作相关的其他所有审计准则，否则，注册会计师不得在审计报告中声称遵守了审计准则。

第三十四条 为了实现注册会计师的总体目标，在计划和实施审计工作时，注册会计师应当运用相关审计准则规定的目标。在运用规定的目标时，注册会计师应当认真考虑各项审计准则之间的相互关系，以采取下列措施：

（一）为了实现审计准则规定的目标，确定是否有必要实施除审计准则规定以外的其他审计程序；

（二）评价是否已获取充分、适当的审计证据。

第三十五条 除非存在下列情况之一，注册会计师应当遵守审计准则的所有要求：

（一）某项审计准则的全部内容与具体审计工作不相关；

（二）由于审计准则的某项要求存在适用条件，而该条件并不存在，导致该项要求不适用。

第三十六条 在极其特殊的情况下，注册会计师可能认为有必要偏离某项审计准则的相关要求。在这种情况下，注册会计师应当实施替代审计程序以实现相关要求的目的。只有当相关要求的内容是实施某项特定审计程序，而该程序无法在具体审计环境下有效地实现要求的目的时，注册会计师才能偏离该项要求。

第三十七条 如果不能实现相关审计准则规定的目标，注册会计师应当评价这是否使其不能实现总体目标。如果不能实现总体目标，注册会计师应当按照审计准则的规定出具非无保留意见的审计报告，或者在法律法规允许的情况下解除业务约定。

不能实现相关审计准则规定的目标构成重大事项，注册会计师应当按照《中国注册会计师审计准则第1131号——审计工作底稿》的规定予以记录。

第六章 附 则

第三十八条 本准则自2023年7月1日起施行。

中国注册会计师审计准则第1111号
——就审计业务约定条款达成一致意见

（2022年1月5日修订）

第一章 总 则

第一条 为了规范注册会计师确定审计的前提条件是否存在，以及与管理层就审计业务约定条款达成一致意见，制定本准则。

第二条 本准则规范被审计单位控制范围内的，注册会计师与管理层有必要达成一致意见的事项。《中国注册会计师审计准则第1121号——对财务报表审计实施的质量管理》规范注册会计师控制范围内的业务承接的有关事项。

第二章 定 义

第三条 审计的前提条件，是指管理层在编制财务报表时采用可接受的财务报告编制基础，以及管理层对注册会计师执行审计工作的前提的认同。

第四条 在本准则中单独提及的管理层，应当理解为管理层和治理层（如适用）。

第三章 目 标

第五条 注册会计师的目标是，只有通过实施下列工作就执行审计工作的基础达成一致意见后，才承接或保持审计业务：

（一）确定审计的前提条件存在；

（二）确认注册会计师和管理层已就审计业务约定条款达成一致意见。

第四章 要 求

第一节 审计的前提条件

第六条 为了确定审计的前提条件是否存在，注册会计师应当：

（一）确定管理层在编制财务报表时采用的财务报告编制基础是否是可接受的；

（二）就管理层认可并理解其责任与管理层达成一致意见。

管理层的责任包括：

（一）按照适用的财务报告编制基础编制财务报表，并使其实现公允反映（如适用）；

（二）设计、执行和维护必要的内部控制，以使财务报表不存在由于舞弊或错误导致的重大错报；

（三）向注册会计师提供必要的工作条件，包括允许注册会计师接触与编制财务报表相关的所有信息（如记录、文件和其他事项），向注册会计师提供审计所需要的其他的信息，允许注册会计师在获取审计证据时不受限制地接触其认为必要的内部人员和其他相关人员。

第七条 如果管理层或治理层在拟议的审计业务约定条款中对审计工作的范围施加限制，以致注册会计师认为这种限制将导致其对财务报表发表无法表示意见，注册会计师不应将该项业务作为审计业务予以承接，除非法律法规另有规定。

第八条 如果审计的前提条件不存在，注册会计师应当就此与管理层沟通。在下列情况下，除非法律法规另有规定，注册会计师不应承接拟议的审计业务：

（一）除本准则第十九条规定的情形外，注册会计师确定被审计单位在编制财务报表时采用的财务报告编制基础不可接受；

（二）注册会计师未能与管理层达成本准则第六条第一款第（二）项提及的一致意见。

第二节　就审计业务约定条款达成一致意见

第九条 注册会计师应当就审计业务约定条款与管理层或治理层（如适用）达成一致意见。

第十条 注册会计师应当将达成一致意见的审计业务约定条款记录于审计业务约定书或其他适当形式的书面协议中。审计业务约定条款应当包括下列主要内容：

（一）财务报表审计的目标与范围；

（二）注册会计师的责任；

（三）管理层的责任；

（四）指出用于编制财务报表所适用的财务报告编制基础；

（五）提及注册会计师拟出具的审计报告的预期形式和内容，以及对在特定情况下出具的审计报告可能不同于预期形式和内容的说明。

第十一条 如果法律法规足够详细地规定了审计业务约定条款，注册会计师除了记录适用的法律法规以及管理层认可并理解其责任的事实外，不必将本准则第十条规定的事项记录于书面协议。

第十二条 如果法律法规规定的管理层的责任与本准则第六条第二款的规定相似，注册会计师根据判断可能确定法律法规规定的责任与本准则第六条第二款的规定在效果上是等同的。如果等同，注册会计师可以使用法律法规的措辞，在书面协议中描述管理层的责任；如果不等同，注册会计师应当使用本准则第六条第二款的措辞，在书面协议中描述这些责任。

第三节　连续审计

第十三条 对于连续审计，注册会计师应当根据具体情况评估是否需要对审计业务约定条款作出修改，以及是否需要提醒被审计单位注意现有的条款。

第四节　审计业务约定条款的变更

第十四条 在缺乏合理理由的情况下，注册会计师不应同意变更审计业务约定条款。

第十五条 在完成审计业务前，如果被审计单位或委托人要求将审计业务变更为保证程度较低的业务，注册会计师应当确定是否存在合理理由予以变更。

第十六条 如果审计业务约定条款发生变更，注册会计师应当与管理层就新的业务约定条款达成一致意见，并记录于业务约定书或其他适当形式的书面协议中。

第十七条 如果注册会计师不同意变更审计业务约定条款，而管理层又不允许继续执行原审计业务，注册会计师应当：

（一）在适用的法律法规允许的情况下，解除审计业务约定；

（二）确定是否有约定义务或其他义务向治理层、所有者或监管机构等报告该事项。

第五节 业务承接时的其他考虑

第十八条 如果相关部门对涉及财务会计的事项作出补充规定，注册会计师在承接审计业务时应当确定该补充规定是否与财务报告编制基础存在冲突。

如果存在冲突，注册会计师应当与管理层沟通补充规定的性质，并就下列事项之一达成一致意见：

（一）在财务报表中作出额外披露能否满足补充规定的要求；

（二）对财务报表中关于适用的财务报告编制基础的描述是否可以作出相应修改。

如果无法采取上述任何措施，按照《中国注册会计师审计准则第1502号——在审计报告中发表非无保留意见》的规定，注册会计师应当确定是否有必要发表非无保留意见。

第十九条 如果相关部门要求采用的财务报告编制基础不可接受，只有同时满足下列所有条件，注册会计师才能承接该项审计业务：

（一）管理层同意在财务报表中作出额外披露，以避免财务报表产生误导；

（二）在审计业务约定条款中明确，注册会计师按照《中国注册会计师审计准则第1503号——在审计报告中增加强调事项段和其他事项段》的规定，在审计报告中增加强调事项段，以提醒使用者关注额外披露；注册会计师在对财务报表发表的审计意见中不使用“财务报表在所有重大方面按照［适用的财务报告编制基础］编制，公允反映了……”等措辞，除非法律法规另有规定。

第二十条 如果不具备本准则第十九条规定的条件，但相关部门要求注册会计师承接该项审计业务，注册会计师应当：

（一）评价财务报表误导的性质对审计报告的影响；

（二）在审计业务约定条款中适当提及该事项。

第二十一条 如果相关部门规定的审计报告的结构或措辞与审计准则要求的明显不一致，注册会计师应当评价：

（一）使用者是否可能误解从财务报表审计中获取的保证；

（二）如果可能存在误解，审计报告中作出的补充解释是否能够减轻这种误解。

如果认为审计报告中作出的补充解释不能减轻可能的误解，除非法律法规另有规定，注册会计师不应承接该项审计业务。

按照相关部门的这类规定执行的审计工作，并不符合审计准则的要求。因此，注册会计师不应在审计报告中提及已按照审计准则的规定执行了审计工作。

中国注册会计师审计准则第1121号
——对财务报表审计实施的质量管理

（2020年11月19日修订）

第一章 总 则

第一条 为了规范注册会计师在项目层面对财务报表审计实施质量管理的具体责任，以及项目合伙人与之相关的责任，制定本准则。

第二条 注册会计师在使用本准则时，需要同时考虑相关职业道德要求。

第三条 会计师事务所负责设计、实施和运行质量管理体系。根据《会计师事务所质量管理准则第5101号——业务质量管理》的规定，会计师事务所的目标是，针对所执行的财务报表审计业务、财务报表审阅业务、其他鉴证业务和相关服务业务，设计、实施和运行质量管理体系，为会计师事务所在下列方面提供合理保证：

（一）会计师事务所及其人员按照适用的法律法规和职业准则的规定履行职责，并根据这些规定执行业务；

（二）会计师事务所和项目合伙人出具适合具体情况的报告。

第四条 会计师事务所受《会计师事务所质量管理准则第5101号——业务质量管理》和《会计师事务所质量管理准则第5102号——项目质量复核》的约束，是本准则的适用前提。

第五条 审计项目组在项目合伙人的领导下，在会计师事务所质量管理体系的框架下，通过遵守本准则的要求，承担下列责任：

（一）利用会计师事务所传递或从会计师事务所获取的信息，实施会计师事务所政策和程序所要求的、适用于该审计项目的应对措施，以应对质量风险；

（二）考虑审计项目的性质和具体情况，确定除会计师事务所的政策和程序外，是否需要在项目层面设计和采取其他应对措施；

（三）与会计师事务所沟通来自审计项目的信息，或按照会计师事务所的政策和程序应予沟通的信息，以支持会计师事务所质量管理体系的设计、实施和运行。

第六条 遵守其他中国注册会计师审计准则的要求，可能能够为项目层面实施质量管理提供相关的信息。

第七条 对于每项审计业务，注册会计师都实现本准则及其他审计准则的目标，以持续高质量地执行审计业务，是服务公众利益的内在要求。实现审计业务的高质量，需要会计师事务所执业人员按照适用的法律法规和职业准则的规定计划和执行审计工作并出具审计报告。遵守适用的法律法规的规定并实现职业准则的目标需要运用职业判断，保持职业怀疑。

第八条 根据《中国注册会计师审计准则第1101号——注册会计师的总体目标和审计工作的基本要求》的规定，审计项目组应当在计划和执行审计工作时运用职业判断并保持职业怀疑。职业判断用于根据审计项目的性质和具体情况，作出适合管理和实现高质量的、知情的行动决策。职业怀疑为审计项目组作出高质量的职业判断提供支持，并通过这些判断，支持审计项目组在项目层面实现高质量的总体效果。保持职业怀疑可以通过审计项目组的行动和沟通展示出来。这些行动和沟通可能包括一些具体的步骤，以应对可能导致难以运用职业怀疑的障碍，如无意识的倾向或资源上的限制。

第九条　本准则中的各项要求需要结合每项审计项目的性质和具体情况加以运用。例如：

（一）如果某个审计项目完全由项目合伙人执行（如对较不复杂实体的审计），本准则中的某些要求可能与该情形不相关，因为这些要求适用于审计项目组其他成员参与审计项目的情形；

（二）如果某个审计项目并非完全由项目合伙人执行，或被审计单位的性质和具体情况较为复杂，项目合伙人可能将设计或实施某些审计程序的任务分配给审计项目组其他成员。

第十条　项目合伙人对遵守本准则的各项要求承担最终责任。当本准则某些条款采用“项目合伙人应当负责……”的措辞时，表明本准则允许项目合伙人将设计或实施某些审计程序的任务分配给审计项目组中具有适当的专业知识、技能和经验的成员。对于未采用该措辞的条款，则表明该条款中的要求或责任应当由项目合伙人亲自遵守或承担，但项目合伙人可以从会计师事务所或审计项目组其他成员获取信息。

第二章　定　义

第十一条　项目合伙人，就中国注册会计师审计准则而言，是指会计师事务所中负责某项审计项目及其执行，并代表会计师事务所在出具的审计报告上签字的合伙人。

第十二条　项目质量复核，是指在报告日或报告日之前，项目质量复核人员对项目组作出的重大判断及据此得出的结论作出的客观评价。

第十三条　项目质量复核人员，是指会计师事务所中实施项目质量复核的合伙人或其他类似职位的人员，或者由会计师事务所委派实施项目质量复核的外部人员。

第十四条　审计项目组，是指执行某项审计业务的所有合伙人和员工，以及为该项业务实施审计程序的所有其他人员，但不包括外部专家，也不包括为审计项目组提供直接协助的内部审计人员。

第十五条　网络，是指由多个实体组成，旨在通过合作实现下列一个或多个目的的联合体：

（一）共享收益、分担成本；

（二）共享所有权、控制权或管理权；

（三）执行统一的质量管理政策和程序；

（四）执行同一经营战略；

（五）使用同一品牌；

（六）共享重要的专业资源。

第十六条　网络事务所，对于某会计师事务所来说，是指该会计师事务所所在网络中的其他会计师事务所或实体。

第十七条　人员，是指会计师事务所的合伙人和员工。其中，对于非合伙制会计师事务所，合伙人是指类似职位的人员。

第十八条　员工，是指合伙人以外的专业人员，包括会计师事务所的内部专家。

第十九条　职业准则，是指执业准则和相关职业道德要求。其中，执业准则包括中国注册会计师鉴证业务基本准则、中国注册会计师审计准则、中国注册会计师审阅准则、中国注册会计师其他鉴证业务准则、中国注册会计师相关服务准则和会计师事务所质量管理准则。

第二十条 相关职业道德要求，就中国注册会计师审计准则而言，是指在执行财务报表审计业务时，应当遵守的职业道德原则和要求，包括独立性要求（如适用）。

第二十一条 应对措施，就会计师事务所质量管理体系而言，是指会计师事务所为了应对质量风险而设计和实施的政策和程序。其中：

（一）政策，是指会计师事务所为应对质量风险而作出的应当或不应当采取某种措施的规定，这种规定可能以成文的方式存在，也可能通过讯息予以明示，或者暗含于行动或决策中；

（二）程序，是指为执行政策而采取的行动。

第三章 目 标

第二十二条 注册会计师的目标是，在审计项目层面实施质量管理，以就实现高质量获取合理保证。包括下列具体目标：

（一）注册会计师按照适用的法律法规和职业准则的规定履行审计职责，并根据这些规定执行审计业务；

（二）注册会计师出具适合具体情况的审计报告。

第四章 要 求

第一节 管理和实现审计质量的领导责任

第二十三条 项目合伙人应当对管理和实现审计项目的高质量承担总体责任，包括为审计项目组营造强调会计师事务所文化和审计项目组成员行为期望的环境。在此过程中，项目合伙人应当充分、适当地参与整个审计过程，从而能够根据审计项目的性质和具体情况，确定审计项目组作出的重大判断和据此得出的结论是否适当。

第二十四条 在营造本准则第二十三条所述的环境时，项目合伙人应当采取明确、一致和有效的行动，以体现会计师事务所对质量的重视，并确定和沟通对审计项目组成员的行为期望，包括强调下列方面：

（一）审计项目组所有成员都有责任为在项目层面管理和实现业务的高质量作出贡献；

（二）审计项目组成员的职业价值观、职业道德和职业态度的重要性；

（三）在审计项目组内部进行开放、顺畅、深入沟通的重要性，同时，进行沟通能够支持审计项目组成员提出自己的质疑，而不怕遭受报复；

（四）审计项目组成员在整个审计项目中保持职业怀疑的重要性。

第二十五条 如果项目合伙人为了遵守本准则中的某项要求，将设计或实施某些审计程序、执行某些审计工作或采取某些行动的任务分配给审计项目组其他成员，项目合伙人仍然应当通过指导、监督这些审计项目组成员并复核其工作，对管理和实现审计项目的高质量承担总体责任。

第二节 相关职业道德要求

第二十六条 项目合伙人应当了解适用于审计业务的性质和具体情况的相关职业道德要求，包括与独立性相关的要求。

第二十七条 项目合伙人应当负责确保审计项目组其他成员知悉适用于审计业务的性质和具体情况的相关职业道德要求，以及会计师事务所的相关政策和程序，包括与下列方面相关的政策和程序：

（一）识别、评估和应对对遵守相关职业道德要求（包括与独立性相关的要求）的不利影响；

（二）可能导致违反相关职业道德要求（包括与独立性相关的要求）的情形，以及当审计项目组成员意识到这种违反时应当承担的责任；

（三）当审计项目组成员意识到被审计单位存在违反法律法规的迹象时应当承担的责任。

第二十八条 如果项目合伙人注意到某些事项，这些事项表明存在对遵守相关职业道德要求的不利影响，项目合伙人应当通过对照会计师事务所的政策和程序，利用来自会计师事务所、审计项目组或其他来源的相关信息，对这些不利影响作出评价，并采取适当行动。

第二十九条 项目合伙人应当通过观察和必要的询问，在整个审计过程中对审计项目组成员违反相关职业道德要求或会计师事务所相关政策和程序的情形保持警觉。

第三十条 如果项目合伙人通过会计师事务所质量管理体系或其他来源获得的信息，注意到某些事项表明适用于审计业务的性质和具体情况的相关职业道德要求未得到遵守，项目合伙人应当在咨询会计师事务所相关人员后，立即采取适当行动。

第三十一条 在签署审计报告之前，项目合伙人应当负责确定相关职业道德要求（包括与独立性相关的要求）已经得到遵守。

第三节 客户关系和审计业务的接受与保持

第三十二条 项目合伙人应当确定会计师事务所就客户关系和审计业务的接受与保持制定的政策和程序已得到遵守，并且得出的相关结论是适当的。

第三十三条 当按照审计准则的规定计划和执行审计工作以及遵守本准则的要求时，项目合伙人应当考虑在客户关系和审计业务的接受与保持环节获取的信息。

第三十四条 如果审计项目组在接受或保持某项客户关系或审计业务后获知了某些信息，并且，如果这些信息在接受或保持之前获知，可能会导致会计师事务所拒绝接受或保持该客户关系或审计业务，则项目合伙人应当立即与会计师事务所沟通该信息，以使会计师事务所和项目合伙人能够立即采取必要的行动。

第四节 业务资源

第三十五条 项目合伙人应当结合审计项目的性质和具体情况、会计师事务所的政策和程序，以及在执行审计项目过程中可能发生的任何变化，确定充分、适当的资源已被及时分配给审计项目组用于执行审计项目，或使审计项目组能够及时获取这些资源。

第三十六条 项目合伙人应当确保审计项目组成员以及审计项目组成员以外提供直接协助的外部专家或内部审计人员，作为一个集体拥有适当的胜任能力，包括充足的时间执行审计项目。

第三十七条 针对本准则第三十五条至第三十六条的规定，如果项目合伙人确定所分配的资源或审计项目组能够获取的资源对于审计项目的性质和具体情况来说是不充分、不适当的，项目合伙人应当采取适当的行动，包括与适当的人员沟通，以向审计项目组分配或提供额外的资源或替代资源。

第三十八条 项目合伙人应当负责根据审计项目的性质和具体情况，适当使用向审计项目组分配或提供的资源。

第三十九条 项目合伙人应当在考虑审计项目的性质和具体情况的基础上，制定合理的时间预算，以保证项目合伙人和审计项目组其他成员投入充分时间参与审计项目。

第五节 业务执行

第四十条 项目合伙人应当负责对审计项目组成员进行指导、监督并复核其工作。

第四十一条 项目合伙人应当确定指导、监督和复核的性质、时间安排和范围符合下列要求：

（一）按照适用的法律法规和职业准则的规定，以及会计师事务所的政策和程序进行计划和执行；

（二）符合审计项目的性质和具体情况，并与会计师事务所向审计项目组分配或提供的资源相匹配。

第四十二条 项目合伙人应当在审计过程中的适当时点复核审计工作底稿，包括与下列方面相关的工作底稿：

（一）重大事项；

（二）重大判断，包括与在审计中遇到的困难或有争议事项相关的判断，以及得出的结论；

（三）根据项目合伙人的职业判断，与项目合伙人的职责有关的其他事项。

第四十三条 项目合伙人应当确定，审计项目组成员在审计项目执行过程中，将职业准则以及会计师事务所的政策和程序从实质上执行到位，避免审计项目组成员仅简单勾画程序表格而未实质性执行程序、程序与目标不一致、程序执行不到位、审计工作底稿记录不完整等问题，确保审计项目组成员恰当记录判断过程、程序执行情况及得出的结论。

第四十四条 在审计报告日或审计报告日之前，项目合伙人应当通过复核审计工作底稿以及与审计项目组讨论，确保已获取充分、适当的审计证据，以支持得出的结论和拟出具的审计报告。

第四十五条 在签署审计报告前，为确保拟出具的审计报告适合审计项目的具体情况，项目合伙人应当复核财务报表、审计报告以及相关的审计工作底稿，包括对关键审计事项的描述（如适用）。

第四十六条 项目合伙人应当在与管理层、治理层或相关监管机构签署正式书面沟通文件之前对其进行复核。

第四十七条 针对审计项目中需要咨询的事项，项目合伙人应当承担下列责任：

（一）对审计项目组就下列事项进行咨询承担责任：

1.困难或有争议的事项，以及会计师事务所政策和程序要求咨询的事项；

2.项目合伙人根据职业判断认为需要咨询的其他事项。

（二）确定审计项目组成员已在审计过程中就相关事项进行了适当咨询，咨询可能在审计项目组内部进行，或者在审计项目组与会计师事务所内部或外部的其他适当人员之间进行。

（三）确定已与被咨询者就咨询的性质、范围以及形成的结论达成一致意见。

（四）确定咨询形成的结论已得到执行。

第四十八条 对于需要实施项目质量复核的审计项目，项目合伙人应当承担下列责任：

（一）确定会计师事务所已委派项目质量复核人员；

（二）配合项目质量复核人员的工作，并告知审计项目组其他成员配合项目质量复核人员工作的责任；

（三）与项目质量复核人员讨论在审计中遇到的重大事项和重大判断，包括在项目质量复核过程中识别出的重大事项和重大判断；

（四）只有完成项目质量复核，才签署审计报告。

第四十九条 审计项目组内部、审计项目组与项目质量复核人员之间（如适用），或者审计项目组与在会计师事务所质量管理体系内执行相关活动的人员（包括提供咨询的人员）之间如果出现意见分歧，审计项目组应当遵守会计师事务所处理及解决意见分歧的政策和程序。

第五十条 针对意见分歧，项目合伙人应当承担下列责任：

（一）对按照会计师事务所的政策和程序处理和解决意见分歧承担责任；

（二）确定咨询得出的结论已经记录并得到执行；

（三）在所有意见分歧得到解决之前，不得签署审计报告。

第六节 监控与整改

第五十一条 项目合伙人应当负责下列方面：

（一）了解从会计师事务所的监控和整改程序获取的信息，这些信息可能是由会计师事务所提供的，也可能来自网络和网络事务所的监控和整改程序（如适用）；

（二）确定上述第（一）项提及的信息与审计项目的相关性及其对审计项目的影响，并采取适当行动；

（三）在整个审计过程中，对可能与会计师事务所的监控和整改程序相关的信息保持警觉，并将此类信息通报给对监控和整改程序负责的人员。

第七节 对管理和实现高质量承担总体责任

第五十二条 在签署审计报告之前，项目合伙人应当确定其已对管理和实现审计项目的高质量承担责任。在此过程中，项目合伙人应当确定下列事项：

（一）项目合伙人充分、适当地参与了审计项目的全过程，以使其能够确定，根据审计项目的性质和具体情况，审计项目组作出的重大判断和据此得出的结论是适当的；

（二）在遵守本准则的要求时，已考虑了审计项目的性质和具体情况、发生的任何变化，以及会计师事务所与之相关的政策和程序。

第八节 审计工作底稿

第五十三条 注册会计师应当在审计工作底稿中记录下列事项：

（一）针对下列方面识别出的事项、与相关人员进行的讨论以及得出的结论：

1.履行与遵守相关职业道德要求（包括与独立性相关的要求）相关的责任；

2.客户关系和审计业务的接受与保持。

（二）在审计过程中进行咨询的性质、范围、得出的结论，以及这些结论是如何得到执行的。

（三）如果审计项目需要实施项目质量复核，则应当记录项目质量复核已经在审计报告日或之前完成。

中国注册会计师审计准则第1131号
——审计工作底稿

（2022年12月22日修订）

第一章 总 则

第一条 为了规范审计工作底稿的格式、内容和范围以及审计工作底稿的归档，明确注册会计师在财务报表审计中编制审计工作底稿的责任，制定本准则。

第二条 本准则附录中列示的其他审计准则，对在特定情况下就相关事项编制审计工作底稿提出具体要求，但并不构成对本准则普遍适用性的限制。相关法律法规也可能对编制审计工作底稿提出额外要求。

第三条 在符合本准则和其他相关审计准则要求的情况下，审计工作底稿能够实现下列目的：

（一）提供证据，作为注册会计师得出实现总体目标结论的基础；

（二）提供证据，证明注册会计师按照审计准则和相关法律法规的规定计划和执行了审计工作。

第四条 审计工作底稿还可以实现下列目的：

（一）有助于项目组计划和执行审计工作；

（二）有助于负责督导的项目组成员按照《中国注册会计师审计准则第1121号——对财务报表审计实施的质量管理》的规定，履行指导、监督与复核审计工作的责任；

（三）便于项目组说明其执行审计工作的情况；

（四）保留对未来审计工作持续产生重大影响的事项的记录；

（五）便于会计师事务所实施项目质量复核、其他类型的项目复核以及质量管理体系中的监控活动；

（六）便于监管机构和注册会计师协会根据相关法律法规或其他相关要求，对会计师事务所实施执业质量检查。

第二章 定 义

第五条 审计工作底稿，是指注册会计师对制定的审计计划、实施的审计程序、获取的相关审计证据，以及得出的审计结论作出的记录。

第六条 审计档案，是指一个或多个文件夹或其他存储介质，以实物或电子形式存储构成某项具体业务的审计工作底稿的记录。

第七条 有经验的专业人士，是指会计师事务所内部或外部的具有审计实务经验，并且对下列方面有合理了解的人士：

（一）审计过程；

（二）审计准则和相关法律法规的规定；

（三）被审计单位所处的经营环境；

（四）与被审计单位所处行业相关的会计和审计问题。

第三章 目 标

第八条 注册会计师的目标是，编制审计工作底稿以便：

（一）提供充分、适当的记录，作为出具审计报告的基础；

（二）提供证据，证明注册会计师已按照审计准则和相关法律法规的规定计划和执行了审计工作。

第四章 要 求

第一节 及时编制审计工作底稿

第九条 注册会计师应当及时编制审计工作底稿。

第二节 记录实施的审计程序和获取的审计证据

第十条 注册会计师编制的审计工作底稿，应当使得未曾接触该项审计工作的有经验的专业人士清楚了解：

（一）按照审计准则和相关法律法规的规定实施的审计程序的性质、时间安排和范围；

（二）实施审计程序的结果和获取的审计证据；

（三）审计中遇到的重大事项和得出的结论，以及在得出结论时作出的重大职业判断。

第十一条 在记录已实施审计程序的性质、时间安排和范围时，注册会计师应当记录：

（一）测试的具体项目或事项的识别特征；

（二）审计工作的执行人员及完成审计工作的日期；

（三）审计工作的复核人员及复核的日期和范围。

第十二条 注册会计师应当记录与管理层、治理层和其他人员对重大事项的讨论，包括所讨论的重大事项的性质以及讨论的时间、地点和参加人员。

第十三条 如果识别出的信息与针对某重大事项得出的最终结论不一致，注册会计师应当记录如何处理该不一致的情况。

第十四条 在极其特殊的情况下，如果认为有必要偏离某项审计准则的相关要求，注册会计师应当记录实施的替代审计程序如何实现相关要求的目的以及偏离的原因。

第十五条 在某些例外情况下，如果在审计报告日后实施了新的或追加的审计程序，或者得出新的结论，注册会计师应当记录：

（一）遇到的例外情况；

（二）实施的新的或追加的审计程序，获取的审计证据，得出的结论，以及对审计报告的影响；

（三）对审计工作底稿作出相应变动的时间和人员，以及复核的时间和人员。

第十六条 编制审计工作底稿的文字应当使用中文。少数民族自治地区可以同时使用少数民族文字。中国境内的中外合作会计师事务所、国际会计公司成员所可以同时使用某种外国文字。会计师事务所执行涉外业务时可以同时使用某种外国文字。

第三节 审计工作底稿的归档

第十七条 注册会计师应当在审计报告日后及时将审计工作底稿归整为审计档案，并完成归整最终审计档案过程中的事务性工作。

审计工作底稿的归档期限为审计报告日后六十天内。

如果注册会计师未能完成审计业务，审计工作底稿的归档期限为审计业务中止后的六十天内。

第十八条 在完成最终审计档案的归整工作后，注册会计师不应在规定的保存期限届满前删除或废弃任何性质的审计工作底稿。

第十九条 会计师事务所应当自审计报告日起，对审计工作底稿至少保存十年。

如果注册会计师未能完成审计业务，会计师事务所应当自审计业务中止日起，对审计工作底稿至少保存十年。

第二十条 除本准则第十五条规定的情况外，在完成最终审计档案归整工作后，如果注册会计师发现有必要修改现有审计工作底稿或增加新的审计工作底稿，无论修改或增加的性质如何，注册会计师均应当记录：

（一）修改或增加审计工作底稿的理由；

（二）修改或增加审计工作底稿的时间和人员，以及复核的时间和人员。

附录：其他审计准则对编制审计工作底稿的具体要求

本附录列示了其他审计准则对注册会计师在特定情况下就相关事项编制审计工作底稿的具体要求。考虑本附录中列示的事项，并不能代替考虑本准则和应用指南中的规定。

1.《中国注册会计师审计准则第1111号——就审计业务约定条款达成一致意见》第十条至第十二条；

2.《中国注册会计师审计准则第1121号——对财务报表审计实施的质量管理》第五十三条；

3.《中国注册会计师审计准则第1141号——财务报表审计中与舞弊相关的责任》第四十八条至第五十一条；

4.《中国注册会计师审计准则第1142号——财务报表审计中对法律法规的考虑》第三十条；

5.《中国注册会计师审计准则第1151号——与治理层的沟通》第二十四条；

6.《中国注册会计师审计准则第1201号——计划审计工作》第十一条；

7.《中国注册会计师审计准则第1211号——重大错报风险的识别和评估》第四十四条；

8.《中国注册会计师审计准则第1221号——计划和执行审计工作时的重要性》第十四条；

9.《中国注册会计师审计准则第1231号——针对评估的重大错报风险采取的应对措施》第二十八条至第三十条；

10.《中国注册会计师审计准则第1251号——评价审计过程中识别出的错报》第十六条；

11.《中国注册会计师审计准则第1321号——会计估计和相关披露的审计》第三十五条；

12.《中国注册会计师审计准则第1323号——关联方》第二十九条；

13.《中国注册会计师审计准则第1401号——对集团财务报表审计的特殊考虑》第六十三条；

14.《中国注册会计师审计准则第1411号——利用内部审计人员的工作》第三十六条至第三十七条；

15.《中国注册会计师审计准则第1521号——注册会计师对其他信息的责任》第二十五条。

中国注册会计师审计准则第1141号
——财务报表审计中与舞弊相关的责任

（2022年12月22日修订）

第一章 总 则

第一条 为了规范注册会计师在财务报表审计中与舞弊相关的责任，制定本准则。

第二条 在涉及识别、评估和应对舞弊导致的重大错报风险时，本准则是对注册会计师如何应用《中国注册会计师审计准则第1211号——重大错报风险的识别和评估》和《中国注册会计师审计准则第1231号——针对评估的重大错报风险采取的应对措施》的进一步扩展。

第三条 财务报表的错报可能由于舞弊或错误所致。舞弊和错误的区别在于，导致财务报表发生错报的行为是故意行为还是非故意行为。

第四条 舞弊是一个宽泛的法律概念，但注册会计师关注的是导致财务报表发生重大错报的舞弊。

与财务报表审计相关的故意错报，包括编制虚假财务报告导致的错报和侵占资产导致的错报。

尽管注册会计师可能怀疑被审计单位存在舞弊，甚至在极少数情况下识别出发生的舞弊，但注册会计师并不对舞弊是否已实际发生作出法律意义上的判定。

第五条 被审计单位治理层和管理层对防止或发现舞弊负有主要责任。

管理层在治理层的监督下，高度重视对舞弊的防范和遏制是非常重要的。对舞弊进行防范可以减少舞弊发生的机会；对舞弊进行遏制，即发现和惩罚舞弊行为，能够警示被审计单位人员不要实施舞弊。对舞弊的防范和遏制需要管理层营造诚实守信和合乎道德的文化，并且这一文化能够在治理层的有效监督下得到强化。

治理层的监督包括考虑管理层凌驾于控制之上或对财务报告过程施加其他不当影响的可能性，例如，管理层为了影响分析师对被审计单位业绩和盈利能力的看法而操纵利润。

第六条 在按照审计准则的规定执行审计工作时，注册会计师有责任对财务报表整体是否不存在舞弊或错误导致的重大错报获取合理保证。

由于审计的固有限制，即使注册会计师按照审计准则的规定恰当计划和执行了审计工作，也不可避免地存在财务报表中的某些重大错报未被发现的风险。

第七条 在舞弊导致错报的情况下，固有限制的潜在影响尤其重大。舞弊导致的重大错报未被发现的风险，大于错误导致的重大错报未被发现的风险。其原因是舞弊可能涉及精心策划和蓄意实施以进行隐瞒（如伪造证明或故意漏记交易），或者故意向注册会计师提供虚假陈述。如果涉及串通舞弊，注册会计师可能更加难以发现蓄意隐瞒的企图。串通舞弊可能导致原本虚假的审计证据被注册会计师误认为具有说服力。

注册会计师发现舞弊的能力取决于舞弊者实施舞弊的技巧、舞弊者操纵会计记录的频率和范围、舞弊者操纵的每笔金额的大小、舞弊者在被审计单位的职位级别、串通舞弊的程度等因素。

即使可以识别出实施舞弊的潜在机会，但对于诸如会计估计等判断领域的错报，注册会计师也难以确定这类错报是舞弊还是错误导致的。

第八条 管理层舞弊导致的重大错报未被发现的风险，大于员工舞弊导致的重大错报未被发现的风险。其原因是管理层往往可以利用职务之便，直接或间接操纵会计记录，提供虚假的财务信息，或凌驾于为防止其他员工实施类似舞弊而建立的控制之上。

第九条 在获取合理保证时，注册会计师有责任在整个审计过程中保持职业怀疑，考虑管理层凌驾于控制之上的可能性，并认识到对发现错误有效的审计程序未必对发现舞弊有效。本准则的规定旨在帮助注册会计师识别和评估舞弊导致的重大错报风险，以及设计用以发现这类错报的审计程序。

根据法律法规或相关职业道德要求，对于被审计单位的违反法律法规行为（包括舞弊），注册会计师可能承担额外责任。这些责任可能与本准则和其他审计准则不同，或超出了本准则和其他审计准则的规定，例如：

（一）应对识别出的或怀疑存在的违反法律法规行为，包括要求与管理层和治理层专门进行沟通，评价其对违反法律法规行为所作应对的适当性，并确定是否需要采取进一步行动；

（二）向其他注册会计师（例如，在集团财务报表审计中）沟通识别出的或怀疑存在的违反法律法规行为；

（三）对识别出的或怀疑存在的违反法律法规行为的记录要求。对额外责任的履行，可能提供与注册会计师按照本准则和其他审计准则执行工作相关的进一步信息（如与管理层和治理层诚信相关的信息）。

第二章 定 义

第十条 舞弊，是指被审计单位的管理层、治理层、员工或第三方使用欺骗手段获取不当或非法利益的故意行为。

第十一条 舞弊风险因素，是指表明实施舞弊的动机或压力，或者为实施舞弊提供机会的事项或情况。

第三章 目 标

第十二条 注册会计师的目标是：

（一）识别和评估舞弊导致的财务报表重大错报风险；

（二）通过设计和实施恰当的应对措施，针对评估的舞弊导致的重大错报风险，获取充分、适当的审计证据；

（三）恰当应对审计过程中识别出的舞弊或舞弊嫌疑。

第四章 要 求

第一节 职业怀疑

第十三条 按照《中国注册会计师审计准则第 1101 号——注册会计师的总体目标和审计工作的基本要求》的规定，注册会计师应当在整个审计过程中保持职业怀疑，认识到存在舞弊导致的重大错报的可能性，而不应受到以前对管理层、治理层正直和诚信形成的判断的影响。

第十四条 除非存在相反的理由，注册会计师可以将文件和记录作为真品。但如果在审计过程中识别出的情况使注册会计师认为文件可能是伪造的或文件中的某些条款已发生变动但未告知注册会计师，注册会计师应当作出进一步调查。

第十五条 如果管理层或治理层对询问作出的答复相互之间不一致或与其他信息不一

致，注册会计师应当对这种不一致加以调查。

第二节 项目组内部的讨论

第十六条 按照《中国注册会计师审计准则第1211号——重大错报风险的识别和评估》的规定，项目组成员之间应当进行讨论，并由项目合伙人确定将哪些事项向未参与讨论的项目组成员通报。

项目组内部讨论的重点应当包括财务报表易于发生舞弊导致的重大错报的方式和领域，包括舞弊可能如何发生。

在讨论过程中，项目组成员不应假定管理层和治理层是正直和诚信的。

第三节 风险评估程序和相关活动

第十七条 当按照《中国注册会计师审计准则第1211号——重大错报风险的识别和评估》的规定实施风险评估程序和相关活动，以了解被审计单位及其环境、适用的财务报告编制基础和被审计单位内部控制体系时，注册会计师应当实施本准则第十八条至第二十五条规定的审计程序，以获取用以识别舞弊导致的重大错报风险的信息。

第十八条 注册会计师应当向管理层询问：

（一）管理层对财务报表可能存在舞弊导致的重大错报风险的评估，包括评估的性质、范围和频率等；

（二）管理层对舞弊风险的识别和应对过程，包括管理层识别出的或注意到的特定舞弊风险，或可能存在舞弊风险的各类交易、账户余额或披露；

（三）管理层就其对舞弊风险的识别和应对过程向治理层的通报；

（四）管理层就其经营理念和道德观念向员工的通报。

第十九条 注册会计师应当询问管理层和被审计单位内部的其他人员（如适用），以确定其是否知悉任何影响被审计单位的舞弊事实、舞弊嫌疑或舞弊指控。

第二十条 如果被审计单位设有内部审计，注册会计师应当询问内部审计人员，以确定其是否知悉任何影响被审计单位的舞弊事实、舞弊嫌疑或舞弊指控，并获取这些人员对舞弊风险的看法。

第二十一条 除非治理层全部成员参与管理被审计单位，注册会计师应当了解治理层如何监督管理层对舞弊风险的识别和应对过程，以及为降低舞弊风险而建立的控制。

第二十二条 除非治理层全部成员参与管理被审计单位，注册会计师应当询问治理层，以确定其是否知悉任何影响被审计单位的舞弊事实、舞弊嫌疑或舞弊指控。治理层对这些询问的答复，还可在一定程度上作为管理层答复的佐证信息。

第二十三条 注册会计师应当评价在实施分析程序时识别出的异常或偏离预期的关系（包括与收入账户有关的关系），是否表明存在舞弊导致的重大错报风险。

第二十四条 注册会计师应当考虑获取的其他信息是否表明存在舞弊导致的重大错报风险。

第二十五条 注册会计师应当评价通过其他风险评估程序和相关活动获取的信息，是否表明存在舞弊风险因素。

存在舞弊风险因素并不必然表明发生了舞弊，但在舞弊发生时通常存在舞弊风险因素，因此，舞弊风险因素可能表明存在舞弊导致的重大错报风险。

第四节 识别和评估舞弊导致的重大错报风险

第二十六条 按照《中国注册会计师审计准则第1211号——重大错报风险的识别和评估》的规定，注册会计师应当在财务报表层次和各类交易、账户余额、披露的认定层次识别和评估舞弊导致的重大错报风险。

第二十七条 在识别和评估舞弊导致的重大错报风险时，注册会计师应当基于收入确认存在舞弊风险的假定，评价哪些类型的收入、收入交易或认定将导致舞弊风险。

如果认为收入确认存在舞弊风险的假定不适用于业务的具体情况，从而未将收入确认作为舞弊导致的重大错报风险领域，注册会计师应当按照本准则第五十一条的规定形成相应的审计工作底稿。

第二十八条 注册会计师应当将评估的舞弊导致的重大错报风险作为特别风险。如果此前未识别与此类风险相关的控制，注册会计师应当识别被审计单位用于应对该特别风险的控制，评价控制的设计，并确定控制是否得到执行。

第五节 应对评估的舞弊导致的重大错报风险

第二十九条 按照《中国注册会计师审计准则第1231号——针对评估的重大错报风险采取的应对措施》的规定，注册会计师应当针对评估的舞弊导致的财务报表层次重大错报风险确定总体应对措施。

第三十条 在针对评估的舞弊导致的财务报表层次重大错报风险确定总体应对措施时，注册会计师应当：

（一）在分派和督导项目组成员时，考虑承担重要业务职责的项目组成员所具备的知识、技能和能力，并考虑舞弊导致的重大错报风险的评估结果；

（二）评价被审计单位对会计政策（特别是涉及主观计量和复杂交易的会计政策）的选择和运用，是否可能表明管理层通过操纵利润对财务信息作出虚假报告；

（三）在选择审计程序的性质、时间安排和范围时，增加审计程序的不可预见性。

第三十一条 按照《中国注册会计师审计准则第1231号——针对评估的重大错报风险采取的应对措施》的规定，注册会计师应当设计和实施进一步审计程序，审计程序的性质、时间安排和范围应当能够应对评估的舞弊导致的认定层次重大错报风险。例如，针对舞弊导致的认定层次重大错报风险，注册会计师应当考虑实施函证程序以获取更多的相互印证的信息。

第三十二条 管理层处于实施舞弊的独特地位，其原因是管理层有能力通过凌驾于控制之上操纵会计记录并编制虚假财务报表，而这些控制却看似有效运行。

尽管管理层凌驾于控制之上的风险水平因被审计单位而异，但所有被审计单位都存在这种风险。

由于管理层凌驾于控制之上的行为发生方式不可预见，这种风险属于舞弊导致的重大错报风险，从而也是一种特别风险。

第三十三条 无论对管理层凌驾于控制之上的风险的评估结果如何，注册会计师都应当设计和实施审计程序，用以：

（一）测试日常会计核算过程中作出的会计分录以及编制财务报表过程中作出的其他调整是否适当；

（二）复核会计估计是否存在偏向，并评价产生这种偏向的环境是否表明存在舞弊导致的重大错报风险；

（三）对于超出被审计单位正常经营过程的重大交易，或基于对被审计单位及其环境的了解以及在审计过程中获取的其他信息而显得异常的重大交易，评价其商业理由（或缺乏商业理由）是否表明被审计单位从事交易的目的是为了对财务信息作出虚假报告或掩盖侵占资产的行为。

第三十四条 在设计和实施审计程序，以测试日常会计核算过程中作出的会计分录以及编制财务报表过程中作出的其他调整是否适当时，注册会计师应当：

（一）向参与财务报告过程的人员询问与处理会计分录和其他调整相关的不恰当或异常的活动；

（二）选择在报告期末作出的会计分录和其他调整；

（三）考虑是否有必要测试整个会计期间的会计分录和其他调整。

第三十五条 在复核会计估计是否存在偏向时，注册会计师应当：

（一）评价管理层在作出会计估计时所作的判断和决策是否反映出管理层的某种偏向（即使判断和决策孤立地看是合理的），从而可能表明存在舞弊导致的重大错报风险。如果存在偏向，注册会计师应当从整体上重新评价会计估计；

（二）追溯复核与以前年度财务报表反映的重大会计估计相关的管理层判断和假设。

第三十六条 当按照本准则第三十三条至第三十五条实施的程序无法涵盖特定的管理层凌驾于控制之上的其他风险时，注册会计师还应当确定是否有必要实施其他审计程序，以应对识别出的管理层凌驾于控制之上的风险。

第六节 评价审计证据

第三十七条 在就财务报表与所了解的被审计单位的情况是否一致形成总体结论时，注册会计师应当评价在临近审计结束时实施的分析程序，是否表明存在此前尚未识别的舞弊导致的重大错报风险。

第三十八条 如果识别出某项错报，注册会计师应当评价该项错报是否表明存在舞弊。

如果存在舞弊的迹象，鉴于舞弊不太可能是孤立发生的事项，注册会计师应当评价该项错报对审计工作其他方面的影响，特别是对管理层声明可靠性的影响。

第三十九条 如果识别出某项错报，并有理由认为该项错报是或可能是舞弊导致的，且涉及管理层，特别是涉及较高层级的管理层，无论该项错报是否重大，注册会计师都应当重新评价对舞弊导致的重大错报风险的评估结果，以及该结果对旨在应对评估的风险的审计程序的性质、时间安排和范围的影响。

在重新考虑此前获取的审计证据的可靠性时，注册会计师还应当考虑相关的情形是否表明可能存在涉及员工、管理层或第三方的串通舞弊。

第四十条 如果确认财务报表存在舞弊导致的重大错报，或无法确定财务报表是否存在舞弊导致的重大错报，注册会计师应当评价这两种情况对审计的影响。

第七节 无法继续执行审计业务

第四十一条 如果舞弊或舞弊嫌疑导致出现错报，致使注册会计师遇到对其继续执行审计业务的能力产生怀疑的异常情形，注册会计师应当：

（一）确定适用于具体情况的职业责任和法律责任，包括是否需要向审计业务委托人或监管机构报告；

（二）在相关法律法规允许的情况下，考虑是否需要解除业务约定。

第四十二条 如果决定解除业务约定，注册会计师应当采取下列措施：

（一）与适当层级的管理层和治理层讨论解除业务约定的决定和理由；

（二）考虑是否存在职业责任或法律责任，需要向审计业务委托人或监管机构报告解除业务约定的决定和理由。

第八节 书面声明

第四十三条 注册会计师应当就下列事项向管理层和治理层（如适用）获取书面声明：

（一）管理层和治理层认可其设计、执行和维护内部控制以防止和发现舞弊的责任；

（二）管理层和治理层已向注册会计师披露了管理层对舞弊导致的财务报表重大错报风险的评估结果；

（三）管理层和治理层已向注册会计师披露了已知的涉及管理层、在内部控制中承担重要职责的员工以及其他人员（在舞弊行为导致财务报表出现重大错报的情况下）的舞弊或舞弊嫌疑；

（四）管理层和治理层已向注册会计师披露了从现任和前任员工、分析师、监管机构等方面获知的、影响财务报表的舞弊指控或舞弊嫌疑。

第九节 与管理层和治理层的沟通

第四十四条 如果识别出舞弊或获取的信息表明可能存在舞弊，除非法律法规禁止，注册会计师应当及时与适当层级的管理层沟通此类事项，以便管理层告知对防止和发现舞弊事项负有主要责任的人员。

第四十五条 如果确定或怀疑舞弊涉及下列人员，注册会计师应当及时与治理层沟通此类事项，除非治理层全部成员参与管理被审计单位：

（一）管理层；

（二）在内部控制中承担重要职责的员工；

（三）其他人员（在舞弊行为导致财务报表重大错报的情况下）。

如果怀疑舞弊涉及管理层，除非法律法规禁止，注册会计师应当与治理层沟通这一怀疑，并与其讨论为完成审计工作所必需的审计程序的性质、时间安排和范围。

第四十六条 如果根据判断认为还存在与治理层职责相关的、涉及舞弊的其他事项，除非法律法规禁止，注册会计师应当就此与治理层沟通。

第十节 向被审计单位之外的适当机构报告舞弊

第四十七条 如果识别出或怀疑存在舞弊，注册会计师应当确定法律法规或相关职业道德要求是否：

（一）要求注册会计师向被审计单位之外的适当机构作出报告；

（二）规定了相关责任，基于该责任，注册会计师向被审计单位之外的适当机构报告在具体情形下可能是适当的。

第十一节 审计工作底稿

第四十八条 针对《中国注册会计师审计准则第1211号——重大错报风险的识别和评估》所规定的重大错报风险的识别和评估，注册会计师应当将下列内容形成审计工作底稿：

（一）项目组内部就舞弊导致财务报表重大错报的可能性进行讨论所得出的重要结论；

（二）识别和评估的舞弊导致的财务报表层次和认定层次重大错报风险；

（三）在控制活动中识别出的，用于应对评估的舞弊导致的重大错报风险的控制。

第四十九条 《中国注册会计师审计准则第1231号——针对评估的重大错报风险采取的应对措施》规定注册会计师应当记录对评估的重大错报风险采取的应对措施。注册会计师应当将下列内容形成审计工作底稿：

（一）对评估的舞弊导致的财务报表层次重大错报风险采取的总体应对措施；

（二）审计程序的性质、时间安排和范围；

（三）审计程序与评估的舞弊导致的认定层次重大错报风险之间的联系；

（四）实施审计程序（包括用于应对管理层凌驾于控制之上的风险而实施的审计程序）的结果。

第五十条 注册会计师应当在审计工作底稿中记录与管理层、治理层、监管机构或其他相关各方就舞弊事项进行沟通的情况。

第五十一条 如果认为收入确认存在舞弊风险的假定不适用于业务的具体情况，注册会计师应当在审计工作底稿中记录得出该结论的理由。

第五章 附 则

第五十二条 本准则自2023年7月1日起施行。

中国注册会计师审计准则第1142号
——财务报表审计中对法律法规的考虑

（2022年12月22日修订）

第一章 总 则

第一条 为了规范注册会计师在财务报表审计中对法律法规的考虑，制定本准则。

第二条 本准则不适用于注册会计师接受专项委托，对被审计单位遵守特定法律法规进行单独测试并出具报告的其他鉴证业务。

第三条 不同的法律法规对财务报表的影响差异很大。被审计单位需要遵守的所有法律法规，构成注册会计师在财务报表审计中需要考虑的法律法规框架。

某些法律法规的规定对财务报表有直接影响，决定财务报表中的金额和披露。而有些法律法规需要管理层遵守，或规定了允许被审计单位开展经营活动的条件，但不会对财务报表产生直接影响。某些被审计单位属于高度管制的行业，如银行或化工企业等。而有些被审计单位仅受到通常与经营活动相关的法律法规的制约，如安全生产和公平就业等。

违反法律法规可能导致被审计单位面临罚款、诉讼或其他对财务报表产生重大影响的后果。

第四条 在治理层的监督下，保证被审计单位按照法律法规的规定开展经营活动（包括遵守那些决定财务报表中的金额和披露的法律法规的规定），是管理层的责任。

第五条 本准则旨在帮助注册会计师识别由于违反法律法规导致的财务报表重大错

报。注册会计师没有责任防止被审计单位违反法律法规行为，也不能被期望发现所有的违反法律法规行为。

第六条 注册会计师有责任对财务报表整体不存在舞弊或错误导致的重大错报获取合理保证。

在执行财务报表审计时，注册会计师需要考虑适用于被审计单位的法律法规框架。由于审计的固有限制，即使注册会计师按照审计准则的规定恰当地计划和执行审计工作，也不可避免地存在财务报表中的某些重大错报未被发现的风险。

就法律法规而言，由于下列原因，审计的固有限制对注册会计师发现重大错报的能力的潜在影响会加大：

（一）许多法律法规主要与被审计单位经营活动相关，通常不影响财务报表，且不能被与财务报告相关的信息系统所获取；

（二）违反法律法规可能涉及故意隐瞒的行为，如串通、伪造、故意漏记交易、管理层凌驾于控制之上或故意向注册会计师提供虚假陈述；

（三）某行为是否构成违反法律法规，最终只能由法院或其他适当的监管机构认定。

通常情况下，违反法律法规与财务报表反映的交易和事项越不相关，就越难以被注册会计师关注或识别。

第七条 本准则对注册会计师责任的界定，根据被审计单位需要遵守的下列两类不同的法律法规有所区别：

（一）通常对决定财务报表中的重大金额和披露有直接影响的法律法规（如税收和企业年金方面的法律法规）；

（二）对决定财务报表中的金额和披露没有直接影响的其他法律法规，但遵守这些法律法规（如遵守经营许可条件、监管机构对偿债能力的规定或环境保护要求）对被审计单位的经营活动、持续经营能力或避免大额罚款至关重要；违反这些法律法规，可能对财务报表产生重大影响。

第八条 针对本准则第七条提及的两类不同的法律法规，本准则对注册会计师的责任作出不同规定。

针对本准则第七条第（一）项提及的法律法规，注册会计师的责任是，就被审计单位遵守这些法律法规的规定获取充分、适当的审计证据。

针对本准则第七条第（二）项提及的法律法规，注册会计师的责任仅限于实施特定的审计程序，以有助于识别可能对财务报表产生重大影响的违反这些法律法规的行为。

第九条 为了对财务报表形成审计意见而实施的其他审计程序，可能使注册会计师注意到被审计单位违反法律法规的行为，本准则要求注册会计师对这一可能性保持警觉。

考虑到对被审计单位产生影响的法律法规的范围，按照《中国注册会计师审计准则第1101号——注册会计师的总体目标和审计工作的基本要求》的规定，注册会计师在整个审计过程中保持职业怀疑尤为重要。

第十条 根据法律法规或相关职业道德要求，对于被审计单位的违反法律法规行为，注册会计师可能承担额外责任，这些责任可能与本准则不同，或超出了本准则的规定，例如：

（一）应对识别出的或怀疑存在的违反法律法规行为，包括要求与管理层和治理层进行专门沟通，评价其对违反法律法规行为所作应对的适当性，并确定是否需要采取进一步行动；

（二）向其他注册会计师沟通识别出的或怀疑存在的违反法律法规行为（如在集团财务报表审计中）；

（三）对识别出的或怀疑存在的违反法律法规行为的记录要求。

对额外责任的履行，可能提供与注册会计师按照本准则和其他审计准则执行工作相关的进一步信息（如与管理层和治理层诚信相关的信息）。

第二章　定　义

第十一条　本准则所称违反法律法规，是指被审计单位、治理层、管理层，或者为被审计单位工作或受其指使的其他人，有意或无意违背除适用的财务报告编制基础以外的现行法律法规的行为。违反法律法规不包括与被审计单位经营活动无关的个人不当行为。

第三章　目　标

第十二条　注册会计师的目标是：

（一）针对通常对决定财务报表中的重大金额和披露有直接影响的法律法规的规定，获取被审计单位遵守这些规定的充分、适当的审计证据；

（二）针对其他法律法规，实施特定的审计程序，以有助于识别可能对财务报表产生重大影响的违反这些法律法规的行为；

（三）恰当应对在审计过程中识别出的或怀疑存在的违反法律法规行为。

第四章　要　求

第一节　注册会计师对被审计单位遵守法律法规的考虑

第十三条　按照《中国注册会计师审计准则第1211号——重大错报风险的识别和评估》的规定，在了解被审计单位及其环境时，注册会计师应当从总体上了解下列事项：

（一）适用于被审计单位及其所处行业或领域的法律法规框架；

（二）被审计单位如何遵守这些法律法规框架。

第十四条　针对通常对决定财务报表中的重大金额和披露有直接影响的法律法规的规定，注册会计师应当获取被审计单位遵守这些规定的充分、适当的审计证据。

第十五条　注册会计师应当实施下列审计程序，以有助于识别可能对财务报表产生重大影响的违反其他法律法规的行为：

（一）向管理层和治理层（如适用）询问被审计单位是否遵守了这些法律法规；

（二）检查被审计单位与许可证颁发机构或监管机构的往来函件。

第十六条　在审计过程中实施的其他审计程序可能使注册会计师识别出或怀疑存在违反法律法规行为，注册会计师应当对此保持警觉。

第十七条　注册会计师应当要求管理层和治理层（如适用）提供书面声明，以表明被审计单位已向注册会计师披露了所有知悉的、且在编制财务报表时应当考虑其影响的违反法律法规行为或怀疑存在的违反法律法规行为。

第十八条　在未识别出或未怀疑被审计单位违反法律法规的情况下，除执行本准则第十三条至第十七条所述的工作外，注册会计师不必针对被审计单位遵守法律法规实施其他审计程序。

第二节 识别出或怀疑存在违反法律法规行为时实施的审计程序

第十九条 如果注意到与识别出的或怀疑存在的违反法律法规行为相关的信息，注册会计师应当：

（一）了解违反法律法规行为的性质及其发生的环境；

（二）获取进一步的信息，以评价对财务报表可能产生的影响。

第二十条 如果怀疑被审计单位存在违反法律法规行为，注册会计师应当就此与适当层级的管理层和治理层（如适用）进行讨论，除非法律法规禁止。

如果管理层或治理层不能提供充分的信息，证明被审计单位遵守了法律法规，并且注册会计师根据判断认为怀疑存在的违反法律法规行为可能对财务报表产生重大影响，注册会计师应当考虑是否需要征询法律意见。

第二十一条 如果针对怀疑存在的违反法律法规行为不能获取充分的信息，注册会计师应当评价缺乏充分、适当的审计证据对审计意见的影响。

第二十二条 注册会计师应当评价识别出的或怀疑存在的违反法律法规行为对审计的其他方面可能产生的影响，包括对注册会计师风险评估和被审计单位书面声明可靠性的影响，并采取适当措施。

第三节 对识别出的或怀疑存在的违反法律法规行为的沟通和报告

第二十三条 除非治理层全部成员参与管理被审计单位，因而知悉注册会计师已沟通的、涉及识别出的或怀疑存在的违反法律法规行为的事项，注册会计师应当与治理层沟通审计过程中注意到的有关违反法律法规的事项（除非法律法规禁止），但不必沟通明显不重要的事项。

第二十四条 如果根据判断认为本准则第二十三条提及的需要沟通的违反法律法规行为是故意和重大的，注册会计师应当就此尽快与治理层沟通。

第二十五条 如果怀疑违反法律法规行为涉及管理层或治理层，注册会计师应当向被审计单位更高层级的机构（如有）通报，如审计委员会或监事会。

如果不存在更高层级的机构，或者注册会计师认为被审计单位可能不会对通报作出反应，或者注册会计师不能确定向谁报告，注册会计师应当考虑是否需要向外部监管机构（如有）报告或征询法律意见。

第二十六条 如果认为识别出的或怀疑存在的违反法律法规行为对财务报表具有重大影响，且未能在财务报表中得到充分反映，注册会计师应当按照《中国注册会计师审计准则第1502号——在审计报告中发表非无保留意见》的规定，发表保留意见或否定意见。

第二十七条 如果因管理层或治理层阻挠而无法获取充分、适当的审计证据，以评价是否存在或可能存在对财务报表产生重大影响的违反法律法规行为，注册会计师应当按照《中国注册会计师审计准则第1502号——在审计报告中发表非无保留意见》的规定，根据审计范围受到限制的程度，发表保留意见或无法表示意见。

第二十八条 如果由于审计范围受到管理层或治理层以外的其他方面的限制而无法确定被审计单位是否存在违反法律法规行为，注册会计师应当按照《中国注册会计师审计准则第1502号——在审计报告中发表非无保留意见》的规定，评价这一情况对审计意见的影响。

第二十九条 如果识别出或怀疑存在违反法律法规行为，注册会计师应当确定法律法规或相关职业道德要求是否：

（一）要求注册会计师向被审计单位以外的适当机构作出报告；

（二）规定了相关责任，基于该责任注册会计师向被审计单位以外的适当机构报告在具体情形下可能是适当的。

第四节　审计工作底稿

第三十条　注册会计师应当在审计工作底稿中记录识别出的或怀疑存在的违反法律法规行为，以及：

（一）已实施的审计程序、作出的重大职业判断和形成的结论；

（二）与管理层、治理层和其他人员就违反法律法规行为相关的重大事项所作的讨论，包括管理层和治理层（如适用）如何应对这些事项。

第五章　附　则

第三十一条　本准则自2023年7月1日起施行。

中国注册会计师审计准则第1151号
——与治理层的沟通

（2022年12月22日修订）

第一章　总　则

第一条　为了明确注册会计师在财务报表审计中与治理层沟通的责任，制定本准则。

第二条　本准则适用于各种治理结构和规模的被审计单位的财务报表审计，并针对治理层全部成员参与管理的情形以及上市实体提出了特殊考虑。本准则并不规范注册会计师与管理层或所有者的沟通，除非他们同时履行治理职责。

第三条　本准则是针对财务报表审计制定的，但对于其他历史财务信息审计，如果治理层对其他历史财务信息的编制负有监督责任，注册会计师可以根据具体情况遵守本准则的相关规定。

第四条　考虑到有效的双向沟通在财务报表审计中的重要性，本准则为注册会计师与治理层的沟通提供了一个基础框架，并明确了应当与其沟通的一些具体事项。

作为对本准则沟通要求的补充，本准则附录列示的其他审计准则对需要沟通的补充事项作出了规定。此外，《中国注册会计师审计准则第1152号——向治理层和管理层通报内部控制缺陷》针对注册会计师向治理层通报在审计过程中识别出的值得关注的内部控制缺陷，提出了具体要求。

法律法规、业务约定或其他规定可能要求沟通本准则或其他审计准则没有规定的其他事项，本准则并不禁止注册会计师就此与治理层沟通。

第五条　本准则主要规范注册会计师向治理层的沟通。但是，有效的双向沟通十分重要，这有助于：

（一）注册会计师和治理层了解与审计相关事项的背景，并建立建设性的工作关系，在建立这种关系时，注册会计师需要保持独立性和客观性；

（二）注册会计师向治理层获取与审计相关的信息，例如，治理层可以帮助注册会计师了解被审计单位及其环境，确定审计证据的适当来源，以及提供有关具体交易或事项的信息；

（三）治理层履行其对财务报告过程的监督责任，从而降低财务报表重大错报风险。

第六条 注册会计师有责任与治理层沟通本准则要求的事项，管理层也有责任就治理层关心的事项与治理层进行沟通，但注册会计师的沟通并不减轻管理层的这种责任。同样，管理层与治理层就应当由注册会计师沟通的事项进行的沟通，也不减轻注册会计师沟通这些事项的责任。但是，管理层就这些事项进行的沟通可能会影响注册会计师与治理层沟通的形式或时间安排。

第七条 清晰地沟通审计准则要求的特定事项是每项审计业务的必要组成部分。但是，审计准则并不要求注册会计师专门实施程序，以识别与治理层沟通的任何其他事项。

第八条 在某些国家和地区，法律法规可能限制注册会计师就某些事项与治理层沟通。法律法规可能明确禁止那些可能不利于适当机构对发生的或怀疑存在的违法行为进行调查的沟通或其他行动（包括引起被审计单位的警觉），例如，当依据反洗钱法令，注册会计师被要求向适当机构报告识别出的或怀疑存在的违反法律法规行为时。在这些情形下，注册会计师考虑的问题可能是复杂的，并可能认为征询法律意见是适当的。

第二章 定 义

第九条 治理层，是指对被审计单位战略方向以及管理层履行经营管理责任负有监督责任的人员或组织。治理层的责任包括对财务报告过程的监督。在某些被审计单位，治理层可能包括管理层成员。

第十条 管理层，是指对被审计单位经营活动的执行负有管理责任的人员。在某些被审计单位，管理层包括部分或全部的治理层成员。

第三章 目 标

第十一条 注册会计师的目标是：

（一）就注册会计师与财务报表审计相关的责任、计划的审计范围和时间安排的总体情况，与治理层进行清晰的沟通；

（二）向治理层获取与审计相关的信息；

（三）及时向治理层通报审计中发现的与治理层对财务报告过程的监督责任相关的重大事项；

（四）推动注册会计师和治理层之间有效的双向沟通。

第四章 要 求

第一节 沟通的对象

第十二条 注册会计师应当确定与被审计单位治理结构中的哪些适当人员进行沟通。

第十三条 如果注册会计师与治理层的下设组织（如审计委员会）或个人沟通，应当确定是否还需要与治理层整体进行沟通。

第十四条 在某些情况下，治理层全部成员参与管理被审计单位，例如，在一家小企业中，仅有的一名业主管理该企业，并且没有其他人负有治理责任。此时，如果就本准则第十七条第（三）项要求沟通的事项已与负有管理责任的人员沟通，且这些人员同时负有治理责任，注册会计师无需就这些事项再次与负有治理责任的相同人员沟通。然而，注册会计师应当确信与负有管理责任人员的沟通能够向所有负有治理责任的人员充分传递应予沟通的内容。

第二节　沟通的事项

第十五条　注册会计师应当与治理层沟通注册会计师与财务报表审计相关的责任，包括：

（一）注册会计师负责对管理层在治理层监督下编制的财务报表形成和发表意见；

（二）财务报表审计并不减轻管理层或治理层的责任。

第十六条　注册会计师应当与治理层沟通计划的审计范围和时间安排的总体情况，包括识别出的特别风险。

第十七条　注册会计师应当与治理层沟通审计中发现的下列事项：

（一）注册会计师对被审计单位会计实务（包括会计政策、会计估计和财务报表披露）重大方面的质量的看法。在适当的情况下，注册会计师应当向治理层解释为何某项在适用的财务报告编制基础下可以接受的重大会计实务，并不一定最适合被审计单位的具体情况；

（二）审计工作中遇到的重大困难；

（三）已与管理层讨论或需要书面沟通的审计中出现的重大事项，以及注册会计师要求提供的书面声明，除非治理层全部成员参与管理被审计单位；

（四）影响审计报告形式和内容的情形（如有）；

（五）审计中出现的、根据职业判断认为与监督财务报告过程相关的所有其他重大事项。

第十八条　如果被审计单位是上市实体，注册会计师还应当与治理层沟通下列内容：

（一）就审计项目组成员、会计师事务所其他相关人员以及会计师事务所和网络事务所按照相关职业道德要求保持了独立性作出声明；

（二）根据职业判断，注册会计师认为会计师事务所、网络事务所与被审计单位之间存在的可能影响独立性的所有关系和其他事项，包括会计师事务所和网络事务所在财务报表涵盖期间为被审计单位和受被审计单位控制的组成部分提供审计、非审计服务的收费总额。这些收费应当分配到适当的业务类型中，以帮助治理层评估这些服务对注册会计师独立性的影响；

（三）为消除对独立性的不利影响或将其降至可接受的水平，已经采取的相关防范措施。

第三节　沟通的过程

第十九条　注册会计师应当就沟通的形式、时间安排和拟沟通的基本内容与治理层沟通。

第二十条　对于审计中发现的重大问题，如果根据职业判断认为采用口头形式沟通不适当，注册会计师应当以书面形式与治理层沟通。书面沟通不必包括审计过程中的所有事项。

第二十一条　注册会计师应当就本准则第十八条要求的注册会计师的独立性，以书面形式与治理层沟通。

第二十二条　注册会计师应当及时与治理层沟通。

第二十三条　注册会计师应当评价其与治理层之间的双向沟通对实现审计目的是否充分。如果认为双向沟通不充分，注册会计师应当评价其对重大错报风险评估以及获取充分、适当的审计证据的能力的影响，并采取适当措施。

第四节 审计工作底稿

第二十四条 如果本准则要求沟通的事项是以口头形式沟通的，注册会计师应当将其包括在审计工作底稿中，并记录沟通的时间和对象。

如果本准则要求沟通的事项是以书面形式沟通的，注册会计师应当保存一份沟通文件的副本，作为审计工作底稿的一部分。

附录：（参见本准则第四条）会计师事务所质量管理准则和其他审计准则对与治理层沟通的具体要求

《会计师事务所质量管理准则第5101号——业务质量管理》和下列审计准则要求注册会计师与治理层沟通特定事项，但其规定并不影响本准则的普遍适用性：

1.《中国注册会计师审计准则第1141号——财务报表审计中与舞弊相关的责任》第二十二条，第四十二条第（一）项，第四十四条至第四十六条；

2.《中国注册会计师审计准则第1142号——财务报表审计中对法律法规的考虑》第十五条，第二十条，第二十三条至第二十五条；

3.《中国注册会计师审计准则第1152号——向治理层和管理层通报内部控制缺陷》第十条；

4.《中国注册会计师审计准则第1251号——评价审计过程中识别出的错报》第十三条和第十四条；

5.《中国注册会计师审计准则第1312号——函证》第十六条；

6.《中国注册会计师审计准则第1321号——会计估计和相关披露的审计》第三十四条；

7.《中国注册会计师审计准则第1323号——关联方》第二十八条；

8.《中国注册会计师审计准则第1324号——持续经营》第二十四条；

9.《中国注册会计师审计准则第1331号——首次审计业务涉及的期初余额》第九条；

10.《中国注册会计师审计准则第1332号——期后事项》第十条第二款第（二）项和第（三）项，第十三条第二款第（一）项，第十六条第（二）项，第十七条第二款第（一）项，第二十条；

11.《中国注册会计师审计准则第1401号——对集团财务报表审计的特殊考虑》第六十二条；

12.《中国注册会计师审计准则第1502号——在审计报告中发表非无保留意见》第十三条、第十五条、第二十条和第三十一条；

13.《中国注册会计师审计准则第1503号——在审计报告中增加强调事项段和其他事项段》第十三条；

14.《中国注册会计师审计准则第1504号——在审计报告中沟通关键审计事项》第十七条；

15.《中国注册会计师审计准则第1511号——比较信息：对应数据和比较财务报表》第二十一条；

16.《中国注册会计师审计准则第1521号——注册会计师对其他信息的责任》第十八条至第二十条；

17.《会计师事务所质量管理准则第5101号——业务质量管理》第七十八条。

中国注册会计师审计准则第1152号
——向治理层和管理层通报内部控制缺陷

（2022年12月22日修订）

第一章 总 则

第一条 为了规范注册会计师向治理层和管理层恰当通报在财务报表审计中识别出的内部控制缺陷，制定本准则。

第二条 《中国注册会计师审计准则第1211号——重大错报风险的识别和评估》和《中国注册会计师审计准则第1231号——针对评估的重大错报风险采取的应对措施》规范了注册会计师了解内部控制体系以及设计和实施控制测试的责任，本准则不对注册会计师在这方面的责任提出额外要求。

《中国注册会计师审计准则第1151号——与治理层的沟通》进一步规范了注册会计师与治理层沟通审计相关事项的责任。

第三条 在识别和评估重大错报风险时，审计准则要求注册会计师了解被审计单位的内部控制体系。在进行风险评估时，注册会计师了解被审计单位内部控制体系的目的是设计适合具体情况的审计程序，而不是对内部控制的有效性发表意见。

无论在风险评估过程中，还是在审计工作的其他阶段，注册会计师都有可能识别出内部控制缺陷。本准则具体规定了注册会计师应当向治理层和管理层通报哪些识别出的内部控制缺陷。

第四条 本准则并不禁止注册会计师向治理层和管理层通报在审计过程中识别出的其他内部控制事项。

第二章 定 义

第五条 内部控制缺陷，是指在下列任一情况下内部控制存在的缺陷：

（一）某项控制的设计、执行或运行不能及时防止或发现并纠正财务报表错报；

（二）缺少用以及时防止或发现并纠正财务报表错报的必要控制。

第六条 值得关注的内部控制缺陷，是指注册会计师根据职业判断，认为足够重要从而值得治理层关注的内部控制的一个缺陷或多个缺陷的组合。

第三章 目 标

第七条 注册会计师的目标是，向治理层和管理层恰当通报注册会计师在审计过程中识别出的，根据职业判断认为足够重要从而值得治理层和管理层各自关注的内部控制缺陷。

第四章 要 求

第八条 注册会计师应当根据已执行的审计工作，确定是否识别出内部控制缺陷。

第九条 如果识别出内部控制缺陷，注册会计师应当根据已执行的审计工作，确定该缺陷单独或连同其他缺陷是否构成值得关注的内部控制缺陷。

第十条 注册会计师应当以书面形式及时向治理层通报审计过程中识别出的值得关注的内部控制缺陷。

第十一条 注册会计师还应当及时向相应层级的管理层通报下列内部控制缺陷：

（一）已向或拟向治理层通报的值得关注的内部控制缺陷，除非在具体情况下不适合直接向管理层通报；

（二）在审计过程中识别出的、其他方尚未向管理层通报而注册会计师根据职业判断认为足够重要从而值得管理层关注的内部控制其他缺陷。

本条第一款第（一）项所述事项应当采取书面方式通报。

第十二条 值得关注的内部控制缺陷的书面沟通文件应当包括以下内容：

（一）对缺陷的描述以及对其潜在影响的解释；

（二）使治理层和管理层能够了解沟通背景的充分信息。

在向治理层和管理层提供信息时，注册会计师应当特别说明下列事项：

（一）注册会计师执行审计工作的目的是对财务报表发表审计意见；

（二）审计工作包括考虑与财务报表编制相关的内部控制，其目的是设计适合具体情况的审计程序，并非对内部控制的有效性发表意见（如果结合财务报表审计对内部控制的有效性发表意见，应当删除“并非对内部控制的有效性发表意见”的措辞）；

（三）报告的事项仅限于注册会计师在审计过程中识别出的、认为足够重要从而值得向治理层报告的缺陷。

第五章 附 则

第十三条 本准则自2023年7月1日起施行。

中国注册会计师审计准则第1153号
——前任注册会计师和后任注册会计师的沟通

（2010年11月1日修订）

第一章 总 则

第一条 为了规范前任注册会计师和后任注册会计师在财务报表审计中的沟通责任，制定本准则。

第二条 前任注册会计师和后任注册会计师的沟通通常由后任注册会计师主动发起，但需征得被审计单位的同意。

第三条 前任注册会计师和后任注册会计师的沟通可以采用书面或口头的方式。

第二章 定 义

第四条 前任注册会计师，是指已对被审计单位上期财务报表进行审计，但被现任注册会计师接替的其他会计师事务所的注册会计师。接受委托但未完成审计工作，已经或可能与委托人解除业务约定的注册会计师，也视为前任注册会计师。

第五条 后任注册会计师，是指正在考虑接受委托或已经接受委托，接替前任注册会计师对被审计单位本期财务报表进行审计的注册会计师。

如果被审计单位委托注册会计师对已审计财务报表进行重新审计，正在考虑接受委托或已经接受委托的注册会计师也视为后任注册会计师。

第三章 目 标

第六条 注册会计师的目标是：

（一）在接受委托前，后任注册会计师与前任注册会计师就影响业务承接决策的事项进行必要沟通，以确定是否接受委托；

（二）在接受委托后，后任注册会计师在必要时与前任注册会计师就对审计有重大影响的事项进行沟通，以获取必要的审计证据；

（三）前任注册会计师在征得被审计单位书面同意后，对后任注册会计师提出的沟通要求予以必要的配合。

第四章 要 求

第一节 接受委托前的沟通

第七条 在接受委托前，后任注册会计师应当与前任注册会计师进行必要沟通，并对沟通结果进行评价，以确定是否接受委托。

第八条 后任注册会计师应当提请被审计单位以书面方式同意前任注册会计师对其询问作出充分答复。如果被审计单位不同意前任注册会计师作出答复，或限制答复的范围，后任注册会计师应当向被审计单位询问原因，并考虑是否接受委托。

第九条 后任注册会计师向前任注册会计师询问的内容应当合理、具体，至少包括：

（一）是否发现被审计单位管理层存在正直和诚信方面的问题；

（二）前任注册会计师与管理层在重大会计、审计等问题上存在的意见分歧；

（三）前任注册会计师向被审计单位治理层通报的管理层舞弊、违反法律法规行为以及值得关注的内部控制缺陷；

（四）前任注册会计师认为导致被审计单位变更会计师事务所的原因。

第十条 在征得被审计单位书面同意后，前任注册会计师应当根据所了解的事实，对后任注册会计师的合理询问及时作出充分答复。

如果受到被审计单位的限制或存在法律诉讼的顾虑，决定不向后任注册会计师作出充分答复，前任注册会计师应当向后任注册会计师表明其答复是有限的，并说明原因。

如果得到的答复是有限的，或未得到答复，后任注册会计师应当考虑是否接受委托。

第二节 接受委托后的沟通

第十一条 接受委托后，如果需要查阅前任注册会计师的工作底稿，后任注册会计师应当征得被审计单位同意，并与前任注册会计师进行沟通。

第十二条 在征得被审计单位同意后，前任注册会计师应当根据情况确定是否允许后任注册会计师查阅相关审计工作底稿以及查阅的内容。

第十三条 在允许查阅工作底稿之前，前任注册会计师应当向后任注册会计师获取确认函，就审计工作底稿的使用目的、范围和责任等与后任注册会计师达成一致意见。

第十四条 查阅前任注册会计师工作底稿获取的信息可能影响后任注册会计师实施审计程序的性质、时间安排和范围，但后任注册会计师应当对自身实施的审计程序和得出的审计结论负责。

后任注册会计师不应在审计报告中表明，其审计意见全部或部分地依赖前任注册会计师的审计报告或工作。

第三节 发现前任注册会计师审计的财务报表可能存在重大错报时的处理

第十五条 如果发现前任注册会计师审计的财务报表可能存在重大错报，后任注册会计师应当提请被审计单位告知前任注册会计师。必要时，后任注册会计师应当要求被审计单位安排三方会谈，以便采取措施进行妥善处理。

第十六条 如果被审计单位拒绝告知前任注册会计师，或前任注册会计师拒绝参加三方会谈，或后任注册会计师对解决问题的方案不满意，后任注册会计师应当考虑对审计意见的影响或解除业务约定。

第四节　保密义务

第十七条　前任注册会计师和后任注册会计师应当对沟通过程中获知的信息保密。即使未接受委托，后任注册会计师仍应履行保密义务。

第五节　审计工作底稿

第十八条　后任注册会计师应当将沟通的情况记录于审计工作底稿。

第五章　附　则

第十九条　本准则自2012年1月1日起施行。

中国注册会计师审计准则第1201号
——计划审计工作

（2022年12月22日修订）

第一章　总　则

第一条　为了规范注册会计师计划财务报表审计工作，制定本准则。

第二条　本准则基于连续审计业务作出规定，同时也对首次审计业务作出补充规定。

第三条　计划审计工作包括针对审计业务制定总体审计策略和具体审计计划。

按照《中国注册会计师审计准则第1121号——对财务报表审计实施的质量管理》的规定在项目层面实施质量管理，并按照本准则的规定充分地计划审计工作，有利于注册会计师执行财务报表审计工作，具体包括：

（一）有助于注册会计师适当关注重要的审计领域；

（二）有助于注册会计师及时发现和解决潜在的问题；

（三）有助于注册会计师恰当地组织和管理审计业务，以有效的方式执行审计业务；

（四）有助于选择具备必要的专业素质和胜任能力的项目组成员应对预期的风险，并有助于向项目组成员分派适当的工作；

（五）有助于指导和监督项目组成员并复核其工作；

（六）在适用的情况下，有助于协调组成部分注册会计师和专家的工作。

第二章　目　标

第四条　注册会计师的目标是，计划审计工作，以使审计工作以有效的方式得到执行。

第三章　要　求

第一节　项目组关键成员的参与

第五条　项目合伙人和项目组其他关键成员应当参与计划审计工作，包括参与项目组成员的讨论。

第二节　初步业务活动

第六条　注册会计师应当在本期审计业务开始时开展下列初步业务活动：

（一）按照《中国注册会计师审计准则第1121号——对财务报表审计实施的质量管理》的规定，针对客户关系和审计业务的接受与保持，实施相应的程序；

（二）按照《中国注册会计师审计准则第1121号——对财务报表审计实施的质量管

理》的规定，评价遵守相关职业道德要求（包括独立性要求）的情况；

（三）按照《中国注册会计师审计准则第1111号——就审计业务约定条款达成一致意见》的规定，就审计业务约定条款与被审计单位达成一致意见。

第三节　计划活动

第七条　注册会计师应当制定总体审计策略，以确定审计工作的范围、时间安排和方向，并指导具体审计计划的制定。

第八条　在制定总体审计策略时，注册会计师应当考虑按照《中国注册会计师审计准则第1121号——对财务报表审计实施的质量管理》的要求获取的信息，并采取下列措施：

（一）确定审计业务的特征，以界定审计范围；

（二）明确审计业务的报告目标，以计划审计的时间安排和所需沟通的性质；

（三）根据职业判断，考虑用以指导项目组工作方向的重要因素；

（四）考虑初步业务活动的结果，并考虑项目合伙人对被审计单位执行其他业务时获得的经验是否与审计业务相关（如适用）；

（五）确定执行业务所需资源的性质、时间安排和范围。

第九条　注册会计师应当制定具体审计计划。具体审计计划应当包括下列内容：

（一）计划对项目组成员实施指导、监督并复核其工作的性质、时间安排和范围；

（二）按照《中国注册会计师审计准则第1211号——重大错报风险的识别和评估》的规定，计划实施的风险评估程序的性质、时间安排和范围；

（三）按照《中国注册会计师审计准则第1231号——针对评估的重大错报风险采取的应对措施》的规定，在认定层次计划实施的进一步审计程序的性质、时间安排和范围；

（四）根据审计准则的规定，计划应当实施的其他审计程序。

第十条　在审计过程中，注册会计师应当在必要时对总体审计策略和具体审计计划作出更新和修改。

第四节　审计工作底稿

第十一条　注册会计师应当就下列事项形成审计工作底稿：

（一）总体审计策略；

（二）具体审计计划；

（三）在审计过程中对总体审计策略或具体审计计划作出的任何重大修改及其理由，包括对项目组成员实施指导、监督和复核的计划作出的重大修改及其理由。

第五节　首次审计业务的补充考虑

第十二条　在首次审计业务开始前，注册会计师应当开展下列活动：

（一）按照《中国注册会计师审计准则第1121号——对财务报表审计实施的质量管理》的规定，针对接受客户关系和审计业务，实施相应的程序；

（二）如果被审计单位变更了会计师事务所，按照相关审计准则和职业道德要求的规定，与前任注册会计师进行沟通。

第四章　附　则

第十三条　本准则自2023年7月1日起施行。

中国注册会计师审计准则第1211号
——重大错报风险的识别和评估

（2022年12月22日修订）

第一章 总 则

第一条 为了规范注册会计师识别和评估财务报表重大错报风险，制定本准则。

第二条 重大错报风险可能是错误导致的，也可能是舞弊导致的。除本准则外，《中国注册会计师审计准则第1141号——财务报表审计中与舞弊相关的责任》针对舞弊导致的重大错报风险的识别、评估和应对作了进一步规定。

第三条 本准则适用于注册会计师对不同规模或复杂程度的被审计单位执行的财务报表审计业务。

第二章 定 义

第四条 控制，是指被审计单位为实现控制目标所制定的政策和程序。其中：

（一）政策，是指被审计单位为了实施控制而作出的应当或不应当采取某种措施的规定；

（二）程序，是指为执行政策而采取的行动。

第五条 内部控制体系，是指由治理层、管理层和其他人员设计、执行和维护的体系，以合理保证被审计单位能够实现财务报告的可靠性，提高经营效率和效果，以及遵守适用的法律法规等目标。在本准则的框架下，内部控制体系包含五个相互关联的要素：

（一）内部环境（控制环境）；

（二）风险评估；

（三）内部监督；

（四）信息与沟通（信息系统与沟通）；

（五）控制活动。

第六条 认定，是指管理层针对财务报表要素的确认、计量和列报（包括披露）作出的一系列明确或暗含的意思表达。

注册会计师在识别、评估和应对重大错报风险的过程中，将管理层的认定用于考虑可能发生的不同类型的错报。

第七条 相关认定，是指注册会计师识别出重大错报风险的交易类别、账户余额和披露的认定。当注册会计师针对交易类别、账户余额和披露的某项认定识别出重大错报风险时，该项认定即为相关认定。注册会计师确定某项认定是否属于相关认定，应当依据其固有风险，而不考虑相关控制的影响。

第八条 相关交易类别、账户余额和披露，是指存在相关认定的交易类别、账户余额和披露。

第九条 风险评估程序，是指注册会计师为识别、评估财务报表层次和认定层次的重大错报风险，而设计和实施的审计程序。

第十条 固有风险因素，是指在不考虑控制的情况下，导致交易类别、账户余额和披露的某一认定易于发生错报（无论该错报是舞弊还是错误导致，下同）的因素。固有风险因素可以是定性的，也可以是定量的。固有风险因素包括事项或情况的复杂性、主观性、变化、不确定性，以及管理层偏向和其他舞弊风险因素。

第十一条 经营风险，是指影响被审计单位实现经营目标的不确定性。这种不确定性可能源于下列两个方面：

（一）被审计单位制定了不恰当的目标和战略；

（二）某些重要事项或情况（包括作为或不作为）对被审计单位实现目标和实施战略的能力产生了不利影响。

第十二条 特别风险，是指注册会计师识别出的符合下列特征之一的重大错报风险：

（一）根据固有风险因素对错报发生的可能性和错报的严重程度的影响，注册会计师将固有风险评估为达到或接近固有风险等级的最高级；

（二）根据其他审计准则的规定，注册会计师应当将其作为特别风险。

第十三条 信息处理控制，是指与被审计单位信息系统中下列两方面相关的控制：

（一）信息技术应用程序进行的信息处理；

（二）人工进行的信息处理。

这些控制直接应对信息（如交易信息等）完整性、准确性和有效性方面的风险。

第十四条 信息技术一般控制，是指为支持被审计单位信息技术环境持续正常运行而实施的控制，包括为支持信息处理控制持续有效运行，以及确保信息系统中信息的完整性、准确性和有效性而实施的控制。

第十五条 信息技术环境，是指被审计单位用于支持其经营战略和经营活动的信息技术应用程序、支持性信息技术基础设施、信息技术流程以及流程中的相关参与人员。

（一）信息技术应用程序，是指用于生成、处理、记录和报告交易或其他方面信息的程序，包括数据仓库和报告生成工具；

（二）信息技术基础设施，包括网络、操作系统、数据库及相关的硬件和软件；

（三）信息技术流程，是指被审计单位用于管理信息技术环境访问权限、程序更改、信息技术环境变化以及信息技术运行的流程。

第十六条 运用信息技术导致的风险，是指由于被审计单位信息技术一般控制的设计无效或运行无效而导致的下列风险：

（一）信息处理控制的设计无效或运行无效；

（二）信息系统中的信息（如交易信息等）在完整性、准确性和有效性方面存在风险。

第三章 目 标

第十七条 注册会计师的目标是，识别、评估财务报表层次和认定层次重大错报风险，从而为设计和实施应对措施提供依据。

第四章 要 求

第一节 风险评估程序和相关活动

第十八条 注册会计师应当设计和实施风险评估程序，以获取审计证据，为下列方面提供依据：

（一）识别、评估财务报表层次和认定层次重大错报风险，无论该错报是舞弊导致的，还是错误导致的；

（二）按照《中国注册会计师审计准则第1231号——针对评估的重大错报风险采取的应对措施》的规定，设计进一步审计程序。

注册会计师在设计和实施风险评估程序时，不应当偏向于获取佐证性的审计证据，也不应当排斥相矛盾的审计证据。

第十九条 风险评估程序应当包括下列程序：

（一）询问管理层和被审计单位内部其他合适人员，包括内部审计人员；

（二）分析程序；

（三）观察和检查。

第二十条 在根据本准则第十八条的规定获取审计证据时，注册会计师应当考虑从下列方面获取的信息：

（一）客户关系和审计业务的接受与保持；

（二）项目合伙人为被审计单位执行的其他业务。

第二十一条 注册会计师如果利用以前服务被审计单位的经验，或者利用以前审计时实施审计程序获取的信息，应当评价将这些经验和信息作为审计证据是否仍然相关和可靠。

第二十二条 项目合伙人和项目组其他关键成员应当讨论被审计单位财务报表易于发生重大错报的可能性，并讨论如何根据被审计单位的具体情况运用适用的财务报告编制基础的规定。

第二十三条 对于未参与项目组讨论的项目组成员，项目合伙人应当确定向该成员通报的内容。

第二节 了解被审计单位及其环境、适用的财务报告编制基础

第二十四条 注册会计师应当实施风险评估程序，以了解下列方面：

（一）被审计单位及其环境，包括：

1.组织结构、所有权和治理结构、业务模式（包括该业务模式利用信息技术的程度）；

2.行业形势、法律环境、监管环境和其他外部因素；

3.财务业绩的衡量标准，包括内部和外部使用的衡量标准。

（二）适用的财务报告编制基础、会计政策以及变更会计政策的原因。

（三）基于对上述第（一）项和第（二）项的了解，被审计单位在按照适用的财务报告编制基础编制财务报表时，固有风险因素怎样影响各项认定易于发生错报的可能性以及影响的程度。

第二十五条 注册会计师应当评价被审计单位的会计政策是否适当、是否符合适用的财务报告编制基础的规定。

第三节 了解被审计单位内部控制体系各要素

第二十六条 注册会计师为了解与财务报表编制相关的内部环境，应当实施以下风险评估程序：

（一）了解涉及下列方面的控制、流程和组织结构：

1.管理层如何履行其管理职责，例如，被审计单位的组织文化，管理层是否重视诚信、道德和价值观；

2.在治理层与管理层分离的体制下，治理层的独立性以及治理层监督内部控制体系的情况；

3.被审计单位内部权限和职责的分配情况；

4.被审计单位如何吸引、培养和留住具有胜任能力的人员；

5.被审计单位如何使其人员致力于实现内部控制体系的目标。

（二）评价下列方面的情况：

1.在治理层的监督下，管理层是否营造并保持了诚实守信和合乎道德的文化；

2.根据被审计单位的性质和复杂程度，内部环境是否为内部控制体系的其他要素奠定了适当的基础；

3.识别出的内部环境方面的控制缺陷是否会削弱被审计单位内部控制体系的其他要素。

第二十七条 注册会计师为了解被审计单位与财务报表编制相关的风险评估工作，应当实施以下风险评估程序：

（一）了解被审计单位的下列工作：

1.识别与财务报告目标相关的经营风险；

2.评估上述风险的重要程度和发生的可能性；

3.应对上述风险。

（二）根据被审计单位的性质和复杂程度，评价其风险评估工作是否适合其具体情况。

第二十八条 如果注册会计师识别出重大错报风险，而管理层未能识别出这些风险，注册会计师应当：

（一）判断这些风险是否是被审计单位风险评估工作应当识别出的风险。如果注册会计师认为，这些风险是被审计单位风险评估工作应当识别出的风险，则应当了解被审计单位风险评估工作未能识别出这些风险的原因。

（二）考虑对本准则第二十七条第（二）项所规定的注册会计师“评价其风险评估工作是否适合其具体情况”的影响。

第二十九条 注册会计师为了解被审计单位对与财务报表编制相关的内部控制体系的监督工作，应当实施以下风险评估程序：

（一）了解被审计单位实施的持续性评价和单独评价，以及识别出控制缺陷的情况和整改的情况；

（二）了解被审计单位的内部审计，包括内部审计的性质、职责和活动；

（三）了解被审计单位在监督内部控制体系的过程中所使用信息的来源，以及管理层认为这些信息足以信赖的依据；

（四）根据被审计单位的性质和复杂程度，评价被审计单位对内部控制体系的监督是否适合其具体情况。

第三十条 注册会计师为了解被审计单位与财务报表编制相关的信息与沟通，应当实施以下风险评估程序：

（一）了解被审计单位的信息处理活动（包括数据和信息），在这些活动中使用的资源，针对相关交易类别、账户余额和披露的信息处理活动的政策。具体包括：

1.信息在被审计单位信息系统中的传递情况，包括交易如何生成，与交易相关的信息如何进行记录、处理、更正、结转至总账、在财务报表中报告，以及其他方面的相关信息如何获取、处理、在财务报表中披露；

2.与信息传递相关的会计记录、财务报表特定项目以及其他支持性记录；

3.被审计单位的财务报告过程；

4.与上述第1点至第3点相关的被审计单位资源，包括信息技术环境。

（二）了解被审计单位如何沟通与财务报表编制相关的重大事项，以及信息系统和内部控制体系其他要素中的相关报告责任。具体包括：

1.被审计单位内部人员之间的沟通，包括就与财务报告相关的岗位职责和相关人员的角色进行的沟通；

2.管理层与治理层之间的沟通；

3.被审计单位与监管机构等外部各方的沟通。

（三）评价被审计单位的信息与沟通是否能够为被审计单位按照适用的财务报告编制基础编制财务报表提供适当的支持。

第三十一条 注册会计师为了解控制活动，应当实施以下风险评估程序：

（一）识别用于应对认定层次重大错报风险的控制，包括：

1.应对特别风险的控制；

2.与会计分录相关的控制，这些会计分录包括用以记录非经常性的、异常的交易，以及用于调整的非标准会计分录；

3.注册会计师拟测试运行有效性的控制，包括用于应对仅实施实质性程序不能提供充分、适当审计证据的风险的控制；

4.注册会计师根据职业判断认为适当的、能够有助于其实现本准则第十八条中与认定层次重大错报风险有关目标的其他控制。

（二）基于上述第（一）项中识别的控制，识别哪些信息技术应用程序及信息技术环境的其他方面，可能面临运用信息技术导致的风险。

（三）针对上述第（二）项中识别的信息技术应用程序及信息技术环境的其他方面，进一步识别：

1.运用信息技术导致的相关风险；

2.被审计单位用于应对这些风险的信息技术一般控制。

（四）针对上述第（一）项以及第（三）项第2点识别出的每项控制：

1.评价控制的设计是否有效，即这些控制能否应对认定层次重大错报风险或为其他控制的运行提供支持；

2.询问被审计单位内部人员，并实施其他风险评估程序，以确定控制是否得到执行。

第三十二条 注册会计师应当根据对被审计单位内部控制体系各要素的评价，确定是否识别出控制缺陷。

第四节 识别和评估重大错报风险

第三十三条 注册会计师应当识别重大错报风险，并确定其存在于财务报表层次，还是各类交易、账户余额和披露的认定层次。

第三十四条 注册会计师应当确定相关认定，以及相关交易类别、账户余额和披露。

第三十五条 对于识别出的财务报表层次重大错报风险，注册会计师应当从下列两方面对其进行评估：

（一）评价这些风险对财务报表整体产生的影响；

（二）确定这些风险是否影响对认定层次风险的评估结果。

第三十六条 对于识别出的认定层次重大错报风险，注册会计师应当分别评估固有风险和控制风险。

第三十七条 对于识别出的认定层次重大错报风险，注册会计师应当通过评估错报发生的可能性和严重程度来评估固有风险。在评估时，注册会计师应当考虑：

（一）固有风险因素如何以及在何种程度上影响相关认定易于发生错报的可能性；

（二）财务报表层次重大错报风险如何以及在何种程度上影响认定层次重大错报风险中固有风险的评估。

第三十八条 注册会计师应当确定评估的重大错报风险是否为特别风险。

第三十九条 针对某些认定层次重大错报风险，仅实施实质性程序无法为其提供充分、适当的审计证据，注册会计师应当确定评估出的重大错报风险是否属于该类风险。

第四十条 注册会计师拟测试控制运行有效性时，应当评估控制风险；注册会计师不拟测试控制运行有效性时，应当将固有风险的评估结果作为重大错报风险的评估结果。

第四十一条 对于实施风险评估程序获取的审计证据，能否为识别和评估重大错报风险提供适当依据，注册会计师应当作出评价；如果不能提供适当依据，注册会计师应当实施追加的风险评估程序，直至获取的审计证据能够提供这样的依据。在识别和评估重大错报风险时，注册会计师应当考虑通过实施风险评估程序获取的所有审计证据，无论这些证据是佐证性的还是相矛盾的。

第四十二条 如果能够合理预期，某类交易、账户余额和披露中信息的遗漏、错误陈述或含糊表达，可能影响财务报表使用者依据财务报表整体作出的经济决策，则通常认为该类交易、账户余额和披露是重大的。如果重大的交易类别、账户余额和披露未被确定为相关交易类别、账户余额和披露，即注册会计师认为，这些重大的交易类别、账户余额和披露不存在相关认定，则应当评价这样做是否适当。

第四十三条 如果注册会计师新获取的信息与之前识别或评估重大错报风险时所依据的审计证据不一致，注册会计师应当修正之前对重大错报风险的识别或评估结果。

第五节 审计工作底稿

第四十四条 注册会计师应当遵守《中国注册会计师审计准则第1131号——审计工作底稿》的规定，并就下列事项形成审计工作底稿：

（一）项目组内部进行的讨论以及得出的重要结论；

（二）注册会计师根据本准则第二十四条、第二十六条、第二十七条、第二十九条和第三十条的规定了解到的要点和信息来源，以及实施的风险评估程序；

（三）根据本准则第三十一条的规定，对所识别的控制的设计进行的评价，以及如何确定这些控制是否得到执行；

（四）识别、评估的财务报表层次和认定层次重大错报风险，包括特别风险和仅实施实质性程序不能提供充分、适当的审计证据的风险，以及作出有关重大判断的理由。

第五章 附 则

第四十五条 本准则自2023年7月1日起施行。

中国注册会计师审计准则第1221号
——计划和执行审计工作时的重要性

（2019年2月20日修订）

第一章 总 则

第一条 为了规范注册会计师在计划和执行财务报表审计工作时运用重要性概念，制定本准则。

第二条 《中国注册会计师审计准则第1251号——评价审计过程中识别出的错报》规范注册会计师在评价识别出的错报对审计的影响以及未更正错报对财务报表的影响时，如何运用重要性概念。

第三条 财务报告编制基础通常从编制和列报财务报表的角度阐释重要性概念。财务报告编制基础可能以不同的术语解释重要性，但通常而言，重要性概念可从下列方面进行理解：

（一）如果合理预期错报（包括漏报）单独或汇总起来可能影响财务报表使用者依据财务报表作出的经济决策，则通常认为错报是重大的；

（二）对重要性的判断是根据具体环境作出的，并受错报的金额或性质的影响，或受两者共同作用的影响；

（三）判断某事项对财务报表使用者是否重大，是在考虑财务报表使用者整体共同的财务信息需求的基础上作出的。由于不同财务报表使用者对财务信息的需求可能差异很大，因此不考虑错报对个别财务报表使用者可能产生的影响。

第四条 适用的财务报告编制基础对重要性概念的规定，为注册会计师在审计工作中确定重要性提供了参考依据。如果适用的财务报告编制基础未对重要性概念作出规定，本准则第三条为注册会计师确定重要性提供了参考依据。

第五条 注册会计师对重要性的确定属于职业判断，受注册会计师对财务报表使用者对财务信息需求的认识的影响。就审计而言，注册会计师针对财务报表使用者作出下列假定是合理的：

（一）拥有经营、经济活动和会计方面的适当知识，并有意愿认真研究财务报表中的信息；

（二）理解财务报表是在运用重要性水平基础上编制、列报和审计的；

（三）认可建立在对估计和判断的应用以及对未来事项的考虑的基础上的会计计量具有固有的不确定性；

（四）依据财务报表中的信息作出合理的经济决策。

第六条 在计划和执行审计工作，评价识别出的错报对审计的影响，以及未更正错报对财务报表和审计意见的影响时，注册会计师需要运用重要性概念。

第七条 在计划审计工作时，注册会计师需要判断何种情形构成重大错报。

作出的判断为下列方面提供基础：

（一）确定风险评估程序的性质、时间安排和范围；

（二）识别和评估重大错报风险；

（三）确定进一步审计程序的性质、时间安排和范围。

在计划审计工作时确定的重要性（即确定的某一金额），并不必然表明单独或汇总起来低于该金额的未更正错报一定被评价为不重大。即使某些错报低于重要性，与这些错报相关的具体情形可能使注册会计师将其评价为重大。

设计审计程序以发现所有仅因其性质而可能被评价为重大的错报并不可行。然而，考虑披露中潜在错报的性质与设计应对重大错报风险的审计程序相关。此外，注册会计师在评价未更正错报对财务报表的影响时，不仅要考虑未更正错报金额的大小，还要考虑未更正错报的性质以及该错报发生的特定环境。

第二章 定 义

第八条 实际执行的重要性，是指注册会计师确定的低于财务报表整体的重要性的一个或多个金额，旨在将未更正和未发现错报的汇总数超过财务报表整体的重要性的可能性降至适当的低水平。如果适用，实际执行的重要性还指注册会计师确定的低于特定类别的交易、账户余额或披露的重要性水平的一个或多个金额。

第三章 目 标

第九条 注册会计师的目标是，在计划和执行审计工作时恰当地运用重要性概念。

第四章 要 求

第一节 计划审计工作时确定重要性和实际执行的重要性

第十条 在制定总体审计策略时，注册会计师应当确定财务报表整体的重要性。根据被审计单位的特定情况，如果存在一个或多个特定类别的交易、账户余额或披露，其发生的错报金额虽然低于财务报表整体的重要性，但合理预期可能影响财务报表使用者依据财务报表作出的经济决策，注册会计师还应当确定适用于这些交易、账户余额或披露的一个或多个重要性水平。

第十一条 注册会计师应当确定实际执行的重要性，以评估重大错报风险并确定进一步审计程序的性质、时间安排和范围。

第二节 审计过程中修改重要性

第十二条 如果在审计过程中获知了某项信息，而该信息可能导致注册会计师确定与原来不同的财务报表整体重要性或者特定类别的交易、账户余额或披露的一个或多个重要性水平（如适用），注册会计师应当予以修改。

第十三条 如果认为运用低于最初确定的财务报表整体的重要性和特定类别的交易、账户余额或披露的一个或多个重要性水平（如适用）是适当的，注册会计师应当确定是否有必要修改实际执行的重要性，并确定进一步审计程序的性质、时间安排和范围是否仍然适当。

第三节 审计工作底稿

第十四条 注册会计师应当在审计工作底稿中记录下列金额以及在确定这些金额时考虑的因素：

（一）财务报表整体的重要性；

（二）特定类别的交易、账户余额或披露的一个或多个重要性水平（如适用）；

（三）实际执行的重要性；

（四）随着审计过程的推进，对本条第（一）项至第（三）项内容作出的任何修改。

第五章 附 则

第十五条 本准则自2019年7月1日起施行。

中国注册会计师审计准则第1231号
——针对评估的重大错报风险采取的应对措施

（2022年12月22日修订）

第一章 总 则

第一条 为了规范注册会计师针对评估的重大错报风险设计和实施应对措施，制定本准则。

第二章 定 义

第二条 实质性程序，是指用于发现认定层次重大错报的审计程序。实质性程序包括下列两类程序：

（一）对各类交易、账户余额和披露的细节测试；

（二）实质性分析程序。

第三条 控制测试，是指用于评价内部控制在防止或发现并纠正认定层次重大错报方面的运行有效性的审计程序。

第三章 目 标

第四条 注册会计师的目标是，针对评估的重大错报风险，通过设计和实施恰当的应对措施，获取充分、适当的审计证据。

第四章 要 求

第一节 总体应对措施

第五条 注册会计师应当针对评估的财务报表层次重大错报风险，设计和实施总体应对措施。

第二节 进一步审计程序

第六条 注册会计师应当针对评估的认定层次重大错报风险，设计和实施进一步审计程序，包括审计程序的性质、时间安排和范围。

第七条 在设计拟实施的进一步审计程序时，注册会计师应当：

（一）针对每项相关交易类别、账户余额和披露，考虑评估出认定层次重大错报风险的依据；

（二）评估的风险越高，需要获取越有说服力的审计证据。

上述第（一）项中所述的依据包括：

（一）因相关交易类别、账户余额和披露的具体特征而导致的发生错报的可能性和严重程度（即固有风险）；

（二）风险评估是否考虑了应对重大错报风险的控制（即控制风险），从而要求注册会计师获取审计证据以确定控制是否有效运行（即注册会计师在确定实质性程序的性质、时间安排和范围时拟测试控制运行的有效性）。

第三节 控制测试

第八条 当存在下列情形之一时，注册会计师应当设计和实施控制测试，针对控制运行的有效性，获取充分、适当的审计证据：

（一）在评估认定层次重大错报风险时，预期控制的运行是有效的（即在确定实质性程序的性质、时间安排和范围时，注册会计师拟测试控制运行的有效性）；

（二）仅实施实质性程序并不能够提供认定层次充分、适当的审计证据。

第九条 在设计和实施控制测试时，对控制有效性的信赖程度越高，注册会计师应当获取越有说服力的审计证据。

第十条 在设计和实施控制测试时，注册会计师应当：

（一）将询问与其他审计程序结合使用，以获取有关控制运行有效性的审计证据；

（二）确定拟测试的控制是否依赖其他控制（间接控制）。如果依赖其他控制，确定是否有必要获取支持这些间接控制有效运行的审计证据。

注册会计师获取的有关控制运行有效性的审计证据应当包括：

（一）控制在所审计期间的相关时点是如何运行的；

（二）控制是否得到一贯执行；

（三）控制由谁或以何种方式执行。

第十一条 注册会计师应当按照本准则第十二条和第十五条的规定，测试其拟信赖的特定时点或整个期间的控制，为预期信赖程度提供恰当的依据。

第十二条 如果已获取有关控制在期中运行有效性的审计证据，注册会计师应当：

（一）获取这些控制在剩余期间发生重大变化的审计证据；

（二）确定针对剩余期间还需获取的补充审计证据。

第十三条 在确定利用以前审计获取的有关控制运行有效性的审计证据是否适当，以及再次测试控制的时间间隔时，注册会计师应当考虑下列因素：

（一）被审计单位内部控制体系其他要素的有效性，包括内部环境、被审计单位对内部控制体系的监督工作以及被审计单位的风险评估工作；

（二）控制特征（人工控制还是自动化控制）产生的风险；

（三）信息技术一般控制的有效性；

（四）控制设计及其运行的有效性，包括在以前审计中发现的控制运行偏差的性质和程度，以及是否发生对控制运行产生重大影响的人员变动；

（五）是否存在由于环境发生变化而特定控制缺乏相应变化导致的风险；

（六）重大错报风险和对控制的信赖程度。

第十四条 如果拟利用以前审计获取的有关控制运行有效性的审计证据，注册会计师应当通过获取这些控制在以前审计后是否发生重大变化的审计证据，确定以前审计获取的审计证据是否与本期审计持续相关并且依然可靠。

注册会计师应当通过实施询问并结合观察或检查程序，获取这些控制是否发生重大变化的审计证据，以确认对这些控制的了解，并根据下列情况作出不同处理：

（一）如果已发生变化，且这些变化对以前审计获取的审计证据的持续相关性产生影响，注册会计师应当在本期审计中测试这些控制运行的有效性；

（二）如果未发生变化，注册会计师应当每三年至少对控制测试一次，并且在每年审计中测试部分控制，以避免将所有拟信赖控制的测试集中于某一年，而在之后的两年中不进行任何测试。

第十五条 如果确定评估的认定层次重大错报风险是特别风险，并拟信赖针对该风险实施的控制，注册会计师应当在本期审计中测试这些控制运行的有效性。

第十六条 在评价注册会计师拟信赖的控制的运行有效性时，注册会计师应当评价通过实施实质性程序发现的错报是否表明控制未得到有效运行。但通过实质性程序未发现错报，并不能证明与所测试认定相关的控制是有效的。

第十七条 如果发现拟信赖的控制出现偏差，注册会计师应当进行专门查询以了解这些偏差及其潜在后果，并确定：

（一）已实施的控制测试是否为信赖这些控制提供了适当的基础；

（二）是否有必要实施追加的控制测试；

（三）是否需要针对重大错报风险实施实质性程序。

第四节 实质性程序

第十八条 无论评估的重大错报风险结果如何，注册会计师都应当针对所有重大类别的交易、账户余额和披露，设计和实施实质性程序。

第十九条 注册会计师应当考虑是否将函证程序用作实质性程序。

第二十条 注册会计师实施的实质性程序应当包括下列与财务报表编制完成阶段相关的审计程序：

（一）将财务报表中的信息与其所依据的会计记录进行核对或调节，包括核对或调节披露中的信息，无论该信息是从总账和明细账中获取，还是从总账和明细账之外的其他途径获取；

（二）检查财务报表编制过程中作出的重大会计分录和其他调整。

第二十一条 如果认为评估的认定层次重大错报风险是特别风险，注册会计师应当专门针对该风险实施实质性程序。如果针对特别风险实施的程序仅为实质性程序，这些程序应当包括细节测试。

第二十二条 如果在期中实施了实质性程序，注册会计师应当针对剩余期间实施下列程序之一，以将期中测试得出的结论合理延伸至期末：

（一）结合对剩余期间实施的控制测试，实施实质性程序；

（二）如果认为对剩余期间拟实施的实质性程序是充分的，仅实施实质性程序。

第二十三条 如果期中检查出注册会计师在评估重大错报风险时未预期到的错报，注册会计师应当评价是否需要修改相关的风险评估结果以及针对剩余期间拟实施的实质性程序的性质、时间安排和范围。

第五节 财务报表列报的恰当性

第二十四条 注册会计师应当实施审计程序，评价财务报表的总体列报（包括披露）是否符合适用的财务报告编制基础的规定。在作出这一评价时，注册会计师应当考虑财务报表中的列报方式是否能够：

（一）对财务信息及其依据的交易、事项和状况进行恰当分类和描述；

（二）使财务报表的列报、结构和内容恰当。

第六节 评价审计证据的充分性和适当性

第二十五条 在得出总体结论之前，注册会计师应当根据实施的审计程序和获取的审计证据，评价对认定层次重大错报风险的评估是否仍然适当。

第二十六条 注册会计师应当确定是否已获取充分、适当的审计证据。

在形成审计意见时，注册会计师应当考虑所有相关的审计证据，无论该证据与财务报表认定相互印证还是相互矛盾。

第二十七条　如果对各类交易、账户余额和披露的相关认定没有获取充分、适当的审计证据，注册会计师应当尽可能获取进一步的审计证据。

如果仍然不能获取充分、适当的审计证据，注册会计师应当对财务报表发表保留意见或无法表示意见。

第七节　审计工作底稿

第二十八条　注册会计师应当就下列事项形成审计工作底稿：

（一）针对评估的财务报表层次重大错报风险采取的总体应对措施，以及实施的进一步审计程序的性质、时间安排和范围；

（二）实施的进一步审计程序与评估的认定层次风险之间的联系；

（三）实施进一步审计程序的结果，包括在结果不明显时得出的结论。

第二十九条　如果拟利用在以前审计中获取的有关控制运行有效性的审计证据，注册会计师应当记录信赖这些控制的理由和结论。

第三十条　审计工作底稿应当能够证明财务报表中的信息与其所依据的会计记录是一致的或调节相符的，包括核对或调节披露中的信息，无论该信息是从总账和明细账中获取，还是从总账和明细账之外的其他途径获取。

第五章　附　则

第三十一条　本准则自2023年7月1日起施行。

中国注册会计师审计准则第1241号
——对被审计单位使用服务机构的考虑

（2022年12月22日修订）

第一章　总　则

第一条　为了规范注册会计师在被审计单位使用服务机构的服务时获取充分、适当的审计证据的责任，制定本准则。

第二条　《中国注册会计师审计准则第1211号——重大错报风险的识别和评估》和《中国注册会计师审计准则第1231号——针对评估的重大错报风险采取的应对措施》涉及注册会计师了解被审计单位及其环境（包括与财务报表编制相关的被审计单位内部控制体系），以足以识别和评估重大错报风险，并针对这些风险设计和实施进一步审计程序，本准则是对注册会计师如何应用这些准则的进一步扩展。

第三条　许多被审计单位将部分业务外包给服务机构，这些服务机构提供的服务范围很广，从按照被审计单位的指令执行特定任务，到整体替代被审计单位部分业务单元或职能。服务机构提供的很多服务构成被审计单位业务经营不可或缺的一部分，但并非所有这些服务都与审计相关。

第四条　如果服务机构提供的服务和对服务的控制，构成被审计单位与财务报表编制相关的信息系统的一部分，则服务机构提供的服务与被审计单位财务报表审计相关。服务机构的多数控制可能是与被审计单位财务报表编制相关的信息系统的一部分，或者是与之相关的控制，如与资产安全相关的控制。如果服务机构提供的服务影响到下列任何一项，则该服务被视为构成被审计单位信息系统的一部分：

（一）与相关交易类别、账户余额和披露相关的信息如何在被审计单位信息系统中传递，无论这些信息是从总账和明细账中获取的还是从其他途径获取的，也无论这种传递采用人工方式还是信息技术方式。这包括当服务机构提供的服务影响下列方面时：

1.被审计单位的交易如何生成，与交易相关的信息如何被记录、处理、进行必要的更正、结转至总账以及在财务报表中报告；

2.针对与交易以外的事项或情况相关的信息，被审计单位如何在财务报表中获取、处理和披露。

（二）与上述第（一）项中的信息传递过程相关的被审计单位会计记录、财务报表特定账户和其他支持性记录。

（三）将上述第（二）项中所述的记录用于编制被审计单位财务报表（包括财务报表披露以及与相关交易类别、账户余额和披露相关的会计估计）的财务报告过程。

（四）与上述第（一）项至第（三）项相关的被审计单位信息技术环境。

第五条 对于服务机构提供的服务，注册会计师拟执行工作的性质和范围，取决于服务的性质、服务对被审计单位的重要性以及与审计的相关性。

第六条 如果被审计单位在某一金融机构开设账户，该金融机构提供的服务仅限于按照被审计单位的特别授权在该账户下处理交易（如银行对支票账户交易的处理或证券经纪机构对证券交易的处理），则本准则不适用。

如果被审计单位拥有其他实体（如合伙企业、股份制企业和合资公司）的所有权经济利益，并且这些实体对所有权经济利益进行会计核算和向所有者报告，本准则不适用于对被审计单位因拥有这些实体所有权经济利益而产生的交易的审计。

第二章 定 义

第七条 服务机构，是指向被审计单位提供服务，并且其服务构成与被审计单位财务报告相关的信息系统组成部分的第三方机构（或第三方机构的分部）。

第八条 使用服务机构的被审计单位，在本准则中简称被审计单位，是指使用服务机构且正在接受财务报表审计的实体。

第九条 被审计单位注册会计师，在本准则中简称注册会计师，是指对被审计单位的财务报表进行审计并出具报告的注册会计师。

第十条 服务机构注册会计师，是指接受服务机构委托，对服务机构的控制出具鉴证报告的注册会计师。

第十一条 针对服务机构对控制的描述和设计出具的报告（本准则中称为第一类报告），内容包括：

（一）由服务机构管理层对服务机构系统、控制目标以及在特定日期已得到设计和执行的相关控制作出的描述；

（二）服务机构注册会计师出具的报告（旨在向使用者提供合理保证），包括针对服务机构对系统、控制目标和相关控制的描述，以及控制的设计对实现特定控制目标的适当性发表的意见。

第十二条 针对服务机构对控制的描述、设计和运行有效性出具的报告（本准则中称为第二类报告），内容包括：

（一）由服务机构管理层作出的描述，涉及服务机构系统、控制目标和相关控制、在特定日期或特定期间控制的设计和执行，以及在某些情况下控制在特定期间运行的有效性；

（二）服务机构注册会计师出具的报告（旨在向使用者提供合理保证），包括：针对服务机构对系统、控制目标和相关控制的描述，控制的设计对实现特定控制目标的适当性，以及控制运行的有效性发表的意见；针对控制测试及其结果作出的描述。

第十三条 服务机构的系统，是指为了向被审计单位提供服务机构注册会计师的报告所涵盖的服务而由服务机构设计、执行和维护的政策和程序。

第十四条 被审计单位的互补性控制，是指服务机构在设计服务时假定将由被审计单位实施的控制。如果这些控制对实现控制目标是必要的，则应当在服务机构系统描述中予以明确。

第十五条 分包服务机构，是指服务机构为向被审计单位提供服务而使用的另一个服务机构，其提供的服务是服务机构应提供服务的一部分，且构成被审计单位与财务报告相关的信息系统的组成部分。

第三章 目 标

第十六条 当被审计单位使用服务机构提供的服务时，注册会计师的目标是：

（一）了解服务机构提供的服务的性质和重要性，及其对被审计单位内部控制体系的影响，从而为识别和评估重大错报风险提供适当依据；

（二）针对识别和评估的重大错报风险，设计和实施审计程序。

第四章 要 求

第一节 了解服务机构提供的服务

第十七条 当按照《中国注册会计师审计准则第1211号——重大错报风险的识别和评估》的规定了解被审计单位时，注册会计师应当了解被审计单位在经营中如何利用服务机构提供的服务，包括：

（一）服务机构提供的服务的性质，以及该服务对被审计单位的重要性，包括对被审计单位内部控制体系产生的影响；

（二）由服务机构处理的交易、受服务机构影响的账户或财务报告过程的性质和重要性；

（三）服务机构与被审计单位之间活动的相互影响程度；

（四）被审计单位与服务机构关系的性质，包括服务机构与被审计单位就提供服务订立的相关合同条款。

第十八条 当按照《中国注册会计师审计准则第1211号——重大错报风险的识别和评估》的规定了解被审计单位内部控制体系时，注册会计师应当识别控制活动中与服务机构提供服务相关的控制（包括应用于服务机构所处理的交易的控制），评价这些控制的设计，并确定其是否得到执行。

第十九条 注册会计师应当确定，是否已充分了解服务机构提供的服务的性质和重要性，及其对被审计单位内部控制体系的影响，从而为识别和评估重大错报风险提供适当依据。

第二十条 如果不能从被审计单位获得充分的了解，注册会计师应当实施下列一项或多项程序：

（一）获取第一类报告或第二类报告；

（二）通过被审计单位联系服务机构，以获取特定信息；

（三）访问服务机构，并实施可以获取有关服务机构相关控制的必要信息的程序；

（四）利用其他注册会计师实施可以获取有关服务机构控制的必要信息的程序。

第二十一条 当确定第一类报告或第二类报告提供的审计证据的充分性和适当性时，注册会计师应当确信：

（一）服务机构注册会计师具有相应的专业胜任能力并独立于服务机构；

（二）服务机构注册会计师出具第一类报告或第二类报告所依据的标准是适当的。

第二十二条 如果拟利用第一类报告或第二类报告作为审计证据，以支持对服务机构内部控制设计和执行情况的了解，注册会计师应当：

（一）评价对服务机构控制的描述和设计所针对的时点或期间是否适用于注册会计师的审计目的；

（二）对了解服务机构的控制而言，评价报告提供的证据是否充分和适当；

（三）确定服务机构系统描述中明确的被审计单位的互补性控制是否与被审计单位相关；如果相关，了解被审计单位是否设计和执行了此类控制。

第二节 应对评估的重大错报风险

第二十三条 当按照《中国注册会计师审计准则第1231号——针对评估的重大错报风险采取的应对措施》的规定应对评估的重大错报风险时，注册会计师应当：

（一）确定是否能够从被审计单位保存的记录中获取有关财务报表认定的充分、适当的审计证据；

（二）如果不能获取充分、适当的审计证据，则实施进一步审计程序，或利用其他注册会计师代其对服务机构实施这些程序。

第二十四条 如果在评估重大错报风险时预期服务机构的控制的运行是有效的，注册会计师应当实施下列一项或多项程序，以获取有关这些控制运行有效性的审计证据：

（一）获取第二类报告（如可行）；

（二）对服务机构的控制实施适当测试；

（三）利用其他注册会计师代其对服务机构的控制实施测试。

第二十五条 如果根据本准则第二十四条第（一）项的规定拟利用第二类报告作为服务机构内部控制运行有效性的审计证据，注册会计师应当通过实施下列程序，确定服务机构注册会计师的报告是否能够提供有关内部控制运行有效性的充分、适当的审计证据，以支持对重大错报风险的评估：

（一）评价对服务机构控制的描述、设计和运行有效性所针对的时点或期间是否适用于注册会计师的审计目的；

（二）确定服务机构系统描述中明确的被审计单位的互补性控制是否与被审计单位相关；如果相关，了解被审计单位是否设计和执行了此类控制，如是，测试其运行有效性；

（三）评价控制测试的涵盖期间和自实施控制测试以来的时间间隔的适当性；

（四）评价服务机构注册会计师报告中所述的、由服务机构注册会计师实施的控制测试及其结果是否与被审计单位财务报表的认定相关并提供充分、适当的审计证据，以支持注册会计师的风险评估。

第二十六条 如果注册会计师拟利用的第一类报告或第二类报告不涵盖分包服务机构提供的服务，而这些服务与被审计单位财务报表审计相关，针对这些由分包服务机构提供的服务，注册会计师应当遵守本准则的规定。

第二十七条 注册会计师应当询问被审计单位管理层，确定服务机构是否曾经向被审计单位报告，或被审计单位是否以其他方式获知任何影响被审计单位财务报表的舞弊、违反法律法规行为或未更正错报。

注册会计师应当评价这些事项如何影响进一步审计程序的性质、时间安排和范围，并评价对得出的结论和审计报告的影响。

第三节 审计报告

第二十八条 针对服务机构提供的与被审计单位财务报表审计相关的服务，如果无法获取充分、适当的审计证据，注册会计师应当根据《中国注册会计师审计准则第1502号——在审计报告中发表非无保留意见》的规定，在审计报告中发表非无保留意见。

第二十九条 注册会计师不应在无保留意见的审计报告中提及服务机构注册会计师的相关工作，除非法律法规另有规定。如果法律法规要求提及，审计报告应当指出这种提及并不减轻注册会计师对审计意见承担的责任。

第三十条 如果提及服务机构注册会计师的工作与理解注册会计师出具的非无保留意见相关，审计报告应当指出，这种提及并不减轻注册会计师对审计意见承担的责任。

第五章 附 则

第三十一条 本准则自2023年7月1日起施行。

中国注册会计师审计准则第1251号
——评价审计过程中识别出的错报

（2022年12月22日修订）

第一章 总 则

第一条 为了规范注册会计师评价识别出的错报对审计的影响以及未更正错报对财务报表的影响，制定本准则。

第二条 《中国注册会计师审计准则第1501号——对财务报表形成审计意见和出具审计报告》规定了在对财务报表形成审计意见时，注册会计师应当针对财务报表整体是否不存在重大错报，确定是否已就此获取合理保证得出结论。

注册会计师按照《中国注册会计师审计准则第1501号——对财务报表形成审计意见和出具审计报告》的规定得出的结论，考虑了对未更正错报的评价及其对财务报表的影响。

《中国注册会计师审计准则第1221号——计划和执行审计工作时的重要性》规范了注册会计师在计划和执行财务报表审计工作时恰当运用重要性概念的责任。

第二章 定 义

第三条 错报，是指某一财务报表项目的金额、分类或列报，与按照适用的财务报告编制基础应当列示的金额、分类或列报之间存在的差异。错报可能是由于错误或舞弊导致的。

第四条 未更正错报，是指注册会计师在审计过程中累积的且被审计单位未予更正的错报。

第三章 目 标

第五条 注册会计师的目标是：

（一）评价识别出的错报对审计的影响；

（二）评价未更正错报对财务报表的影响。

第四章 要 求

第一节 累积识别出的错报

第六条 注册会计师应当累积审计过程中识别出的错报，除非错报明显微小。

第二节 随着审计的推进考虑识别出的错报

第七条 如果出现下列情况之一，注册会计师应当确定是否需要修改总体审计策略和具体审计计划：

（一）识别出的错报的性质以及错报发生的环境表明可能存在其他错报，并且可能存在的其他错报与审计过程中累积的错报合计起来可能是重大的；

（二）审计过程中累积的错报合计数接近按照《中国注册会计师审计准则第1221号——计划和执行审计工作时的重要性》的规定确定的重要性。

第八条 如果管理层应注册会计师的要求，检查了某类交易、账户余额或披露并更正了已发现的错报，注册会计师应当实施追加的审计程序，以确定错报是否仍然存在。

第三节 沟通和更正错报

第九条 除非法律法规禁止，注册会计师应当及时将审计过程中累积的所有错报与适当层级的管理层进行沟通。注册会计师还应当要求管理层更正这些错报。

第十条 如果管理层拒绝更正沟通的部分或全部错报，注册会计师应当了解管理层不更正错报的理由，并在评价财务报表整体是否不存在重大错报时考虑该理由。

第四节 评价未更正错报的影响

第十一条 在评价未更正错报的影响之前，注册会计师应当重新评估按照《中国注册会计师审计准则第1221号——计划和执行审计工作时的重要性》的规定确定的重要性，以根据被审计单位的实际财务结果确认其是否仍然适当。

第十二条 注册会计师应当确定未更正错报单独或汇总起来是否重大。在确定时，注册会计师应当考虑：

（一）相对特定类别的交易、账户余额或披露以及财务报表整体而言，错报的金额和性质以及错报发生的特定环境；

（二）与以前期间相关的未更正错报对有关类别的交易、账户余额或披露以及财务报表整体的影响。

第十三条 除非法律法规禁止，注册会计师应当与治理层沟通未更正错报，以及这些错报单独或汇总起来可能对审计意见产生的影响。注册会计师在沟通时应当逐项指明重大的未更正错报。注册会计师应当要求被审计单位更正未更正错报。

第十四条 注册会计师应当与治理层沟通与以前期间相关的未更正错报对有关类别的交易、账户余额或披露以及财务报表整体的影响。

第五节 书面声明

第十五条 注册会计师应当要求管理层和治理层（如适用）提供书面声明，说明其是否认为未更正错报单独或汇总起来对财务报表整体的影响不重大。这些错报项目的概要应当包含在书面声明中或附在其后。

第六节 审计工作底稿

第十六条 注册会计师应当就下列事项形成审计工作底稿：

（一）设定的某一金额，低于该金额的错报视为明显微小；

（二）审计过程中累积的所有错报，以及是否已得到更正；

（三）注册会计师就未更正错报单独或汇总起来是否重大得出的结论，以及得出结论的基础。

第五章 附 则

第十七条 本准则自2023年7月1日起施行。

中国注册会计师审计准则第1301号
——审计证据

（2022年12月22日修订）

第一章 总 则

第一条 为了规范注册会计师在财务报表审计中确定审计证据的构成，明确注册会计师设计和实施审计程序以获取充分、适当的审计证据的责任，制定本准则。

第二条 本准则适用于注册会计师在审计过程中获取和评价所有审计证据。其他审计准则对获取和评价审计证据提出了进一步要求。例如，《中国注册会计师审计准则第1211号——重大错报风险的识别和评估》等准则规范了审计的具体方面对审计证据的要求；《中国注册会计师审计准则第1324号——持续经营》等准则规范了针对特定问题需要获取的审计证据；《中国注册会计师审计准则第1313号——分析程序》等准则规范了获取审计证据需要实施的具体程序；《中国注册会计师审计准则第1101号——注册会计师的总体目标和审计工作的基本要求》和《中国注册会计师审计准则第1231号——针对评估的重大错报风险采取的应对措施》等准则规范了对已获取审计证据的充分性和适当性的评价。

第三条 审计证据的可靠性受其来源和性质的影响，并取决于获取审计证据的具体环境。判断审计证据可靠性的一般原则包括：

（一）从被审计单位外部独立来源获取的审计证据比从其他来源获取的审计证据更可靠；

（二）相关控制有效时内部生成的审计证据比控制薄弱时内部生成的审计证据更可靠；

（三）直接获取的审计证据比间接获取或推论得出的审计证据更可靠；

（四）以文件记录形式（包括纸质、电子或其他介质）存在的审计证据比口头形式的审计证据更可靠；

（五）从原件获取的审计证据比从复印、传真或通过拍摄、数字化或其他方式转化成电子形式的文件获取的审计证据更可靠。

通常情况下，注册会计师以函证方式直接从被询证者获取的审计证据，比被审计单位内部生成的审计证据更可靠。通过函证等方式从独立来源获取的相互印证的信息，可以提高注册会计师从会计记录或管理层书面声明中获取的审计证据的保证水平。

第二章 定 义

第四条 审计证据，是指注册会计师为了得出审计结论和形成审计意见而使用的信息。审计证据包括构成财务报表基础的会计记录所含有的信息和从其他来源获取的信息。

第五条 会计记录，是指对初始会计分录形成的记录和支持性记录。例如，支票、电子资金转账记录、发票和合同；总分类账、明细分类账、会计分录以及对财务报表予以调整但未在账簿中反映的其他分录；支持成本分配、计算、调节和披露的手工计算表和电子数据表。

第六条 审计证据的充分性，是对审计证据数量的衡量。注册会计师需要获取的审计证据的数量受其对重大错报风险评估的影响，并受审计证据质量的影响。

第七条 审计证据的适当性，是对审计证据质量的衡量，即审计证据在支持审计意见所依据的结论方面具有的相关性和可靠性。

第八条 管理层的专家，是指在会计、审计以外的某一领域具有专长的个人或组织，其工作被管理层利用以协助编制财务报表。

第三章 目 标

第九条 注册会计师的目标是，通过恰当的方式设计和实施审计程序，获取充分、适当的审计证据，以得出合理的结论，作为形成审计意见的基础。

第四章 要 求

第一节 充分、适当的审计证据

第十条 注册会计师应当根据具体情况设计和实施恰当的审计程序，以获取充分、适当的审计证据。

第二节 用作审计证据的信息

第十一条 在设计和实施审计程序时，注册会计师应当考虑用作审计证据的信息的相关性和可靠性，包括从外部信息来源获取的信息。

第十二条 如果用作审计证据的信息在编制时利用了管理层的专家的工作，注册会计师应当考虑管理层的专家的工作对实现注册会计师目的的重要性，并在必要的范围内实施下列程序：

（一）评价管理层的专家的胜任能力、专业素质和客观性；

（二）了解管理层的专家的工作；

（三）评价将管理层的专家的工作用作有关认定的审计证据的适当性。

第十三条 在使用被审计单位生成的信息时，注册会计师应当评价该信息对实现审计目的是否足够可靠，包括根据具体情况在必要时实施下列程序：

（一）获取有关信息准确性和完整性的审计证据；

（二）评价信息对实现审计目的是否足够准确和详细。

第三节 选取测试项目以获取审计证据

第十四条 在设计控制测试和细节测试时，注册会计师应当确定选取测试项目的方法，以有效实现审计程序的目的。

第四节 审计证据之间存在不一致或对审计证据可靠性存有疑虑

第十五条 如果存在下列情形之一，注册会计师应当确定需要修改或追加哪些审计程序予以解决，并考虑存在的情形对审计其他方面的影响：

（一）从某一来源获取的审计证据与从另一来源获取的不一致；

（二）注册会计师对用作审计证据的信息的可靠性存有疑虑。

中国注册会计师审计准则第1311号
——对存货、诉讼和索赔、分部信息等特定项目获取审计证据的具体考虑

（2019年2月20日修订）

第一章 总 则

第一条 为了规范注册会计师在财务报表审计中对存货、诉讼和索赔、分部信息等特定项目的某些方面获取充分、适当的审计证据的具体考虑，制定本准则。

第二条 本准则适用于注册会计师按照《中国注册会计师审计准则第1231号——针对评估的重大错报风险采取的应对措施》、《中国注册会计师审计准则第1301号——审计证据》和其他相关审计准则的规定对本准则第一条提及的特定项目的某些方面获取审计证据。

第二章 目 标

第三条 注册会计师的目标是，针对特定项目的下列方面获取充分、适当的审计证据：

（一）存货的存在和状况；

（二）涉及被审计单位的诉讼和索赔事项的完整性；

（三）按照适用的财务报告编制基础对分部信息的列报。

第三章 要 求

第一节 存 货

第四条 如果存货对财务报表是重要的，注册会计师应当实施下列审计程序，对存货的存在和状况获取充分、适当的审计证据：

（一）在存货盘点现场实施监盘（除非不可行）；

（二）对期末存货记录实施审计程序，以确定其是否准确反映实际的存货盘点结果。

在存货盘点现场实施监盘时，注册会计师应当实施下列审计程序：

（一）评价管理层用以记录和控制存货盘点结果的指令和程序；

（二）观察管理层制订的盘点程序的执行情况；

（三）检查存货；

（四）执行抽盘。

第五条 如果存货盘点在财务报表日以外的其他日期进行，注册会计师除实施本准则第四条规定的审计程序外，还应当实施其他审计程序，以获取审计证据，确定存货盘点日与财务报表日之间的存货变动是否已得到恰当的记录。

第六条 如果由于不可预见的情况，无法在存货盘点现场实施监盘，注册会计师应当另择日期实施监盘，并对间隔期内发生的交易实施审计程序。

第七条 如果在存货盘点现场实施存货监盘不可行，注册会计师应当实施替代审计程序，以获取有关存货的存在和状况的充分、适当的审计证据。

如果不能实施替代审计程序，注册会计师应当按照《中国注册会计师审计准则第

1502号——在审计报告中发表非无保留意见》的规定，在审计报告中发表非无保留意见。

第八条 如果由第三方保管或控制的存货对财务报表是重要的，注册会计师应当实施下列一项或两项审计程序，以获取有关该存货存在和状况的充分、适当的审计证据：

（一）向持有被审计单位存货的第三方函证存货的数量和状况；

（二）实施检查或其他适合具体情况的审计程序。

第二节 诉讼和索赔

第九条 注册会计师应当设计和实施审计程序，以识别涉及被审计单位的可能导致重大错报风险的诉讼和索赔事项。

这些审计程序包括：

（一）询问管理层和被审计单位内部其他人员，包括询问被审计单位内部法律顾问；

（二）查阅治理层的会议纪要和被审计单位与外部法律顾问之间的往来信函；

（三）复核法律费用账户记录。

第十条 如果评估识别出的诉讼或索赔事项存在重大错报风险，或者实施的审计程序表明可能存在其他重大诉讼或索赔事项，注册会计师除实施其他审计准则规定的审计程序外，还应当寻求与被审计单位外部法律顾问进行直接沟通。注册会计师应当通过亲自寄发由管理层编制的询证函，要求外部法律顾问直接与注册会计师沟通。

如果法律法规禁止被审计单位外部法律顾问与注册会计师进行直接沟通，注册会计师应当实施替代审计程序。

第十一条 如果管理层不同意注册会计师与外部法律顾问沟通或会面，或者外部法律顾问拒绝对询证函恰当回复或被禁止回复，并且注册会计师无法通过实施替代审计程序获取充分、适当的审计证据，注册会计师应当按照《中国注册会计师审计准则第1502号——在审计报告中发表非无保留意见》的规定，在审计报告中发表非无保留意见。

第十二条 注册会计师应当要求管理层和治理层（如适用）提供书面声明，确认已向注册会计师披露所有其知悉的、已经或可能发生的、在编制财务报表时应当考虑其影响的诉讼和索赔事项，并确认已按照适用的财务报告编制基础进行了会计处理和披露。

第三节 分部信息

第十三条 针对被审计单位按照适用的财务报告编制基础列报的分部信息，注册会计师应当实施下列审计程序，获取充分、适当的审计证据：

（一）了解管理层在确定分部信息时使用的方法；

（二）实施分析程序或其他适合具体情况的审计程序。

在了解管理层确定分部信息使用的方法时，注册会计师应当实施下列审计程序：

（一）评价使用的方法是否已使分部信息按照适用的财务报告编制基础列报；

（二）在适当的情况下，测试对这些方法的应用。

第四章 附 则

第十四条 本准则自2019年7月1日起施行。

中国注册会计师审计准则第1312号
——函证

（2010年11月1日修订）

第一章　总　则

第一条　为了规范注册会计师按照《中国注册会计师审计准则第1231号——针对评估的重大错报风险采取的应对措施》和《中国注册会计师审计准则第1301号——审计证据》的规定使用函证程序，以获取相关、可靠的审计证据，制定本准则。

第二条　本准则不适用于注册会计师对被审计单位诉讼和索赔事项实施询问程序。《中国注册会计师审计准则第1311号——对存货、诉讼和索赔、分部信息等特定项目获取审计证据的具体考虑》规定了有关诉讼和索赔的审计程序。

第三条　《中国注册会计师审计准则第1301号——审计证据》规定，审计证据的可靠性受其来源和性质的影响，并取决于获取审计证据的具体环境。

判断审计证据可靠性的一般原则包括：

（一）从被审计单位外部独立来源获取的审计证据比从其他来源获取的审计证据更可靠；

（二）直接获取的审计证据比间接获取或推论得出的审计证据更可靠；

（三）以文件记录形式（包括纸质、电子或其他介质）存在的审计证据比口头形式的审计证据更可靠。

通常情况下，注册会计师以函证方式直接从被询证者获取的审计证据，比被审计单位内部生成的审计证据更可靠。

第四条　下列审计准则明确了实施函证程序以获取审计证据的重要性：

（一）《中国注册会计师审计准则第1231号——针对评估的重大错报风险采取的应对措施》规定，注册会计师应当针对评估的财务报表层次重大错报风险，设计和实施总体应对措施，针对评估的认定层次重大错报风险，设计和实施进一步审计程序（包括审计程序的性质、时间安排和范围）；无论评估的重大错报风险结果如何，注册会计师都应当针对所有重大类别的交易、账户余额和披露，设计和实施实质性程序；注册会计师应当考虑是否将函证程序用作实质性程序。

（二）《中国注册会计师审计准则第1231号——针对评估的重大错报风险采取的应对措施》规定，评估的风险越高，需要获取越有说服力的审计证据。为此，注册会计师可以增加审计证据的数量或者获取更相关、更可靠的审计证据，或将两种方式结合使用。例如，注册会计师更加重视直接从第三方获取审计证据，或从不同的独立来源获取相互印证的审计证据。实施函证程序，可以帮助注册会计师获取可靠性高的审计证据，以应对由于舞弊或错误导致的特别风险。

（三）《中国注册会计师审计准则第1141号——财务报表审计中与舞弊相关的责任》规定，针对由于舞弊导致的认定层次重大错报风险，注册会计师应当考虑实施函证程序以获取更多的相互印证的信息。

（四）《中国注册会计师审计准则第1301号——审计证据》规定，通过函证等方式从独立来源获取的相互印证的信息，可以提高注册会计师从会计记录或管理层书面声明中获取的审计证据的保证水平。

第二章　定　义

第五条　函证（即外部函证），是指注册会计师直接从第三方（被询证者）获取书面答复作为审计证据的过程，书面答复可以采用纸质、电子或其他介质等形式。

第六条　积极式函证，是指要求被询证者直接向注册会计师回复，表明是否同意询证函所列示的信息，或填列所要求的信息的一种询证方式。

第七条　消极式函证，是指要求被询证者只有在不同意询证函所列示的信息时才直接向注册会计师回复的一种询证方式。

第八条　未回函，是指被询证者对积极式询证函未予回复或回复不完整，或询证函因未被送达而退回。

第九条　不符事项，是指被询证者提供的信息与询证函要求确认的信息不一致，或与被审计单位记录的信息不一致。

第三章　目　标

第十条　在使用函证程序时，注册会计师的目标是，设计和实施函证程序，以获取相关、可靠的审计证据。

第四章　要　求

第一节　函证程序

第十一条　注册会计师应当确定是否有必要实施函证程序以获取认定层次的相关、可靠的审计证据。在作出决策时，注册会计师应当考虑评估的认定层次重大错报风险，以及通过实施其他审计程序获取的审计证据如何将检查风险降至可接受的水平。

第十二条　注册会计师应当对银行存款、借款（包括零余额账户和在本期内注销的账户）、借款及与金融机构往来的其他重要信息实施函证程序，除非有充分证据表明某一银行存款、借款及与金融机构往来的其他重要信息对财务报表不重要且与之相关的重大错报风险很低。如果不对这些项目实施函证程序，注册会计师应当在审计工作底稿中说明理由。

第十三条　注册会计师应当对应收账款实施函证程序，除非有充分证据表明应收账款对财务报表不重要，或函证很可能无效。如果认为函证很可能无效，注册会计师应当实施替代审计程序，获取相关、可靠的审计证据。如果不对应收账款函证，注册会计师应当在审计工作底稿中说明理由。

第十四条　当实施函证程序时，注册会计师应当对询证函保持控制，包括：

（一）确定需要确认或填列的信息；

（二）选择适当的被询证者；

（三）设计询证函，包括正确填列被询证者的姓名和地址，以及被询证者直接向注册会计师回函的地址等信息；

（四）发出询证函并予以跟进，必要时再次向被询证者寄发询证函。

第二节　管理层不允许寄发询证函

第十五条　如果管理层不允许寄发询证函，注册会计师应当：

（一）询问管理层不允许寄发询证函的原因，并就其原因的正当性及合理性收集审计证据；

（二）评价管理层不允许寄发询证函对评估的相关重大错报风险（包括舞弊风险），以及其他审计程序的性质、时间安排和范围的影响；

（三）实施替代程序，以获取相关、可靠的审计证据。

第十六条 如果认为管理层不允许寄发询证函的原因不合理，或实施替代程序无法获取相关、可靠的审计证据，注册会计师应当按照《中国注册会计师审计准则第1151号——与治理层的沟通》的规定，与治理层进行沟通。注册会计师还应当按照《中国注册会计师审计准则第1502号——在审计报告中发表非无保留意见》的规定，确定其对审计工作和审计意见的影响。

第三节 实施函证程序的结果

第十七条 如果存在对询证函回函的可靠性产生疑虑的因素，注册会计师应当进一步获取审计证据以消除这些疑虑。

第十八条 如果认为询证函回函不可靠，注册会计师应当评价其对评估的相关重大错报风险（包括舞弊风险），以及其他审计程序的性质、时间安排和范围的影响。

第十九条 在未回函的情况下，注册会计师应当实施替代程序以获取相关、可靠的审计证据。

第二十条 如果注册会计师认为取得积极式函证回函是获取充分、适当的审计证据的必要程序，则替代程序不能提供注册会计师所需要的审计证据。在这种情况下，如果未获取回函，注册会计师应当按照《中国注册会计师审计准则第1502号——在审计报告中发表非无保留意见》的规定，确定其对审计工作和审计意见的影响。

第二十一条 注册会计师应当调查不符事项，以确定是否表明存在错报。

第四节 消极式函证

第二十二条 消极式函证比积极式函证提供的审计证据的说服力低。除非同时满足下列条件，注册会计师不得将消极式函证作为唯一实质性程序，以应对评估的认定层次重大错报风险：

（一）注册会计师将重大错报风险评估为低水平，并已就与认定相关的控制的运行的有效性获取充分、适当的审计证据；

（二）需要实施消极式函证程序的总体由大量的小额、同质的账户余额、交易或事项构成；

（三）预期不符事项的发生率很低；

（四）没有迹象表明接收询证函的人员或机构不认真对待函证。

第五节 评价获取的审计证据

第二十三条 注册会计师应当评价实施函证程序的结果是否提供了相关、可靠的审计证据，或是否有必要进一步获取审计证据。

第五章 附 则

第二十四条 本准则自2012年1月1日起施行。

中国注册会计师审计准则第1313号
——分析程序

（2022年12月22日修订）

第一章 总 则

第一条 为了规范注册会计师在财务报表审计中将分析程序用作实质性程序（即实质性分析程序），以及在临近审计结束时设计和实施分析程序以有助于对财务报表形成总体结论，制定本准则。

第二条 除本准则以外，其他审计准则也对注册会计师使用分析程序作出了规定。《中国注册会计师审计准则第1211号——重大错报风险的识别和评估》规定了注册会计师将分析程序用作风险评估程序。《中国注册会计师审计准则第1231号——针对评估的重大错报风险采取的应对措施》规定了注册会计师针对评估的重大错报风险实施审计程序的性质、时间安排和范围，这些程序可能包括实质性分析程序。因此，注册会计师在审计过程中使用分析程序时，还需要遵守这些准则的规定。

第二章 定 义

第三条 分析程序，是指注册会计师通过分析不同财务数据之间以及财务数据与非财务数据之间的内在关系，对财务信息作出评价。分析程序还包括在必要时对识别出的、与其他相关信息不一致或与预期值差异重大的波动或关系进行调查。

第三章 目 标

第四条 注册会计师的目标是：

（一）在实施实质性分析程序时，获取相关、可靠的审计证据；

（二）在临近审计结束时，设计和实施分析程序，帮助注册会计师对财务报表形成总体结论，以确定财务报表是否与其对被审计单位的了解一致。

第四章 要 求

第一节 实质性分析程序

第五条 在设计和实施实质性分析程序时，无论单独使用或与细节测试结合使用，注册会计师都应当：

（一）考虑针对所涉及认定评估的重大错报风险和实施的细节测试（如有），确定特定实质性分析程序对这些认定的适用性；

（二）考虑可获得信息的来源、可比性、性质和相关性以及与信息编制相关的控制，评价在对已记录的金额或比率作出预期时使用数据的可靠性；

（三）对已记录的金额或比率作出预期，并评价预期值是否足够精确以识别重大错报（包括单项重大的错报和单项虽不重大但连同其他错报可能导致财务报表产生重大错报的错报）；

（四）确定已记录金额与预期值之间可接受的，且无需按本准则第七条的要求作进一步调查的差异额。

第二节 有助于形成总体结论的分析程序

第六条 在临近审计结束时，注册会计师应当设计和实施分析程序，帮助其对财务报表形成总体结论，以确定财务报表是否与其对被审计单位的了解一致。

第三节　调查分析程序的结果

第七条　如果按照本准则的规定实施分析程序，识别出与其他相关信息不一致的波动或关系，或与预期值差异重大的波动或关系，注册会计师应当采取下列措施调查这些差异：

（一）询问管理层，并针对管理层的答复获取适当的审计证据；

（二）根据具体情况在必要时实施其他审计程序。

第五章　附　则

第八条　本准则自2023年7月1日起施行。

中国注册会计师审计准则第1314号
——审计抽样

（2010年11月1日修订）

第一章　总　则

第一条　为了规范注册会计师在实施审计程序时使用审计抽样，制定本准则。

第二条　《中国注册会计师审计准则第1301号——审计证据》要求注册会计师设计和实施审计程序，获取充分、适当的审计证据，以得出合理的结论，作为形成审计意见的基础。该准则还要求注册会计师确定用以选取测试项目的方法能够有效实现审计程序的目的，审计抽样是其中的一种方法。

第三条　本准则作为对《中国注册会计师审计准则第1301号——审计证据》的补充，规范了注册会计师在设计和选择审计样本以实施控制测试和细节测试，以及评价样本结果时对统计抽样和非统计抽样的使用。

第二章　定　义

第四条　审计抽样（即抽样），是指注册会计师对具有审计相关性的总体中低于百分之百的项目实施审计程序，使所有抽样单元都有被选取的机会，为注册会计师针对整个总体得出结论提供合理基础。

第五条　总体，是指注册会计师从中选取样本并期望据此得出结论的整个数据集合。

第六条　抽样单元，是指构成总体的个体项目。

第七条　统计抽样，是指同时具备下列特征的抽样方法：

（一）随机选取样本项目；

（二）运用概率论评价样本结果，包括计量抽样风险。

不同时具备前款提及的两个特征的抽样方法为非统计抽样。

第八条　抽样风险，是指注册会计师根据样本得出的结论，可能不同于如果对整个总体实施与样本相同的审计程序得出的结论的风险。抽样风险可能导致两种类型的错误结论：

（一）在实施控制测试时，注册会计师推断的控制有效性高于其实际有效性；或在实施细节测试时，注册会计师推断某一重大错报不存在而实际上存在。注册会计师主要关注这类错误结论，原因是其影响审计效果，非常有可能导致发表不恰当的审计意见。

（二）在实施控制测试时，注册会计师推断的控制有效性低于其实际有效性；或在实施细节测试时，注册会计师推断某一重大错报存在而实际上不存在。这类错误结论影响审计效率，原因是其通常导致注册会计师实施额外的工作，以证实初始结论是错误的。

第九条 非抽样风险，是指注册会计师由于任何与抽样风险无关的原因而得出错误结论的风险。

第十条 异常误差，是指对总体中的错报或偏差明显不具有代表性的错报或偏差。

第十一条 分层，是指将总体划分为多个子总体的过程，每个子总体由一组具有相同特征（通常为货币金额）的抽样单元组成。

第十二条 可容忍错报，是指注册会计师设定的货币金额，注册会计师试图对总体中的实际错报不超过该货币金额获取适当水平的保证。

第十三条 可容忍偏差率，是指注册会计师设定的偏离规定的内部控制程序的比率，注册会计师试图对总体中的实际偏差率不超过该比率获取适当水平的保证。

第三章 目 标

第十四条 在使用审计抽样时，注册会计师的目标是，为得出有关抽样总体的结论提供合理的基础。

第四章 要 求

第一节 样本设计、样本规模和选取测试项目

第十五条 在设计审计样本时，注册会计师应当考虑审计程序的目的和抽样总体的特征。

第十六条 注册会计师应当确定足够的样本规模，以将抽样风险降至可接受的低水平。

第十七条 注册会计师在选取样本项目时，应当使总体中的每个抽样单元都有被选取的机会。

第二节 实施审计程序

第十八条 注册会计师应当针对选取的每个项目，实施适合具体目的的审计程序。

第十九条 如果审计程序不适用于选取的项目，注册会计师应当针对替代项目实施该审计程序。

第二十条 如果未能对某个选取的项目实施设计的审计程序或适当的替代程序，注册会计师应当将该项目视为控制测试中对规定的控制的一项偏差，或细节测试中的一项错报。

第三节 偏差和错报的性质与原因

第二十一条 注册会计师应当调查识别出的所有偏差或错报的性质和原因，并评价其对审计程序的目的和审计的其他方面可能产生的影响。

第二十二条 在极其特殊的情况下，如果认为样本中发现的某项偏差或错报是异常误差，注册会计师应当对该项偏差或错报对总体不具有代表性获取高度肯定。

在获取这种高度肯定时，注册会计师应当实施追加的审计程序，获取充分、适当的审计证据，以确定该项偏差或错报不影响总体的其余部分。

第四节 推断错报

第二十三条 当实施细节测试时，注册会计师应当根据样本中发现的错报推断总体错报。

第五节 评价审计抽样结果

第二十四条 注册会计师应当对下列方面进行评价：

（一）样本结果；

（二）使用审计抽样是否已为注册会计师针对所测试的总体得出的结论提供合理基础。

第五章 附 则

第二十五条 本准则自2012年1月1日起施行。

中国注册会计师审计准则第1321号
——会计估计和相关披露的审计

（2022年12月22日修订）

第一章 总 则

第一条 为了明确注册会计师在财务报表审计中与会计估计和相关披露有关的责任，制定本准则。

第二条 本准则规范的是注册会计师在对会计估计和相关披露进行审计时如何应用相关准则，这些准则包括《中国注册会计师审计准则第1211号——重大错报风险的识别和评估》、《中国注册会计师审计准则第1231号——针对评估的重大错报风险采取的应对措施》、《中国注册会计师审计准则第1251号——评价审计过程中识别出的错报》、《中国注册会计师审计准则第1301号——审计证据》等。

本准则还对如何评价会计估计和相关披露的错报，以及如何处理可能存在管理层偏向的迹象，作出了规范。

第二章 定 义

第三条 估计不确定性，是指会计估计在计量时易于产生内在不精确性。

第四条 管理层偏向，是指管理层在编制和列报信息时缺乏中立性。

第五条 管理层的点估计，是指管理层在财务报表中确认和披露会计估计时选择的金额。

第六条 注册会计师的点估计或区间估计，是指注册会计师得出的、用于评价管理层的点估计的某项金额或金额区间。

第七条 会计估计的结果，是指会计估计涉及的交易、事项或情况在了结或者确定时的实际金额。

第三章 目 标

第八条 注册会计师的目标是，获取充分、适当的审计证据，以确定依据适用的财务报告编制基础，财务报表中的会计估计和相关披露是否合理。

第四章 要 求

第一节 风险评估程序和相关活动

第九条 在按照《中国注册会计师审计准则第1211号——重大错报风险的识别和评估》的规定，了解被审计单位及其环境、适用的财务报告编制基础、被审计单位的内部控制体系时，注册会计师应当了解与被审计单位会计估计相关的下列方面：

（一）可能需要作出会计估计并在财务报表中确认或披露，或者可能导致会计估计发生变化的交易、事项或情况。

（二）适用的财务报告编制基础，包括：

1.适用的财务报告编制基础中与会计估计相关的规定，包括确认标准、计量基础以及有关列报（包括披露）的规定；

2.结合被审计单位的具体情况，如何运用上述规定，以及固有风险因素如何影响认定易于发生错报的可能性。

（三）与被审计单位会计估计相关的监管因素，包括相关的监管框架。

（四）根据对上述第（一）项至第（三）项的了解，注册会计师初步认为应当反映在被审计单位财务报表中的会计估计和相关披露的性质。

（五）被审计单位针对与会计估计相关的财务报告过程的监督和治理措施。

（六）对是否需要运用与会计估计相关的专门技能或知识，管理层是怎样决策的，以及管理层怎样运用与会计估计相关的专门技能或知识，包括利用管理层的专家的工作。

（七）被审计单位如何识别和应对与会计估计相关的风险。

（八）被审计单位与会计估计相关的信息系统，包括：

1.对于相关交易类别、账户余额和披露涉及的会计估计和相关披露，有关信息是如何在被审计单位的信息系统中传递的。

2.对于相关交易类别、账户余额和披露涉及的会计估计和相关披露，管理层作出会计估计的过程，包括：

（1）管理层如何根据适用的财务报告编制基础，确定适当的方法、假设和数据来源及其是否需要作出变化，包括：

①如何选择或设计并运用方法（包括模型）；

②如何选择假设（包括考虑替代性的假设）并确定重大假设；

③如何选择数据。

（2）管理层如何了解估计不确定性的程度，是否考虑了可能发生的计量结果的区间。

（3）管理层如何应对估计不确定性，包括如何选择财务报表中的点估计并作出相关披露。

（九）在控制活动中识别出的、针对上述第（八）项第2点所述的“管理层作出会计估计的过程”实施的控制。

（十）管理层如何复核以前期间会计估计的结果以及如何应对该复核结果。

注册会计师为了解上述情况而实施的审计程序，应当足以使注册会计师获取为识别和评估财务报表层次和认定层次的重大错报风险提供适当依据的审计证据。

第十条 注册会计师应当复核以前期间会计估计的结果，或者复核管理层对以前期间会计估计作出的后续重新估计，以帮助识别和评估本期的重大错报风险。

注册会计师复核的目的不是质疑以前期间依据当时可获得的信息作出的适当判断。

在确定复核的性质和范围时，注册会计师应当考虑会计估计的特征。

第十一条 在对会计估计进行审计时，注册会计师应当确定，为开展下列工作，项目组是否需要具备专门技能和知识：

（一）实施风险评估程序，以识别和评估重大错报风险；

（二）设计和实施审计程序，以应对重大错报风险；

（三）评价获取的审计证据。

第二节　识别和评估重大错报风险

第十二条　当按照《中国注册会计师审计准则第1211号——重大错报风险的识别和评估》的规定，识别和评估与会计估计和相关披露有关的认定层次重大错报风险（包括分别评估固有风险和控制风险）时，注册会计师应当考虑下列方面，以识别重大错报风险和评估固有风险：

（一）估计不确定性的程度。

（二）复杂性、主观性和其他固有风险因素对下列方面的影响程度：

1.管理层在作出会计估计时，对方法、假设和数据的选择和运用；

2.管理层对财务报表中的点估计的选择，以及作出的相关披露。

第十三条　对于按照本准则第十二条的规定识别和评估的重大错报风险，注册会计师应当作出职业判断，确定其是否为特别风险。如果存在特别风险，注册会计师应当识别针对该风险实施的控制，评价这些控制的设计是否有效，并确定其是否得到执行。

第三节　应对评估的重大错报风险

第十四条　按照《中国注册会计师审计准则第1231号——针对评估的重大错报风险采取的应对措施》的规定，注册会计师应当针对评估的认定层次重大错报风险，在考虑形成风险评估结果的依据的基础上，设计和实施进一步审计程序。注册会计师应当实施下列一项或多项审计程序：

（一）从截至审计报告日发生的事项获取审计证据（见本准则第十七条）；

（二）测试管理层如何作出会计估计（见本准则第十八条至第二十三条）；

（三）作出注册会计师的点估计或区间估计（见本准则第二十四条至第二十五条）。

评估的重大错报风险越高，在设计和实施进一步审计程序时，注册会计师需要获取越有说服力的审计证据。注册会计师不应当偏向于获取佐证性的审计证据，也不应当排斥相矛盾的审计证据。

第十五条　按照《中国注册会计师审计准则第1231号——针对评估的重大错报风险采取的应对措施》的规定，如果存在下列情形之一，注册会计师应当设计和实施控制测试，针对控制运行的有效性，获取充分、适当的审计证据：

（一）在评估认定层次重大错报风险时，预期控制的运行是有效的；

（二）仅实施实质性程序并不能够提供认定层次充分、适当的审计证据。

在设计和实施与会计估计相关的控制测试时，注册会计师应当考虑形成重大错报风险评估结果的依据。

对控制有效性的信赖程度越高，注册会计师应当获取越有说服力的审计证据。

第十六条　对于与会计估计相关的特别风险，如果拟信赖针对该风险实施的控制，注册会计师应当在本期测试这些控制运行的有效性。如果针对特别风险实施的程序仅为实质性程序，这些程序应当包括细节测试。

第十七条　如果进一步审计程序包括从截至审计报告日发生的事项获取审计证据，注册会计师应当评价这些审计证据是否充分、适当，以应对与会计估计相关的重大错报风险。在评价时，注册会计师应当根据适用的财务报告编制基础，考虑事项发生日与计量日之间具体情况的变化是否会影响这些审计证据的相关性。

第十八条　如果测试管理层如何作出会计估计，注册会计师应当根据本准则第十九条至第二十二条的规定，设计和实施进一步审计程序，以针对与下列事项相关的重大错报风险获取充分、适当的审计证据：

（一）管理层在作出会计估计时，对方法、重大假设和数据的选择和运用；

（二）管理层如何选择点估计，并就估计不确定性作出披露。

第十九条 在针对管理层使用的方法运用本准则第十八条的规定时，注册会计师应当针对下列方面设计和实施进一步审计程序：

（一）依据适用的财务报告编制基础，选择的方法是否适当，该方法相对于上期发生的变化是否适当（如适用）。

（二）是否有迹象表明，管理层在选择方法时作出的判断可能存在管理层偏向。

（三）是否按照所选择的方法计算、计算是否准确。

（四）如果运用的方法涉及复杂建模，相关判断是否保持了一贯性，并且：

1.模型的设计是否符合适用的财务报告编制基础中的计量目标，是否适合于具体情况，以及该模型相对于上期发生的变化是否适合于具体情况（如适用）；

2.对模型输出结果的调整是否与适用的财务报告编制基础中的计量目标一致，以及是否适合于具体情况。

（五）在运用方法时是否保持了重大假设和数据的准确性、完整性和有效性。

第二十条 在针对管理层使用的重大假设运用本准则第十八条的规定时，注册会计师应当针对下列方面设计和实施进一步审计程序：

（一）依据适用的财务报告编制基础，重大假设是否适当，重大假设相对于上期发生的变化是否适当（如适用）；

（二）是否有迹象表明，管理层在选择重大假设时作出的判断可能存在管理层偏向；

（三）根据注册会计师在审计中了解到的情况，重大假设之间是否相互一致，重大假设是否与其他会计估计中所使用的假设一致、是否与被审计单位业务活动的其他领域中所使用的相关假设一致；

（四）管理层是否具有采取与重大假设相关的特定行动的意图和能力（如适用）。

第二十一条 在针对管理层使用的数据运用本准则第十八条的规定时，注册会计师应当针对下列方面设计和实施进一步审计程序：

（一）依据适用的财务报告编制基础，数据是否适当，数据相对于上期发生的变化是否适当（如适用）；

（二）是否有迹象表明，管理层在选择数据时作出的判断可能存在管理层偏向；

（三）数据在具体情况下是否相关和可靠；

（四）是否已经恰当理解和解读数据，包括合同条款。

第二十二条 在运用本准则第十八条的规定时，注册会计师应当设计和实施进一步审计程序，以确定管理层是否已根据适用的财务报告编制基础，就下列方面采取适当措施：

（一）了解估计不确定性；

（二）选择适当的点估计，并就估计不确定性作出披露，以应对估计不确定性。

第二十三条 根据获取的审计证据，如果认为管理层没有为了解和应对估计不确定性采取适当措施，注册会计师应当：

（一）要求管理层实施追加程序以了解估计不确定性，或者要求管理层重新考虑对点估计的选择或就估计不确定性作出额外披露以应对估计不确定性，并按照本准则第二十二条的规定评价管理层的应对措施；

（二）如果管理层的上述应对措施不能充分应对估计不确定性，则在可行的范围内，按照本准则第二十四条至第二十五条的规定作出注册会计师的点估计或区间估计；

（三）评价是否存在内部控制缺陷，如果存在内部控制缺陷，则按照《中国注册会计师审计准则第1152号——向治理层和管理层通报内部控制缺陷》的规定进行沟通。

第二十四条 如果注册会计师作出点估计或区间估计，用以评价管理层的点估计和与估计不确定性相关的披露（包括本准则第二十三条第（二）项规定的情形），注册会计师应当依据适用的财务报告编制基础，评价注册会计师在作出点估计或区间估计时，所使用的方法、假设或数据是否适当。无论使用的是管理层的方法、假设或数据，还是注册会计师的方法、假设或数据，注册会计师均应当就这些方法、假设或数据，针对本准则第十九条至第二十一条中的事项，设计和实施进一步审计程序。

第二十五条 如果注册会计师作出区间估计，注册会计师应当：

（一）确定区间估计范围内的金额均有充分、适当的审计证据支持，并根据适用的财务报告编制基础中的计量目标和其他规定，确定区间估计范围内的金额均是合理的；

（二）针对所评估的、与估计不确定性的披露有关的重大错报风险，设计和实施进一步审计程序，以获取充分、适当的审计证据。

第二十六条 在针对与会计估计相关的重大错报风险获取审计证据时，无论作为审计证据的信息来源如何，注册会计师均应当遵守《中国注册会计师审计准则第1301号——审计证据》的相关规定。

对于管理层的专家的工作，本准则第十七条至第二十五条的规定可能有助于注册会计师根据《中国注册会计师审计准则第1301号——审计证据》第十二条第（三）项的规定，评价将管理层的专家的工作用作有关认定的审计证据的适当性。

第四节 与会计估计相关的披露

第二十七条 注册会计师应当针对所评估的、与会计估计相关披露有关的认定层次重大错报风险，设计和实施进一步审计程序，以获取充分、适当的审计证据。其中，针对与估计不确定性相关的披露，注册会计师应当根据具体情况遵守本准则第二十二条第（二）项和第二十五条第（二）项的规定。

第五节 可能存在管理层偏向的迹象

第二十八条 对于管理层就财务报表中的会计估计所作的判断和决策，注册会计师应当评价是否有迹象表明可能存在管理层偏向，即使这些判断和决策孤立地看是合理的。如果识别出可能存在管理层偏向的迹象，注册会计师应当评价这一情况对审计的影响。如果是管理层有意误导，则管理层偏向具有舞弊性质。

第六节 实施审计程序之后的总体评价

第二十九条 注册会计师应当根据已经实施的审计程序以及获取的审计证据，作出下列评价：

（一）认定层次重大错报风险的评估结果是否仍然适当（包括识别出可能存在管理层偏向的迹象时）；

（二）管理层对于财务报表中会计估计的确认、计量和列报（包括披露）作出的决策，是否符合适用的财务报告编制基础的规定；

（三）是否已经获取充分、适当的审计证据。

第三十条 在根据本准则第二十九条第（三）项的规定作出评价时，注册会计师应当考虑已获取的所有相关审计证据，无论这些审计证据是佐证性的，还是相矛盾的。如果无法获取充分、适当的审计证据，注册会计师应当评价这一情况对审计的影响，或者按照《中国注册会计师审计准则第1502号——在审计报告中发表非无保留意见》的规定，评价这一情况对审计意见的影响。

第三十一条 注册会计师应当确定，依据适用的财务报告编制基础，会计估计和相关披露是否合理。如不合理，则构成错报。

第三十二条 注册会计师应当对被审计单位作出的与会计估计相关的披露是否足以使财务报表整体实现公允反映进行评价。

第七节 书面声明

第三十三条 注册会计师应当要求管理层和治理层（如适用）就以下事项提供书面声明：根据适用的财务报告编制基础有关确认、计量或披露的规定，管理层和治理层（如适用）作出会计估计和相关披露时使用的方法、重大假设和数据是适当的。

注册会计师还应当考虑是否需要获取关于特定会计估计（包括所使用的方法、假设或数据）的书面声明。

第八节 与治理层、管理层以及其他相关机构和人员的沟通

第三十四条 按照《中国注册会计师审计准则第1151号——与治理层的沟通》和《中国注册会计师审计准则第1152号——向治理层和管理层通报内部控制缺陷》的规定，与治理层或管理层进行沟通时，注册会计师应当根据形成重大错报风险评估结果的依据，考虑是否需要沟通与会计估计相关的事项。此外，在特定情况下，法律法规可能要求注册会计师就特定事项与其他相关机构和人员（如监管机构）进行沟通。

第九节 审计工作底稿

第三十五条 注册会计师应当遵守《中国注册会计师审计准则第1131号——审计工作底稿》的规定，并就下列事项形成审计工作底稿：

（一）根据本准则第九条的规定了解到的要点；

（二）进一步审计程序与评估的认定层次重大错报风险之间的联系，包括考虑形成认定层次重大错报风险评估结果的依据；

（三）在管理层没有采取适当措施以了解和应对估计不确定性的情况下，注册会计师的应对措施；

（四）与会计估计相关的、可能存在管理层偏向的迹象，以及根据本准则第二十八条的规定就这一情况对审计的影响作出的评价；

（五）依据适用的财务报告编制基础，注册会计师为确定会计估计和相关披露是否合理，而作出的重大判断。

第五章 附 则

第三十六条 本准则自2023年7月1日起施行。

中国注册会计师审计准则第1323号
——关联方

（2022年12月22日修订）

第一章 总 则

第一条 为了规范注册会计师在财务报表审计中与关联方关系及其交易相关的责任，制定本准则。

第二条 在涉及与关联方关系及其交易相关的重大错报风险时，本准则是对注册会计师如何应用《中国注册会计师审计准则第1211号——重大错报风险的识别和评估》、《中国注册会计师审计准则第1231号——针对评估的重大错报风险采取的应对措施》和《中国注册会计师审计准则第1141号——财务报表审计中与舞弊相关的责任》的进一步扩展。

第三条 许多关联方交易是在正常经营过程中发生的，与类似的非关联方交易相比，这些关联方交易可能并不具有更高的财务报表重大错报风险。但是，在某些情况下，关联方关系及其交易的性质可能导致关联方交易比非关联方交易具有更高的财务报表重大错报风险。例如：

（一）关联方可能通过广泛而复杂的关系和组织结构进行运作，相应增加关联方交易的复杂程度；

（二）信息系统可能无法有效识别或汇总被审计单位与关联方之间的交易和未结算项目的金额；

（三）关联方交易可能未按照正常的市场交易条款和条件进行，例如，某些关联方交易可能没有相应的对价。

第四条 由于关联方之间彼此并不独立，为使财务报表使用者了解关联方关系及其交易的性质，以及关联方关系及其交易对财务报表实际或潜在的影响，许多财务报告编制基础对关联方关系及其交易的会计处理和披露作出了规定。

在适用的财务报告编制基础作出规定的情况下，注册会计师有责任实施审计程序，以识别、评估和应对被审计单位未能按照适用的财务报告编制基础对关联方关系及其交易进行恰当会计处理或披露导致的重大错报风险。

第五条 即使适用的财务报告编制基础对关联方作出很少的规定或没有作出规定，注册会计师仍然需要了解被审计单位的关联方关系及其交易，以足以确定财务报表（就其受到关联方关系及其交易的影响而言）是否实现公允反映。

第六条 由于关联方之间更容易发生舞弊，因此注册会计师了解被审计单位的关联方关系及其交易，与其按照《中国注册会计师审计准则第1141号——财务报表审计中与舞弊相关的责任》的规定评价是否存在一项或多项舞弊风险因素相关。

第七条 由于审计的固有限制，即使注册会计师按照审计准则的规定恰当计划和实施了审计工作，也不可避免地存在财务报表中的某些重大错报未被发现的风险。就关联方而言，由于下列原因，审计的固有限制对注册会计师发现重大错报能力的潜在影响会加大：

（一）管理层可能未能识别出所有关联方关系及其交易，特别是在适用的财务报告编制基础没有对关联方作出规定时；

（二）关联方关系可能为管理层的串通舞弊、隐瞒或操纵行为提供更多机会。

第八条 由于存在未披露关联方关系及其交易的可能性，注册会计师按照《中国注册会计师审计准则第1101号——注册会计师的总体目标和审计工作的基本要求》的规定，在计划和实施与关联方关系及其交易有关的审计工作时，保持职业怀疑尤为重要。

本准则旨在帮助注册会计师识别和评估与关联方关系及其交易有关的重大错报风险，以及设计审计程序以应对评估的风险。

第二章 定 义

第九条 关联方，在适用的财务报告编制基础对关联方作出规定的情况下，是指财务报告编制基础定义的关联方。

第十条 公平交易，是指按照互不关联、各自独立行事且追求自身最大利益的自愿的买方和自愿的卖方达成的条款和条件进行的交易。

第三章 目 标

第十一条 注册会计师的目标是：

（一）无论适用的财务报告编制基础是否对关联方作出规定，充分了解关联方关系及其交易，以便能够确认由此产生的、与识别和评估由于舞弊导致的重大错报风险相关的舞弊风险因素（如有）；根据获取的审计证据，就财务报表受到关联方关系及其交易的影响而言，确定财务报表是否实现公允反映。

（二）如果适用的财务报告编制基础对关联方作出规定，获取充分、适当的审计证据，确定关联方关系及其交易是否已按照适用的财务报告编制基础得到恰当识别、会计处理和披露。

第四章 要 求

第一节 风险评估程序和相关工作

第十二条 《中国注册会计师审计准则第1211号——重大错报风险的识别和评估》和《中国注册会计师审计准则第1141号——财务报表审计中与舞弊相关的责任》规定了注册会计师在审计过程中实施的风险评估程序和相关工作。作为风险评估程序和相关工作的一部分，注册会计师应当实施本准则第十三条至第十八条规定的审计程序和相关工作，以获取与识别关联方关系及其交易相关的重大错报风险的信息。

第十三条 项目组按照《中国注册会计师审计准则第1211号—— 重大错报风险的识别和评估》和《中国注册会计师审计准则第1141号——财务报表审计中与舞弊相关的责任》的规定进行内部讨论时，应当特别考虑由于关联方关系及其交易导致的舞弊或错误使得财务报表存在重大错报的可能性。

第十四条 注册会计师应当向管理层询问下列事项：

（一）关联方的名称和特征，包括关联方自上期以来发生的变化；

（二）被审计单位和关联方之间关系的性质；

（三）被审计单位在本期是否与关联方发生交易，如发生，交易的类型、定价政策和目的。

第十五条 如果管理层建立了下列与关联方关系及其交易相关的控制，注册会计师应当询问管理层和被审计单位内部其他人员，实施其他适当的风险评估程序，以获取对相关控制的了解：

（一）按照适用的财务报告编制基础，对关联方关系及其交易进行识别、会计处理和披露；

（二）授权和批准重大关联方交易和安排；

（三）授权和批准超出正常经营过程的重大交易和安排。

第十六条　某些安排或其他信息可能显示管理层以前未识别或未向注册会计师披露的关联方关系或关联方交易，在审计过程中检查记录或文件时，注册会计师应当对这些安排或其他信息保持警觉。

注册会计师应当检查下列记录或文件，以确定是否存在管理层以前未识别或未向注册会计师披露的关联方关系或关联方交易：

（一）注册会计师实施审计程序时获取的银行和律师的询证函回函；

（二）股东会和治理层会议的纪要；

（三）注册会计师认为必要的其他记录或文件。

第十七条　在实施本准则第十六条规定的审计程序或其他审计程序时，如果识别出被审计单位超出正常经营过程的重大交易，注册会计师应当向管理层询问这些交易的性质以及是否涉及关联方。

第十八条　在整个审计过程中，注册会计师应当与项目组其他成员分享获取的关联方的相关信息。

第二节　识别和评估与关联方关系及其交易相关的重大错报风险

第十九条　注册会计师应当按照《中国注册会计师审计准则第1211号——重大错报风险的识别和评估》的规定，识别和评估关联方关系及其交易导致的重大错报风险，并确定这些风险是否为特别风险。在确定时，注册会计师应当将识别出的、超出被审计单位正常经营过程的重大关联方交易导致的风险确定为特别风险。

第二十条　如果在实施与关联方有关的风险评估程序和相关工作中识别出舞弊风险因素，包括与能够对被审计单位或管理层施加支配性影响的关联方有关的情形，注册会计师应当按照《中国注册会计师审计准则第1141号——财务报表审计中与舞弊相关的责任》的规定，在识别和评估由于舞弊导致的重大错报风险时考虑这些信息。

第三节　针对与关联方关系及其交易相关的重大错报风险的应对措施

第二十一条　注册会计师应当按照《中国注册会计师审计准则第1231号——针对评估的重大错报风险采取的应对措施》的规定，针对评估的与关联方关系及其交易相关的重大错报风险，设计和实施进一步审计程序，以获取充分、适当的审计证据。这些程序应当包括本准则第二十二条至第二十五条规定的审计程序。

第二十二条　如果识别出可能表明存在管理层以前未识别出或未向注册会计师披露的关联方关系或交易的安排或信息，注册会计师应当确定相关情况是否能够证实关联方关系或关联方交易的存在。

第二十三条　如果识别出管理层以前未识别出或未向注册会计师披露的关联方关系或重大关联方交易，注册会计师应当：

（一）立即将相关信息向项目组其他成员通报；

（二）在适用的财务报告编制基础对关联方作出规定的情况下，要求管理层识别与新识别出的关联方之间发生的所有交易，以便注册会计师作出进一步评价，并询问与关联方关系及其交易相关的控制为何未能识别或披露该关联方关系或交易；

（三）对新识别出的关联方或重大关联方交易实施恰当的实质性程序；

（四）重新考虑可能存在管理层以前未识别出或未向注册会计师披露的其他关联方或重大关联方交易的风险，如有必要，实施追加的审计程序；

（五）如果管理层不披露关联方关系或交易看似是有意的，因而显示可能存在由于舞弊导致的重大错报风险，评价这一情况对审计的影响。

第二十四条 对于识别出的超出正常经营过程的重大关联方交易，注册会计师应当：

（一）检查相关合同或协议（如有）；

（二）获取交易已经恰当授权和批准的审计证据。

如果检查相关合同或协议，注册会计师应当评价：

（一）交易的商业理由（或缺乏商业理由）是否表明被审计单位从事交易的目的可能是为了对财务信息作出虚假报告或为了隐瞒侵占资产的行为；

（二）交易条款是否与管理层的解释一致；

（三）关联方交易是否已按照适用的财务报告编制基础得到恰当会计处理和披露。

第二十五条 如果管理层在财务报表中作出认定，声明关联方交易是按照等同于公平交易中通行的条款执行的，注册会计师应当就该项认定获取充分、适当的审计证据。

第四节 评价识别出的关联方关系及其交易的会计处理和披露

第二十六条 当按照《中国注册会计师审计准则第1501号——对财务报表形成审计意见和出具审计报告》的规定对财务报表形成审计意见时，注册会计师应当评价：

（一）识别出的关联方关系及其交易是否已按照适用的财务报告编制基础得到恰当会计处理和披露；

（二）关联方关系及其交易是否导致财务报表未实现公允反映。

第五节 书面声明

第二十七条 如果适用的财务报告编制基础对关联方作出规定，注册会计师应当向管理层和治理层（如适用）获取下列书面声明：

（一）已经向注册会计师披露了全部已知的关联方名称和特征、关联方关系及其交易；

（二）已经按照适用的财务报告编制基础的规定，对关联方关系及其交易进行了恰当的会计处理和披露。

第六节 与治理层的沟通

第二十八条 除非治理层全部成员参与管理被审计单位，注册会计师应当与治理层沟通审计工作中发现的与关联方相关的重大事项。

第七节 审计工作底稿

第二十九条 注册会计师应当就识别出的关联方名称、关联方关系的性质以及关联方交易类型和交易要素形成审计工作底稿。

第五章 附 则

第三十条 本准则自2023年7月1日起施行。

中国注册会计师审计准则第1324号——持续经营

（2022年12月22日修订）

第一章 总 则

第一条 为了规范注册会计师在财务报表审计中与持续经营相关的责任以及对审计报告的影响，制定本准则。

第二条 在持续经营假设下，财务报表是基于被审计单位持续经营并在可预见的将来继续经营下去的假设编制的。

通用目的财务报表是运用持续经营假设编制的，除非管理层计划清算被审计单位、终止运营或别无其他现实的选择。特殊目的财务报表可以根据需要按照（或不按照）与持续经营假设相关的财务报告编制基础编制（例如，在特定国家或地区，持续经营假设与某些按照计税核算基础编制的财务报表无关）。

如果运用持续经营假设是适当的，则被审计单位对其资产和负债的记录是建立在正常经营过程中能够变现资产、清偿债务的基础上的。

第三条 某些财务报告编制基础（如我国企业会计准则）明确要求管理层对被审计单位持续经营能力作出专门评估，并规定了与此相关的需要考虑的事项和作出的披露。相关法律法规还可能对管理层评估持续经营能力的责任和相关财务报表披露作出具体规定。

第四条 其他财务报告编制基础可能没有明确要求管理层对持续经营能力作出专门评估。然而，如本准则第二条所述，如果持续经营假设是编制财务报表的基本原则，即使其他财务报告编制基础没有对此作出明确规定，管理层也需要在编制财务报表时评估持续经营能力。

第五条 管理层对持续经营能力的评估涉及在特定时点对事项或情况的未来结果作出判断，这些事项或情况的未来结果具有固有不确定性。下列因素与管理层的判断相关：

（一）某一事项或情况或其结果出现的时点距离管理层作出评估的时点越远，与事项或情况的结果相关的不确定性程度将显著增加。因此，大多数明确要求管理层对持续经营能力作出评估的财务报告编制基础规定了管理层应当考虑所有可获得信息的期间；

（二）被审计单位的规模和复杂程度、经营活动的性质和状况以及被审计单位受外部因素影响的程度，将影响对事项或情况的结果作出的判断；

（三）对未来的所有判断都以作出判断时可获得的信息为基础。管理层作出的判断在当时情况下可能是合理的，但之后发生的事项可能导致事项或情况的结果与作出的判断不一致。

第六条 注册会计师的责任是，就管理层在编制财务报表时运用持续经营假设的适当性获取充分、适当的审计证据并得出结论，并根据获取的审计证据就被审计单位持续经营能力是否存在重大不确定性得出结论。

即使编制财务报表时采用的财务报告编制基础没有明确要求管理层对持续经营能力作出专门评估，注册会计师的这种责任仍然存在。

第七条 如果存在可能导致被审计单位不再持续经营的未来事项或情况，审计的固有限制对注册会计师发现重大错报能力的潜在影响会加大。注册会计师不能对这些未来事项或情况作出预测。相应地，注册会计师未在审计报告中提及与被审计单位持续经营能力相关的重大不确定性，不能被视为对被审计单位持续经营能力的保证。

第二章 目 标

第八条 注册会计师的目标是：

（一）就管理层编制财务报表时运用持续经营假设的适当性，获取充分、适当的审计证据，并得出结论；

（二）根据获取的审计证据，就可能导致对被审计单位持续经营能力产生重大疑虑的事项或情况是否存在重大不确定性得出结论；

（三）按照本准则的规定出具审计报告。

第三章 要 求

第一节 风险评估程序和相关活动

第九条 在按照《中国注册会计师审计准则第1211号——重大错报风险的识别和评估》的规定实施风险评估程序时，注册会计师应当考虑是否存在可能导致对被审计单位持续经营能力产生重大疑虑的事项或情况。在进行考虑时，注册会计师应当确定管理层是否已对被审计单位持续经营能力作出初步评估。

如果管理层已对持续经营能力作出初步评估，注册会计师应当与管理层进行讨论，并确定管理层是否已识别出单独或汇总起来可能导致对被审计单位持续经营能力产生重大疑虑的事项或情况。如果管理层已识别出这些事项或情况，注册会计师应当与其讨论应对计划。

如果管理层未对持续经营能力作出初步评估，注册会计师应当与管理层讨论其拟运用持续经营假设的理由，询问管理层是否存在单独或汇总起来可能导致对被审计单位持续经营能力产生重大疑虑的事项或情况。

第十条 针对有关可能导致对被审计单位持续经营能力产生重大疑虑的事项或情况的审计证据，注册会计师应当在整个审计过程中保持警觉。

第二节 评价管理层的评估

第十一条 注册会计师应当评价管理层对被审计单位持续经营能力作出的评估。

第十二条 在评价管理层对被审计单位持续经营能力作出的评估时，注册会计师的评价期间应当与管理层按照适用的财务报告编制基础或法律法规（如果法律法规要求的期间更长）的规定作出评估的涵盖期间相同。

如果管理层评估持续经营能力涵盖的期间短于自财务报表日起的十二个月，注册会计师应当提请管理层将其至少延长至自财务报表日起的十二个月。

第十三条 在评价管理层作出的评估时，注册会计师应当考虑该评估是否已包括注册会计师在审计过程中注意到的所有相关信息。

第三节 询问超出管理层评估期间的事项或情况

第十四条 注册会计师应当询问管理层是否知悉超出评估期间的、可能导致对被审计单位持续经营能力产生重大疑虑的事项或情况。

第四节 识别出事项或情况时实施追加的审计程序

第十五条 如果识别出可能导致对持续经营能力产生重大疑虑的事项或情况，注册会计师应当通过实施追加的审计程序（包括考虑缓解因素），获取充分、适当的审计证据，以确定可能导致对被审计单位持续经营能力产生重大疑虑的事项或情况是否存在重大不确定性（以下简称重大不确定性）。

这些程序应当包括：

（一）如果管理层尚未对被审计单位持续经营能力作出评估，提请其进行评估；

（二）评价管理层与持续经营能力评估相关的未来应对计划，这些计划的结果是否可能改善目前的状况，以及管理层的计划对于具体情况是否可行；

（三）如果被审计单位已编制现金流量预测，且在评价管理层未来应对计划时对预测的分析是考虑事项或情况未来结果的重要因素，评价用于编制预测的基础数据的可靠性，并确定预测所基于的假设是否具有充分的支持；

（四）考虑自管理层作出评估后是否存在其他可获得的事实或信息；

（五）要求管理层和治理层（如适用）提供有关未来应对计划及其可行性的书面声明。

第五节　审计结论

第十六条　注册会计师应当评价是否已就管理层编制财务报表时运用持续经营假设的适当性获取了充分、适当的审计证据，并就运用持续经营假设的适当性得出结论。

第十七条　注册会计师应当根据获取的审计证据，运用职业判断，就单独或汇总起来可能导致对被审计单位持续经营能力产生重大疑虑的事项或情况是否存在重大不确定性得出结论。

如果注册会计师根据职业判断认为，鉴于不确定性潜在影响的重要程度和发生的可能性，为了使财务报表实现公允反映，管理层有必要适当披露该不确定性的性质和影响，则表明存在重大不确定性。

第十八条　如果认为管理层运用持续经营假设适合具体情况，但存在重大不确定性，注册会计师应当确定：

（一）财务报表是否已充分披露可能导致对持续经营能力产生重大疑虑的主要事项或情况，以及管理层针对这些事项或情况的应对计划；

（二）财务报表是否已清楚披露可能导致对持续经营能力产生重大疑虑的事项或情况存在重大不确定性，并由此导致被审计单位可能无法在正常的经营过程中变现资产和清偿债务。

第十九条　如果已识别出可能导致对被审计单位持续经营能力产生重大疑虑的事项或情况，但根据获取的审计证据，注册会计师认为不存在重大不确定性，则注册会计师应当根据适用的财务报告编制基础的规定，评价财务报表是否对这些事项或情况作出充分披露。

第六节　对审计报告的影响

第二十条　如果财务报表已按照持续经营假设编制，但根据判断认为管理层在财务报表中运用持续经营假设是不适当的，注册会计师应当发表否定意见。

第二十一条　如果运用持续经营假设是适当的，但存在重大不确定性，且财务报表对重大不确定性已作出充分披露，注册会计师应当发表无保留意见，并在审计报告中增加以“与持续经营相关的重大不确定性”为标题的单独部分，以：

（一）提醒财务报表使用者关注财务报表附注中对本准则第十八条所述事项的披露；

（二）说明这些事项或情况表明存在可能导致对被审计单位持续经营能力产生重大疑

虑的重大不确定性，并说明该事项并不影响发表的审计意见。

第二十二条 如果运用持续经营假设是适当的，但存在重大不确定性，且财务报表对重大不确定性未作出充分披露，注册会计师应当按照《中国注册会计师审计准则第1502号——在审计报告中发表非无保留意见》的规定，恰当发表保留意见或否定意见。

注册会计师应当在审计报告“形成保留（否定）意见的基础”部分说明，存在可能导致对被审计单位持续经营能力产生重大疑虑的重大不确定性，但财务报表未充分披露该事项。

第二十三条 如果运用持续经营假设是适当的，但存在重大不确定性，且管理层不愿按照注册会计师的要求作出评估或延长评估期间，注册会计师应当考虑这一情况对审计报告的影响。

第七节 与治理层沟通

第二十四条 注册会计师应当与治理层就识别出的可能导致对被审计单位持续经营能力产生重大疑虑的事项或情况进行沟通，除非治理层全部成员参与管理被审计单位。

与治理层的沟通应当包括下列方面：

（一）这些事项或情况是否构成重大不确定性；

（二）管理层在编制财务报表时运用持续经营假设是否适当；

（三）财务报表中的相关披露是否充分；

（四）对审计报告的影响（如适用）。

第八节 严重拖延对财务报表的批准

第二十五条 如果管理层或治理层在财务报表日后严重拖延对财务报表的批准，注册会计师应当询问拖延的原因。如果认为拖延可能涉及与持续经营评估相关的事项或情况，注册会计师应当实施本准则第十五条所述的有必要实施的追加的审计程序，并考虑对注册会计师根据本准则第十七条的规定，就是否存在重大不确定性得出的结论的影响。

中国注册会计师审计准则第1331号
——首次审计业务涉及的期初余额

（2022年12月22日修订）

第一章 总 则

第一条 为了规范注册会计师在执行首次审计业务时对期初余额的责任，制定本准则。

第二条 当财务报表包括比较财务信息时，《中国注册会计师审计准则第1511号——比较信息：对应数据和比较财务报表》的规定同样适用。《中国注册会计师审计准则第1201号——计划审计工作》对首次审计业务开始前的活动提出补充要求。

第二章 定 义

第三条 首次审计业务，是指在上期财务报表未经审计，或上期财务报表由前任注册会计师审计的情况下承接的审计业务。

第四条 期初余额，是指期初存在的账户余额。期初余额以上期期末余额为基础，反映了以前期间的交易和事项以及上期采用的会计政策的结果。期初余额也包括期初存在的需要披露的事项，如或有事项和承诺事项。

第五条 前任注册会计师，是指已对被审计单位上期财务报表进行审计，但被现任注册会计师接替的其他会计师事务所的注册会计师。

第三章 目 标

第六条 在执行首次审计业务时，注册会计师针对期初余额的目标是，获取充分、适当的审计证据以确定：

（一）期初余额是否含有对本期财务报表产生重大影响的错报；

（二）期初余额反映的恰当的会计政策是否在本期财务报表中得到一贯运用，或会计政策的变更是否已按照适用的财务报告编制基础作出恰当的会计处理和适当的列报。

第四章 要 求

第一节 审计程序

第七条 注册会计师应当阅读最近期间的财务报表和前任注册会计师出具的审计报告（如有），获取与期初余额相关的信息，包括披露。

第八条 注册会计师应当通过采取下列措施，获取充分、适当的审计证据，以确定期初余额是否包含对本期财务报表产生重大影响的错报：

（一）确定上期期末余额是否已正确结转至本期，或在适当的情况下已作出重新表述；

（二）确定期初余额是否反映对恰当会计政策的运用；

（三）实施一项或多项审计程序。

注册会计师实施的一项或多项审计程序包括：

（一）如果上期财务报表已经审计，查阅前任注册会计师的审计工作底稿，以获取有关期初余额的审计证据；

（二）评价本期实施的审计程序是否提供了有关期初余额的审计证据；

（三）实施其他专门的审计程序，以获取有关期初余额的审计证据。

第九条 如果获取的审计证据表明期初余额存在可能对本期财务报表产生重大影响的错报，注册会计师应当实施适合具体情况的追加的审计程序，以确定对本期财务报表的影响。

如果认为本期财务报表中存在这类错报，注册会计师应当按照《中国注册会计师审计准则第1251号——评价审计过程中识别出的错报》的规定，就这类错报与适当层级的管理层和治理层进行沟通。

第十条 注册会计师应当获取充分、适当的审计证据，以确定期初余额反映的会计政策是否在本期财务报表中得到一贯运用，以及会计政策的变更是否已按照适用的财务报告编制基础作出恰当的会计处理和适当的列报。

第十一条 如果上期财务报表已由前任注册会计师审计，并发表了非无保留意见，注册会计师应当按照《中国注册会计师审计准则第1211号——重大错报风险的识别和评估》的规定，在评估本期财务报表重大错报风险时，评价导致对上期财务报表发表非无保留意见的事项的影响。

第二节 审计结论和审计报告

第十二条 如果不能获取有关期初余额的充分、适当的审计证据，注册会计师应当按照《中国注册会计师审计准则第1502号——在审计报告中发表非无保留意见》的规定，对财务报表发表保留意见或无法表示意见。

第十三条 如果认为期初余额存在对本期财务报表产生重大影响的错报，且错报的影响未能得到恰当的会计处理或适当的列报，注册会计师应当按照《中国注册会计师审计准则第1502号——在审计报告中发表非无保留意见》的规定，对财务报表发表保留意见或否定意见。

第十四条 如果认为按照适用的财务报告编制基础与期初余额相关的会计政策未能在本期得到一贯运用，或者会计政策的变更未能得到恰当的会计处理或适当的列报，注册会计师应当按照《中国注册会计师审计准则第1502号——在审计报告中发表非无保留意见》的规定，对财务报表发表保留意见或否定意见。

第十五条 如果前任注册会计师对上期财务报表发表了非无保留意见，并且导致发表非无保留意见的事项对本期财务报表仍然相关和重大，注册会计师应当按照《中国注册会计师审计准则第1502号——在审计报告中发表非无保留意见》和《中国注册会计师审计准则第1511号——比较信息：对应数据和比较财务报表》的规定，对本期财务报表发表非无保留意见。

第五章 附 则

第十六条 本准则自2023年7月1日起施行。

中国注册会计师审计准则第1332号
——期后事项

（2016年12月23日修订）

第一章 总 则

第一条 为了规范注册会计师在财务报表审计中对期后事项的责任，制定本准则。对于与注册会计师在审计报告日后获取的其他信息的责任相关的事项，本准则不予规范，而是由《中国注册会计师审计准则第1521号——注册会计师对其他信息的责任》作出规范。然而，这种其他信息可能揭示出本准则范围内的期后事项。

第二条 财务报表可能受到财务报表日后发生的事项的影响。适用的财务报告编制基础通常专门提及期后事项，将其区分为下列两类：

（一）对财务报表日已经存在的情况提供证据的事项；

（二）对财务报表日后发生的情况提供证据的事项。

审计报告的日期向财务报表使用者表明，注册会计师已考虑其知悉的、截至审计报告日发生的事项和交易的影响。

第二章 定 义

第三条 期后事项，是指财务报表日至审计报告日之间发生的事项，以及注册会计师在审计报告日后知悉的事实。

第四条 财务报表日，是指财务报表涵盖的最近期间的截止日期。

第五条 审计报告日，是指注册会计师按照《中国注册会计师审计准则第1501号——对财务报表形成审计意见和出具审计报告》的规定在对财务报表出具的审计报告上签署的日期。

第六条 财务报表报出日，是指审计报告和已审计财务报表提供给第三方的日期。

第七条 财务报表批准日，是指构成整套财务报表的所有报表（包括相关附注）已编制完成，并且被审计单位的董事会、管理层或类似机构已经认可其对财务报表负责的日期。

第三章 目 标

第八条 注册会计师的目标是：

（一）获取充分、适当的审计证据，以确定财务报表日至审计报告日之间发生的、需要在财务报表中调整或披露的事项是否已经按照适用的财务报告编制基础在财务报表中得到恰当反映；

（二）恰当应对在审计报告日后注册会计师知悉的、且如果在审计报告日知悉可能导致注册会计师修改审计报告的事实。

第四章 要 求

第一节 财务报表日至审计报告日之间发生的事项

第九条 注册会计师应当设计和实施审计程序，获取充分、适当的审计证据，以确定所有在财务报表日至审计报告日之间发生的、需要在财务报表中调整或披露的事项均已得到识别。但是，注册会计师并不需要对之前已实施审计程序并已得出满意结论的事项执行追加的审计程序。

第十条 注册会计师应当按照本准则第九条的规定实施审计程序，以使审计程序能够涵盖财务报表日至审计报告日（或尽可能接近审计报告日）之间的期间。

在确定审计程序的性质和范围时，注册会计师应当考虑风险评估的结果。这些程序应当包括：

（一）了解管理层为确保识别期后事项而建立的程序；

（二）询问管理层和治理层（如适用），确定是否已发生可能影响财务报表的期后事项；

（三）查阅被审计单位的所有者、管理层和治理层在财务报表日后举行会议的纪要，在不能获取会议纪要的情况下，询问此类会议讨论的事项；

（四）查阅被审计单位最近的中期财务报表（如有）。

第十一条 在实施本准则第九条和第十条规定的审计程序后，如果注册会计师识别出需要在财务报表中调整或披露的事项，应当确定这些事项是否按照适用的财务报告编制基础的规定在财务报表中得到恰当反映。

第十二条 注册会计师应当按照《中国注册会计师审计准则第1341号——书面声明》的规定，要求管理层和治理层（如适用）提供书面声明，确认所有在财务报表日后发生的、按照适用的财务报告编制基础的规定应予调整或披露的事项均已得到调整或披露。

第二节 注册会计师在审计报告日后至财务报表报出日前知悉的事实

第十三条 在审计报告日后，注册会计师没有义务针对财务报表实施任何审计程序。在审计报告日后至财务报表报出日前，如果知悉了某事实，且若在审计报告日知悉可能导致修改审计报告，注册会计师应当：

（一）与管理层和治理层（如适用）讨论该事项；

（二）确定财务报表是否需要修改；

（三）如果需要修改，询问管理层将如何在财务报表中处理该事项。

第十四条 如果管理层修改财务报表，注册会计师应当：

（一）根据具体情况对有关修改实施必要的审计程序。

（二）除非本准则第十五条所述的情形适用，将本准则第九条和第十条规定的审计程序延伸至新的审计报告日，并针对修改后的财务报表出具新的审计报告。新的审计报告日不应早于修改后的财务报表被批准的日期。

第十五条 在有关法律法规或适用的财务报告编制基础未禁止的情况下，如果管理层对财务报表的修改仅限于反映导致修改的期后事项的影响，被审计单位的董事会、管理层或类似机构也仅对有关修改进行批准，注册会计师可以仅针对有关修改将本准则第九条和第十条所述的审计程序延伸至新的审计报告日。在这种情况下，注册会计师应当选用下列处理方式之一：

（一）修改审计报告，针对财务报表修改部分增加补充报告日期，从而表明注册会计师对期后事项实施的审计程序仅限于财务报表相关附注所述的修改；

（二）出具新的或经修改的审计报告，在强调事项段或其他事项段中说明注册会计师对期后事项实施的审计程序仅限于财务报表相关附注所述的修改。

第十六条 在某些国家或地区，法律法规或财务报告编制基础可能不要求管理层报出经修改的财务报表，相应地，注册会计师也无需出具经修改的或新的审计报告。然而，如果认为管理层应当修改财务报表而没有修改，注册会计师应当分别以下情况予以处理：

（一）如果审计报告尚未提交给被审计单位，注册会计师应当按照《中国注册会计师审计准则第1502号——在审计报告中发表非无保留意见》的规定发表非无保留意见，然后再提交审计报告。

（二）如果审计报告已经提交给被审计单位，注册会计师应当通知管理层和治理层（除非治理层全部成员参与管理被审计单位）在财务报表作出必要修改前不要向第三方报出。如果财务报表在未经必要修改的情况下仍被报出，注册会计师应当采取适当措施，以设法防止财务报表使用者信赖该审计报告。

第三节 注册会计师在财务报表报出后知悉的事实

第十七条 在财务报表报出后，注册会计师没有义务针对财务报表实施任何审计程序。在财务报表报出后，如果知悉了某事实，且若在审计报告日知悉可能导致修改审计报告，注册会计师应当：

（一）与管理层和治理层（如适用）讨论该事项；

（二）确定财务报表是否需要修改；

（三）如果需要修改，询问管理层将如何在财务报表中处理该事项。

第十八条 如果管理层修改了财务报表，注册会计师应当：

（一）根据具体情况对有关修改实施必要的审计程序；

（二）复核管理层采取的措施能否确保所有收到原财务报表和审计报告的人士了解这一情况；

（三）除非本准则第十五条所述的情形适用，将本准则第九条和第十条规定的审计程序延伸至新的审计报告日，并针对修改后的财务报表出具新的审计报告，新的审计报告日不应早于修改后的财务报表被批准的日期；

（四）如果本准则第十五条所述的情形适用，应当按照本准则第十五条的规定修改审计报告或提供新的审计报告。

第十九条 注册会计师应当在新的或经修改的审计报告中增加强调事项段或其他事项段，提醒财务报表使用者关注财务报表附注中有关修改原财务报表的详细原因和注册会计师提供的原审计报告。

第二十条 如果管理层没有采取必要措施确保所有收到原财务报表的人士了解这一情况，也没有在注册会计师认为需要修改的情况下修改财务报表，注册会计师应当通知管理层和治理层（除非治理层全部成员参与管理被审计单位），注册会计师将设法防止财务报表使用者信赖该审计报告。

如果注册会计师已经通知管理层或治理层，而管理层或治理层没有采取必要措施，注册会计师应当采取适当措施，以设法防止财务报表使用者信赖该审计报告。

中国注册会计师审计准则第1341号
——书面声明

（2022年12月22日修订）

第一章 总 则

第一条 为了规范注册会计师在财务报表审计中向管理层获取书面声明，制定本准则。

第二条 本准则附录中列示的其他审计准则，对注册会计师在特定情况下就相关事项获取书面声明提出具体要求，但并不构成对本准则普遍适用性的限制。

第三条 审计证据是注册会计师为了得出审计结论和形成审计意见而使用的信息。书面声明是注册会计师在财务报表审计中需要获取的必要信息，也是审计证据。

第四条 尽管书面声明提供必要的审计证据，但其本身并不为所涉及的任何事项提供充分、适当的审计证据。而且，管理层已提供可靠书面声明的事实，并不影响注册会计师就管理层责任履行情况或具体认定获取的其他审计证据的性质和范围。

第二章 定 义

第五条 书面声明，是指管理层向注册会计师提供的书面陈述，用以确认某些事项或支持其他审计证据。

书面声明不包括财务报表及其认定，以及支持性账簿和相关记录。

第六条 在本准则中单独提及管理层时，应当理解为管理层和治理层（如适用）。管理层负责按照适用的财务报告编制基础编制财务报表并使其实现公允反映。

第三章 目 标

第七条 注册会计师的目标是：

（一）向管理层获取其认为自身已履行编制财务报表和向注册会计师提供完整信息的责任的书面声明；

（二）如果注册会计师认为有必要或其他审计准则有要求，通过书面声明支持与财务报表或具体认定相关的其他审计证据；

（三）恰当应对管理层提供的书面声明或管理层不提供注册会计师要求的书面声明的情况。

第四章 要 求

第一节 提供书面声明的管理层

第八条 注册会计师应当要求对财务报表承担相应责任并了解相关事项的管理层提供书面声明。

第二节 针对管理层责任的书面声明

第九条 针对财务报表的编制，注册会计师应当要求管理层提供书面声明，确认其根据审计业务约定条款，履行了按照适用的财务报告编制基础编制财务报表并使其实现公允反映（如适用）的责任。

第十条 针对提供的信息和交易的完整性，注册会计师应当要求管理层就下列事项提供书面声明：

（一）按照审计业务约定条款，已向注册会计师提供所有相关信息，并允许注册会计师不受限制地接触所有相关信息以及被审计单位内部人员和其他相关人员。

（二）所有交易均已记录并反映在财务报表中。

第十一条 注册会计师应当要求管理层按照审计业务约定条款中对管理层责任的描述方式，在本准则第九条和第十条要求的书面声明中对管理层责任进行描述。

第三节 其他书面声明

第十二条 除本准则和其他审计准则要求的书面声明外，如果注册会计师认为有必要获取一项或多项其他书面声明，以支持与财务报表或者一项或多项具体认定相关的其他审计证据，注册会计师应当要求管理层提供这些书面声明。

第四节 书面声明的日期和涵盖的期间

第十三条 书面声明的日期应当尽量接近对财务报表出具审计报告的日期，但不得在审计报告日后。书面声明应当涵盖审计报告针对的所有财务报表和期间。

第五节 书面声明的形式

第十四条 书面声明应当以声明书的形式致送注册会计师。如果法律法规要求管理层就其责任作出书面公开陈述，并且注册会计师认为这些陈述提供了本准则第九条和第十条要求的部分或全部声明，则这些陈述所涵盖的相关事项不必包括在声明书中。

第六节 对书面声明可靠性的疑虑以及管理层不提供要求的书面声明

第十五条 如果对管理层的胜任能力、诚信、道德价值观或勤勉尽责存在疑虑，或者对管理层在这些方面的承诺或贯彻执行存在疑虑，注册会计师应当确定这些疑虑对书面或口头声明和审计证据总体的可靠性可能产生的影响。

第十六条 如果书面声明与其他审计证据不一致，注册会计师应当实施审计程序以设法解决这些问题。如果问题仍未解决，注册会计师应当重新考虑对管理层的胜任能力、诚信、道德价值观或勤勉尽责的评估，或者重新考虑对管理层在这些方面的承诺或贯彻执行的评估，并确定书面声明与其他审计证据的不一致对书面或口头声明和审计证据总体的可靠性可能产生的影响。

第十七条 如果认为书面声明不可靠，注册会计师应当采取适当措施，包括本准则第十九条所提及的按照《中国注册会计师审计准则第1502号——在审计报告中发表非无保留意见》的规定，确定其对审计意见可能产生的影响。

第十八条 如果管理层不提供要求的一项或多项书面声明，注册会计师应当：

（一）与管理层讨论该事项；

（二）重新评价管理层的诚信，并评价该事项对书面或口头声明和审计证据总体的可靠性可能产生的影响；

（三）采取适当措施，包括本准则第十九条提及的按照《中国注册会计师审计准则第1502号——在审计报告中发表非无保留意见》的规定，确定该事项对审计意见可能产生的影响。

第十九条 按照《中国注册会计师审计准则第1502号——在审计报告中发表非无保留意见》的规定，如果存在下列情形之一，注册会计师应当对财务报表发表无法表示意见：

（一）注册会计师对管理层的诚信产生重大疑虑，以至于认为其按照本准则第九条和第十条的要求作出的书面声明不可靠；

（二）管理层不提供本准则第九条和第十条要求的书面声明。

附录：其他审计准则对书面声明的具体要求

下列审计准则要求注册会计师在特定情况下就相关事项获取书面声明，但其规定并不影响本准则的普遍适用性。

1.《中国注册会计师审计准则第1141号——财务报表审计中与舞弊相关的责任》第四十三条；

2.《中国注册会计师审计准则第1142号——财务报表审计中对法律法规的考虑》第十七条；

3.《中国注册会计师审计准则第1251号——评价审计过程中识别出的错报》第十五条；

4.《中国注册会计师审计准则第1311号——对存货、诉讼和索赔、分部信息等特定项目获取审计证据的具体考虑》第十二条；

5.《中国注册会计师审计准则第1321号——会计估计和相关披露的审计》第三十三条；

6.《中国注册会计师审计准则第1323号——关联方》第二十七条；

7.《中国注册会计师审计准则第1324号——持续经营》第十五条第二款第（五）项；

8.《中国注册会计师审计准则第1332号——期后事项》第十二条；

9.《中国注册会计师审计准则第1511号——比较信息：对应数据和比较财务报表》第十二条；

10.《中国注册会计师审计准则第1521号——注册会计师对其他信息的责任》第十四条第（三）项。

中国注册会计师审计准则第1401号
——对集团财务报表审计的特殊考虑

（2022年12月22日修订）

第一章 总 则

第一条 为了规范注册会计师执行集团审计时的特殊考虑，特别是涉及组成部分注册会计师的特殊考虑，制定本准则。

第二条 本准则规范集团审计的特定方面，其他审计准则同样适用于集团审计。

第三条 在执行非集团审计时，如果利用其他注册会计师的工作（如委托其他注册会计师对存放在偏远地点的存货实施监盘或对存放在偏远地点的固定资产实施检查），注册会计师可以根据具体情况遵守本准则的相关规定。

第四条 因法律法规要求或其他原因，组成部分注册会计师可能需要对组成部分财务报表发表审计意见。集团项目组可以决定利用组成部分注册会计师对组成部分财务报表发表审计意见所依据的审计证据，作为集团审计的审计证据，但仍需要遵守本准则的规定。

第五条 按照《中国注册会计师审计准则第1121号——对财务报表审计实施的质量管理》的规定，集团项目合伙人应当确保执行集团审计业务的人员（包括组成部分注册会计师）从整体上具备适当的胜任能力和必要素质，包括充足的时间。

集团项目合伙人还需要对指导、监督集团项目组成员并复核其工作承担责任。

第六条 无论是集团项目组还是组成部分注册会计师对组成部分财务信息执行相关工作，集团项目合伙人都需要遵守《中国注册会计师审计准则第1121号——对财务报表审计实施的质量管理》的相关规定。当组成部分注册会计师对组成部分财务信息执行相关工作时，本准则有助于集团项目合伙人满足《中国注册会计师审计准则第1121号——对财务报表审计实施的质量管理》的要求。

第七条 审计风险取决于重大错报风险和检查风险。在集团审计中，审计风险包括组成部分注册会计师可能没有发现组成部分财务信息存在的错报（该错报导致集团财务报表发生重大错报）的风险，以及集团项目组可能没有发现该错报的风险。

本准则规定了在组成部分注册会计师对组成部分财务信息实施风险评估程序和进一步审计程序时，集团项目组在确定参与组成部分注册会计师工作的性质、时间安排和范围时需要考虑的事项。集团项目组参与组成部分注册会计师工作的目的是为了获取充分、适当的审计证据，以作为形成集团财务报表审计意见的基础。

第二章　定　义

第八条 集团，是指由所有组成部分构成的整体，并且所有组成部分的财务信息包括在集团财务报表中。集团至少拥有一个以上的组成部分。

第九条 集团财务报表，是指包括一个以上组成部分财务信息的财务报表。集团财务报表也指没有母公司但处在同一控制下的各组成部分编制的财务信息所汇总生成的财务报表。

第十条 本准则所称适用的财务报告编制基础，是指适用于集团财务报表的财务报告编制基础。

第十一条 集团管理层，是指负责编制集团财务报表的管理层。

第十二条 集团层面控制，是指集团管理层设计、执行和维护的与集团财务报告相关的控制。

第十三条 集团审计，是指对集团财务报表进行的审计。

第十四条 集团审计意见，是指对集团财务报表发表的审计意见。

第十五条 集团项目合伙人，是指会计师事务所中负责某项集团审计业务及其执行，并代表会计师事务所在对集团财务报表出具的审计报告上签字的合伙人。如果集团项目合伙人以外的其他注册会计师在对集团财务报表出具的审计报告上签字，本准则对集团项目合伙人的规定也适用于该签字注册会计师。

如果联合注册会计师执行集团审计，联合项目合伙人及其项目组整体上构成集团项目合伙人和集团项目组。但是，本准则并不规范联合注册会计师之间的关系，或参与联合审计的一方注册会计师执行的工作与另一方注册会计师执行的工作之间的关系。

第十六条 集团项目组，是指参与集团审计的，包括集团项目合伙人在内的所有合伙人和员工。集团项目组负责制定集团总体审计策略，与组成部分注册会计师沟通，针对合并过程执行相关工作，并评价根据审计证据得出的结论，作为形成集团财务报表审计意见的基础。

第十七条 组成部分，是指某一实体或某项业务活动，其财务信息由集团或组成部分管理层编制并应包括在集团财务报表中。

第十八条 重要组成部分，是指集团项目组识别出的具有下列特征之一的组成部分：

（一）单个组成部分对集团具有财务重大性；

（二）由于单个组成部分的特定性质或情况，可能存在导致集团财务报表发生重大错报的特别风险。

第十九条 组成部分管理层，是指负责编制组成部分财务信息的管理层。

第二十条 组成部分注册会计师，是指基于集团审计目的，按照集团项目组的要求，对组成部分财务信息执行相关工作的注册会计师。

第二十一条 组成部分重要性，是指集团项目组为组成部分确定的重要性。

第二十二条 合并过程，是指：

（一）通过合并、比例合并、权益法或成本法，在集团财务报表中对组成部分财务信息进行确认、计量与列报；

（二）对没有母公司但处在同一控制下的各组成部分编制的财务信息进行汇总。

第三章 目 标

第二十三条 注册会计师的目标是：

（一）确定是否担任集团审计的注册会计师；

（二）如果担任集团审计的注册会计师，就组成部分注册会计师对组成部分财务信息执行工作的范围、时间安排和发现的问题，与组成部分注册会计师进行清晰的沟通；针对组成部分财务信息和合并过程，获取充分、适当的审计证据，以对集团财务报表是否在所有重大方面按照适用的财务报告编制基础编制发表审计意见。

第四章 要 求

第一节 责 任

第二十四条 集团项目合伙人应当按照职业准则和适用的法律法规的规定，负责指导、监督和执行集团审计业务，并确定出具的审计报告是否适合具体情况。注册会计师对集团财务报表出具的审计报告不应提及组成部分注册会计师，除非法律法规另有规定。如果法律法规要求在审计报告中提及组成部分注册会计师，审计报告应当指明，这种提及并不减轻集团项目合伙人及其所在的会计师事务所对集团审计意见承担的责任。

第二节 集团审计业务的承接与保持

第二十五条 在具体运用《中国注册会计师审计准则第1121号——对财务报表审计实施的质量管理》时，集团项目合伙人应当确定是否能够合理预期获取与合并过程和组成部分财务信息相关的充分、适当的审计证据，以作为形成集团审计意见的基础。因此，集团项目组应当了解集团及其环境、集团组成部分及其环境，以足以识别可能的重要组成部分。如果组成部分注册会计师对重要组成部分财务信息执行相关工作，集团项目合伙人应当评价集团项目组参与组成部分注册会计师工作的程度是否足以获取充分、适当的审计证据。

第二十六条 如果集团项目合伙人认为由于集团管理层施加的限制，使集团项目组不能获取充分、适当的审计证据，由此产生的影响可能导致对集团财务报表发表无法表示意见，集团项目合伙人应当视具体情况采取下列措施：

（一）如果是新业务，拒绝接受业务委托，如果是连续审计业务，在法律法规允许的情况下，解除业务约定；

（二）如果法律法规禁止注册会计师拒绝接受业务委托，或者注册会计师不能解除业务约定，在可能的范围内对集团财务报表实施审计，并对集团财务报表发表无法表示意见。

第二十七条 集团项目合伙人应当按照《中国注册会计师审计准则第1111号——就审计业务约定条款达成一致意见》的规定，就集团审计业务约定条款与管理层或治理层（如适用）达成一致意见。

第三节 总体审计策略和具体审计计划

第二十八条 集团项目组应当按照《中国注册会计师审计准则第1201号——计划审计工作》的规定，制定集团总体审计策略和具体审计计划。

第二十九条 集团项目合伙人应当复核集团总体审计策略和具体审计计划。

第四节 了解集团及其环境、集团组成部分及其环境

第三十条 注册会计师应当通过了解被审计单位及其环境、适用的财务报告编制基础和被审计单位内部控制体系，识别和评估财务报表重大错报风险。

集团项目组应当：

（一）在业务承接或保持阶段获取信息的基础上，进一步了解集团及其环境、集团组成部分及其环境，包括集团层面控制；

（二）了解合并过程，包括集团管理层向组成部分下达的指令。

第三十一条 集团项目组应当对集团及其环境、集团组成部分及其环境获取充分的了解，以足以：

（一）确认或修正最初识别的重要组成部分；

（二）评估由于舞弊或错误导致集团财务报表发生重大错报的风险。

第五节 了解组成部分注册会计师

第三十二条 如果计划要求组成部分注册会计师执行组成部分财务信息的相关工作，集团项目组应当了解下列事项：

（一）组成部分注册会计师是否了解并将遵守与集团审计相关的职业道德要求，特别是独立性要求；

（二）组成部分注册会计师是否具备专业胜任能力；

（三）集团项目组参与组成部分注册会计师工作的程度是否足以获取充分、适当的审计证据；

（四）组成部分注册会计师是否处于积极的监管环境中。

第三十三条 如果组成部分注册会计师不符合与集团审计相关的独立性要求，或集团项目组对本准则第三十二条第（一）项至第（三）项所列事项存有重大疑虑，集团项目组应当就组成部分财务信息获取充分、适当的审计证据，而不应要求组成部分注册会计师对组成部分财务信息执行相关工作。

第六节 重要性

第三十四条 集团项目组应当确定与重要性相关的下列事项：

（一）在制定集团总体审计策略时，确定集团财务报表整体的重要性。

（二）根据集团的特定情况，如果存在特定类别的交易、账户余额或披露，其发生的错报金额低于集团财务报表整体的重要性，但合理预期将影响财务报表使用者依据集团财务报表作出的经济决策，则确定适用于这些交易、账户余额或披露的一个或多个重要性水平。

（三）如果组成部分注册会计师对组成部分财务信息实施审计或审阅，基于集团审计目的，为这些组成部分确定组成部分重要性。为将未更正和未发现错报的汇总数超过集团财务报表整体的重要性的可能性降至适当的低水平，组成部分重要性应当低于集团财务报表整体的重要性。

（四）设定临界值，不能将超过该临界值的错报视为对集团财务报表明显微小的错报。

第三十五条 如果基于集团审计目的，由组成部分注册会计师对组成部分财务信息执行审计工作，集团项目组应当评价在组成部分层面确定的实际执行的重要性的适当性。

第三十六条 如果因法律法规或其他原因要求对组成部分进行审计，并且集团项目组决定利用该审计为集团审计提供审计证据，集团项目组应当确定下列方面是否符合本准则的规定：

（一）组成部分财务报表整体的重要性；

（二）组成部分层面实际执行的重要性。

第七节 针对评估的风险采取的应对措施

第三十七条 注册会计师应当针对评估的财务报表重大错报风险设计和实施恰当的应对措施。

对于组成部分财务信息，集团项目组应当确定由其亲自执行或由组成部分注册会计师代为执行的相关工作的类型。集团项目组还应当确定参与组成部分注册会计师工作的性质、时间安排和范围。

第三十八条 在确定对合并过程或组成部分财务信息拟执行的工作的性质、时间安排和范围时，如果预期集团层面控制运行有效，或者仅实施实质性程序不能提供认定层次的充分、适当的审计证据，集团项目组应当测试或要求组成部分注册会计师测试这些控制运行的有效性。

第三十九条 就集团而言，对于具有财务重大性的单个组成部分，集团项目组或代表集团项目组的组成部分注册会计师应当运用该组成部分的重要性，对组成部分财务信息实施审计。

第四十条 对由于其特定性质或情况，可能存在导致集团财务报表发生重大错报的特别风险的重要组成部分，集团项目组或代表集团项目组的组成部分注册会计师应当执行下列一项或多项工作：

（一）使用组成部分重要性对组成部分财务信息实施审计；

（二）针对与可能导致集团财务报表发生重大错报的特别风险相关的一个或多个账户余额、一类或多类交易或披露事项实施审计；

（三）针对可能导致集团财务报表发生重大错报的特别风险实施特定的审计程序。

第四十一条 对于不重要的组成部分，集团项目组应当在集团层面实施分析程序。

第四十二条 如果集团项目组认为执行下列工作不能获取形成集团审计意见所依据的充分、适当的审计证据，应当采取本条第二款规定的措施：

（一）对重要组成部分财务信息执行的工作；

（二）对集团层面控制和合并过程执行的工作；

（三）在集团层面实施的分析程序。

集团项目组应当选择某些不重要的组成部分，并对已选择的组成部分财务信息亲自执行或由代表集团项目组的组成部分注册会计师执行下列一项或多项工作：

（一）使用组成部分重要性对组成部分财务信息实施审计；

（二）对一个或多个账户余额、一类或多类交易或披露实施审计；

（三）使用组成部分重要性对组成部分财务信息实施审阅；

（四）实施特定程序。

集团项目组应当在一段时间之后更换所选择的组成部分。

第四十三条 如果组成部分注册会计师对重要组成部分财务信息执行审计，集团项目组应当参与组成部分注册会计师实施的风险评估程序，以识别导致集团财务报表发生重大错报的特别风险。集团项目组参与的性质、时间安排和范围受其对组成部分注册会计师所了解情况的影响，但至少应当包括：

（一）与组成部分注册会计师或组成部分管理层讨论对集团而言重要的组成部分业务活动；

（二）与组成部分注册会计师讨论由于舞弊或错误导致组成部分财务信息发生重大错报的可能性；

（三）复核组成部分注册会计师对识别出的导致集团财务报表发生重大错报的特别风险形成的审计工作底稿。审计工作底稿可以采用备忘录的形式，反映组成部分注册会计师针对识别出的特别风险得出的结论。

第四十四条 如果在由组成部分注册会计师执行相关工作的组成部分内，识别出导致集团财务报表发生重大错报的特别风险，集团项目组应当评价针对识别出的特别风险拟实施的进一步审计程序的恰当性。根据对组成部分注册会计师的了解，集团项目组应当确定是否有必要参与进一步审计程序。

第八节 合并过程

第四十五条 根据本准则第三十条的规定，集团项目组应当了解集团层面的控制和合并过程，包括集团管理层向组成部分下达的指令。

根据本准则第三十八条的规定，如果对合并过程执行工作的性质、时间安排和范围基于预期集团层面控制有效运行，或者仅实施实质性程序不能提供认定层次的充分、适当的审计证据，集团项目组应当亲自测试或要求组成部分注册会计师代为测试集团层面控制运行的有效性。

第四十六条 集团项目组应当针对合并过程设计和实施进一步审计程序，以应对评估的、由合并过程导致的集团财务报表发生重大错报的风险。设计和实施的进一步审计程序应当包括评价所有组成部分是否均已包括在集团财务报表中。

第四十七条 集团项目组应当评价合并调整和重分类事项的适当性、完整性和准确性，并评价是否存在舞弊风险因素或可能存在管理层偏向的迹象。

第四十八条 如果组成部分财务信息没有按照集团财务报表采用的会计政策编制，集团项目组应当评价组成部分财务信息是否已得到适当调整，以满足编制和列报集团财务报表的要求。

第四十九条 集团项目组应当确定，组成部分注册会计师按照本准则第五十四条的规定进行的沟通中提及的财务信息是否就是包括在集团财务报表中的财务信息。

第五十条 如果集团财务报表包括的组成部分财务报表的报告期末不同于集团财务报表，集团项目组应当评价是否已按照适用的财务报告编制基础对这些财务报表作出恰当调整。

第九节 期后事项

第五十一条 如果集团项目组或组成部分注册会计师对组成部分财务信息实施审计，集团项目组或组成部分注册会计师应当实施审计程序，以识别组成部分自组成部分财务信息日至对集团财务报表出具审计报告日之间发生的、可能需要在集团财务报表中调整或披露的事项。

第五十二条 如果组成部分注册会计师执行组成部分财务信息审计以外的工作，集团项目组应当要求组成部分注册会计师告知其注意到的、可能需要在集团财务报表中调整或披露的期后事项。

第十节 与组成部分注册会计师的沟通

第五十三条 集团项目组应当及时向组成部分注册会计师通报工作要求。通报的内容应当明确组成部分注册会计师应执行的工作和集团项目组对其工作的利用，以及组成部分注册会计师与集团项目组沟通的形式和内容。

通报的内容还应当包括：

（一）在组成部分注册会计师知悉集团项目组将利用其工作的前提下，要求组成部分注册会计师确认其将配合集团项目组的工作。

（二）与集团审计相关的职业道德要求，特别是独立性要求。

（三）在对组成部分财务信息实施审计或审阅的情况下，组成部分的重要性和针对特定类别的交易、账户余额或披露采用的一个或多个重要性水平（如适用）以及临界值，超过临界值的错报不能视为对集团财务报表明显微小的错报。

（四）识别出的与组成部分注册会计师工作相关的、由于舞弊或错误导致集团财务报表发生重大错报的特别风险。集团项目组应当要求组成部分注册会计师及时沟通所有识别出的、在组成部分内的其他由于舞弊或错误可能导致集团财务报表发生重大错报的特别风险，以及组成部分注册会计师针对这些特别风险采取的应对措施。

（五）集团管理层编制的关联方清单和集团项目组知悉的任何其他关联方。集团项目组应当要求组成部分注册会计师及时沟通集团管理层或集团项目组以前未识别出的关联方。集团项目组应当确定是否需要将新识别的关联方告知其他组成部分注册会计师。

第五十四条 集团项目组应当要求组成部分注册会计师沟通与得出集团审计结论相关的事项。沟通的内容应当包括：

（一）组成部分注册会计师是否已遵守与集团审计相关的职业道德要求，包括对独立性和专业胜任能力的要求；

（二）组成部分注册会计师是否已遵守集团项目组的要求；

（三）指出作为组成部分注册会计师出具报告对象的组成部分财务信息；

（四）因违反法律法规而可能导致集团财务报表发生重大错报的信息；

（五）组成部分财务信息中未更正错报的清单（清单不必包括低于集团项目组通报的临界值且明显微小的错报）；

（六）表明可能存在管理层偏向的迹象；

（七）描述识别出的组成部分层面值得关注的内部控制缺陷；

（八）组成部分注册会计师向组成部分治理层已通报或拟通报的其他重大事项，包括涉及组成部分管理层、在组成部分层面内部控制中承担重要职责的员工以及其他人员（在舞弊行为导致组成部分财务信息出现重大错报的情况下）的舞弊或舞弊嫌疑；

（九）可能与集团审计相关或者组成部分注册会计师期望集团项目组加以关注的其他事项，包括在组成部分注册会计师要求组成部分管理层提供的书面声明中指出的例外事项；

（十）组成部分注册会计师的总体发现、得出的结论和形成的意见。

第十一节 评价审计证据的充分性和适当性

第五十五条 集团项目组应当评价与组成部分注册会计师的沟通。集团项目组应当：

（一）与组成部分注册会计师、组成部分管理层或集团管理层（如适用）讨论在评价过程中发现的重大事项；

（二）确定是否有必要复核组成部分注册会计师审计工作底稿的相关部分。

第五十六条 如果认为组成部分注册会计师的工作不充分，集团项目组应当确定需要实施哪些追加的程序，以及这些程序是由组成部分注册会计师还是由集团项目组实施。

第五十七条 注册会计师应当获取充分、适当的审计证据，将审计风险降至可接受的低水平，从而得出合理的结论以作为形成审计意见的基础。

集团项目组应当评价，通过对合并过程实施的审计程序以及由集团项目组和组成部分注册会计师对组成部分财务信息执行的工作，是否已获取充分、适当的审计证据，作为形成集团审计意见的基础。

第五十八条 集团项目合伙人应当评价未更正错报（无论该错报是由集团项目组识别出的还是由组成部分注册会计师告知的）和未能获取充分、适当的审计证据的情况对集团审计意见的影响。

第十二节 与集团管理层和集团治理层的沟通

第五十九条 集团项目组应当按照《中国注册会计师审计准则第1152号——向治理层和管理层通报内部控制缺陷》的规定，确定哪些识别出的内部控制缺陷需要向集团治理层和集团管理层通报。

在确定通报的内容时，集团项目组应当考虑：

（一）集团项目组识别出的集团层面内部控制缺陷；

（二）集团项目组识别出的组成部分层面内部控制缺陷；

（三）组成部分注册会计师提请集团项目组关注的内部控制缺陷。

第六十条　如果集团项目组识别出舞弊或组成部分注册会计师提请集团项目组关注舞弊，或者有关信息表明可能存在舞弊，集团项目组应当及时向适当层级的集团管理层通报，以便管理层告知主要负责防止和发现舞弊事项的人员。

第六十一条　因法律法规要求或其他原因，组成部分注册会计师可能需要对组成部分财务报表发表审计意见。在这种情况下，集团项目组应当要求集团管理层告知组成部分管理层其尚未知悉的、集团项目组注意到的可能对组成部分财务报表产生重要影响的事项。

如果集团管理层拒绝向组成部分管理层通报该事项，集团项目组应当与集团治理层进行讨论。

如果该事项仍未得到解决，集团项目组在遵守法律法规和职业准则有关保密要求的前提下，应当考虑是否建议组成部分注册会计师在该事项得到解决之前，不对组成部分财务报表出具审计报告。

第六十二条　除《中国注册会计师审计准则第1151号——与治理层的沟通》和其他审计准则要求沟通的事项外，集团项目组还应当与集团治理层沟通下列事项：

（一）对组成部分财务信息拟执行工作的类型的概述；

（二）在组成部分注册会计师对重要组成部分财务信息拟执行的工作中，集团项目组计划参与其工作的性质的概述；

（三）对组成部分注册会计师的工作作出的评价，引起集团项目组对其工作质量产生疑虑的情形；

（四）集团审计受到的限制，如集团项目组接触某些信息受到的限制；

（五）涉及集团管理层、组成部分管理层、在集团层面控制中承担重要职责的员工以及其他人员（在舞弊行为导致集团财务报表出现重大错报的情况下）的舞弊或舞弊嫌疑。

第十三节　审计工作底稿

第六十三条　集团项目组应当就下列事项形成审计工作底稿：

（一）对组成部分的分析，指明重要组成部分以及对组成部分财务信息执行工作的类型；

（二）对于重要组成部分，集团项目组参与该组成部分注册会计师工作的性质、时间安排和范围，如果适用，还包括集团项目组对组成部分注册会计师审计工作底稿的相关部分进行的复核以及由此得出的结论；

（三）集团项目组与组成部分注册会计师就集团项目组提出的工作要求的书面沟通函件。

第五章　附　则

第六十四条　本准则自2023年7月1日起施行。

中国注册会计师审计准则第1411号
——利用内部审计人员的工作

（2022年12月22日修订）

第一章　总　则

第一节　本准则的范围

第一条　为了规范注册会计师在审计中利用内部审计人员的工作，明确注册会计师利用内部审计人员工作的责任，制定本准则。

注册会计师在审计中利用内部审计人员的工作包括：

（一）在获取审计证据的过程中利用内部审计的工作；

（二）在注册会计师的指导、监督和复核下利用内部审计人员提供直接协助。

第二条　本准则不适用于被审计单位未设立内部审计的情形。

第三条　在被审计单位设有内部审计的情况下，如果存在下列情形之一，则本准则中与利用内部审计工作相关的条款不适用：

（一）内部审计的职责和活动与审计不相关；

（二）注册会计师按照《中国注册会计师审计准则第1211号——重大错报风险的识别和评估》的规定，通过实施程序获取对内部审计的初步了解后，预期在获取审计证据时不利用其工作。

本准则并不要求注册会计师利用内部审计工作以调整由注册会计师直接实施的审计程序的性质、时间安排或缩小其范围，是否利用内部审计工作仍然由注册会计师在制定总体审计策略时作出决策。

第四条　如果注册会计师计划不利用内部审计人员提供直接协助，本准则与直接协助相关的要求不适用。

第五条　某些国家或地区的法律法规可能禁止或在某种程度上限制注册会计师利用内部审计工作或利用内部审计人员提供直接协助。审计准则并不超越规范财务报表审计的法律法规。当法律法规存在禁止性或限制性规定时，注册会计师应当遵守相关规定。

第二节　本准则和《中国注册会计师审计准则第1211号——重大错报风险的识别和评估》的关系

第六条　许多被审计单位设立了内部审计作为内部控制和治理结构的组成部分。由于被审计单位的规模、组织结构以及管理层和治理层（如适用）的要求不同，内部审计的目标和范围、职责及其在被审计单位中的地位（包括权威性和问责机制）可能有较大差别。

第七条　《中国注册会计师审计准则第1211号——重大错报风险的识别和评估》及其应用指南阐述了内部审计所掌握的情况和经验如何为注册会计师了解被审计单位及其环境、适用的财务报告编制基础和被审计单位内部控制体系，识别和评估重大错报风险提供信息。该指南还解释了注册会计师与内部审计人员进行的有效沟通如何为注册会计师获知可能影响其工作的重大事项营造良好氛围。

第八条　注册会计师可能能够以建设性和互补的方式利用内部审计的工作。这取决于下列因素：

（一）内部审计在被审计单位中的地位以及相关政策和程序是否足以支持内部审计人

员的客观性；

（二）内部审计人员的胜任能力；

（三）内部审计是否采用系统、规范化的方法。

当注册会计师按照《中国注册会计师审计准则第1211号——重大错报风险的识别和评估》的规定，实施程序获取对被审计单位内部审计的初步了解后，拟利用内部审计工作作为获取审计证据的一部分时，本准则规范了注册会计师的相关责任。利用内部审计工作会影响由注册会计师直接实施的审计程序的性质、时间安排，或缩小其范围。

第九条　如果注册会计师考虑在其指导、监督和复核下利用内部审计人员提供直接协助，本准则规范了注册会计师的相关责任。

第十条　被审计单位的某些人员可能实施与内部审计相似的程序。然而，除非这些程序由客观、具有胜任能力并采用系统、规范化方法（包括质量控制）的部门、岗位或人员实施，否则这些程序可能被视为内部控制，针对这些控制的有效性获取审计证据将作为注册会计师按照《中国注册会计师审计准则第1231号——针对评估的重大错报风险采取的应对措施》的规定针对评估的风险采取的应对措施的一部分。

第三节　注册会计师对审计的责任

第十一条　注册会计师对发表的审计意见独立承担责任，这种责任并不因注册会计师利用内部审计工作或利用内部审计人员对该项审计业务提供直接协助而减轻。尽管内部审计或内部审计人员可能实施与注册会计师相似的审计程序，但是他们均不满足《中国注册会计师审计准则第1101号——注册会计师的总体目标和审计工作的基本要求》中关于注册会计师在财务报表审计中独立于被审计单位的要求。因此，本准则界定了注册会计师能够利用内部审计人员工作的必要条件。针对利用内部审计工作或利用内部审计人员提供直接协助是否足以实现审计目的，本准则界定了注册会计师获取充分、适当的审计证据所需的工作投入。这些要求旨在为注册会计师就利用内部审计人员的工作作出职业判断提供一个框架，以防止过度利用或不当利用内部审计人员的工作。

第二章　定　义

第十二条　内部审计，是指被审计单位负责执行鉴证和咨询活动，以评价和改进被审计单位的治理、风险管理和内部控制流程有效性的职能。

第十三条　直接协助，是指在注册会计师的指导、监督和复核下，利用内部审计人员实施审计程序。

第三章　目　标

第十四条　当被审计单位存在内部审计，并且注册会计师预期将利用其工作以调整注册会计师直接实施的审计程序的性质、时间安排，或缩小其范围时，或者注册会计师预期将利用内部审计人员提供直接协助时，注册会计师的目标是：

（一）确定是否能够利用内部审计的工作或利用内部审计人员提供直接协助，如果能够利用，在哪些领域利用以及在多大程度上利用；

（二）如果利用内部审计的工作，确定该工作是否足以实现审计目的；

（三）如果利用内部审计人员提供直接协助，适当地指导、监督和复核其工作。

第四章 要 求

第一节 确定是否利用、在哪些领域利用以及在多大程度上利用内部审计的工作

第十五条 注册会计师应当通过评价下列事项，确定是否能够利用内部审计的工作以实现审计目的：

（一）内部审计在被审计单位中的地位，以及相关政策和程序支持内部审计人员客观性的程度；

（二）内部审计人员的胜任能力；

（三）内部审计是否采用系统、规范化的方法（包括质量控制）。

第十六条 如果存在下列情形之一，注册会计师不得利用内部审计的工作：

（一）内部审计在被审计单位的地位以及相关政策和程序不足以支持内部审计人员的客观性；

（二）内部审计人员缺乏足够的胜任能力；

（三）内部审计没有采用系统、规范化的方法（包括质量控制）。

第十七条 注册会计师应当考虑内部审计已执行和拟执行工作的性质和范围，以及这些工作与注册会计师总体审计策略和具体审计计划的相关性，以作为确定能够利用内部审计工作的领域和程度的基础。

第十八条 注册会计师应当作出审计业务中的所有重大判断，并防止不当利用内部审计工作。当存在下列情况之一时，注册会计师应当计划较少地利用内部审计工作，而更多地直接执行审计工作：

（一）当在下列方面涉及较多判断时：

1.计划和实施相关的审计程序；

2.评价收集的审计证据。

（二）当评估的认定层次重大错报风险较高，需要对识别出的特别风险予以特殊考虑时。

（三）当内部审计在被审计单位中的地位以及相关政策和程序对内部审计人员客观性的支持程度较弱时。

（四）当内部审计人员的胜任能力较低时。

第十九条 由于注册会计师对发表的审计意见独立承担责任，注册会计师应当评价从总体上而言，在计划的范围内利用内部审计工作是否仍然能够使注册会计师充分地参与审计工作。

第二十条 当注册会计师按照《中国注册会计师审计准则第1151号——与治理层的沟通》的规定与治理层沟通计划的审计范围和时间安排的总体情况时，应当包括其计划如何利用内部审计工作。

第二节 利用内部审计工作

第二十一条 如果计划利用内部审计工作，注册会计师应当与内部审计人员讨论利用其工作的计划，以作为协调各自工作的基础。

第二十二条 注册会计师应当阅读与拟利用的内部审计工作相关的内部审计报告，以了解其实施的审计程序的性质和范围以及相关发现。

第二十三条 注册会计师应当针对计划利用的全部内部审计工作实施充分的审计程

序，以确定其对于实现审计目的是否适当，包括评价下列事项：

（一）内部审计工作是否经过恰当的计划、实施、监督、复核和记录；

（二）内部审计是否获取了充分、适当的证据，以使内部审计能够得出合理的结论；

（三）内部审计得出的结论在具体环境下是否适当，编制的报告与执行工作的结果是否一致。

在计划和实施上述审计程序时，注册会计师应当将计划利用的全部内部审计工作作为一个整体予以考虑。

第二十四条　注册会计师实施审计程序的性质和范围应当与其对以下事项的评价相适应，并应当包括重新执行内部审计的部分工作：

（一）涉及判断的程度；

（二）评估的重大错报风险；

（三）内部审计在被审计单位中的地位以及相关政策和程序支持内部审计人员客观性的程度；

（四）内部审计人员的胜任能力。

第二十五条　注册会计师应当评价其按照本准则第十五条的规定就内部审计得出的结论是否仍然适当，以及按照本准则第十八条至第十九条的规定确定的利用内部审计工作的性质和范围是否仍然适当。

第三节　确定是否利用、在哪些领域利用以及在多大程度上利用内部审计人员提供直接协助

第二十六条　法律法规可能禁止注册会计师利用内部审计人员提供直接协助。在这种情况下，本准则第二十七条至第三十五条，以及第三十七条的规定不适用。

第二十七条　如果法律法规不禁止利用内部审计人员提供直接协助，并且注册会计师计划利用内部审计人员在审计中提供直接协助，注册会计师应当评价是否存在对内部审计人员客观性的不利影响及其严重程度，以及提供直接协助的内部审计人员的胜任能力。注册会 计师在评价是否存在对内部审计人员客观性的不利影响及其严重程度时，应当包括询问内部审计人员可能对其客观性产生不利影响的利益和关系。

第二十八条　当存在下列情形之一时，注册会计师不得利用内部审计人员提供直接协助：

（一）存在对内部审计人员客观性的重大不利影响；

（二）内部审计人员对拟执行的工作缺乏足够的胜任能力。

第二十九条　在确定可能分配给内部审计人员的工作的性质和范围，以及根据具体情况对内部审计人员进行指导、监督和复核的性质、时间安排和范围时，注册会计师应当考虑下列方面：

（一）在计划和实施相关审计程序以及评价收集的审计证据时，涉及判断的程度；

（二）评估的重大错报风险；

（三）针对拟提供直接协助的内部审计人员，注册会计师关于是否存在对其客观性的不利影响及其严重程度的评价结果，以及关于其胜任能力的评价结果。

第三十条　注册会计师不得利用内部审计人员提供直接协助以实施具有下列特征的程序：

（一）在审计中涉及作出重大判断；

（二）涉及较高的重大错报风险，在实施相关审计程序或评价收集的审计证据时需要作出较多的判断；

（三）涉及内部审计人员已经参与并且已经或将要由内部审计向管理层或治理层报告的工作；

（四）涉及注册会计师按照本准则的规定就内部审计，以及利用内部审计工作或利用内部审计人员提供直接协助作出的决策。

第三十一条 在恰当评价是否利用以及在多大程度上利用内部审计人员在审计中提供直接协助后，注册会计师在按照《中国注册会计师审计准则第1151号——与治理层的沟通》的规定与治理层沟通计划的审计范围和时间安排的总体情况时，应当沟通拟利用内部审计人员提供直接协助的性质和范围，以使双方就在业务的具体情形下并未过度利用内部审计人员提供直接协助达成共识。

第三十二条 由于注册会计师对发表的审计意见独立承担责任，注册会计师应当评价在计划的范围内利用内部审计人员提供直接协助，连同对内部审计工作的利用，从总体上而言，是否仍然能够使注册会计师充分地参与审计工作。

第四节 利用内部审计人员提供直接协助

第三十三条 在利用内部审计人员为审计提供直接协助之前，注册会计师应当：

（一）从拥有相关权限的被审计单位代表人员处获取书面协议，允许内部审计人员遵循注册会计师的指令，并且被审计单位不干涉内部审计人员为注册会计师执行的工作；

（二）从内部审计人员处获取书面协议，表明其将按照注册会计师的指令对特定事项保密，并将对其客观性受到的任何不利影响告知注册会计师。

第三十四条 注册会计师应当按照《中国注册会计师审计准则第1121号——对财务报表审计实施的质量管理》的规定对内部审计人员执行的工作进行指导、监督和复核。在进行指导、监督和复核时：

（一）注册会计师在确定指导、监督和复核的性质、时间安排和范围时应当认识到内部审计人员并不独立于被审计单位，并且指导、监督和复核的性质、时间安排和范围应当恰当应对本准则第二十九条对相关因素的评价结果；

（二）复核程序应当包括由注册会计师检查内部审计人员执行的部分工作所获取的审计证据。

注册会计师对内部审计人员执行的工作的指导、监督和复核应当足以使注册会计师确保内部审计人员就其执行的工作已获取充分、适当的审计证据以支持相关审计结论。

第三十五条 在对内部审计人员的工作进行指导、监督和复核时，注册会计师应当对其按照本准则第二十七条的规定作出的评价不再适当的迹象保持警觉。

第五节 审计工作底稿

第三十六条 如果利用内部审计工作，注册会计师应当在审计工作底稿中记录下列事项：

（一）对下列事项的评价：

1.内部审计在被审计单位中的地位、相关政策和程序是否足以支持内部审计人员的客观性；

2.内部审计人员的胜任能力；

3.内部审计是否采用系统、规范化的方法（包括质量控制）。

（二）利用内部审计工作的性质和范围以及作出该决策的基础。

（三）注册会计师为评价利用内部审计工作的适当性而实施的审计程序。

第三十七条 如果利用内部审计人员为审计提供直接协助，注册会计师应当在审计工作底稿中记录下列事项：

（一）关于是否存在对内部审计人员客观性的不利影响及其严重程度的评价，以及关于提供直接协助的内部审计人员的胜任能力的评价；

（二）就内部审计人员执行工作的性质和范围作出决策的基础；

（三）根据《中国注册会计师审计准则第1131号——审计工作底稿》的规定，所执行工作的复核人员及复核的日期和范围；

（四）根据本准则第三十三条的规定从拥有相关权限的被审计单位代表人员和内部审计人员处获取的书面协议；

（五）在审计业务中提供直接协助的内部审计人员编制的审计工作底稿。

第五章 附 则

第三十八条 本准则自2023年7月1日起施行。

中国注册会计师审计准则第1421号
——利用专家的工作

（2022年1月5日修订）

第一章 总 则

第一条 为了规范注册会计师在获取充分、适当的审计证据时利用专家的工作，明确注册会计师利用专家工作的责任，制定本准则。

第二条 本准则不适用于下列情况：

（一）项目组拥有在会计或审计专业领域中具有专长的成员，或向在会计或审计专业领域中具有专长的个人或组织咨询。《中国注册会计师审计准则第1121号——对财务报表审计实施的质量管理》及其应用指南对这种情况进行了规范。

（二）注册会计师利用在会计、审计以外的某一领域具有专长的个人或组织的工作，并且其工作被管理层利用以协助编制财务报表（即利用管理层的专家的工作）。《中国注册会计师审计准则第1301号——审计证据》及其应用指南对这种情况进行了规范。

第三条 注册会计师对发表的审计意见独立承担责任，这种责任并不因利用专家的工作而减轻。

如果注册会计师按照本准则的规定利用了专家的工作，并得出结论认为专家的工作足以实现审计目的，注册会计师可以接受专家在其专业领域的工作结果或结论，并作为适当的审计证据。

第二章 定 义

第四条 专家，即注册会计师的专家，是指在会计或审计以外的某一领域具有专长的个人或组织，并且其工作被注册会计师利用，以协助注册会计师获取充分、适当的审计证据。专家既可能是会计师事务所内部专家（如会计师事务所或其网络事务所的合伙人或员工，包括临时员工)，也可能是会计师事务所外部专家。

第五条 专长，是指在某一特定领域中拥有的专门技能、知识和经验。

第六条 管理层的专家，是指在会计、审计以外的某一领域具有专长的个人或组织，其工作被管理层利用以协助编制财务报表。

第三章 目 标

第七条 注册会计师的目标是：

（一）确定是否利用专家的工作；

（二）如果利用专家的工作，确定专家的工作是否足以实现审计目的。

第四章 要 求

第一节 确定是否利用专家的工作

第八条 如果在会计或审计以外的某一领域的专长对获取充分、适当的审计证据是必要的，注册会计师应当确定是否利用专家的工作。

第二节 审计程序的性质、时间安排和范围

第九条 本准则第十条至第十四条规定的审计程序的性质、时间安排和范围，将随着具体情况的变化而变化。

在确定本准则第十条至第十四条规定的审计程序的性质、时间安排和范围时，注册会计师应当考虑下列事项：

（一）与专家工作相关的事项的性质；

（二）与专家工作相关的事项中存在的重大错报风险；

（三）专家的工作在审计中的重要程度；

（四）注册会计师对专家以前所做工作的了解，以及与之接触的经验；

（五）专家是否需要遵守会计师事务所的质量管理体系。

第三节 专家的胜任能力、专业素质和客观性

第十条 注册会计师应当评价专家是否具有实现审计目的所必需的胜任能力、专业素质和客观性。在评价外部专家的客观性时，注册会计师应当询问可能对外部专家客观性产生不利影响的利益和关系。

第四节 了解专家的专长领域

第十一条 注册会计师应当充分了解专家的专长领域，以能够：

（一）为了实现审计目的，确定专家工作的性质、范围和目标；

（二）评价专家的工作是否足以实现审计目的。

第五节 与专家达成一致意见

第十二条 注册会计师应当与专家就下列事项达成一致意见，并根据需要形成书面协议：

（一）专家工作的性质、范围和目标；

（二）注册会计师和专家各自的角色和责任；

（三）注册会计师和专家之间沟通的性质、时间安排和范围，包括专家提供的报告的形式；

（四）对专家遵守保密规定的要求。

第六节 评价专家工作的恰当性

第十三条 注册会计师应当评价专家的工作是否足以实现审计目的，包括：

（一）专家的工作结果或结论的相关性和合理性，以及与其他审计证据的一致性；

（二）如果专家的工作涉及使用重要的假设和方法，这些假设和方法在具体情况下的相关性和合理性；

（三）如果专家的工作涉及使用重要的原始数据，这些原始数据的相关性、完整性和准确性。

第十四条 如果确定专家的工作不足以实现审计目的，注册会计师应当采取下列措施之一：

（一）就专家拟执行的进一步工作的性质和范围，与专家达成一致意见；

（二）根据具体情况，实施追加的审计程序。

第七节 在审计报告中提及专家

第十五条 注册会计师不应在无保留意见的审计报告中提及专家的工作，除非法律法规另有规定。

如果法律法规要求提及专家的工作，注册会计师应当在审计报告中指明，这种提及并不减轻注册会计师对审计意见承担的责任。

第十六条 如果注册会计师在审计报告中提及专家的工作，并且这种提及与理解审计报告中的非无保留意见相关，注册会计师应当在审计报告中指明，这种提及并不减轻注册会计师对审计意见承担的责任。

中国注册会计师审计准则第1501号
——对财务报表形成审计意见和出具审计报告

（2022年12月22日修订）

第一章 总 则

第一条 为了规范注册会计师对财务报表形成审计意见，以及作为财务报表审计结果出具的审计报告的格式和内容，制定本准则。

第二条 《中国注册会计师审计准则第1504号——在审计报告中沟通关键审计事项》对注册会计师在审计报告中沟通关键审计事项的责任作出规范。《中国注册会计师审计准则第1502号——在审计报告中发表非无保留意见》和《中国注册会计师审计准则第1503号——在审计报告中增加强调事项段和其他事项段》规定了注册会计师在审计报告中发表非无保留意见、增加强调事项段或其他事项段时，审计报告的格式和内容如何进行相应调整。其他审计准则也包含出具审计报告时适用的报告要求。

第三条 本准则建立在注册会计师执行整套通用目的财务报表审计业务的基础上，适用于整套通用目的财务报表审计。

《中国注册会计师审计准则第1601号——审计特殊目的财务报表的特殊考虑》规定了注册会计师对按照特殊目的编制基础编制的财务报表审计的特殊考虑。《中国注册会计师审计准则第1603号——审计单一财务报表和财务报表特定要素的特殊考虑》规定了注册会计师对单一财务报表和财务报表的特定要素、特定账户或特定项目审计相关的特殊考虑。当某一审计业务适用《中国注册会计师审计准则第1601号——审计特殊目的财务报表的特殊考虑》或《中国注册会计师审计准则第1603号——审计单一财务报表和财务报表特定要素的特殊考虑》时，本准则同样适用于该审计业务。

第四条 本准则中的要求旨在于两个方面作出恰当平衡：一是要保持审计报告的一致性、可比性，二是要在审计报告中提供对使用者更相关的信息以增加审计报告的价值。在已按照中国注册会计师审计准则的规定执行审计工作的情况下，注册会计师保持审计报告的一致性，将有助于使用者更容易识别已按照中国注册会计师审计准则的规定执行的审计项目，从而增强审计报告的可信性，同时有助于使用者理解审计工作和识别发生的异常情况。

第二章 定 义

第五条 本准则所称财务报表，是指整套通用目的财务报表。适用的财务报告编制基础的规定决定了财务报表的列报、结构和内容，以及整套财务报表的构成。

第六条 通用目的财务报表，是指按照通用目的编制基础编制的财务报表。

第七条 通用目的编制基础，是指旨在满足广大财务报表使用者共同财务信息需求的财务报告编制基础。

第八条 审计报告，是指注册会计师根据审计准则的规定，在执行审计工作的基础上，对财务报表发表审计意见的书面文件。

第九条 无保留意见，是指当注册会计师认为财务报表在所有重大方面按照适用的财务报告编制基础的规定编制并实现公允反映时发表的审计意见。

第三章 目 标

第十条 注册会计师的目标是：

（一）在评价根据审计证据得出的结论的基础上，对财务报表形成审计意见；

（二）通过书面报告的形式清楚地表达审计意见。

第四章 要 求

第一节 对财务报表形成审计意见

第十一条 注册会计师应当就财务报表是否在所有重大方面按照适用的财务报告编制基础的规定编制并实现公允反映形成审计意见。

第十二条 为了形成审计意见，针对财务报表整体是否不存在由于舞弊或错误导致的重大错报，注册会计师应当得出结论，确定是否已就此获取合理保证。

在得出结论时，注册会计师应当考虑下列方面：

（一）按照《中国注册会计师审计准则第1231号——针对评估的重大错报风险采取的应对措施》的规定，是否已获取充分、适当的审计证据；

（二）按照《中国注册会计师审计准则第1251号——评价审计过程中识别出的错报》的规定，未更正错报单独或汇总起来是否构成重大错报；

（三）本准则第十三条至第十六条要求作出的评价。

第十三条 注册会计师应当评价财务报表是否在所有重大方面按照适用的财务报告编制基础的规定编制。

在评价时，注册会计师应当考虑被审计单位会计实务的质量，包括表明管理层的判断可能出现偏向的迹象。

第十四条 注册会计师应当依据适用的财务报告编制基础特别评价下列内容：

（一）财务报表是否恰当披露了所选择和运用的重要会计政策。作出这一评价时，注册会计师应当考虑会计政策与被审计单位的相关性，以及会计政策是否以可理解的方式予以表述；

（二）所选择和运用的会计政策是否符合适用的财务报告编制基础，并适合被审计单位的具体情况；

（三）管理层作出的会计估计和相关披露是否合理；

（四）财务报表列报的信息是否具有相关性、可靠性、可比性和可理解性。作出这一评价时，注册会计师应当考虑：

1.应当包括的信息是否均已包括，这些信息的分类、汇总或分解以及描述是否适当；

2.财务报表的总体列报（包括披露）是否由于包括不相关的信息或有碍正确理解所披露事项的信息而受到不利影响。

（五）财务报表是否作出充分披露，使预期使用者能够理解重大交易和事项对财务报表所传递信息的影响；

（六）财务报表使用的术语（包括每一财务报表的标题）是否适当。

第十五条 按照本准则第十三条和第十四条的规定作出的评价还应当包括财务报表是否实现公允反映。

在评价财务报表是否实现公允反映时，注册会计师应当考虑下列方面：

（一）财务报表的总体列报（包括披露）、结构和内容是否合理；

（二）财务报表是否公允地反映了相关交易和事项。

第十六条 注册会计师应当评价财务报表是否恰当提及或说明适用的财务报告编制基础。

第二节 审计意见的类型

第十七条 如果认为财务报表在所有重大方面按照适用的财务报告编制基础的规定编制并实现公允反映，注册会计师应当发表无保留意见。

第十八条 当存在下列情形之一时，注册会计师应当按照《中国注册会计师审计准则第1502号——在审计报告中发表非无保留意见》的规定，在审计报告中发表非无保留意见：

（一）根据获取的审计证据，得出财务报表整体存在重大错报的结论；

（二）无法获取充分、适当的审计证据，不能得出财务报表整体不存在重大错报的结论。

第十九条 如果财务报表没有实现公允反映，注册会计师应当就该事项与管理层讨论，并根据适用的财务报告编制基础的规定和该事项得到解决的情况，决定是否有必要按照《中国注册会计师审计准则第1502号——在审计报告中发表非无保留意见》的规定在审计报告中发表非无保留意见。

第三节 审计报告

第二十条 审计报告应当采用书面形式。

第二十一条 审计报告应当包括下列要素：

（一）标题；

（二）收件人；

（三）审计意见；

（四）形成审计意见的基础；

（五）管理层对财务报表的责任；

（六）注册会计师对财务报表审计的责任；

（七）按照相关法律法规的要求报告的事项（如适用）；

（八）注册会计师的签名和盖章；

（九）会计师事务所的名称、地址和盖章；

（十）报告日期。

在适用的情况下，注册会计师还应当按照《中国注册会计师审计准则第1324号——持续经营》、《中国注册会计师审计准则第1504号——在审计报告中沟通关键审计事项》、《中国注册会计师审计准则第1521号——注册会计师对其他信息的责任》的相关规定，在审计报告中对与持续经营相关的重大不确定性、关键审计事项、被审计单位年度报告中包含的除财务报表和审计报告之外的其他信息进行报告。

第二十二条 审计报告应当具有标题，统一规范为“审计报告”。

第二十三条 审计报告应当按照审计业务约定的要求载明收件人。

第二十四条 审计报告的第一部分应当包含审计意见，并以“审计意见”作为标题。

第二十五条 审计意见部分还应当包括下列方面：

（一）指出被审计单位的名称；

（二）说明财务报表已经审计；

（三）指出构成整套财务报表的每一财务报表的名称；

（四）提及财务报表附注，包括重要会计政策和会计估计；

（五）指明构成整套财务报表的每一财务报表的日期或涵盖的期间。

第二十六条 如果对财务报表发表无保留意见，除非法律法规另有规定，审计意见应当使用“我们认为，后附的财务报表在所有重大方面按照［适用的财务报告编制基础（如企业会计准则等）］的规定编制，公允反映了［……］”的措辞。

第二十七条 如果适用的财务报告编制基础是国际财务报告准则、国际公共部门会计准则或者其他国家或地区的财务报告准则，注册会计师应当在审计意见部分指明适用的财务报告编制基础是国际财务报告准则、国际公共部门会计准则，或者指明财务报告编制基础所属的国家或地区。

第二十八条 审计报告应当包含标题为“形成审计意见的基础”的部分。该部分应当紧接在审计意见部分之后，并包括下列方面：

（一）说明注册会计师按照审计准则的规定执行了审计工作；

（二）提及审计报告中用于描述审计准则规定的注册会计师责任的部分；

（三）声明注册会计师按照与审计相关的职业道德要求独立于被审计单位，并履行了职业道德方面的其他责任。声明中应当指明适用的职业道德要求，如中国注册会计师职业道德守则；

（四）说明注册会计师是否相信获取的审计证据是充分、适当的，为发表审计意见提供了基础。

第二十九条 审计报告应当包含标题为“管理层对财务报表的责任”的部分。审计报告中应当使用特定国家或地区法律框架下的恰当术语，而不必限定为“管理层”。在某些国家或地区，恰当的术语可能是“治理层”。

第三十条 管理层对财务报表的责任部分应当说明管理层负责下列方面：

（一）按照适用的财务报告编制基础的规定编制财务报表，使其实现公允反映，并设计、执行和维护必要的内部控制，以使财务报表不存在由于舞弊或错误导致的重大错报；

（二）评估被审计单位的持续经营能力和使用持续经营假设是否适当，并披露与持续经营相关的事项（如适用）。对管理层评估责任的说明应当包括描述在何种情况下使用持续经营假设是适当的。

第三十一条 当对财务报告过程负有监督责任的人员与履行上述第三十条所述责任的人员不同时，管理层对财务报表的责任部分还应当提及对财务报告过程负有监督责任的人员。在这种情况下，该部分的标题还应当提及“治理层”或者特定国家或地区法律框架中的恰当术语。

第三十二条 审计报告应当包含标题为“注册会计师对财务报表审计的责任”的部分。

第三十三条 注册会计师对财务报表审计的责任部分应当包括下列内容：

（一）说明注册会计师的目标是对财务报表整体是否不存在由于舞弊或错误导致的重大错报获取合理保证，并出具包含审计意见的审计报告；

（二）说明合理保证是高水平的保证，但并不能保证按照审计准则执行的审计在某一重大错报存在时总能发现；

（三）说明错报可能由于舞弊或错误导致。

在说明错报可能由于舞弊或错误导致时，注册会计师应当从下列两种做法中选取一种：

（一）描述如果合理预期错报单独或汇总起来可能影响财务报表使用者依据财务报表作出的经济决策，则通常认为错报是重大的；

（二）根据适用的财务报告编制基础，提供关于重要性的定义或描述。

第三十四条 注册会计师对财务报表审计的责任部分还应当包括下列内容：

（一）说明在按照审计准则执行审计工作的过程中，注册会计师运用职业判断，并保持职业怀疑；

（二）通过说明注册会计师的责任，对审计工作进行描述。这些责任包括：

1.识别和评估由于舞弊或错误导致的财务报表重大错报风险，设计和实施审计程序以应对这些风险，并获取充分、适当的审计证据，作为发表审计意见的基础。由于舞弊可能涉及串通、伪造、故意遗漏、虚假陈述或凌驾于内部控制之上，未能发现由于舞弊导致的重大错报的风险高于未能发现由于错误导致的重大错报的风险。

2.了解与审计相关的内部控制，以设计恰当的审计程序，但目的并非对内部控制的有效性发表意见。当注册会计师有责任在财务报表审计的同时对内部控制的有效性发表意见时，应当略去上述“目的并非对内部控制的有效性发表意见”的表述。

3.评价管理层选用会计政策的恰当性和作出会计估计及相关披露的合理性。

4.对管理层使用持续经营假设的恰当性得出结论。同时，根据获取的审计证据，就可能导致对被审计单位持续经营能力产生重大疑虑的事项或情况是否存在重大不确定性得出结论。如果注册会计师得出结论认为存在重大不确定性，审计准则要求注册会计师在审计报告中提请报表使用者关注财务报表中的相关披露；如果披露不充分，注册会计师应当发表非无保留意见。注册会计师的结论基于截至审计报告日可获得的信息。然而，未来的事项或情况可能导致被审计单位不能持续经营。

5.评价财务报表的总体列报（包括披露）、结构和内容，并评价财务报表是否公允反映相关交易和事项。

（三）当《中国注册会计师审计准则第1401号——对集团财务报表审计的特殊考虑》适用时，通过说明下列事项，进一步描述注册会计师在集团审计业务中的责任：

1.注册会计师的责任是就集团中实体或业务活动的财务信息获取充分、适当的审计证据，以对合并财务报表发表审计意见；

2.注册会计师负责指导、监督和执行集团审计；

3.注册会计师对审计意见承担全部责任。

第三十五条 注册会计师对财务报表审计的责任部分还应当包括下列内容：

（一）说明注册会计师与治理层就计划的审计范围、时间安排和重大审计发现等事项进行沟通，包括沟通注册会计师在审计中识别的值得关注的内部控制缺陷；

（二）对于上市实体财务报表审计，指出注册会计师就已遵守与独立性相关的职业道德要求向治理层提供声明，并与治理层沟通可能被合理认为影响注册会计师独立性的所有关系和其他事项，以及相关的防范措施（如适用）；

（三）对于上市实体财务报表审计，以及决定按照《中国注册会计师审计准则第1504号——在审计报告中沟通关键审计事项》的规定沟通关键审计事项的其他情况，说明注册会计师从与治理层沟通过的事项中确定哪些事项对本期财务报表审计最为重要，因而构成关键审计事项。注册会计师应当在审计报告中描述这些事项，除非法律法规禁止公开披露这些事项，或在极少数情形下，注册会计师合理预期在审计报告中沟通某事项造成的负面后果超过在公众利益方面产生的益处，因而确定不应在审计报告中沟通该事项。

第三十六条 除审计准则规定的注册会计师责任外，如果注册会计师在对财务报表出具的审计报告中履行其他报告责任，应当在审计报告中将其单独作为一部分，并以“按照相关法律法规的要求报告的事项”为标题，或使用适合于该部分内容的其他标题，除非其他报告责任涉及的事项与审计准则规定的报告责任涉及的事项相同。如果涉及相同的事项，其他报告责任可以在审计准则规定的同一报告要素部分列示。

第三十七条 如果将其他报告责任在审计准则要求的同一报告要素部分列示，审计报告应当清楚区分其他报告责任和审计准则要求的报告责任。

第三十八条 如果审计报告将其他报告责任单独作为一部分，本准则第二十四条至第三十五条的要求应当置于“对财务报表出具的审计报告”标题下；“按照相关法律法规的要求报告的事项”部分置于“对财务报表出具的审计报告”部分之后。

第三十九条 审计报告应当由项目合伙人和另一名负责该项目的注册会计师签名和盖章。

第四十条 注册会计师应当在对上市实体财务报表出具的审计报告中注明项目合伙人。

第四十一条 审计报告应当载明会计师事务所的名称和地址，并加盖会计师事务所公章。

第四十二条 审计报告应当注明报告日期。审计报告日不应早于注册会计师获取充分、适当的审计证据，并在此基础上对财务报表形成审计意见的日期。

在确定审计报告日时，注册会计师应当确信已获取下列两方面的审计证据：

（一）构成整套财务报表的所有报表（含披露）已编制完成；

（二）被审计单位的董事会、管理层或类似机构已经认可其对财务报表负责。

第四十三条 注册会计师在按照中国注册会计师审计准则执行审计工作时，还可能同时被要求按照其他国家或地区审计准则执行审计工作。在这种情况下，审计报告除了提及中国注册会计师审计准则外，还可能同时提及其他国家或地区审计准则。只有在同时符合下列条件时，注册会计师才应当同时提及：

（一）其他国家或地区审计准则与中国注册会计师审计准则不存在冲突，即不会导致注册会计师形成不同的审计意见，也不会导致在中国注册会计师审计准则要求增加强调事项段或其他事项段的情形下，其他国家或地区的审计准则不要求增加；

（二）如果使用其他国家或地区审计准则规定的结构或措辞，审计报告至少应当包括本准则第二十一条规定的所有要素。

第四十四条 如果审计报告同时提及中国注册会计师审计准则和其他国家或地区审计准则，审计报告应当指明审计准则所属的国家或地区。

第四节 与财务报表一同列报的补充信息

第四十五条 如果被审计单位将适用的财务报告编制基础未作要求的补充信息与已审计财务报表一同列报，注册会计师应当根据职业判断，评价补充信息是否由于其性质和列报方式而构成财务报表的必要组成部分。如果补充信息构成财务报表的必要组成部分，应当将其涵盖在审计意见中。

第四十六条 如果认为适用的财务报告编制基础未作要求的补充信息不构成已审计财务报表的必要组成部分，注册会计师应当评价这些补充信息的列报方式是否充分、清楚地使其与已审计财务报表相区分。如果未能充分、清楚地区分，注册会计师应当要求管理层改变未审计补充信息的列报方式。如果管理层拒绝改变，注册会计师应当指出未审计的补充信息，并在审计报告中说明这些补充信息未审计。

中国注册会计师审计准则第1502号
——在审计报告中发表非无保留意见

（2019年2月20日修订）

第一章 总 则

第一条 为了规范注册会计师在财务报表审计中出具非无保留意见的审计报告，制定本准则。

第二条 当按照《中国注册会计师审计准则第1501号——对财务报表形成审计意见和出具审计报告》的规定形成审计意见时，如果认为有必要发表非无保留意见，注册会计师应当遵守本准则。

本准则规定了当注册会计师在审计报告中发表非无保留意见时，审计报告的格式和内容如何进行相应调整。

在任何情形下，《中国注册会计师审计准则第1501号——对财务报表形成审计意见和出具审计报告》的报告要求均适用，本准则不再重述其规定，除非本准则明确涉及或修改这些报告要求。

第三条 本准则规定了三种类型的非无保留意见，即保留意见、否定意见和无法表示意见。

注册会计师确定恰当的非无保留意见类型，取决于下列事项：

（一）导致非无保留意见的事项的性质，是财务报表存在重大错报，还是在无法获取充分、适当的审计证据的情况下，财务报表可能存在重大错报；

（二）注册会计师就导致非无保留意见的事项对财务报表产生或可能产生影响的广泛性作出的判断。

第二章 定 义

第四条 非无保留意见，是指对财务报表发表的保留意见、否定意见或无法表示意见。

第五条 广泛性，是描述错报影响的术语，用以说明错报对财务报表的影响，或者由于无法获取充分、适当的审计证据而未发现的错报（如存在）对财务报表可能产生的影响。

根据注册会计师的判断，对财务报表的影响具有广泛性的情形包括下列方面：

（一）不限于对财务报表的特定要素、账户或项目产生影响；

（二）虽然仅对财务报表的特定要素、账户或项目产生影响，但这些要素、账户或项目是或可能是财务报表的主要组成部分；

（三）当与披露相关时，产生的影响对财务报表使用者理解财务报表至关重要。

第三章 目 标

第六条 注册会计师的目标是，当存在下列情形之一时，对财务报表清楚地发表恰当的非无保留意见：

（一）根据获取的审计证据，得出财务报表整体存在重大错报的结论；

（二）无法获取充分、适当的审计证据，不能得出财务报表整体不存在重大错报的结论。

第四章 要 求

第一节 应当发表非无保留意见的情形

第七条 当存在下列情形之一时，注册会计师应当在审计报告中发表非无保留意见：

（一）根据获取的审计证据，得出财务报表整体存在重大错报的结论；

（二）无法获取充分、适当的审计证据，不能得出财务报表整体不存在重大错报的结论。

第二节 确定非无保留意见的类型

第八条 当存在下列情形之一时，注册会计师应当发表保留意见：

（一）在获取充分、适当的审计证据后，注册会计师认为错报单独或汇总起来对财务报表影响重大，但不具有广泛性；

（二）注册会计师无法获取充分、适当的审计证据以作为形成审计意见的基础，但认为未发现的错报（如存在）对财务报表可能产生的影响重大，但不具有广泛性。

第九条 在获取充分、适当的审计证据后，如果认为错报单独或汇总起来对财务报表的影响重大且具有广泛性，注册会计师应当发表否定意见。

第十条 如果无法获取充分、适当的审计证据以作为形成审计意见的基础，但认为未发现的错报（如存在）对财务报表可能产生的影响重大且具有广泛性，注册会计师应当发表无法表示意见。

第十一条 在极少数情况下，可能存在多个不确定事项。尽管注册会计师对每个单独的不确定事项获取了充分、适当的审计证据，但由于不确定事项之间可能存在相互影响，以及可能对财务报表产生累积影响，注册会计师不可能对财务报表形成审计意见。在这种情况下，注册会计师应当发表无法表示意见。

第十二条 在承接审计业务后，如果注意到管理层对审计范围施加了限制，且认为这些限制可能导致对财务报表发表保留意见或无法表示意见，注册会计师应当要求管理层消除这些限制。

第十三条 如果管理层拒绝消除本准则第十二条提及的限制，除非治理层全部成员参与管理被审计单位，注册会计师应当就此事项与治理层沟通，并确定能否实施替代程序以获取充分、适当的审计证据。

第十四条 如果无法获取充分、适当的审计证据，注册会计师应当通过下列方式确定其影响：

（一）如果未发现的错报（如存在）可能对财务报表产生的影响重大，但不具有广泛性，注册会计师应当发表保留意见；

（二）如果未发现的错报（如存在）可能对财务报表产生的影响重大且具有广泛性，以至于发表保留意见不足以反映情况的严重性，注册会计师应当在可行时解除业务约定（除非法律法规禁止）；如果在出具审计报告之前解除业务约定被禁止或不可行，应当发表无法表示意见。

第十五条 如果根据本准则第十四条第（二）项的规定解除业务约定，注册会计师应当在解除业务约定前，与治理层沟通在审计过程中发现的、将会导致发表非无保留意见的所有错报事项。

第十六条 如果认为有必要对财务报表整体发表否定意见或无法表示意见，注册会计师不应在同一审计报告中对按照相同财务报告编制基础编制的单一财务报表或者财务报表特定要素、账户或项目发表无保留意见。在同一审计报告中包含无保留意见，将会与对财务报表整体发表的否定意见或无法表示意见相矛盾。

第三节 非无保留意见审计报告的格式和内容

第十七条 如果对财务报表发表非无保留意见，除在审计报告中包含《中国注册会计师审计准则第1501号——对财务报表形成审计意见和出具审计报告》规定的审计报告要素外，注册会计师还应当：

（一）将《中国注册会计师审计准则第1501号——对财务报表形成审计意见和出具审计报告》第二十八条中规定的“形成审计意见的基础”这一标题修改为恰当的标题，如“形成保留意见的基础”、“形成否定意见的基础”或“形成无法表示意见的基础”；

（二）在该部分对导致发表非无保留意见的事项进行描述。

第十八条 如果财务报表中存在与具体金额（包括定量披露）相关的重大错报，注册册会计师应当在形成审计意见的基础部分说明并量化该错报的财务影响。如果无法量化财务影响，注册会计师应当在该部分说明这一情况。

第十九条 如果财务报表中存在与定性披露相关的重大错报，注册会计师应当在形成审计意见的基础部分解释该错报错在何处。

第二十条 如果财务报表中存在与应披露而未披露信息相关的重大错报，注册会计师应当：

（一）与治理层讨论未披露信息的情况；

（二）在形成审计意见的基础部分描述未披露信息的性质；

（三）如果可行并且已针对未披露信息获取了充分、适当的审计证据，在形成审计意见的基础部分包含对未披露信息的披露，除非法律法规禁止。

第二十一条 如果因无法获取充分、适当的审计证据而导致发表非无保留意见，注册会计师应当在形成审计意见的基础部分说明无法获取审计证据的原因。

第二十二条 即使发表了否定意见或无法表示意见，注册会计师也应当在形成审计意见的基础部分说明注意到的、将导致发表非无保留意见的所有其他事项及其影响。

第二十三条 在发表非无保留意见时，注册会计师应当对审计意见部分使用恰当的标题，如“保留意见”、“否定意见”或“无法表示意见”。

第二十四条 当由于财务报表存在重大错报而发表保留意见时，注册会计师应当在审计意见部分说明：注册会计师认为，除形成保留意见的基础部分所述事项产生的影响外，后附的财务报表在所有重大方面按照适用的财务报告编制基础的规定编制，公允反映了[……]。

当由于无法获取充分、适当的审计证据而导致发表保留意见时，注册会计师应当在审计意见部分使用“除……可能产生的影响外”等措辞。

第二十五条 当发表否定意见时，注册会计师应当在审计意见部分说明：注册会计师认为，由于形成否定意见的基础部分所述事项的重要性，后附的财务报表没有在所有重大方面按照适用的财务报告编制基础的规定编制，未能公允反映［……］。

第二十六条 当由于无法获取充分、适当的审计证据而发表无法表示意见时，注册会计师应当：

（一）说明注册会计师不对后附的财务报表发表审计意见；

（二）说明由于形成无法表示意见的基础部分所述事项的重要性，注册会计师无法获取充分、适当的审计证据以作为对财务报表发表审计意见的基础；

（三）修改《中国注册会计师审计准则第1501号——对财务报表形成审计意见和出具审计报告》第二十五条第（二）项中规定的财务报表已经审计的说明，改为注册会计师接受委托审计财务报表。

第二十七条 当发表保留意见或否定意见时，注册会计师应当修改《中国注册会计师审计准则第1501号——对财务报表形成审计意见和出具审计报告》第二十八条第（四）项规定的表述，在对注册会计师是否获取了充分、适当的审计证据以作为形成审计意见的基础的说明中，包含恰当的措辞如“保留”或“否定”。

第二十八条 当注册会计师对财务报表发表无法表示意见时，审计报告中不应当包含《中国注册会计师审计准则第1501号——对财务报表形成审计意见和出具审计报告》第二十八条第（二）项和第（四）项中规定的要素，即：

（一）提及审计报告中用于描述注册会计师责任的部分；

（二）说明注册会计师是否已获取充分、适当的审计证据以作为形成审计意见的基础。

第二十九条 当由于无法获取充分、适当的审计证据而发表无法表示意见时，注册会计师应当对按照《中国注册会计师审计准则第1501号——对财务报表形成审计意见和出具审计报告》第三十三条至第三十五条的规定在审计报告中对注册会计师责任作出的表述进行修改，仅包含下列内容：

（一）注册会计师的责任是按照中国注册会计师审计准则的规定，对被审计单位财务报表执行审计工作，以出具审计报告；

（二）但由于形成无法表示意见的基础部分所述的事项，注册会计师无法获取充分、适当的审计证据以作为发表审计意见的基础；

（三）按照《中国注册会计师审计准则第1501号——对财务报表形成审计意见和出具审计报告》第二十八条第（三）项的规定，关于注册会计师在独立性和职业道德方面的其他责任的声明。

第三十条 除非法律法规另有规定，当对财务报表发表无法表示意见时，注册会计师不得在审计报告中包含《中国注册会计师审计准则第1504号——在审计报告中沟通关键审计事项》规定的关键审计事项部分，也不得在审计报告中包含《中国注册会计师审计准则第1521号——注册会计师对其他信息的责任》规定的其他信息部分。

第四节 与治理层的沟通

第三十一条 当拟在审计报告中发表非无保留意见时，注册会计师应当与治理层沟通导致拟发表非无保留意见的情况，以及拟使用的非无保留意见措辞。

附录：

非无保留意见审计报告的参考格式

参考格式1：由于财务报表存在重大错报而发表保留意见的审计报告

参考格式2：由于合并财务报表存在重大错报而发表否定意见的审计报告

参考格式3：由于注册会计师无法获取关于一家境外联营公司的充分、适当的审计证据而发表保留意见的审计报告

参考格式4：由于注册会计师无法针对合并财务报表单一要素获取充分、适当的审计证据而发表无法表示意见的审计报告

参考格式5：由于注册会计师无法针对财务报表多个要素获取充分、适当的审计证据而发表无法表示意见的审计报告

参考格式1：由于财务报表存在重大错报而发表保留意见的审计报告

背景信息：

1.对上市实体整套财务报表进行审计。该审计不属于集团审计（即不适用《中国注册会计师审计准则第1401号——对集团财务报表审计的特殊考虑》）；

2.管理层按照企业会计准则编制财务报表；

3.审计业务约定条款体现了《中国注册会计师审计准则第1111号——就审计业务约定条款达成一致意见》中关于管理层对财务报表责任的描述；

4.存货存在错报，该错报对财务报表影响重大但不具有广泛性（即保留意见是恰当的）；

5.适用的相关职业道德要求为中国注册会计师职业道德守则；

6.基于获取的审计证据，根据《中国注册会计师审计准则第1324号——持续经营》，注册会计师认为可能导致对被审计单位持续经营能力产生重大疑虑的事项或情况不存在重大不确定性；

7.已按照《中国注册会计师审计准则第1504号——在审计报告中沟通关键审计事项》的规定沟通了关键审计事项；

8.注册会计师在审计报告日前已获取所有其他信息，且导致对财务报表发表保留意见的事项也影响了其他信息；

9.负责监督财务报表的人员与负责编制财务报表的人员不同；

10.除财务报表审计外，注册会计师还承担法律法规要求的其他报告责任，且注册会计师决定在审计报告中履行其他报告责任。

审计报告

ABC股份有限公司全体股东：

一、对财务报表出具的审计报告[①]

（一）保留意见

我们审计了ABC股份有限公司（以下简称ABC公司）财务报表，包括20×1年12月31日的资产负债表，20×1年度的利润表、现金流量表、股东权益变动表以及相关财务报表附注。

我们认为，除“形成保留意见的基础”部分所述事项产生的影响外，后附的财务报表在所有重大方面按照企业会计准则的规定编制，公允反映了ABC公司20×1年12月31日的财务状况以及20×1年度的经营成果和现金流量。

（二）形成保留意见的基础

ABC公司20×1年12月31日资产负债表中存货的列示金额为×元。ABC公司管理层（以下简称管理层）根据成本对存货进行计量，而没有根据成本与可变现净值孰低的原则进行计量，这不符合企业会计准则的规定。ABC公司的会计记录显示，如果管理层以成本与可变现净值孰低来计量存货，存货列示金额将减少×元。相应地，资产减值损失将增加×元，所得税、净利润和股东权益将分别减少×元、×元和×元。

我们按照中国注册会计师审计准则的规定执行了审计工作。审计报告的“注册会计师对财务报表审计的责任”部分进一步阐述了我们在这些准则下的责任。按照中国注册会计师职业道德守则，我们独立于ABC公司，并履行了职业道德方面的其他责任。我们相信，我们获取的审计证据是充分、适当的，为发表保留意见提供了基础。

（三）其他信息

[按照《中国注册会计师审计准则第1521号——注册会计师对其他信息的责任》的规定报告，见《〈中国注册会计师审计准则第1521号——注册会计师对其他信息的责任〉应用指南》附录2中的参考格式6。该参考格式中其他信息部分的最后一段需要进行改写，

① 如果审计报告中不包含“按照相关法律法规的要求报告的事项”部分，则不需要加入此标题。

以描述导致注册会计师对财务报表发表保留意见并且也影响其他信息的事项。]

（四）关键审计事项

关键审计事项是我们根据职业判断，认为对本期财务报表审计最为重要的事项。这些事项的应对以对财务报表整体进行审计并形成审计意见为背景，我们不对这些事项单独发表意见。除"形成保留意见的基础"部分所述事项外，我们确定下列事项是需要在审计报告中沟通的关键审计事项。

[按照《中国注册会计师审计准则第1504号——在审计报告中沟通关键审计事项》的规定描述每一关键审计事项。]

（五）管理层和治理层对财务报表的责任

[按照《中国注册会计师审计准则第1501号——对财务报表形成审计意见和出具审计报告》的规定报告，见《〈中国注册会计师审计准则第1501号——对财务报表形成审计意见和出具审计报告〉应用指南》参考格式1。]

（六）注册会计师对财务报表审计的责任

[按照《中国注册会计师审计准则第1501号——对财务报表形成审计意见和出具审计报告》的规定报告，见《〈中国注册会计师审计准则第1501号——对财务报表形成审计意见和出具审计报告〉应用指南》参考格式1。]

二、按照相关法律法规的要求报告的事项

[按照《中国注册会计师审计准则第1501号——对财务报表形成审计意见和出具审计报告》的规定报告，见《〈中国注册会计师审计准则第1501号——对财务报表形成审计意见和出具审计报告〉应用指南》参考格式1。]

××会计师事务所　　　　　　　　中国注册会计师：×××（项目合伙人）
（盖章）　　　　　　　　　　　　（签名并盖章）
　　　　　　　　　　　　　　　　中国注册会计师：×××
　　　　　　　　　　　　　　　　（签名并盖章）
中国××市　　　　　　　　　　　　20×2年×月×日

参考格式2：由于合并财务报表存在重大错报而发表否定意见的审计报告

背景信息：

1.对上市实体整套合并财务报表进行审计。该审计属于集团审计，被审计单位拥有多个子公司（即适用《中国注册会计师审计准则第1401号——对集团财务报表审计的特殊考虑》）；

2.管理层按照××财务报告编制基础编制合并财务报表，该编制基础允许被审计单位只列报合并财务报表；

3.审计业务约定条款体现了《中国注册会计师审计准则第1111号——就审计业务约定条款达成一致意见》中关于管理层对合并财务报表责任的描述；

4.合并财务报表因未合并某一子公司而存在重大错报，该错报对合并财务报表影响重大且具有广泛性（即否定意见是恰当的），但量化该错报对合并财务报表的影响是不切实际的；

5.适用的相关职业道德要求为中国注册会计师职业道德守则；

6.基于获取的审计证据，根据《中国注册会计师审计准则第1324号——持续经营》，注册会计师认为可能导致对被审计单位持续经营能力产生重大疑虑的事项或情况不存在重大不确定性；

7.适用《中国注册会计师审计准则第1504号——在审计报告中沟通关键审计事项》。然而，注册会计师认为，除形成否定意见的基础部分所述事项外，无其他关键审计事项；

8.注册会计师在审计报告日前已获取所有其他信息，且导致对合并财务报表发表否定意见的事项也影响了其他信息；

9.负责监督合并财务报表的人员与负责编制合并财务报表的人员不同；

10.除合并财务报表审计外，注册会计师还承担法律法规要求的其他报告责任，且注册会计师决定在审计报告中履行其他报告责任。

审计报告

ABC股份有限公司全体股东：

一、对合并财务报表出具的审计报告①

（一）否定意见

我们审计了ABC股份有限公司及其子公司（以下简称ABC集团）的合并财务报表，包括20×1年12月31日的合并资产负债表，20×1年度的合并利润表、合并现金流量表、合并股东权益变动表以及相关合并财务报表附注。

我们认为，由于“形成否定意见的基础”部分所述事项的重要性，后附的合并财务报表没有在所有重大方面按照××财务报告编制基础的规定编制，未能公允反映ABC集团20×1年12月31日的合并财务状况以及20×1年度的合并经营成果和合并现金流量。

（二）形成否定意见的基础

如财务报表附注×所述，20×1年ABC集团通过非同一控制下的企业合并获得对XYZ公司的控制权，因未能取得购买日XYZ公司某些重要资产和负债的公允价值，故未将XYZ公司纳入合并财务报表的范围。按照××财务报告编制基础的规定，该集团应将这一子公司纳入合并范围，并以暂估金额为基础核算该项收购。如果将XYZ公司纳入合并财务报表的范围，后附的ABC集团合并财务报表的多个报表项目将受到重大影响。但我们无法确定未将XYZ公司纳入合并范围对合并财务报表产生的影响。

我们按照中国注册会计师审计准则的规定执行了审计工作。审计报告的“注册会计师对合并财务报表审计的责任”部分进一步阐述了我们在这些准则下的责任。按照中国注册会计师职业道德守则，我们独立于ABC集团，并履行了职业道德方面的其他责任。我们相信，我们获取的审计证据是充分、适当的，为发表否定意见提供了基础。

（三）其他信息

[按照《中国注册会计师审计准则第1521号——注册会计师对其他信息的责任》的规定报告，见《〈中国注册会计师审计准则第1521号——注册会计师对其他信息的责任〉应用指南》附录2中的参考格式7。该参考格式中其他信息部分的最后一段需要进行改写，以描述导致注册会计师对财务报表发表否定意见并且也影响其他信息的事项。]

① 如果审计报告中不包含“按照相关法律法规的要求报告的事项”部分，则不需要加入此标题。

（四）关键审计事项

除“形成否定意见的基础”部分所述事项外，我们认为，没有其他需要在我们的报告中沟通的关键审计事项。

（五）管理层和治理层对合并财务报表的责任

[按照《中国注册会计师审计准则第1501号——对财务报表形成审计意见和出具审计报告》的规定报告，见《〈中国注册会计师审计准则第1501号——对财务报表形成审计意见和出具审计报告〉应用指南》参考格式2。]

（六）注册会计师对合并财务报表审计的责任

[按照《中国注册会计师审计准则第1501号——对财务报表形成审计意见和出具审计报告》的规定报告，见《〈中国注册会计师审计准则第1501号——对财务报表形成审计意见和出具审计报告〉应用指南》参考格式2。]

二、按照相关法律法规的要求报告的事项

[按照《中国注册会计师审计准则第1501号——对财务报表形成审计意见和出具审计报告》的规定报告，见《〈中国注册会计师审计准则第1501号——对财务报表形成审计意见和出具审计报告〉应用指南》参考格式2。]

××会计师事务所　　中国注册会计师：×××（项目合伙人）
（盖章）　　（签名并盖章）
　　中国注册会计师：×××
　　（签名并盖章）
中国××市　　20×2年×月×日

参考格式3：由于注册会计师无法获取关于一家境外联营公司的充分、适当的审计证据而发表保留意见的审计报告

背景信息：

1.对上市实体整套合并财务报表进行审计。该审计属于集团审计，被审计单位拥有多个子公司（即适用《中国注册会计师审计准则第1401号——对集团财务报表审计的特殊考虑》）；

2.管理层按照××财务报告编制基础编制合并财务报表，该编制基础允许被审计单位只列报合并财务报表；

3.审计业务约定条款体现了《中国注册会计师审计准则第1111号——就审计业务约定条款达成一致意见》中关于管理层对合并财务报表责任的描述；

4.对一家境外联营公司，注册会计师无法获取充分、适当的审计证据，这一事项对合并财务报表可能产生的影响重大，但不具有广泛性（即保留意见是恰当的）；

5.适用的相关职业道德要求为中国注册会计师职业道德守则；

6.基于获取的审计证据，根据《中国注册会计师审计准则第1324号——持续经营》，注册会计师认为可能导致对被审计单位持续经营能力产生重大疑虑的事项或情况不存在重大不确定性；

7.已按照《中国注册会计师审计准则第1504号——在审计报告中沟通关键审计事项》的规定沟通了关键审计事项；

8.注册会计师在审计报告日前已获取所有其他信息，且导致对合并财务报表发表保留意见的事项也影响了其他信息；

9.负责监督合并财务报表的人员与负责编制合并财务报表的人员不同；

10.除合并财务报表审计外，注册会计师还承担法律法规要求的其他报告责任，且注册会计师决定在审计报告中履行其他报告责任。

审计报告

ABC股份有限公司全体股东：

一、对合并财务报表出具的审计报告①

（一）保留意见

我们审计了ABC股份有限公司及其子公司（以下简称ABC集团）合并财务报表，包括20×1年12月31日的合并资产负债表，20×1年度的合并利润表、合并现金流量表、合并股东权益变动表以及相关合并财务报表附注。

我们认为，除“形成保留意见的基础”部分所述事项可能产生的影响外，后附的合并财务报表在所有重大方面按照××财务报告编制基础的规定编制，公允反映了ABC集团20×1年12月31日的合并财务状况以及20×1年度的合并经营成果和合并现金流量。

（二）形成保留意见的基础

如财务报表附注×所述，ABC集团于20×1年取得了境外XYZ公司30%的股权，因能够对XYZ公司施加重大影响，故采用权益法核算该项股权投资，于20×1年度确认对XYZ公司的投资收益×元，该项股权投资于20×1年12月31日合并资产负债表上反映的账面价值为×元。由于我们未被允许接触XYZ公司的财务信息、管理层和执行XYZ公司审计的注册会计师，我们无法就该项股权投资的账面价值以及ABC集团确认的20×1年度对XYZ公司的投资收益获取充分、适当的审计证据，也无法确定是否有必要对这些金额进行调整。

我们按照中国注册会计师审计准则的规定执行了审计工作。审计报告的“注册会计师对合并财务报表审计的责任”部分进一步阐述了我们在这些准则下的责任。按照中国注册会计师职业道德守则，我们独立于ABC集团，并履行了职业道德方面的其他责任。我们相信，我们获取的审计证据是充分、适当的，为发表保留意见提供了基础。

（三）其他信息

[按照《中国注册会计师审计准则第1521号——注册会计师对其他信息的责任》的规定报告，见《〈中国注册会计师审计准则第1521号——注册会计师对其他信息的责任〉应用指南》附录2中的参考格式6。该参考格式中其他信息部分的最后一段需要进行改写，以描述导致注册会计师对财务报表发表保留意见并且也影响其他信息的事项。]

（四）关键审计事项

关键审计事项是我们根据职业判断，认为对本期合并财务报表审计最为重要的事项。这些事项的应对以对合并财务报表整体进行审计并形成审计意见为背景，我们不对这些事项单独发表意见。除“形成保留意见的基础”部分所述事项外，我们确定下列事项是需要在审计报告中沟通的关键审计事项。

[按照《中国注册会计师审计准则第1504号——在审计报告中沟通关键审计事项》的

① 如果审计报告中不包含“按照相关法律法规的要求报告的事项”部分，则不需要加入此标题。

规定描述每一关键审计事项。]

（五）管理层和治理层对合并财务报表的责任

[按照《中国注册会计师审计准则第1501号——对财务报表形成审计意见和出具审计报告》的规定报告，见《〈中国注册会计师审计准则第1501号——对财务报表形成审计意见和出具审计报告〉应用指南》参考格式2。]

（六）注册会计师对合并财务报表审计的责任

[按照《中国注册会计师审计准则第1501号——对财务报表形成审计意见和出具审计报告》的规定报告，见《〈中国注册会计师审计准则第1501号——对财务报表形成审计意见和出具审计报告〉应用指南》参考格式2。]

二、按照相关法律法规的要求报告的事项

[按照《中国注册会计师审计准则第1501号——对财务报表形成审计意见和出具审计报告》的规定报告，见《〈中国注册会计师审计准则第1501号——对财务报表形成审计意见和出具审计报告〉应用指南》参考格式2。]

××会计师事务所　　　　　　　　中国注册会计师：×××（项目合伙人）

（盖章）　　　　　　　　　　　　（签名并盖章）

中国注册会计师：×××

（签名并盖章）

中国××市　　　　　　　　　　　20×2年×月×日

参考格式4：由于注册会计师无法针对合并财务报表单一要素获取充分、适当的审计证据而发表无法表示意见的审计报告

背景信息：

1.对非上市实体整套合并财务报表进行审计。该审计属于集团审计，被审计单位拥有多个子公司（即适用《中国注册会计师审计准则第1401号——对集团财务报表审计的特殊考虑》）；

2.管理层按照××财务报告编制基础编制合并财务报表，该编制基础允许被审计单位只列报合并财务报表；

3.审计业务约定条款体现了《中国注册会计师审计准则第1111号——就审计业务约定条款达成一致意见》中关于管理层对合并财务报表责任的描述；

4.对合并财务报表的某个要素，注册会计师无法获取充分、适当的审计证据。在本例中，对一家共同经营享有的利益份额占该被审计单位净资产的比例超过90%，但注册会计师无法获取该共同经营财务信息的审计证据。这一事项对合并财务报表可能产生的影响被认为是重大的且具有广泛性（即无法表示意见是恰当的）；

5.适用的相关职业道德要求为中国注册会计师职业道德守则；

6.负责监督合并财务报表的人员与负责编制合并财务报表的人员不同；

7.按照审计准则要求在注册会计师的责任部分作出有限的表述；

8.除合并财务报表审计外，注册会计师还承担法律法规要求的其他报告责任，且注册会计师决定在审计报告中履行其他报告责任。

审计报告

ABC股份有限公司全体股东：

一、对合并财务报表出具的审计报告[①]

（一）无法表示意见

我们接受委托，审计ABC股份有限公司及其子公司（以下简称ABC集团）合并财务报表，包括20×1年12月31日的合并资产负债表，20×1年度的合并利润表、合并现金流量表、合并股东权益变动表以及相关合并财务报表附注。

我们不对后附的ABC集团合并财务报表发表审计意见。由于“形成无法表示意见的基础”部分所述事项的重要性，我们无法获取充分、适当的审计证据以作为对合并财务报表发表审计意见的基础。

（二）形成无法表示意见的基础

ABC集团对共同经营XYZ公司享有的利益份额在该集团的合并资产负债表中的金额（资产扣除负债后的净影响）为×元，占该集团20×1年12月31日净资产的90%以上。我们未被允许接触XYZ公司的管理层和注册会计师，包括XYZ公司注册会计师的审计工作底稿。因此，我们无法确定是否有必要对XYZ公司资产中ABC集团共同控制的比例份额、XYZ公司负债中ABC集团共同承担的比例份额、XYZ公司收入和费用中ABC集团的比例份额，以及合并现金流量表和合并股东权益变动表中的要素作出调整。

（三）管理层和治理层对合并财务报表的责任

[按照《中国注册会计师审计准则第1501号——对财务报表形成审计意见和出具审计报告》的规定报告，见《〈中国注册会计师审计准则第1501号——对财务报表形成审计意见和出具审计报告〉应用指南》参考格式2。]

（四）注册会计师对合并财务报表审计的责任

我们的责任是按照中国注册会计师审计准则的规定，对ABC集团的合并财务报表执行审计工作，以出具审计报告。但由于“形成无法表示意见的基础”部分所述的事项，我们无法获取充分、适当的审计证据以作为发表审计意见的基础。

按照中国注册会计师职业道德守则，我们独立于ABC集团，并履行了职业道德方面的其他责任。

二、按照相关法律法规的要求报告的事项

[按照《中国注册会计师审计准则第1501号——对财务报表形成审计意见和出具审计报告》的规定报告，见《〈中国注册会计师审计准则第1501号——对财务报表形成审计意见和出具审计报告〉应用指南》参考格式2。]

××会计师事务所　　　　　　　　　　中国注册会计师：×××（项目合伙人）
（盖章）　　　　　　　　　　　　　　（签名并盖章）

　　　　　　　　　　　　　　　　　　中国注册会计师：×××
　　　　　　　　　　　　　　　　　　（签名并盖章）

中国××市　　　　　　　　　　　　　20×2年×月×日

① 如果审计报告中不包含“按照相关法律法规的要求报告的事项”部分，则不需要加入此标题。

参考格式5：由于注册会计师无法针对财务报表多个要素获取充分、适当的审计证据而发表无法表示意见的审计报告

背景信息：

1.对非上市实体整套财务报表进行审计。该审计不属于集团审计（即不适用《中国注册会计师审计准则第1401号——对集团财务报表审计的特殊考虑》）；

2.管理层按照企业会计准则编制财务报表；

3.审计业务约定条款体现了《中国注册会计师审计准则第1111号——就审计业务约定条款达成一致意见》中关于管理层对财务报表责任的描述；

4.对财务报表的多个要素，注册会计师无法获取充分、适当的审计证据。例如，对被审计单位的存货和应收账款，注册会计师无法获取审计证据，这一事项对财务报表可能产生的影响重大且具有广泛性；

5.适用的相关职业道德要求为中国注册会计师职业道德守则；

6.负责监督财务报表的人员与负责编制财务报表的人员不同；

7.按照审计准则要求在注册会计师的责任部分作出有限的表述；

8.除财务报表审计外，注册会计师还承担法律法规要求的其他报告责任，且注册会计师决定在审计报告中履行其他报告责任。

审计报告

ABC股份有限公司全体股东：

一、对财务报表出具的审计报告①

（一）无法表示意见

我们接受委托，审计ABC股份有限公司（以下简称ABC公司）财务报表，包括20×1年12月31日的资产负债表，20×1年度的利润表、现金流量表、股东权益变动表以及相关财务报表附注。

我们不对后附的ABC公司财务报表发表审计意见。由于“形成无法表示意见的基础”部分所述事项的重要性，我们无法获取充分、适当的审计证据以作为对财务报表发表审计意见的基础。

（二）形成无法表示意见的基础

我们于20×2年1月接受委托审计ABC公司财务报表，因而未能对ABC公司20×1年初金额为×元的存货和年末金额为×元的存货实施监盘程序。此外，我们也无法实施替代审计程序获取充分、适当的审计证据。并且，ABC公司于20×1年9月采用新的应收账款电算化系统，由于存在系统缺陷导致应收账款出现大量错误。截至报告日，ABC公司管理层（以下简称管理层）仍在纠正系统缺陷并更正错误，我们也无法实施替代审计程序，以对截至20×1年12月31日的应收账款总额×元获取充分、适当的审计证据。因此，我们无法确定是否有必要对存货、应收账款以及财务报表其他项目作出调整，也无法确定应调整的金额。

（三）管理层和治理层对财务报表的责任

[按照《中国注册会计师审计准则第1501号——对财务报表形成审计意见和出具审计

① 如果审计报告中不包含“按照相关法律法规的要求报告的事项”部分，则不需要加入此标题。

报告》的规定报告，见《〈中国注册会计师审计准则第1501号——对财务报表形成审计意见和出具审计报告〉应用指南》参考格式3。]

（四）注册会计师对财务报表审计的责任

我们的责任是按照中国注册会计师审计准则的规定，对ABC公司的财务报表执行审计工作，以出具审计报告。但由于“形成无法表示意见的基础”部分所述的事项，我们无法获取充分、适当的审计证据以作为发表审计意见的基础。

按照中国注册会计师职业道德守则，我们独立于ABC公司，并履行了职业道德方面的其他责任。

二、按照相关法律法规的要求报告的事项

[按照《中国注册会计师审计准则第1501号——对财务报表形成审计意见和出具审计报告》的规定报告，见《〈中国注册会计师审计准则第1501号——对财务报表形成审计意见和出具审计报告〉应用指南》参考格式1。]

××会计师事务所　　　　　　　　中国注册会计师：×××（项目合伙人）

（盖章）　　　　　　　　　　　　（签名并盖章）

　　　　　　　　　　　　　　　　中国注册会计师：×××

　　　　　　　　　　　　　　　　（签名并盖章）

中国××市　　　　　　　　　　　20×2年×月×日

中国注册会计师审计准则第1503号
——在审计报告中增加强调事项段和其他事项段

（2022年1月5日修订）

第一章　总　则

第一条　为了规范注册会计师在审计报告中增加强调事项段和其他事项段，以提供必要的补充信息，制定本准则。

第二条　如果认为必要，注册会计师可以在审计报告中提供补充信息，以提醒使用者关注下列事项：

（一）尽管已在财务报表中列报，但对使用者理解财务报表至关重要的事项；

（二）未在财务报表中列报，但与使用者理解审计工作、注册会计师的责任或审计报告相关的事项。

第三条　《中国注册会计师审计准则第1504号——在审计报告中沟通关键审计事项》及其应用指南针对注册会计师如何确定关键审计事项以及如何在审计报告中沟通关键审计事项作出了规定并提供了指引。如果审计报告中包含关键审计事项部分，本准则规范了关键审计事项和按照本准则的规定在审计报告中提供的补充信息之间的关系。

第四条　《中国注册会计师审计准则第1324号——持续经营》及其应用指南针对审计报告中与持续经营相关的沟通作出了规定并提供了指引。《中国注册会计师审计准则第1521号——注册会计师对其他信息的责任》及其应用指南针对审计报告中与其他信息相关的沟通作出了规定并提供了指引。

第五条　本准则附录1和附录2列示的其他审计准则，对在审计报告中增加强调事项段和其他事项段提出具体要求。在这些情况下，本准则对强调事项段或其他事项段格式的要求同样适用。

第二章 定 义

第六条 强调事项段，是指审计报告中含有的一个段落，该段落提及已在财务报表中恰当列报的事项，且根据注册会计师的职业判断，该事项对财务报表使用者理解财务报表至关重要。

第七条 其他事项段，是指审计报告中含有的一个段落，该段落提及未在财务报表中列报的事项，且根据注册会计师的职业判断，该事项与财务报表使用者理解审计工作、注册会计师的责任或审计报告相关。

第三章 目 标

第八条 注册会计师的目标是，在对财务报表形成审计意见后，如果根据职业判断认为有必要在审计报告中增加强调事项段或其他事项段，通过明确提供补充信息的方式，提醒财务报表使用者关注下列事项：

（一）尽管已在财务报表中恰当列报，但对财务报表使用者理解财务报表至关重要的事项；

（二）未在财务报表中列报，但与财务报表使用者理解审计工作、注册会计师的责任或审计报告相关的其他事项。

第四章 要 求

第一节 审计报告中的强调事项段

第九条 如果认为有必要提醒财务报表使用者关注已在财务报表中列报，且根据职业判断认为对财务报表使用者理解财务报表至关重要的事项，在同时满足下列条件时，注册会计师应当在审计报告中增加强调事项段：

（一）按照《中国注册会计师审计准则第1502号——在审计报告中发表非无保留意见》的规定，该事项不会导致注册会计师发表非无保留意见；

（二）当《中国注册会计师审计准则第1504号——在审计报告中沟通关键审计事项》适用时，该事项未被确定为在审计报告中沟通的关键审计事项。

第十条 如果在审计报告中包含强调事项段，注册会计师应当采取下列措施：

（一）将强调事项段作为单独的一部分置于审计报告中，并使用包含“强调事项”这一术语的适当标题；

（二）明确提及被强调事项以及相关披露的位置，以便能够在财务报表中找到对该事项的详细描述。强调事项段应当仅提及已在财务报表中列报的信息；

（三）指出审计意见没有因该强调事项而改变。

第二节 审计报告中的其他事项段

第十一条 如果认为有必要沟通虽然未在财务报表中列报，但根据职业判断认为与财务报表使用者理解审计工作、注册会计师的责任或审计报告相关的事项，在同时满足下列条件时，注册会计师应当在审计报告中增加其他事项段：

（一）未被法律法规禁止；

（二）当《中国注册会计师审计准则第1504号——在审计报告中沟通关键审计事项》适用时，该事项未被确定为在审计报告中沟通的关键审计事项。

第十二条 如果在审计报告中包含其他事项段，注册会计师应当将该段落作为单独的一部分，并使用“其他事项”或其他适当标题。

第三节 与治理层的沟通

第十三条 如果拟在审计报告中包含强调事项段或其他事项段，注册会计师应当就该事项和拟使用的措辞与治理层沟通。

附录1：其他审计准则对强调事项段的具体要求

下列审计准则要求注册会计师在特定情况下在审计报告中包含强调事项段，但其规定并不影响本准则的普遍适用性。

1.《中国注册会计师审计准则第1111号——就审计业务约定条款达成一致意见》第十九条第（二）项；

2.《中国注册会计师审计准则第1332号——期后事项》第十五条第（二）项和第十九条；

3.《中国注册会计师审计准则第1601号——审计特殊目的财务报表的特殊考虑》第十五条。

附录2：其他审计准则对其他事项段的具体要求

下列审计准则要求注册会计师在特定情况下在审计报告中包含其他事项段，但其规定并不影响本准则的普遍适用性。

1.《中国注册会计师审计准则第1332号——期后事项》第十五条第（二）项和第十九条；

2.《中国注册会计师审计准则第1511号——比较信息：对应数据和比较财务报表》第十六条、第十七条、第十九条、第二十条和第二十二条。

中国注册会计师审计准则第1504号——在审计报告中沟通关键审计事项

（2022年12月22日修订）

第一章 总 则

第一条 为了明确注册会计师在审计报告中沟通关键审计事项的责任，制定本准则。

第二条 本准则规范注册会计师如何确定关键审计事项以及如何在审计报告中沟通关键审计事项，包括沟通的形式和内容。

第三条 沟通关键审计事项，旨在通过提高已执行审计工作的透明度增加审计报告的沟通价值。沟通关键审计事项能够为财务报表预期使用者提供额外的信息，以帮助其了解注册会计师根据职业判断认为对本期财务报表审计最为重要的事项。沟通关键审计事项还能够帮助财务报表预期使用者了解被审计单位，以及已审计财务报表中涉及重大管理层判断的领域。

第四条 在审计报告中沟通关键审计事项，还能够为财务报表预期使用者就与被审计单位、已审计财务报表或已执行审计工作相关的事项进一步与管理层和治理层沟通提供基础。

第五条 在审计报告中沟通关键审计事项以注册会计师已就财务报表整体形成审计意见为背景。在审计报告中沟通关键审计事项不能代替下列事项：

（一）管理层按照适用的财务报告编制基础在财务报表中作出的披露，或为使财务报表实现公允反映而作出的披露（如适用）；

（二）注册会计师按照《中国注册会计师审计准则第1502号——在审计报告中发表非无保留意见》的规定，根据审计业务的具体情况发表非无保留意见；

（三）当可能导致对被审计单位持续经营能力产生重大疑虑的事项或情况存在重大不确定性时，注册会计师按照《中国注册会计师审计准则第1324号——持续经营》的规定进行报告。

在审计报告中沟通关键审计事项也不是注册会计师就单一事项单独发表意见。

第六条 本准则适用于对上市实体整套通用目的财务报表进行审计，以及注册会计师决定或委托方要求在审计报告中沟通关键审计事项的其他情形。如果法律法规要求注册会计师在审计报告中沟通关键审计事项，本准则同样适用。根据《中国注册会计师审计准则第1502号——在审计报告中发表非无保留意见》的规定，注册会计师在对财务报表发表无法表示意见时，不得在审计报告中沟通关键审计事项，除非法律法规要求沟通。

第二章 定 义

第七条 关键审计事项，是指注册会计师根据职业判断认为对本期财务报表审计最为重要的事项。关键审计事项从注册会计师与治理层沟通过的事项中选取。

第三章 目 标

第八条 注册会计师的目标是，确定关键审计事项，并在对财务报表形成审计意见后，以在审计报告中描述关键审计事项的方式沟通这些事项。

第四章 要 求

第一节 确定关键审计事项

第九条 注册会计师应当从与治理层沟通过的事项中确定在执行审计工作时重点关注过的事项。在确定时，注册会计师应当考虑下列方面：

（一）按照《中国注册会计师审计准则第1211号——重大错报风险的识别和评估》的规定，评估的重大错报风险较高的领域或识别出的特别风险；

（二）与财务报表中涉及重大管理层判断（包括涉及高度估计不确定性的会计估计）的领域相关的重大审计判断；

（三）本期重大交易或事项对审计的影响。

第十条 注册会计师应当从根据本准则第九条的规定确定的事项中，确定哪些事项对本期财务报表审计最为重要，从而构成关键审计事项。

第二节 沟通关键审计事项

第十一条 除本准则第十四条和第十五条规定的情形外，注册会计师应当在审计报告中单设一部分，以“关键审计事项”为标题，并在该部分使用恰当的子标题逐项描述关键审计事项。关键审计事项部分的引言应当同时说明下列事项：

（一）关键审计事项是注册会计师根据职业判断，认为对本期财务报表审计最为重要的事项；

（二）关键审计事项的应对以对财务报表整体进行审计并形成审计意见为背景，注册会计师不对关键审计事项单独发表意见。

第十二条 如果按照《中国注册会计师审计准则第1502号——在审计报告中发表非无保留意见》的规定，某些事项导致注册会计师应当发表非无保留意见，注册会计师不得在审计报告的关键审计事项部分沟通这些事项。

第十三条 在审计报告的关键审计事项部分逐项描述关键审计事项时，注册会计师应当分别索引至财务报表的相关披露（如有），并同时说明下列内容：

（一）该事项被认定为审计中最为重要的事项之一，因而被确定为关键审计事项的原因；

（二）该事项在审计中是如何应对的。

第十四条 除非存在下列情形之一，注册会计师应当在审计报告中描述每项关键审计事项：

（一）法律法规禁止公开披露某事项；

（二）在极少数情形下，如果合理预期在审计报告中沟通某事项造成的负面后果超过在公众利益方面产生的益处，注册会计师确定不应在审计报告中沟通该事项。如果被审计单位已公开披露与该事项有关的信息，则本项规定不适用。

第十五条 根据《中国注册会计师审计准则第1502号——在审计报告中发表非无保留意见》的规定导致非无保留意见的事项，或者根据《中国注册会计师审计准则第1324号——持续经营》的规定可能导致对被审计单位持续经营能力产生重大疑虑的事项或情况存在重大不确定性，就其性质而言都属于关键审计事项。然而，这些事项不得在审计报告的关键审计事项部分进行描述，并且本准则第十三条至第十四条的要求不适用于这些情况。注册会计师应当按照适用的审计准则的规定报告这些事项，并在关键审计事项部分提及形成保留（否定）意见的基础部分或与持续经营相关的重大不确定性部分。

第十六条 如果注册会计师根据被审计单位和审计业务的具体事实和情况，确定不存在需要沟通的关键审计事项，或者仅有的需要沟通的关键审计事项是本准则第十五条所述的事项，注册会计师应当在审计报告中单设的关键审计事项部分对此进行说明。

第三节 与治理层的沟通

第十七条 注册会计师应当就下列事项与治理层沟通：

（一）注册会计师确定的关键审计事项；

（二）根据被审计单位和审计业务的具体事实和情况，注册会计师确定不存在需要在审计报告中沟通的关键审计事项（如适用）。

第四节 审计工作底稿

第十八条 注册会计师应当在审计工作底稿中记录下列事项：

（一）注册会计师根据本准则第九条的规定确定的在执行审计工作时重点关注过的事项，以及针对每一事项，根据本准则第十条的规定是否将其确定为关键审计事项及理由；

（二）注册会计师确定不存在需要在审计报告中沟通的关键审计事项的理由，或者仅有的需要沟通的关键审计事项是本准则第十五条所述的事项（如适用）；

（三）注册会计师确定不在审计报告中沟通某项关键审计事项的理由（如适用）。

中国注册会计师审计准则第1511号
——比较信息：对应数据和比较财务报表

（2019年2月20日修订）

第一章 总 则

第一条 为了规范注册会计师在财务报表审计中与比较信息相关的责任，制定本准则。

第二条　当上期财务报表已由前任注册会计师审计或未经审计时，《中国注册会计师审计准则第1331号——首次审计业务涉及的期初余额》对期初余额的相关规定同样适用。

第三条　财务报表中列报的比较信息的性质取决于适用的财务报告编制基础的要求。比较信息包括对应数据和比较财务报表，相应地，注册会计师履行比较信息的报告责任有两种不同的方法。采用的方法通常由法律法规规定，但也可能在业务约定条款中作出约定。

第四条　本准则第三条提及的两种方法导致审计报告存在下列主要差异：

（一）对于对应数据，审计意见仅提及本期；

（二）对于比较财务报表，审计意见提及列报的财务报表所属的各期。

本准则对每种方法分别提出不同的审计报告要求。

第二章　定　义

第五条　比较信息，是指包含于财务报表中的、符合适用的财务报告编制基础的、与一个或多个以前期间相关的金额和披露。

第六条　对应数据，属于比较信息，是指作为本期财务报表组成部分的上期金额和相关披露，这些金额和披露只能和与本期相关的金额和披露（称为“本期数据”）联系起来阅读。对应数据列报的详细程度主要取决于其与本期数据的相关程度。

第七条　比较财务报表，属于比较信息，是指为了与本期财务报表相比较而包含的上期金额和相关披露。比较财务报表包含信息的详细程度与本期财务报表包含信息的详细程度相似。如果上期金额和相关披露已经审计，则将在审计意见中提及。

第八条　当比较信息包括一期以上的金额和相关披露时，本准则所称“上期”应理解为“以前数期”。

第三章　目　标

第九条　注册会计师的目标是：

（一）获取充分、适当的审计证据，确定在财务报表中包含的比较信息是否在所有重大方面按照适用的财务报告编制基础有关比较信息的要求进行列报；

（二）按照注册会计师的报告责任出具审计报告。

第四章　要　求

第一节　审计程序

第十条　注册会计师应当确定财务报表中是否包括适用的财务报告编制基础要求的比较信息，以及比较信息是否得到恰当分类。

基于上述目的，注册会计师应当评价：

（一）比较信息是否与上期财务报表列报的金额和相关披露一致，如果必要，比较信息是否已经重述；

（二）在比较信息中反映的会计政策是否与本期采用的会计政策一致，如果会计政策已发生变更，这些变更是否得到恰当处理并得到充分列报。

第十一条　在实施本期审计时，如果注意到比较信息可能存在重大错报，注册会计师应当根据实际情况追加必要的审计程序，获取充分、适当的审计证据，以确定是否存在重大错报。

如果上期财务报表已经审计，注册会计师还应当遵守《中国注册会计师审计准则第1332号——期后事项》的相关规定。如果上期财务报表已经得到更正，注册会计师应当确定比较信息与更正后的财务报表是否一致。

第十二条 注册会计师应当按照《中国注册会计师审计准则第1341号——书面声明》的规定，获取与审计意见中提及的所有期间相关的书面声明。对于管理层作出的、更正上期财务报表中影响比较信息的重大错报的任何重述，注册会计师还应当获取特定书面声明。

第二节 审计报告：对应数据

第十三条 当财务报表中列报对应数据时，除本准则第十四条、第十五条和第十七条描述的情形外，审计意见不应提及对应数据。

第十四条 如果以前针对上期财务报表发表了保留意见、无法表示意见或否定意见，且导致非无保留意见的事项仍未解决，注册会计师应当对本期财务报表发表非无保留意见。

在审计报告的导致非无保留意见的事项段中，注册会计师应当分下列两种情况予以处理：

（一）如果未解决事项对本期数据的影响或可能的影响是重大的，注册会计师应当在导致非无保留意见事项段中同时提及本期数据和对应数据；

（二）如果未解决事项对本期数据的影响或可能的影响不重大，注册会计师应当说明，由于未解决事项对本期数据和对应数据之间可比性的影响或可能的影响，因此发表了非无保留意见。

第十五条 如果注册会计师已经获取上期财务报表存在重大错报的审计证据，而以前对该财务报表发表了无保留意见，且对应数据未经适当重述或恰当披露，注册会计师应当就包括在财务报表中的对应数据，在审计报告中对本期财务报表发表保留意见或否定意见。

第十六条 如果上期财务报表已由前任注册会计师审计，注册会计师在审计报告中可以提及前任注册会计师对对应数据出具的审计报告。

当注册会计师决定提及时，应当在审计报告的其他事项段中说明：

（一）上期财务报表已由前任注册会计师审计；

（二）前任注册会计师发表的意见的类型（如果是非无保留意见，还应当说明发表非无保留意见的理由）；

（三）前任注册会计师出具的审计报告的日期。

第十七条 如果上期财务报表未经审计，注册会计师应当在审计报告的其他事项段中说明对应数据未经审计。但这种说明并不减轻注册会计师获取充分、适当的审计证据，以确定期初余额不含有对本期财务报表产生重大影响的错报的责任。

第三节 审计报告：比较财务报表

第十八条 当列报比较财务报表时，审计意见应当提及列报财务报表所属的各期，以及发表的审计意见涵盖的各期。

第十九条 当因本期审计而对上期财务报表发表审计意见时，如果对上期财务报表发表的意见与以前发表的意见不同，注册会计师应当按照《中国注册会计师审计准则第

1503号——在审计报告中增加强调事项段和其他事项段》的规定，在其他事项段中披露导致不同意见的实质性原因。

第二十条 如果上期财务报表已由前任注册会计师审计，除非前任注册会计师对上期财务报表出具的审计报告与财务报表一同对外提供，注册会计师除对本期财务报表发表意见外，还应当在其他事项段中说明：

（一）上期财务报表已由前任注册会计师审计；

（二）前任注册会计师发表的意见的类型（如果是非无保留意见，还应当说明发表非无保留意见的理由）；

（三）前任注册会计师出具的审计报告的日期。

第二十一条 如果认为存在影响上期财务报表的重大错报，而前任注册会计师以前出具了无保留意见的审计报告，注册会计师应当就此与适当层级的管理层沟通，并要求其告知前任注册会计师。注册会计师还应当与治理层进行沟通，除非治理层全部成员参与管理被审计单位。如果上期财务报表已经更正，且前任注册会计师同意对更正后的上期财务报表出具新的审计报告，注册会计师应当仅对本期财务报表出具审计报告。

第二十二条 如果上期财务报表未经审计，注册会计师应当在其他事项段中说明比较财务报表未经审计。但这种说明并不减轻注册会计师获取充分、适当的审计证据，以确定期初余额不含有对本期财务报表产生重大影响的错报的责任。

第五章 附 则

第二十三条 本准则自2019年7月1日起施行。

中国注册会计师审计准则第1521号
——注册会计师对其他信息的责任

（2016年12月23日修订）

第一章 总 则

第一条 本准则规范了注册会计师对被审计单位年度报告中包含的除财务报表和审计报告之外的其他信息的责任，无论其他信息是财务信息还是非财务信息。被审计单位的年度报告可能是一份单独的文件，也可能是服务于相同目的的系列文件组合。

第二条 本准则以注册会计师执行财务报表审计为背景。因此，本准则规定的注册会计师的目标应以《中国注册会计师审计准则第1101号——注册会计师的总体目标和审计工作的基本要求》第二十五条中描述的注册会计师的总体目标为背景来理解。注册会计师对财务报表发表的审计意见不涵盖其他信息，本准则也不要求注册会计师获取超过形成财务报表审计意见所需要的审计证据。

第三条 本准则要求注册会计师阅读和考虑其他信息，是由于如果其他信息与财务报表或者与注册会计师在审计中了解到的情况存在重大不一致，可能表明财务报表或其他信息存在重大错报，两者均会损害财务报表和审计报告的可信性。此类重大错报也可能不恰当地影响审计报告使用者的经济决策。

第四条 本准则也可能有助于注册会计师遵循相关的职业道德要求，即要求注册会计师不应当在明知的情况下与以下信息发生关联：含有严重虚假或误导性的陈述；含有缺少充分依据的陈述或信息；存在遗漏或含糊其辞的信息，且这种遗漏或含糊其辞会产生误导。

第五条 其他信息中，某些金额或其他项目旨在与财务报表中的金额或其他项目相一致，或者对其进行概括，或者为其提供更详细的信息；针对某些金额或其他项目，注册会计师在审计中已经了解到一些情况。

第六条 无论在审计报告日之前还是之后获取其他信息，注册会计师对其他信息的责任（除适用的报告责任外）均适用。

第七条 本准则不适用于：

（一）财务信息初步公告；

（二）证券发行文件，包括招股说明书。

第八条 本准则对注册会计师设定的责任，不构成对其他信息的鉴证。本准则也不要求注册会计师对其他信息提供一定程度的保证。

第九条 法律法规可能就其他信息对注册会计师提出超出本准则范围的要求。在此情况下，注册会计师应当遵守法律法规的要求。

第二章 定 义

第十条 年度报告，是指管理层或治理层根据法律法规的规定或惯例，一般以年度为基础编制的、旨在向所有者（或类似的利益相关方）提供实体经营情况和财务业绩及财务状况（财务业绩及财务状况反映于财务报表）信息的一个文件或系列文件组合。一份年度报告包含或随附财务报表和审计报告，通常包括实体的发展，未来前景、风险和不确定事项，治理层声明，以及包含治理事项的报告等信息。

第十一条 其他信息，是指在被审计单位年度报告中包含的除财务报表和审计报告以外的财务信息和非财务信息。

第十二条 其他信息的错报，是指对其他信息作出不正确陈述或其他信息具有误导性，包括遗漏或掩饰对恰当理解其他信息披露的事项必要的信息。

第三章 目 标

第十三条 注册会计师的目标是，在已经阅读其他信息的情况下：

（一）考虑其他信息与财务报表之间是否存在重大不一致；

（二）考虑其他信息与注册会计师在审计中了解到的情况之间是否存在重大不一致；

（三）当注册会计师识别出此类重大不一致似乎存在时，或者注册会计师知悉其他信息似乎存在重大错报时，予以恰当应对；

（四）根据本准则的规定进行报告。

第四章 要 求

第一节 获取其他信息

第十四条 注册会计师应当：

（一）通过与管理层讨论，确定哪些文件组成年度报告，以及被审计单位计划公布这些文件的方式和时间安排。

（二）就及时获取组成年度报告的文件的最终版本与管理层作出适当安排。如果可能，在审计报告日之前获取。

（三）如果本条第（一）项中确定的部分或全部文件在审计报告日后才能取得，要求管理层提供书面声明，声明上述文件的最终版本将在可获取时并且在被审计单位公布前提供给注册会计师，以使注册会计师可以完成本准则要求的程序。

第二节 阅读并考虑其他信息

第十五条 注册会计师应当阅读其他信息。在阅读时，注册会计师应当：

（一）考虑其他信息和财务报表之间是否存在重大不一致。作为考虑的基础，注册会计师应当将其他信息中选取的金额或其他项目（这些金额或其他项目旨在与财务报表中的金额或其他项目相一致，或对其进行概括，或为其提供更详细的信息）与财务报表中的相应金额或其他项目进行比较，以评价其一致性；

（二）在已获取审计证据并已得出审计结论的背景下，考虑其他信息与注册会计师在审计中了解到的情况是否存在重大不一致。

第十六条 当根据本准则第十五条阅读其他信息时，注册会计师应当对与财务报表或注册会计师在审计中了解到的情况不相关的其他信息中似乎存在重大错报的迹象保持警觉。

第三节 当似乎存在重大不一致或其他信息似乎存在重大错报时的应对

第十七条 如果注册会计师识别出似乎存在重大不一致，或者知悉其他信息似乎存在重大错报，注册会计师应当与管理层讨论该事项，必要时，实施其他程序以确定：

（一）其他信息是否存在重大错报；

（二）财务报表是否存在重大错报；

（三）注册会计师对被审计单位及其环境的了解是否需要更新。

第四节 当注册会计师认为其他信息存在重大错报时的应对

第十八条 如果注册会计师认为其他信息存在重大错报，应当要求管理层更正其他信息：

（一）如果管理层同意作出更正，注册会计师应当确定更正已经完成；

（二）如果管理层拒绝作出更正，注册会计师应当就该事项与治理层进行沟通，并要求作出更正。

第十九条 如果注册会计师认为审计报告日前获取的其他信息存在重大错报，且在与治理层沟通后其他信息仍未得到更正，注册会计师应当采取恰当措施，包括：

（一）考虑对审计报告的影响，并就注册会计师计划如何在审计报告中处理重大错报与治理层进行沟通；

（二）在相关法律法规允许的情况下，解除业务约定。

第二十条 如果注册会计师认为审计报告日后获取的其他信息存在重大错报：

（一）如果其他信息得以更正，注册会计师应当根据具体情形实施必要的程序；

（二）如果与治理层沟通后其他信息未得到更正，注册会计师应当考虑其法律权利和义务，并采取恰当的措施，以提醒审计报告使用者恰当关注未更正的重大错报。

第五节 当财务报表存在重大错报或注册会计师对被审计单位及其环境的了解需要更新时的应对

第二十一条 如果注册会计师通过实施本准则第十五条至第十六条所述的程序，认为财务报表存在重大错报，或者注册会计师对被审计单位及其环境的了解需要更新，注册会计师应当根据其他审计准则作出恰当应对。

第六节 报 告

第二十二条 如果在审计报告日存在下列两种情况之一，审计报告应当包括一个单独部分，以“其他信息”为标题：

（一）对于上市实体财务报表审计，注册会计师已获取或预期将获取其他信息；

（二）对于上市实体以外其他被审计单位的财务报表审计，注册会计师已获取部分或全部其他信息。

第二十三条 如果根据本准则第二十二条的要求，审计报告应当包含其他信息部分，该部分应当包括：

（一）管理层对其他信息负责的说明。

（二）指明：

1.注册会计师于审计报告日前已获取的其他信息（如有）；

2.对于上市实体财务报表审计，预期将于审计报告日后获取的其他信息（如有）。

（三）说明注册会计师的审计意见未涵盖其他信息，因此，注册会计师对其他信息不发表（或不会发表）审计意见或任何形式的鉴证结论。

（四）描述注册会计师根据本准则的要求，对其他信息进行阅读、考虑和报告的责任。

（五）如果审计报告日前已经获取其他信息，则选择下列二者之一进行说明：

1.说明注册会计师无任何需要报告的事项；

2.如果注册会计师认为其他信息存在未更正的重大错报，说明其他信息中的未更正重大错报。

第二十四条 如果注册会计师根据《中国注册会计师审计准则第1502号——在审计报告中发表非无保留意见》的规定发表保留或者否定意见，注册会计师应当考虑导致非无保留意见的事项对本准则第二十三条第（五）项要求的说明的影响。

第七节 审计工作底稿

第二十五条 根据《中国注册会计师审计准则第1131号——审计工作底稿》中与本准则相关的要求，注册会计师应当就下列事项形成审计工作底稿：

（一）按照本准则的规定实施的程序；

（二）注册会计师按照本准则的规定执行工作所针对的其他信息的最终版本。

附录：

与其他信息相关的审计报告的参考格式

参考格式1：当注册会计师在审计报告日前已获取所有其他信息，且未识别出其他信息存在重大错报时，适用于任何被审计单位，无论是上市实体还是非上市实体的无保留意见审计报告。

参考格式2：当注册会计师在审计报告日前已获取部分其他信息，且未识别出其他信息存在重大错报，并预期能够在审计报告日后获取剩余其他信息时，适用于上市实体的无保留意见审计报告。

参考格式3：当注册会计师在审计报告日前已获取部分其他信息，且未识别出其他信息存在重大错报，并预期能够在审计报告日后获取剩余其他信息时，适用于非上市实体的无保留意见审计报告。

参考格式4：当注册会计师在审计报告日前未获取任何其他信息，但预期能够在审计报告日后获取其他信息时，适用于上市实体的无保留意见审计报告。

参考格式5：当注册会计师在审计报告日前已获取所有其他信息，并且已确定其他信息存在重大错报时，适用于任何被审计单位，无论是上市实体还是非上市实体的无保留意见审计报告。

参考格式6：当注册会计师在审计报告日前已获取所有其他信息，但合并财务报表重要项目的审计范围受到限制，且影响其他信息时，适用于任何被审计单位，无论是上市实体还是非上市实体的保留意见审计报告。

参考格式7：当注册会计师在审计报告日前已获取所有其他信息，且对合并财务报表发表的否定意见也对其他信息有影响时，适用于任何被审计单位，无论是上市实体还是非上市实体的否定意见审计报告。

参考格式1：当注册会计师在审计报告日前已获取所有其他信息，且未识别出其他信息存在重大错报时，适用于任何被审计单位，无论是上市实体还是非上市实体的无保留意见审计报告。

背景信息：

1.对上市实体或非上市实体整套财务报表进行审计。该审计不属于集团审计（即不适用《中国注册会计师审计准则第1401号——对集团财务报表审计的特殊考虑》）；

2.管理层按照企业会计准则编制财务报表；

3.审计业务约定条款体现了《中国注册会计师审计准则第1111号——就审计业务约定条款达成一致意见》中关于管理层对财务报表责任的描述；

4.基于获取的审计证据，注册会计师认为发表无保留意见是恰当的；

5.适用的相关职业道德要求为中国注册会计师职业道德守则；

6.基于获取的审计证据，根据《中国注册会计师审计准则第1324号——持续经营》，注册会计师认为可能导致对被审计单位持续经营能力产生重大疑虑的事项或情况不存在重大不确定性；

7.已按照《中国注册会计师审计准则第1504号——在审计报告中沟通关键审计事项》的规定沟通了关键审计事项；

8.注册会计师在审计报告日前已获取所有其他信息，且未识别出信息存在重大错报；

9.负责监督财务报表的人员与负责编制财务报表的人员不同；

10.除财务报表审计外，注册会计师还承担法律法规要求的其他报告责任，且注册会计师决定在审计报告中履行其他报告责任。

审计报告

ABC股份有限公司全体股东：

一、对财务报表出具的审计报告[①]

（一）审计意见

我们审计了ABC股份有限公司（以下简称ABC公司）财务报表，包括20×1年12月31

① 如果审计报告中不包含“按照相关法律法规的要求报告的事项”部分，则不需要加入此标题。

日的资产负债表，20×1年度的利润表、现金流量表、股东权益变动表以及相关财务报表附注。

我们认为，后附的财务报表在所有重大方面按照企业会计准则的规定编制，公允反映了ABC公司20×1年12月31日的财务状况以及20×1年度的经营成果和现金流量。

（二）形成审计意见的基础

我们按照中国注册会计师审计准则的规定执行了审计工作。审计报告的“注册会计师对财务报表审计的责任”部分进一步阐述了我们在这些准则下的责任。按照中国注册会计师职业道德守则，我们独立于ABC公司，并履行了职业道德方面的其他责任。我们相信，我们获取的审计证据是充分、适当的，为发表审计意见提供了基础。

（三）关键审计事项[①]

关键审计事项是我们根据职业判断，认为对本期财务报表审计最为重要的事项。这些事项的应对以对财务报表整体进行审计并形成审计意见为背景，我们不对这些事项单独发表意见。

[按照《中国注册会计师审计准则第1504号——在审计报告中沟通关键审计事项》的规定描述每一关键审计事项。]

（四）其他信息

ABC公司管理层（以下简称管理层）对其他信息负责。其他信息包括［X报告中涵盖的信息，但不包括财务报表和我们的审计报告］。

我们对财务报表发表的审计意见不涵盖其他信息，我们也不对其他信息发表任何形式的鉴证结论。

结合我们对财务报表的审计，我们的责任是阅读其他信息，在此过程中，考虑其他信息是否与财务报表或我们在审计过程中了解到的情况存在重大不一致或者似乎存在重大错报。

基于我们已执行的工作，如果我们确定其他信息存在重大错报，我们应当报告该事实。在这方面，我们无任何事项需要报告。

（五）管理层和治理层对财务报表的责任

[按照《中国注册会计师审计准则第1501号——对财务报表形成审计意见和出具审计报告》的规定报告，见《〈中国注册会计师审计准则第1501号——对财务报表形成审计意见和出具审计报告〉应用指南》参考格式1。]

（六）注册会计师对财务报表审计的责任

[按照《中国注册会计师审计准则第1501号——对财务报表形成审计意见和出具审计报告》的规定报告，见《〈中国注册会计师审计准则第1501号——对财务报表形成审计意见和出具审计报告〉应用指南》参考格式1。][②]

二、按照相关法律法规的要求报告的事项

[按照《中国注册会计师审计准则第1501号——对财务报表形成审计意见和出具审计

① 本段适用于按照《中国注册会计师审计准则第1504号——在审计报告中沟通关键审计事项》的规定沟通关键审计事项的情形。

② 如果被审计单位是非上市实体，需要参考《〈中国注册会计师审计准则第1501号——对财务报表形成审计意见和出具审计报告〉应用指南》参考格式3。

报告》的规定报告，见《〈中国注册会计师审计准则第1501号——对财务报表形成审计意见和出具审计报告〉应用指南》参考格式1。]

××会计师事务所　　　　　　　　　　中国注册会计师：×××（项目合伙人）①
（盖章）　　　　　　　　　　　　　　　　　　　（签名并盖章）
　　　　　　　　　　　　　　　　　　中国注册会计师：×××
　　　　　　　　　　　　　　　　　　　　　　　（签名并盖章）
中国××市　　　　　　　　　　　　　　　　　　　20×2年×月×日

参考格式2：当注册会计师在审计报告日前已获取部分其他信息，且未识别出其他信息存在重大错报，并预期能够在审计报告日后获取剩余其他信息时，适用于上市实体的无保留意见审计报告。

背景信息：

1.对上市实体整套财务报表进行审计。该审计不属于集团审计（即不适用《中国注册会计师审计准则第1401号——对集团财务报表审计的特殊考虑》）；

2.管理层按照企业会计准则编制财务报表；

3.审计业务约定条款体现了《中国注册会计师审计准则第1111号——就审计业务约定条款达成一致意见》中关于管理层对财务报表责任的描述；

4.基于获取的审计证据，注册会计师认为发表无保留意见是恰当的；

5.适用的相关职业道德要求为中国注册会计师职业道德守则；

6.基于获取的审计证据，根据《中国注册会计师审计准则第1324号——持续经营》，注册会计师认为可能导致对被审计单位持续经营能力产生重大疑虑的事项或情况不存在重大不确定性；

7.已按照《中国注册会计师审计准则第1504号——在审计报告中沟通关键审计事项》的规定沟通了关键审计事项；

8.注册会计师在审计报告日前已获取部分其他信息，且未识别出信息存在重大错报，并预期能够在审计报告日后获取剩余其他信息；

9.负责监督财务报表的人员与负责编制财务报表的人员不同；

10.除财务报表审计外，注册会计师还承担法律法规要求的其他报告责任，且注册会计师决定在审计报告中履行其他报告责任。

审计报告

ABC股份有限公司全体股东：

一、对财务报表出具的审计报告②

（一）审计意见

我们审计了ABC股份有限公司（以下简称ABC公司）财务报表，包括20×1年12月31日的资产负债表，20×1年度的利润表、现金流量表、股东权益变动表以及相关财务报表附注。

我们认为，后附的财务报表在所有重大方面按照企业会计准则的规定编制，公允反映

① 披露项目合伙人姓名的要求仅适用于上市实体。
② 如果审计报告中不包含“按照相关法律法规的要求报告的事项”部分，则不需要加入此标题。

了ABC公司20×1年12月31日的财务状况以及20×1年度的经营成果和现金流量。

（二）形成审计意见的基础

我们按照中国注册会计师审计准则的规定执行了审计工作。审计报告的“注册会计师对财务报表审计的责任”部分进一步阐述了我们在这些准则下的责任。按照中国注册会计师职业道德守则，我们独立于ABC公司，并履行了职业道德方面的其他责任。我们相信，我们获取的审计证据是充分、适当的，为发表审计意见提供了基础。

（三）关键审计事项

关键审计事项是我们根据职业判断，认为对本期财务报表审计最为重要的事项。这些事项的应对以对财务报表整体进行审计并形成审计意见为背景，我们不对这些事项单独发表意见。

[按照《中国注册会计师审计准则第1504号——在审计报告中沟通关键审计事项》的规定描述每一关键审计事项。]

（四）其他信息

ABC公司管理层（以下简称管理层）对其他信息负责。其他信息包括X报告（但不包括财务报表和我们的审计报告）和Y报告。我们在审计报告日前已获取X报告，而Y报告预期将在审计报告日后提供给我们。

我们对财务报表发表的审计意见不涵盖其他信息，我们也不对其他信息发表任何形式的鉴证结论。

结合我们对财务报表的审计，我们的责任是阅读其他信息，在此过程中，考虑其他信息是否与财务报表或我们在审计过程中了解到的情况存在重大不一致或者似乎存在重大错报。

基于我们对审计报告日前获取的其他信息已执行的工作，如果我们确定其他信息存在重大错报，我们应当报告该事实。在这方面，我们无任何事项需要报告。

[当我们阅读Y报告后，如果确定其中存在重大错报，审计准则要求我们与治理层沟通该事项并采取（描述适用的措施）。][①]

（五）管理层和治理层对财务报表的责任

[按照《中国注册会计师审计准则第1501号——对财务报表形成审计意见和出具审计报告》的规定报告，见《〈中国注册会计师审计准则第1501号——对财务报表形成审计意见和出具审计报告〉应用指南》参考格式1。]

（六）注册会计师对财务报表审计的责任

[按照《中国注册会计师审计准则第1501号——对财务报表形成审计意见和出具审计报告》的规定报告，见《〈中国注册会计师审计准则第1501号——对财务报表形成审计意见和出具审计报告〉应用指南》参考格式1。]

二、按照相关法律法规的要求报告的事项

[按照《中国注册会计师审计准则第1501号——对财务报表形成审计意见和出具审计报告》的规定报告，见《〈中国注册会计师审计准则第1501号——对财务报表形成审计

① 如果注册会计师针对审计报告日后获取的其他信息识别出未更正重大错报，并且有法定义务采取特定措施，则本段可能是有用的。

意见和出具审计报告〉应用指南》参考格式1。]

××会计师事务所 中国注册会计师：×××（项目合伙人）
（盖章） （签名并盖章）
中国注册会计师：×××
（签名并盖章）
中国××市 20×2年×月×日

参考格式3：当注册会计师在审计报告日前已获取部分其他信息，且未识别出其他信息存在重大错报，并预期能够在审计报告日后获取剩余其他信息时，适用于非上市实体的无保留意见审计报告。

背景信息：

1.对非上市实体整套财务报表进行审计。该审计不属于集团审计（即不适用《中国注册会计师审计准则第1401号——对集团财务报表审计的特殊考虑》）；

2.管理层按照企业会计准则编制财务报表；

3.审计业务约定条款体现了《中国注册会计师审计准则第1111号——就审计业务约定条款达成一致意见》中关于管理层对财务报表责任的描述；

4.基于获取的审计证据，注册会计师认为发表无保留意见是恰当的；

5.适用的相关职业道德要求为中国注册会计师职业道德守则；

6.基于获取的审计证据，根据《中国注册会计师审计准则第1324号——持续经营》，注册会计师认为可能导致对被审计单位持续经营能力产生重大疑虑的事项或情况不存在重大不确定性；

7.注册会计师未被要求，并且也决定不沟通关键审计事项；

8.注册会计师在审计报告日前已获取部分其他信息，且未识别出信息存在重大错报，并预期能够在审计报告日后获取剩余其他信息；

9.负责监督财务报表的人员与负责编制财务报表的人员不同；

10.除财务报表审计外，注册会计师不承担法律法规要求的其他报告责任。

审计报告

ABC股份有限公司全体股东：

一、审计意见

我们审计了ABC股份有限公司（以下简称ABC公司）财务报表，包括20×1年12月31日的资产负债表，20×1年度的利润表、现金流量表、股东权益变动表以及相关财务报表附注。

我们认为，后附的财务报表在所有重大方面按照企业会计准则的规定编制，公允反映了ABC公司20×1年12月31日的财务状况以及20×1年度的经营成果和现金流量。

二、形成审计意见的基础

我们按照中国注册会计师审计准则的规定执行了审计工作。审计报告的“注册会计师对财务报表审计的责任”部分进一步阐述了我们在这些准则下的责任。按照中国注册会计师职业道德守则，我们独立于ABC公司，并履行了职业道德方面的其他责任。我们相信，我们获取的审计证据是充分、适当的，为发表审计意见提供了基础。

三、其他信息

ABC公司管理层（以下简称管理层）对其他信息负责。我们在审计报告日前已获取的其他信息包括［X报告中涵盖的信息，但不包括财务报表和我们的审计报告］。

我们对财务报表发表的审计意见不涵盖其他信息，我们也不对其他信息发表任何形式的鉴证结论。

结合我们对财务报表的审计，我们的责任是阅读其他信息，在此过程中，考虑其他信息是否与财务报表或我们在审计过程中了解到的情况存在重大不一致或者似乎存在重大错报。

基于我们对审计报告日前获取的其他信息已执行的工作，如果我们确定其他信息存在重大错报，我们应当报告该事实。在这方面，我们无任何事项需要报告。

四、管理层和治理层对财务报表的责任

［按照《中国注册会计师审计准则第1501号——对财务报表形成审计意见和出具审计报告》的规定报告，见《〈中国注册会计师审计准则第1501号——对财务报表形成审计意见和出具审计报告〉应用指南》参考格式3。］

五、注册会计师对财务报表审计的责任

［按照《中国注册会计师审计准则第1501号——对财务报表形成审计意见和出具审计报告》的规定报告，见《〈中国注册会计师审计准则第1501号——对财务报表形成审计意见和出具审计报告〉应用指南》参考格式3。］

××会计师事务所　　　　中国注册会计师：×××（项目合伙人）
（盖章）　　　　（签名并盖章）

中国注册会计师：×××
（签名并盖章）

中国××市　　　　20×2年×月×日

参考格式4：当注册会计师在审计报告日前未获取任何其他信息，但预期能够在审计报告日后获取其他信息时，适用于上市实体的无保留意见审计报告。

背景信息：

1.对上市实体整套财务报表进行审计。该审计不属于集团审计（即不适用《中国注册会计师审计准则第1401号——对集团财务报表审计的特殊考虑》）；

2.管理层按照企业会计准则编制财务报表；

3.审计业务约定条款体现了《中国注册会计师审计准则第1111号——就审计业务约定条款达成一致意见》中关于管理层对财务报表责任的描述；

4.基于获取的审计证据，注册会计师认为发表无保留意见是恰当的；

5.适用的相关职业道德要求为中国注册会计师职业道德守则；

6.基于获取的审计证据，根据《中国注册会计师审计准则第1324号——持续经营》，注册会计师认为可能导致对被审计单位持续经营能力产生重大疑虑的事项或情况不存在重大不确定性；

7.已按照《中国注册会计师审计准则第1504号——在审计报告中沟通关键审计事项》的规定沟通了关键审计事项；

8.注册会计师在审计报告日前未获取任何其他信息，但预期能够在审计报告日后获取其他信息；

9.负责监督财务报表的人员与负责编制财务报表的人员不同；

10.除财务报表审计外，注册会计师还承担法律法规要求的其他报告责任，且注册会计师决定在审计报告中履行其他报告责任。

审计报告

ABC股份有限公司全体股东：

一、对财务报表出具的审计报告[①]

（一）审计意见

我们审计了ABC股份有限公司（以下简称ABC公司）财务报表，包括20×1年12月31日的资产负债表，20×1年度的利润表、现金流量表、股东权益变动表以及相关财务报表附注。

我们认为，后附的财务报表在所有重大方面按照企业会计准则的规定编制，公允反映了ABC公司20×1年12月31日的财务状况以及20×1年度的经营成果和现金流量。

（二）形成审计意见的基础

我们按照中国注册会计师审计准则的规定执行了审计工作。审计报告的“注册会计师对财务报表审计的责任”部分进一步阐述了我们在这些准则下的责任。按照中国注册会计师职业道德守则，我们独立于ABC公司，并履行了职业道德方面的其他责任。我们相信，我们获取的审计证据是充分、适当的，为发表审计意见提供了基础。

（三）关键审计事项

关键审计事项是我们根据职业判断，认为对本期财务报表审计最为重要的事项。这些事项的应对以对财务报表整体进行审计并形成审计意见为背景，我们不对这些事项单独发表意见。

[按照《中国注册会计师审计准则第1504号——在审计报告中沟通关键审计事项》的规定描述每一关键审计事项。]

（四）其他信息

ABC公司管理层（以下简称管理层）对其他信息负责。其他信息包括［X报告中涵盖的信息，但不包括财务报表和我们的审计报告］。X报告预期将在审计报告日后提供给我们。

我们对财务报表发表的审计意见不涵盖其他信息，我们也不对其他信息发表任何形式的鉴证结论。

结合我们对财务报表的审计，我们的责任是在能够获取上述其他信息时阅读这些信息，在此过程中，考虑其他信息是否与财务报表或我们在审计过程中了解到的情况存在重大不一致或者似乎存在重大错报。

［当我们阅读X报告后，如果确定其中存在重大错报，审计准则要求我们与治理层沟通该事项并采取（描述适用的措施）。］[②]

---

① 如果审计报告中不包含“按照相关法律法规的要求报告的事项”部分，则不需要加入此标题。

② 如果注册会计师针对审计报告日后获取的其他信息识别出未更正重大错报，并且有法定义务采取特定措施，则本段可能是有用的。

（五）管理层和治理层对财务报表的责任

［按照《中国注册会计师审计准则第1501号——对财务报表形成审计意见和出具审计报告》的规定报告，见《〈中国注册会计师审计准则第1501号——对财务报表形成审计意见和出具审计报告〉应用指南》参考格式1。］

（六）注册会计师对财务报表审计的责任

［按照《中国注册会计师审计准则第1501号——对财务报表形成审计意见和出具审计报告》的规定报告，见《〈中国注册会计师审计准则第1501号——对财务报表形成审计意见和出具审计报告〉应用指南》参考格式1。］

二、按照相关法律法规的要求报告的事项

［按照《中国注册会计师审计准则第1501号——对财务报表形成审计意见和出具审计报告》的规定报告，见《〈中国注册会计师审计准则第1501号——对财务报表形成审计意见和出具审计报告〉应用指南》参考格式1。］

××会计师事务所　　　　　　　　　　中国注册会计师：×××（项目合伙人）
（盖章）　　　　　　　　　　　　　　　　（签名并盖章）
　　　　　　　　　　　　　　　　　　中国注册会计师：×××
　　　　　　　　　　　　　　　　　　　　（签名并盖章）
中国××市　　　　　　　　　　　　　　　　20×2年×月×日

参考格式5：当注册会计师在审计报告日前已获取所有其他信息，并且已确定其他信息存在重大错报时，适用于任何被审计单位，无论是上市实体还是非上市实体的无保留意见审计报告。

背景信息：

1.对上市实体或非上市实体整套财务报表进行审计。该审计不属于集团审计（即不适用《中国注册会计师审计准则第1401号——对集团财务报表审计的特殊考虑》）；

2.管理层按照企业会计准则编制财务报表；

3.审计业务约定条款体现了《中国注册会计师审计准则第1111号——就审计业务约定条款达成一致意见》中关于管理层对财务报表责任的描述；

4.基于获取的审计证据，注册会计师认为发表无保留意见是恰当的；

5.适用的相关职业道德要求为中国注册会计师职业道德守则；

6.基于获取的审计证据，根据《中国注册会计师审计准则第1324号——持续经营》，注册会计师认为可能导致对被审计单位持续经营能力产生重大疑虑的事项或情况不存在重大不确定性；

7.已按照《中国注册会计师审计准则第1504号——在审计报告中沟通关键审计事项》的规定沟通了关键审计事项；

8.注册会计师在审计报告日前已获取所有其他信息，并且已确定其他信息存在重大错报；

9.负责监督财务报表的人员与负责编制财务报表的人员不同；

10.除财务报表审计外，注册会计师不承担法律法规要求的其他报告责任。

审计报告

ABC股份有限公司全体股东：

一、审计意见

我们审计了ABC股份有限公司（以下简称ABC公司）财务报表，包括20×1年12月31日的资产负债表，20×1年度的利润表、现金流量表、股东权益变动表以及相关财务报表附注。

我们认为，后附的财务报表在所有重大方面按照企业会计准则的规定编制，公允反映了ABC公司20×1年12月31日的财务状况以及20×1年度的经营成果和现金流量。

二、形成审计意见的基础

我们按照中国注册会计师审计准则的规定执行了审计工作。审计报告的“注册会计师对财务报表审计的责任”部分进一步阐述了我们在这些准则下的责任。按照中国注册会计师职业道德守则，我们独立于ABC公司，并履行了职业道德方面的其他责任。我们相信，我们获取的审计证据是充分、适当的，为发表审计意见提供了基础。

三、其他信息

ABC公司管理层（以下简称管理层）对其他信息负责。其他信息包括［X报告中涵盖的信息，但不包括财务报表和我们的审计报告］。

我们对财务报表发表的审计意见不涵盖其他信息，我们也不对其他信息发表任何形式的鉴证结论。

结合我们对财务报表的审计，我们的责任是阅读其他信息，在此过程中，考虑其他信息是否与财务报表或我们在审计过程中了解到的情况存在重大不一致或者似乎存在重大错报。

基于我们已执行的工作，如果我们确定其他信息存在重大错报，我们应当报告该事实。如下所述，我们确定其他信息存在重大错报。

［描述其他信息的重大错报］

四、关键审计事项①

关键审计事项是我们根据职业判断，认为对本期财务报表审计最为重要的事项。这些事项的应对以对财务报表整体进行审计并形成审计意见为背景，我们不对这些事项单独发表意见。

［按照《中国注册会计师审计准则第1504号——在审计报告中沟通关键审计事项》的规定描述每一关键审计事项。］

五、管理层和治理层对财务报表的责任

［按照《中国注册会计师审计准则第1501号——对财务报表形成审计意见和出具审计报告》的规定报告，见《〈中国注册会计师审计准则第1501号——对财务报表形成审计意见和出具审计报告〉应用指南》参考格式1。］

六、注册会计师对财务报表审计的责任

［按照《中国注册会计师审计准则第1501号——对财务报表形成审计意见和出具审计报告》的规定报告，见《〈中国注册会计师审计准则第1501号——对财务报表形成审计

① 本段适用于按照《中国注册会计师审计准则第1504号——在审计报告中沟通关键审计事项》的规定沟通关键审计事项的情形。

意见和出具审计报告〉应用指南》参考格式1。][①]

××会计师事务所　　　　　　　　　　　中国注册会计师：×××（项目合伙人）[②]
（盖章）　　　　　　　　　　　　　　　　　　（签名并盖章）
　　　　　　　　　　　　　　　　　　　中国注册会计师：×××
　　　　　　　　　　　　　　　　　　　　　　（签名并盖章）
中国××市　　　　　　　　　　　　　　　　　　20×2年×月×日

参考格式6：当注册会计师在审计报告日前已获取所有其他信息，但合并财务报表重要项目的审计范围受到限制，且影响其他信息时，适用于任何被审计单位，无论是上市实体还是非上市实体的保留意见审计报告。

背景信息：

1.对上市实体或非上市实体整套合并财务报表进行审计。该审计属于集团审计（即适用《中国注册会计师审计准则第1401号——对集团财务报表审计的特殊考虑》）；

2.管理层按照××财务报告编制基础编制合并财务报表，该编制基础允许被审计单位只列报合并财务报表；

3.审计业务约定条款体现了《中国注册会计师审计准则第1111号——就审计业务约定条款达成一致意见》中关于管理层对合并财务报表责任的描述；

4.对于一项对境外关联方的投资，注册会计师无法获取充分、适当的审计证据。无法获取充分、适当审计证据的可能影响对合并财务报表而言被认为是重大但非广泛的（即保留意见是适当的）；

5.适用的相关职业道德要求为中国注册会计师职业道德守则；

6.基于获取的审计证据，根据《中国注册会计师审计准则第1324号——持续经营》，注册会计师认为可能导致对被审计单位持续经营能力产生重大疑虑的事项或情况不存在重大不确定性；

7.已按照《中国注册会计师审计准则第1504号——在审计报告中沟通关键审计事项》的规定沟通了关键审计事项；

8.注册会计师在审计报告日前已获取所有其他信息，且合并财务报表重要项目审计范围受到的限制也影响了其他信息；

9.负责监督合并财务报表的人员与负责编制合并财务报表的人员不同；

10.除合并财务报表审计外，注册会计师不承担法律法规要求的其他报告责任。

审计报告

ABC股份有限公司全体股东：

一、保留意见

我们审计了ABC股份有限公司及其子公司（以下简称ABC集团）合并财务报表，包括20×1年12月31日的合并资产负债表，20×1年度的合并利润表、合并现金流量表、合并股东权益变动表以及相关合并财务报表附注。

① 如果被审计单位是非上市实体，需要参考《〈中国注册会计师审计准则第1501号——对财务报表形成审计意见和出具审计报告〉应用指南》参考格式3。

② 披露项目合伙人姓名的要求仅适用于上市实体。

我们认为，除“形成保留意见的基础”部分所述事项可能产生的影响外，后附的合并财务报表在所有重大方面按照××财务报告编制基础的规定编制，公允反映了ABC集团20×1年12月31日的合并财务状况以及20×1年度的合并经营成果和合并现金流量。

二、形成保留意见的基础

ABC集团对本年度内取得的境外联营公司XYZ公司的投资以权益法核算，截至20×1年12月31日，该项投资在合并资产负债表中的账面价值为×元，ABC集团按持股比例计算的XYZ公司净收益份额×元已包含在集团本年度收益中。由于我们无法接触XYZ公司的财务信息、管理层以及注册会计师，我们无法就ABC集团对XYZ公司在20×1年12月31日投资的账面价值以及ABC集团按持股比例计算的XYZ公司当年度净收益份额获取充分、适当的审计证据。因此，我们无法确定是否需要对上述金额进行调整。

我们按照中国注册会计师审计准则的规定执行了审计工作。审计报告的“注册会计师对合并财务报表审计的责任”部分进一步阐述了我们在这些准则下的责任。按照中国注册会计师职业道德守则，我们独立于ABC集团，并履行了职业道德方面的其他责任。我们相信，我们获取的审计证据是充分、适当的，为发表保留意见提供了基础。

三、其他信息

ABC集团管理层（以下简称管理层）对其他信息负责。其他信息包括［X报告中涵盖的信息，但不包括合并财务报表和我们的审计报告］。

我们对合并财务报表发表的审计意见不涵盖其他信息，我们也不对其他信息发表任何形式的鉴证结论。

结合我们对合并财务报表的审计，我们的责任是阅读其他信息，在此过程中，考虑其他信息是否与合并财务报表或我们在审计过程中了解到的情况存在重大不一致或者似乎存在重大错报。

基于我们已执行的工作，如果我们确定其他信息存在重大错报，我们应当报告该事实。如上述“形成保留意见的基础”部分所述，我们无法就20×1年12月31日ABC集团对XYZ公司投资的账面价值以及ABC集团按持股比例计算的XYZ公司当年度净收益份额获取充分、适当的审计证据。因此，我们无法确定与该事项相关的其他信息是否存在重大错报。

四、关键审计事项①

关键审计事项是我们根据职业判断，认为对本期合并财务报表审计最为重要的事项。这些事项的应对以对合并财务报表整体进行审计并形成审计意见为背景，我们不对这些事项单独发表意见。除“形成保留意见的基础”部分所述事项外，我们确定下列事项是需要在审计报告中沟通的关键审计事项。

［按照《中国注册会计师审计准则第1504号——在审计报告中沟通关键审计事项》的规定描述每一关键审计事项。］

五、管理层和治理层对合并财务报表的责任

［按照《中国注册会计师审计准则第1501号——对财务报表形成审计意见和出具审计报告》的规定报告，见《〈中国注册会计师审计准则第1501号——对财务报表形成审计

① 本段适用于按照《中国注册会计师审计准则第1504号——在审计报告中沟通关键审计事项》的规定沟通关键审计事项的情形。

意见和出具审计报告〉应用指南》参考格式2。]

六、注册会计师对合并财务报表审计的责任

[按照《中国注册会计师审计准则第1501号——对财务报表形成审计意见和出具审计报告》的规定报告，见《〈中国注册会计师审计准则第1501号——对财务报表形成审计意见和出具审计报告〉应用指南》参考格式2。] ①

××会计师事务所　　　　　　　　　　中国注册会计师：×××（项目合伙人）②

（盖章）　　　　　　　　　　　　　　　　　（签名并盖章）

　　　　　　　　　　　　　　　　　　中国注册会计师：×××

　　　　　　　　　　　　　　　　　　　　　　（签名并盖章）

中国××市　　　　　　　　　　　　　　　　　20×2年×月×日

参考格式7：当注册会计师在审计报告日前已获取所有其他信息，且对合并财务报表发表的否定意见也对其他信息有影响时，适用于任何被审计单位，无论是上市实体还是非上市实体的否定意见审计报告。

背景信息：

1.对上市实体或非上市实体整套合并财务报表进行审计。该审计属于集团审计（即适用《中国注册会计师审计准则第1401号——对集团财务报表审计的特殊考虑》）；

2.管理层按照××财务报告编制基础编制合并财务报表，该编制基础允许被审计单位只列报合并财务报表；

3.审计业务约定条款体现了《中国注册会计师审计准则第1111号——就审计业务约定条款达成一致意见》中关于管理层对合并财务报表责任的描述；

4.由于未合并一家子公司，合并财务报表存在重大错报，重大错报对合并财务报表而言被认为是广泛的（即否定意见是适当的）。由于不可行，合并财务报表错报的影响无法确定；

5.适用的相关职业道德要求为中国注册会计师职业道德守则；

6.基于获取的审计证据，根据《中国注册会计师审计准则第1324号——持续经营》，注册会计师认为可能导致对被审计单位持续经营能力产生重大疑虑的事项或情况不存在重大不确定性；

7.已按照《中国注册会计师审计准则第1504号——在审计报告中沟通关键审计事项》的规定沟通了关键审计事项；

8.注册会计师在审计报告日前已获取所有其他信息，且对合并财务报表发表的否定意见也对其他信息有影响；

9.负责监督合并财务报表的人员与负责编制合并财务报表的人员不同；

10.除合并财务报表审计外，注册会计师不承担法律法规要求的其他报告责任。

---

① 如果被审计单位是非上市实体，需要参考《〈中国注册会计师审计准则第1501号——对财务报表形成审计意见和出具审计报告〉应用指南》参考格式3，并进行适当改写。

② 披露项目合伙人姓名的要求仅适用于上市实体。

审计报告

ABC股份有限公司全体股东：

一、否定意见

我们审计了ABC股份有限公司及其子公司（以下简称ABC集团）合并财务报表，包括20×1年12月31日的合并资产负债表，20×1年度的合并利润表、合并现金流量表、合并股东权益变动表以及相关合并财务报表附注。

我们认为，由于“形成否定意见的基础”部分所述事项的重要性，后附的合并财务报表没有在所有重大方面按照××财务报告编制基础的规定编制，未能公允反映ABC集团20×1年12月31日的合并财务状况以及20×1年度的合并经营成果和合并现金流量。

二、形成否定意见的基础

如财务报表附注×所述，由于无法确定ABC集团于20×1年度收购的子公司XYZ公司某些重要资产和负债项目在收购日的公允价值，ABC集团未将该子公司纳入合并范围。该项投资以成本计量。根据××财务报告编制基础，ABC集团应将该子公司纳入合并范围，并以暂估金额为基础核算该项收购。如果将XYZ公司纳入合并范围，后附合并财务报表的多个项目将受到重大影响。我们尚未确定未将该公司纳入合并范围对合并财务报表的影响。

我们按照中国注册会计师审计准则的规定执行了审计工作。审计报告的“注册会计师对合并财务报表审计的责任”部分进一步阐述了我们在这些准则下的责任。按照中国注册会计师职业道德守则，我们独立于ABC集团，并履行了职业道德方面的其他责任。我们相信，我们获取的审计证据是充分、适当的，为发表否定意见提供了基础。

三、其他信息

ABC集团管理层（以下简称管理层）对其他信息负责。其他信息包括［X报告中涵盖的信息，但不包括合并财务报表和我们的审计报告］。

我们对合并财务报表发表的审计意见不涵盖其他信息，我们也不对其他信息发表任何形式的鉴证结论。

结合我们对合并财务报表的审计，我们的责任是阅读其他信息，在此过程中，考虑其他信息是否与合并财务报表或我们在审计过程中了解到的情况存在重大不一致或者似乎存在重大错报。

基于我们已执行的工作，如果我们确定其他信息存在重大错报，我们应当报告该事实。如上述“形成否定意见的基础”部分所述，ABC集团应当将XYZ公司纳入合并范围，并以暂估金额为基础核算该项收购。我们认为，由于X报告中的相关金额或其他项目受到未合并XYZ公司的影响，其他信息存在重大错报。

四、关键审计事项[①]

关键审计事项是我们根据职业判断，认为对本期合并财务报表审计最为重要的事项。这些事项的应对以对合并财务报表整体进行审计并形成审计意见为背景，我们不对这些事项单独发表意见。除“形成否定意见的基础”部分所述事项外，我们确定下列事项是需要在审计报告中沟通的关键审计事项。

① 本段适用于按照《中国注册会计师审计准则第1504号——在审计报告中沟通关键审计事项》的规定沟通关键审计事项的情形。

[按照《中国注册会计师审计准则第1504号——在审计报告中沟通关键审计事项》的规定描述每一关键审计事项。]

五、管理层和治理层对合并财务报表的责任

[按照《中国注册会计师审计准则第1501号——对财务报表形成审计意见和出具审计报告》的规定报告，见《〈中国注册会计师审计准则第1501号——对财务报表形成审计意见和出具审计报告〉应用指南》参考格式2。]

六、注册会计师对合并财务报表审计的责任

[按照《中国注册会计师审计准则第1501号——对财务报表形成审计意见和出具审计报告》的规定报告，见《〈中国注册会计师审计准则第1501号——对财务报表形成审计意见和出具审计报告〉应用指南》参考格式2。][①]

××会计师事务所　　　　　　　　　　中国注册会计师：×××（项目合伙人）
（盖章）　　　　　　　　　　　　　　　　　　（签名并盖章）
　　　　　　　　　　　　　　　　　　中国注册会计师：×××
　　　　　　　　　　　　　　　　　　　　　　　（签名并盖章）
中国××市　　　　　　　　　　　　　　　　　　20×2年×月×日

中国注册会计师审计准则第1601号——审计特殊目的财务报表的特殊考虑

（2022年12月22日修订）

第一章　总　则

第一条　为了规范注册会计师在执行特殊目的财务报表审计中的特殊考虑，制定本准则。

第二条　中国注册会计师审计准则第1101号至第1521号适用于财务报表审计。本准则规范的是注册会计师运用这些审计准则对特殊目的财务报表进行审计时的特殊考虑。

第三条　本准则是针对整套特殊目的财务报表审计制定的。《中国注册会计师审计准则第1603号——审计单一财务报表和财务报表特定要素的特殊考虑》规范注册会计师对单一财务报表和财务报表的特定要素、特定账户或特定项目审计相关的特殊考虑。

第四条　本准则并不取代其他审计准则的规定，也未涵盖注册会计师在执行特殊目的财务报表审计时，需要根据具体情况作出的所有特殊考虑。

第二章　定　义

第五条　特殊目的财务报表，是指按照特殊目的编制基础编制的财务报表。

第六条　特殊目的编制基础，是指旨在满足财务报表特定使用者财务信息需求的财务报告编制基础，包括计税核算基础、监管机构的要求和合同约定等。

第七条　本准则所称财务报表，是指整套特殊目的财务报表，包括相关披露。财务报告编制基础决定了财务报表的内容和结构，以及整套财务报表的构成。

第三章　目　标

第八条　注册会计师的目标是，在依据审计准则执行特殊目的财务报表审计时，在以

① 如果被审计单位是非上市实体，需要参考《〈中国注册会计师审计准则第1501号——对财务报表形成审计意见和出具审计报告〉应用指南》参考格式3，并进行适当改写。

下环节作出恰当的特殊考虑：

（一）业务的承接；

（二）业务的计划和执行；

（三）对财务报表形成审计意见、出具审计报告。

第四章 要 求

第一节 业务承接时的考虑

第九条 《中国注册会计师审计准则第1111号——就审计业务约定条款达成一致意见》规定，注册会计师应当确定管理层在编制财务报表时采用的财务报告编制基础是否可接受。

注册会计师在执行特殊目的财务报表审计时应当了解下列情况：

（一）财务报表的编制目的；

（二）财务报表预期使用者；

（三）管理层为确定财务报告编制基础在具体情况下的可接受性所作的考虑。

第二节 计划和执行审计工作时的考虑

第十条 注册会计师应当按照《中国注册会计师审计准则第1101号——注册会计师的总体目标和审计工作的基本要求》的规定，遵守与本审计业务相关的所有审计准则。

在计划和执行特殊目的的财务报表审计工作时，注册会计师应当确定在运用这些审计准则时是否需要根据具体情况作出特殊考虑。

第十一条 注册会计师应当按照《中国注册会计师审计准则第1211号——重大错报风险的识别和评估》的规定，了解被审计单位选择和运用会计政策的情况。

在财务报表按照合同条款编制的情况下，注册会计师应当了解被审计单位管理层对相关合同条款作出的所有重要解释。如果采用其他合理解释将导致财务报表中列报的信息产生重大差异，则管理层对合同条款作出的解释就是重要的。

第三节 形成审计意见和出具审计报告时的考虑

第十二条 当对特殊目的财务报表形成审计意见、出具审计报告时，注册会计师应当遵守《中国注册会计师审计准则第1501号——对财务报表形成审计意见和出具审计报告》的规定。

第十三条 注册会计师应当按照《中国注册会计师审计准则第1501号——对财务报表形成审计意见和出具审计报告》的规定，评价财务报表是否恰当说明其编制基础。

在财务报表按照合同条款编制的情况下，注册会计师应当评价财务报表是否恰当说明了对该合同条款作出的所有重要解释。

第十四条 《中国注册会计师审计准则第1501号——对财务报表形成审计意见和出具审计报告》规定了审计报告的格式和内容，包括审计报告特定要素的排列顺序。

对于特殊目的财务报表审计，审计报告还应当包括以下内容：

（一）对财务报表编制目的的陈述，必要时，还应当说明财务报表预期使用者，或者指明载有以上信息的财务报表附注；

（二）在编制特殊目的的财务报表时，如果管理层可以选择财务报告编制基础，在说明管理层对财务报表的责任时，应当提及管理层负责确定采用的财务报告编制基础是可以接受的。

第十五条 注册会计师针对特殊目的财务报表出具的审计报告应当增加强调事项段，用以提醒审计报告使用者，财务报表是按照特殊目的编制基础编制的，不适用于其他目的。

第五章 附 则

第十六条 本准则自2023年7月1日起施行。

中国注册会计师审计准则第1602号
——验资

第一章 总 则

第一条 为了规范注册会计师执行验资业务，明确工作要求，制定本准则。

第二条 注册会计师在执行验资业务时，应当将本准则与相关审计准则结合使用。

第三条 本准则所称验资，是指注册会计师依法接受委托，对被审验单位注册资本的实收情况或注册资本及实收资本的变更情况进行审验，并出具验资报告。

验资分为设立验资和变更验资。设立验资是指注册会计师对被审验单位申请设立登记时的注册资本实收情况进行的审验。变更验资是指注册会计师对被审验单位申请变更登记时的注册资本及实收资本的变更情况进行的审验。

本准则所称被审验单位，是指在中华人民共和国境内拟设立或已设立的，依法应当接受验资的有限责任公司和股份有限公司。

第四条 按照法律法规以及协议、合同、章程的要求出资，提供真实、合法、完整的验资资料，保护资产的安全、完整，是出资者和被审验单位的责任。

第五条 按照本准则的规定，对被审验单位注册资本的实收情况或注册资本及实收资本的变更情况进行审验，出具验资报告，是注册会计师的责任。

注册会计师的责任不能减轻出资者和被审验单位的责任。

第六条 注册会计师执行验资业务，应当遵守相关的职业道德规范，恪守独立、客观、公正的原则，保持专业胜任能力和应有的关注，并对执业过程中获知的信息保密。

第二章 业务约定书

第七条 注册会计师应当了解被审验单位基本情况，考虑自身独立性和专业胜任能力，初步评估验资风险，以确定是否接受委托。

第八条 注册会计师应当就下列主要事项与委托人沟通，并达成一致意见：

（一）委托目的；

（二）出资者和被审验单位的责任以及注册会计师的责任；

（三）审验范围；

（四）时间要求；

（五）验资收费；

（六）报告分发和使用的限制。

第九条 如果接受委托，注册会计师应当与委托人就双方达成一致的事项签订业务约定书。

第三章 计划、程序与记录

第十条 注册会计师执行验资业务，应当编制验资计划，对验资工作作出合理安排。

第十一条 注册会计师应当向被审验单位获取注册资本实收情况明细表或注册资本、实收资本变更情况明细表。

第十二条 设立验资的审验范围一般限于与被审验单位注册资本实收情况有关的事项，包括出资者、出资币种、出资金额、出资时间、出资方式和出资比例等。

第十三条 变更验资的审验范围一般限于与被审验单位注册资本及实收资本增减变动情况有关的事项。

增加注册资本及实收资本时，审验范围包括与增资相关的出资者、出资币种、出资金额、出资时间、出资方式、出资比例和相关会计处理，以及增资后的出资者、出资金额和出资比例等。

减少注册资本及实收资本时，审验范围包括与减资相关的减资者、减资币种、减资金额、减资时间、减资方式、债务清偿或债务担保情况、相关会计处理，以及减资后的出资者、出资金额和出资比例等。

第十四条 对于出资者投入的资本及其相关的资产、负债，注册会计师应当分别采用下列方法进行审验：

（一）以货币出资的，应当在检查被审验单位开户银行出具的收款凭证、对账单及银行询证函回函等的基础上，审验出资者的实际出资金额和货币出资比例是否符合规定。对于股份有限公司向社会公开募集的股本，还应当检查证券公司承销协议、募股清单和股票发行费用清单等。

（二）以实物出资的，应当观察、检查实物，审验其权属转移情况，并按照国家有关规定在资产评估的基础上审验其价值。如果被审验单位是外商投资企业，注册会计师应当按照国家有关外商投资企业的规定，审验实物出资的价值。

（三）以知识产权、土地使用权等无形资产出资的，应当审验其权属转移情况，并按照国家有关规定在资产评估的基础上审验其价值。如果被审验单位是外商投资企业，注册会计师应当按照国家有关外商投资企业的规定，审验无形资产出资的价值。

（四）以净资产折合实收资本的，或以资本公积、盈余公积、未分配利润转增注册资本及实收资本的，应当在审计的基础上按照国家有关规定审验其价值。

（五）以货币、实物、知识产权、土地使用权以外的其他财产出资的，注册会计师应当审验出资是否符合国家有关规定。

（六）外商投资企业的外方出资者以本条第（一）项至第（五）项所述方式出资的，注册会计师还应当关注其是否符合国家外汇管理有关规定，向企业注册地的外汇管理部门发出外方出资情况询证函，并根据外方出资者的出资方式附送银行询证函回函、资本项目外汇业务核准件及进口货物报关单等文件的复印件，以询证上述文件内容的真实性、合规性。

第十五条 对于出资者以实物、知识产权和土地使用权等非货币财产作价出资的，注册会计师应当在出资者依法办理财产权转移手续后予以审验。

第十六条 对于设立验资，如果出资者分次缴纳注册资本，注册会计师应当关注全体出资者的首次出资额和出资比例是否符合国家有关规定。

第十七条 对于变更验资，注册会计师应当关注被审验单位以前的注册资本实收情况，并关注出资者是否按照规定的期限缴纳注册资本。

第十八条 注册会计师在审验过程中利用专家协助工作时，应当考虑其专业胜任能力和客观性，并对利用专家工作结果所形成的审验结论负责。

第十九条 注册会计师应当向出资者和被审验单位获取与验资业务有关的重大事项的书面声明。

第二十条 注册会计师应当对验资过程及结果进行记录，形成验资工作底稿。

第四章 验资报告

第二十一条 注册会计师应当评价根据审验证据得出的结论，以作为形成审验意见和出具验资报告的基础。

第二十二条 验资报告应当包括下列要素：

（一）标题；

（二）收件人；

（三）范围段；

（四）意见段；

（五）说明段；

（六）附件；

（七）注册会计师的签名和盖章；

（八）会计师事务所的名称、地址及盖章；

（九）报告日期。

第二十三条 验资报告的标题应当统一规范为“验资报告”。

第二十四条 验资报告的收件人是指注册会计师按照业务约定书的要求致送验资报告的对象，一般是指验资业务的委托人。验资报告应当载明收件人的全称。

第二十五条 验资报告的范围段应当说明审验范围、出资者和被审验单位的责任、注册会计师的责任、审验依据和已实施的主要审验程序等。

第二十六条 验资报告的意见段应当说明已审验的被审验单位注册资本的实收情况或注册资本及实收资本的变更情况。

对于变更验资，注册会计师仅对本次注册资本及实收资本的变更情况发表审验意见。

第二十七条 验资报告的说明段应当说明验资报告的用途、使用责任及注册会计师认为应当说明的其他重要事项。

对于变更验资，注册会计师还应当在验资报告说明段中说明对以前注册资本实收情况审验的会计师事务所名称及其审验情况，并说明变更后的累计注册资本实收金额。

第二十八条 如果在注册资本及实收资本的确认方面与被审验单位存在异议，且无法协商一致，注册会计师应当在验资报告说明段中清晰地反映有关事项及其差异和理由。

第二十九条 验资报告的附件应当包括已审验的注册资本实收情况明细表或注册资本、实收资本变更情况明细表和验资事项说明等。

第三十条 验资报告应当由注册会计师签名并盖章。

第三十一条 验资报告应当载明会计师事务所的名称和地址，并加盖会计师事务所公章。

第三十二条 验资报告日期是指注册会计师完成审验工作的日期。

第三十三条 注册会计师在审验过程中，遇有下列情形之一时，应当拒绝出具验资报告并解除业务约定：

（一）被审验单位或出资者不提供真实、合法、完整的验资资料的；

（二）被审验单位或出资者对注册会计师应当实施的审验程序不予合作，甚至阻挠审验的；

（三）被审验单位或出资者坚持要求注册会计师作不实证明的。

第三十四条 验资报告具有法定证明效力，供被审验单位申请设立登记或变更登记及据以向出资者签发出资证明时使用。

验资报告不应被视为对被审验单位验资报告日后资本保全、偿债能力和持续经营能力等的保证。委托人、被审验单位及其他第三方因使用验资报告不当所造成的后果，与注册会计师及其所在的会计师事务所无关。

第五章 附 则

第三十五条 注册会计师执行有限责任公司和股份有限公司以外的其他单位的验资业务，除有特定要求者外，应当参照本准则办理。

第三十六条 本准则自2007年1月1日起施行。

中国注册会计师审计准则第1603号
——审计单一财务报表和财务报表特定要素的特殊考虑

（2021年12月9日修订）

第一章 总 则

第一条 为了规范注册会计师在执行单一财务报表和财务报表特定要素审计中的特殊考虑，制定本准则。

第二条 中国注册会计师审计准则第1101号至第1521号适用于财务报表审计。当执行其他历史财务信息（包括单一财务报表和财务报表特定要素）审计业务时，注册会计师根据具体情况遵守适用的审计准则。本准则规范的是注册会计师运用审计准则对单一财务报表和财务报表特定要素进行审计时的特殊考虑。

第三条 单一财务报表和财务报表特定要素可能采用通用目的编制基础，也可能采用特殊目的编制基础。如果采用特殊目的编制基础，《中国注册会计师审计准则第1601号——审计特殊目的财务报表的特殊考虑》也适用于对单一财务报表和财务报表特定要素的审计。

第四条 本准则不适用于组成部分注册会计师应集团项目组的要求，基于集团财务报表审计目的，对组成部分财务信息执行工作并出具报告的情况。这种情况适用《中国注册会计师审计准则第1401号——对集团财务报表审计的特殊考虑》。

第五条 本准则并不取代其他审计准则的规定，也未涵盖注册会计师在执行单一财务报表和财务报表特定要素审计时，需要根据具体情况作出的所有特殊考虑。

第二章 定 义

第六条 财务报表特定要素（简称特定要素），就本准则而言，除财务报表的特定要素外，还包括特定账户和特定项目。

第七条 单一财务报表或财务报表特定要素包括相关披露。相关披露通常包含与单一财务报表或财务报表特定要素相关的解释性或其他描述性信息。

第三章 目 标

第八条 注册会计师的目标是，在依据审计准则执行单一财务报表和财务报表特定要素审计时，在以下环节作出恰当的特殊考虑：

（一）业务的承接；

（二）业务的计划和执行；

（三）对单一财务报表和财务报表特定要素形成审计意见、出具审计报告。

第四章 要 求

第一节 业务承接时的考虑

第九条 注册会计师应当按照《中国注册会计师审计准则第1101号——注册会计师的总体目标和审计工作的基本要求》的规定，遵守与本审计业务相关的所有审计准则。对单一财务报表或财务报表特定要素进行审计时，无论注册会计师是否同时接受委托对整套财务报表进行审计，该规定都适用。如果没有同时接受委托对整套财务报表进行审计，注册会计师应当确定按照审计准则对单一财务报表或财务报表特定要素进行审计是否可行。

第十条 《中国注册会计师审计准则第1111号——就审计业务约定条款达成一致意见》规定，注册会计师应当确定管理层在编制财务报表时采用的财务报告编制基础是否可接受。在单一财务报表或财务报表特定要素审计中，注册会计师在确定财务报告编制基础是否可接受时，应当确定采用该财务报告编制基础是否能够提供充分的披露，从而使财务报表预期使用者能够理解单一财务报表或财务报表特定要素提供的信息，以及重大交易和重大事项对这些信息的影响。

第十一条 《中国注册会计师审计准则第1111号——就审计业务约定条款达成一致意见》规定，审计业务约定条款应当包括注册会计师拟出具审计报告的具体表述方式。

针对单一财务报表或财务报表特定要素的审计，注册会计师应当考虑拟出具的审计报告的具体表述方式是否适合具体情况。

第二节 计划和执行审计工作时的考虑

第十二条 《中国注册会计师审计准则第1101号——注册会计师的总体目标和审计工作的基本要求》规定，审计准则适用于注册会计师执行财务报表审计业务。执行其他历史财务信息审计时，注册会计师根据具体情况遵守适用的审计准则。

在计划和执行单一财务报表或财务报表特定要素审计时，注册会计师应当根据具体情况遵守所有适用的审计准则条款。

第三节 形成审计意见和出具审计报告时的考虑

第十三条 在就单一财务报表或财务报表特定要素形成审计意见、出具审计报告时，注册会计师应当根据业务的具体情况，遵守《中国注册会计师审计准则第1501号——对财务报表形成审计意见和出具审计报告》和《中国注册会计师审计准则第1601号——审计特殊目的财务报表的特殊考虑》的相关规定。

第十四条 在接受业务委托时，如果既有对单一财务报表或财务报表特定要素的审计，也有对整套财务报表的审计，注册会计师应当针对每项业务分别发表审计意见。

第十五条 已审计的单一财务报表或财务报表特定要素可能连同已审计的整套财务报表一同发布，如果管理层没有明确区分整套财务报表与单一财务报表或财务报表特定要素，注册会计师应当要求管理层予以纠正。

注册会计师应当将对单一财务报表或财务报表特定要素的审计意见与对整套财务报表的审计意见予以明确区分。

只有在明确作出上述区分的情况下，注册会计师才可以针对单一财务报表或财务报表特定要素发表审计意见、出具审计报告。

第十六条　如果整套财务报表的审计报告包括下列事项，注册会计师应当考虑这些事项对单一财务报表或财务报表特定要素审计以及审计报告可能产生的影响：

（一）按照《中国注册会计师审计准则第1502号——在审计报告中发表非无保留意见》的规定，发表非无保留意见；

（二）按照《中国注册会计师审计准则第1503号——在审计报告中增加强调事项段和其他事项段》的规定，增加强调事项段或其他事项段；

（三）按照《中国注册会计师审计准则第1324号——持续经营》的规定，增加“与持续经营相关的重大不确定性”部分；

（四）按照《中国注册会计师审计准则第1504号——在审计报告中沟通关键审计事项》的规定，沟通关键审计事项；

（五）按照《中国注册会计师审计准则第1521号——注册会计师对其他信息的责任》的规定，说明未更正的其他信息重大错报。

第十七条　如果认为有必要对整套财务报表整体发表否定意见或无法表示意见，根据《中国注册会计师审计准则第1502号——在审计报告中发表非无保留意见》的规定，注册会计师不应在同一审计报告中，对构成整套财务报表组成部分的单一财务报表或财务报表特定要素发表无保留意见。这是因为，在同一审计报告中包含的无保留意见，将与对整套财务报表整体发表的否定意见或无法表示意见相矛盾。

第十八条　如果注册会计师认为有必要对整套财务报表整体发表否定意见或无法表示意见，同时又对该整套财务报表中的特定要素另行进行审计，只有在同时满足下列条件时，注册会计师才可以认为对特定要素发表无保留意见是适当的：

（一）法律法规并未禁止注册会计师对该特定要素发表无保留意见；

（二）注册会计师对该特定要素出具的无保留意见审计报告，与包含否定意见或无法表示意见的审计报告，并不一同发布；

（三）该特定要素并不构成整套财务报表的主要部分。

第十九条　如果对整套财务报表整体发表了否定意见或无法表示意见，注册会计师不应当对整套财务报表中的单一财务报表发表无保留意见。

即使单一财务报表的审计报告并不与对整套财务报表整体发表否定意见或无法表示意见的审计报告一同发布，注册会计师也不应对整套财务报表中的单一财务报表发表无保留意见。这是因为，单一财务报表是整套财务报表的主要部分。

第五章　附　则

第二十条　本准则自2022年1月1日起施行。

中国注册会计师审计准则第1604号——对简要财务报表出具报告的业务

（2021年12月9日修订）

第一章　总　则

第一条　为了规范注册会计师对简要财务报表出具报告的责任，制定本准则。

第二条　简要财务报表来源于由同一注册会计师按照审计准则的规定审计的财务报表。

第二章　定　义

第三条　简要财务报表，是指源于财务报表但详细程度低于财务报表的历史财务信息。简要财务报表对被审计单位某一特定日期的经济资源或义务，或者某一会计期间经济资源或义务的变化，作出与财务报表一致但详细程度较低的结构性表述。例如，被审计单位可能为了某些商业目标（比如投标）而编制简要财务报表。

第四条　已审计财务报表，是指注册会计师按照审计准则审计过的财务报表，该财务报表是编制简要财务报表的依据。

第五条　采用的标准，是指管理层在编制简要财务报表时采用的标准。

第三章　目　标

第六条　注册会计师的目标是：

（一）确定承接对简要财务报表出具报告的业务是否适当；

（二）如果承接该业务，对根据获取的证据所得出的结论作出评价，在此基础上对简要财务报表形成意见，并通过书面报告的形式清楚地表达意见，说明形成意见的基础。

第四章　要　求

第一节　业务的承接

第七条　只有在已经接受委托，按照审计准则的规定执行财务报表审计，并且简要财务报表的内容来源于财务报表时，注册会计师才可以按照本准则的规定承接对简要财务报表出具报告的业务。

第八条　在承接对简要财务报表出具报告的业务之前，注册会计师应当：

（一）确定所采用的标准是否可接受；

（二）就管理层认可并理解其责任与管理层达成一致意见；

（三）与管理层就拟对简要财务报表发表意见的具体表述方式达成一致意见。

本条前款第（二）项提及的管理层的责任是：

（一）按照采用的标准编制简要财务报表；

（二）使简要财务报表的预期使用者能够比较方便地获取已审计财务报表（如果法律法规规定已审计财务报表无需提供给简要财务报表的预期使用者，并且为编制简要财务报表制定了标准，则应当在简要财务报表中说明法律法规的相关规定）；

（三）在载有简要财务报表、并声明注册会计师已经对其出具报告的所有文件中，包含注册会计师对简要财务报表出具的报告（在本准则中有时简称为简要财务报表的报告）。

第九条　如果认为管理层采用的标准不可接受，或未能按照本准则第八条第一款第（二）项的规定就管理层认可并理解其责任与管理层达成一致意见，注册会计师不应承接对简要财务报表出具报告的业务，除非法律法规另有规定。如果法律法规要求注册会计师承接该业务，由于该业务的执行不符合本准则的规定，注册会计师对简要财务报表出具的报告不应提及已经按照本准则的规定执行了该业务。注册会计师应当在业务约定条款中适当提及这一情况。注册会计师还应当确定这一情况对财务报表（编制简要财务报表的依据）审计业务可能产生的影响。

第二节 程 序

第十条 注册会计师应当实施下列程序，以及可能有必要的其他程序，作为对简要财务报表形成意见的基础：

（一）评价简要财务报表是否充分披露其简化的性质，并指明作为其编制依据的已审计财务报表；

（二）如果简要财务报表不与已审计财务报表一起提供，则应当评价简要财务报表是否清楚地说明已审计财务报表的获取渠道；如果法律法规规定已审计财务报表无需提供给简要财务报表的预期使用者，并且为编制简要财务报表制定了标准，则应当评价简要财务报表是否清楚地说明了这些法律法规的规定；

（三）评价简要财务报表是否充分披露了采用的标准；

（四）将简要财务报表与已审计财务报表中的相关信息进行比较，以确定两者是否一致，或能否依据已审计财务报表中的相关信息重新计算得出简要财务报表中的信息；

（五）评价简要财务报表是否按照采用的标准编制；

（六）根据简要财务报表的目的，评价简要财务报表是否包含必要的信息，并在适当的层次进行了汇总，以使其不产生误导；

（七）评价简要财务报表的预期使用者能否比较方便地获取已审计财务报表，除非法律法规规定已审计财务报表无需提供给简要财务报表的预期使用者，并且为编制简要财务报表制定了标准。

第三节 意见的具体表述方式

第十一条 如果对简要财务报表发表无保留意见是恰当的，除非法律法规另有规定，注册会计师应当使用下列措辞之一：

（一）按照［采用的标准］，后附的简要财务报表在所有重大方面与已审计财务报表保持了一致；

（二）按照［采用的标准］，后附的简要财务报表公允概括了已审计财务报表。

第十二条 如果法律法规规定了对简要财务报表发表意见的措辞，并且与本准则第十一条规定的措辞存在差异，注册会计师应当实施下列程序：

（一）本准则第十条规定的程序以及其他必要的进一步程序，以使注册会计师能够发表符合规定的意见；

（二）评价简要财务报表的使用者是否可能误解注册会计师对简要财务报表发表的意见；如果可能误解，则应当评价在简要财务报表的报告中增加补充解释能否消除或减少误解。

第十三条 在本准则第十二条第（二）项所述的情况下，如果认为增加补充解释不能消除或减少可能的误解，注册会计师不应承接该业务，除非法律法规另有规定。如果法律法规要求注册会计师承接该业务，由于业务的执行不符合本准则的规定，注册会计师在对简要财务报表出具的报告中不应提及该业务是按照本准则的规定执行的。

第四节　工作的时间安排和期后事项

第十四条　对简要财务报表出具报告的日期可能迟于已审计财务报表的审计报告日。在这种情况下，简要财务报表的报告应当说明，简要财务报表和已审计财务报表均未反映已审计财务报表的审计报告日以后发生的事项的影响。

第十五条　注册会计师可能知悉了在已审计财务报表的审计报告日已经存在但之前并未知悉的事实。在这种情况下，注册会计师只有在按照《中国注册会计师审计准则第1332号——期后事项》的规定履行了其与期后事项相关的责任后，才可以对简要财务报表出具报告。

第五节　载有简要财务报表及其报告的文件中的信息

第十六条　注册会计师应当阅读载有简要财务报表及其报告的文件中包含的信息，识别其是否与简要财务报表存在重大不一致。

第十七条　如果识别出重大不一致，注册会计师应当与管理层讨论，并确定简要财务报表或者载有简要财务报表及其报告的文件中包含的信息是否需要作出修改。如果确定该信息需要修改，而管理层拒绝作出必要的修改，注册会计师应当采取适当的措施，包括考虑对简要财务报表的报告的影响。

第六节　对简要财务报表出具的报告

第十八条　对简要财务报表出具的报告应当包括下列要素：

（一）标题；

（二）收件人；

（三）意见；

（四）简要财务报表；

（五）已审计财务报表及其审计报告；

（六）管理层对简要财务报表的责任；

（七）注册会计师的责任；

（八）注册会计师的签名和盖章；

（九）会计师事务所的名称、地址和盖章；

（十）报告日期。

第十九条　报告的标题应当统一规范为“注册会计师对简要财务报表出具的报告”。

第二十条　报告应当按照业务约定条款的要求载明收件人。如果对简要财务报表出具的报告的收件人不同于已审计财务报表的审计报告的收件人，注册会计师应当评价使用不同收件人名称的适当性。

第二十一条　“意见”部分应当包括下列方面：

（一）注册会计师出具报告所针对的简要财务报表，包括每一简要财务报表的名称；

（二）已审计财务报表。

第二十二条　如果对已审计财务报表发表的不是否定意见或无法表示意见，“意见”部分应当清楚地表达对简要财务报表的意见，而不能拒绝发表意见。

第二十三条　“简要财务报表”部分应当指出，简要财务报表未包含已审计财务报表采用的编制基础所要求披露的全部事项，因此，简要财务报表及其报告不能代替已审计财务报表及其审计报告。

第二十四条 对简要财务报表出具报告的日期如果迟于已审计财务报表的审计报告日，“简要财务报表”部分应当说明，简要财务报表和已审计财务报表均未反映已审计财务报表的审计报告日以后发生的事项的影响。

第二十五条 “已审计财务报表及其审计报告”部分应当提及对已审计财务报表出具的审计报告和报告日期，以及除本准则第二十九条和第三十条规定的情形外，对已审计财务报表发表无保留意见这一事实。

第二十六条 “管理层对简要财务报表的责任”部分应当说明，按照采用的标准编制简要财务报表是管理层的责任。

第二十七条 “注册会计师的责任”部分应当说明，注册会计师的责任是在实施本准则规定的程序的基础上，对简要财务报表是否在所有重大方面与已审计财务报表保持了一致或公允概括了已审计财务报表发表意见。

第二十八条 对简要财务报表出具报告的日期不应早于下列日期：

（一）注册会计师已获取充分、适当的证据并在此基础上形成意见的日期，这些证据可以证明简要财务报表已经编制完成，并且被审计单位有相关权限的机构或人员已经认可其对简要财务报表负责；

（二）已审计财务报表的审计报告日。

第二十九条 如果已审计财务报表的审计报告中包含保留意见、强调事项、其他事项、与持续经营相关的重大不确定性、关键审计事项，或者对其他信息中未更正重大错报的说明，并且注册会计师确信，简要财务报表按照采用的标准在所有重大方面与已审计财务报表保持一致或公允概括了已审计财务报表，则简要财务报表的报告除包括本准则第十八条规定的要素外，还应当在“已审计财务报表及其审计报告”部分，作出如下说明：

（一）已审计财务报表的审计报告中包含保留意见、强调事项、其他事项、与持续经营相关的重大不确定性、关键审计事项或其他信息中的未更正重大错报；

（二）对已审计财务报表形成保留意见的基础，及其对简要财务报表的影响；已审计财务报表审计报告中的强调事项、其他事项或与持续经营相关的重大不确定性所涉及到的事项，及其对简要财务报表的影响；其他信息中的未更正重大错报，及其对载有简要财务报表及其报告的文件中包含的信息的影响。

第三十条 如果对已审计财务报表发表了否定意见或无法表示意见，简要财务报表的报告除包括本准则第十八条规定的要素外，还应当：

（一）在“已审计财务报表及其审计报告”部分说明对已审计财务报表发表了否定意见或无法表示意见；

（二）在“已审计财务报表及其审计报告”部分说明形成否定意见或无法表示意见的基础；

（三）在“拒绝发表意见”部分说明，由于对已审计财务报表发表的是否定意见或无法表示意见，对简要财务报表发表意见是不适当的。

第三十一条 如果简要财务报表没有按照采用的标准在所有重大方面与已审计财务报表保持一致或公允概括已审计财务报表，而管理层又不同意作出必要修改，注册会计师应当对简要财务报表发表否定意见。

第七节 限制报告的发送对象或使用或者提醒使用者关注编制基础

第三十二条 如果已审计财务报表的审计报告存在发送对象或使用上的限制，或者已审计财务报表的审计报告提醒财务报表使用者关注已审计财务报表按照特殊目的的编制基础编制，注册会计师应当在简要财务报表的报告中包含相同的限制或提醒。

第八节 比较信息

第三十三条 如果已审计财务报表包含比较信息而简要财务报表未包含，注册会计师应当根据业务的具体情况确定这样做是否合理。注册会计师应当确定不合理地省略比较信息对简要财务报表的报告的影响。

第三十四条 如果简要财务报表包含已由其他注册会计师审计的比较信息，简要财务报表的报告还应当载明，根据《中国注册会计师审计准则第1511号——比较信息：对应数据和比较财务报表》的规定，在已审计财务报表的审计报告中包含的事项。

第九节 与简要财务报表一同列报的未审计的补充信息

第三十五条 注册会计师应当评价，与简要财务报表一同列报的未审计的补充信息是否清楚地与简要财务报表区分。如果认为被审计单位未能清楚地将未审计的补充信息与简要财务报表加以区分，注册会计师应当要求管理层改变未审计补充信息的列报方式。如果管理层拒绝改变，注册会计师应当在简要财务报表的报告中说明本报告未涵盖该补充信息。

第十节 避免简要财务报表与注册会计师不当关联

第三十六条 如果注意到被审计单位计划在载有简要财务报表的文件中说明注册会计师已对简要财务报表出具报告，但被审计单位并未计划在文件中包含该报告，注册会计师应当要求管理层将该报告包含在该文件中。

如果管理层拒绝这样做，注册会计师应当采取适当的措施，以防止管理层在文件中将注册会计师与简要财务报表不适当地关联起来。

第三十七条 注册会计师可能接受委托对被审计单位的财务报表出具报告，但未接受委托对简要财务报表出具报告。在这种情况下，如果注意到被审计单位计划在载有简要财务报表的文件中作出说明，且该说明提及注册会计师和简要财务报表依据已审计财务报表编制这一事实，注册会计师应当确认：

（一）仅在涉及对已审计财务报表出具的审计报告时，提及注册会计师；

（二）所作的说明不会导致简要财务报表的使用者产生误解，认为注册会计师已经对简要财务报表出具了报告。

注册会计师如果不能确认前款第（一）项或第（二）项所述事项，可以选择的方法包括：

（一）注册会计师要求管理层修改其所作的说明，以符合前款的规定，或在文件中不提及注册会计师；

（二）被审计单位可以委托注册会计师对简要财务报表出具报告，并将相关报告包含在文件中。

当采取前款第（一）项方法时，如果管理层不修改作出的说明，或拒绝删除提及注册会计师的表述，或者当采取前款第（二）项方法时，管理层拒绝在载有简要财务报表的文件中包含注册会计师对简要财务报表出具的报告，注册会计师应当向管理层告知其不同意提及注册会计师，并采取其他适当措施，以防止管理层不恰当地提及注册会计师。

第五章 附 则

第三十八条 本准则自2022年1月1日起施行。

中国注册会计师审计准则第1611号
——商业银行财务报表审计

第一章 总 则

第一条 为了规范注册会计师执行商业银行财务报表审计业务，制定本准则。

第二条 注册会计师在执行商业银行财务报表审计业务时，应当将本准则与相关审计准则结合使用。

第三条 本准则所称商业银行，是指依照《中华人民共和国公司法》和《中华人民共和国商业银行法》设立的从事吸收公众存款、发放贷款、办理结算等业务的企业法人。

第四条 商业银行通常具有下列主要特征：

（一）经营大量货币性项目，要求建立健全严格的内部控制；

（二）从事的交易种类繁多、次数频繁、金额巨大，要求建立严密的会计信息系统，并广泛使用计算机信息系统及电子资金转账系统；

（三）分支机构众多、分布区域广、会计处理和控制职能分散，要求保持统一的操作规程和会计信息系统；

（四）存在大量不涉及资金流动的资产负债表表外业务，要求采取控制程序进行记录和监控；

（五）高负债经营，债权人众多，与社会公众利益密切相关，受到银行监管法规的严格约束和政府有关部门的严格监管。

第五条 商业银行具有下列主要风险：

（一）信用风险；

（二）国家风险和转移风险；

（三）市场风险；

（四）利率风险；

（五）流动性风险；

（六）操作风险；

（七）法律风险；

（八）声誉风险。

第六条 由于商业银行具有的特征和风险，注册会计师应当保持应有的职业谨慎，以将审计风险降至可接受的低水平。

第二章 接受业务委托

第七条 注册会计师应当初步了解商业银行的基本情况，评价自身独立性和专业胜任能力，初步评估审计风险，以确定是否接受业务委托。

第八条 在评价自身专业胜任能力时，注册会计师应当考虑：

（一）是否具备商业银行审计所需要的专门知识和技能；

（二）是否熟悉商业银行计算机信息系统及电子资金转账系统；

（三）是否具有对商业银行国内外分支机构实施审计的充足人力资源。

第九条 注册会计师在接受业务委托时，应当就审计目标和范围、双方的责任、审计报告的用途等事项与商业银行达成一致意见。

第三章 计划审计工作

第十条 在计划审计工作前，注册会计师应当了解商业银行下列主要情况：

（一）宏观经济形势对商业银行的影响；

（二）适用的银行监管法规及银行监管机构的监管程度；

（三）特殊会计惯例及问题；

（四）组织结构及资本结构；

（五）金融产品、服务及市场状况；

（六）风险及管理策略；

（七）相关内部控制；

（八）计算机信息系统及电子资金转账系统；

（九）资产、负债结构及信贷资产质量；

（十）主要贷款对象所处行业状况；

（十一）重大诉讼。

第十一条 在了解上述情况时，注册会计师应当重点查阅商业银行下列资料：

（一）章程、营业执照、经营许可证等法律文件；

（二）组织结构图；

（三）股东会、董事会、监事会及管理委员会的会议纪要；

（四）年度财务报表和中期财务报表；

（五）分部报告；

（六）风险管理策略和相关报告；

（七）有关控制程序和会计信息系统的文件；

（八）计算机信息系统和电子资金转账系统硬件、软件清单及流程图；

（九）信贷、投资等经营政策；

（十）银行监管机构的检查报告和有关文件；

（十一）内部审计报告；

（十二）经营计划、资本补足计划；

（十三）重大诉讼法律文书；

（十四）金融产品和服务营销手册；

（十五）新近颁布的影响商业银行经营的法规。

第十二条 在制定总体审计策略时，注册会计师应当考虑下列主要事项：

（一）重要性水平；

（二）预期的重大错报风险；

（三）商业银行使用计算机信息系统和电子资金转账系统的程度；

（四）商业银行内部控制的预期可信赖程度；

（五）重点审计领域；

（六）商业银行持续经营假设的合理性；

（七）利用内部审计的工作；

（八）利用专家的工作；

（九）利用其他注册会计师的工作；

（十）利用银行监管机构的检查报告及有关文件；

（十一）审计工作的组织与安排。

第十三条 在确定重要性水平时，注册会计师应当考虑：

（一）相对小的错报对资产负债表的影响可能不重要，但对利润表和资本充足率可能产生重大影响；

（二）既影响资产负债表又影响利润表的错报，比只影响资产、负债和资产负债表表外承诺的错报更重要；

（三）重要性水平有助于识别导致商业银行严重违反监管法规的错报。

第十四条 商业银行的重大错报风险较高，内部控制对防止或发现并纠正舞弊与错误至关重要；注册会计师应当评估重大错报风险，以确定检查风险的可接受水平。

第十五条 商业银行的计算机信息系统和电子资金转账系统具有下列重要作用，注册会计师应当关注其使用的方式和程度：

（一）计算和记录利息收入和支出；

（二）计算外汇和证券交易头寸，并记录相关的损益；

（三）提供资产、负债余额的最新记录；

（四）每日处理大量巨额交易。

第十六条 由于商业银行具有的特征和风险，注册会计师通常需要依赖控制测试而不能完全依赖实质性程序。

第十七条 注册会计师应当关注下列可能导致财务报表发生重大错报风险的重点审计领域：

（一）贷款损失准备；

（二）资产负债表表外业务；

（三）不符合银行监管法规的交易和事项；

（四）发生重大变动的财务报表项目；

（五）资产负债表日前后发生的重大一次性交易；

（六）高度复杂或投机性强的交易；

（七）非常规贷款；

（八）关联方交易；

（九）新金融产品或服务；

（十）受新近颁布的监管法规影响的业务领域。

第十八条 注册会计师应当考虑商业银行编制财务报表所依据的持续经营假设的合理性。

第十九条 内部审计是商业银行内部控制的重要组成部分，注册会计师应当考虑是否利用内部审计的工作。

第二十条 在评价计算机信息系统和电子资金转账系统等特殊领域时，注册会计师应当考虑是否利用专家的工作。

第二十一条 商业银行拥有的分支机构众多且分布区域广，注册会计师应当考虑是否利用其他注册会计师的工作。

第二十二条 注册会计师应当查阅商业银行持有的银行监管机构的检查报告和有关文件，以获取对确定重点审计领域有用的信息，提高审计效率。

第二十三条 在组织和安排审计工作时，注册会计师应当考虑：

（一）项目组组成及分工；

（二）其他注册会计师参与的程度；

（三）计划利用内部审计工作的程度；

（四）计划利用专家工作的程度；

（五）出具审计报告的时间要求；

（六）需要商业银行管理层提供的专项分析资料。

第二十四条 注册会计师应当根据总体审计策略制定具体审计计划，以合理确定进一步审计程序的性质、时间和范围。

第四章 了解和测试内部控制

第二十五条 注册会计师应当充分了解商业银行的相关内部控制，以确定有效的审计方案。

第二十六条 商业银行的相关内部控制应当实现下列目标：

（一）所有交易经管理层一般授权或特别授权方可执行；

（二）所有交易和事项以正确的金额，在恰当的会计期间及时记录于适当的账户，使编制的财务报表符合适用的会计准则和相关会计制度的规定；

（三）只有经过管理层授权才能接触资产和记录；

（四）将记录的资产与实有资产定期核对，并在出现差异时采取适当的措施；

（五）恰当履行受托保管协议规定的职责。

第二十七条 注册会计师应当了解商业银行分级授权体系的下列要素：

（一）有权批准特定交易的人员；

（二）授权遵守的程序；

（三）授权限额及条件；

（四）风险报告及监控。

第二十八条 注册会计师应当检查授权控制，以确定为各类交易设定的风险限额是否得到遵守，超出风险限额是否及时向适当层次管理人员报告。

第二十九条 由于临近资产负债表日发生的交易往往尚未完成，或在确定取得资产、承担债务的价值时缺乏依据，注册会计师应当重点检查这些交易的授权控制。

第三十条 在评价与交易和事项记录有关的内部控制的有效性时，注册会计师应当考虑：

（一）商业银行处理大量交易，其中单笔或数笔交易可能涉及巨额资金，需要定期执行试算平衡和调节程序，以及时发现差错并进行调查和纠正，将造成损失的风险降至最低；

（二）许多交易的会计核算有特殊规定，商业银行需要采取控制程序以保证这些规定得以遵守；

（三）有些交易不在资产负债表中列示，甚至不在财务报表附注中披露，商业银行需要采取控制程序保证这些交易以适当的方式被记录和监控，并能及时确认因交易状况变化而产生的损益；

（四）商业银行不断推出新的金融产品和服务，需要及时更新会计信息系统和相关内部控制；

（五）每日余额可能并不反映当日系统处理的全部交易量或最大损失风险，商业银行需要对最大交易量或最大损失风险保持控制；

（六）对大多数交易的记录应便于商业银行内部、商业银行客户及交易对方核对。

第三十一条 计算机信息系统和电子资金转账系统的广泛使用，对注册会计师评价商业银行的内部控制有重要影响。

注册会计师应当对影响系统开发、修改、接触、数据登录、网络安全和应急计划的相关内部控制进行评价。

注册会计师应当考虑商业银行使用电子资金转账系统的程度，评价交易前监督控制和交易后确认及调节程序的完整性。

第三十二条 商业银行的资产易于转移，金额巨大，仅通过实物控制难以奏效，管理层通常实施下列控制程序：

（一）凭借密码和接触控制，只有获得授权的人员才能操作计算机信息系统和电子资金转账系统；

（二）将资产接触与记录职责分离；

（三）由独立人员向第三方函证和调节资产余额。

注册会计师应当合理确信上述所有控制是否有效运行，必要时，复核或参与年末函证和调节程序。

第三十三条 将记录的资产与实有资产定期进行核对是一项重要的调节控制，该项控制具有下列重要作用：

（一）验证现金、有价证券等资产的存在性，及时发现舞弊与错误；

（二）检查易发生价值波动的资产计价的正确性；

（三）验证资产接触和授权控制运行的有效性。

注册会计师应当运用检查和询问等程序，测试该项控制的有效性。

第三十四条 在评价调节控制的有效性时，注册会计师应当考虑：

（一）需要调节的账户较多且调节频率较高；

（二）调节结果具有累积性；

（三）调节项目可能被不适当地结转到同一时期内未被调节和调查的账户。

第三十五条 在评价受托保管业务的内部控制有效性时，注册会计师应当考虑：

（一）是否由专门部门履行受托保管职责；

（二）是否将自有资产与受托保管资产适当分离；

（三）是否已对受托保管资产作出适当记录。

第三十六条 在评价特定控制程序有效性时，注册会计师应当考虑下列控制环境因素的影响：

（一）组织结构和权力、责任的划分；

（二）管理层监控工作的质量；

（三）内部审计工作的范围和效果；

（四）关键管理人员的素质；

（五）银行监管机构的监管程度。

第三十七条 对审计过程中注意到的商业银行内部控制的重大缺陷，注册会计师应当及时与治理层和管理层沟通。

第五章 实质性程序

第三十八条 注册会计师应当在评估商业银行财务报表重大错报风险的基础上，确定可接受的检查风险水平和实质性程序的性质、时间和范围。

第三十九条 注册会计师对重大错报风险的评估是一种判断，可能无法充分识别所有的重大错报风险，并且由于内部控制存在固有局限性，无论评估的重大错报风险结果如何，注册会计师都应当针对所有重大的各类交易、账户余额、列报（包括披露）实施实质性程序。

第四十条 在实施实质性程序时，注册会计师应当特别考虑运用下列重要审计程序：

（一）分析程序；

（二）监盘；

（三）检查；

（四）询问和函证。

第四十一条 注册会计师应当考虑对下列项目实施分析程序，以测试其总体合理性：

（一）利息收入、支出；

（二）手续费收入；

（三）贷款损失准备。

第四十二条 注册会计师应当考虑对下列项目实施监盘程序，以测试其存在性：

（一）现金；

（二）贵金属；

（三）有价证券；

（四）其他易转移资产。

第四十三条 在实施监盘程序时，注册会计师应当关注受托保管资产是否存在，是否与自有资产相混淆。

第四十四条 注册会计师应当考虑实施检查程序，以了解贷款协议、承诺协议等重要协议的条款，评价其约束力及相关会计处理的适当性。

第四十五条 注册会计师应当考虑实施询问和函证程序，以实现下列目的：

（一）确认货币性资产、负债和资产负债表表外承诺的存在性和完整性；

（二）获取经商业银行客户或交易对方确认的某项交易金额、条款和状况的审计证据；

（三）获取不能直接从商业银行会计记录中得到的其他信息。

第四十六条 注册会计师应当考虑对下列事项实施函证程序：

（一）存款、贷款和同业往来等账户的余额；

（二）特定贷款抵押品的状况；

（三）因担保、承诺和承兑等资产负债表表外业务产生的或有负债；

（四）资产回购和返售协议以及未履约期权；

（五）与远期外汇合约和其他未履行合约有关的信息；

（六）委托保管的有价证券等项目。

第四十七条 为了提高审计效率，注册会计师应当考虑：

（一）在资产负债表日前实施某些测试；

（二）使用计算机辅助审计技术；

（三）当存在大量同质账户或交易时，使用统计抽样技术。

第四十八条 在审计资产负债表表外业务时，注册会计师应当检查相应收入的来源，并实施其他审计程序，以证实：

（一）相关会计记录是否完整；

（二）计提的损失准备是否充足；

（三）披露是否充分。

第四十九条 在审计关联方和关联方交易时，注册会计师应当实施必要的审计程序，以确定：

（一）所有重要的关联方和关联方交易是否都已被识别；

（二）所有重要的关联方交易是否都经适当授权；

（三）关联方和关联方交易是否已按照适用的会计准则和相关会计制度的规定予以充分披露。

第五十条 在实施下列审计程序时，注册会计师可能注意到商业银行持续经营假设不再合理的迹象：

（一）分析程序；

（二）检查资产负债表日后事项；

（三）检查债务协议条款的遵守情况；

（四）查阅股东会、董事会、监事会及管理委员会的会议纪要；

（五）向商业银行的法律顾问询问有关诉讼、索赔等情况；

（六）函证关联方或第三方向商业银行提供财务支持的详细情况；

（七）查阅商业银行持有的银行监管机构的检查报告和有关文件；

（八）检查法定资本要求的遵守情况。

第五十一条 注册会计师应当关注商业银行持续经营假设不再合理的下列主要迹象：

（一）贷款业务量显著下降；

（二）不良贷款剧增；

（三）大量贷款集中于陷入困境的行业；

（四）过度依赖少数存款人的大额存款；

（五）存款大量流失；

（六）信用等级下降；

（七）未能达到银行监管机构规定的流动性监管指标；

（八）未能达到最低法定资本要求或未能遵守银行监管机构批准的资本补足计划；

（九）银行监管法规的变化已对商业银行经营产生重大不利影响；

（十）严重违反银行监管法规；

（十一）银行监管机构已对商业银行的不审慎经营表示关注或采取措施。

第五十二条 注册会计师应当就下列主要事项获取商业银行管理层声明：

（一）持有的银行监管机构的检查报告和有关文件已提供给注册会计师；

（二）长期投资和短期投资的分类准确地反映了管理层的计划和意图；

（三）确定公允价值所依据的假设是合理的；

（四）资本补足计划及其实施符合银行监管机构的要求，并已作充分的披露；

（五）或有负债已在财务报表中充分披露；

（六）关联方交易符合银行监管法规的规定，并已作充分的披露；

（七）对资产负债表日持有的有价证券、贷款等资产可能发生的损失计提充足的准备；

（八）具有重大风险的资产负债表表外业务已作充分的披露。

第六章 审计报告

第五十三条 注册会计师应当在实施必要的审计程序后，对财务报表进行总体复核，根据经过核实的审计证据形成审计意见，出具审计报告。

第五十四条 在评价审计证据、形成审计意见时，注册会计师应当考虑商业银行会计处理和报告的特殊规定。

第五十五条 在出具审计报告之前，注册会计师应当根据银行监管法规的有关要求，确定是否需要将重大事项告知银行监管机构。

第七章 附则

第五十六条 本准则自2007年1月1日起施行。

中国注册会计师审计准则第1612号
——银行间函证程序

第一章 总 则

第一条 为了规范注册会计师在商业银行财务报表审计中实施银行间函证程序，制定本准则。

第二条 本准则所称银行间函证程序，是指注册会计师为了获取影响商业银行财务报表或相关披露认定的项目的信息，以商业银行的名义向确认银行寄发询证函，获取和评价审计证据的过程。

本准则所称确认银行，是指接收商业银行的询证函并被请求回函的银行。

第三条 在实施银行间函证程序时，注册会计师应当保持应有的关注，对函证全过程进行控制。

第二章 询证函的编制与寄发

第四条 注册会计师在选择确认银行时，应当考虑与商业银行的账户余额或其他信息有关的下列主要因素：

（一）账户余额的大小；

（二）交易的性质、数量和金额；

（三）相关内部控制的可信赖程度；

（四）重要性与审计风险。

第五条 注册会计师应当采用积极的函证方式，要求确认银行对所函证的账户余额或其他信息予以回函。

第六条 注册会计师在编制询证函时，可选用下列方法：

（一）在询证函中列示账户余额或其他信息，要求确认银行确认其准确性和完整性；

（二）要求确认银行在询证函中列示账户余额或其他信息的详细情况，据以与商业银行的记录相比较。

在选用上述方法时，注册会计师应当考虑函证的目的、对审计证据质量的要求及回函的可能性。

第七条 注册会计师应当经商业银行同意，以商业银行的名义向确认银行寄发询证函，并要求确认银行直接向注册会计师所在的会计师事务所回函。

第八条 注册会计师应当根据函证事项的性质等因素确定寄发询证函的时间。

第三章 函证的内容

第九条 注册会计师应当根据函证目的及商业银行会计信息系统等情况确定函证的内容。

第十条 注册会计师函证的内容主要包括：

（一）商业银行与确认银行之间的存款、贷款和同业往来等账户（包括零余额的往来账户和在函证日之前十二个月内注销的往来账户）的余额及到期日、利息条款、未使用的授信额度、抵销权、抵押权和质押权等详细情况。询证函应当载明账户摘要、账号和币种等有关信息。

（二）商业银行与确认银行之间因担保、承诺和承兑等资产负债表表外业务产生的或有负债。询证函应当载明或有负债的性质、币种和金额等有关信息。

（三）资产回购和返售协议以及未履约期权。询证函应当载明协议标的、签订日、到期日和达成交易的条件等有关信息。

（四）与远期外汇合约和其他未履行合约有关的信息。询证函应当载明每项合约的编号、交易日、到期日、成交价格、币种和金额等有关信息。

（五）确认银行代为保管的有价证券等项目。询证函应当载明项目摘要和权属等有关信息。

第四章 回函的评价

第十一条 在评价通过函证程序获取的审计证据是否充分时，注册会计师应当考虑：

（一）函证程序的可靠性；

（二）不符事项的性质和金额；

（三）实施其他审计程序获取的审计证据。

第十二条 当未收到确认银行的回函时，注册会计师应当实施替代审计程序。

第十三条 如果通过函证、替代审计程序和其他审计程序所获取的审计证据不充分，注册会计师应当扩大函证范围或追加审计程序。

第五章 附 则

第十四条 本准则自2007年1月1日起施行。

中国注册会计师审计准则第1613号
——与银行监管机构的关系

第一章 总 则

第一条 为了明确在商业银行财务报表审计中商业银行治理层、管理层的责任和注册会计师的责任，促进注册会计师与银行监管机构之间的理解与合作，提高审计的有效性，制定本准则。

第二条 本准则适用于注册会计师执行商业银行财务报表审计业务，并适用于接受银行监管机构委托执行专项业务。

第二章 商业银行治理层和管理层的责任

第三条 商业银行的治理层和管理层应当按照《中华人民共和国公司法》、《中华人民共和国商业银行法》及其他法律法规的规定履行治理责任和管理责任。

第四条 商业银行的经营管理主要由治理层及其任命的管理层负责。这种责任旨在确保实现下列主要目的：

（一）商业银行工作人员具备充分的专业技能和诚信，关键岗位工作人员具有丰富的工作经验；

（二）针对商业银行各项业务建立并实施恰当的政策、制度和程序；

（三）建立适当的管理信息系统；

（四）具有适当的风险管理政策和程序；

（五）遵守包括有关偿付能力和流动性要求在内的法律法规及监管规定；

（六）充分保障股东、存款人及其他债权人的利益。

第五条 管理层负责建立会计信息系统，保持足以支持财务报表的会计记录，并按照适用的会计准则和相关会计制度的规定编制财务报表。管理层的责任还包括确保注册会计师完整地、不受限制地获得对财务报表和审计意见产生重大影响的所有必需信息。

第六条 治理层有责任确保建立并维护有效的内部控制，并根据法律法规的规定成立审计委员会履行有关职责。为提高工作有效性，审计委员会应当允许和鼓励内部审计人员、注册会计师参加审计委员会会议。

第七条 管理层有责任按照相关法律法规的规定和治理层的要求，设立与商业银行规模及业务性质相适应的内部审计部门并保证其有效运行。

第八条 为保证审计工作充分有效，内部审计部门应当独立于所审计或核查的业务活动，并独立于日常内部控制过程。

商业银行的所有业务活动以及分支机构、子公司和其他组成部分都应纳入内部审计部门的核查范围。

内部审计部门应当定期向治理层和管理层报告内部控制及风险管理系统的运行情况，以及内部审计目标完成情况。管理层应当建立能够确保内部审计建议得到考虑、并在适当时得以实施的程序。

第九条 注册会计师对商业银行财务报表的审计不能减轻商业银行治理层和管理层的责任。

第三章　注册会计师的责任

第十条　注册会计师的责任是按照中国注册会计师审计准则（以下简称审计准则）的规定，对商业银行财务报表是否按照适用的会计准则和相关会计制度的规定编制，是否在所有重大方面公允反映商业银行的财务状况、经营成果和现金流量发表审计意见。

第十一条　注册会计师应当根据业务约定恰当致送审计报告，致送对象通常为股东或董事会，但审计报告也可能被存款人、债权人及银行监管机构等方面获取。

注册会计师的审计意见可以提高商业银行财务报表的可信赖程度，但不是对商业银行未来生存能力或管理层经营效率、效果提供的保证。

第十二条　注册会计师应当了解商业银行及其环境，以足够识别和评估财务报表重大错报风险、设计和实施进一步审计程序。

第十三条　在评估商业银行财务报表重大错报风险时，注册会计师应当考虑商业银行的特征，主要包括：

（一）经营大量货币性项目，要求建立健全严格的内部控制；

（二）从事的交易种类繁多、次数频繁、金额巨大，要求建立严密的会计信息系统，并广泛使用信息技术及电子资金转账系统；

（三）分支机构众多，分布区域广，会计处理和控制职能分散，要求保持统一的操作规程和会计信息系统；

（四）存在大量不涉及资金流动的资产负债表表外业务，要求采取控制程序进行记录和监控；

（五）高负债经营，债权人众多，与社会公众利益密切相关，受到商业银行监管法规的严格约束和政府有关部门的严格监管。

第十四条　注册会计师应当针对评估的财务报表层次重大错报风险确定总体应对措施，并针对认定层次重大错报风险设计和实施进一步审计程序。

第十五条　商业银行的内部审计工作有助于注册会计师执行审计业务，注册会计师应当评价和考虑利用内部审计工作。

注册会计师在评价内部审计工作时，应当考虑内部审计部门在组织结构中的地位、工作范围、内部审计人员的专业胜任能力以及能否保持职业谨慎。

第十六条　职业判断贯穿于注册会计师审计工作的全过程。注册会计师主要在下列方面运用职业判断：

（一）评估重大错报风险；

（二）确定审计程序的性质、时间和范围；

（三）评价审计程序的实施结果；

（四）评估管理层在编制财务报表时所作出的判断和估计的合理性。

第十七条　注册会计师应当从财务报表层次和各类交易、账户余额、列报（包括披露）认定层次考虑重要性。

注册会计师审计商业银行财务报表时使用的重要性水平可能与其向银行监管机构提交专项报告时使用的重要性水平不同。

第十八条　注册会计师应当获取商业银行财务报表整体不存在重大错报的合理保证。但由于存在下列固有限制，注册会计师即使按照审计准则的规定恰当地计划和实施审计工作，也不可能绝对保证发现商业银行财务报表中的所有重大错报：

（一）选择性测试方法的运用；

（二）内部控制的固有局限性；

（三）大多数审计证据是说服性而非结论性的；

（四）为形成审计意见而实施的审计工作涉及大量判断；

（五）某些特殊性质的交易和事项可能影响审计证据的说服力。

第十九条 注册会计师应当考虑商业银行财务报表是否存在舞弊或错误导致的重大错报。

在考虑由舞弊导致的重大错报时，注册会计师应当关注：

（一）由于舞弊者可能通过精心策划以掩盖其舞弊行为，舞弊导致的重大错报未被发现的风险，通常大于错误导致的重大错报未被发现的风险。尤其是在串谋的情况下，舞弊导致的重大错报更难发现。

（二）由于管理层往往能够凌驾于内部控制之上，直接或间接地操纵会计记录并编报虚假财务信息，管理层舞弊导致的重大错报未被发现的风险，通常大于员工舞弊导致的重大错报未被发现的风险。

第二十条 如果发现财务报表存在重大错报，注册会计师应当提请商业银行予以更正。如果商业银行拒绝更正，注册会计师应当对财务报表出具保留意见或否定意见的审计报告。

如果商业银行未能提供审计工作所要求的所有必需信息，注册会计师应当就这些事项与商业银行管理层和治理层沟通。如果仍未获得所有必需信息，注册会计师应当对财务报表出具保留意见或无法表示意见的审计报告。

第二十一条 注册会计师应当按照《中国注册会计师审计准则第1151号——与治理层的沟通》的规定，及时和管理层、治理层沟通与财务报表审计相关的事项。

在某些情况下，注册会计师可以向管理层或银行监管机构提交一份长式报告，详细说明某些重大事项，如账户余额或贷款组合的明细项目、某些财务比率、内部控制的有效性、商业银行风险分析及合规情况。

第二十二条 如果存在下列事项，注册会计师应当根据相关法律法规的规定，考虑是否需要及时将这些事项告知银行监管机构：

（一）构成重大违反法律法规的事项；

（二）影响商业银行持续经营的事项或情况；

（三）出具非标准审计报告。

第四章 注册会计师与银行监管机构的关系

第二十三条 注册会计师与银行监管机构对下列事项关注的角度可能存在差异，但可以相互补充：

（一）注册会计师主要关心的是对商业银行财务报表出具审计报告，为此，应当评价管理层在编制财务报表时采用持续经营假设的合理性。银行监管机构主要关心的是保持商业银行系统的稳定性，促进各商业银行安全、稳健运行，以保证存款人的利益，因而银行监管机构需要依据财务报表评价商业银行经营状况和业绩，监控其现在和未来的生存能力。

（二）注册会计师关心的是评价内部控制，以确定在计划和实施审计工作时对内部控制的信赖程度。银行监管机构关心的是商业银行是否存在健全的内部控制，以作为商业银行安全经营和审慎管理的基础。

（三）注册会计师关心的是商业银行是否具有充分和可靠的会计记录，以使其编制的财务报表不存在重大错报。银行监管机构关心的是商业银行是否依据一贯的会计政策，保持充分的会计记录，并按规定定期公布财务报表。

第二十四条 如果银行监管机构在监管活动中使用已审计财务报表，注册会计师应当考虑以适当的方式提请商业银行管理层说明下列事项：

（一）商业银行编制财务报表的首要目的并非满足监管的需要；

（二）注册会计师依据审计准则实施审计工作旨在对财务报表整体不存在重大错报获取合理保证；

（三）商业银行在编制财务报表时，按照会计准则和相关会计制度的规定，需要在判断的基础上选择并运用会计政策；

（四）财务报表中包含的信息建立在管理层判断和估计的基础上；

（五）商业银行的财务状况可能受财务报表期后事项的影响；

（六）银行监管机构与注册会计师评价和测试内部控制的目的可能不同，银行监管机构不应假定注册会计师为审计目标而作出的有关内部控制的评价能够充分满足监管目的；

（七）注册会计师考虑的内部控制和会计政策可能不同于商业银行为银行监管机构提供信息时依据的内部控制和会计政策。

第二十五条 如果银行监管机构对商业银行出具了监管报告，注册会计师应当考虑向商业银行获取该报告。

第二十六条 基于履行保密责任的需要，注册会计师与银行监管机构进行必要联系时，通常需要事先告知商业银行管理层或请其到场。

如果需要沟通的事项涉及商业银行违反法规行为、治理层或管理层重大舞弊等事项，注册会计师应当考虑征询法律意见，以及时采取适当措施。

第二十七条 某些涉及治理层责任的事项可能为银行监管机构所关注，特别是那些需要银行监管机构采取紧急措施的事项。如果法律法规要求直接与银行监管机构沟通，注册会计师应当及时就这些事项与银行监管机构沟通。

如果法律法规没有要求直接与银行监管机构沟通，注册会计师应当提请管理层或治理层与银行监管机构沟通。如果管理层或治理层没有及时与银行监管机构沟通，注册会计师应当征询法律意见，考虑是否有必要直接与银行监管机构沟通。

第二十八条 注册会计师应当予以关注并需要提请银行监管机构采取紧急措施的事项主要包括：

（一）显示商业银行未能满足某项银行许可要求的信息；

（二）商业银行决策机构内部发生严重冲突或关键职能部门经理突然离职；

（三）显示商业银行可能严重违反法律法规、银行章程、规章或行业规范的信息；

（四）注册会计师拟辞聘或被解聘；

（五）银行经营风险的重大不利变化及影响未来经营的潜在风险。

注册会计师应当考虑就这些事项与治理层沟通。

第二十九条 注册会计师可以根据银行监管机构的委托，就商业银行的下列事项出具专项报告，以协助银行监管机构履行监管职能：

（一）是否满足许可条件；

（二）保持会计记录和其他记录的信息系统是否适当，内部控制是否有效；

（三）为银行监管机构编制的报告所使用的方法是否适当，这些报告中包含的诸如资产负债率及其他审慎指标的信息是否准确；

（四）是否根据银行监管机构规定的标准建立恰当的组织机构；

（五）是否遵守相关法律法规；

（六）是否采用恰当的会计政策。

第五章 协助完成特定监管任务时的补充要求

第三十条 如果银行监管机构依据明确的法律法规或与商业银行签订的协议，委托注册会计师协助完成特定监管任务，注册会计师应当另行签订业务约定书。

第三十一条 向银行监管机构提供完整、准确的信息是商业银行管理层的责任，注册会计师的责任是就该信息或特定程序的实施出具报告。注册会计师不承担任何监管责任，而是通过提供报告使银行监管机构更有效地对商业银行的状况作出判断。

第三十二条 注册会计师与商业银行的正常关系应被保护。如果没有法定要求或制约注册会计师工作的合约安排，注册会计师应当提请银行监管机构在商业银行的安排下进行沟通。

第三十三条 在接受银行监管机构的任务前，注册会计师应当考虑是否产生利益冲突。如果产生利益冲突，注册会计师应在工作开始前予以解决，解决方法通常是获得商业银行管理层的批准。

第三十四条 注册会计师应当提请银行监管机构以书面形式对监管要求作出详细、清楚的说明，并尽量详细描述对银行经营状况的评价标准，以便对商业银行是否符合监管要求出具报告。

注册会计师应当与银行监管机构就重要性及其运用达成一致的理解。

第三十五条 注册会计师在接受银行监管机构的委托时，应当考虑是否具有必要的素质和专业胜任能力。

第三十六条 注册会计师应当对执业过程中知悉的信息保密，尤其不应将通过业务关系获得的其他客户信息披露给被审计商业银行或公众。

第六章 附 则

第三十七条 本准则自2007年1月1日起施行。

中国注册会计师审计准则第1631号
——财务报表审计中对环境事项的考虑

（2022年12月22日修订）

第一章 总 则

第一条 为了规范注册会计师在财务报表审计中对被审计单位环境事项的考虑，制定本准则。

第二条 本准则适用于注册会计师执行财务报表审计业务。

第三条 本准则所称环境事项是指：

（一）被审计单位按照有关环境保护的法律法规（以下简称环境法律法规）或合同要求，或自愿为预防、减轻或弥补对环境造成的破坏，或为保护可再生资源和不可再生资源而采取的措施；

（二）因违反环境法律法规可能导致的后果；

（三）环境的破坏对他人或自然资源造成的后果；

（四）法律法规规定的代偿责任，包括由原使用者（或所有者）造成的环境破坏引起的责任。

第四条 影响财务报表的环境事项主要包括：

（一）因环境法律法规的实施导致资产减值，需要计提资产减值准备；

（二）因没有遵守环境法律法规，需要计提补救、赔偿或诉讼费用，或支付罚款等；

（三）某些被审计单位，如石油、天然气开采企业，化工厂或废弃物管理公司，因其核心业务而随之带来的环境保护义务；

（四）被审计单位自愿承担的环境保护推定义务；

（五）被审计单位需要在财务报表附注中披露的与环境事项相关的或有负债；

（六）在特殊情况下，违反环境法律法规可能对被审计单位的持续经营产生影响，并由此影响财务报表的编制基础。

第五条 对环境事项的恰当确认、计量和列报（包括披露，下同）是被审计单位管理层的责任。

注册会计师在财务报表审计中应当考虑可能导致财务报表重大错报风险的环境事项。

第六条 注册会计师是否需要考虑环境事项以及考虑的范围，取决于其对环境事项是否会引起财务报表重大错报风险作出的职业判断。

第七条 注册会计师对财务报表的审计，并非专为发现被审计单位可能违反环境法律法规的行为，所实施的审计程序也不足以就被审计单位环境法律法规的遵守情况，或与环境事项相关的内部控制的有效性得出结论。

第二章 实施风险评估程序时对环境事项的考虑

第一节 了解环境保护要求和问题

第八条 注册会计师在实施风险评估程序时，应当从下列方面考虑对被审计单位所处行业及其业务产生重大影响的环境保护要求和问题：

（一）所处行业存在的重大环境风险，包括已有的和潜在的风险；

（二）所处行业通常面临的环境保护问题；

（三）适用于被审计单位的环境法律法规；

（四）被审计单位的产品或生产过程中使用的原材料、技术、工艺及设备等是否属于法律法规强制要求淘汰或行业自愿淘汰之列；

（五）监管机构采取的行动或发布的报告是否对被审计单位及其财务报表可能产生重大影响；

（六）被审计单位为预防、减轻或弥补对环境造成的破坏，或为保护可再生资源和不可再生资源拟采取的措施；

（七）被审计单位因环境事项遭受处罚和诉讼的记录及其原因；

（八）是否存在与遵守环境法律法规相关的未决诉讼；

（九）所投保险是否涵盖环境风险。

第九条 对具体审计业务而言，注册会计师拥有的环境事项知识程度通常不如管理层或环境专家。但注册会计师应当具备足够的环境事项知识，以识别和了解与环境事项相关的，可能对财务报表及其审计产生重大影响的交易、事项和惯例。

第十条 某些行业因性质特殊存在重大环境风险，如石油天然气、化工、制药、冶金、采矿、造纸、制革、印染和公用事业等行业，注册会计师应当特别关注被审计单位存在因环境事项导致负债和或有负债的可能性。

第十一条 某些被审计单位并不一定处于本准则第十条所述的存在重大环境风险的行业，但如果存在下列情况，可能面临潜在的重大环境风险：

（一）在很大程度上受到环境法律法规的约束；

（二）拥有被原使用者（或所有者）污染的场地，或为之担保而可能承担代偿责任；

（三）某些业务可能会造成土壤、地下水和地表水及空气的污染，使用有害物质，产生或处理有害废弃物，或可能对顾客、员工或附近居民造成不利影响。

第二节 了解内部控制

第十二条 设计和执行内部控制，以有序、有效地开展业务活动（包括环境方面的活动）是管理层的责任。

不同被审计单位的管理层可能对环境事项采取下列不同的控制方式：

（一）处于环境风险较低行业的被审计单位或小型被审计单位，管理层可能把监控环境事项作为日常内部控制的一部分；

（二）处于环境风险较高行业的被审计单位，管理层可能针对环境事项设计和执行一套单独的内部控制子系统，以符合现有的环境管理系统标准；

（三）对某些被审计单位，管理层可能在一个整合的控制系统内设计和执行其所有的控制，包括与会计、环境和其他事项（如质量、健康和安全）相关的政策和程序。

第十三条 注册会计师的审计目标并不受管理层对环境事项实施控制方式的影响，但注册会计师应当考虑与环境事项相关的内部控制是否有效。

第十四条 根据职业判断，只有认为环境事项可能对财务报表产生重大影响，注册会计师才有必要了解与环境事项相关的内部控制。

第十五条 注册会计师应当主要从下列方面了解与环境事项相关的控制环境：

（一）治理层对与环境事项相关的内部控制承担的职责；

（二）管理层对于环境事项的诚信和道德价值观念、管理理念、经营风格及其处理方法；

（三）被审计单位管理环境事项的机构以及职权与责任的划分；

（四）控制系统，包括内部审计、环境审计、与环境事项相关的人力资源政策与实务以及恰当的职责分离。

第十六条 注册会计师应当主要从下列方面了解与环境事项相关的风险评估过程：

（一）被审计单位是否建立风险评估程序以识别环境风险，并评估该风险的重要性和发生的可能性，以及针对该风险采取的措施；

（二）管理层是否识别出环境风险，并考虑这些风险是否可能导致财务报表发生重大错报。

第十七条 注册会计师应当主要从下列方面了解有关环境事项的信息系统与沟通：

（一）按照环境法律法规的规定或自身对环境风险评估的需要，被审计单位是否建立适当的信息系统，以记录排放物和有害废弃物的数量、产品的环境特征、利益相关者的投诉、监管机构的监测结果、环保事故的发生及其影响等；

（二）该信息系统是否能够为与环境事项相关的财务数据和列报提供信息支持，如为计算废弃物的处置成本提供的废弃物数量等；

（三）被审计单位是否就环境事项进行有效沟通。

第十八条 注册会计师应当从授权、业绩评价、信息处理、实物控制和职责分离等方面，了解与环境事项相关的控制活动。

注册会计师在了解与环境事项相关的控制活动时，应当特别关注被审计单位的下列行为：

（一）是否执行环境管理系统标准并取得独立机构的认证；

（二）是否发布环境绩效报告，并经独立第三方验证；

（三）是否建立适当程序，处理员工或第三方对环境事项的投诉；

（四）是否按照环境法律法规的规定，建立适当的程序处理有害物和废弃物。

第十九条 注册会计师应当主要从下列方面了解被审计单位对与环境事项相关的控制的监督：

（一）被审计单位是否及时评价与环境事项相关的内部控制设计的合理性和运行的有效性，是否遵守环境法律法规和内部规定；

（二）被审计单位是否根据环境事项的变化，及时采取必要的纠正措施。

第三节 考虑与环境事项相关的法律法规

第二十条 保证经营活动符合环境法律法规要求，防止或发现并纠正违反环境法律法规行为，是管理层的责任。

第二十一条 注册会计师应当考虑通过下列途径了解相关环境法律法规及其遵守情况：

（一）利用在了解被审计单位所处行业和业务性质时获取的信息；

（二）向管理层和负责环境事项的关键管理人员询问为遵守相关环境法律法规而采用的政策和程序；

（三）向管理层询问对经营活动具有根本性影响的环境法律法规；

（四）与管理层讨论其采用的对诉讼和索赔进行识别、评价及会计处理的政策和程序。

第二十二条 注册会计师应当按照《中国注册会计师审计准则第1142号——财务报表审计中对法律法规的考虑》的规定，保持职业怀疑态度，充分考虑可能导致财务报表发生重大错报的违反环境法律法规行为。

第四节 评估重大错报风险

第二十三条 注册会计师应当利用风险评估程序收集的信息，识别和评估由于环境事项引起的财务报表层次以及各类交易、账户余额、列报认定层次的重大错报风险。

第二十四条 注册会计师应当重点关注下列与财务报表层次相关的环境风险：

（一）遵守环境法律法规或执行合同的成本；

（二）违反环境法律法规的风险；

（三）顾客对环境事项的具体要求以及对被审计单位环境保护行为作出的反应可能产生的影响。

第二十五条 注册会计师应当将环境风险的评估结果与重要的交易、账户余额、列报认定层次相联系，以设计和实施进一步审计程序。

注册会计师应当重点关注下列与各类交易、账户余额、列报认定层次相关的环境风险：

（一）账户余额依据与环境事项相关的会计估计的复杂程度；

（二）账户余额受与环境事项相关的异常或非常规交易的影响程度。

第三章 针对评估的重大错报风险实施审计程序时对环境事项的考虑

第二十六条 注册会计师应当针对评估的环境事项导致的财务报表层次重大错报风险确定总体应对措施，并针对评估的环境事项导致的认定层次重大错报风险设计和实施进一步审计程序。

第二十七条 针对环境事项，注册会计师实施的实质性程序主要包括：

（一）询问管理层和负责环境事项的关键管理人员，包括询问被审计单位商业保险是否涵盖环境事项；

（二）检查与环境事项相关的文件或记录；

（三）利用环境专家的工作；

（四）利用环境审计的工作；

（五）利用内部审计的工作；

（六）执行分析程序；

（七）检查与环境事项相关的财务报表项目；

（八）检查被审计单位因环境事项作出的会计估计；

（九）检查财务报表列报的适当性；

（十）获取管理层关于环境事项的书面声明。

第二十八条 由于确认和计量环境事项的结果存在下列困难，注册会计师运用职业判断显得尤为重要：

（一）环境问题从发生到被识别通常经历较长的时间；

（二）由于会计估计建立在假设的基础上，假设的数量和性质可能导致会计估计不存在既定的模式，或会计估计在很大的区间内似乎都是合理的；

（三）环境法律法规不断变化，对其解释可能面临困难或不明确；

（四）除法定义务或合同义务引起的负债外，还可能存在其他情况产生的负债。

第二十九条 注册会计师应当检查下列与环境事项相关的文件或记录：

（一）治理层及专职负责环境事项的委员会的会议纪要或工作记录；

（二）包含环境事项的公开行业信息；

（三）环境专家报告，如场地评估报告、环境影响研究报告；

（四）环境审计报告；

（五）内部审计报告；

（六）尽职调查报告；

（七）监管机构报告及被审计单位与监管机构的往来函件；

（八）可获取的生态环境恢复公开记录或规划；

（九）被审计单位的环境绩效报告；

（十）与监管机构和律师的往来函件。

第三十条 注册会计师在利用环境专家的工作时，应当按照《中国注册会计师审计准则第1421号——利用专家的工作》的规定，考虑环境专家的工作对于实现审计目标是否充分，并考虑专家的专业胜任能力、客观性、经验和声誉。

第三十一条 注册会计师应当考虑将环境审计的结果作为适当的审计证据。在这种情况下，注册会计师应当按照《中国注册会计师审计准则第1411号——利用内部审计人员的工作》和《中国注册会计师审计准则第1421号——利用专家的工作》的规定，考虑利用环境审计工作的适当性。

第三十二条 如果内部审计人员已将被审计单位经营活动的环境方面作为内部审计工作的一部分，注册会计师应当按照《中国注册会计师审计准则第1411号——利用内部审计人员的工作》的规定，考虑利用内部审计工作的适当性。

第三十三条 注册会计师可以实施分析程序，考虑相关财务信息与环境记录中的数量信息之间的关系。

第三十四条 在实施实质性程序时，注册会计师应当重点关注下列与环境事项相关的交易或事项：

（一）本期增加的土地、房屋建筑物和机器设备；

（二）受环境事项影响的长期投资项目；

（三）因环境事项需要计提的资产减值准备；

（四）因环境事项发生的支出和取得的索赔收入；

（五）因环境事项导致的负债和或有负债。

第三十五条 在检查与环境事项相关的会计估计时，注册会计师应当遵守《中国注册会计师审计准则第1321号——会计估计和相关披露的审计》的有关规定。

第三十六条 在整个审计过程中，如果注意到下列情形显示财务报表存在因环境事项导致的重大错报风险，注册会计师应当对此予以关注：

（一）环境专家或内部审计人员出具的报告中显示有重大环境问题；

（二）被审计单位与监管机构的往来函件或监管机构发布的报告中提及存在违反环境法律法规行为；

（三）在生态环境恢复的公开记录或规划中列有被审计单位的名称；

（四）媒体评论涉及被审计单位的重大环境问题；

（五）律师函中对环境事项的评价意见；

（六）有证据表明被审计单位购买与环境事项相关的商品或服务，相对于常规业务活动而言属于异常交易；

（七）因违反环境法律法规导致诉讼费用、环境咨询费用或罚金增加或异常。

如果出现上述情形，注册会计师应当考虑是否需要重新评估重大错报风险。

第三十七条 注册会计师应当就环境事项向管理层获取下列书面声明：

（一）没有发现由环境事项引起的重大负债和或有负债；

（二）没有发现对财务报表产生重大影响的其他环境事项；

（三）如果发现上述第（一）项或第（二）项所述的环境事项，已在财务报表中进行了恰当的列报。

第四章 出具审计报告时对环境事项的考虑

第三十八条 在形成审计意见时，注册会计师应当考虑被审计单位是否已按照适用的会计准则和相关会计制度的规定对环境事项的影响作出适当的处理，并进行恰当的列报。

注册会计师还应当阅读含有已审计财务报表的文件中的其他信息所涉及的环境事项，以识别其是否与已审计财务报表存在重大不一致。

第三十九条 注册会计师在判断不确定事项对审计报告的影响时，应当重点考虑管理层对不确定事项的评价及披露程度。

如果认为环境事项对财务报表的影响具有重大不确定性或相关披露不充分，或根据职业判断认为环境事项可能导致持续经营假设不再合理，注册会计师应当按照《中国注册会计师审计准则第1502号——在审计报告中发表非无保留意见》和《中国注册会计师审计准则第1324号——持续经营》的规定，出具恰当的审计报告。

第五章 附 则

第四十条 本准则自2023年7月1日起施行。

中国注册会计师审计准则第1632号
——衍生金融工具的审计

第一章 总 则

第一条 为了规范注册会计师针对与衍生金融工具相关的财务报表认定计划和实施审计程序，制定本准则。

第二条 本准则适用于注册会计师在财务报表审计中，对被审计单位作为最终使用者持有的衍生金融工具的审计。

第三条 本准则所称最终使用者，是指为了达到套期、资产负债管理或投机目的，通过交易所或经纪商进行金融交易的单位。

第二章 衍生金融工具及活动

第四条 衍生金融工具是指同时具备下列特征，并形成一个单位的金融资产及其他单位的金融负债或权益工具的合同：

（一）其价值随特定利率、金融工具价格、商品价格、汇率、价格指数、费率指数、信用等级、信用指数或其他类似变量的变动而变动；变量为非金融变量的，该变量与合同的任一方不存在特定关系；

（二）不要求初始净投资，或与对市场情况变化有类似反应的其他类型合同相比，要求很少的初始净投资；

（三）在未来某一日期结算。

衍生金融工具包括金融远期合同、金融期货合同、金融互换和期权，以及具有金融远期合同、金融期货合同、金融互换和期权中一种或一种以上特征的工具。

第五条 被审计单位从事衍生活动的主要目的包括：

（一）管理当前或预期的与经营和财务状况有关的风险；

（二）通过未平仓或投机性头寸从预期市场变化中获利。

第六条 所有金融工具都有一定的风险，而衍生金融工具通常具有风险杠杆效应的特征，包括：

（一）在交易到期前不要求现金流出或流入，或只要求很少的现金流出或流入；

（二）不要求支付或收取本金或其他固定的金额；

（三）潜在的风险和回报可能远远大于目前的支出；

（四）衍生金融资产或负债的价值可能超过其在财务报表中已确认的金额，特别是那些在财务报表中未采用公允价值计量的衍生金融工具。

第七条 衍生金融工具和衍生活动的固有特征可能导致某些被审计单位经营风险的增加，注册会计师应当关注由此增加的审计风险。

第三章 管理层和治理层的责任

第八条 按照适用的会计准则和相关会计制度的规定编制财务报表是被审计单位管理层的责任。在编制财务报表时，管理层需要作出下列与衍生金融工具相关的认定：

（一）在财务报表中记录的所有衍生金融工具是存在的；

（二）在资产负债表日不存在未记录的衍生金融工具；

（三）在财务报表中记录的衍生金融工具得到恰当的计价和列报；

（四）在财务报表中作出了所有与衍生金融工具相关的披露。

第九条 被审计单位治理层通过监督管理层对下列方面负责：

（一）设计和实施内部控制，以便对风险和财务控制进行监督，合理保证被审计单位在其风险管理政策允许的范围内使用衍生金融工具，以及确保被审计单位遵守适用的法律法规；

（二）确保财务报告信息系统的完备性，以保证衍生活动的财务报告的可靠性。

第十条 财务报表审计不能减轻被审计单位管理层和治理层的责任。

第四章 注册会计师的责任

第十一条 在财务报表审计中，注册会计师对审计衍生金融工具的责任是，考虑管理层作出的与衍生金融工具相关的认定是否使得已编制的财务报表符合适用的会计准则和相关会计制度的规定。

第十二条 财务报表审计的目标是对财务报表发表审计意见，而不是对被审计单位与衍生活动相关的风险管理或控制的充分性提供保证。注册会计师应当考虑和管理层讨论与衍生活动相关的审计工作的性质和范围，以免发生误解。

第十三条 注册会计师可能需要特殊的知识和技能，以计划和实施与衍生金融工具相关的特定认定的审计程序。

这些特殊的知识和技能包括：

（一）了解被审计单位所处行业的经营特征和风险状况；

（二）了解被审计单位使用的衍生金融工具及其特征；

（三）了解被审计单位关于衍生金融工具的信息系统，包括服务机构提供的服务；

（四）了解衍生金融工具的估值方法；

（五）熟悉适用的会计准则和相关会计制度有关衍生金融工具的规定。

第十四条 在下列情形下，注册会计师应当考虑利用专家的工作：

（一）衍生金融工具本身非常复杂；

（二）简单的衍生金融工具应用于复杂的情形；

（三）衍生金融工具交易活跃；

（四）衍生金融工具的估值基于复杂的定价模型。

第五章　了解可能影响衍生活动及其审计的因素

第十五条　注册会计师应当从下列方面了解可能对衍生活动及其审计产生影响的因素：

（一）经济环境；

（二）行业状况；

（三）被审计单位相关情况；

（四）主要财务风险；

（五）与衍生金融工具认定相关的错报风险；

（六）持续经营；

（七）会计处理方法；

（八）会计信息系统；

（九）内部控制。

注册会计师应当按照本章第十六条至第二十三条的规定了解本条前款第（一）项至第（八）项，按照第六章的规定了解本条前款第（九）项。

第十六条　注册会计师应当了解经济环境对衍生活动的影响。

经济环境因素主要包括：

（一）经济活动的总体水平；

（二）利率（包括利率的期限结构）和融资的可获得性；

（三）通货膨胀和币值调整；

（四）汇率和外汇管制；

（五）与被审计单位使用的衍生金融工具相关的市场特征，包括该市场的流动性和波动性。

第十七条　注册会计师应当了解被审计单位所处行业状况对衍生活动的影响。被审计单位所处行业状况主要包括：

（一）价格风险；

（二）市场和竞争；

（三）生产经营的季节性和周期性；

（四）经营业务的扩张或衰退；

（五）外币交易、折算或经济风险。

第十八条　注册会计师应当了解被审计单位的相关情况对衍生活动的影响。被审计单位相关情况主要包括：

（一）管理层、治理层的知识和经验；

（二）及时和可靠的管理信息的可获得性；

（三）利用衍生金融工具的目标。

第十九条　注册会计师应当了解与衍生活动相关的主要财务风险。与衍生活动相关的主要财务风险包括：

（一）市场风险，是指因权益价格、利率、汇率、商品价格或其他市场因素的变动导致衍生金融工具公允价值的不利变动而引起损失的风险，包括价格风险、流动性风险、模型风险、基准风险等；

（二）信用风险，是指客户或交易对方在到期时或之后期间内没有全额履行义务的风险；

（三）结算风险，是指被审计单位已履行交易义务，但没有从客户或交易对方收到对价的风险；

（四）偿债风险，是指被审计单位在付款承诺到期时没有资金履行承诺的风险；

（五）法律风险，是指某项法律法规或监管措施阻止被审计单位或交易对方执行合同条款或相关总互抵协议，或使其执行无效，从而给被审计单位带来损失的风险。

第二十条 注册会计师应当考虑下列因素，以了解与衍生金融工具认定相关的错报风险：

（一）衍生活动的经济和业务目的；

（二）衍生金融工具的复杂性；

（三）交易是否产生了涉及现金交换的衍生金融工具；

（四）被审计单位在衍生金融工具方面的经验；

（五）衍生金融工具是否嵌入在一项协议中；

（六）外部因素是否影响认定；

（七）衍生金融工具是在国内交易所交易还是跨国交易。

第二十一条 衍生金融工具潜在的损失可能足以引起对被审计单位持续经营能力的重大疑虑，注册会计师应当按照《中国注册会计师审计准则第1324号——持续经营》的规定，考虑被审计单位持续经营假设的合理性。

第二十二条 注册会计师应当了解被审计单位对衍生金融工具的会计处理方法，包括是否将衍生金融工具指定为套期工具并采用套期会计，以及套期关系是否高度有效。

第二十三条 注册会计师应当了解被审计单位会计信息系统的设计、变更及其运行。

如果认为会计信息系统或其中的某些方面较为薄弱，注册会计师应当关注是否有必要修改审计方案。

第六章 了解内部控制

第一节 控制环境

第二十四条 注册会计师在了解控制环境及其变化时，应当考虑治理层、管理层对衍生活动的总体态度和关注程度。

治理层负责确定被审计单位对风险的态度，管理层负责监控和管理被审计单位面临的风险。注册会计师应当了解衍生金融工具的控制环境如何对管理层的风险评估结果作出反应。

第二十五条 注册会计师应当特别关注控制环境的下列方面对衍生活动控制的潜在影响：

（一）管理层是否通过清晰表述的既定政策，指导衍生金融工具的买进、卖出和持有；

（二）衍生活动的交易、结算和记录的职责是否适当分离；

（三）总体控制环境是否已经影响负责衍生活动的人员。

第二十六条 如果被审计单位对涉及衍生活动的人员实施激励机制，注册会计师应当考虑被审计单位是否已经制定适当的规范、限额和控制，以确定执行的激励机制是否可能导致背离总体风险管理战略目标的交易。

第二十七条 如果被审计单位采用电子商务进行衍生金融工具交易，注册会计师应当按照《中国注册会计师审计准则第1633号——电子商务对财务报表审计的影响》的规定，考虑被审计单位如何处理与公共网络使用相关的安全和控制问题。

第二节 控制活动

第二十八条 注册会计师应当了解与衍生金融工具相关的控制活动，包括充分的职责分离、风险管理监控、管理层的监督和其他为实现控制目标而设计的政策和程序。

第二十九条 与衍生金融工具的买入、卖出和持有相关的内部控制的复杂程度因下列事项而存在差异：

（一）衍生金融工具的复杂程度和错报风险；

（二）相对于使用的资本，衍生交易的风险敞口；

（三）交易量。

第三十条 如果被审计单位在未对内部控制进行相应调整的情况下扩展其衍生活动的类型，注册会计师应当对此予以关注。

第三十一条 注册会计师应当考虑计算机信息系统环境对审计工作的影响，了解计算机信息系统活动的复杂性和重要程度、数据的可获得性以及资金转账的方法。

第三十二条 注册会计师应当了解与衍生活动相关的调节程序。

调节程序主要包括下列类型：

（一）交易员的记录与用于持续监控过程的记录以及与在总分类账中反映的头寸或利得和损失的调节；

（二）明细分类账与总分类账的调节；

（三）为保证所有尚未结清的项目及时得到识别和结算，所有的结算账户、银行账户与经纪商对账单的调节；

（四）在适用的情况下，被审计单位会计记录与服务机构持有记录的调节。

第三十三条 注册会计师应当了解被审计单位的初始成交记录是否明确反映单笔交易的性质和目的，以及每个衍生合同产生的权利和义务。

除基本财务信息外，注册会计师还应当关注下列信息：

（一）交易员的身份；

（二）记录交易人员的身份；

（三）交易的日期和具体时间；

（四）交易的性质和目的，包括是否为了某项敞口进行套期；

（五）在采用套期会计时，符合套期会计要求的信息。

第三十四条 注册会计师应当了解被审计单位是否将衍生金融工具的交易记录保存在数据库、登记簿或明细分类账中，并就记录的准确性与从交易对方收到的独立的确认信息相核对。

第三十五条 注册会计师应当了解与保持衍生交易记录完整性相关的控制，包括被审计单位是否将自身记录与交易对方的确认函进行独立比较和核对。

第三节 内部审计

第三十六条 注册会计师应当按照《中国注册会计师审计准则第1411号——考虑内部审计工作》的规定，考虑内部审计人员是否具备与审计衍生活动相适应的知识和技能，以及内部审计工作范围涵盖衍生活动的程度。

第三十七条 内部审计工作可能有助于注册会计师评价内部控制，进而评价重大错报风险。

可能与注册会计师审计相关的内部审计工作包括：

（一）编制衍生金融工具使用范围的概况；

（二）复核政策和程序的适当性及管理层的遵守情况；

（三）复核控制程序的有效性；

（四）复核用以处理衍生交易的会计信息系统；

（五）复核与衍生活动相关的系统；

（六）确保被审计单位所有部门及人员，尤其是最有可能产生风险敞口的经营部门，完全了解衍生金融工具的管理目标；

（七）评价与衍生金融工具相关的新风险是否能够被即时识别、评估和管理；

（八）评价衍生金融工具的会计处理是否符合适用的会计准则和相关会计制度的规定，包括采用套期会计处理的衍生金融工具是否满足套期关系的条件；

（九）进行定期复核，以向管理层提供衍生活动得到恰当控制的保证，并确保新风险及为管理这些风险使用的衍生金融工具被即时识别、评估和管理。

第三十八条 当拟利用内部审计的特定工作时，注册会计师应当评价和测试其适当性，以确定能否满足审计目标。

第四节 服务机构

第三十九条 被审计单位可能使用服务机构进行衍生金融工具的买入、卖出或代为记录衍生交易。

注册会计师应当按照《中国注册会计师审计准则第1212号——对被审计单位使用服务机构的考虑》的规定，考虑使用服务机构对被审计单位内部控制的影响。

第四十条 如果服务机构担任被审计单位的投资顾问，注册会计师应当考虑与服务机构相关的风险。

在评价该风险时，注册会计师应当考虑的因素包括：

（一）被审计单位如何监督服务机构提供的服务；

（二）用以保护信息完备性及保密性的程序；

（三）应急安排；

（四）如果服务机构是被审计单位的关联方，又同时作为交易对方与被审计单位进行衍生交易，将产生关联方交易的问题。

第七章 控制测试

第四十一条 在了解相关内部控制后，如果预期控制运行是有效的，注册会计师应当实施控制测试，以获取支持重大错报风险评估结果的证据。

如果认为仅实施实质性程序获取的审计证据无法将认定层次的重大错报风险降至可接

受的低水平，注册会计师应当实施相关的控制测试，以获取控制运行有效性的审计证据。

当被审计单位只进行少数几笔的衍生交易，或相对被审计单位整体规模而言，衍生金融工具具有特别的重要性，注册会计师应当考虑主要实施实质性方案，包括在某些情况下结合实施控制测试。

第四十二条 注册会计师在实施控制测试时，应当选取适当规模的交易样本，重点对下列方面进行评价：

（一）衍生金融工具是否根据既定的政策、操作规范并在授权范围内使用；

（二）适当的决策程序是否已得到运用，交易的原因是否可以清楚理解；

（三）执行的交易是否符合衍生交易政策，包括条款、限额、跨境交易或关联方交易；

（四）交易对方是否具有适当的信用风险等级；

（五）衍生金融工具是否由独立于交易员的其他人员适当、及时地计量，并报告风险敞口；

（六）是否已将确认函发给交易对方；

（七）是否已对交易对方的确认回函进行适当比较、核对和调节；

（八）衍生金融工具的提前终止或延期是否受到与新的衍生交易同样的控制；

（九）投机或套期的指定及其变更是否经过适当授权；

（十）是否适当地记录交易，并将其完整、准确地反映在会计信息系统中；

（十一）是否有足够措施保证电子资金转账密码的安全。

第四十三条 在实施控制测试时，注册会计师应当考虑实施下列程序：

（一）阅读治理层的会议纪要，以获取被审计单位定期复核衍生活动和套期有效性并遵守既定政策的证据；

（二）将衍生交易（包括已结算的衍生交易）与被审计单位政策相比较，以确定这些政策是否得到遵守。

第四十四条 在确定衍生交易的政策是否得到遵守时，注册会计师应当考虑：

（一）测试交易是否依据被审计单位政策中的特定授权执行；

（二）测试买入前是否进行相关投资政策要求的敏感性分析；

（三）测试交易，以确定被审计单位是否获得了从事相关交易的批准以及是否仅使用了经授权的经纪商或交易对方；

（四）向管理层询问衍生金融工具及相关交易是否得到及时监控和报告，并阅读相关支持文件；

（五）测试已记录的衍生金融工具的买入交易，包括测试衍生金融工具的分类、价格以及相关分录；

（六）测试是否及时调查和解决调节的差异，测试是否由监督人员复核和批准调节事项；

（七）测试与未记录交易相关的控制，包括检查被审计单位的第三方确认函，及其对确认函中例外事项的处理；

（八）测试与数据安全和备份相关的控制，并考虑被审计单位对电子化记录场所进行年度检查和维护的程序。

第八章　实质性程序

第一节　总体要求

第四十五条　由于衍生金融工具性质特殊，注册会计师在确定重要性时，除了考虑资产负债表金额外，还应当考虑衍生金融工具对财务报表中各类交易或账户余额的潜在影响。

第四十六条　注册会计师在设计衍生金融工具的实质性程序时，应当考虑下列因素：

（一）会计处理的适当性；

（二）服务机构的参与程度；

（三）期中实施的审计程序；

（四）衍生交易是常规还是非常规交易；

（五）在财务报表其他领域实施的程序。

第四十七条　在审计衍生活动时，注册会计师可能将分析程序作为实质性程序，以获取有关被审计单位经营业务的信息。

由于影响衍生金融工具价值的各种因素之间复杂的相互作用往往掩盖可能出现的异常趋势，分析程序本身通常不能提供衍生金融工具相关认定的充分证据。

第四十八条　如果获得了负责衍生活动人员对衍生活动结果分析的资料，注册会计师应当在评价其完整性和准确性以及分析人员的能力和经验的基础上，考虑利用这些资料，进一步了解被审计单位的衍生活动。

第四十九条　如果被审计单位在套期策略中使用衍生金融工具，而分析程序的结果表明已发生大额的利得或损失，注册会计师应当怀疑套期的有效性，以及运用套期会计的适当性。

第五十条　由于存在下列原因，注册会计师在评价衍生金融工具认定的审计证据时，需要运用较多的职业判断：

（一）衍生金融工具的性质特殊；

（二）适用的会计政策和会计处理方法复杂；

（三）相关认定尤其是计价认定依据高度主观的假设作出，或对基本假设的变化极其敏感。

第二节　存在和发生认定

第五十一条　对衍生金融工具存在和发生认定实施的实质性程序通常包括：

（一）向衍生金融工具持有者或交易对方进行函证；

（二）检查支持报告金额的协议或其他支持文件，包括被审计单位收到的有关报告金额的书面或电子形式的确认函；

（三）检查报告期后实现或结算的支持文件；

（四）询问和观察。

第三节　权利和义务认定

第五十二条　对衍生金融工具权利和义务认定实施的实质性程序通常包括：

（一）向衍生金融工具的持有者或交易对方函证重要的条款；

（二）检查书面或电子形式的协议和其他支持文件。

第四节 完整性认定

第五十三条 对衍生金融工具完整性认定实施的实质性程序通常包括：

（一）向衍生金融工具的持有者或交易对方进行函证，要求其提供所有与被审计单位相关的衍生金融工具和交易的详细信息；

（二）对余额为零的衍生金融工具账户，向可能的持有者或交易对方发出询证函；

（三）复核经纪商的对账单以测试是否存在被审计单位未记录的衍生交易和持有的头寸；

（四）复核收到的但与交易记录不匹配的交易对方的询证函回函；

（五）复核尚未解决的调节事项；

（六）检查贷款或权益协议、销售合同等，以了解这些协议或合同是否包含嵌入衍生金融工具；

（七）检查报告期后发生的活动的支持文件；

（八）询问和观察；

（九）阅读治理层的会议纪要，以及治理层收到的与衍生活动相关的文件和报告等其他信息。

第五节 计价认定

第五十四条 注册会计师应当根据计量或披露所采用的估值方法设计计价认定的实质性程序。

对衍生金融工具计价认定实施的实质性程序通常包括：

（一）检查买入价格的支持文件；

（二）向衍生金融工具的持有者或交易对方进行函证；

（三）复核交易对方的信用状况；

（四）对按照公允价值计量或披露的衍生金融工具，获取支持其公允价值的证据。

第五十五条 如果公允价值信息由衍生金融工具交易对方提供，注册会计师应当考虑这些信息的客观性。在某些情况下，注册会计师需要从独立的第三方获取对公允价值的估计结果。

第五十六条 从财经出版物或交易所获得的市场报价通常可为衍生金融工具的价值提供充分的证据，但注册会计师在使用市场报价测试计价认定时，可能需要特别了解报价形成的环境。

在某些情况下，注册会计师可能认为有必要从经纪商或其他第三方获取对公允价值的估计。如果某一价格来源与被审计单位可能存在损害客观性的关系，注册会计师应当考虑从多个价格来源获取估计结果。

第五十七条 如果被审计单位使用估值模型估计衍生金融工具的价值，注册会计师可以通过下列程序，测试运用模型确定的公允价值的相关认定：

（一）评价估值模型的合理性和适当性；

（二）使用自身或专家开发的估值模型进行重新计算，以印证公允价值的合理性；

（三）将被审计单位估计的公允价值与最近交易价格相比较；

（四）考虑估值对变量和假设变动的敏感性；

（五）检查报告期后发生的衍生交易实现和结算的支持文件，以获取有关资产负债表日估值的进一步证据。

第五十八条 当管理层确定衍生金融工具公允价值能够可靠计量的假定不成立时，注册会计师应当获取支持管理层作出这项决定的审计证据，并确定衍生金融工具是否按照适用的会计准则和相关会计制度的规定进行恰当的会计处理。如果管理层不能提出该假定不成立的合理理由，注册会计师应当出具保留意见或否定意见的审计报告。

如果无法获取充分的审计证据确定该假定是否成立，注册会计师应当将其视为审计工作范围受到限制，出具保留意见或无法表示意见的审计报告。

第六节 列报认定

第五十九条 注册会计师应当通过对下列事项的判断，评价衍生金融工具的列报（包括披露）是否符合适用的会计准则和相关会计制度的规定：

（一）选用的会计政策和会计处理方法是否符合适用的会计准则和相关会计制度的规定；

（二）会计政策和会计处理方法是否与具体情况相适应；

（三）财务报表（包括相关附注）是否提供了可能影响其使用和理解的事项的信息；

（四）披露是否充分，以确保被审计单位完全遵守适用的会计准则和相关会计制度对披露的规定；

（五）财务报表列报信息的分类和汇总是否合理；

（六）财务报表是否在能够合理和可行地获取信息的范围内列报财务状况、经营成果和现金流量，从而反映相关的交易和事项。

第九章 对套期活动的额外考虑

第六十条 注册会计师应当考虑被审计单位对套期交易进行会计处理时，管理层是否在交易之初指定衍生金融工具为套期，并记录下列事项：

（一）套期关系；

（二）套期风险管理目标和战略；

（三）被审计单位如何评估套期工具抵销被套期项目公允价值变动风险，或被套期交易现金流量变动风险的有效性。

第六十一条 注册会计师应当获取审计证据，以确定管理层是否遵守适用的会计准则和相关会计制度有关套期会计的规定，包括指定要求和记录要求。

第十章 管理层声明

第六十二条 尽管管理层声明书通常由被审计单位负责人及财务负责人签署，注册会计师仍应当考虑向被审计单位负责衍生活动的人员获取关于衍生活动的声明。

第六十三条 管理层关于衍生金融工具的声明通常包括：

（一）持有衍生金融工具的目的；

（二）关于衍生金融工具的财务报表认定，包括已记录所有的衍生交易、已识别所有的嵌入衍生金融工具、估值模型已采用合理的假设和方法；

（三）所有的交易是否按照正常公平交易条件和公允市价进行；

（四）衍生交易的条款；

（五）是否存在与衍生金融工具相关的附属协议；

（六）是否订立签出期权；

（七）是否符合适用的会计准则和相关会计制度有关套期的记录要求。

第十一章　与管理层和治理层的沟通

第六十四条　如果注意到与衍生金融工具相关的内部控制在设计或运行方面存在重大缺陷，注册会计师应当按照《中国注册会计师审计准则第1151号——与治理层的沟通》的规定，尽早与管理层和治理层沟通。

第六十五条　在审计衍生金融工具时，注册会计师应当考虑与治理层职责相关的下列事项，并及时与治理层沟通：

（一）内部控制在设计或运行方面存在的重大缺陷；

（二）管理层对衍生活动的性质、范围以及相关风险缺乏了解；

（三）缺乏关于使用衍生金融工具的目标和战略的全面政策，包括业务控制、对套期关系有效性的界定、风险敞口监控以及财务报告政策；

（四）不相容职务缺乏分离。

第十二章　附　则

第六十六条　本准则自2007年1月1日起施行。

中国注册会计师审计准则第1633号
——电子商务对财务报表审计的影响

（2022年12月22日修订）

第一章　总　则

第一条　为了规范注册会计师在财务报表审计中对被审计单位电子商务的考虑，制定本准则。

第二条　本准则适用于注册会计师执行财务报表审计业务。

第三条　本准则所称电子商务，是指被审计单位利用互联网等公共网络从事的商品购买和销售、劳务接受和提供等交易活动。

第四条　广泛使用互联网从事电子商务，产生了新的风险因素，需要被审计单位有效应对。注册会计师应当考虑电子商务在被审计单位业务活动中的重要性，以及对重大错报风险评估的影响。

第五条　注册会计师按照本准则的规定对电子商务进行考虑，旨在对财务报表形成审计意见，而非对电子商务系统或活动本身提出鉴证结论或咨询意见。

第二章　知识和技能的要求

第六条　当电子商务对被审计单位的业务活动具有重大影响时，注册会计师应当具备适当水平的信息技术和互联网商务知识，以实现下列目的：

（一）了解开展电子商务对财务报表的影响；

（二）确定审计程序的性质、时间和范围，评价审计证据；

（三）考虑被审计单位依赖电子商务的程度对持续经营能力的影响。

第七条　由于电子商务的特殊性和复杂性，必要时，注册会计师应当考虑利用专家的工作。

第三章 对被审计单位电子商务的了解

第一节 总体要求

第八条 注册会计师应当考虑电子商务导致的被审计单位经营环境的变化，以及识别出的对财务报表产生影响的电子商务风险。

第九条 在了解被审计单位及其环境时，注册会计师应当考虑下列事项对财务报表的影响：

（一）业务活动和所处行业；

（二）电子商务战略；

（三）开展电子商务的程度；

（四）外包安排。

第二节 被审计单位的业务活动和所处行业

第十条 在了解被审计单位的业务活动和所处行业时，注册会计师应当关注与电子商务相关的下列特点：

（一）电子商务可能是对传统业务活动的补充，也可能是新的业务类型；

（二）电子商务不具备货物和服务等实体贸易所具有的清晰、固定的运送路线这一传统特征；

（三）某些行业运用电子商务的程度较高，可能增大对财务报表产生影响的经营风险。

第三节 被审计单位的电子商务战略

第十一条 被审计单位的电子商务战略，包括在电子商务中运用信息技术的方式以及对可接受风险水平的评估，可能对财务记录的安全性和相关财务信息的完整性与可靠性产生影响。

在考虑被审计单位的电子商务战略时，注册会计师应当结合对控制环境的了解，关注下列事项：

（一）在整合电子商务与总体经营战略的过程中，治理层的参与程度；

（二）被审计单位开展电子商务的目的，是为新业务提供支持，还是提高现有业务的效率，抑或为现有业务开辟新的市场；

（三）被审计单位的收入来源及其正在发生的变化；

（四）管理层对电子商务如何影响盈利状况和财务需求的评价；

（五）管理层对风险的态度及其对风险总体状况可能产生的影响；

（六）管理层在多大程度上识别出电子商务战略所描述的机遇和风险，或者管理层仅在机遇和风险出现时才临时制定应对措施；

（七）管理层对执行相关最佳实务规则或者网络签章程序的信守程度。

第四节 被审计单位开展电子商务的程度

第十二条 不同的被审计单位可能以不同的方式开展电子商务。电子商务可能用于下列方面：

（一）仅提供关于被审计单位及其活动的信息，供投资者、顾客、供应商、资金提供者和员工等访问；

（二）通过互联网处理交易，方便已有的顾客；

（三）通过在互联网上提供信息和处理交易，开拓新市场和发展新客户；

（四）访问应用服务提供商；

（五）创立一种全新的经营模式。

第十三条 随着被审计单位开展电子商务程度的加深，以及内部系统更加集成化和复杂化，新的交易方式与传统业务活动的差异可能更加明显，并可能导致新的风险。

注册会计师应当了解电子商务的开展程度如何影响被审计单位需要应对的风险的性质。

第五节 被审计单位的外包安排

第十四条 被审计单位可能在下列方面使用服务机构的工作：

（一）提供电子商务运作所需的全部或部分信息技术支持；

（二）与电子商务相关的其他工作，包括订单履行、商品交付、呼叫中心运转，以及某些会计工作等。

被审计单位使用的服务机构包括互联网服务提供商、应用服务提供商和数据服务公司等。

第十五条 在被审计单位使用服务机构的情况下，服务机构采用和保持的某些政策、程序和记录可能与被审计单位财务报表审计相关，注册会计师应当按照《中国注册会计师审计准则第1241号—— 对被审计单位使用服务机构的考虑》的规定，考虑被审计单位的外包安排及相关风险的应对措施，以确定其对审计的影响。

第四章 识别风险

第十六条 管理层可能面临下列各种与电子商务相关的经营风险：

（一）无法保证交易的完备性，尤其在缺少充分的审计轨迹（无论是纸质还是电子形式）时，该风险的影响将更大；

（二）电子商务安全风险，包括顾客、员工和其他人士通过未经授权的访问实施舞弊的可能性，以及病毒攻击；

（三）运用不恰当的会计政策，包括收入确认、网站开发成本等支出的处理、与产品质量保证相关的预计负债的确认、外币折算等问题；

（四）未能遵守税法和其他法律法规，尤其在通过互联网开展跨国或跨地区电子商务时更易出现此类情况；

（五）无法保证仅以电子形式存在的合同具有约束力；

（六）过度依赖电子商务；

（七）系统和基础架构失效或崩溃。

第十七条 注册会计师应当利用对被审计单位及其环境的了解，识别电子商务中可能导致经营风险的事项、交易和惯例。

第十八条 注册会计师应当关注被审计单位是否运用适当的安全基础架构和相关控制，应对电子商务中出现的某些经营风险。

第十九条 注册会计师应当考虑被审计单位是否已恰当处理与电子商务环境密切相关的下列法律法规问题：

（一）隐私权保护；

（二）对特定行业的管制；

（三）合同的强制执行效力；

（四）特殊交易或事项的合法性；

（五）反洗钱；

（六）知识产权保护。

第二十条 在跨国或跨地区的电子商务中，注册会计师应当考虑被审计单位是否对电子商务涉及的不同司法管辖区内的法律法规差异有足够的了解，并遵守所有适用的法律法规；注册会计师尤其要考虑被审计单位有无适当的程序确认其在不同司法管辖区内的纳税义务（特别是营业税、增值税等流转税）。

可能导致电子商务交易产生相应纳税义务的因素包括：

（一）被审计单位的法定注册地；

（二）被审计单位的实际经营所在地；

（三）被审计单位网络服务器所在地；

（四）商品和服务的来源地；

（五）顾客所在地，或商品交付地和劳务提供地。

第二十一条 注册会计师应当按照《中国注册会计师审计准则第1142号——财务报表审计中对法律法规的考虑》的规定，实施相关程序，充分考虑被审计单位可能存在的违反与电子商务有关的法律法规的行为及其可能对财务报表产生的重大影响。必要时，应当考虑征询法律意见。

第五章 对内部控制的考虑

第一节 总体要求

第二十二条 注册会计师应当按照《中国注册会计师审计准则第1211号——重大错报风险的识别和评估》和《中国注册会计师审计准则第1231号——针对评估的重大错报风险采取的应对措施》的规定，考虑被审计单位在电子商务中运用的与财务报表编制相关的内部控制体系。

在某些情况下，仅依靠实施实质性程序不足以将审计风险降至可接受的低水平，注册会计师应当实施控制测试，并考虑使用计算机辅助审计技术。这些情况主要包括：

（一）电子商务系统高度自动化；

（二）交易量过大；

（三）未保留包含审计轨迹的电子证据。

第二十三条 当被审计单位从事电子商务时，注册会计师应当考虑与电子商务相关的安全性控制、交易完备性控制和流程整合。

注册会计师还应当考虑内部控制中与审计特别相关的下列方面：

（一）在快速变化的电子商务环境中保持控制程序的完备性；

（二）确保能够访问相关记录，以满足被审计单位和注册会计师审计的需要。

第二节 安全性控制

第二十四条 注册会计师应当考虑被审计单位安全基础架构和相关控制是否足以应对与电子商务交易的记录和处理相关的安全性风险。

第二十五条 注册会计师应当考虑下列事项对财务报表认定的潜在影响：

（一）有效使用防火墙和病毒防护软件；

（二）有效使用加密技术；

（三）对用于支持电子商务活动的系统的开发和运行的控制；

（四）当出现的新技术可能危害互联网安全时，现有的安全控制是否仍然有效；

（五）控制环境能否对所采用的控制程序提供支持。

第三节　交易完备性控制

第二十六条　注册会计师应当考虑交易完备性控制，包括被审计单位会计处理所依据信息的完整性、准确性、及时性以及是否经过授权。

第二十七条　注册会计师针对会计系统中与电子商务交易相关的信息完备性所实施的审计程序，主要涉及评估用于采集和处理此类信息的系统的可靠性。

在针对复杂电子商务实施审计程序时，注册会计师应当重点考虑在交易信息的采集和即时自动化处理中与交易完备性相关的自动化控制。

第二十八条　在电子商务环境中，与交易完备性相关的控制通常用于：

（一）验证输入；

（二）防止交易的重复记录或遗漏；

（三）确保在处理订单之前，交易双方已就交货条件和信用条件等交易条款达成一致；

（四）区分顾客的浏览和正式订单，确保交易的一方事后不能否认已达成一致的特定条款，必要时还应确保交易是与经核准的交易方进行的；

（五）确保所有步骤均已完成并得以记录，或拒绝未完成所有步骤的订单，以防止出现处理不完整的情况；

（六）确保交易的详细信息在同一网络内的多个系统之间适当分配；

（七）确保记录得到适当保管、备份和保护。

第四节　流程整合

第二十九条　流程整合是指将多个信息技术系统集成，使之实质上如同一个系统运转的过程。

第三十条　注册会计师应当关注被审计单位采集电子商务交易数据并将其传递至会计系统的方式可能对下列事项产生影响：

（一）交易处理和信息存储的完整性和准确性；

（二）销售收入、采购和其他交易的确认时点；

（三）有争议交易的识别和记录。

第三十一条　当下列控制与财务报表认定相关时，注册会计师应当予以考虑：

（一）针对电子商务交易与内部系统的集成实施的控制；

（二）针对系统改变和数据转换实施的控制。

第六章　电子记录对审计证据的影响

第三十二条　注册会计师应当考虑被审计单位实施的信息安全政策和安全控制措施，是否足以防止未经授权修改会计系统或会计记录，或修改向会计系统提供数据的系统。

第三十三条　在考虑电子证据的充分性和适当性时，注册会计师可能需要测试自动化控制（如记录完备性检查、电子日戳、数字签章和版本控制），并根据对这些控制的评价结论，考虑是否需要实施追加的审计程序，比如向第三方函证交易细节或账户余额。

第七章　附　则

第三十四条　本准则自2023年7月1日起施行。

中国注册会计师审阅准则第2101号——财务报表审阅

第一章 总 则

第一条 为了规范注册会计师执行财务报表审阅业务，明确执业责任，制定本准则。

第二条 财务报表审阅的目标，是注册会计师在实施审阅程序的基础上，说明是否注意到某些事项，使其相信财务报表没有按照适用的会计准则和相关会计制度的规定编制，未能在所有重大方面公允反映被审阅单位的财务状况、经营成果和现金流量。

第三条 注册会计师应当遵守相关的职业道德规范，恪守独立、客观、公正的原则，保持专业胜任能力和应有的关注，并对执业过程中获知的信息保密。

第四条 注册会计师应当按照本准则的规定执行财务报表审阅业务。

第五条 在计划和实施审阅工作时，注册会计师应当保持职业怀疑态度，充分考虑可能存在导致财务报表发生重大错报的情形。

第六条 注册会计师应当主要通过询问和分析程序获取充分、适当的证据，作为得出审阅结论的基础。

第二章 审阅范围和保证程度

第七条 审阅范围是指为实现财务报表审阅目标，注册会计师根据本准则和职业判断实施的恰当的审阅程序的总和。

注册会计师应当根据本准则确定执行财务报表审阅业务所要求的程序。必要时，还应当考虑业务约定条款的要求。

第八条 由于实施审阅程序不能提供在财务报表审计中要求的所有证据，审阅业务对所审阅的财务报表不存在重大错报提供有限保证，注册会计师应当以消极方式提出结论。

第三章 业务约定书

第九条 注册会计师应当与被审阅单位就业务约定条款达成一致意见，并签订业务约定书。

第十条 业务约定书应当包括下列主要内容：

（一）审阅业务的目标；

（二）管理层对财务报表的责任；

（三）审阅范围，其中应提及按照本准则的规定执行审阅工作；

（四）注册会计师不受限制地接触审阅业务所要求的记录、文件和其他信息；

（五）预期提交的报告样本；

（六）说明不能依赖财务报表审阅揭示错误、舞弊和违反法规行为；

（七）说明没有实施审计，因此注册会计师不发表审计意见，不能满足法律法规或第三方对审计的要求。

第四章 审阅计划

第十一条 注册会计师应当计划审阅工作，以有效执行审阅业务。

第十二条 在计划审阅工作时，注册会计师应当了解被审阅单位及其环境，或更新以前了解的内容，包括考虑被审阅单位的组织结构、会计信息系统、经营管理情况以及资产、负债、收入和费用的性质等。

第五章 审阅程序和审阅证据

第十三条 在确定审阅程序的性质、时间和范围时，注册会计师应当运用职业判断，并考虑下列因素：

（一）以前期间执行财务报表审计或审阅所了解的情况；

（二）对被审阅单位及其环境的了解，包括适用的会计准则和相关会计制度、行业惯例；

（三）会计信息系统；

（四）管理层的判断对特定项目的影响程度；

（五）各类交易和账户余额的重要性。

第十四条 在考虑重要性水平时，注册会计师应当采用与执行财务报表审计业务相同的标准。

第十五条 财务报表审阅程序通常包括：

（一）了解被审阅单位及其环境；

（二）询问被审阅单位采用的会计准则和相关会计制度、行业惯例；

（三）询问被审阅单位对交易和事项的确认、计量、记录和报告的程序；

（四）询问财务报表中所有重要的认定；

（五）实施分析程序，以识别异常关系和异常项目；

（六）询问股东会、董事会以及其他类似机构决定采取的可能对财务报表产生影响的措施；

（七）阅读财务报表，以考虑是否遵循指明的编制基础；

（八）获取其他注册会计师对被审阅单位组成部分财务报表出具的审计报告或审阅报告。

注册会计师应当向负责财务会计事项的人员询问下列事项：

（一）所有交易是否均已记录；

（二）财务报表是否按照指明的编制基础编制；

（三）被审阅单位业务活动、会计政策和行业惯例的变化；

（四）在实施本条前款第（一）项至第（八）项程序时所发现的问题。

必要时，注册会计师应当获取管理层书面声明。

第十六条 注册会计师应当询问在资产负债表日后发生的、可能需要在财务报表中调整或披露的期后事项。注册会计师没有责任实施程序以识别审阅报告日后发生的事项。

第十七条 如果有理由相信所审阅的财务报表可能存在重大错报，注册会计师应当实施追加的或更为广泛的程序，以便能够以消极方式提出结论或确定是否出具非无保留结论的报告。

第十八条 在利用其他注册会计师或专家的工作时，注册会计师应当考虑其工作是否满足财务报表审阅的需要。

第十九条 注册会计师应当记录为审阅报告提供证据的重大事项，以及按照本准则的规定执行审阅业务的证据。

第六章 结论和报告

第二十条 审阅报告应当清楚地表达有限保证的结论。

注册会计师应当复核和评价根据审阅证据得出的结论，以此作为表达有限保证的基础。

第二十一条 根据已实施的工作，注册会计师应当评估在审阅过程中获知的信息是否表明财务报表没有按照适用的会计准则和相关会计制度的规定编制，未能在所有重大方面公允反映被审阅单位的财务状况、经营成果和现金流量。

第二十二条 审阅报告应当包括下列要素：

（一）标题；

（二）收件人；

（三）引言段；

（四）范围段；

（五）结论段；

（六）注册会计师的签名和盖章；

（七）会计师事务所的名称、地址及盖章；

（八）报告日期。

第二十三条 审阅报告的标题应当统一规范为“审阅报告”。

第二十四条 审阅报告的收件人应当为审阅业务的委托人。审阅报告应当载明收件人的全称。

第二十五条 审阅报告的引言段应当说明下列内容：

（一）所审阅财务报表的名称；

（二）管理层的责任和注册会计师的责任。

第二十六条 审阅报告的范围段应当说明审阅的性质，包括下列内容：

（一）审阅业务所依据的准则；

（二）审阅主要限于询问和实施分析程序，提供的保证程度低于审计；

（三）没有实施审计，因而不发表审计意见。

第二十七条 注册会计师应当根据实施审阅程序的情况，在审阅报告的结论段中提出下列之一的结论：

（一）根据注册会计师的审阅，如果没有注意到任何事项使其相信财务报表没有按照适用的会计准则和相关会计制度的规定编制，未能在所有重大方面公允反映被审阅单位的财务状况、经营成果和现金流量，注册会计师应当提出无保留的结论。

（二）如果注意到某些事项使其相信财务报表没有按照适用的会计准则和相关会计制度的规定编制，未能在所有重大方面公允反映被审阅单位的财务状况、经营成果和现金流量，注册会计师应当在审阅报告的结论段前增设说明段，说明这些事项对财务报表的影响，并提出保留结论。

如果这些事项对财务报表的影响非常重大和广泛，以至于认为仅提出保留结论不足以揭示财务报表的误导性或不完整性，注册会计师应当对财务报表提出否定结论，即财务报表没有按照适用的会计准则和相关会计制度的规定编制，未能在所有重大方面公允反映被审阅单位的财务状况、经营成果和现金流量。

（三）如果存在重大的范围限制，注册会计师应当在审阅报告中说明，假定范围不受限制，注册会计师可能发现需要调整财务报表的事项，因而提出保留结论。

如果范围限制的影响非常重大和广泛，以至于注册会计师认为不能提供任何程度的保证时，不应提供任何保证。

第二十八条 审阅报告应当由注册会计师签名并盖章。

第二十九条 审阅报告应当载明会计师事务所的名称和地址，并加盖会计师事务所公章。

第三十条 审阅报告应当注明报告日期。审阅报告的日期是指注册会计师完成审阅工作的日期，不应早于管理层批准财务报表的日期。

第七章 附 则

第三十一条 本准则自2007年1月1日起施行。

附录：

审阅报告参考格式

1.无保留结论的审阅报告

审阅报告

ABC股份有限公司全体股东：

我们审阅了后附的ABC股份有限公司（以下简称ABC公司）财务报表，包括20×1年12月31日的资产负债表，20×1年度的利润表、股东权益变动表和现金流量表以及财务报表附注。这些财务报表的编制是ABC公司管理层的责任，我们的责任是在实施审阅工作的基础上对这些财务报表出具审阅报告。

我们按照《中国注册会计师审阅准则第2101号——财务报表审阅》的规定执行了审阅业务。该准则要求我们计划和实施审阅工作，以对财务报表是否不存在重大错报获取有限保证。审阅主要限于询问公司有关人员和对财务数据实施分析程序，提供的保证程度低于审计。我们没有实施审计，因而不发表审计意见。

根据我们的审阅，我们没有注意到任何事项使我们相信财务报表没有按照企业会计准则和《××会计制度》的规定编制，未能在所有重大方面公允反映被审阅单位的财务状况、经营成果和现金流量。

××会计师事务所　　　　中国注册会计师：×××
（盖章）　　　　（签名并盖章）
　　　　中国注册会计师：×××
　　　　（签名并盖章）
中国××市　　　　二〇×二年×月×日

2.保留结论的审阅报告

审阅报告

ABC股份有限公司全体股东：

我们审阅了后附的ABC股份有限公司（以下简称ABC公司）财务报表，包括20×1年12月31日的资产负债表，20×1年度的利润表、股东权益变动表和现金流量表以及财务报表附注。这些财务报表的编制是ABC公司管理层的责任，我们的责任是在实施审阅工作的基础上对这些财务报表出具审阅报告。

我们按照《中国注册会计师审阅准则第2101号——财务报表审阅》的规定执行了审

阅业务。该准则要求我们计划和实施审阅工作，以对财务报表是否不存在重大错报获取有限保证。审阅主要限于询问公司有关人员和对财务数据实施分析程序，提供的保证程度低于审计。我们没有实施审计，因而不发表审计意见。

ABC公司管理层告知我们，存货以高于可变现净值的成本计价。由ABC公司管理层编制并经过我们审阅的计算表显示，如果根据企业会计准则规定的成本与可变现净值孰低法计价，存货的账面价值将减少×元，净利润和股东权益将减少×元。

根据我们的审阅，除了上述存货价值高估所造成的影响外，我们没有注意到任何事项使我们相信财务报表没有按照适用的会计准则和相关会计制度的规定编制，未能在所有重大方面公允反映被审阅单位的财务状况、经营成果和现金流量。

××会计师事务所　　　　　　　　中国注册会计师：×××
（盖章）　　　　　　　　　　　（签名并盖章）
　　　　　　　　　　　　　　　中国注册会计师：×××
　　　　　　　　　　　　　　　（签名并盖章）
中国××市　　　　　　　　　　　二〇×二年×月×日

3.否定结论的审阅报告

审阅报告

ABC股份有限公司全体股东：

我们审阅了后附的ABC股份有限公司（以下简称ABC公司）财务报表，包括20×1年12月31日的资产负债表，20×1年度的利润表、股东权益变动表和现金流量表以及财务报表附注。这些财务报表的编制是ABC公司管理层的责任，我们的责任是在实施审阅工作的基础上对这些财务报表出具审阅报告。

我们按照《中国注册会计师审阅准则第2101号——财务报表审阅》的规定执行了审阅业务。该准则要求我们计划和实施审阅工作，以对财务报表是否不存在重大错报获取有限保证。审阅主要限于询问公司有关人员和对财务数据实施分析程序，提供的保证程度低于审计。我们没有实施审计，因而不发表审计意见。

如财务报表附注×所述，ABC公司在编制财务报表时未将各子公司纳入合并范围，且对这些子公司的长期股权投资以成本法核算。根据企业会计准则的规定，ABC公司应当对子公司的长期股权投资采用权益法核算，并将子公司纳入合并范围。

根据我们的审阅，由于受到前段所述事项的重大影响，财务报表未能按照企业会计准则和《××会计制度》的规定编制。

××会计师事务所　　　　　　　　中国注册会计师：×××
（盖章）　　　　　　　　　　　（签名并盖章）
　　　　　　　　　　　　　　　中国注册会计师：×××
　　　　　　　　　　　　　　　（签名并盖章）
中国××市　　　　　　　　　　　二〇×二年×月×日

中国注册会计师其他鉴证业务准则第3101号
——历史财务信息审计或审阅以外的鉴证业务

第一章 总 则

第一条 为了规范注册会计师执行历史财务信息审计或审阅以外的鉴证业务，制定本准则。

第二条 本准则适用于注册会计师执行历史财务信息审计或审阅以外的鉴证业务（以下简称其他鉴证业务）。

第三条 注册会计师执行其他鉴证业务，应当遵守《中国注册会计师鉴证业务基本准则》和其他鉴证业务准则，以及职业道德规范和会计师事务所质量控制准则。

第四条 其他鉴证业务的保证程度分为合理保证和有限保证。

合理保证的其他鉴证业务的目标是注册会计师将鉴证业务风险降至该业务环境下可接受的低水平，以此作为以积极方式提出结论的基础。

有限保证的其他鉴证业务的目标是注册会计师将鉴证业务风险降至该业务环境下可接受的水平，以此作为以消极方式提出结论的基础。

有限保证的其他鉴证业务的风险水平高于合理保证的其他鉴证业务的风险水平。

第二章 承接与保持业务

第五条 只有符合下列所有条件，会计师事务所才能承接或保持其他鉴证业务：

（一）鉴证对象由预期使用者和注册会计师以外的第三方负责；

（二）在初步了解业务环境的基础上，未发现不符合职业道德规范和《中国注册会计师鉴证业务基本准则》要求的情况；

（三）确信执行其他鉴证业务的人员在整体上具备必要的专业胜任能力。

第六条 注册会计师应当向责任方获取书面声明，以明确责任方对鉴证对象的责任。如果无法获取责任方的书面声明，注册会计师应当考虑：

（一）承接业务是否适当，法律法规或合同是否明确了相关责任；

（二）如果承接业务，是否在鉴证报告中披露该情况。

第七条 注册会计师应当考虑职业道德规范中有关独立性的要求，以及拟承接的其他鉴证业务是否具备《中国注册会计师鉴证业务基本准则》第十条规定的所有特征。

第八条 在某些情况下，鉴证对象要求的专业知识和技能可能超出注册会计师通常具有的专业胜任能力。在这种情况下，注册会计师应当考虑利用专家工作或拒绝接受业务委托。

第九条 注册会计师应当在其他鉴证业务开始前，与委托人就其他鉴证业务约定条款达成一致意见，并签订业务约定书，以避免双方对其他鉴证业务的理解产生分歧。如果委托人与责任方不是同一方，业务约定书的性质和内容可以有所不同。

第十条 在完成其他鉴证业务前，如果委托人要求将其他鉴证业务变更为非鉴证业务，或将合理保证的其他鉴证业务变更为有限保证的其他鉴证业务，注册会计师应当考虑这一要求的合理性。如果没有合理的理由，注册会计师不应当同意这一变更。

当业务环境变化影响到预期使用者的需求，或预期使用者对该项业务的性质存在误解时，注册会计师可以应委托人的要求，考虑同意变更该项业务。如果发生变更，注册会计师不应忽视变更前获取的证据。

第三章 计划与执行业务

第一节 总体要求

第十一条 注册会计师应当计划其他鉴证业务工作，以有效执行其他鉴证业务。

计划工作包括制定总体策略和具体计划。总体策略包括确定其他鉴证业务的范围、重点、时间安排和实施。具体计划包括拟执行的证据收集程序的性质、时间和范围以及选择这些程序的理由。

计划工作的性质和范围因被鉴证单位的规模、复杂程度以及注册会计师的相关经验等情况的不同而存在差异。在计划其他鉴证业务工作时，注册会计师应当考虑下列主要因素：

（一）业务约定条款；

（二）鉴证对象特征和既定标准；

（三）其他鉴证业务的实施过程和可能的证据来源；

（四）对被鉴证单位及其环境的了解，包括对鉴证对象信息可能存在重大错报风险的了解；

（五）确定预期使用者及其需要，考虑重要性以及鉴证业务风险要素；

（六）对参与业务的人员及其技能的要求，包括专家参与的性质和范围。

第十二条 计划其他鉴证业务工作不是一个孤立阶段，而是整个其他鉴证业务中持续的、不断修正的过程。

由于未预期事项、业务情况变化或获取的证据等因素，注册会计师可能需要在业务实施过程中修订总体策略和具体计划，进而修改计划实施的进一步程序的性质、时间和范围。

第十三条 在计划和执行其他鉴证业务时，注册会计师应当保持职业怀疑态度，以识别可能导致鉴证对象信息发生重大错报的情况。

第十四条 注册会计师应当了解鉴证对象和其他的业务环境事项，以足够识别和评估鉴证对象信息发生重大错报的风险，并设计和实施进一步的证据收集程序。

第十五条 在计划和执行其他鉴证业务时，注册会计师应当了解鉴证对象和其他的业务环境事项，以便为在下列关键环节作出职业判断提供重要基础：

（一）考虑鉴证对象特征；

（二）评估标准的适当性；

（三）确定需要特殊考虑的领域，比如显示存在舞弊的迹象、需要特殊技能或利用专家工作的领域；

（四）确定重要性水平，评价其数量的持续适当性，并考虑其性质因素；

（五）实施分析程序时确定期望值；

（六）设计和实施进一步的证据收集程序，以将鉴证业务风险降至适当水平；

（七）评价证据，包括评价责任方口头声明和书面声明的合理性。

第十六条 注册会计师应当运用职业判断，确定需要了解鉴证对象及其他的业务环境事项的程度，并考虑这种了解是否足以评估鉴证对象信息发生重大错报的风险。

第二节 评估鉴证对象的适当性

第十七条 注册会计师应当评估鉴证对象的适当性。

适当的鉴证对象应当具备下列所有条件：

（一）鉴证对象可以识别；

（二）不同的组织或人员按照既定标准对鉴证对象进行评价或计量的结果合理一致；

（三）注册会计师能够收集与鉴证对象有关的信息，获取充分、适当的证据，以支持其提出适当的鉴证结论。

第十八条 只有当对业务环境的初步了解表明鉴证对象适当时，会计师事务所才能承接其他鉴证业务。

在承接其他鉴证业务后，如果认为鉴证对象不适当，注册会计师应当出具保留结论、否定结论或无法提出结论的报告。必要时，注册会计师应当考虑解除业务约定。

第三节 评估标准的适当性

第十九条 注册会计师应当评估用于评价或计量鉴证对象的标准的适当性。

适当的标准应当具备下列所有特征：

（一）相关性：相关的标准有助于得出结论，便于预期使用者作出决策；

（二）完整性：完整的标准不应忽略业务环境中可能影响得出结论的相关因素，当涉及列报时，还包括列报的基准；

（三）可靠性：可靠的标准能够使能力相近的注册会计师在相似的业务环境中，对鉴证对象作出合理一致的评价或计量；

（四）中立性：中立的标准有助于得出无偏向的结论；

（五）可理解性：可理解的标准有助于得出清晰、易于理解、不会产生重大歧义的结论。

第二十条 只有当对业务环境的初步了解表明使用的标准适当时，会计师事务所才能承接其他鉴证业务。

在承接其他鉴证业务后，如果认为使用的标准不适当，注册会计师应当出具保留结论、否定结论或无法提出结论的报告。必要时，注册会计师应当考虑解除业务约定。

第二十一条 标准可能是由法律法规规定的，或由政府主管部门或国家认可的专业团体依照公开、适当的程序发布的（以下简称公开发布标准），也可能是专门制定的。在通常情况下，只有当与预期使用者的需求相关时，公开发布标准才是适当的。

如果某鉴证对象存在公开发布标准，而特定的预期使用者出于特定目的使用其他标准，或专门建立一套标准满足其特殊需要，在这种情况下，注册会计师应当在鉴证报告中指明：

（一）使用的标准不是公开发布标准；

（二）使用的标准仅供特定的预期使用者使用，且仅适用于特殊目的。

第二十二条 对某些鉴证对象，可能不存在公开发布标准，而需要专门制定标准。注册会计师应当考虑专门制定的标准是否会导致鉴证报告对预期使用者产生误导。注册会计师应当尽可能使预期使用者或委托人确认专门制定的标准符合预期使用者的目的。

如果未获得对专门制定标准的确认，注册会计师应当考虑这种情况对评估既定标准适当性的影响，以及对鉴证报告中有关该标准的信息的影响。

第四节　重要性与鉴证业务风险

第二十三条　在计划和执行其他鉴证业务时，注册会计师应当考虑重要性和鉴证业务风险。

第二十四条　在确定证据收集程序的性质、时间和范围，评价鉴证对象信息是否不存在错报时，注册会计师应当考虑重要性。

在考虑重要性时，注册会计师应当了解并评价哪些因素可能会影响预期使用者的决策。

注册会计师应当综合数量和性质因素考虑重要性。在具体业务中，注册会计师需要运用职业判断，评估重要性以及数量和性质因素的相对重要程度。

第二十五条　注册会计师应当将鉴证业务风险降至该业务环境下可接受的水平。

在合理保证的其他鉴证业务中，注册会计师应当将鉴证业务风险降至该业务环境下可接受的低水平，以此作为以积极方式提出结论的基础。

由于证据收集程序的性质、时间和范围不同，有限保证的其他鉴证业务的风险水平高于合理保证的其他鉴证业务的风险水平。但在有限保证的其他鉴证业务中，证据收集程序的性质、时间和范围应当至少足以使注册会计师获得某种有意义的保证水平，以此作为注册会计师以消极方式提出结论的基础。

当注册会计师获取的保证水平很有可能在一定程度上增强预期使用者对鉴证对象信息的信任时，这种保证水平是有意义的保证水平。

第二十六条　鉴证业务风险通常体现为重大错报风险和检查风险。

重大错报风险是指鉴证对象信息在鉴证前存在重大错报的可能性。

检查风险是指注册会计师未能发现存在的重大错报的可能性。

注册会计师对重大错报风险和检查风险的考虑受具体业务环境的影响，特别受鉴证对象性质，以及所执行的是合理保证还是有限保证的其他鉴证业务的影响。

第四章　利用专家的工作

第二十七条　在收集和评价证据时，对于某些其他鉴证业务的鉴证对象和相关标准，可能需要运用特殊知识和技能。在这种情况下，注册会计师应当考虑利用专家的工作。

第二十八条　当利用专家的工作收集和评价证据时，注册会计师与专家作为一个整体，应当具备与鉴证对象和标准相关的足够的专业知识和技能。

第二十九条　参与其他鉴证业务的所有人员（包括专家），都应当保持应有的关注。

在执行其他鉴证业务时，尽管并不要求专家在所有方面与注册会计师具备同样的专业知识和技能，但注册会计师应当确定专家已充分了解其他鉴证业务准则，以使专家能够按照具体业务目标开展工作。

第三十条　注册会计师应当实施质量控制程序，明确执行其他鉴证业务人员的责任，包括专家的工作责任，以确保其遵守其他鉴证业务准则。

第三十一条　注册会计师应当充分参与其他鉴证业务和了解专家所承担的工作，以足以对鉴证对象信息形成的结论承担责任。

在形成鉴证结论时，注册会计师应当考虑利用专家工作的程度是否合理。

第三十二条　尽管并不期望注册会计师具备与专家相同的专业知识和技能，但注册会计师应当具备足够的知识和技能，以实现下列目的：

（一）界定专家工作的目标及其如何与鉴证业务目标相联系；

（二）考虑专家使用的假设、方法和原始数据的合理性；

（三）考虑专家发现的问题和得出结论的合理性。

第三十三条 注册会计师应当获取充分、适当的证据，确定专家的工作是否符合其他鉴证业务的目标。

在评估专家提供证据的充分性和适当性时，注册会计师应当评价：

（一）专家的专业胜任能力，包括专家的经验和客观性；

（二）专家使用的假设、方法和原始数据的合理性；

（三）专家发现的问题和得出结论的合理性及其重要性。

第五章 获取证据

第一节 总体要求

第三十四条 注册会计师应当获取充分、适当的证据，据此形成鉴证结论。

证据的充分性是对证据数量的衡量。证据的适当性是对证据质量的衡量，即证据的相关性和可靠性。

第三十五条 注册会计师可以考虑获取证据的成本与所获取信息有用性之间的关系，但不应仅以获取证据的困难和成本为由减少不可替代的程序。

第三十六条 在评价证据的充分性和适当性以支持鉴证结论时，注册会计师应当运用职业判断，并保持职业怀疑态度。

第三十七条 其他鉴证业务通常不涉及鉴定文件记录的真伪，注册会计师也不是鉴定文件记录真伪的专家，但应当考虑用作证据的信息的可靠性，包括考虑与信息生成和维护相关的控制的有效性。

如果在执行业务过程中识别出的情况使其认为文件记录可能是伪造的或文件记录中的某些条款已发生变动，注册会计师应当作进一步调查，包括直接向第三方询证，或考虑利用专家的工作，以评价文件记录的真伪。

第三十八条 在合理保证的其他鉴证业务中，注册会计师应当通过下列不断修正的、系统化的执业过程，获取充分、适当的证据：

（一）了解鉴证对象及其他的业务环境事项，必要时包括了解内部控制；

（二）在了解鉴证对象及其他的业务环境事项的基础上，评估鉴证对象信息可能存在的重大错报风险；

（三）应对评估的风险，包括制定总体应对措施以及确定进一步程序的性质、时间和范围；

（四）针对识别的风险实施进一步程序，包括实施实质性程序，以及在必要时测试控制运行的有效性；

（五）评价证据的充分性和适当性。

第三十九条 合理保证提供的保证水平低于绝对保证。由于存在下列因素，将鉴证业务风险降至零几乎不可能，也不符合成本效益原则：

（一）选择性测试方法的运用；

（二）内部控制的固有局限性；

（三）大多数证据是说服性而非结论性的；

（四）在获取和评价证据以及由此得出结论时涉及大量判断；

（五）在某些情况下鉴证对象具有特殊性。

第四十条　合理保证的其他鉴证业务和有限保证的其他鉴证业务都需要运用鉴证技术和方法，收集充分、适当的证据。与合理保证的其他鉴证业务相比，有限保证的其他鉴证业务在证据收集程序的性质、时间、范围等方面是有意识地加以限制的。

第四十一条　无论是合理保证还是有限保证的其他鉴证业务，如果注意到某事项可能导致对鉴证对象信息是否需要作出重大修改产生疑问，注册会计师应当执行其他足够的程序，追踪这一事项，以支持鉴证结论。

第二节　责任方声明

第四十二条　注册会计师在必要时应当向责任方获取声明。责任方声明包括书面声明和口头声明。责任方对口头声明的书面确认，可以减少注册会计师和责任方之间产生误解的可能性。

注册会计师应当要求责任方就其按照既定标准对鉴证对象进行评价或计量出具书面声明，无论该声明作为责任方的认定能否为预期使用者获取。如果无法获取该项书面声明，注册会计师应当根据工作范围受到限制的程度，考虑出具保留结论或无法提出结论的鉴证报告，并考虑是否需要对鉴证报告的使用作出限制。

第四十三条　在其他鉴证业务中，责任方可能主动提供声明或以回复注册会计师询问的方式提供声明。当责任方声明与某一事项相关，且该事项对鉴证对象的评价或计量有重大影响时，注册会计师应当实施下列程序：

（一）评价责任方声明的合理性及其与其他证据（包括其他声明）的一致性。

（二）考虑作出声明的人员是否充分知晓所声明的特定事项。

（三）在合理保证的其他鉴证业务中，获取佐证性的证据；在有限保证的其他鉴证业务中，考虑是否有必要寻求佐证性的证据。

第四十四条　责任方声明不能替代注册会计师合理预期能够获取的其他证据。如果某事项对评价或计量鉴证对象产生重大影响或可能产生重大影响，且对该事项无法获取在正常情况下能够获取的充分、适当的证据，即使已从责任方获取相关声明，注册会计师应将其视为工作范围受到限制。

第六章　考虑期后事项

第四十五条　注册会计师应当考虑截至鉴证报告日发生的事项对鉴证对象信息和鉴证报告的影响。

第四十六条　注册会计师对期后事项的考虑程度，取决于这些事项对鉴证对象信息和鉴证结论适当性的潜在影响。

在某些其他鉴证业务中，由于鉴证对象性质特殊，注册会计师可能无需考虑期后事项，如对某一时点统计报表的准确性提出鉴证结论。

第七章　形成工作记录

第四十七条　注册会计师应当记录重大事项，以提供证据支持鉴证报告，并证明其已按照其他鉴证业务准则的规定执行业务。

第四十八条　对需要运用职业判断的所有重大事项，注册会计师应当记录推理过程和相关结论。

如果对某些事项难以进行判断，注册会计师还应当记录得出结论时已知悉的有关事实。

第四十九条 注册会计师应当将鉴证过程中考虑的所有重大事项记录于工作底稿。

在运用职业判断确定工作底稿的编制和保存范围时，注册会计师应当考虑，使未曾接触该项其他鉴证业务的有经验的专业人士了解实施的鉴证程序，以及作出重大决策的依据。

第八章 编制鉴证报告

第一节 总体要求

第五十条 注册会计师应当判断是否已获取充分、适当的证据，以支持鉴证结论。

在形成鉴证结论时，注册会计师应当考虑所有相关的证据，包括能够印证鉴证对象信息的证据和与之相矛盾的证据。

第五十一条 注册会计师应当以书面报告形式提出鉴证结论，鉴证报告应当清晰表述注册会计师对鉴证对象信息提出的结论。

第五十二条 注册会计师应当根据具体业务环境选择短式报告或长式报告，将信息有效地传达给预期使用者。

短式报告通常包括本准则第五十三条所述的鉴证报告基本内容。长式报告除包括基本内容外，还包括：

（一）对业务约定条款的详细说明；

（二）在特定方面发现的问题以及提出的相关建议。

在长式报告中，注册会计师应当将发现的问题及相关建议与鉴证结论清楚分开，并以适当措辞指出这些问题和建议不会影响鉴证结论。

第二节 鉴证报告的内容

第五十三条 鉴证报告应当包含下列基本内容：

（一）标题；

（二）收件人；

（三）对鉴证对象信息（适当时也包括鉴证对象）的界定与描述；

（四）使用的标准；

（五）适当时，对按照标准评价或计量鉴证对象存在的所有重大固有限制的说明；

（六）必要时，对报告使用者和使用目的的限定；

（七）责任方的界定，以及对责任方和注册会计师各自责任的说明；

（八）按照其他鉴证业务准则的规定执行业务的说明；

（九）工作概述；

（十）鉴证结论；

（十一）注册会计师的签名及盖章；

（十二）会计师事务所的名称、地址及盖章；

（十三）报告日期。

第五十四条 鉴证报告的标题应当清晰表述其他鉴证业务的性质。

第五十五条 鉴证报告的收件人是指鉴证报告应当提交的对象，在可行的情况下，鉴证报告的收件人应当明确为所有的预期使用者。

第五十六条 鉴证报告中对鉴证对象信息（适当时也包括鉴证对象）的界定与描述主要包括：

（一）与评价或计量鉴证对象相关的时点或期间；

（二）鉴证对象涉及的被鉴证单位或其组成部分的名称；

（三）对鉴证对象或鉴证对象信息的特征及其影响的解释，包括解释这些特征如何影响对鉴证对象按照既定标准进行评价或计量的准确性，以及如何影响所获取证据的说服力。

如果在鉴证结论中提及责任方的认定，注册会计师应当将该认定附于鉴证报告后，或在鉴证报告中复述该认定，或指明预期使用者能够从何处获取该认定。

第五十七条 鉴证报告应当指出评价或计量鉴证对象所使用的标准，以使预期使用者能够了解注册会计师提出结论的依据。

注册会计师可以将该标准直接包括在鉴证报告中。如果预期使用者能够获取的责任方认定中已包括该标准，或容易从其他来源获取该标准，注册会计师也可以仅在鉴证报告中提及该标准。

第五十八条 注册会计师应当根据具体业务环境考虑是否披露：

（一）标准的来源，以及标准是否为公开发布标准；如果不是公开发布标准，应当说明采用该标准的理由。

（二）当标准允许选用多种计量方法时，采用的计量方法。

（三）使用标准时作出的重要解释。

（四）采用的计量方法是否发生变更。

第五十九条 如果根据标准评价或计量鉴证对象存在重大固有限制，且预期鉴证报告的使用者不能充分理解，注册会计师应当在鉴证报告中明确提及该限制。

第六十条 如果用于评价或计量鉴证对象的标准仅能为特定使用者所获取，或仅与特定目的相关，注册会计师应当在鉴证报告中指明该鉴证报告的使用仅限于特定使用者或特定目的。

第六十一条 注册会计师应当在鉴证报告中界定责任方以及责任方和注册会计师各自的责任。

对于直接报告业务，注册会计师应当指明责任方对鉴证对象负责；对于基于认定的业务，注册会计师应当指明责任方对鉴证对象信息负责。

注册会计师的责任是对鉴证对象信息独立地提出结论。

第六十二条 注册会计师应当在鉴证报告中说明，该项其他鉴证业务是按照其他鉴证业务准则的规定执行的。如果存在针对该项其他鉴证业务的具体准则，注册会计师应当根据该准则的规定决定是否在鉴证报告中特别提及该准则。

第六十三条 为使预期使用者了解鉴证报告所表达的保证性质，注册会计师应当参照相关的审计准则和审阅准则，在鉴证报告中概述已执行的鉴证工作。

如果没有相关鉴证业务准则对特定鉴证对象的证据收集程序作出规定，注册会计师应当在概述时更具体地说明已执行的工作。

第六十四条 在有限保证的其他鉴证业务中，为使预期使用者理解以消极方式表达的结论所传达的保证性质，注册会计师对已执行工作的概述通常比在合理保证的其他鉴证业务中更加详细。

在有限保证的其他鉴证业务中，对已执行工作的概述应当包括下列内容：

（一）指出证据收集程序的性质、时间和范围存在的限制，必要时，说明没有执行合理保证的其他鉴证业务中通常实施的程序；

（二）说明由于证据收集程序比合理保证的其他鉴证业务更为有限，因此，获得的保证程度低于合理保证的其他鉴证业务的保证程度。

第六十五条 注册会计师应当在鉴证报告中清楚地说明鉴证结论。如果鉴证对象信息由多个方面组成，注册会计师可就每个方面分别提出结论。

虽然提出这些结论并非都需要执行相同水平的证据收集程序，但注册会计师应当根据某一方面执行的工作是合理保证还是有限保证，决定该方面结论的适当表达方式。

第六十六条 在适当情况下，注册会计师应当在鉴证报告中告知预期使用者提出该结论的背景，比如注册会计师的结论中可能包括“本结论是在受到鉴证报告中指出的固有限制的条件下形成的”的措辞。

第六十七条 在合理保证的其他鉴证业务中，注册会计师应当以积极方式提出结论，如“我们认为，根据×标准，内部控制在所有重大方面是有效的”或“我们认为，责任方作出的‘根据×标准，内部控制在所有重大方面是有效的’这一认定是公允的”。

第六十八条 在有限保证的其他鉴证业务中，注册会计师应当以消极方式提出结论，如“基于本报告所述的工作，我们没有注意到任何事项使我们相信，根据×标准，×系统在任何重大方面是无效的”或“基于本报告所述的工作，我们没有注意到任何事项使我们相信，责任方作出的‘根据×标准，×系统在所有重大方面是有效的’这一认定是不公允的”。

第六十九条 如果提出无保留结论之外的其他结论，注册会计师应当在鉴证报告中清楚地说明提出该结论的理由。

第七十条 鉴证报告应当注明报告日期，以使预期使用者了解注册会计师已考虑截至报告日发生的事项对鉴证对象信息和鉴证报告的影响。

第七十一条 注册会计师可以在鉴证报告中增加不会影响鉴证结论的其他信息或解释。这些信息或解释主要包括：

（一）注册会计师和其他参加具体业务的人员的资格和经验；

（二）重要性水平；

（三）在该业务的特定方面发现的问题及相关建议。

鉴证报告中是否包含此类信息取决于该信息对预期使用者需求的重要程度。增加的信息应当与注册会计师的结论清楚分开，并在措辞上不影响鉴证结论。

第三节 保留结论、否定结论和无法提出结论

第七十二条 如果存在下列事项，且判断该事项的影响重大或可能重大，注册会计师不应当提出无保留结论：

（一）由于工作范围受到业务环境、责任方或委托人的限制，注册会计师不能获取必要的证据将鉴证业务风险降至适当水平，在这种情况下，应当出具保留结论或无法提出结论的报告。

（二）如果结论提及责任方认定，且该认定未在所有重大方面作出公允表达，注册会

计师应当提出保留结论或否定结论；如果结论直接提及鉴证对象及标准，且鉴证对象信息存在重大错报，注册会计师应当提出保留结论或否定结论。

（三）在承接业务后，如果发现标准或鉴证对象不适当，可能误导预期使用者，注册会计师应当提出保留结论或否定结论；如果发现标准或鉴证对象不适当，造成工作范围受到限制，注册会计师应当出具保留结论或无法提出结论的报告。

第七十三条 如果某事项造成影响的重大与广泛程度不足以导致出具否定结论或无法提出结论的报告，注册会计师应当提出保留结论，并在报告中使用“除……的影响外”等措辞。

第七十四条 如果责任方认定已指出并适当说明鉴证对象信息存在重大错报，注册会计师应当选择下列一种方式提出鉴证结论：

（一）直接对鉴证对象和使用的标准提出保留结论或否定结论；

（二）如果业务约定条款特别要求针对责任方认定提出结论，注册会计师应当提出无保留结论，并在鉴证报告中增加强调事项段，说明鉴证对象信息存在重大错报且责任方认定已对此作出了适当说明。

第九章 其他报告责任

第七十五条 注册会计师应当考虑其他报告责任，包括考虑就执行业务过程中注意到的与治理层责任相关的事项与治理层沟通的适当性。

如果委托人并非责任方，注册会计师直接与责任方或责任方的治理层沟通可能是不适当的。

第七十六条 如果业务约定条款没有特殊要求，注册会计师不必设计专门的程序以识别与治理层责任相关的事项。

第十章 附 则

第七十七条 本准则自2007年1月1日起施行。

中国注册会计师其他鉴证业务准则第3111号
——预测性财务信息的审核

第一章 总 则

第一条 为了规范注册会计师执行预测性财务信息审核业务，制定本准则。

第二条 本准则所称预测性财务信息，是指被审核单位依据对未来可能发生的事项或采取的行动的假设而编制的财务信息。

预测性财务信息可以表现为预测、规划或两者的结合，可能包括财务报表或财务报表的一项或多项要素。

本准则所称预测，是指管理层在最佳估计假设的基础上编制的预测性财务信息。最佳估计假设是指截至编制预测性财务信息日，管理层对预期未来发生的事项和采取的行动作出的假设。

本准则所称规划，是指管理层基于推测性假设，或同时基于推测性假设和最佳估计假设编制的预测性财务信息。推测性假设是指管理层对未来事项和采取的行动作出的假设，该事项或行动预期在未来未必发生。

第三条 在执行预测性财务信息审核业务时，注册会计师应当就下列事项获取充分、适当的证据：

（一）管理层编制预测性财务信息所依据的最佳估计假设并非不合理；在依据推测性假设的情况下，推测性假设与信息的编制目的是相适应的。

（二）预测性财务信息是在假设的基础上恰当编制的。

（三）预测性财务信息已恰当列报，所有重大假设已充分披露，包括说明采用的是推测性假设还是最佳估计假设。

（四）预测性财务信息的编制基础与历史财务报表一致，并选用了恰当的会计政策。

第四条 管理层负责编制预测性财务信息，包括识别和披露预测性财务信息依据的假设。

注册会计师接受委托对预测性财务信息实施审核并出具报告，可增强该信息的可信赖程度。

第二章 保证程度

第五条 注册会计师不应对预测性财务信息的结果能否实现发表意见。

第六条 当对管理层采用的假设的合理性发表意见时，注册会计师仅提供有限保证。

第三章 接受业务委托

第七条 在承接预测性财务信息审核业务前，注册会计师应当考虑下列因素：

（一）信息的预定用途；

（二）信息是广为分发还是有限分发；

（三）假设的性质，即假设是最佳估计假设还是推测性假设；

（四）信息中包含的要素；

（五）信息涵盖的期间。

第八条 如果假设明显不切实际，或认为预测性财务信息并不适合预定用途，注册会计师应当拒绝接受委托，或解除业务约定。

第九条 注册会计师应当与委托人就业务约定条款达成一致意见，并签订业务约定书。

第四章 了解被审核单位情况

第十条 注册会计师应当充分了解被审核单位情况，以评价管理层是否识别出编制预测性财务信息所要求的全部重要假设。

注册会计师还应当通过考虑下列事项，熟悉被审核单位编制预测性财务信息的过程：

（一）与编制预测性财务信息相关的内部控制，以及负责编制预测性财务信息人员的专业技能和经验；

（二）支持管理层作出假设的文件的性质；

（三）运用统计、数学方法及计算机辅助技术的程度；

（四）形成和运用假设时使用的方法；

（五）以前期间编制预测性财务信息的准确性，及其与实际情况出现重大差异的原因。

第十一条 注册会计师应当考虑被审核单位编制预测性财务信息时依赖历史财务信息的程度是否合理。

注册会计师应当了解被审核单位的历史财务信息，以评价预测性财务信息与历史财务信息的编制基础是否一致，并为考虑管理层假设提供历史基准。

注册会计师应当确定相关历史财务信息是否已经审计或审阅，是否选用了恰当的会计政策。

第十二条 如果对上期历史财务信息出具了非标准审计报告或非标准审阅报告，或被审核单位尚处于营业初期，注册会计师应当考虑各项相关的事实及其对预测性财务信息审核的影响。

第五章 涵盖期间

第十三条 注册会计师应当考虑预测性财务信息涵盖的期间。

随着涵盖期间的延长，假设的主观性将会增加，管理层作出最佳估计假设的能力将会减弱。预测性财务信息涵盖的期间不应超过管理层可作出合理假设的期间。

第十四条 注册会计师可以从下列方面考虑预测性财务信息涵盖的期间是否合理：

（一）经营周期；

（二）假设的可靠程度；

（三）使用者的需求。

第六章 审核程序

第十五条 在确定审核程序的性质、时间和范围时，注册会计师应当考虑下列因素：

（一）重大错报的可能性；

（二）以前期间执行业务所了解的情况；

（三）管理层编制预测性财务信息的能力；

（四）预测性财务信息受管理层判断影响的程度；

（五）基础数据的恰当性和可靠性。

第十六条 注册会计师应当评估支持管理层作出最佳估计假设的证据的来源和可靠性。注册会计师可以从内部或外部来源获取支持这些假设的充分、适当的证据，包括根据历史财务信息考虑这些假设，以及评价这些假设是否依据被审核单位有能力实现的计划。

第十七条 当使用推测性假设时，注册会计师应当确定这些假设的所有重要影响是否已得到考虑。

对推测性假设，注册会计师不需要获取支持性的证据，但应当确定这些假设与编制预测性财务信息的目的相适应，并且没有理由相信这些假设明显不切合实际。

第十八条 注册会计师应当通过检查数据计算准确性和内在一致性等，确定预测性财务信息是否依据管理层确定的假设恰当编制。

内在一致性是指管理层拟采取的各项行动相互之间不存在矛盾，以及根据共同的变量确定的金额之间不存在不一致。

第十九条 注册会计师应当关注对变化特别敏感的领域，并考虑该领域影响预测性财务信息的程度。

第二十条 当接受委托审核预测性财务信息的一项或多项要素时，注册会计师应当考虑该要素与财务信息其他要素之间的关联关系。

第二十一条 当预测性财务信息包括本期部分历史信息时，注册会计师应当考虑对历史信息需要实施的程序的范围。

第二十二条 注册会计师应当就下列事项向管理层获取书面声明：

（一）预测性财务信息的预定用途；

（二）管理层作出的重大假设的完整性；

（三）管理层认可对预测性财务信息的责任。

第七章 列 报

第二十三条 在评价预测性财务信息的列报（包括披露）时，注册会计师除考虑相关法律法规的具体要求外，还应当考虑下列事项：

（一）预测性财务信息的列报是否提供有用信息且不会产生误导。

（二）预测性财务信息的附注中是否清楚地披露会计政策。

（三）预测性财务信息的附注中是否充分披露所依据的假设，是否明确区分最佳估计假设和推测性假设；对于涉及重大且具有高度不确定性的假设，是否已充分披露该不确定性以及由此导致的预测结果的敏感性。

（四）预测性财务信息的编制日期是否得以披露，管理层是否确认截至该日期止，编制该预测性财务信息所依据的各项假设仍然适当。

（五）当预测性财务信息的结果以区间表示时，是否已清楚说明在该区间内选取若干点的基础，该区间的选择是否不带偏见或不产生误导。

（六）从最近历史财务信息披露以来，会计政策是否发生变更、变更的原因及其对预测性财务信息的影响。

第八章 审核报告

第二十四条 注册会计师对预测性财务信息出具的审核报告应当包括下列内容：

（一）标题；

（二）收件人；

（三）指出所审核的预测性财务信息；

（四）提及审核预测性财务信息时依据的准则；

（五）说明管理层对预测性财务信息（包括编制该信息所依据的假设）负责；

（六）适当时，提及预测性财务信息的使用目的和分发限制；

（七）以消极方式说明假设是否为预测性财务信息提供合理基础；

（八）对预测性财务信息是否依据假设恰当编制，并按照适用的会计准则和相关会计制度的规定进行列报发表意见；

（九）对预测性财务信息的可实现程度作出适当警示；

（十）注册会计师的签名及盖章；

（十一）会计师事务所的名称、地址及盖章；

（十二）报告日期。报告日期应为完成审核工作的日期。

第二十五条 审核报告应当说明：

（一）根据对支持假设的证据的检查，注册会计师是否注意到任何事项，导致其认为这些假设不能为预测性财务信息提供合理基础；

（二）对预测性财务信息是否依据这些假设恰当编制，并按照适用的会计准则和相关会计制度的规定进行列报发表意见。

第二十六条 审核报告还应当说明：

（一）由于预期事项通常并非如预期那样发生，并且变动可能重大，实际结果可能与预测性财务信息存在差异；同样，当预测性财务信息以区间形式表述时，对实际结果是否处于该区间内不提供任何保证。

（二）在审核规划的情况下，编制预测性财务信息是为了特定目的（列明具体目的）。在编制过程中运用了一整套假设，包括有关未来事项和管理层行动的推测性假设，而这些事项和行动预期在未来未必发生。因此，提醒信息使用者注意，预测性财务信息不得用于该特定目的以外的其他目的。

第二十七条 如果认为预测性财务信息的列报不恰当，注册会计师应当对预测性财务信息出具保留或否定意见的审核报告，或解除业务约定。

第二十八条 如果认为一项或者多项重大假设不能为依据最佳估计假设编制的预测性财务信息提供合理基础，或在给定的推测性假设下，一项或者多项重大假设不能为依据推测性假设编制的预测性财务信息提供合理基础，注册会计师应当对预测性财务信息出具否定意见的审核报告，或解除业务约定。

第二十九条 如果审核范围受到限制，导致无法实施必要的审核程序，注册会计师应当解除业务约定，或出具无法表示意见的审核报告，并在报告中说明审核范围受到限制的情况。

第九章 附 则

第三十条 本准则自2007年1月1日起施行。

附录：

审核报告参考格式

1.对预测性财务报表出具无保留意见的报告（以预测为基础）

审核报告

ABC股份有限公司：

我们审核了后附的ABC股份有限公司（以下简称ABC公司）编制的预测（列明预测涵盖的期间和预测的名称）。我们的审核依据是《中国注册会计师其他鉴证业务准则第3111号——预测性财务信息的审核》。ABC公司管理层对该预测及其所依据的各项假设负责。这些假设已在附注×中披露。

根据我们对支持这些假设的证据的审核，我们没有注意到任何事项使我们认为这些假设没有为预测提供合理基础。而且，我们认为，该预测是在这些假设的基础上恰当编制的，并按照××编制基础的规定进行了列报。

由于预期事项通常并非如预期那样发生，并且变动可能重大，实际结果可能与预测性财务信息存在差异。

××会计师事务所　　　　中国注册会计师：×××
（盖章）　　　　（签名并盖章）
　　　　中国注册会计师：×××
　　　　（签名并盖章）
中国××市　　　　二〇×二年×月×日

2.对预测性财务报表出具无保留意见的报告（以规划为基础）

审核报告

ABC股份有限公司：

我们审核了后附的ABC股份有限公司（以下简称ABC公司）编制的规划（列明规划

涵盖的期间和规划的名称)。我们的审核依据是《中国注册会计师其他鉴证业务准则第3111号——预测性财务信息的审核》。ABC公司管理层对该规划及其所依据的各项假设负责。这些假设已在附注×中披露。

ABC公司编制规划是为了××目的。由于ABC公司尚处于营业初期,在编制规划时运用了一整套假设,包括有关未来事项和管理层行动的推测性假设,而这些事项和行动预期在未来未必发生。因此,我们提醒信息使用者注意,该规划不得用于××目的以外的其他目的。

根据我们对支持这些假设的证据的审核,在推测性假设(列明推测性假设)成立的前提下,我们没有注意到任何事项使我们认为这些假设没有为规划提供合理基础。我们认为,该规划是在这些假设的基础上恰当编制的,并按照××编制基础的规定进行了列报。

即使在推测性假设中所涉及的事项发生,但由于预期事项通常并非如预期那样发生,并且变动可能重大,因此实际结果仍然可能与预测性财务信息存在差异。

××会计师事务所　　　　　　　　　中国注册会计师:×××
(盖章)　　　　　　　　　　　　　(签名并盖章)
　　　　　　　　　　　　　　　　中国注册会计师:×××
　　　　　　　　　　　　　　　　(签名并盖章)
中国××市　　　　　　　　　　　　二〇×二年×月×日

中国注册会计师相关服务准则第4101号——对财务信息执行商定程序

第一章　总　则

第一条　为了规范注册会计师对财务信息执行商定程序业务,明确执业责任,制定本准则。

第二条　对财务信息执行商定程序的目标,是注册会计师对特定财务数据、单一财务报表或整套财务报表等财务信息执行与特定主体商定的具有审计性质的程序,并就执行的商定程序及其结果出具报告。

本准则所称特定主体,是指委托人和业务约定书中指明的报告致送对象。

第三条　注册会计师执行商定程序业务,仅报告执行的商定程序及其结果,并不提出鉴证结论。报告使用者自行对注册会计师执行的商定程序及其结果作出评价,并根据注册会计师的工作得出自己的结论。

第四条　商定程序业务报告仅限于参与协商确定程序的特定主体使用,以避免不了解商定程序的人对报告产生误解。

第五条　注册会计师执行商定程序业务,应当遵守相关职业道德规范,恪守客观、公正的原则,保持专业胜任能力和应有的关注,并对执业过程中获知的信息保密。

第六条　本准则不对商定程序业务提出独立性要求;但如果业务约定书或委托目的对注册会计师的独立性提出要求,注册会计师应当从其规定。

如果注册会计师不具有独立性,应当在商定程序业务报告中说明这一事实。

第七条　注册会计师应当按照本准则的规定和业务约定书的要求执行商定程序业务。

第二章　业务约定书

第八条　注册会计师应当与特定主体进行沟通，确保其已经清楚理解拟执行的商定程序和业务约定条款。

注册会计师应当就下列事项与特定主体沟通，并达成一致意见：

（一）业务性质，包括说明执行的商定程序并不构成审计或审阅，不提出鉴证结论；

（二）委托目的；

（三）拟执行商定程序的财务信息；

（四）拟执行的具体程序的性质、时间和范围；

（五）预期的报告样本；

（六）报告分发和使用的限制。

第九条　如果无法与所有的报告致送对象直接讨论拟执行的商定程序，注册会计师应当考虑采取下列措施：

（一）与报告致送对象的代表讨论拟执行的商定程序；

（二）查阅来自报告致送对象的相关信函和文件；

（三）向报告致送对象提交报告样本。

第十条　如果接受委托，注册会计师应当与委托人就双方达成一致的事项签订业务约定书，以避免双方对商定程序业务的理解产生分歧。

第三章　计划、程序与记录

第十一条　注册会计师应当合理制定工作计划，以有效执行商定程序业务。

第十二条　注册会计师应当执行商定的程序，并将获取的证据作为出具报告的基础。

第十三条　执行商定程序业务运用的程序通常包括：

（一）询问和分析；

（二）重新计算、比较和其他核对方法；

（三）观察；

（四）检查；

（五）函证。

第十四条　注册会计师应当记录支持商定程序业务报告的重大事项，并记录按照本准则的规定和业务约定书的要求执行商定程序的证据。

第四章　报　告

第十五条　商定程序业务报告应当详细说明业务的目的和商定的程序，以便使用者了解所执行工作的性质和范围。

第十六条　商定程序业务报告应当包括下列内容：

（一）标题；

（二）收件人；

（三）说明执行商定程序的财务信息；

（四）说明执行的商定程序是与特定主体协商确定的；

（五）说明已按照本准则的规定和业务约定书的要求执行了商定程序；

（六）当注册会计师不具有独立性时，说明这一事实；

（七）说明执行商定程序的目的；

（八）列出所执行的具体程序；

（九）说明执行商定程序的结果，包括详细说明发现的错误和例外事项；

（十）说明所执行的商定程序并不构成审计或审阅，注册会计师不提出鉴证结论；

（十一）说明如果执行商定程序以外的程序，或执行审计或审阅，注册会计师可能得出其他应报告的结果；

（十二）说明报告仅限于特定主体使用；

（十三）在适用的情况下，说明报告仅与执行商定程序的特定财务数据有关，不得扩展到财务报表整体；

（十四）注册会计师的签名和盖章；

（十五）会计师事务所的名称、地址及盖章；

（十六）报告日期。

第五章　附　则

第十七条　如果注册会计师具备专业胜任能力，且存在合理的判断标准，可参照本准则对非财务信息执行商定程序业务。

第十八条　本准则自2007年1月1日起施行。

中国注册会计师相关服务准则第4111号
——代编财务信息

第一章　总　则

第一条　为了规范注册会计师执行代编财务信息业务（以下简称代编业务），制定本准则。

第二条　代编业务的目标是注册会计师运用会计而非审计的专业知识和技能，代客户编制一套完整或非完整的财务报表，或代为收集、分类和汇总其他财务信息。

注册会计师执行代编业务使用的程序并不旨在、也不能对财务信息提出任何鉴证结论。

第三条　注册会计师执行代编业务，应当遵守相关职业道德规范，恪守客观、公正的原则，保持专业胜任能力和应有的关注，并对执业过程中获知的信息保密。

第四条　本准则不对代编业务提出独立性要求。但如果注册会计师不具有独立性，应当在代编业务报告中说明这一事实。

第五条　在任何情况下，如果注册会计师的姓名与代编的财务信息相联系，注册会计师应当出具代编业务报告。

第二章　业务约定书

第六条　注册会计师应当在代编业务开始前，与客户就代编业务约定条款达成一致意见，并签订业务约定书，以避免双方对代编业务的理解产生分歧。

第七条　业务约定书应当包括下列主要事项：

（一）业务的性质，包括说明拟执行的业务既非审计也非审阅，注册会计师不对代编的财务信息提出任何鉴证结论；

（二）说明不能依赖代编业务揭露可能存在的错误、舞弊以及违反法规行为；

（三）客户提供的信息的性质；

（四）说明客户管理层应当对提供给注册会计师的信息的真实性和完整性负责，以保证代编财务信息的真实性和完整性；

（五）说明代编财务信息的编制基础，并说明将在代编财务信息和出具的代编业务报告中对该编制基础以及任何重大背离予以披露；

（六）代编财务信息的预期用途和分发范围；

（七）如果注册会计师的姓名与代编的财务信息相联系，说明注册会计师出具的代编业务报告的格式；

（八）业务收费；

（九）违约责任；

（十）解决争议的方法；

（十一）签约双方法定代表人或其授权代表的签字盖章，以及签约双方加盖的公章。

第三章　计划、程序与记录

第八条　注册会计师应当制定代编业务计划，以有效执行代编业务。

第九条　注册会计师应当了解客户的业务和经营情况，熟悉其所处行业的会计政策和惯例，以及与具体情况相适应的财务信息的形式和内容。

第十条　注册会计师应当了解客户业务交易的性质、会计记录的形式和财务信息的编制基础。

注册会计师通常利用以前经验、查阅文件记录或询问客户的相关人员，获取对这些事项的了解。

第十一条　除本准则规定的程序外，注册会计师通常不需要执行下列程序：

（一）询问管理层，以评价所提供信息的可靠性和完整性；

（二）评价内部控制；

（三）验证任何事项；

（四）验证任何解释。

第十二条　如果注意到管理层提供的信息不正确、不完整或在其他方面不令人满意，注册会计师应当考虑执行本准则第十一条提及的程序，并要求管理层提供补充信息。

如果管理层拒绝提供补充信息，注册会计师应当解除该项业务约定，并告知客户解除业务约定的原因。

第十三条　注册会计师应当阅读代编的财务信息，并考虑形式是否恰当，是否不存在明显的重大错报。

本条前款所述的重大错报包括下列情形：

（一）错误运用编制基础；

（二）未披露所采用的编制基础和获知的重大背离；

（三）未披露注册会计师注意到的其他重大事项。

注册会计师应当在代编财务信息中披露采用的编制基础和获知的重大背离，但不必报告背离的定量影响。

第十四条　如果注意到存在重大错报，注册会计师应当尽可能与客户就如何恰当地更正错报达成一致意见。如果重大错报仍未得到更正，并且认为财务信息存在误导，注册会计师应当解除该项业务约定。

第十五条 注册会计师应当从管理层获取其承担恰当编制财务信息和批准财务信息的责任的书面声明。该声明还应当包括管理层对会计数据的真实性和完整性负责，以及已向注册会计师完整提供所有重要且相关的信息。

第十六条 注册会计师应当记录重大事项，以证明其已按照本准则的规定和业务约定书的要求执行代编业务。

第四章 代编业务报告

第十七条 代编业务报告应当包括下列内容：

（一）标题；

（二）收件人；

（三）说明注册会计师已按照本准则的规定执行代编业务；

（四）当注册会计师不具有独立性时，说明这一事实；

（五）指出财务信息是在管理层提供信息的基础上代编的，并说明代编财务信息的名称、日期或涵盖的期间；

（六）说明管理层对注册会计师代编的财务信息负责；

（七）说明执行的业务既非审计，也非审阅，因此不对代编的财务信息提出鉴证结论；

（八）必要时，应当增加一个段落，提醒注意代编财务信息对采用的编制基础的重大背离；

（九）注册会计师的签名及盖章；

（十）会计师事务所的名称、地址及盖章；

（十一）报告日期。

第十八条 注册会计师应当在代编财务信息的每页或一套完整的财务报表的首页明确标示“未经审计或审阅”、“与代编业务报告一并阅读”等字样。

第五章 附 则

第十九条 注册会计师执行代编非财务信息业务，除有特定要求者外，应当参照本准则办理。

第二十条 本准则自2007年1月1日起施行。

附录：

代编业务报告参考格式

1.代编财务报表业务报告

代编财务报表业务报告

（收件人名称）：

在ABC公司管理层提供信息的基础上，我们按照《中国注册会计师相关服务准则第4111号——代编财务信息》的规定，代编了ABC公司20××年12月31日的资产负债表，20××年度的利润表、股东权益变动表和现金流量表以及财务报表附注。管理层对这些财务报表负责。我们未对这些财务报表进行审计或审阅，因此不对其提出鉴证结论。

××会计师事务所　　中国注册会计师：×××

（盖章）　　（签名并盖章）

中国××市　　二〇××年×月×日

2.代编财务报表业务报告，增加段落以引起对背离编制基础的关注

代编财务报表业务报告

（收件人名称）：

在ABC公司管理层提供信息的基础上，我们按照《中国注册会计师相关服务准则第4111号——代编财务信息》的规定，代编了ABC公司20××年12月31日的资产负债表，20××年度的利润表、股东权益变动表和现金流量表以及财务报表附注。管理层对这些财务报表负责。我们未对这些财务报表进行审计或审阅，因此不对其提出鉴证结论。

我们提请注意，如财务报表附注×所述，管理层对融资租赁的机器设备未予资本化，该事项不符合企业会计准则和《××会计制度》的规定。

××会计师事务所　　中国注册会计师：×××

（盖章）　　（签名并盖章）

中国××市　　二〇××年×月×日

会计师事务所质量管理准则第5101号——业务质量管理

（2020年11月19日修订）

第一章　总　则

第一条　为了规范会计师事务所设计、实施和运行有关财务报表审计业务、财务报表审阅业务、其他鉴证业务以及相关服务业务的质量管理体系，制定本准则。

第二条　项目质量复核是会计师事务所质量管理体系中的一项应对措施。本准则规范了会计师事务所就应当实施项目质量复核的范围，制定相关政策和程序的责任。《会计师事务所质量管理准则第5102号——项目质量复核》规范了有关项目质量复核人员的委派和资质要求，以及项目质量复核实施和记录的要求。

第三条　会计师事务所受本准则和《会计师事务所质量管理准则第5102号——项目质量复核》的约束，是中国注册会计师执业准则体系中所有其他准则的前提和基础。

其他一些执业准则规定了项目合伙人和项目组其他成员在项目层面实施质量管理的要求。例如，针对财务报表审计业务，《中国注册会计师审计准则第1121号——对财务报表审计实施的质量管理》规定了项目层面实施质量管理的具体责任以及项目合伙人的相关责任。

第四条　除本准则外，相关职业道德要求也可能针对会计师事务所在质量管理方面的责任作出规定。会计师事务所在使用本准则时，需要同时考虑相关职业道德要求。

第五条　本准则适用于会计师事务所执行财务报表审计业务、财务报表审阅业务、其他鉴证业务和相关服务业务。

第六条　本准则规定了会计师事务所的目标、为达到这些目标而需要遵守的要求，并提供了相关术语的定义。此外，本准则的附录和应用指南对正确理解和执行本准则中的相关条款提供了进一步解释、指引和示例。

第二章　定　义

第七条　质量管理体系，是指会计师事务所设计、实施和运行的系统，旨在为以下方面提供合理保证：

（一）会计师事务所及其人员按照法律法规和职业准则的规定履行职责，并根据这些规定执行业务；

（二）会计师事务所和项目合伙人出具适合具体情况的业务报告。

第八条 合理保证，是指高度、但非绝对的保证。

第九条 质量目标，是指会计师事务所在其质量管理体系的各组成要素方面期望达到的结果。

第十条 质量风险，是指一种具有合理可能性会发生的风险，这种风险一旦发生，将单独或连同其他风险对质量目标的实现产生不利影响。

第十一条 应对措施，就会计师事务所质量管理体系而言，是指会计师事务所为了应对质量风险而设计和实施的政策和程序。其中：

（一）政策，是指会计师事务所为应对质量风险而作出的应当或不应当采取某种措施的规定，这种规定可能以成文的方式存在，也可能通过讯息予以明示，或者暗含于行动或决策中；

（二）程序，是指为执行政策而采取的行动。

第十二条 会计师事务所质量管理体系的缺陷（在本准则中有时简称缺陷），是指会计师事务所质量管理体系的设计、实施或运行无法合理保证实现其目标的情况。当存在下列情况之一时，表明会计师事务所质量管理体系存在缺陷：

（一）未能设定某些质量目标，而这些质量目标对实现质量管理体系的目标是必要的；

（二）未能识别或恰当评估一项或多项质量风险；

（三）未能恰当设计和采取应对措施，或者应对措施未能有效发挥作用，导致一项应对措施或者多项应对措施的组合未能将相关质量风险发生的可能性降低至可接受的低水平；

（四）质量管理体系的某些方面缺失，或者某些方面未能得到恰当的设计、实施或有效运行，导致会计师事务所未能遵守本准则的某些要求。

第十三条 发现的情况，就会计师事务所质量管理体系而言，是指通过实施监控活动和外部检查获取的，与质量管理体系设计、实施和运行相关的信息，或者从其他相关来源积累的信息，这些信息表明质量管理体系可能存在一项或多项缺陷。

第十四条 外部检查，是指外部监管机构针对会计师事务所质量管理体系或者会计师事务所执行的业务开展的检查或调查。

第十五条 职业准则，是指执业准则和相关职业道德要求。其中，

执业准则包括中国注册会计师鉴证业务基本准则、中国注册会计师审计准则、中国注册会计师审阅准则、中国注册会计师其他鉴证业务准则、中国注册会计师相关服务准则和会计师事务所质量管理准则。

第十六条 相关职业道德要求，是指注册会计师在执行财务报表审计业务、财务报表审阅业务、其他鉴证业务和相关服务业务时，应当遵守的职业道德原则和要求，包括独立性要求（如适用）。

第十七条 职业判断，就本准则而言，是指在职业准则框架下，运用相关知识、技能和经验，就会计师事务所质量管理体系设计、实施和运行作出的适当、知情的行动决策。

第十八条 业务工作底稿，有时也称业务工作记录，是指执业人员对已执行的工作、

获取的结果以及得出的结论作出的记录。

第十九条　上市实体，是指其股份、股票或债券在法律法规认可的证券交易所报价或挂牌，或在法律法规认可的证券交易所或其他类似机构的监管下进行交易的实体。

第二十条　网络，是指由多个实体组成，旨在通过合作实现下列一个或多个目的的联合体：

（一）共享收益、分担成本；

（二）共享所有权、控制权或管理权；

（三）执行统一的质量管理政策和程序；

（四）执行同一经营战略；

（五）使用同一品牌；

（六）共享重要的专业资源。

第二十一条　网络事务所，对于某会计师事务所来说，是指该会计师事务所所在网络中的其他会计师事务所或实体。

第二十二条　服务提供商，就本准则而言，是指会计师事务所外部的个人或组织，该个人或组织提供资源供会计师事务所质量管理体系利用或在执行业务时利用。服务提供商不包括会计师事务所所在的网络、网络事务所，也不包括网络中的其他组织或架构。

第二十三条　人员，是指会计师事务所的合伙人和员工。其中，对于非合伙制会计师事务所，合伙人是指类似职位的人员。

第二十四条　员工，是指合伙人以外的专业人员，包括会计师事务所的内部专家。

第二十五条　项目组，是指执行某项业务的所有合伙人和员工，以及为该项业务实施程序的所有其他人员，但不包括外部专家，也不包括为项目组提供直接协助的内部审计人员。

第二十六条　项目合伙人，是指会计师事务所中负责某项业务及其执行，并代表会计师事务所在出具的报告上签字的合伙人。

第二十七条　项目质量复核，是指在报告日或报告日之前，项目质量复核人员对项目组作出的重大判断及据此得出的结论作出的客观评价。

第二十八条　项目质量复核人员，是指会计师事务所中实施项目质量复核的合伙人或其他类似职位的人员，或者由会计师事务所委派实施项目质量复核的外部人员。

第三章　目　标

第二十九条　会计师事务所的目标是，针对所执行的财务报表审计业务、财务报表审阅业务、其他鉴证业务和相关服务业务，设计、实施和运行质量管理体系，为会计师事务所在下列方面提供合理保证：

（一）会计师事务所及其人员按照适用的法律法规和职业准则的规定履行职责，并根据这些规定执行业务；

（二）会计师事务所和项目合伙人出具适合具体情况的报告。

第三十条　会计师事务所持续高质量地执行业务是服务公众利益的内在要求。设计、实施和运行质量管理体系可以使会计师事务所能够持续高质量地执行业务。实现业务的高质量，需要会计师事务所执业人员按照适用的法律法规和职业准则的规定计划和执行业务并出具报告。遵守适用的法律法规的规定并实现职业准则的目标需要运用职业判断，针对某些类型的业务，还需要保持职业怀疑。

第四章 要 求

第一节 运用和遵守相关要求

第三十一条 会计师事务所应当遵守本准则的所有要求，除非由于会计师事务所或其业务的性质和具体情况，某些要求与本会计师事务所不相关。

第三十二条 对会计师事务所质量管理体系承担最终责任的人员（即主要负责人），以及对会计师事务所质量管理体系承担运行责任的人员，应当了解本准则及应用指南的全部内容，以正确理解本准则的目标并恰当遵守其要求。

第二节 质量管理体系

第三十三条 会计师事务所应当设计、实施和运行在全所范围内（包括分所或分部，下同）统一的质量管理体系。在设计、实施和运行质量管理体系时，会计师事务所应当运用职业判断，并考虑会计师事务所及其业务的性质和具体情况。

会计师事务所应当建立并严格执行一体化管理机制，实现人事、财务、业务、技术标准和信息管理五方面的统一管理，对于合并的分所（或分部）也不应当例外。

第三十四条 在本准则的框架下，会计师事务所质量管理体系包括下列八个组成要素：

（一）会计师事务所的风险评估程序；

（二）治理和领导层；

（三）相关职业道德要求；

（四）客户关系和具体业务的接受与保持；

（五）业务执行；

（六）资源；

（七）信息与沟通；

（八）监控和整改程序。

质量管理体系各组成要素应当有效衔接、互相支撑、协同运行，以保障会计师事务所能够积极有效地实施质量管理。

第三十五条 会计师事务所在设计、实施和运行质量管理体系时，应当采用风险导向的方法，包括采取以下步骤：

（一）设定质量目标。会计师事务所设定的质量目标是由质量管理体系各组成要素相关的目标构成的。

（二）识别和评估质量风险。会计师事务所应当识别和评估质量风险，为设计和采取应对措施奠定基础。

（三）设计和采取应对措施以应对质量风险。应对措施的性质、时间安排和范围取决于相关质量风险的评估结果及得出该评估结果的理由。

第三十六条 在采用风险导向的方法时，会计师事务所应当考虑下列因素：

（一）会计师事务所的性质和具体情况；

（二）会计师事务所执行的业务的性质和具体情况。

由于会计师事务所之间、业务之间存在差异，质量管理体系在设计上会存在差异，特别是其复杂程度和规范程度也会存在差异。例如，为多种不同类型的实体执行不同类型业务的会计师事务所，包括为上市实体执行财务报表审计业务的会计师事务所，相对于只执行财务报表审阅或代编财务信息业务的会计师事务所来说，很可能需要更加复杂和规范的质量管理体系和支持性工作记录。

第三十七条　质量管理体系应当不断完善和优化，而不是一成不变。实务中，会计师事务所应当根据本所及其业务在性质和具体情况方面的变化，对质量管理体系的设计、实施和运行进行动态调整。

第三十八条　会计师事务所质量管理体系中的治理和领导层应当为质量管理体系的设计、实施和运行营造良好的环境，以为该体系提供支持。

第三十九条　会计师事务所主要负责人（如首席合伙人、主任会计师或者同等职位的人员，下同）应当对质量管理体系承担最终责任。

会计师事务所应当指定专门的合伙人（或类似职位的人员）对质量管理体系的运行承担责任。

会计师事务所应当指定专门的合伙人（或类似职位的人员）对质量管理体系特定方面的运行承担责任。这些特定方面包括遵守独立性要求、监控和整改程序等。

第四十条　会计师事务所在向相关人员分派本准则第三十九条所述各项责任时，应当确保这些人员同时符合下列条件：

（一）具备适当的知识、经验和资质；

（二）在会计师事务所内具有履行其责任所需要的权威性和影响力；

（三）具有充足的时间和资源履行其责任；

（四）充分理解其应负的责任并接受对这些责任履行情况的问责。

第四十一条　会计师事务所应当确保对质量管理体系的运行承担责任的人员、对遵守独立性要求承担责任的人员、对监控和整改程序承担责任的人员，能够直接与对质量管理体系承担最终责任的人员（即主要负责人）沟通。

第四十二条　如果会计师事务所属于某一网络，并且在其质量管理体系中或执行业务时，遵守了网络要求或利用了网络服务，会计师事务所仍然应当对其自身的质量管理体系负责。

第四十三条　如果会计师事务所在其质量管理体系中或执行业务时利用了服务提供商提供的资源，会计师事务所仍然应当对其自身的质量管理体系负责。

第三节　会计师事务所的风险评估程序

第四十四条　会计师事务所应当设计和实施风险评估程序，以设定质量目标，识别和评估质量风险，并设计和采取应对措施以应对质量风险。

第四十五条　会计师事务所应当设定本准则明确规定的质量目标，以及会计师事务所认为对实现其质量管理体系的目标而言必要的其他质量目标。

第四十六条　会计师事务所应当识别和评估质量风险，为设计和采取应对措施奠定基础。在识别和评估质量风险时，会计师事务所应当：

（一）了解可能对实现质量目标产生不利影响的事项或情况，包括相关人员的作为或不作为。这些事项或情况包括下列方面：

1.会计师事务所的性质和具体情况，具体包括：

（1）会计师事务所的复杂程度和经营特征；

（2）会计师事务所在战略和运营方面的决策与行动、业务流程及业务模式；

（3）领导层的特征和管理风格；

（4）会计师事务所的资源，包括由服务提供商提供的资源；

（5）法律法规、职业准则的规定以及会计师事务所运营所处的环境；

（6）网络要求和网络服务的性质和范围（如适用）。

2.会计师事务所业务的性质和具体情况，具体包括：

（1）会计师事务所执行的业务的类型和出具报告的类型；

（2）业务执行对象属于哪种类型的实体。

（二）考虑上述第（一）项中提及的事项或情况等，可能对实现质量目标产生哪些不利影响，以及不利影响的程度。

第四十七条 会计师事务所应当设计并采取应对措施，以应对质量风险。设计和采取应对措施的方式，应当根据并针对相关质量风险的评估结果及得出该评估结果的理由。会计师事务所采取的应对措施应当包括本准则明确规定的应对措施。

第四十八条 在某些情况下，由于会计师事务所或其业务的性质和具体情况发生变化，可能需要设定额外的质量目标、评估额外的质量风险，也可能需要调整之前评估的质量风险或采取的应对措施。会计师事务所应当制定政策和程序，以识别表明存在这些情况的信息。如果识别出这些信息，会计师事务所应当加以考虑，并在适当时采取下列措施：

（一）设定额外的质量目标或调整之前设定的额外质量目标；

（二）识别和评估额外的质量风险，调整已评估的质量风险或重新评估质量风险；

（三）设计和采取额外的应对措施，或调整已采取的应对措施。

第四节 治理和领导层

第四十九条 治理和领导层应当为质量管理体系的设计、实施和运行营造良好的环境，以为该体系提供支持。针对治理和领导层，会计师事务所应当设定下列质量目标：

（一）会计师事务所在全所范围内形成一种质量至上的文化，树立质量意识。这种文化认同和强调下列方面：

1.会计师事务所有责任通过持续高质量地执行业务服务于公众利益；

2.职业价值观、职业道德和职业态度的重要性；

3.会计师事务所所有人员都对其执行业务的质量承担责任，或对质量管理体系中执行活动的质量承担责任，并且这些人员的行为应当得当；

4.会计师事务所的战略决策和行动，包括会计师事务所在财务和运营方面对优先事项的安排，都不能以牺牲质量为代价。

（二）会计师事务所领导层对质量负责。

（三）会计师事务所领导层通过实际行动展示其对质量的重视。

（四）会计师事务所领导层向会计师事务所人员传递质量至上的执业理念，培育以质量为导向的文化。

（五）会计师事务所的组织结构以及对相关人员角色、职责、权限的分配是恰当的，能够满足质量管理体系设计、实施和运行的需要。

（六）会计师事务所的资源（包括财务资源）需求有计划，并且资源的取得和分配能够保障会计师事务所履行其对质量的承诺。

第五十条 会计师事务所应当建立健全质量管理领导框架。本准则附录提供了一个质量管理领导层示例。会计师事务所应当根据本所及业务的具体情况，设计适合本所的质量管理领导层框架，明确责任，并确保其切实有效地发挥作用。在设计时，会计师事务所可以参照示例设定相关角色和职能，也可以对示例中的角色和职能进行适当合并和调整，但应当涵盖对本所而言必要的所有角色和职能，并明确落实到具体的岗位或人员。

第五十一条 会计师事务所领导层成员应当以身作则、率先垂范，带头遵守质量管理体系中的各项政策和程序，不得干扰项目组按照职业准则的要求执行业务、作出职业判断。

第五十二条 会计师事务所应当加强对合伙人晋升、培训、考核、分配、转入、退出的管理，体现以质量为导向的文化，确保合伙人能够按照质量管理体系的要求，切实履行其在质量管理方面的责任，防范业务风险。

第五十三条 会计师事务所应当加强对其员工（包括外部转入人员）晋升合伙人的管理，综合考虑拟晋升人员的执业理念、职业价值观、职业道德、专业胜任能力和执业诚信记录，建立以质量为导向的晋升机制，不得以承接和执行业务的收入或利润作为晋升合伙人的首要指标。

会计师事务所应当针对合伙人晋升建立和实施质量一票否决制度。

第五十四条 会计师事务所应当在全所范围内统一进行合伙人考核和收益分配。会计师事务所对合伙人的考核和收益分配，应当综合考虑合伙人的执业质量、管理能力、经营业绩、社会声誉等指标，不得以承接和执行业务的收入或利润作为首要指标，不得直接或变相以分所、部门、合伙人所在团队作为利润中心进行收益分配。

第五节 相关职业道德要求

第五十五条 针对相关人员按照相关职业道德要求（包括独立性要求）履行职责，会计师事务所应当设定下列质量目标：

（一）会计师事务所及其人员充分了解规范会计师事务所及其业务的职业道德要求，并严格按照这些职业道德要求履行职责；

（二）受职业道德要求约束的其他组织或人员，包括网络、网络事务所、网络或网络事务所中的人员、服务提供商，充分了解与其相关的职业道德要求，并严格按照这些职业道德要求履行职责。

第五十六条 针对相关职业道德要求，会计师事务所应当制定下列政策和程序：

（一）识别、评价和应对对遵守相关职业道德要求的不利影响；

（二）识别、沟通、评价和报告任何违反相关职业道德要求的情况，并针对这些情况的原因和后果及时作出适当应对；

（三）至少每年一次向所有需要按照相关职业道德要求保持独立性的人员获取其已遵守独立性要求的书面确认。

第五十七条 会计师事务所应当按照相关职业道德要求，建立并完善与公众利益实体审计业务有关的关键审计合伙人轮换机制，明确轮换要求，确保做到实质性轮换，防止流于形式。

会计师事务所应当完善利益分配机制，保证全所的人力资源和客户资源实现一体化统筹管理，避免某合伙人或项目组的利益与特定客户长期直接挂钩，影响独立性。会计师事务所应当定期评价利益分配机制的设计和执行情况。

第五十八条 针对公众利益实体审计业务，会计师事务所应当对关键审计合伙人的轮换情况进行实时监控，通过建立关键审计合伙人服务年限清单等方式，管理关键审计合伙人相关信息，每年对轮换情况实施复核，并在全所范围内统一进行轮换。

第六节 客户关系和具体业务的接受与保持

第五十九条 针对客户关系和具体业务的接受与保持，会计师事务所应当设定下列质量目标：

（一）会计师事务所就是否接受或保持某项客户关系或具体业务所作出的判断是适当的，充分考虑了下列方面：

1.会计师事务所是否针对业务的性质和具体情况以及客户（包括客户的管理层和治理层）的诚信和道德价值观获取了足以支持上述判断的充分信息；

2.会计师事务所是否具备按照适用的法律法规和职业准则的规定执行业务的能力。

（二）会计师事务所在财务和运营方面对优先事项的安排，并不会导致对是否接受或保持客户关系或具体业务作出不恰当的判断。

第六十条 会计师事务所应当制定与下列情形相关的政策和程序：

（一）会计师事务所在接受或保持某一客户关系或具体业务后知悉了某些信息，而这些信息如果在接受或保持该客户关系或具体业务之前知悉，将会导致其拒绝接受该客户关系或业务；

（二）根据法律法规的规定，会计师事务所有义务接受某项客户关系或具体业务。

第六十一条 会计师事务所应当在客户关系和具体业务的接受与保持方面树立风险意识，确保项目风险评估真实、到位。对于在客户关系和具体业务的接受与保持方面具有较高风险的客户，会计师事务所应当设计和实施专门的质量管理程序，如加强与前任注册会计师的沟通、与相关监管机构沟通、访谈拟承接客户以了解有关情况、加强内部质量复核等。

第六十二条 对于从其他会计师事务所转入人员带来的客户，会计师事务所应当严格执行与客户关系和具体业务的接受与保持相关的程序，审慎承接新客户。

第六十三条 会计师事务所应当制定政策和程序，针对客户关系和具体业务的接受与保持（如适用），在全所范围内统一决策。对于会计师事务所认定存在高风险的业务，应当经质量管理主管合伙人（或类似职位的人员）或其授权的人员审批。

在决策时，会计师事务所应当充分考虑相关职业道德要求、管理层和治理层（如适用）的诚信状况、业务风险以及是否具备执行业务必要的时间和资源，审慎作出承接与保持的决策。

第七节 业务执行

第六十四条 针对业务执行，会计师事务所应当设定下列质量目标：

（一）项目组了解并履行其与所执行业务相关的责任，包括项目合伙人对项目管理和项目质量承担总体责任，并充分、适当地参与项目全过程；

（二）基于项目的性质和具体情况、向项目组分配的资源以及项目组可获得的资源，对项目组进行的指导和监督以及对项目组已执行的工作进行的复核是恰当的，并且由经验较为丰富的项目组成员对经验较为缺乏的项目组成员的工作进行指导、监督和复核；

（三）项目组恰当运用职业判断并保持职业怀疑（如适用）；

（四）对困难或有争议的事项进行了咨询，并已按照达成的一致意见执行；

（五）项目组内部、项目组与项目质量复核人员之间（如适用），以及项目组与会计师事务所内负责执行质量管理体系相关活动的人员之间存在的意见分歧，能够得到会计师事务所的关注并予以解决；

（六）业务工作底稿能够在业务报告日之后及时得到整理，并得到妥善的保存和维护，以遵守法律法规、相关职业道德要求和其他职业准则的规定，并满足会计师事务所自身的需要。

第六十五条 会计师事务所应当就项目质量复核制定政策和程序，并对下列业务实施项目质量复核：

（一）上市实体财务报表审计业务；

（二）法律法规要求实施项目质量复核的审计业务或其他业务；

（三）会计师事务所认为，为应对一项或多项质量风险，有必要实施项目质量复核的审计业务或其他业务。

第六十六条 会计师事务所应当制定政策和程序，在全所范围内统一委派具有足够专业胜任能力、时间，并且无不良执业诚信记录的项目合伙人执行业务。其中，对专业胜任能力的评价应当包括下列方面：

（一）该人员是否充分了解相关法律法规和监管要求；

（二）该人员是否能够熟练掌握和运用相关职业准则的规定；

（三）该人员是否充分了解客户所在行业的业务特点、发展趋势、重大风险，以及该行业对信息技术的运用情况等。

会计师事务所应当按照质量管理体系的要求对上述委派进行复核。

第六十七条 会计师事务所应当制定与内部复核相关的政策和程序，对内部复核的层级、各层级的复核范围、执行复核的具体要求以及对复核的记录要求等作出规定。

第六十八条 会计师事务所应当制定与解决意见分歧相关的政策和程序，包括下列方面：

（一）明确要求项目合伙人和项目质量复核人员（如有）复核并评价项目组是否已就疑难问题或涉及意见分歧的事项进行适当咨询，以及咨询得出的结论是否得到执行。

（二）明确要求在业务工作底稿中适当记录意见分歧的解决过程和结论。如果项目质量复核人员（如有）、项目组成员以外的其他人员参与形成业务报告中的专业意见，也应当在业务工作底稿中作出适当记录。

（三）确保所执行的项目在意见分歧解决后才能出具业务报告。

第六十九条 会计师事务所应当制定与出具业务报告相关的政策和程序，要求业务报告在出具前，应当经项目合伙人、项目质量复核人员（如有）复核确认，确保其内容、格式符合职业准则的规定，并由项目合伙人及其他适当的人员（如适用）签署。

第七十条 会计师事务所应当加强对业务报告签发过程的控制，委派专门人员负责对报告的签章进行严格管理。

第七十一条 会计师事务所应当制定政策和程序，以接收、调查、解决由于未能按照适用的法律法规、职业准则的要求执行业务，或由于未能遵守会计师事务所按照本准则要求制定的政策和程序，而引发的投诉和指控。

第八节 资 源

第七十二条 会计师事务所应当设定下列质量目标，以及时且适当地获取、开发、利用、维护和分配资源，支持质量管理体系的设计、实施和运行：

（一）会计师事务所招聘、培养和留住在下列方面具备胜任能力的人员：

1.具备与会计师事务所执行的业务相关的知识和经验，能够持续高质量地执行业务；

2.执行与质量管理体系运行相关的活动或承担与质量管理体系相关的责任。

（二）会计师事务所人员通过其行为展示出对质量的重视不断培养和保持适当的胜任能力以履行其职责。会计师事务所通过及时的业绩评价、薪酬调整、晋升和其他奖惩措施对这些人员进行问责或认可。

（三）当会计师事务所在质量管理体系的运行方面缺乏充分、适当的人员时，能够从外部（如网络、网络事务所或服务提供商）获取必要的人力资源支持。

（四）会计师事务所为每项业务分派具有适当胜任能力的项目合伙人和其他项目组成员，并保证其有充足的时间持续高质量地执行业务。

（五）会计师事务所分派具有适当胜任能力的人员执行质量管理体系内的各项活动，并保证其有充足的时间执行这些活动。

（六）会计师事务所获取、开发、维护、利用适当的技术资源，以支持质量管理体系的运行和业务的执行。

（七）会计师事务所获取、开发、维护、利用适当的知识资源，以为质量管理体系的运行和高质量业务的持续执行提供支持，并且这些知识资源符合相关法律法规（如适用）和职业准则的规定。

（八）结合上述第（四）项至第（七）项所述的质量目标，从服务提供商获取的人力资源、技术资源或知识资源能够适用于质量管理体系的运行和业务的执行。

第七十三条 会计师事务所应当投入足够资源打造一支专业性强、经验丰富、运作规范的质量管理体系团队，以维持质量管理体系的日常运行。

第七十四条 会计师事务所应当建立与专业技术支持相关的政策和程序，配备具备相应专业胜任能力、时间和权威性的技术支持人员，确保相关业务能够获得必要的专业技术支持。

第七十五条 会计师事务所应当建立和运行完善的工时管理系统，确保相关人员投入足够的时间执行业务，并为业绩评价提供依据。

第七十六条 会计师事务所应当建立和完善与业务操作规程、业务软件等有关的指引，把职业准则的要求从实质上执行到位，避免执业人员仅简单勾画程序表格、未实质性执行程序、程序与目标不一致、程序执行不到位、业务工作底稿记录不完整等问题，确保执业人员恰当记录判断过程、程序执行情况及得出的结论。

第九节 信息与沟通

第七十七条 针对获取、生成和利用与质量管理体系有关的信息，并及时在会计师事务所内部或与外部各方沟通信息，会计师事务所应当设定下列质量目标，以支持质量管理体系的设计、实施和运行：

（一）会计师事务所的信息系统能够识别、获取、处理和维护来自内部或外部的相关、可靠的信息，为质量管理体系提供支持。

（二）会计师事务所的文化认同并强化会计师事务所人员与会计师事务所之间，以及这些人员彼此之间交换信息的责任。

（三）会计师事务所内部以及各项目组之间能够交换相关、可靠的信息，包括：

1.会计师事务所向相关人员和项目组传递信息，传递的性质、时间安排和范围足以使其理解和履行与执行业务或质量管理体系各项活动相关的责任；

2.会计师事务所人员和项目组在执行业务或质量管理体系各项活动的过程中向会计师事务所传递信息。

（四）会计师事务所向外部各方传递相关、可靠的信息，包括：

1.会计师事务所向网络、在网络中或向服务提供商（如有）传递信息，使该网络或服务提供商能够履行其与网络要求、网络服务或提供资源相关的责任；

2.会计师事务所根据相关法律法规或职业准则的规定向外部传递信息，或为了帮助外部各方了解质量管理体系而向外部传递信息。

第七十八条 会计师事务所应当制定与下列方面相关的政策和程序：

（一）会计师事务所在执行上市实体财务报表审计业务时，应当与治理层沟通质量管理体系是如何为持续高质量地执行业务提供支撑的；

（二）会计师事务所在何种情况下向外部各方沟通与质量管理体系相关的信息是适当的；

（三）会计师事务所按照上述第（一）项和第（二）项的规定进行外部沟通时应当沟通哪些信息，以及沟通的性质、时间安排、范围和适当形式。

第十节 监控和整改程序

第七十九条 会计师事务所应当建立在全所范围内统一的监控和整改程序，并开展实质性监控，以实现下列质量目标：

（一）就质量管理体系的设计、实施和运行情况提供相关、可靠、及时的信息；

（二）采取适当的行动以应对识别出的质量管理体系的缺陷，以使该缺陷能够及时得到整改。

第八十条 会计师事务所应当设计和实施监控活动，包括定期和持续的监控活动，以为识别质量管理体系的缺陷奠定基础。

第八十一条 在确定监控活动的性质、时间安排和范围时，会计师事务所应当考虑下列方面：

（一）相关质量风险的评估结果及得出该评估结果的理由；

（二）应对措施的设计；

（三）会计师事务所风险评估程序以及监控和整改程序的设计；

（四）质量管理体系发生的变化；

（五）以前实施监控活动的结果，包括以前实施的监控活动是否仍然与评价质量管理体系相关，以及为应对以前识别出的缺陷所采取的整改措施是否有效；

（六）其他相关信息，包括：由于未能按照适用的法律法规、职业准则执行业务，或者由于未能遵守会计师事务所的政策和程序而引发的投诉或指控；从外部检查和服务提供商获取的信息。

第八十二条 会计师事务所的监控活动应当包括对已完成项目的检查，并应当确定选择哪些项目和哪些项目合伙人进行检查。在确定时，会计师事务所应当考虑下列方面：

（一）本准则第八十一条第（一）项至第（六）项；

（二）会计师事务所实施的其他监控活动的性质、时间安排和范围，以及这些监控活动所针对的项目和项目合伙人；

（三）周期性地选取已完成的项目进行检查。在每个周期内，对每个项目合伙人，至少选择一项已完成的项目进行检查。对承接上市实体审计业务的每个项目合伙人，检查周期最长不得超过三年。

第八十三条 会计师事务所应当制定下列政策和程序：

（一）要求执行监控活动的人员具备有效执行监控活动所必需的胜任能力、时间和权威性；

（二）要求执行监控活动的人员具备客观性，这些政策和程序应当禁止项目组成员或项目质量复核人员参与对该项目的任何检查。

第八十四条 会计师事务所应当评价发现的情况，以确定是否存在缺陷，包括监控和整改程序中的缺陷。

第八十五条 会计师事务所应当通过下列方法评价识别出的缺陷的严重程度和广泛性：

（一）调查所识别出的缺陷的根本原因。在确定用于调查根本原因的程序的性质、时间安排和范围时，会计师事务所应当考虑这些识别出的缺陷的性质和可能的严重程度；

（二）评价这些识别出的缺陷单独或累积起来对质量管理体系的影响。

第八十六条 会计师事务所应当根据对根本原因的调查结果，设计和采取整改措施，以应对识别出的缺陷。

第八十七条 对监控和整改程序的运行承担责任的人员应当评价整改措施是否得到恰当的设计，以应对识别出的缺陷及其根本原因，并确定这些程序是否已得到实施。该人员还应当评价针对以前识别出的缺陷采取的整改措施是否有效。

第八十八条 如果上述评价表明整改措施并未得到恰当的设计和执行，或未达到预期效果，则对监控和整改程序的运行承担责任的人员应当采取适当措施以确保对这些整改措施已作出必要调整以使其能够达到预期效果。

第八十九条 如果发现的情况表明某项业务在执行过程中遗漏了应当实施的程序，或者出具的报告可能不适当，会计师事务所应当予以应对。会计师事务所采取的应对措施应当包括下列方面：

（一）采取适当行动，以遵守适用的法律法规和职业准则的规定；

（二）当认为出具的报告不适当时，考虑其影响并采取适当的行动，包括考虑是否需要征询法律意见。

第九十条 对监控和整改程序的运行承担责任的人员，应当及时与对质量管理体系承担最终责任的人员（即主要负责人），以及对质量管理体系的运行承担责任的人员沟通下列事项：

（一）对已执行的监控活动的描述；

（二）识别出的缺陷，包括这些缺陷的严重程度和广泛性；

（三）针对识别出的缺陷采取的整改措施。

第九十一条 会计师事务所应当就本准则第九十条第（一）项至第（三）项规定的事项与项目组以及在质量管理体系中承担相关责任的其他人员沟通，以使项目组和这些人员能够根据其职责迅速采取恰当行动。

第九十二条 会计师事务所应当制定政策和程序，针对监控中发现的缺陷的性质和影响，对相关人员进行问责。这种问责应当与相关责任人员的考核、晋升和薪酬挂钩。对执业中存在重大缺陷的项目合伙人，会计师事务所应当对其是否具备从事相关业务的职业道德水平和专业胜任能力作出评价。

第九十三条 会计师事务所应当就监控的实施情况，发现的缺陷，评价、补救和改进措施、问责等形成监控报告。存在缺陷的，应当及时修订完善质量管理体系。

第十一节 网络要求或网络服务

第九十四条 如果会计师事务所属于某一网络，会计师事务所应当了解下列事项（如适用）：

（一）网络对会计师事务所质量管理体系的要求，包括要求会计师事务所实施或利用由该网络设计、提供或推行的资源或服务（即网络要求）；

（二）由网络提供的，供会计师事务所在设计、实施或运行其质量管理体系时选择实施或利用的服务或资源（即网络服务）；

（三）针对会计师事务所为执行网络要求或利用网络服务所采取的必要行动，会计师事务所应当承担的责任。

会计师事务所仍然应当对其质量管理体系负责，包括对设计、实施和运行该质量管理体系过程中作出的职业判断负责。会计师事务所不得因遵守网络要求或利用网络服务而违反本准则的规定。

第九十五条 基于对本准则第九十四条第（一）项至第（三）项的了解，会计师事务所应当采取下列措施：

（一）确定网络要求或网络服务如何与会计师事务所质量管理体系相关，以及如何在该体系中加以考虑，包括这些要求或服务将如何实施；

（二）评价会计师事务所是否需要对这些网络要求或网络服务加以调整或补充，以满足本所质量管理体系的需要；

（三）如果需要对这些网络要求或网络服务加以调整或补充，考虑如何调整或补充。

第九十六条 当由网络执行与会计师事务所质量管理体系有关的监控活动时，会计师事务所应当：

（一）确定由网络执行的监控活动对会计师事务所按照本准则第八十条至第八十二条的规定执行的监控活动的性质、时间安排和范围的影响；

（二）确定会计师事务所与该监控活动相关的责任，包括会计师事务所需要采取的相关行动；

（三）及时从网络获取其实施监控活动的结果，以作为会计师事务所按照本准则第八十四条的规定评价监控活动发现的情况并识别缺陷的一部分。

第九十七条 对于网络针对本网络中所有事务所实施的监控活动，会计师事务所应当：

（一）了解该类监控活动的总体范围，包括为确定网络要求已在网络事务所之间得到恰当执行而实施的监控活动，以及网络将如何向会计师事务所沟通实施监控活动的结果。

（二）至少每年一次从网络获取该类监控活动的总体结果的相关信息（如可行），并采取下列措施：

1.将这些信息传递给各项目组以及在质量管理体系中承担各项责任的其他人员（如适用），以使项目组和这些人员能够根据其责任迅速采取恰当的行动；

2.考虑这些信息对本所质量管理体系的影响。

第九十八条 如果会计师事务所识别出网络要求或网络服务中的缺陷，应当采取下列措施：

（一）就与已识别出的缺陷相关的信息与网络沟通；

（二）按照本准则第八十六条的规定，设计和采取整改措施，以应对网络要求或网络服务中识别出的缺陷的影响。

第十二节 评价质量管理体系

第九十九条 对质量管理体系承担最终责任的人员（即主要负责人）应当代表会计师事务所对质量管理体系进行评价。该评价应当以某一时点为基准，并且应当至少每年一次。

第一百条 基于上述评价，对质量管理体系承担最终责任的人员（即主要负责人）应当代表会计师事务所得出下列结论中的一项：

（一）质量管理体系能够向会计师事务所合理保证该体系的目标得以实现；

（二）质量管理体系的设计、实施和运行存在严重但不具有广泛影响的缺陷，除与这些缺陷相关的事项外，质量管理体系能够向会计师事务所合理保证该体系的目标得以实现；

（三）质量管理体系不能向会计师事务所合理保证该体系的目标得以实现。

第一百零一条 如果对质量管理体系承担最终责任的人员（即主要负责人）得出本准则第一百条第（二）项或第（三）项结论，会计师事务所应当采取下列措施：

（一）迅速采取适当行动；

（二）与各项目组以及在质量管理体系中承担相关责任的其他人员就与其责任相关的事项进行沟通；

（三）按照会计师事务所根据本准则第七十八条的规定制定的政策和程序，与外部各方沟通。

第一百零二条 会计师事务所应当定期对下列人员进行业绩评价：

（一）对质量管理体系承担最终责任的人员（即主要负责人）；

（二）对质量管理体系承担运行责任的人员；

（三）对质量管理体系特定方面承担运行责任的人员。

在进行业绩评价时，会计师事务所应当考虑对质量管理体系的评价结果。

第十三节 对质量管理体系的记录

第一百零三条 会计师事务所应当对其质量管理体系进行记录，以满足下列要求：

（一）为会计师事务所人员对质量管理体系的一致理解提供支持，包括理解其在质量管理体系和业务执行中的角色和责任；

（二）为质量管理体系的持续实施和运行提供支持；

（三）为应对措施的设计、实施和运行提供证据，以支持对质量管理体系承担最终责任的人员（即主要负责人）对质量管理体系进行评价。

第一百零四条　会计师事务所应当就下列方面形成工作记录：

（一）对质量管理体系承担最终责任的人员（即主要负责人）和对质量管理体系承担运行责任的人员各自的身份。

（二）会计师事务所的质量目标和质量风险。

（三）对应对措施的描述以及这些措施是如何应对质量风险的。

（四）监控和整改程序，包括下列方面：

1.已执行监控活动的证据；

2.对发现的情况、识别出的缺陷、缺陷的根本原因作出的评价；

3.为应对识别出的缺陷而采取的整改措施，以及对这些整改措施在设计和执行方面的评价；

4.与监控和整改程序相关的沟通。

（五）根据本准则第一百条的规定得出结论的依据。

第一百零五条　会计师事务所应当记录本准则第一百零四条所规定的方面中与网络要求、网络服务相关的事项，以及按照本准则第九十五条第（二）项和第（三）项的规定，与对网络要求或网络服务进行评价相关的事项。

第一百零六条　会计师事务所应当规定质量管理体系工作记录的保存期限，该期限应当涵盖足够长的期间，以使会计师事务所能够监控质量管理体系的设计、实施和运行情况。如果法律法规要求更长的期限，应当遵守法律法规的要求。

附录（参见本准则第五十条）

质量管理领导层示例

本示例旨在为会计师事务所建立健全质量管理领导层框架提供参考，并不强制要求会计师事务所按照本示例设计其质量管理领导层框架。实务中，会计师事务所应当根据本所及其业务的具体情况设计适合本所的质量管理领导框架，以明确责任，并确保其切实有效地发挥作用。在本示例框架下，会计师事务所质量管理领导层包括主要负责人、质量管理主管合伙人、职业道德主管合伙人、独立性主管合伙人、各业务条线的主管合伙人、监控和整改主管合伙人等角色。如无特别说明，本示例中的各个角色包括在该角色授权下承担相关责任的人员。

一、主要负责人

会计师事务所主要负责人（如首席合伙人、主任会计师或者同等职位的人员，下同）对会计师事务所的质量管理体系承担最终责任，并履行下列职责：

1.提名或委任会计师事务所质量管理领导层的其他成员，保障其具备充分的时间、资源、胜任能力和权限履行职责，并对其进行指导、监督、评价和问责；

2.建立并有效运行以质量为导向的合伙人管理机制；

3.合理保证质量管理体系健全并在会计师事务所全所范围内有效运行；

4.通过审核与监控和整改程序相关的报告等方式，每年至少一次对质量管理体系作出评价，并定期评价相关人员的业绩，落实问责和整改措施；

5.领导并决定对质量管理具有重大影响的其他事项。

二、质量管理主管合伙人

质量管理主管合伙人（或同等职位的人员）具体负责质量管理体系的设计、实施和运行，并履行下列职责：

1.建立、完善并有效运行会计师事务所质量管理政策和程序，确保会计师事务所持续满足法律法规、职业准则和监管要求；

2.全面参与业务质量管理决策，形成工作记录；

3.对监控和整改程序的运行提供督导，就质量管理存在的问题提出整改措施，并向主要负责人报告；

4.就与重大风险相关的事项提供咨询；

5.会计师事务所其他质量管理职责。

如果会计师事务所成立质量管理委员会或类似机构履行质量管理主管合伙人的职责，该委员会的主任委员或类似职位的成员可以参照质量管理主管合伙人承担领导责任。

三、职业道德主管合伙人

职业道德主管合伙人（或同等职位的人员）具体负责会计师事务所与职业道德有关的事务，并履行下列职责：

1.制定与职业道德相关的工作计划以及与该计划相关的年度绩效目标，并对职业道德计划的所有方面承担明确的责任；

2.根据相关职业道德要求，建立、完善并有效运行与职业道德相关的政策和程序，包括与违反职业道德后果相关的政策和程序，以确保会计师事务所持续满足相关职业道德要求；

3.计划和组织针对全体合伙人、执业人员以及其他人员的职业道德培训，以增强这些人员对职业道德和职业价值观的认识和理解；

4.建立专门的渠道，供会计师事务所所有人员就职业道德相关问题进行咨询和报告职业道德相关事项和情况，并对这些咨询和报告保密；

5.建立与解决具体职业道德问题相关的流程，确保能够恰当应对所有已识别出的职业道德问题；

6.向主要负责人报告所有与职业道德相关的重大事项；

7.获取会计师事务所所有人员就其遵守职业道德情况的确认，包括已阅读并了解相关职业道德要求，以及是否存在违反相关职业道德要求的情况等；

8.至少每年一次向主要负责人报告与职业道德相关的政策和程序、事件和结果，以及后续计划；

9.会计师事务所其他职业道德管理职责。

四、独立性主管合伙人

独立性主管合伙人（或同等职位的人员）具体负责会计师事务所与审计、审阅和其他鉴证业务独立性有关的事务，并履行下列职责：

1.统筹会计师事务所所有与独立性相关的重大事项，包括设计、实施、运行、监督与维护与独立性相关的监控程序；

2.建立和完善与独立性相关的咨询机制，保证提供咨询的人员具备适当的时间、经验、专业胜任能力、客观性、权威性和判断能力；

3.建立和维护相关信息系统，以提供会计师事务所人员禁止投资清单、受限制实体清单、关键审计合伙人执业年限清单等信息，并制定相关政策和程序，以确保这些信息真实、准确和完整；

4.指导、监督和复核会计师事务所独立性相关政策和程序的运行情况；

5.就独立性相关事务开展监控活动；

6.至少每年一次向主要负责人报告与独立性相关的重大事项，如会计师事务所开展独立性监控活动的结果、违反独立性要求的情况、即将实施的独立性政策、法律法规和相关职业道德要求的变化情况、就违反独立性情况作出的处分等；

7.及时识别法律法规、职业准则、监管机构对适用的独立性要求作出的修订，并考虑是否更新会计师事务所相关流程。

会计师事务所可以根据本所的实际需要，将职业道德主管合伙人和独立性主管合伙人的职责进行合并。

五、各业务条线的主管合伙人

会计师事务所可以根据本所业务的实际情况和质量管理的需要划分业务条线，例如，可以根据业务的性质、客户所处行业或地区等划分业务条线。各业务条线的主管合伙人负责所主管业务的总体质量，并履行以下职责：

1.确定本业务条线相关计划，包括资源的需求、获取和分配计划，并合理地获取和分配资源；

2.督导项目合伙人有效执行质量管理体系中的政策和程序，并遵守相关职业道德要求；

3.委派或授权他人委派具有足够专业胜任能力、时间与良好诚信记录的项目合伙人执行业务；

4.按照会计师事务所内部规定参与本业务条线中有关业务质量的重大事项的讨论以及意见分歧的解决，发表意见并形成工作记录；

5.会计师事务所其他质量管理职责。

如果会计师事务所建立业务条线管理委员会或类似机构履行业务条线主管合伙人职责，该委员会的主任委员或类似职位的成员需要参照业务条线主管合伙人承担领导责任。

六、监控和整改主管合伙人

监控和整改主管合伙人（或同等职位的人员）对质量管理体系“监控和整改”要素的运行承担责任，包括下列职责：

1.领导与监控和整改相关的政策和程序的设计、实施和运行，并提供适当督导；

2.领导业务检查和其他监控活动的设计、实施和运行工作，并提供适当督导；

3.就业务检查和其他监控活动的结果与主要负责人和质量管理体系中的相关负责人进行及时沟通；

4.会计师事务所其他监控和整改管理职责。

会计师事务所质量管理准则第5102号
——项目质量复核

（2020年11月19日发布）

第一章 总 则

第一条 为了规范项目质量复核人员的委派和资质要求，以及项目质量复核人员在实施和记录项目质量复核方面的责任，制定本准则。

第二条 本准则适用于按照《会计师事务所质量管理准则第5101号——业务质量管理》的规定需要实施项目质量复核的所有项目。

会计师事务所受《会计师事务所质量管理准则第5101号——业务质量管理》的约束，是本准则的适用前提。

会计师事务所在使用本准则时，需要同时考虑相关职业道德要求。

第三条 根据本准则的规定实施的项目质量复核，属于会计师事务所按照《会计师事务所质量管理准则第5101号——业务质量管理》的规定设计和实施的一项应对措施。项目质量复核由项目质量复核人员在项目层面代表会计师事务所实施。

第四条 项目质量复核人员按照本准则要求实施的程序的性质、时间安排和范围，因项目或客户的性质和具体情况而异。例如，如果某一项目需要项目组作出的重大职业判断较少，则项目质量复核人员需要执行的程序可能较为简单。

第五条 《会计师事务所质量管理准则第5101号——业务质量管理》规范了会计师事务所设计、实施和运行质量管理体系的责任，

该准则要求会计师事务所设计和采取应对措施以应对质量风险，应对措施的性质、时间安排和范围取决于相关质量风险的评估结果及得出该评估结果的理由。该准则明确规定了一些应对措施，要求会计师事务所制定与项目质量复核相关的政策和程序，即为其中的一项。

第六条 会计师事务所负责设计、实施和运行质量管理体系。根据《会计师事务所质量管理准则第5101号——业务质量管理》的规定，会计师事务所的目标是，针对所执行的财务报表审计业务、财务报表审阅业务、其他鉴证业务和相关服务业务，设计、实施和运行质量管理体系，为会计师事务所在下列方面提供合理保证：

（一）会计师事务所及其人员按照适用的法律法规和职业准则的规定履行职责，并根据这些规定执行业务；

（二）会计师事务所和项目合伙人出具适合具体情况的报告。

第七条 根据《会计师事务所质量管理准则第5101号——业务质量管理》的规定，会计师事务所持续高质量地执行业务是服务公众利益的内在要求。设计、实施和运行质量管理体系可以使会计师事务所能够持续高质量地执行业务。实现业务的高质量，需要会计师事务所执业人员按照适用的法律法规和职业准则的规定计划和执行业务并出具报告。遵守适用的法律法规的规定并实现职业准则的目标需要运用职业判断，针对某些类型的业务，还需要运用职业怀疑。

第八条 项目质量复核是对项目组作出的重大判断和据此得出的结论作出的客观评价。项目质量复核人员对重大判断的评价是在适用的法律法规和职业准则框架下作出的。

然而，项目质量复核并不旨在评价整个项目是否遵守了适用的法律法规和职业准则的规定，或者会计师事务所的政策和程序。

第九条　项目质量复核人员不是项目组成员。执行项目质量复核，并不改变项目合伙人对项目实施质量管理以高质量执行业务的责任，以及对项目组成员进行指导和监督并复核其工作的责任。项目质量复核人员并不需要获取证据以支持项目的意见或结论，但是，项目组在回应项目质量复核过程中提出的问题时可能获取进一步证据。

第十条　本准则规定了会计师事务所的目标，以及会计师事务所和项目质量复核人员为实现这些目标而需要满足的要求。本准则还提供了相关术语的定义。此外，本准则的应用指南对正确理解和执行本准则中的相关条款提供了进一步解释和指引。

第二章　定　义

第十一条　项目质量复核，是指在报告日或报告日之前，项目质量复核人员对项目组作出的重大判断及据此得出的结论作出的客观评价。

第十二条　项目质量复核人员，是指会计师事务所中实施项目质量复核的合伙人或其他类似职位的人员，或者由会计师事务所委派实施项目质量复核的外部人员。

第十三条　相关职业道德要求，是指注册会计师在执行项目质量复核时应当遵守的职业道德原则和要求，包括独立性要求（如适用）。

第三章　目　标

第十四条　会计师事务所的目标是，委派符合相关资质要求的项目质量复核人员，对项目组作出的重大判断和据此得出的结论作出客观评价。

第四章　要　求

第一节　运用和遵守相关要求

第十五条　会计师事务所和项目质量复核人员应当了解本准则及应用指南的全部内容，以正确理解本准则的目标并恰当遵守其要求。

第十六条　会计师事务所和项目质量复核人员（如适用）应当遵守本准则的每项要求，除非某项要求与项目的具体情况不相关。

第十七条　恰当遵守本准则的要求旨在为实现本准则的目标奠定充分基础。然而，如果认为遵守某些要求不能为实现本准则的目标奠定充分基础，会计师事务所或项目质量复核人员（如适用）应当采取进一步措施以实现本准则的目标。

第二节　项目质量复核人员的委派和资质要求

第十八条　会计师事务所应当制定政策和程序，要求将委派项目质量复核人员的职责分配给会计师事务所内具有履行该职责所需的胜任能力及适当权威性的人员。这些政策和程序应当要求该人员在全所范围内（包括分所或分部）统一委派项目质量复核人员。

第十九条　会计师事务所应当制定政策和程序，以明确项目质量复核人员的任职资质要求。这些政策和程序应当要求项目质量复核人员不得作为项目组成员，并且应当同时满足下列条件：

（一）具备适当的胜任能力，包括充足的时间和适当的权威性以实施项目质量复核。项目质量复核人员的胜任能力应当至少与项目合伙人相当。

（二）遵守相关职业道德要求，包括与项目质量复核人员如何应对对其客观性和独立性产生的不利影响相关的职业道德要求，并在实施项目质量复核时保持独立、客观、公正。

（三）遵守与项目质量复核人员任职资质要求相关的法律法规规定（如有）。

第二十条 会计师事务所内部的项目质量复核人员应当是合伙人或类似职位的人员，且在面对来自项目合伙人或会计师事务所内部其他人员的压力时能够坚持原则。项目质量复核人员也可能是会计师事务所委派的外部人员。

第二十一条 会计师事务所根据本准则第十九条第（二）项的规定制定的政策和程序，应当涵盖前任项目合伙人被委任为项目质量复核人员而对其客观性产生不利影响的情形。这些政策和程序应当规定一段冷却期，并要求在冷却期结束之前，前任项目合伙人不得担任该项目的项目质量复核人员。中国注册会计师职业道德守则针对公众利益实体审计和审阅业务的冷却期作出了明确规定，前任项目合伙人应当遵守该规定，对于公众利益实体审计和审阅业务以外的其他情形，冷却期应当至少为两年。

第二十二条 会计师事务所应当制定政策和程序，规定在为某一项目具体委派项目质量复核人员时，应当充分考虑拟委派人员的胜任能力和客观性。除非出现特殊情况，应当尽量避免在同一年度内需要实施项目质量复核的两个项目之间交叉实施项目质量复核，即由某一项目的项目合伙人对另一项目实施项目质量复核，同时由后者的项目合伙人对前者实施项目质量复核。

第二十三条 会计师事务所应当制定政策和程序，以明确为项目质量复核人员提供协助的人员的任职资质要求。这些政策和程序应当规定，为项目质量复核人员提供协助的人员不得作为项目组成员，并且应当同时满足下列条件：

（一）具备适当的胜任能力，包括充足的时间，以履行对其分配的职责；

（二）遵守相关法律法规的规定（如有）和相关职业道德要求，其中，相关职业道德要求包括与该人员如何应对对其客观性和独立性产生的不利影响相关的职业道德要求。

第二十四条 会计师事务所应当制定与下列方面相关的政策和程序：

（一）要求项目质量复核人员对实施项目质量复核承担总体责任；

（二）针对为项目质量复核提供协助的人员，要求项目质量复核人员负责确定对该等人员进行指导和监督，以及对该等人员的工作进行复核的性质、时间安排和范围。

第二十五条 会计师事务所应当制定政策和程序，以应对项目质量复核人员不再符合其任职资质要求的情况，并采取适当的措施，包括如何识别这种情况，以及如何委任一位替代者。

第二十六条 当项目质量复核人员意识到其不再符合任职资质要求时，应当通知会计师事务所适当人员，并采取下列措施：

（一）如果项目质量复核尚未开始，不再承担项目质量复核责任；

（二）如果项目质量复核已经开始实施，立即停止实施项目质量复核。

第三节 实施项目质量复核

第二十七条 针对项目质量复核的实施，会计师事务所应当制定与下列方面相关的政策和程序：

（一）项目质量复核人员有责任根据本准则第二十八条至第二十九条的规定，在项目的适当时点实施复核程序，以为客观评价项目组作出的重大判断和据此得出的结论奠定适当基础；

（二）项目合伙人与项目质量复核相关的责任，包括禁止项目合伙人在收到项目质量复核人员按照本准则第三十条的规定就已完成项目质量复核发出的通知前签署报告；

（三）项目组与项目质量复核人员就某项重大判断进行讨论的性质和范围对项目质量复核人员的客观性产生不利影响的情形，以及在这些情形下需要采取的适当行动。

第二十八条　在实施项目质量复核时，项目质量复核人员应当实施下列程序：

（一）阅读并了解下列信息：

1.与项目组就项目和客户的性质和具体情况进行沟通获取的信息；

2.与会计师事务所就监控和整改程序进行沟通获取的信息，特别是针对可能与项目组的重大判断相关或影响该重大判断的领域识别出的缺陷进行的沟通。

（二）与项目合伙人及其他项目组成员（如适用）讨论重大事项，以及在项目计划、实施和报告时作出的重大判断。

（三）基于从上述第（一）项和第（二）项程序获取的信息，选取部分与项目组作出的重大判断相关的业务工作底稿进行复核，并评价下列方面：

1.作出这些重大判断的依据，包括项目组对职业怀疑的运用（如适用）；

2.业务工作底稿能否支持得出的结论；

3.得出的结论是否恰当。

（四）对于财务报表审计业务，评价项目合伙人确定独立性要求已得到遵守的依据。

（五）评价是否已就疑难问题或争议事项、涉及意见分歧的事项进行适当咨询，并评价咨询得出的结论。

（六）对于财务报表审计，评价项目合伙人确定下列方面的依据：

1.项目合伙人对整个审计过程的参与程度是充分、适当的；

2.项目合伙人能够确定作出的重大判断和得出的结论适合项目的性质和具体情况。

（七）对下列方面实施复核：

1.对于财务报表审计，复核被审计财务报表和审计报告，以及审计报告中对关键审计事项的描述（如适用）；

2.对于财务报表审阅，复核被审阅财务报表或财务信息，以及拟出具的审阅报告；

3.对于财务报表审计和审阅以外的其他鉴证业务或相关服务业务，复核业务报告和鉴证对象信息（如适用）。

第二十九条　如果项目质量复核人员怀疑项目组作出的重大判断或据此得出的结论并不恰当，应当告知项目合伙人。如果这一怀疑不能得到使项目质量复核人员满意的解决，项目质量复核人员应当通知会计师事务所内部的适当人员项目质量复核无法完成。

第三十条　项目质量复核人员应当确定是否遵守了本准则中与实施项目质量复核相关的要求，以及项目质量复核是否已完成。如果是，项目质量复核人员应当签字确认并通知项目合伙人项目质量复核已完成。

第四节　工作底稿

第三十一条　会计师事务所应当制定政策和程序，要求项目质量复核人员负责就项目质量复核形成工作底稿。

第三十二条　会计师事务所应当制定政策和程序，要求项目质量复核人员的工作底稿符合本准则第三十三条的规定，并将该工作底稿包括在业务工作底稿中。

第三十三条 项目质量复核人员应当确定对项目质量复核形成的工作底稿足以使未曾接触该项目的、有经验的执业人员了解项目质量复核人员以及对项目质量复核提供协助的人员（如适用）所执行程序的性质、时间安排和范围，以及在实施复核的过程中得出的结论。项目质量复核人员还应当确定项目质量复核工作底稿中包括下列方面：

（一）项目质量复核人员及协助人员的姓名；

（二）已复核的业务工作底稿的识别特征；

（三）项目质量复核人员根据本准则第三十条的规定作出确定的依据；

（四）按照本准则第二十九条至第三十条的规定进行的通知；

（五）完成项目质量复核的日期。

4.2.4 中国注册会计师职业道德守则

中国注册会计师职业道德守则第1号

——职业道德基本原则

（2020年12月17日修订）

第一章 总 则

第一条 为了规范注册会计师职业活动，提高注册会计师职业道德水准，维护注册会计师职业形象，根据《中华人民共和国注册会计师法》和《中国注册会计师协会章程》，制定本守则。

第二条 维护公众利益是注册会计师行业的宗旨。公众不仅包括注册会计师服务的客户，也包括投资者、债权人、政府机构、社会公众等其他可能依赖注册会计师提供的信息以作出相关决策的组织或人员。这种依赖赋予注册会计师维护公众利益的责任。从这个意义上说，公众利益可以定义为那些可能依赖注册会计师工作的组织或人员的整体利益。

注册会计师应当遵守中国注册会计师职业道德守则（以下简称职业道德守则），履行相应的社会责任，维护公众利益。为了维护公众利益，注册会计师应当持续提高职业素养。

在履行社会责任的过程中，注册会计师可能面临不同组织或人员相互之间的利益冲突。在解决这些冲突时，注册会计师应当正直诚实行事，并始终牢记维护公众利益的宗旨。

第三条 注册会计师应当遵守相关法律法规。如果某些法律法规的规定与职业道德守则的相关条款不一致，注册会计师应当注意到这些差异。除非法律法规禁止，注册会计师应当按照较为严格的规定执行。

第四条 在极其特殊的情况下，如果认为遵守职业道德守则的某些规定可能会导致不当后果或不符合公众利益，注册会计师可以考虑向中国注册会计师协会或相关监管机构咨询。

第五条 职业道德守则中的条款，按照其效力和使用方法，可以分为三类：

（一）要求或禁止性条款。此类条款通常使用“应当”或“不得”等词语，强制要求注册会计师在特定情形下从事某项活动或行为，或者禁止从事某项活动或行为，除非出现与之相关的例外情况。注册会计师违反此类条款将被视为违反职业道德守则的规定；

（二）鼓励或建议性条款。此类条款通常使用“可以”“鼓励”等词语，用来对注册会计师的活动或行为提供相关建议，不构成强制性要求；

（三）解释或举例性条款。此类条款通常使用“例如”“举例来说”等词语，或直接陈述某项事实，用来对相关条款作出解释或举例说明，以帮助注册会计师理解和掌握。

第六条 职业道德守则包括五个部分：

（一）《中国注册会计师职业道德守则第1号——职业道德基本原则》，主要用于规范注册会计师应当遵循的职业道德基本原则，为注册会计师的行为确立道德标准；

（二）《中国注册会计师职业道德守则第2号——职业道德概念框架》，主要用于规范职业道德概念框架，即解决职业道德问题的思路和方法；

（三）《中国注册会计师职业道德守则第3号——提供专业服务的具体要求》，主要用于规范注册会计师在提供专业服务的过程中可能遇到的除独立性以外的某些具体情形，并针对在这些情形下如何运用职业道德概念框架解决职业道德问题作出具体规定；

（四）《中国注册会计师职业道德守则第4号——审计和审阅业务对独立性的要求》，主要用于规范注册会计师在从事审计和审阅业务时与独立性相关的要求；

（五）《中国注册会计师职业道德守则第5号——其他鉴证业务对独立性的要求》，主要用于规范注册会计师在从事审计和审阅以外的其他鉴证业务时与独立性相关的要求。

此外，职业道德守则术语表用于对职业道德守则中的相关术语作出解释说明。

第二章 职业道德基本原则

第一节 一般规定

第七条 注册会计师应当遵循下列职业道德基本原则：

（一）诚信；

（二）客观公正；

（三）独立性；

（四）专业胜任能力和勤勉尽责；

（五）保密；

（六）良好职业行为。

第八条 在极其特殊的情况下，如果认为遵循某项基本原则与遵循其他基本原则存在冲突，注册会计师可以考虑向下列机构或人员咨询，必要时，这种咨询可以采取匿名形式：

（一）会计师事务所的相关人员；

（二）中国注册会计师协会；

（三）相关监管机构；

（四）法律顾问。

注册会计师应当运用职业判断解决冲突，或者在必要时与造成冲突的事项脱离关系（除非法律法规禁止）。上述咨询并不能减轻注册会计师的这一责任。

针对上述引起冲突的事项，本守则鼓励注册会计师记录该事项的主要内容、所作的咨询、最终的决定，以及作出这些决定的理由。

第二节 诚 信

第九条 注册会计师应当遵循诚信原则，在所有的职业活动中保持正直、诚实守信。

诚信是我国社会主义核心价值观的重要组成部分，是社会主义道德建设的重要内容，是构建社会主义和谐社会的重要纽带，同时也是社会主义市场经济运行的基础。对注册会计师行业来说，诚信是注册会计师行业存在和发展的基石，在职业道德基本原则中居于首要地位。

第十条 注册会计师如果认为业务报告、申报资料、沟通函件或其他方面的信息存在下列问题，不得与这些有问题的信息发生关联：

（一）含有虚假记载、误导性陈述；

（二）含有缺乏充分根据的陈述或信息；

（三）存在遗漏或含糊其辞的信息，而这种遗漏或含糊其辞可能会产生误导。

注册会计师如果注意到已与有问题的信息发生关联，应当采取措施消除关联。

第十一条 针对本守则第十条所述的情形，如果注册会计师按照职业准则的规定出具了恰当的业务报告（例如，在审计业务中，出具恰当的非无保留意见审计报告），则不被视为违反该条的规定。

第三节 客观公正

第十二条 注册会计师应当遵循客观公正原则，公正处事，实事求是，不得由于偏见、利益冲突或他人的不当影响而损害自己的职业判断。

第十三条 如果存在对职业判断产生过度不当影响的情形，注册会计师不得从事与之相关的职业活动。

第四节 独立性

第十四条 在执行审计和审阅业务、其他鉴证业务时，注册会计师应当遵循独立性原则，从实质上和形式上保持独立性，不得因任何利害关系影响其客观公正。

独立性是鉴证业务的灵魂，是专门针对注册会计师从事审计和审阅业务、其他鉴证业务而提出的职业道德基本原则。《中国注册会计师职业道德守则第4号——审计和审阅业务对独立性的要求》《中国注册会计师职业道德守则第5号——其他鉴证业务对独立性的要求》分别针对注册会计师执行审计和审阅业务、其他鉴证业务的独立性作出具体规定。

第十五条 会计师事务所在承接审计和审阅业务、其他鉴证业务时，应当从会计师事务所整体层面和具体业务层面采取措施，以保持会计师事务所和项目团队的独立性。

第五节 专业胜任能力和勤勉尽责

第十六条 注册会计师应当遵循专业胜任能力和勤勉尽责原则。根据该原则的要求，注册会计师应当：

（一）获取并保持应有的专业知识和技能，确保为客户提供具有专业水准的服务；

（二）做到勤勉尽责。

第十七条 注册会计师应当通过教育、培训和执业实践获取和保持专业胜任能力。

第十八条 注册会计师应当持续了解并掌握当前法律、技术和实务的发展变化，将专业知识和技能始终保持在应有的水平。

第十九条 在运用专业知识和技能时，注册会计师应当合理运用职业判断。

第二十条 注册会计师应当勤勉尽责，即遵守职业准则的要求并保持应有的职业怀疑，认真、全面、及时地完成工作任务。

第二十一条 注册会计师应当采取适当措施，确保在其授权下从事专业服务的人员得到应有的培训和督导。

第二十二条 在适当时，注册会计师应当使客户或专业服务的其他使用者了解专业服务的固有局限。

第六节 保 密

第二十三条 注册会计师应当遵循保密原则，对职业活动中获知的涉密信息保密。根据该原则，注册会计师应当遵守下列要求：

（一）警觉无意中泄密的可能性，包括在社会交往中无意中泄密的可能性，特别要警觉无意中向关系密切的商业伙伴或近亲属泄密的可能性；

（二）对所在会计师事务所内部的涉密信息保密；

（三）对职业活动中获知的涉及国家安全的信息保密；

（四）对拟承接的客户向其披露的涉密信息保密；

（五）在未经客户授权的情况下，不得向会计师事务所以外的第三方披露其所获知的涉密信息，除非法律法规或职业准则规定注册会计师在这种情况下有权利或义务进行披露；

（六）不得利用因职业关系而获知的涉密信息为自己或第三方谋取利益；

（七）不得在职业关系结束后利用或披露因该职业关系获知的涉密信息；

（八）采取适当措施，确保下级员工以及为注册会计师提供建议和帮助的人员履行保密义务。

第二十四条 在终止与客户的关系后，注册会计师应当对以前职业活动中获知的涉密信息保密。

如果变更工作单位或获得新客户，注册会计师可以利用以前的经验，但不得利用或披露以前职业活动中获知的涉密信息。

第二十五条 如果注册会计师遵循保密原则，信息提供者通常可以放心地向注册会计师提供其从事职业活动所需的信息，而不必担心该信息被其他方获知，这有利于注册会计师更好地维护公众利益。

第二十六条 在某些情况下，保密原则是可以豁免的。在下列情况下，注册会计师可能会被要求披露涉密信息，或者披露涉密信息是适当的，不被视为违反保密原则：

（一）法律法规要求披露，例如为法律诉讼准备文件或提供其他证据，或者向适当机构报告发现的违反法律法规行为；

（二）法律法规允许披露，并取得了客户的授权；

（三）注册会计师有职业义务或权利进行披露，且法律法规未予禁止，主要包括下列情形：

1.接受注册会计师协会或监管机构的执业质量检查；

2.答复注册会计师协会或监管机构的询问或调查；

3.在法律诉讼、仲裁中维护自身的合法权益；

4.遵守职业准则的要求，包括职业道德要求；

5.法律法规和职业准则规定的其他情形。

第二十七条 在决定是否披露涉密信息时，注册会计师需要考虑下列因素：

（一）客户同意披露的涉密信息，法律法规是否禁止披露；

（二）如果客户同意注册会计师披露涉密信息，这种披露是否可能损害相关人的利益；

（三）是否已在可行的范围内了解和证实了所有相关信息，信息是否完整；

（四）信息披露的方式和对象，包括披露对象是否恰当；

（五）可能承担的法律责任和后果。

第七节　良好职业行为

第二十八条　注册会计师应当遵循良好职业行为原则，爱岗敬业，遵守相关法律法规，避免发生任何可能损害职业声誉的行为。

注册会计师不得在明知的情况下，从事任何可能损害诚信原则、客观公正原则或良好职业声誉，从而可能违反职业道德基本原则的业务、职务或活动。

如果一个理性且掌握充分信息的第三方很可能认为某种行为将对良好的职业声誉产生负面影响，则这种行为属于可能损害职业声誉的行为。

第二十九条　注册会计师在向公众传递信息以及推介自己和工作时，应当客观、真实、得体，不得损害职业形象。

第三十条　注册会计师应当诚实、实事求是，不得有下列行为：

（一）夸大宣传提供的服务、拥有的资质或获得的经验；

（二）贬低或无根据地比较他人的工作。

第三十一条　如果注册会计师对其行为是否适当存有疑问，本守则鼓励注册会计师向中国注册会计师协会咨询。

第三章　职业道德基本原则与职业怀疑

第三十二条　根据中国注册会计师审计准则、中国注册会计师审阅准则、中国注册会计师其他鉴证业务准则的规定，注册会计师在计划和执行审计和审阅业务、其他鉴证业务时应当保持职业怀疑。职业怀疑与职业道德基本原则是相互关联的。

第三十三条　在财务报表审计中，遵循职业道德基本原则与保持职业怀疑是一致的。举例来说：

（一）诚信原则要求注册会计师保持正直、诚实守信。例如，注册会计师可以通过下列方式遵循诚信原则：

1.在对客户所采取的立场提出质疑时保持正直、诚实守信。

2.当怀疑某项陈述可能包含严重虚假或误导性内容时，对不一致的信息实施进一步调查并寻求进一步审计证据，以就具体情况下需要采取的恰当措施作出知情决策。

上述做法使得注册会计师能够对审计证据进行审慎评价，从而有助于其保持职业怀疑。

（二）客观公正原则要求注册会计师不得由于偏见、利益冲突或他人的不当影响而损害自己的职业判断。例如，注册会计师可以通过下列方式遵循客观公正原则：

1.识别可能损害注册会计师职业判断的情形或关系，如与客户之间的密切关系。

2.在评价与客户财务报表重大事项相关的审计证据的充分性和适当性时，考虑这些情形或关系对注册会计师职业判断的影响。

3.在面对困境或困难时，有坚持正确行为的决心，实事求是。例如，在面临压力时坚持自己的立场，或在适当时质疑他人，即使这样做会对会计师事务所或注册会计师个人造成潜在的不利后果。

上述做法使得注册会计师能够以有利于职业怀疑的方式行事。

（三）独立性原则要求注册会计师在执行审计和审阅业务、其他鉴证业务时与鉴证客户保持独立，不得因任何利害关系影响其客观公正。

注册会计师的独立性包括实质上的独立性和形式上的独立性：实质上的独立性是一种内心状态，使得注册会计师在提出结论时不受损害职业判断的因素影响，诚信行事，遵循客观公正原则，保持职业怀疑；形式上的独立性是一种外在表现，使得一个理性且掌握充分信息的第三方，在权衡所有相关事实和情况后，认为会计师事务所或审计项目团队成员没有损害诚信原则、客观公正原则或职业怀疑。

保持独立性能够增强注册会计师保持职业怀疑的能力。

（四）专业胜任能力和勤勉尽责原则要求注册会计师获取并保持应有的专业知识和技能，确保为客户提供具有专业水准的服务，并勤勉尽责，遵守适用的职业准则。例如，注册会计师可以通过下列方式遵循专业胜任能力和勤勉尽责原则：

1.运用与客户所在的特定行业和业务活动相关的知识，以恰当识别重大错报风险。

2.设计并实施恰当的审计程序。

3.在审慎评价审计证据是否充分并适合具体情况时运用相关知识和技能。

上述做法使得注册会计师能够以有利于职业怀疑的方式行事。

第四章　违反职业道德守则

第三十四条　如果识别出违反职业道德守则的情形，注册会计师应当：

（一）评价违反行为的严重程度及其对遵循职业道德基本原则能力的影响。

（二）尽快采取适当措施，以恰当地处理违规后果。

（三）确定是否向相关方报告违反职业道德守则的行为。相关方包括可能受到该行为影响的人员、相关专业团体或监管机构。

《中国注册会计师职业道德守则第4号——审计和审阅业务对独立性的要求》第二章第九节和《中国注册会计师职业道德守则第5号——其他鉴证业务对独立性的要求》第二章第十节规范了当注册会计师发现违反独立性要求的情形时，应当采取的措施。

中国注册会计师职业道德守则第2号
——职业道德概念框架

（2020年12月17日修订）

第一章　总　则

第一条　为了规范注册会计师职业活动，建立职业道德概念框架，指导注册会计师遵循职业道德基本原则，履行其维护公众利益的职责，制定本守则。

第二条　职业道德概念框架，是指解决职业道德问题的思路和方法，用以指导注册会计师：

（一）识别对职业道德基本原则的不利影响；

（二）评价不利影响的严重程度；

（三）必要时采取防范措施消除不利影响或将其降低至可接受的水平。

注册会计师遇到的许多情形（如职业活动、利益和关系）都可能对职业道德基本原则产生不利影响，职业道德概念框架旨在帮助注册会计师应对这些不利影响。职业道德概念框架适用于各种可能对职业道德基本原则产生不利影响的情形。由于实务中的情形多种多样且层出不穷，本守则不可能对所有情形都作出明确规定，注册会计师如果遇到本守则未作出明确规定的情形，应当运用职业道德概念框架识别、评价和应对各种可能产生的不利影响，而不能想当然地认为本守则未明确禁止的情形就是允许的。

第二章 职业道德概念框架

第一节 一般规定

第三条 注册会计师应当运用职业道德概念框架来识别、评价和应对对职业道德基本原则的不利影响。

第四条 当应对职业道德问题时，注册会计师应当考虑产生该问题的背景。

第五条 在运用职业道德概念框架时，注册会计师应当：

（一）运用职业判断；

（二）对新信息、事实和情况的变化保持警觉；

（三）实施理性且掌握充分信息的第三方测试。

第六条 职业判断涉及对与具体事实和情况（包括特定职业活动的性质和范围，以及所涉及的利益和关系）相关的教育和培训、专业知识、技能、经验的运用。在从事具体职业活动的过程中，当注册会计师运用概念框架，以对可采取的行动作出知情的决策，并确定这些决策在具体情况下是否适当时，注册会计师应当运用职业判断。

第七条 对已知事实和情况的了解是正确运用概念框架的前提。注册会计师在确定为获取这些了解有必要采取的行动，以及就职业道德基本原则是否得以遵循形成结论时，同样应当运用职业判断。

第八条 当运用职业判断了解已知的事实和情况时，注册会计师可能需要考虑下列事项：

（一）是否有理由担心注册会计师已知的事实和情况可能遗漏了某些相关信息；

（二）已知的事实和情况是否与注册会计师的预期不符；

（三）注册会计师的专长和经验是否足以得出结论；

（四）是否需要向具有相关专长或经验的人员咨询；

（五）所了解到的信息是否能够为得出结论提供合理的依据；

（六）注册会计师自身的先入之见或偏见是否可能影响其职业判断；

（七）从现有可获得的信息中是否还可能得出其他合理的结论。

第九条 本守则第五条第（三）项所述的理性且掌握充分信息的第三方测试，是检验注册会计师得出的结论是否客观公正的一种测试方法。具体来说，是指注册会计师考虑：假设存在一个理性且掌握充分信息的第三方，在权衡了注册会计师于得出结论的时点可以了解到的所有具体事实和情况后，是否很可能得出与注册会计师相同的结论。理性且掌握充分信息的第三方不一定是注册会计师，但需要具备相关的知识和经验，以使其能够公正地了解和评价注册会计师结论的适当性。

第二节 识别对职业道德基本原则的不利影响

第十条 注册会计师应当识别对职业道德基本原则的不利影响。通常来说，一种情形可能产生多种不利影响，一种不利影响也可能影响多项职业道德基本原则。

第十一条 注册会计师识别不利影响的前提是了解相关事实和情况，包括了解可能损害职业道德基本原则的职业活动、利益和关系。某些由法律法规、注册会计师协会或会计师事务所制定的，用于加强注册会计师职业道德的条件、政策和程序也可能有助于识别对职业道德基本原则的不利影响。这些条件、政策和程序也是在评价不利影响的严重程度时需要考虑的因素，本守则第二十三条对此进行了举例。

第十二条 对职业道德基本原则的不利影响可能产生于多种事实和情况，并且，因业务的性质和工作任务不同，产生的不利影响的类型也可能不同。本守则无法针对每种事实和情况都作出具体规定。

第十三条 可能对职业道德基本原则产生不利影响的因素包括自身利益、自我评价、过度推介、密切关系和外在压力。

第十四条 因自身利益产生的不利影响，是指由于某项经济利益或其他利益可能不当影响注册会计师的判断或行为，而对职业道德基本原则产生的不利影响。这种不利影响的例子包括：

（一）注册会计师在客户中拥有直接经济利益；

（二）会计师事务所的收入过分依赖某一客户；

（三）会计师事务所以较低的报价获得新业务，而该报价过低，可能导致注册会计师难以按照适用的职业准则要求执行业务；

（四）注册会计师与客户之间存在密切的商业关系；

（五）注册会计师能够接触到涉密信息，而该涉密信息可能被用于谋取个人私利；

（六）注册会计师在评价所在会计师事务所以往提供的专业服务时，发现了重大错误。

第十五条 因自我评价产生的不利影响，是指注册会计师在执行当前业务的过程中，其判断需要依赖其本人或所在会计师事务所以往执行业务时作出的判断或得出的结论，而该注册会计师可能不恰当地评价这些以往的判断或结论，从而对职业道德基本原则产生的不利影响。这种不利影响的例子包括：

（一）注册会计师在对客户提供财务系统的设计或实施服务后，又对该系统的运行有效性出具鉴证报告；

（二）注册会计师为客户编制用于生成有关记录的原始数据，而这些记录是鉴证业务的对象。

第十六条 因过度推介产生的不利影响，是指注册会计师倾向客户的立场，导致该注册会计师的客观公正原则受到损害而产生的不利影响。这种不利影响的例子包括：

（一）注册会计师推介客户的产品、股份或其他利益；

（二）当客户与第三方发生诉讼或纠纷时，注册会计师为该客户辩护；

（三）注册会计师站在客户的立场上影响某项法律法规的制定。

第十七条 因密切关系产生的不利影响，是指注册会计师由于与客户存在长期或密切的关系，导致过于偏向客户的利益或过于认可客户的工作，从而对职业道德基本原则产生的不利影响。这种不利影响的例子包括：

（一）审计项目团队成员的主要近亲属或其他近亲属担任审计客户的董事或高级管理人员；

（二）鉴证客户的董事、高级管理人员，或所处职位能够对鉴证对象施加重大影响的员工，最近曾担任注册会计师所在会计师事务所的项目合伙人；

（三）审计项目团队成员与审计客户之间长期存在业务关系。

第十八条 因外在压力产生的不利影响，是指注册会计师迫于实际存在的或可感知到的压力，导致无法客观行事而对职业道德基本原则产生的不利影响。这种不利影响的例子包括：

（一）注册会计师因对专业事项持有不同意见而受到客户解除业务关系或被会计师事务所解雇的威胁；

（二）由于客户对所沟通的事项更具有专长，注册会计师面临服从该客户判断的压力；

（三）注册会计师被告知，除非其同意审计客户某项不恰当的会计处理，否则计划中的晋升将受到影响；

（四）注册会计师接受了客户赠予的重要礼品，并被威胁将公开其收受礼品的事情。

第三节 评价不利影响的严重程度

第十九条 如果识别出对职业道德基本原则的不利影响，注册会计师应当评价该不利影响的严重程度是否处于可接受的水平。

第二十条 可接受的水平，是指注册会计师针对识别出的不利影响实施理性且掌握充分信息的第三方测试之后，很可能得出其行为并未违反职业道德基本原则的结论时，该不利影响的严重程度所处的水平。

第二十一条 在评价不利影响的严重程度时，注册会计师应当从性质和数量两个方面予以考虑，如果存在多项不利影响，应当将多项不利影响组合起来一并考虑。

第二十二条 注册会计师对不利影响严重程度的评价还受到专业服务性质和范围的影响。

第二十三条 本守则第十一条所述的条件、政策和程序存在与否，也可能是与评价不利影响严重程度相关的因素。这些条件、政策和程序的例子包括：

（一）公司治理方面的要求；

（二）注册会计师职业所必需的教育、培训和经验要求；

（三）有效的投诉举报系统，使注册会计师和社会公众能够注意到违反职业道德的行为；

（四）关于注册会计师有义务报告违反职业道德行为的明确规定；

（五）行业或监管机构的监控和惩戒程序。

第二十四条 本守则第十一条和第二十三条所述的条件、政策和程序可以分为下列两种类型：

（一）与客户及其经营环境相关的条件、政策和程序；

（二）与会计师事务所及其经营环境相关的条件、政策和程序。

第二十五条 针对与客户及其经营环境相关的条件、政策和程序，注册会计师对不利影响严重程度的评价可能受下列因素的影响：

（一）客户是否属于审计客户，以及该客户是否属于公众利益实体；

（二）客户是否属于非审计的鉴证客户；

（三）客户是否属于非鉴证客户。

例如，向属于公众利益实体的审计客户提供非鉴证服务，相对于向非公众利益实体审计客户提供相同的非鉴证服务，可能会对客观公正原则产生更高程度的不利影响。

第二十六条 良好的公司治理结构，可能有助于对职业道德基本原则的遵循。因此，注册会计师对不利影响严重程度的评价还可能受到客户经营环境的影响。例如：

（一）客户要求由管理层以外的适当人员批准聘请会计师事务所执行某项业务；

（二）客户拥有具备足够经验和资历以及胜任能力的人员负责作出管理决策；

（三）客户执行相关政策和程序，以确保在招标非鉴证服务时作出客观选择；

（四）客户拥有完善的公司治理结构，能够对会计师事务所的服务进行适当的监督和沟通。

第二十七条 针对与会计师事务所及其经营环境相关的条件、政策和程序，注册会计师对不利影响严重程度的评价可能受到下列因素的影响：

（一）会计师事务所领导层重视职业道德基本原则，并积极引导鉴证业务项目团队成员维护公众利益；

（二）会计师事务所建立政策和程序，以对所有人员遵循职业道德基本原则的情况实施监督；

（三）会计师事务所建立与薪酬、业绩评价、纪律处分相关的政策和程序，以促进对职业道德基本原则的遵循；

（四）会计师事务所对其过分依赖从某单一客户处取得收入的情况进行管理；

（五）在会计师事务所内，项目合伙人有权作出涉及遵循职业道德基本原则的决策，包括与向客户提供服务有关的决策；

（六）会计师事务所对教育、培训和经验的要求；

（七）会计师事务所用于解决内外部关注事项或投诉事项的流程。

第二十八条 如果注册会计师知悉新信息，或者事实和情况发生变化，而这种新信息或者事实和情况的变化可能影响对是否已消除不利影响或降低至可接受的水平的判断，注册会计师应当重新评价该不利影响的严重程度，并予以应对。

如果新信息导致识别出新的不利影响，注册会计师应当评价该不利影响并进行适当应对。

第二十九条 新信息或者事实和情况的变化可能对下列方面产生影响：

（一）不利影响的严重程度；

（二）注册会计师就已采取的防范措施是否仍然能够有效应对所识别的不利影响得出的结论。

在这些情况下，已采取的防范措施可能无法继续有效地应对不利影响，因此，职业道德概念框架要求注册会计师重新评价并应对相应的不利影响。

注册会计师在整个职业活动中保持警觉，有助于其确定新信息或者事实和情况的变化是否会产生上述影响。

第三十条 举例来说，与下列事项有关的新信息或者事实和情况的变化可能影响不利影响的严重程度：

（一）专业服务的范围扩大；

（二）客户成功上市或收购另一业务单位；

（三）会计师事务所与另一会计师事务所合并；

（四）会计师事务所受两家客户共同委托，而两家客户之间发生纠纷；

（五）注册会计师的私人关系或其主要近亲属发生变动。

第四节　应对不利影响

第三十一条　如果注册会计师确定识别出的不利影响超出可接受的水平，应当通过消除该不利影响或将其降低至可接受的水平来予以应对。注册会计师应当通过采取下列措施应对不利影响：

（一）消除产生不利影响的情形，包括利益或关系；

（二）采取可行并有能力采取的防范措施将不利影响降低至可接受的水平；

（三）拒绝或终止特定的职业活动。

第三十二条　根据具体事实和情况，某些不利影响可能能够通过消除产生该不利影响的情形予以应对。然而，在某些情况下，产生不利影响的情形无法被消除，并且注册会计师也无法通过采取防范措施将不利影响降低至可接受的水平，此时，不利影响仅能够通过拒绝或终止特定的职业活动予以应对。

第三十三条　防范措施是指注册会计师为了将对职业道德基本原则的不利影响有效降低至可接受的水平而采取的行动，该行动可能是单项行动，也可能是一系列行动。

第三十四条　防范措施随事实和情况的不同而有所不同。举例来说，在特定情况下可能能够应对不利影响的防范措施包括：

（一）向已承接的项目分配更多时间和有胜任能力的人员，可能能够应对因自身利益产生的不利影响；

（二）由项目组以外的适当复核人员复核已执行的工作或在必要时提供建议，可能能够应对因自我评价产生的不利影响；

（三）向鉴证客户提供非鉴证服务时，指派鉴证业务项目团队以外的其他合伙人和项目组，并确保鉴证业务项目组和非鉴证服务项目组分别向各自的业务主管报告工作，可能能够应对因自我评价、过度推介或密切关系产生的不利影响；

（四）由其他会计师事务所执行或重新执行业务的某些部分，可能能够应对因自身利益、自我评价、过度推介、密切关系或外在压力产生的不利影响；

（五）由不同项目组分别应对具有保密性质的事项，可能能够应对因自身利益产生的不利影响。

第三十五条　本守则第三十四条第（二）项所述的适当复核人员，应当具备复核所需的知识、技能、经验和权威，以客观地复核项目组已执行的工作或已提供的服务。

第三十六条　注册会计师应当就其已采取或拟采取的行动是否能够消除不利影响或将其降低至可接受的水平形成总体结论。在形成总体结论时，注册会计师应当：

（一）复核所作出的重大判断或得出的结论；

（二）实施理性且掌握充分信息的第三方测试。

中国注册会计师职业道德守则第3号
——提供专业服务的具体要求

（2020年12月17日修订）

第一章　总　则

第一条　为了规范注册会计师职业活动，指导注册会计师运用职业道德概念框架，解决提供专业服务时遇到的具体职业道德问题，制定本守则。

第二条　在提供专业服务的过程中，可能存在许多对职业道德基本原则产生不利影响的情形，注册会计师应当对此保持警觉，并按照本守则的规定办理。当遇到本守则未列举的情形时，注册会计师应当运用职业道德概念框架予以应对。

第三条　注册会计师不得在明知的情况下从事任何损害或可能损害诚信原则、客观公正原则以及职业声誉的业务或活动。

第二章　利益冲突

第一节　一般规定

第四条　注册会计师不得因利益冲突损害其职业判断。

第五条　利益冲突通常对客观公正原则产生不利影响，也可能对其他职业道德基本原则产生不利影响。不利影响可能产生于下列情况：

（一）注册会计师为两个或多个在某一特定事项中存在利益冲突的客户提供与该特定事项相关的专业服务；

（二）注册会计师在某一特定事项中的利益，与注册会计师针对该事项提供专业服务的客户的利益，二者之间存在冲突。

第六条　举例来说，可能产生利益冲突的情形有：

（一）向某一客户提供交易咨询服务，该客户拟收购注册会计师的某一审计客户，而注册会计师已在审计过程中获知了可能与该交易相关的涉密信息；

（二）同时为两家客户提供建议，而这两家客户是收购同一家公司的竞争对手，并且注册会计师的建议可能涉及双方相互竞争的立场；

（三）在同一项交易中同时向买卖双方提供服务；

（四）同时为两方提供某项资产的估值服务，而这两方针对该资产处于对立状态；

（五）针对同一事项同时代表两个客户，而这两个客户正处于法律纠纷中；

（六）针对某项许可证协议，就应收的特许权使用费为许可证授予方出具鉴证报告，并同时向被许可方就应付金额提供建议；

（七）建议客户投资一家企业，而注册会计师的主要近亲属在该企业拥有经济利益；

（八）建议客户买入一项产品或服务，但同时与该产品或服务的潜在卖方订立佣金协议。

第二节　利益冲突的识别

第七条　在承接新的客户、业务或发生商业关系前，注册会计师应当采取合理措施识别可能产生利益冲突，进而对职业道德基本原则产生不利影响的情形。这些措施应当包括识别下列事项：

（一）所涉及到的各方之间利益和关系的性质；

（二）所涉及到的服务及其对相关各方的影响。

第八条　在决定是否承接一项业务之前，以及在业务开展的过程中，实施有效的冲突识别流程可以帮助注册会计师采取合理措施识别可能产生利益冲突的利益和关系。在实施上述冲突识别流程时，注册会计师可以考虑由外部各方（如客户或潜在客户）识别出的事项。注册会计师越早识别出实际或潜在的利益冲突，越有可能能够应对因利益冲突产生的不利影响。

第九条 建立有效的冲突识别流程，需要考虑下列因素：

（一）所提供专业服务的性质；

（二）会计师事务所的规模；

（三）客户群的规模和性质；

（四）会计师事务所的组织架构，例如，分支机构的数量和位置分布。

第十条 在执行业务的过程中，所提供服务的性质、利益和关系可能发生变化。这些变化可能产生利益冲突，注册会计师应当对此类变化保持警觉。当注册会计师被要求在可能发生对立的情况下开展一项业务时，这种变化尤其可能发生，即使委托注册会计师的相关各方最初可能并未涉入纠纷。

第十一条 如果会计师事务所是网络的成员，并且注册会计师有理由相信由于网络事务所的利益和关系可能存在或产生利益冲突，注册会计师应当考虑该利益冲突。

在识别涉及网络事务所的利益和关系时，注册会计师需要考虑下列因素：

（一）所提供专业服务的性质；

（二）所在网络的客户；

（三）所有相关方的地理位置。

第三节　利益冲突产生的不利影响

第十二条 一般来说，注册会计师提供的专业服务与产生利益冲突的事项之间关系越直接，不利影响的严重程度越有可能超出可接受的水平。

第十三条 在评价因利益冲突产生的不利影响的严重程度时，注册会计师需要考虑是否存在相关保密措施。当为针对某一特定事项存在利益冲突的双方或多方提供专业服务时，这些保密措施能够防止未经授权而披露涉密信息。这些措施可能包括：

（一）在会计师事务所内部为特殊的职能部门或岗位设置单独的工作空间，作为防止泄露客户涉密信息的屏障；

（二）限制访问客户文档的政策和程序；

（三）会计师事务所合伙人和员工签署的保密协议；

（四）使用物理方式和电子方式对涉密信息采取隔离措施；

（五）专门且明确的培训和沟通。

第十四条 下列防范措施可能能够应对因利益冲突产生的不利影响：

（一）由不同的项目组分别提供服务，并且这些项目组已被明确要求遵守涉及保密性的政策和程序；

（二）由未参与提供服务或不受利益冲突影响的适当人员复核已执行的工作，以评估关键判断和结论是否适当。

第四节　披露和同意

第十五条 在应对因利益冲突产生的不利影响时，注册会计师应当根据利益冲突的性质和严重程度，运用职业判断确定是否有必要向客户具体披露利益冲突的情况，并获取客户明确同意其可以承接或继续提供专业服务。

第十六条 在确定是否有必要进行具体披露并获取明确同意时，注册会计师需要考虑下列因素：

（一）产生利益冲突的情形；

（二）可能受到影响的各方；

（三）可能产生的问题的性质；

（四）特定事项以不可预期的方式发展的可能性。

第十七条 披露和同意可能采取不同的形式，例如：

（一）一般性披露，即向客户披露以下情况：按照商业惯例，注册会计师不会仅向一家客户提供专业服务（例如，在某一特定的专业服务和市场领域）。这种披露能够使客户作出原则性同意。例如，注册会计师可以在业务约定书的标准条款中作出上述一般性披露。

（二）具体披露，即向受利益冲突影响的客户披露特定冲突的详细情况，使该客户能够就相关事项作出知情的决策，并作出明确同意。这种披露可能包括对相关情况的详细陈述，以及对拟采取的防范措施和所涉及风险的全面说明。

（三）如果注册会计师有充分证据表明客户从一开始就知悉利益冲突的相关情况，并且未对已存在的利益冲突提出异议，则在这种情况下，客户的行为可能暗示注册会计师已经获取了客户的同意。

第十八条 当存在利益冲突时，下列披露和同意通常是必要的：

（一）向受利益冲突影响的客户披露利益冲突的性质以及所产生的不利影响是如何应对的；

（二）当采取防范措施应对不利影响时，由受影响的客户同意注册会计师继续提供该专业服务。

第十九条 如果上述披露或同意未采用书面形式，本守则鼓励注册会计师记录下列事项：

（一）导致利益冲突的情形的性质；

（二）已采取的防范措施（如适用）；

（三）已获取的同意。

第二十条 如果注册会计师根据本守则第十五条的规定，确定有必要从客户处获取明确同意，而客户拒绝，注册会计师应当采取下列措施之一：

（一）终止或拒绝提供可能产生利益冲突的专业服务；

（二）终止相关关系或处置相关利益，以消除不利影响或将其降低至可接受的水平。

第五节 保 密

第二十一条 注册会计师应当对可能违反保密原则的情况保持警觉，包括在进行披露或在会计师事务所、网络内部分享相关信息以及寻求第三方指导时。

第二十二条 如果为获取客户的明确同意而进行的披露会违反保密原则，因而无法获取此类同意，会计师事务所仅应当在下列情况下承接或保持相关业务：

（一）会计师事务所并未倾向某一客户的立场，因而并未与另一客户处于对立的位置；

（二）已采取特定措施，防止分别向两家客户提供服务的项目组之间泄露涉密信息；

（三）会计师事务所相信，由于如果限制会计师事务所提供该项专业服务将会给客户或其他相关第三方造成较严重的不利后果，理性且掌握充分信息的第三方很可能认为会计师事务所承接或保持该业务是恰当的。

第二十三条 举例来说，当注册会计师寻求客户同意以提供下列服务时，可能违反保密原则：

（一）会计师事务所为某一客户恶意收购另一客户的交易提供相关服务；

（二）会计师事务所针对某一涉嫌舞弊的客户进行与遵守法律法规相关的调查，同时会计师事务所因向该舞弊可能涉及到的另一家客户提供服务而获取了涉密信息。

第六节 文件记录

第二十四条 针对本守则第二十二条所述的情况，注册会计师应当记录下列事项：

（一）情况的性质，包括注册会计师在该情况下担任的角色；

（二）为防止在为两个客户提供服务的项目组之间泄露信息而采取的特定措施；

（三）注册会计师认为继续承接或保持该业务是恰当的及其理由。

第三章 专业服务委托

第一节 客户关系和业务的承接

第二十五条 如果注册会计师知悉客户存在某些问题（如涉嫌违反法律法规、缺乏诚信、存在可疑的财务报告问题、存在其他违反职业道德的行为，或者客户的所有者、管理层或其从事的活动存在一些可疑事项），可能对诚信、良好职业行为原则产生不利影响。

第二十六条 与评价上述不利影响严重程度有关的因素包括：

（一）对客户及其所有者、管理层、治理层和负责经营活动的人员的了解；

（二）客户对处理可疑事项的保证，诸如完善公司治理结构或内部控制。

第二十七条 如果项目组不具备或不能获得恰当执行业务所必需的胜任能力，将因自身利益对专业胜任能力和勤勉尽责原则产生不利影响。

第二十八条 下列因素与评价此类不利影响的严重程度相关：

（一）注册会计师对客户的业务性质、经营复杂程度、业务具体要求，以及拟执行工作的目的、性质和范围的了解；

（二）注册会计师对相关行业或业务对象的了解；

（三）注册会计师拥有的与相关监管或报告要求有关的经验；

（四）会计师事务所制定了质量管理政策和程序，以合理保证仅承接能够胜任的业务。

第二十九条 举例来说，下列防范措施可能能够应对因自身利益产生的不利影响：

（一）分派足够的、具有必要胜任能力的项目组成员；

（二）就执行业务的合理时间安排与客户达成一致意见；

（三）在必要时利用专家的工作。

第二节 专业服务委托的变更

第三十条 当注册会计师遇到下列情况时，应当确定是否有理由拒绝承接该项业务：

（一）潜在客户要求其取代另一注册会计师；

（二）考虑以投标方式接替另一注册会计师执行的业务；

（三）考虑执行某些工作作为对另一注册会计师工作的补充。

第三十一条 拒绝承接业务可能有多种原因，如无法采取防范措施以应对因某些事实和情况产生的不利影响。例如，如果注册会计师并未知悉所有相关事实就承接业务，可能因自身利益对专业胜任能力和勤勉尽责原则产生不利影响。

第三十二条 如果客户要求注册会计师执行某些工作以作为对现任或前任注册会计师

工作的补充，可能因自身利益对专业胜任能力和勤勉尽责原则产生不利影响。例如，这种不利影响可能产生于缺乏完整的信息。

第三十三条 在评价此类不利影响的严重程度时，相关的考虑因素之一是：投标书中是否已声明，注册会计师在承接业务前需要与现任或前任注册会计师取得联系。这种联系可以使注册会计师有机会了解到是否存在不得接受委托的理由。

第三十四条 举例来说，下列防范措施可能能够应对上述因自身利益产生的不利影响：

（一）要求现任或前任注册会计师提供其已知的信息，这些信息是指现任或前任注册会计师认为，拟接任注册会计师在作出是否承接业务的决定前需要了解的信息。例如，拟接任注册会计师通过询问现任或前任注册会计师，可能发现某些以前未发现的相关事实，也可能了解到客户与现任或前任注册会计师的意见不一致，从而可能影响是否承接业务委托的决策。

（二）从其他渠道获取信息，例如通过向第三方进行询问，或者对客户的高级管理层或治理层实施背景调查。

第三十五条 在与现任或前任注册会计师沟通前，拟接任注册会计师通常需要征得客户同意，最好能够征得客户的书面同意。

如果不能与现任或前任注册会计师沟通，拟接任注册会计师应当采取其他适当措施获取与可能产生的不利影响相关的信息。

第三十六条 当被要求对拟接任注册会计师的沟通作出答复时，现任或前任注册会计师应当：

（一）遵守相关法律法规的要求；

（二）实事求是、清晰明了地提供相关信息。

第三十七条 在与拟接任注册会计师沟通时，现任或前任注册会计师仍然需要遵循保密原则。现任或前任注册会计师是否可以或必须与拟接任注册会计师沟通客户的相关事务，主要取决于下列方面：

（一）业务的性质；

（二）现任或前任注册会计师是否已征得客户的同意进行沟通；

（三）与此类沟通和披露相关的法律法规或职业道德要求。

第三十八条 在财务报表审计和审阅业务中，拟接任注册会计师应当要求现任或前任注册会计师提供已知的相关事实或情况，即现任或前任注册会计师认为拟接任注册会计师在作出是否承接业务的决定前需要了解的事实或情况。除非存在本守则第一百零四条至第一百零五条规定的违反法律法规或涉嫌违反法律法规的情况，则：

（一）如果客户同意现任或前任注册会计师披露相关事实或情况，现任或前任注册会计师应当实事求是、清晰明了地提供信息；

（二）如果客户拒绝同意现任或前任注册会计师与拟接任注册会计师沟通客户相关事务，则现任或前任注册会计师应当向拟接任注册会计师披露该事实，拟接任注册会计师应当在确定是否接受委托时审慎考虑客户拒绝同意沟通这一事实。

第三节 客户关系和业务的保持

第三十九条 在连续业务中，注册会计师应当定期评价是否继续保持该业务。

在承接某项业务之后，注册会计师可能发现对职业道德基本原则的潜在不利影响，这种不利影响如果在承接之前知悉，将会导致注册会计师拒绝承接该项业务。例如，注册会计师可能发现客户实施不当的盈余管理，或者资产负债表中的估值不当，这些事项可能因自身利益对诚信原则产生不利影响。

第四节　利用专家的工作

第四十条　如果拟利用专家的工作，注册会计师应当确定对专家的利用是否可靠。

在确定是否利用专家的工作时，注册会计师需要考虑下列因素：

（一）专家的声望和专长；

（二）专家可获得的资源；

（三）适用的职业准则的规定。

与上述因素有关的信息可以通过注册会计师以往与专家的交往或向他人咨询获得。

第四章　第二意见

第四十一条　注册会计师可能被要求就某实体或以其名义运用相关准则处理特定交易或事项的情况提供第二意见，而这一实体并非注册会计师的现有客户。

向非现有客户提供第二意见可能因自身利益或其他原因对职业道德基本原则产生不利影响。例如，如果第二意见不是以前任或现任注册会计师所获得的相同事实为基础，或依据的证据不充分，可能因自身利益对专业胜任能力和勤勉尽责原则产生不利影响。评价因自身利益产生不利影响的严重程度时，应当考虑被要求提供第二意见的具体情形以及在运用职业判断时能够获得的所有事实和假设等相关因素。

举例来说，下列防范措施可能能够应对此类因自身利益产生的不利影响：

（一）征得客户同意与现任或前任注册会计师沟通；

（二）在与客户沟通中说明注册会计师发表专业意见的局限性；

（三）向现任或前任注册会计师提供第二意见的副本。

第四十二条　如果要求提供第二意见的实体不允许与现任或前任注册会计师沟通，注册会计师应当决定是否提供第二意见。

第五章　收　费

第一节　收费水平

第四十三条　会计师事务所在确定收费水平时应当主要考虑下列因素：

（一）专业服务所需的知识和技能；

（二）所需专业人员的水平和经验；

（三）各级别专业人员提供服务所需的时间；

（四）提供专业服务所需承担的责任。

在专业服务得到良好的计划、监督及管理的前提下，收费通常以每一专业人员适当的小时收费标准或日收费标准为基础计算。

第四十四条　收费报价水平可能影响注册会计师按照职业准则提供专业服务的能力。如果报价水平过低，以致注册会计师难以按照适用的职业准则执行业务，则可能因自身利益对专业胜任能力和勤勉尽责原则产生不利影响。

下列因素可能与评价不利影响的严重程度相关：

（一）客户是否了解业务约定条款，特别是确定收费的基础以及注册会计师在此报价范围内所能提供的服务；

（二）收费水平是否已由独立第三方（如相关监管部门）作出规定。

如果收费报价明显低于前任注册会计师或其他会计师事务所的相应报价，会计师事务所应当确保：

（一）在提供专业服务时，遵守执业准则和职业道德规范的要求，使工作质量不受损害；

（二）客户了解专业服务的范围和收费基础。

举例来说，下列防范措施可能能够应对这种因自身利益产生的不利影响：

（一）调整收费水平或业务范围；

（二）由适当复核人员复核已执行的工作。

第二节　或有收费

第四十五条　除非法律法规允许，注册会计师不得以或有收费方式提供鉴证服务，收费与否或收费多少不得以鉴证工作结果或实现特定目的为条件。

第四十六条　尽管某些非鉴证服务可以采用或有收费的形式，或有收费仍然可能对职业道德基本原则产生不利影响，特别是在某些情况下可能因自身利益对客观公正原则产生不利影响。

下列因素可能与评价此类不利影响的严重程度相关：

（一）业务的性质；

（二）可能的收费金额区间；

（三）确定收费的基础；

（四）向报告的预期使用者披露注册会计师所执行的工作以及收费的基础；

（五）会计师事务所的质量管理政策和程序；

（六）是否由独立第三方复核交易和提供服务的结果；

（七）收费水平是否已由独立第三方（如监管部门）作出规定。

举例来说，下列防范措施可能能够应对上述因自身利益产生的不利影响：

（一）由未参与提供非鉴证服务的适当复核人员复核注册会计师已执行的工作；

（二）预先就收费的基础与客户达成书面协议。

第三节　介绍费或佣金

第四十七条　注册会计师收取与客户相关的介绍费或佣金，将因自身利益对客观公正、专业胜任能力和勤勉尽责原则产生非常严重的不利影响，导致没有防范措施能够消除不利影响或将其降低至可接受的水平。注册会计师不得收取与客户相关的介绍费或佣金。

第四十八条　注册会计师为获得客户而支付业务介绍费，将因自身利益对客观公正、专业胜任能力和勤勉尽责原则产生非常严重的不利影响，导致没有防范措施能够消除不利影响或将其降低至可接受的水平。注册会计师不得向客户或其他方支付业务介绍费。

第六章　利益诱惑（包括礼品和款待）

第一节　一般规定

第四十九条　注册会计师提供或接受利益诱惑，可能因自身利益、密切关系或外在压力对职业道德基本原则产生不利影响，尤其可能对诚信、客观公正、良好职业行为原则产生不利影响。注册会计师应当运用职业道德概念框架识别、评价和应对此类不利影响。

第五十条 利益诱惑是指影响其他人员行为的物质、事件或行为，但利益诱惑并不一定具有不当影响该人员行为的意图。利益诱惑范围广泛，小到注册会计师和客户之间正常礼节性的交往，大到可能违反法律法规的行为。利益诱惑可能采取多种形式，例如：

（一）礼品；

（二）款待；

（三）娱乐活动；

（四）捐助；

（五）意图建立友好关系；

（六）工作岗位或其他商业机会；

（七）特殊待遇、权利或优先权。

第五十一条 某些法律法规禁止在特定情况下提供或接受利益诱惑，如有关反腐败和反贿赂的法律法规。注册会计师应当了解并遵守相关法律法规的规定。

然而，即使法律法规未予禁止，在某些情况下，注册会计师提供或接受利益诱惑仍可能对职业道德基本原则产生不利影响。

第二节 意图不当影响行为的利益诱惑

第五十二条 注册会计师不得提供或授意他人提供任何意图不当影响接受方或其他人员行为的利益诱惑，无论这种利益诱惑是存在不当影响行为的意图，还是注册会计师认为理性且掌握充分信息的第三方很可能会视为存在不当影响行为的意图。

第五十三条 注册会计师不得接受或授意他人接受任何意图不当影响接受方或其他人员行为的利益诱惑，无论这种利益诱惑是注册会计师认为存在不当影响行为的意图，还是理性且掌握充分信息的第三方很可能会视为存在不当影响行为的意图。

第五十四条 如果某项利益诱惑导致某人以违反道德的方式行事，则被视为不当影响该人员的行为。此类不当影响的对象既可能是利益诱惑的接受方，也可能是与接受方存在某些关系的其他人员。在考虑哪些行为构成不当行为时，职业道德基本原则提供了一个适当的参考框架。

第五十五条 注册会计师提供或接受，或者授意他人提供或接受意图不当影响接受方或其他人员行为的利益诱惑，将违反诚信原则。

第五十六条 在确定是否存在或被认为存在不当影响行为的意图时，注册会计师需要运用职业判断。注册会计师需要考虑下列因素：

（一）利益诱惑的性质、频繁程度、价值和累积影响；

（二）提供利益诱惑的时间，这一因素需要结合该利益诱惑可能影响的行动或决策来考虑；

（三）利益诱惑是否符合具体情形下的惯例或习俗；

（四）利益诱惑是否从属于专业服务，例如，提供或接受与商务会议有关的午餐；

（五）所提供的利益诱惑是仅限于个别接受方还是可以提供给更为广泛的群体，更为广泛的群体可能来自会计师事务所内部或外部，如其他客户或供应商；

（六）提供或接受利益诱惑的人员在会计师事务所或客户中担任的角色和职位；

（七）注册会计师是否知悉或有理由相信接受该利益诱惑将违反客户的政策和程序；

（八）提供利益诱惑的透明程度；

（九）该利益诱惑是否由接受方要求或索取；

（十）利益诱惑提供方以往的行为或声誉。

第五十七条　如果注册会计师知悉被提供的利益诱惑存在或被认为存在不当影响行为的意图，即使按照本守则第五十三条的要求拒绝接受利益诱惑，仍可能对职业道德基本原则产生不利影响。

举例来说，下列防范措施可能能够应对上述不利影响：

（一）就该利益诱惑的情况告知会计师事务所的高级管理层或客户治理层；

（二）调整或终止与客户之间的业务关系。

第三节　无不当影响行为意图的利益诱惑

第五十八条　如果注册会计师认为某项利益诱惑不存在不当影响接受方或其他人员行为的意图，应当运用职业道德概念框架识别、评价和应对可能因该利益诱惑产生的不利影响。

第五十九条　即使注册会计师认为某项利益诱惑无不当影响行为的意图，提供或接受此类利益诱惑仍可能对职业道德基本原则产生不利影响。以下是一些不利影响的示例：

（一）注册会计师在向客户提供公司财务服务的同时，受到客户潜在收购方的款待，可能因自身利益产生不利影响；

（二）注册会计师经常邀请现有客户或潜在客户参加娱乐活动或观看体育赛事等，可能因密切关系产生不利影响；

（三）注册会计师受到客户的款待，而该款待一旦被公开，其性质可能被认为是不适当的，这种情况可能因外在压力产生不利影响。

第六十条　在评价因提供或接受此类利益诱惑产生的不利影响的严重程度时，注册会计师需要考虑与本守则第五十六条的规定相同的因素。

第六十一条　举例来说，下列防范措施可能能够消除因提供或接受此类利益诱惑产生的不利影响：

（一）拒绝接受或不提供利益诱惑；

（二）将向客户提供专业服务的责任移交给其他人员，前提是注册会计师没有理由相信该人员在提供专业服务时可能会受到不利影响。

第六十二条　举例来说，下列防范措施可能能够将提供或接受此类利益诱惑产生的不利影响降低至可接受的水平：

（一）就提供或接受利益诱惑的事情，与会计师事务所或客户的高级管理层保持信息对称；

（二）在由会计师事务所高级管理层或其他负责会计师事务所职业道德合规性的人员监控的，或者由客户维护的记录中登记该利益诱惑；

（三）针对提供利益诱惑的客户，由未参与提供专业服务的适当复核人员复核注册会计师已执行的工作或作出的决策；

（四）在接受利益诱惑之后将其捐赠给慈善机构，并向会计师事务所高级管理层或提供利益诱惑的人员适当披露该项捐赠；

（五）支付与所接受利益诱惑（如款待）同等价值的价款；

（六）在收到利益诱惑（如礼品）后尽快将其返还给提供者。

第六十三条 如果某项利益诱惑无不当影响行为的意图，并且从性质和金额上都明显不重要，则注册会计师可以认为因该利益诱惑产生的不利影响处于可接受的水平。

第四节 主要近亲属或其他近亲属

第六十四条 注册会计师应当对下列可能对职业道德基本原则产生不利影响的情况保持警觉：

（一）注册会计师的主要近亲属或其他近亲属向现有客户或潜在客户提供利益诱惑；

（二）现有客户或潜在客户向注册会计师的主要近亲属或其他近亲属提供利益诱惑。

第六十五条 如果注册会计师知悉其主要近亲属或其他近亲属提供或接受某项利益诱惑，并认为该利益诱惑存在不当影响注册会计师或客户行为的意图，或者理性且掌握充分信息的第三方很可能会认为存在此类意图，则注册会计师应当建议该近亲属拒绝接受或不提供此类利益诱惑。

第六十六条 除本守则第五十六条规定的因素外，在确定是否存在不当影响行为的意图时，另一个相关因素是下列人员之间关系的性质和密切程度：

（一）注册会计师与其主要近亲属或其他近亲属；

（二）主要近亲属或其他近亲属与现有客户或潜在客户；

（三）注册会计师与现有客户或潜在客户。

例如，某客户向注册会计师的配偶提供正常招聘流程之外的就职机会，可能表明存在此类意图。

第六十七条 即使注册会计师的主要近亲属或其他近亲属已经听从了注册会计师根据本守则第六十五条的规定提供的建议，因而拒绝接受或未提供利益诱惑，注册会计师仍然可能需要考虑本守则第五十七条第二款中的防范措施。

第六十八条 如果注册会计师发现存在本守则第六十四条所述的情况，而主要近亲属或其他近亲属未接受注册会计师根据本守则第六十五条的规定提供的建议，提供或接受了利益诱惑，将对职业道德基本原则产生不利影响，注册会计师应当运用职业道德概念框架予以应对。

如果注册会计师发现存在本守则第六十四条所述的情况，即使注册会计师没有理由相信存在不当影响注册会计师或者现有客户或潜在客户行为的意图，这些情况仍可能对职业道德基本原则产生不利影响，注册会计师应当运用职业道德概念框架予以应对。

本章第三节的规定与识别、评价和应对此类不利影响是相关的，当评价此类情况下不利影响的严重程度时，所涉及的因素还包括本守则第六十六条第一款所规定的关系的性质或密切程度。

第五节 其他方面的考虑

第六十九条 如果注册会计师遇到或知悉客户或者在客户指令下工作的人员提供的利益诱惑可能导致违反或涉嫌违反法律法规，则适用本守则第八章的规定。

第七十条 如果审计客户向会计师事务所、网络事务所或审计项目团队成员提供礼品或款待，注册会计师还需要遵守《中国注册会计师职业道德守则第4号——审计和审阅业务对独立性的要求》第五章的规定。

第七十一条 如果其他鉴证业务客户向会计师事务所或鉴证业务项目团队成员提供礼品或款待，注册会计师还需要遵守《中国注册会计师职业道德守则第5号——其他鉴证业务对独立性的要求》第四章的规定。

第七章　保管客户资产

第七十二条　保管客户资产可能因自身利益或其他原因而对客观公正、良好职业行为原则产生不利影响。因此，除非法律法规允许或要求，并且满足相关条件，注册会计师不得提供保管客户资金或其他资产的服务。

第七十三条　在承接某项业务时，对于可能涉及保管客户资产的服务，注册会计师应当实施下列程序：

（一）询问资产的来源；

（二）考虑应履行的相关法定义务。

询问客户资产的来源可能有助于发现诸如客户资产来源于非法活动（如洗钱）等情形。在这种情况下，将对职业道德基本原则产生不利影响，适用本守则第八章的规定。

第七十四条　注册会计师如果接受委托保管客户资金或其他资产，应当符合下列要求：

（一）遵守所有与保管资产和履行报告义务相关的法律法规；

（二）将客户资金或其他资产与其个人或会计师事务所的资产分开；

（三）仅按照预定用途使用客户资金或其他资产；

（四）随时准备向相关人员报告资产状况及产生的收入、红利或利得。

第八章　应对违反法律法规行为

第一节　一般规定

第七十五条　注册会计师在向客户提供专业服务的过程中，可能遇到、知悉或怀疑客户存在违反法律法规或涉嫌违反法律法规的行为。当注册会计师知悉或怀疑存在这种违反或涉嫌违反法律法规的行为时，可能因自身利益或外在压力对诚信和良好职业行为原则产生不利影响。注册会计师应当运用职业道德概念框架识别、评价和应对此类不利影响。

第七十六条　本章所称的法律法规，通常包括下列两种类型：

（一）通常对决定客户财务报表中的重大金额和披露事项有直接影响的法律法规；

（二）对决定客户财务报表中的金额和披露没有直接影响的其他法律法规，但遵守这些法律法规对客户的经营活动、持续经营能力或避免重大处罚至关重要。

本章所称的法律法规，不包括以法律法规形式发布的企业会计准则等财务报告编制基础。

第七十七条　在应对违反法律法规或涉嫌违反法律法规行为时，注册会计师的目标是：

（一）遵循诚信和良好职业行为原则；

（二）通过提醒客户的管理层或治理层（如适用），使其能够纠正违反法律法规或涉嫌违反法律法规行为或减轻其可能造成的后果，或者阻止尚未发生的违反法律法规行为；

（三）采取有助于维护公众利益的进一步措施。

第七十八条　违反法律法规行为包括下列各方有意或无意作出的与现行法律法规不符的疏漏或违法行为：

（一）客户；

（二）客户的治理层；

（三）客户的管理层；

（四）为客户工作或在客户指令下工作的人员。

第七十九条 举例来说，本章所述的法律法规包括涉及下列方面的法律法规：

（一）舞弊、腐败和贿赂；

（二）国家安全、洗钱和犯罪所得；

（三）证券市场和交易；

（四）银行业务、其他金融产品和服务；

（五）信息安全；

（六）税务、社会保障；

（七）环境保护；

（八）公共健康与安全。

第八十条 违反法律法规行为可能给客户带来罚款、诉讼或其他后果，从而可能对财务报表产生重大影响。更重要的是，违反法律法规行为可能对投资者、债权人、员工或社会公众造成实质性损害，从而可能损害更广泛的公众利益。就本章而言，造成实质性损害的违反法律法规行为是指对上述任何一方在财务或非财务方面产生严重不利后果的行为。举例来说，这些行为包括实施舞弊导致投资者遭受重大财产损失，或者违反与环境保护相关的法律法规从而危害员工或社会公众的健康或安全。

第八十一条 某些法律法规可能已就注册会计师如何处理违反法律法规或涉嫌违反法律法规行为作出规定，这些规定可能与本章的规定不同或超出了本章的规定。当遇到相关违反法律法规或涉嫌违反法律法规的行为时，注册会计师应当了解并遵守这些法律法规，包括下列相关要求：

（一）向适当机构报告违反法律法规或涉嫌违反法律法规事项的要求；

（二）禁止向客户示警的要求。有些法律法规可能有禁止向客户示警的要求，例如，与反洗钱相关的法律法规。

第八十二条 无论客户属于什么性质的实体，以及是否属于公众利益实体，本章的规定均适用。

第八十三条 如果注册会计师遇到或知悉的事项明显不重要，则无须遵守本章的规定。在判断事项是否明显不重要时，注册会计师需要考虑事项的性质及其对客户、利益相关方和社会公众的影响（包括财务影响或其他影响）。

第八十四条 本章的规定不涉及下列行为：

（一）与客户经营活动无关的个人不当行为；

（二）本守则第七十八条所列示的各方之外其他方的违反法律法规行为。例如，客户委托注册会计师对第三方实体实施尽职调查，该第三方存在的违反法律法规或涉嫌违反法律法规行为，不属于本章规范的范围。

然而，本章的相关规定仍然可能有助于注册会计师考虑如何应对上述行为。

第二节 管理层和治理层的责任

第八十五条 客户的管理层负责在治理层的监督下确保客户的经营活动遵守法律法规。管理层和治理层也负责识别和应对下列各方的违反法律法规行为：

（一）客户；

（二）治理层成员；

（三）管理层成员；

（四）为客户工作或在客户指令下工作的人员。

第三节 注册会计师的责任

第八十六条 如果注册会计师知悉适用于本章规定的违反法律法规或涉嫌违反法律法规行为，应当及时采取行动。为确保及时采取行动，注册会计师应当同时考虑下列事项：

（一）该行为的性质；

（二）该行为可能对客户、投资者、债权人、员工或社会公众利益造成的损害。

第四节 执行财务报表审计时应对违反法律法规行为

第八十七条 如果注册会计师在执行财务报表审计时，知悉了有关违反法律法规或涉嫌违反法律法规行为的信息，注册会计师应当了解相关事项。这种了解应当包括违反法律法规或涉嫌违反法律法规行为的性质以及该行为发生或可能发生时所处的环境。

第八十八条 注册会计师可能在执行业务的过程中或通过其他方提供的信息知悉了违反法律法规或涉嫌违反法律法规行为。

第八十九条 在了解和应对违反法律法规或涉嫌违反法律法规行为时，注册会计师需要运用专业知识、技能和职业判断。然而，本守则并不要求注册会计师对法律法规的了解程度超出其执行业务所需的了解程度。某一行为是否构成违反法律法规行为，最终需要法院或其他适当机构作出裁决。

第九十条 根据事项的性质和重要程度，注册会计师可以在遵循保密原则的前提下，向会计师事务所、网络事务所或专业机构的其他人员或者法律顾问进行咨询。

第九十一条 如果注册会计师识别出或怀疑存在已经发生或可能发生的违反法律法规行为，应当与适当级别的管理层和治理层（如适用）沟通。

沟通的目的是澄清注册会计师对该事项以及潜在后果的了解。这种沟通也可能能够促使管理层或治理层对该事项展开调查。

第九十二条 注册会计师需要运用职业判断确定与哪个适当级别的管理层沟通该事项。注册会计师需要考虑下列因素：

（一）事项的性质和情况；

（二）事项涉及或可能涉及的人员；

（三）存在串通的可能性；

（四）事项的潜在后果；

（五）该级别的管理层是否能够调查该事项并采取适当行动。

第九十三条 适当级别的管理层通常至少比该事项涉及或可能涉及的人员高一级。在集团的背景下，适当级别的管理层可能是对客户实施控制的实体的管理层。

第九十四条 在适当的情况下，注册会计师还可以考虑与内部审计人员沟通该事项。

第九十五条 如果注册会计师认为违反法律法规或涉嫌违反法律法规行为涉及管理层，应当与治理层沟通该事项。

第九十六条 在与管理层和治理层（如适用）沟通违反法律法规或涉嫌违反法律法规行为时，注册会计师应当建议其及时采取适当的行动，以便能够实现下列目的：

（一）纠正违反法律法规行为或减轻其后果；

（二）阻止尚未发生的违反法律法规行为；

（三）如果法律法规有要求，或为了维护公众利益，向适当机构报告该事项。

第九十七条 注册会计师应当考虑管理层和治理层是否了解其对违反法律法规或涉嫌违反法律法规行为应当承担的法律责任。

如果管理层和治理层不了解其应当承担的法律责任，注册会计师可以向其提供适当的信息来源或推荐其寻求法律建议。

第九十八条 注册会计师应当遵守下列规定：

（一）适用的法律法规，包括要求向适当机构报告违反法律法规或涉嫌违反法律法规行为的法律法规；

（二）中国注册会计师审计准则，尤其是与下列方面相关的要求：

1.识别和应对违反法律法规行为，包括舞弊行为；

2.与治理层的沟通；

3.考虑违反法律法规行为或涉嫌违反法律法规行为对审计报告的影响。

某些法律法规可能规定了向适当机构报告违反法律法规行为或涉嫌违反法律法规行为的时限要求。

第九十九条 在集团审计中，下列两种情况下，如果组成部分注册会计师知悉违反法律法规行为或涉嫌违反法律法规行为涉及某组成部分，除非法律法规禁止，组成部分注册会计师应当与集团项目合伙人沟通该事项：

（一）出于执行集团审计的目的，集团审计项目组要求注册会计师对与组成部分相关的财务信息执行工作；

（二）出于执行集团审计之外的目的，注册会计师接受委托对组成部分财务报表执行审计。

组成部分注册会计师除了按照本章的相关规定作出应对外，还应当与集团项目合伙人进行沟通。沟通的目的是使集团项目合伙人知悉该事项，并确定在集团审计中是否需要按照本章的规定应对该事项以及如何应对该事项。无论集团项目合伙人是否与组成部分注册会计师处于同一会计师事务所或网络，本条的规定均适用。

第一百条 在集团审计中，如果集团项目合伙人知悉违反法律法规或涉嫌违反法律法规行为，应当考虑该事项是否涉及下列组成部分：

（一）出于集团审计的目的，需要对其财务报表执行某些工作的组成部分；

（二）出于集团审计之外的目的，需要对其财务报表执行审计的组成部分。

注册会计师除应当按照本章的规定应对涉及集团审计的事项外，还应当考虑组成部分是否涉及违反法律法规或涉嫌违反法律法规行为。

第一百零一条 如果违反法律法规或涉嫌违反法律法规行为可能涉及本守则第一百条第一款第（一）项至第（二）项提及的组成部分，除非法律法规禁止，集团项目合伙人应当采取适当措施向执行组成部分工作的人员沟通该事项。在必要时，集团项目合伙人应当就第一百条第一款第（二）项规定的相关组成部分是否需要审计，以及在可行范围内确定注册会计师的身份进行适当的询问（询问管理层或获取公开信息）。

沟通的目的是使负责组成部分工作的人员知悉该事项并确定是否按照本章的规定应对该事项以及如何应对。无论集团项目合伙人是否与在组成部分工作的人员处于同一会计师事务所或网络，该沟通要求均适用。

第一百零二条　针对本守则第九十一条第一款所述的与适当级别管理层和治理层（如适用）的沟通，注册会计师应当评估管理层和治理层（如适用）应对的适当性。在评估时，注册会计师需要考虑下列因素：

（一）应对是否及时；

（二）违反法律法规或涉嫌违反法律法规行为是否被充分调查；

（三）是否已采取或正在采取相关行动以纠正违反法律法规行为或减轻其后果；

（四）是否已采取或正在采取相关行动以阻止尚未发生的违反法律法规行为；

（五）是否已采取或正在采取相关行动以降低再次发生类似事件的风险，例如，追加控制程序或进行培训；

（六）是否向适当机构报告违反法律法规或涉嫌违反法律法规行为。如果已报告，该报告是否充分。

第一百零三条　注册会计师应当根据管理层和治理层（如适用）的应对，确定是否需要出于维护公众利益的目的而采取进一步行动。

在确定是否需要采取进一步行动，以及进一步行动的性质和范围时，注册会计师需要考虑下列因素：

（一）相关法律法规的规定；

（二）情况的紧迫性；

（三）该事项对客户影响的广泛程度；

（四）注册会计师是否仍对管理层和治理层（如适用）的诚信抱有信心；

（五）违反法律法规或涉嫌违反法律法规行为是否很可能再次发生；

（六）是否存在对客户、投资者、债权人、员工或社会公众已造成或可能造成实质性损害的可靠证据。

举例来说，下列情况可能导致注册会计师不再对管理层和治理层（如适用）的诚信抱有信心：

（一）注册会计师怀疑或有证据表明该管理层和治理层（如适用）曾经参与或有意参与违反法律法规行为；

（二）注册会计师意识到该管理层和治理层（如适用）并未根据法律法规的规定，在合理的时间内及时向适当机构报告或授权他人报告。

第一百零四条　注册会计师应当运用职业判断确定是否需要采取进一步行动，以及进一步行动的性质和范围。在作出职业判断时，注册会计师应当考虑理性且掌握充分信息的第三方是否很可能认为其行为符合公众利益。

注册会计师可以采取的进一步行动包括：

（一）向适当机构报告该事项，即使法律法规没有要求进行报告；

（二）在法律法规允许的情况下，解除业务约定。

解除业务约定并不能代替注册会计师为实现本章所述的目的而可能需要采取的其他行动。

第一百零五条　如果注册会计师根据本守则第一百零三条第一款和第一百零四条第二款的规定解除业务约定，应当按照拟接任注册会计师的要求提供所有与违反法律法规行为或涉嫌违反法律法规行为相关的信息。除非法律法规禁止，即使客户拒绝允许与拟接任注册会计师沟通这些事项，这一要求仍然适用。

需要提供的相关信息是指，前任注册会计师认为，拟接任注册会计师在决定是否接受审计委托之前需要了解的相关信息。

第一百零六条 如果拟接任注册会计师无法与前任注册会计师沟通，应当采取适当措施通过其他方式获取有关业务委托变动的信息。其他方式包括询问第三方或者对管理层或治理层实施背景调查。

第一百零七条 对事项的评估可能涉及复杂的分析和判断，注册会计师需要考虑下列事项：

（一）内部咨询；

（二）获取法律建议，以了解注册会计师的选择以及采取任何特定行动可能产生的职业后果或法律后果；

（三）在遵循保密原则的前提下向监管机构或专业机构咨询。

第一百零八条 向适当机构报告该事项的目的是为了使该机构对事项展开调查，并采取符合公众利益的行动。如果法律法规禁止向适当机构报告该事项，则注册会计师不得报告。

第一百零九条 注册会计师在确定是否向适当机构报告该事项时，需要考虑该事项可能对投资者、债权人、员工或社会公众产生的实际或潜在损害的性质和严重程度。举例来说，在下列情况下，向适当机构报告该事项可能是适当的：

（一）该实体实施贿赂行为（如为获取大额合同而对当地或境外政府官员实施贿赂）；

（二）该实体属于特殊监管的行业，而该事项的严重程度足以威胁到其营业资格；

（三）该实体在证券交易所上市，而该事项可能对市场交易的公平有序造成不利影响，或对金融市场构成系统性风险；

（四）该实体很可能销售危害公众健康或安全的产品；

（五）该实体在向其客户推销一项协助逃税的方案。

第一百一十条 确定是否向适当机构报告主要取决于下列外部因素：

（一）是否存在能够接收此类信息并进行调查及采取行动的适当机构。适当机构取决于该事项的性质。例如，如果事项涉及虚假财务报告，则适当机构是财政部门和证券监管机构，如果事项涉及违反与环境保护相关的法律法规，则适当机构是生态环境部门。

（二）是否存在相关法律法规能够提供强有力且可靠的保护以避免受到民事、刑事、职业责任或报复行为（如与举报相关的法律法规）。

（三）是否可能对注册会计师或其他人员的人身安全造成威胁。

第一百一十一条 如果注册会计师确定向适当机构报告违反法律法规或涉嫌违反法律法规行为是适当的，按照《中国注册会计师职业道德守则第1号——职业道德基本原则》第二十三条第（五）项的规定，在这种情况下是允许进行报告的。在进行报告时，注册会计师应当保持诚信和谨慎。注册会计师还应当考虑是否告知客户自己将向适当机构报告这一意图。

第一百一十二条 在某些情况下，注册会计师可能知悉了或有理由相信已发生或即将发生对投资者、债权人、员工或社会公众造成实质性损害的违反法律法规行为。注册会计师应当首先考虑与该实体的管理层或治理层沟通该事项是否适当，并运用职业判断确定是否立即向适当机构报告该事项，以阻止或减轻此类即将发生的违反法律法规行为造成的后果。按照《中国注册会计师职业道德守则第1号——职业道德基本原则》第二十三条第（五）项的规定，在这种情况下是允许进行报告的。

第一百一十三条 针对违反法律法规或涉嫌违反法律法规行为，注册会计师应当记录下列事项：

（一）管理层和治理层（如适用）是如何应对该事项的；

（二）在实施理性且掌握充分信息的第三方测试后，注册会计师考虑采取的行动、作出的判断和决策；

（三）注册会计师如何确保其履行了本守则第一百零三条第一款规定的责任。

第一百一十四条 本守则第一百一十三条的规定是对中国注册会计师审计准则中审计工作底稿要求的补充。中国注册会计师审计准则对执行财务报表审计的注册会计师提出下列要求：

（一）编制的审计工作底稿应当使得未曾接触该项审计工作的有经验的专业人士清楚了解审计中遇到的重大事项和得出的结论，以及在得出结论时作出的重大职业判断；

（二）记录与管理层、治理层和其他人员对重大事项的沟通，包括所沟通的重大事项的性质以及沟通的时间、地点和参加人员；

（三）记录已识别或怀疑存在的违反法律法规行为，以及与管理层、治理层（如适用）以及被审计单位以外其他人员沟通的结果。

第五节 提供其他服务时应对违反法律法规行为

第一百一十五条 如果注册会计师在提供财务报表审计以外的其他专业服务时，知悉了有关违反法律法规或涉嫌违反法律法规行为的信息，注册会计师应当了解相关事项。这种了解应当包括违反法律法规或涉嫌违反法律法规行为的性质以及该行为发生或可能发生时所处的环境。

第一百一十六条 在了解和应对违反法律法规或涉嫌违反法律法规行为时，注册会计师需要运用专业知识、技能和职业判断。然而，本守则并不要求注册会计师对法律法规的了解程度超出其提供专业服务所需的了解程度。某一行为是否构成违反法律法规行为，最终需要法院或其他适当机构作出裁决。

第一百一十七条 根据事项的性质和重要程度，注册会计师可以在遵循保密原则的前提下，向会计师事务所、网络事务所或专业机构内的其他人员或者法律顾问进行咨询。

第一百一十八条 如果注册会计师识别出或怀疑存在已经发生或可能发生的违反法律法规行为，应当与适当级别的管理层和治理层（如适用）沟通。

沟通的目的是澄清注册会计师对该事项以及潜在后果的了解。这种沟通也可能能够促使管理层或治理层对该事项展开调查。

第一百一十九条 注册会计师需要运用职业判断确定与哪个适当级别的管理层沟通该事项。注册会计师需要考虑下列因素：

（一）事项的性质和情况；

（二）事项涉及或可能涉及的人员；

（三）存在串通的可能性；

（四）事项的潜在后果；

（五）该级别的管理层是否能够调查该事项并采取适当行动。

第一百二十条 如果注册会计师为下列实体提供非审计服务时知悉了违反法律法规或涉嫌违反法律法规行为，除非法律法规禁止，否则应当在会计师事务所内沟通该事项：

（一）会计师事务所的审计客户；

（二）会计师事务所审计客户的组成部分。

注册会计师应当按照会计师事务所的政策和程序进行沟通，如果缺少此类政策和程序，应当直接与审计项目合伙人沟通。

第一百二十一条 如果注册会计师为下列实体提供非审计服务时知悉了违反法律法规或涉嫌违反法律法规行为，应当考虑是否就该事项与网络事务所沟通：

（一）网络事务所的审计客户；

（二）网络事务所审计客户的组成部分。

注册会计师应当按照网络的政策和程序进行沟通，如果缺少此类政策和程序，应当直接与审计项目合伙人沟通。

第一百二十二条 如果注册会计师为满足下列条件的实体提供非审计服务时知悉了违反法律法规或涉嫌违反法律法规行为，应当考虑是否与为实体执行审计业务的会计师事务所沟通该事项：

（一）并非会计师事务所或网络事务所的审计客户；

（二）并非会计师事务所或网络事务所的审计客户的组成部分。

第一百二十三条 当注册会计师按照本守则第一百二十条至第一百二十二条的规定进行沟通时，需要考虑下列相关因素：

（一）此类沟通是否违反法律法规的规定；

（二）在对违反法律法规或涉嫌违反法律法规行为展开的持续调查中，是否存在监管机构或检察机关施加的关于沟通的限制；

（三）非审计服务的目的是否在于调查实体内潜在的违反法律法规行为以使其能够采取适当的行动；

（四）管理层或治理层是否已就该事项告知实体的外部审计师；

（五）该事项对财务报表审计的重要性。如果该事项涉及集团的组成部分，对集团财务报表审计的潜在重要性。

第一百二十四条 注册会计师按照本守则第一百二十条至第一百二十二条的规定进行沟通的目的在于，使审计项目合伙人知悉违反法律法规或涉嫌违反法律法规行为，并确定是否按照本章的规定应对该事项以及如何应对。

第一百二十五条 注册会计师还应当考虑是否需要为了维护公众利益而采取进一步行动。

在确定是否需要采取进一步行动，以及进一步行动的性质和范围时，注册会计师需要考虑下列因素：

（一）相关法律法规的规定；

（二）管理层和治理层（如适用）应对的适当性和及时性；

（三）情况的紧迫性；

（四）管理层或治理层对该事项的参与程度；

（五）对客户、投资者、债权人、员工或社会公众的利益造成实质性损害的可能性。

第一百二十六条 注册会计师可以采取的进一步行动包括：

（一）向适当机构报告该事项，即使法律法规没有要求进行报告；

（二）在法律法规允许的情况下，解除业务约定。

第一百二十七条 在考虑是否向适当机构报告时，注册会计师需要考虑下列因素：

（一）该报告行为是否与法律法规相抵触；

（二）在对违反法律法规或涉嫌违反法律法规行为展开的持续调查中，是否存在监管机构或检察机关施加的关于报告的限制；

（三）提供非审计服务的目的是否在于调查实体内潜在的违反法律法规行为以使其能够采取适当的行动。

第一百二十八条 如果注册会计师确定向适当机构报告违反法律法规或涉嫌违反法律法规行为是适当的，按照《中国注册会计师职业道德守则第1号——职业道德基本原则》第二十三条第（五）项的规定，在这种情况下是允许进行报告的。在进行报告时，注册会计师应当保持诚信和谨慎。注册会计师还应当考虑是否告知客户自己将向适当机构报告这一意图。

第一百二十九条 在某些情况下，注册会计师可能知悉了或有理由相信已发生或即将发生对投资者、债权人、员工或社会公众造成实质性损害的违反法律法规行为。注册会计师应当首先考虑与该实体的管理层或治理层沟通该事项是否适当，并运用职业判断确定是否立即向适当机构报告该事项，以阻止或减轻此类即将发生的违反法律法规行为造成的后果。按照《中国注册会计师职业道德守则第1号——职业道德基本原则》第二十三条第（五）项的规定，在这种情况下是允许进行报告的。

第一百三十条 注册会计师可能需要考虑下列事项：

（一）内部咨询；

（二）获取法律建议，以了解采取任何特定行动产生的职业后果或法律后果；

（三）在遵循保密原则的前提下向监管机构或专业机构咨询。

第一百三十一条 针对违反法律法规或涉嫌违反法律法规行为，本守则鼓励注册会计师记录下列事项：

（一）事项本身；

（二）与管理层和治理层（如适用）及其他方的沟通结果；

（三）管理层和治理层（如适用）如何应对该事项；

（四）注册会计师考虑的行动、作出的判断和采取的决策；

（五）注册会计师如何确保其履行了本守则第一百二十五条第一款规定的责任。

第九章　与治理层的沟通

第一百三十二条 当按照本守则的规定与治理层沟通时，注册会计师应当确定与客户治理结构中的哪些适当人员进行沟通。如果注册会计师与治理层的下设组织（如审计委员会）或个人沟通，应当确定是否还需要与治理层整体进行沟通，以使治理层所有成员充分知情。

第一百三十三条 如果注册会计师与同时承担管理层职责和治理层职责的人员沟通，

应当确保这种沟通能够向所有负有治理责任的人员充分传递应予沟通的内容。

第一百三十四条 在确定具体沟通对象时，注册会计师可能需要考虑下列事项：

（一）具体情况的性质和重要程度；

（二）拟沟通的事项。

第一百三十五条 在某些情况下，治理层全部成员均参与客户的管理。例如，在一家小企业中，仅有的一名业主管理该企业，并且没有其他人负有治理责任。在这些情况下，如果与同时承担管理层职责和治理层职责的人员沟通，可以认为注册会计师已满足与治理层沟通的要求。

中国注册会计师职业道德守则第4号
——审计和审阅业务对独立性的要求

（2020年12月17日修订）

第一章 总 则

第一条 为了规范注册会计师职业活动，指导注册会计师运用职业道德概念框架，解决执行审计和审阅业务时遇到的独立性问题，制定本守则。

第二条 注册会计师在执行审计和审阅业务时，应当遵守相同的独立性要求。本守则对审计业务提出的独立性要求同样适用于审阅业务。

第三条 《会计师事务所质量管理准则第5101号——业务质量管理》要求会计师事务所应当设定质量目标，以保证会计师事务所及其人员、受职业道德要求（包括独立性要求）约束的其他组织或人员（包括网络、网络事务所、网络或网络事务所的人员、服务提供商，如适用）充分了解与其相关的职业道德要求，并严格按照这些职业道德要求履行职责。中国注册会计师审计准则和审阅准则分别规定了项目合伙人和项目组在审计和审阅业务中的责任。会计师事务所内部的责任分配取决于其规模、结构和组织形式。本守则大部分条款并未明确规定会计师事务所内部各种人员对于独立性各自的责任，而只以注册会计师或会计师事务所提及。根据质量管理准则的规定，会计师事务所应当将采取特定行动的责任分配给某个人或团队（如审计项目组）。此外，注册会计师个人也应当遵守与其个人的活动、利益或关系相关的所有规定。

第二章 基本要求

第一节 一般规定

第四条 注册会计师在执行审计业务时应当保持独立性。

第五条 独立性包括实质上的独立性和形式上的独立性：

（一）实质上的独立性。实质上的独立性是一种内心状态，使得注册会计师在提出结论时不受损害职业判断的因素影响，诚信行事，遵循客观公正原则，保持职业怀疑。

（二）形式上的独立性。形式上的独立性是一种外在表现，使得一个理性且掌握充分信息的第三方，在权衡所有相关事实和情况后，认为会计师事务所或审计项目团队成员没有损害诚信原则、客观公正原则或职业怀疑。

第六条 在执行审计业务时，注册会计师应当遵循职业道德基本原则，并运用职业道德概念框架识别、评价和应对可能对职业道德基本原则产生的不利影响。

第二节 公众利益实体

第七条 本守则的某些条款仅适用于对公众利益实体的审计业务。

公众利益实体包括上市实体和下列实体：

（一）法律法规界定的公众利益实体；

（二）法律法规规定按照上市实体审计独立性的要求接受审计的实体。

第八条 如果公众利益实体以外的其他实体拥有数量众多且分布广泛的利益相关者，注册会计师应当考虑是否将其作为公众利益实体对待。

需要考虑的因素主要包括：

（一）实体业务的性质（例如，银行、保险公司等金融机构通常以受托人的身份持有大量利益相关者的资产，通常视为公众利益实体）；

（二）实体的规模；

（三）员工的数量。

第三节 关联实体

第九条 在审计客户是上市实体的情况下，本守则所称审计客户包括该客户的所有关联实体。

在审计客户不是上市实体的情况下，本守则所称审计客户仅包括该客户直接或间接控制的关联实体。如果认为存在涉及其他关联实体的关系或情形，且与评价会计师事务所独立性相关，审计项目团队在识别、评价对独立性的不利影响以及采取防范措施时，应当将该其他关联实体包括在内。

第四节 保持独立性的期间

第十条 注册会计师应当在业务期间和财务报表涵盖的期间独立于审计客户。

业务期间自审计项目组开始执行审计业务之日起，至出具审计报告之日止。如果审计业务具有连续性，业务期间结束日应以其中一方通知解除业务关系或出具最终审计报告二者时间孰晚为准。

第十一条 如果一个实体委托会计师事务所对其财务报表发表意见，并且在该财务报表涵盖的期间或之后成为审计客户，会计师事务所应当确定下列因素是否对独立性产生不利影响：

（一）在财务报表涵盖的期间或之后，在接受审计业务委托之前，与审计客户之间存在的经济利益或商业关系；

（二）会计师事务所或网络事务所以往向该审计客户提供的服务。

第十二条 如果在财务报表涵盖的期间或之后，在审计项目组开始执行审计业务之前，会计师事务所向审计客户提供了非鉴证服务，并且该非鉴证服务在业务期间不允许提供，将对独立性产生不利影响。

会计师事务所应当评价提供的非鉴证服务对独立性产生的不利影响。如果不利影响超出可接受的水平，会计师事务所只有在采取防范措施将其降低至可接受的水平的情况下，才能接受审计业务。

举例来说，防范措施可能包括：

（一）不允许提供非鉴证服务的人员担任审计项目团队成员；

（二）必要时由适当复核人员复核审计和非鉴证工作；

（三）由其他会计师事务所评价非鉴证服务的结果，或重新执行非鉴证服务，使得其他会计师事务所能够对该非鉴证服务承担责任。

第五节　与治理层的沟通

第十三条　注册会计师应当根据职业判断，定期就可能影响独立性的关系和其他事项与治理层沟通。

上述沟通使治理层能够：

（一）考虑会计师事务所在识别和评价对独立性的不利影响时作出的判断是否正确；

（二）考虑会计师事务所为消除不利影响或将其降低至可接受的水平所采取的防范措施是否适当；

（三）确定是否有必要采取适当的行动。

对于因外在压力和密切关系产生的不利影响，这种沟通尤其有效。

第六节　网络与网络事务所

第十四条　如果会计师事务所属于某一网络，应当与网络事务所的审计客户保持独立。

本守则对网络事务所独立性的要求，适用于所有符合网络事务所定义的实体，而无论该实体（如咨询公司或法律服务公司）本身是否为会计师事务所。

除非另有说明，本守则所称会计师事务所包括网络事务所。

第十五条　会计师事务所通常与其他会计师事务所或实体构成联合体，旨在增强提供专业服务的能力。这些联合体是否形成网络取决于具体情况，而不取决于会计师事务所或实体是否在法律上各自独立。

第十六条　在判断一个联合体是否形成网络时，注册会计师应当考虑下列事项：

（一）运用职业判断来确定该联合体是否形成网络；

（二）考虑理性且掌握充分信息的第三方，在权衡所有相关事实和情况后，是否很可能认为该联合体形成网络；

（三）这种判断应当在整个联合体内部得到一致运用。

第十七条　网络，是指由多个实体组成，旨在通过合作实现下列一个或多个目的的联合体：

（一）共享收益、分担成本；

（二）共享所有权、控制权或管理权；

（三）执行统一的质量管理政策和程序；

（四）执行同一经营战略；

（五）使用同一品牌；

（六）共享重要的专业资源。

第十八条　除本守则第十七条所述的情况外，构成联合体的会计师事务所和实体之间也可能存在其他安排使其形成网络。然而，如果一个联合体仅为方便介绍业务，并不符合形成网络的必要标准。

第十九条　针对本守则第十七条第（一）项所述的情况，如果联合体之间分担的成本不重要，或分担的成本仅限于与开发审计方法、编制审计手册或提供培训课程有关的成本，则不应当被视为网络。

如果会计师事务所与某一实体以联合方式提供服务或研发产品，虽然构成联合体，但不形成网络。

第二十条　针对本守则第十七条第（二）项所述的情况，共享所有权、控制权或管理权可能通过合同或其他方式实现。

第二十一条　针对本守则第十七条第（三）项所述的情况，统一的质量管理政策和程序，是由联合体统一设计、实施和监控的质量管理政策和程序。

第二十二条　针对本守则第十七条第（四）项所述的情况，执行同一经营战略，是指实体之间通过协议实现共同的战略目标。

如果一个实体与其他实体仅以联合方式应邀提供专业服务，虽然构成联合体，但不形成网络。

第二十三条　针对本守则第十七条第（五）项所述的情况，同一品牌包括共同的名称或标志等。例如，当会计师事务所合伙人签署审计报告时，如果将共同的品牌作为会计师事务所名称的一部分或与其名称联系在一起，则视为该会计师事务所在使用同一品牌。

第二十四条　即使某一会计师事务所不属于某一网络，也不使用同一品牌作为会计师事务所名称的一部分，如果在文具或宣传材料上提及本所是某一会计师事务所联合体的成员，可能使人产生其属于某一网络的印象。为避免产生这种误解，会计师事务所应当慎重考虑如何描述这种成员关系。

第二十五条　针对本守则第十七条第（六）项所述的情况，专业资源包括下列方面：

（一）能够使各会计师事务所或实体之间交流诸如客户资料、收费安排和时间记录等信息的共享系统；

（二）合伙人和员工；

（三）技术部门，负责就鉴证业务中的技术或行业特定问题、交易或事项提供咨询；

（四）审计方法或审计手册；

（五）培训课程和设施。

第二十六条　注册会计师应当根据相关事实和情况，确定联合体共享的专业资源是否重要，并判断这些会计师事务所或实体是否为网络事务所。以下是一些判断共享的专业资源是否重要的例子：

（一）如果共享的资源仅限于通用的审计手册或审计方法，或仅限于培训资源，并不交流人员、客户或市场信息，则这些共享的资源很可能是不重要的；

（二）如果共享的资源涉及人员或信息交流，例如，存在一个共享的人力资源库，或者构建了一个共有的技术部门，用于向所有成员提供技术性建议，并要求所有成员予以遵循。在这种情况下，理性且掌握充分信息的第三方很可能认为共享的资源是重要的。

第二十七条　如果会计师事务所或网络转让了其业务的某一部分，虽然该部分不再与其有关联，但转让协议可能约定，允许该部分在一定期间内继续使用其名称或名称中的要素。在这种情况下，尽管二者使用共同的名称执业，但不属于以合作为目的的联合体，因此不构成网络。在向外界介绍自己时，上述实体应当确定如何说明二者不构成网络。

第七节　工作记录

第二十八条　会计师事务所应当记录遵守独立性要求的情况，包括记录形成的结论，以及为形成结论而沟通的主要内容。

第二十九条 如果需要采取防范措施将某种不利影响降低至可接受的水平，注册会计师应当记录该不利影响的性质，以及将其降低至可接受的水平所采取的防范措施。

第三十条 如果通过对某种不利影响进行重要性分析，注册会计师确定不利影响未超出可接受的水平，注册会计师应当记录不利影响的性质以及得出上述结论的理由。

第三十一条 工作记录可以提供证据证明会计师事务所在遵守独立性要求时作出的职业判断。然而，缺少工作记录并非判定会计师事务所是否已考虑特定事项或是否保持了独立性的决定性因素。

第八节 合并与收购

第三十二条 如果由于合并或收购，某一实体成为审计客户的关联实体，会计师事务所与该关联实体以往和目前存在的利益或关系可能对独立性产生不利影响，并影响该会计师事务所继续执行审计业务的能力。

会计师事务所应当识别和评价其与该关联实体以往和目前存在的利益或关系，并在考虑可能需要采取的防范措施后确定是否影响独立性，以及在合并或收购生效日后能否继续执行审计业务。

第三十三条 会计师事务所应当在合并或收购生效日前采取必要措施终止目前存在的本守则禁止的利益或关系。

在某些情况下，会计师事务所可能无法在合并或收购生效日前合理终止目前存在的本守则禁止的利益或关系。例如，会计师事务所正向该关联实体提供非鉴证服务，而该关联实体无法在合并或收购生效日前有条不紊地将该非鉴证服务转移至另一服务提供者。

如果在合并或收购生效日前不能终止目前存在的本守则禁止的利益或关系，会计师事务所应当采取下列措施：

（一）评价因该利益或关系产生的不利影响的严重程度；

（二）与治理层沟通在合并或收购生效日前不能终止利益或关系的原因，以及对由此产生不利影响严重程度的评价结果。

第三十四条 当按照本守则第三十三条第三款第（一）项的规定评价不利影响的严重程度时，注册会计师通常需要考虑下列因素：

（一）利益或关系的性质和重要程度；

（二）审计客户与该关联实体之间关系的性质和重要程度，例如，关联实体是审计客户的子公司还是母公司；

（三）合理终止该利益或关系需要的时间。

第三十五条 如果按照本守则第三十三条第三款第（二）项的规定与治理层沟通后，治理层要求会计师事务所继续执行审计业务，会计师事务所只有在同时满足下列条件时，才能同意这一要求：

（一）在合并或收购生效日起的六个月内，尽快终止该利益或关系；

（二）存在该利益或关系的人员不作为审计项目组成员，也不负责项目质量复核；

（三）拟采取的适当过渡性措施，并就此与治理层沟通。

举例来说，适当过渡性措施可能包括：

（一）必要时由审计项目团队以外的注册会计师复核审计或非鉴证工作；

（二）由其他会计师事务所再次执行项目质量复核；

（三）由其他会计师事务所评价非鉴证服务的结果，或重新执行非鉴证服务，使得其他会计师事务所能够对该非鉴证服务承担责任。

第三十六条 在合并或收购生效日之前，会计师事务所可能已经完成审计业务的大部分工作，并将在短期内能够完成剩余的工作。在这种情况下，如果治理层要求会计师事务所完成审计业务，而会计师事务所仍然存在本守则第三十二条提及的利益或关系，只有在同时满足下列条件时，会计师事务所才能同意这一要求：

（一）已经评价了由该利益或关系产生不利影响的严重程度，并与治理层沟通了评价结果；

（二）符合本守则第三十五条第一款第（一）项至第（三）项的条件；

（三）在出具审计报告后立即终止审计业务。

第三十七条 在处理以往和目前存在的利益或关系时，即使会计师事务所遵守了本守则第三十二条至第三十六条的规定，仍应当确定利益或关系产生的不利影响是否非常严重，以致客观公正原则受到损害。如果不利影响非常严重，会计师事务所应当终止审计业务。

第三十八条 注册会计师应当记录下列事项：

（一）在合并或收购生效日前不能终止的利益或关系；

（二）不能终止利益或关系的原因；

（三）采取的过渡性措施；

（四）与治理层沟通的结果；

（五）以往和目前存在的利益或关系并未对客观公正原则造成损害的理由。

第九节 违反本守则的规定

第三十九条 如果会计师事务所认为已发生违反本守则规定（以下简称违规）的情况，应当采取下列措施：

（一）终止、暂停或消除引发违规的利益或关系，并处理违规后果；

（二）考虑是否存在适用于该违规行为的法律法规，如果存在，遵守该法律法规的规定，并考虑向相关监管机构报告该违规行为；

（三）按照会计师事务所的政策和程序，立即就该违规行为与下列人员沟通：

1.项目合伙人；

2.负责独立性相关政策和程序的人员；

3.会计师事务所和网络中的其他相关人员；

4.根据本守则的要求需要采取适当行动的人员。

（四）评价违规行为的严重程度及其对会计师事务所的客观公正和出具审计报告能力的影响；

（五）根据违规行为的严重程度，确定是否终止审计业务，或者是否能够采取适当行动以妥善处理违规后果。

在作出上述决策时，会计师事务所应当运用职业判断并考虑理性且掌握充分信息的第三方是否很可能得出会计师事务所的客观公正受到损害从而导致无法出具审计报告的结论。

第四十条 即使会计师事务所已经制定了旨在合理保证独立性原则得以遵循的政策和

程序，仍然可能发生违反独立性的情况，必要时，会计师事务所可能需要终止审计业务。

第四十一条 上述违规行为的严重程度及其对会计师事务所客观公正和出具审计报告能力的影响主要取决于下列因素：

（一）违规的性质和持续时间；

（二）以前年度发生的、与当前审计业务有关的违规次数和性质；

（三）审计项目团队成员是否知悉造成违规的利益或关系；

（四）造成违规的人员是否为审计项目团队成员或需要遵守独立性要求的其他人员；

（五）如果违规涉及某一审计项目团队成员，该成员的职责；

（六）如果违规由提供专业服务所致，该服务对会计记录或会计师事务所将发表意见的财务报表金额的影响（如适用）；

（七）由于违规导致的因自身利益、过度推介、密切关系或其他原因对独立性产生的不利影响。

第四十二条 会计师事务所应当根据违规的严重程度采取必要的措施。举例来说，会计师事务所可以采取的措施包括：

（一）将相关人员调离审计项目团队；

（二）由其他人员对受影响的审计工作实施额外复核或必要时重新执行该工作；

（三）建议审计客户委托其他会计师事务所复核或必要时重新执行受影响的审计工作；

（四）如果违规涉及影响会计记录或财务报表金额的非鉴证服务，由其他会计师事务所评价非鉴证服务的结果，或重新执行非鉴证服务，使得其他会计师事务所能够对该非鉴证服务承担责任。

第四十三条 如果会计师事务所确定无法采取行动妥善处理违规后果，应当尽快通知治理层，并按照法律法规的规定终止审计业务。如果法律法规禁止终止该审计业务，会计师事务所应当遵守相关报告或披露要求。

第四十四条 如果会计师事务所确定能够采取措施妥善处理违规后果，应当与治理层沟通下列事项：

（一）违规的严重程度，包括其性质和持续时间；

（二）违规是如何发生以及如何识别出的；

（三）已采取或拟采取的措施，以及这些措施能够妥善处理违规后果并使会计师事务所能够出具审计报告的原因；

（四）会计师事务所根据职业判断认为客观公正并未受到损害及其理由；

（五）会计师事务所已采取或拟采取的、用于降低进一步违规风险或避免发生进一步违规行为的措施。

会计师事务所应当尽快开展上述沟通，除非对于非重大的违规行为治理层有其他沟通时间方面的要求。

第四十五条 会计师事务所应当以书面形式与治理层沟通下列方面：

（一）根据本守则第四十四条的规定沟通的所有事项；

（二）针对已采取或拟采取的措施，取得治理层的认同；

（三）对下列情况的描述：

1.会计师事务所内部旨在合理保证独立性原则得以遵循的，并且与此项违规行为相关的政策和程序；

2.会计师事务所已采取或拟采取的、用于降低进一步违规风险或避免发生进一步违规行为的措施。

第四十六条 如果治理层认为上述已采取或拟采取的措施不能够妥善处理违规后果，会计师事务所应当按照本守则第四十三条的规定终止审计业务。

第四十七条 如果违规行为发生在上期审计报告出具之前，会计师事务所应当评价违规行为的严重程度及其对会计师事务所的客观公正和出具当期审计报告能力的影响。

会计师事务所还应当：

（一）考虑违规行为对会计师事务所以前期间出具的审计报告客观公正的影响（如有），以及在必要时撤回此类审计报告的可能性；

（二）与治理层沟通该事项。

第四十八条 会计师事务所应当记录下列事项：

（一）违规事项；

（二）采取的措施；

（三）作出的关键决策；

（四）与治理层沟通的所有事项；

（五）与职业团体或监管机构所进行的任何沟通。

如果会计师事务所继续执行该审计业务，还应当记录下列事项：

（一）根据会计师事务所的职业判断，客观公正原则并未受到损害；

（二）所采取的措施能够妥善处理违规后果，从而使会计师事务所能够出具审计报告及其理由。

第三章 收 费

第一节 收费结构

第四十九条 如果会计师事务所从某一审计客户收取的全部费用占其收费总额的比重很大，则对该客户的依赖及对可能失去该客户的担心将因自身利益或外在压力对独立性产生不利影响。不利影响的严重程度主要取决于下列因素：

（一）会计师事务所的业务类型及收入结构；

（二）会计师事务所成立时间的长短；

（三）该客户从性质或金额上对会计师事务所是否重要。

会计师事务所应当评价不利影响的严重程度，并在必要时采取防范措施消除不利影响或将其降低至可接受的水平。

举例来说，防范措施可能包括：

（一）扩大会计师事务所的客户群，从而降低对该客户的依赖程度；

（二）实施外部质量复核；

（三）就关键的审计判断向第三方咨询。例如，向行业监管机构或其他会计师事务所咨询。

第五十条 如果从某一审计客户收取的全部费用占某一合伙人从所有客户收取的费用总额比重很大，或占会计师事务所某一分部收取的费用总额比重很大，也将因自身利益或外在压力产生不利影响。

不利影响的严重程度主要取决于下列因素：

（一）该客户在性质上或金额上对该合伙人或分部是否重要；

（二）该合伙人或该分部合伙人的报酬对来源于该客户的收费的依赖程度。

会计师事务所应当评价不利影响的严重程度，并在必要时采取防范措施消除不利影响或将其降低至可接受的水平。

举例来说，防范措施可能包括：

（一）扩大该合伙人或分部的客户群，从而降低对来源于该客户的收费的依赖程度；

（二）由审计项目团队以外的适当复核人员复核已执行的工作。

第五十一条 如果对审计客户财务报表发表意见的会计师事务所连续二年从某一属于公众利益实体的审计客户及其关联实体收取的全部费用，占其从所有客户收取的全部费用的比重超过15%，会计师事务所应当向审计客户治理层披露这一事实，并沟通选择采取下列何种防范措施，以将不利影响降低至可接受的水平：

（一）在对第二年度财务报表发表审计意见之前，由其他会计师事务所对该业务再次实施项目质量复核，或由其他专业机构实施相当于项目质量复核的复核（以下简称发表审计意见前复核）；

（二）在对第二年度财务报表发表审计意见之后、对第三年度财务报表发表审计意见之前，由其他会计师事务所对第二年度的审计工作再次实施项目质量复核，或由其他专业机构实施相当于项目质量复核的复核（以下简称发表审计意见后复核）。

在上述收费比例明显超过15%的情况下，如果采用发表审计意见后复核无法将不利影响降低至可接受的水平，会计师事务所应当采用发表审计意见前复核。

如果二年后每年收费比例继续超过15%，则会计师事务所应当每年向治理层披露这一事实，并沟通选择采取上述何种防范措施。在收费比例明显超过15%的情况下，如果采用发表审计意见后复核无法将不利影响降低至可接受的水平，会计师事务所应当采用发表审计意见前复核。

第二节 逾期收费

第五十二条 如果审计客户长期未支付应付的费用，尤其是相当部分的费用在出具下一年度审计报告前仍未支付，可能因自身利益产生不利影响。

会计师事务所通常要求审计客户在审计报告出具前付清上一年度的费用。如果在审计报告出具后审计客户仍未支付该费用，会计师事务所应当评价不利影响存在与否及其严重程度，并在必要时采取防范措施消除不利影响或将其降低至可接受的水平。举例来说，防范措施可能包括：

（一）收取逾期的部分款项；

（二）由未参与执行审计业务的适当复核人员复核已执行的工作。

如果相当部分的费用长期逾期，会计师事务所应当确定：

（一）逾期收费是否可能被视同向客户提供贷款；

（二）会计师事务所是否继续接受委托或继续执行审计业务。本守则第八章针对向客户提供贷款的情形作出明确规定。

第三节 或有收费

第五十三条 或有收费是指收费与否或收费多少取决于交易的结果或所执行工作的结

果。通过中介机构间接收取的或有收费同样属于本守则规定的或有收费。如果一项收费是由法院或政府有关部门规定的，则该项收费不视为或有收费。

第五十四条 会计师事务所在执行审计业务时，以直接或间接形式取得或有收费，将因自身利益产生非常严重的不利影响，导致没有防范措施能够将其降低至可接受的水平。会计师事务所不得采用这种收费安排。

第五十五条 会计师事务所在向审计客户提供非鉴证服务时，如果以直接或间接形式取得或有收费，也可能因自身利益产生不利影响。

如果出现下列情况之一，将因自身利益产生非常严重的不利影响，导致没有防范措施能够将其降低至可接受的水平，会计师事务所不得采用这种收费安排：

（一）非鉴证服务的或有收费由对财务报表发表审计意见的会计师事务所取得，并且对其影响重大或预期影响重大；

（二）网络事务所参与大部分审计工作，非鉴证服务的或有收费由该网络事务所取得，并且对其影响重大或预期影响重大；

（三）非鉴证服务的结果以及由此收取的费用金额，取决于与财务报表重大金额审计相关的未来或当期的判断。

第五十六条 在向审计客户提供非鉴证服务时，如果会计师事务所采用其他形式的或有收费安排，不利影响存在与否及其严重程度主要取决于下列因素：

（一）可能的收费金额区间；

（二）是否由适当的权威方确定有关事项的结果，而该结果作为确定或有收费金额的基础；

（三）针对会计师事务所执行的工作及收费的基础，向报告预期使用者作出的披露；

（四）非鉴证服务的性质；

（五）事项或交易对财务报表的影响。

会计师事务所应当评价不利影响的严重程度，并在必要时采取防范措施消除不利影响或将其降低至可接受的水平。

举例来说，防范措施可能包括：

（一）由审计项目团队以外的适当复核人员复核该会计师事务所已执行的工作；

（二）预先就收费的基础与客户达成书面协议。

第四章 薪酬和业绩评价政策

第五十七条 如果某一审计项目团队成员的薪酬或业绩评价与其向审计客户推销的非鉴证服务挂钩，将因自身利益产生不利影响。不利影响的严重程度主要取决于下列因素：

（一）推销非鉴证服务的因素在该成员薪酬或业绩评价中的比重；

（二）该成员在审计项目团队中的角色；

（三）推销非鉴证服务的业绩是否影响该成员的晋升。

会计师事务所应当评价不利影响的严重程度，并在必要时采取防范措施消除不利影响或将其降低至可接受的水平。

举例来说，下列防范措施可能能够消除因自身利益产生的不利影响：

（一）修改该成员的薪酬计划或业绩评价程序；

（二）将该成员调离审计项目团队。

由审计项目团队以外的适当复核人员复核该审计项目团队成员已执行的工作，可能能够将自身利益产生的不利影响降低至可接受的水平。

第五十八条 关键审计合伙人的薪酬或业绩评价不得与其向审计客户推销的非鉴证服务直接挂钩。

本条并不禁止会计师事务所合伙人之间正常的利润分享安排。

第五章 礼品和款待

第五十九条 会计师事务所或审计项目团队成员接受审计客户的礼品或款待，可能因自身利益、密切关系或外在压力对独立性产生不利影响。

第六十条 如果会计师事务所或审计项目团队成员接受审计客户的礼品，将产生非常严重的不利影响，导致没有防范措施能够将其降低至可接受的水平。会计师事务所或审计项目团队成员不得接受礼品。

第六十一条 会计师事务所或审计项目团队成员应当评价接受款待产生不利影响的严重程度，并在必要时采取防范措施消除不利影响或将其降低至可接受的水平。如果款待超出业务活动中的正常往来，会计师事务所或审计项目团队成员应当拒绝接受。注册会计师应当考虑款待是否具有不当影响注册会计师行为的意图，如果具有该意图，即使其从性质和金额上来说均明显不重要，会计师事务所或审计项目团队成员也不得接受该款待。

第六十二条 如果会计师事务所或审计项目团队成员向审计客户提供或接受利益诱惑，应当遵守《中国注册会计师职业道德守则第3号——提供专业服务的具体要求》第六章的相关规定，违反这些规定可能对独立性产生不利影响。

第六章 诉讼或诉讼威胁

第六十三条 如果会计师事务所或审计项目团队成员与审计客户发生诉讼或很可能发生诉讼，将因自身利益和外在压力产生不利影响。

会计师事务所和客户管理层由于诉讼或诉讼威胁而处于对立地位，将影响管理层提供信息的意愿，从而因自身利益和外在压力产生不利影响。不利影响的严重程度主要取决于下列因素：

（一）诉讼的重要程度；

（二）诉讼是否与前期审计业务相关。

会计师事务所应当评价不利影响的严重程度，并在必要时采取防范措施消除不利影响或将其降低至可接受的水平。

举例来说，防范措施可能包括：

（一）如果诉讼涉及某一审计项目团队成员，将该成员调离审计项目团队可能能够消除不利影响；

（二）由适当复核人员复核已执行的工作，可能能够将不利影响降低至可接受的水平。

第七章 经济利益

第一节 一般规定

第六十四条 在审计客户中拥有经济利益，可能因自身利益产生不利影响。不利影响存在与否及其严重程度主要取决于下列因素：

（一）拥有经济利益人员的角色；

（二）经济利益是直接还是间接的；

（三）经济利益的重要程度。

第六十五条 受益人可能通过集合投资工具、信托等投资工具拥有经济利益。确定经济利益是直接还是间接的，取决于受益人能否控制投资工具或具有影响投资决策的能力。

如果受益人能够控制投资工具或具有影响投资决策的能力，本守则将这种经济利益界定为直接经济利益。

如果受益人不能控制投资工具且不具有影响投资决策的能力，本守则将这种经济利益界定为间接经济利益。

第六十六条 在确定经济利益对于某个人来说的重要程度时，可能需要将该个人及其主要近亲属的净资产总额合并考虑。

第二节 在审计客户中拥有经济利益

第六十七条 除本守则第六十九条规定的例外情况外，下列各方不得在审计客户中拥有直接经济利益或重大间接经济利益：

（一）会计师事务所；

（二）审计项目团队成员及其主要近亲属；

（三）与执行审计业务的项目合伙人同处一个分部的其他合伙人及其主要近亲属；

（四）为审计客户提供非审计服务的其他合伙人和管理人员，以及该其他合伙人和管理人员的主要近亲属。

第六十八条 项目合伙人执行某项审计业务时所处的分部并不一定是其所隶属的分部。当项目合伙人与审计项目团队其他成员隶属于不同的分部时，会计师事务所应当运用职业判断确定项目合伙人执行审计业务时所处的分部。

第六十九条 本守则第六十七条的规定存在例外情况。如果与执行审计业务的项目合伙人同处一个分部的其他合伙人的主要近亲属，或者为审计客户提供非审计服务的其他合伙人或管理人员的主要近亲属同时满足下列条件，则该主要近亲属可以在审计客户中拥有直接经济利益或重大间接经济利益：

（一）该主要近亲属作为审计客户的员工有权（例如通过退休金或股票期权计划）取得该经济利益，并且会计师事务所在必要时能够应对因该经济利益产生的不利影响；

（二）当该主要近亲属拥有或取得处置该经济利益的权利，或者在股票期权中，有权行使期权时，能够尽快处置或放弃该经济利益。

第三节 在控制审计客户的实体中拥有经济利益

第七十条 当一个实体在审计客户中拥有控制性的权益，并且审计客户对该实体重要时，如果会计师事务所、审计项目团队成员或其主要近亲属在该实体中拥有直接经济利益或重大间接经济利益，将因自身利益产生非常严重的不利影响，导致没有防范措施能够将其降低至可接受的水平。

会计师事务所、审计项目团队成员及其主要近亲属不得在该实体中拥有直接经济利益或重大间接经济利益。

第四节 作为受托管理人拥有经济利益

第七十一条 如果本守则第六十七条第（一）项至第（四）项所述各方作为受托管理人在审计客户中拥有直接经济利益或重大间接经济利益，除非同时满足下列条件，否则本守则第六十七条的规定同样适用：

（一）受托管理人、审计项目团队成员、二者的主要近亲属、会计师事务所均不是受托财产的受益人；

（二）通过信托而在审计客户中拥有的经济利益对于该项信托而言并不重大；

（三）该项信托不能对审计客户施加重大影响；

（四）受托管理人、审计项目团队成员、二者的主要近亲属、会计师事务所对涉及审计客户经济利益的投资决策没有重大影响。

第五节　与审计客户拥有共同经济利益

第七十二条　如果会计师事务所、审计项目团队成员或其主要近亲属在某一实体拥有经济利益，并且审计客户也在该实体拥有经济利益，除非满足下列条件之一，否则会计师事务所、审计项目团队成员及其主要近亲属不得在该实体中拥有经济利益：

（一）经济利益对会计师事务所、审计项目团队成员及其主要近亲属，以及审计客户均不重要；

（二）审计客户无法对该实体施加重大影响。

拥有此类经济利益的人员，在成为审计项目团队成员之前，该人员或其主要近亲属应当处置全部经济利益，或处置足够数量的经济利益，使剩余经济利益不再重大。

第六节　无意中获取的经济利益

第七十三条　如果会计师事务所、审计项目团队成员或其主要近亲属、员工或其主要近亲属通过继承、馈赠或因企业合并或类似情况，从审计客户获得直接经济利益或重大间接经济利益，而根据本守则的规定不允许拥有此类经济利益，应当采取下列措施：

（一）如果会计师事务所、审计项目团队成员或其主要近亲属获得经济利益，应当立即处置全部经济利益，或处置全部直接经济利益并处置足够数量的间接经济利益，以使剩余经济利益不再重大；

（二）如果审计项目团队以外的人员或其主要近亲属获得经济利益，应当在合理期限内尽快处置全部经济利益，或处置全部直接经济利益并处置足够数量的间接经济利益，以使剩余经济利益不再重大。在完成处置该经济利益前，会计师事务所应当在必要时采取防范措施消除不利影响。

第七节　其他情况下的经济利益

第七十四条　会计师事务所、审计项目团队成员或其主要近亲属在某一实体拥有经济利益，并且知悉审计客户的董事、高级管理人员或具有控制权的所有者也在该实体拥有经济利益，可能因自身利益、密切关系或外在压力对独立性产生不利影响。

不利影响存在与否及其严重程度主要取决于下列因素：

（一）该成员在审计项目团队中的角色；

（二）实体的所有权是由少数人持有还是多数人持有；

（三）经济利益是否使得投资者能够控制该实体，或对其施加重大影响；

（四）经济利益的重要程度。

注册会计师应当评价不利影响的严重程度，并在必要时采取防范措施消除不利影响或将其降低至可接受的水平。

举例来说，防范措施可能包括：

（一）将拥有该经济利益的审计项目团队成员调离审计项目团队，可能能够消除不利影响；

（二）由审计项目团队以外的适当复核人员复核该成员已执行的工作，可能能够将不利影响降低至可接受的水平。

第七十五条 如果审计项目团队成员知悉其其他近亲属在审计客户中拥有直接经济利益或重大间接经济利益，可能因自身利益对独立性产生不利影响。

不利影响的严重程度主要取决于下列因素：

（一）审计项目团队成员与其他近亲属之间的关系；

（二）经济利益是直接还是间接的；

（三）经济利益对该其他近亲属的重要程度。

注册会计师应当评价不利影响的严重程度，并在必要时采取防范措施消除不利影响或将其降低至可接受的水平。

举例来说，下列防范措施可能能够消除不利影响：

（一）其他近亲属尽快处置全部经济利益，或处置全部直接经济利益并处置足够数量的间接经济利益，以使剩余经济利益不再重大；

（二）将该审计项目团队成员调离审计项目团队。

由审计项目团队以外的适当复核人员复核该审计项目团队成员已执行的工作，可能能够将不利影响降低至可接受的水平。

第七十六条 如果审计项目团队成员知悉下列其他人员在审计客户中拥有经济利益，也可能因自身利益对独立性产生不利影响：

（一）除本守则第六十七条第（一）项至第（四）项之外的会计师事务所合伙人、专业人员或二者的主要近亲属；

（二）与审计项目团队成员存在密切私人关系的其他人员。

不利影响存在与否及其严重程度主要取决于下列因素：

（一）会计师事务所的组织结构、经营模式和沟通机制；

（二）审计项目团队成员与该人员之间的关系。

注册会计师应当评价不利影响的严重程度，并在必要时采取防范措施消除不利影响或将其降低至可接受的水平。

举例来说，防范措施可能包括：

（一）将存在密切私人关系的审计项目团队成员调离审计项目团队，以消除不利影响；

（二）不允许该审计项目团队成员参与有关审计业务的任何重大决策，以将不利影响降低至可接受的水平；

（三）由审计项目团队以外的适当复核人员复核该审计项目团队成员已执行的工作，以将不利影响降低至可接受的水平。

第七十七条 如果会计师事务所通过退休金计划在审计客户中拥有直接经济利益或重大间接经济利益，可能因自身利益产生不利影响。注册会计师应当评价不利影响的严重程度，并在必要时采取防范措施消除不利影响或将其降低至可接受的水平。

第七十八条 会计师事务所应当致力于防止违规的情形，在整个事务所层面采取适当的防范措施使会计师事务所及其人员更有效地遵守相关规定。

第八章 贷款和担保

第七十九条 涉及审计客户的贷款或贷款担保可能因自身利益对独立性产生不利影响。注册会计师应当运用职业道德概念框架识别、评价和应对该不利影响。在运用概念框架时，可能需要考虑贷款或担保的重要程度。为确定贷款或担保对某个人是否重要，可能需要将该个人及其主要近亲属的贷款或担保净值一并考虑。

第八十条 会计师事务所、审计项目团队成员或其主要近亲属从不属于银行或类似金融机构的审计客户取得贷款，或由此类审计客户提供贷款担保，将因自身利益产生非常严重的不利影响，导致没有防范措施能够将其降低至可接受的水平。会计师事务所、审计项目团队成员或其主要近亲属不得从不属于银行或类似金融机构的审计客户取得贷款，或由此类审计客户提供贷款担保。

第八十一条 会计师事务所、审计项目团队成员或其主要近亲属不得从银行或类似金融机构等审计客户取得贷款，或获得贷款担保，除非该贷款或担保是按照正常的程序、条款和条件进行的。

此类贷款的例子包括按揭贷款、银行透支、汽车贷款和信用卡等。

第八十二条 即使会计师事务所从银行或类似金融机构等审计客户按照正常的程序、条款和条件取得贷款，如果该贷款对审计客户或取得贷款的会计师事务所是重要的，也可能因自身利益对独立性产生不利影响。

会计师事务所应当评价不利影响的严重程度，并在必要时采取防范措施消除不利影响或将其降低至可接受的水平。

举例来说，防范措施可能包括由网络中未参与执行审计业务并且未从该贷款中获益的会计师事务所复核已执行的工作。

第八十三条 会计师事务所、审计项目团队成员或其主要近亲属不得在银行或类似金融机构等审计客户开立存款或经纪账户，除非该存款或经纪账户是按照正常的商业条件开立的。

第八十四条 会计师事务所、审计项目团队成员或其主要近亲属向审计客户提供贷款或为其提供担保，将因自身利益产生非常严重的不利影响，导致没有防范措施能够将其降低至可接受的水平。会计师事务所、审计项目团队成员或其主要近亲属不得向审计客户提供贷款或担保。

第九章 商业关系

第八十五条 会计师事务所、审计项目团队成员或其主要近亲属与审计客户或其高级管理人员之间存在密切的商业关系，可能因自身利益或外在压力对独立性产生不利影响。

举例来说，因商务关系或共同的经济利益而产生的密切的商业关系可能包括：

（一）与客户或其控股股东、董事、高级管理人员或其他为该客户执行高级管理活动的人员共同开办企业；

（二）按照协议，将会计师事务所的产品或服务与客户的产品或服务结合在一起，并以双方名义捆绑销售；

（三）按照协议，会计师事务所销售或推广客户的产品或服务，或者客户销售或推广会计师事务所的产品或服务。

第八十六条 会计师事务所、审计项目团队成员不得与审计客户或其高级管理人员建立密切的商业关系。如果会计师事务所存在此类商业关系，应当予以终止。如果此类商业关系涉及审计项目团队成员，会计师事务所应当将该成员调离审计项目团队。

如果审计项目团队成员的主要近亲属与审计客户或其高级管理人员存在密切的商业关系，注册会计师应当评价不利影响的严重程度，并在必要时采取防范措施消除不利影响或将其降低至可接受的水平。

第八十七条 如果审计客户或其董事、高级管理人员，或上述各方作为投资者的任何组合，在某股东人数有限的实体中拥有经济利益，会计师事务所、审计项目团队成员或其主要近亲属不得拥有会涉及该实体经济利益的商业关系，除非同时满足下列条件：

（一）这种商业关系对于会计师事务所、审计项目团队成员或其主要近亲属以及审计客户均不重要；

（二）该经济利益对上述投资者或投资者组合并不重大；

（三）该经济利益不能使上述投资者或投资者组合控制该实体。

第八十八条 会计师事务所、审计项目团队成员或其主要近亲属从审计客户购买商品或服务，如果按照正常的商业程序公平交易，通常不会对独立性产生不利影响。

如果交易性质特殊或金额较大，可能因自身利益产生不利影响。会计师事务所应当评价不利影响的严重程度，并在必要时采取防范措施消除不利影响或将其降低至可接受的水平。

举例来说，可能能够消除此类不利影响的防范措施包括：

（一）取消交易或降低交易规模；

（二）将相关审计项目团队成员调离审计项目团队。

第十章 家庭和私人关系

第一节 一般规定

第八十九条 如果审计项目团队成员与审计客户的董事、高级管理人员或某类员工（取决于该员工在审计客户中担任的角色）存在家庭和私人关系，可能因自身利益、密切关系或外在压力对独立性产生不利影响。

不利影响存在与否及其严重程度主要取决于下列因素：

（一）该成员在审计项目团队中的角色；

（二）家庭成员或相关人员在客户中的职位以及关系的密切程度。

第二节 审计项目团队成员的主要近亲属

第九十条 如果审计项目团队成员的主要近亲属担任的职位能够对客户财务状况、经营成果或现金流量施加重大影响，将可能因自身利益、密切关系或外在压力对独立性产生不利影响。

不利影响存在与否及其严重程度主要取决于下列因素：

（一）主要近亲属在审计客户中的职位；

（二）该成员在审计项目团队中的角色。

会计师事务所应当评价不利影响的严重程度，并在必要时采取防范措施消除不利影响或将其降至可接受的水平。

举例来说，防范措施可能包括：

（一）将该成员调离审计项目团队，可能能够消除不利影响；

（二）合理安排审计项目团队成员的职责，使该成员的工作不涉及其主要近亲属的职责范围，可能能够将不利影响降低至可接受的水平。

第九十一条 如果审计项目团队成员的主要近亲属是审计客户的董事、高级管理人员，或担任能够对会计师事务所将发表意见的财务报表或会计记录的编制施加重大影响的职位的员工（以下简称特定员工），或者在业务期间或财务报表涵盖的期间曾担任上述职务，将对独立性产生非常严重的不利影响，导致没有防范措施能够消除该不利影响或将其降低至可接受的水平。拥有此类关系的人员不得成为审计项目团队成员。

第三节 审计项目团队成员的其他近亲属

第九十二条 如果审计项目团队成员的其他近亲属是审计客户的董事、高级管理人员或特定员工，将因自身利益、密切关系或外在压力对独立性产生不利影响。

不利影响的严重程度主要取决于下列因素：

（一）审计项目团队成员与其他近亲属的关系；

（二）其他近亲属在客户中的职位；

（三）该成员在审计项目团队中的角色。

会计师事务所应当评价不利影响的严重程度，并在必要时采取防范措施消除不利影响或将其降至可接受的水平。

举例来说，防范措施可能包括：

（一）将该成员调离审计项目团队，可能能够消除不利影响；

（二）合理安排审计项目团队成员的职责，使该成员的工作不涉及其他近亲属的职责范围，可能能够将不利影响降低至可接受的水平。

第四节 审计项目团队成员的其他密切关系

第九十三条 如果审计项目团队成员与审计客户的董事、高级管理人员或特定员工存在密切关系，即使该人员不是审计项目团队成员的近亲属，也将因自身利益、密切关系或外在压力对独立性产生不利影响。拥有此类关系的审计项目团队成员应当按照会计师事务所的政策和程序进行咨询。

不利影响的严重程度主要取决于下列因素：

（一）该人员与审计项目团队成员的关系；

（二）该人员在客户中的职位；

（三）该成员在审计项目团队中的角色。

会计师事务所应当评价不利影响的严重程度，并在必要时采取防范措施消除不利影响或将其降低至可接受的水平。

举例来说，防范措施可能包括：

（一）将该成员调离审计项目团队，可能能够消除不利影响；

（二）合理安排该成员的职责，使其工作不涉及与之存在密切关系的员工的职责范围，可能能够将不利影响降低至可接受的水平。

第五节 审计项目团队以外人员的家庭和私人关系

第九十四条 会计师事务所中审计项目团队以外的合伙人或员工，与审计客户的董事、高级管理人员或特定员工之间存在家庭或私人关系，可能因自身利益、密切关系或外在压力对独立性产生不利影响。会计师事务所合伙人或员工在知悉此类关系后，应当按照会计师事务所的政策和程序进行咨询。

不利影响存在与否及其严重程度主要取决于下列因素：

（一）该合伙人或员工与审计客户的董事、高级管理人员或特定员工之间的关系；

（二）该合伙人或员工与审计项目团队之间的相互影响；

（三）该合伙人或员工在会计师事务所中的角色；

（四）董事、高级管理人员或特定员工在审计客户中的职位。

会计师事务所应当评价不利影响的严重程度，并在必要时采取防范措施消除不利影响或将其降低至可接受的水平。

举例来说，防范措施可能包括：

（一）合理安排该合伙人或员工的职责，以减少对审计项目团队可能产生的影响；

（二）由审计项目团队以外的适当复核人员复核已执行的相关审计工作。

第十一章　审计项目团队成员最近曾担任审计客户的董事、高级管理人员或特定员工

第九十五条　如果审计项目团队成员最近曾担任审计客户的董事、高级管理人员或特定员工，可能因自身利益、自我评价或密切关系对独立性产生不利影响。例如，如果审计项目团队成员在审计客户工作期间曾经编制会计记录，现又对据此形成的财务报表实施审计，则可能产生不利影响。

第九十六条　如果在审计报告涵盖的期间，审计项目团队成员曾担任审计客户的董事、高级管理人员或特定员工，将产生非常严重的不利影响，导致没有防范措施能够将其降低至可接受的水平。会计师事务所不得将此类人员分派到审计项目团队。

第九十七条　如果在审计报告涵盖的期间之前，审计项目团队成员曾担任审计客户的董事、高级管理人员或特定员工，可能因自身利益、自我评价或密切关系对独立性产生不利影响。例如，如果在当期审计业务中需要评价此类人员以前就职于审计客户时作出的决策或工作，将产生不利影响。

不利影响存在与否及其严重程度主要取决于下列因素：

（一）该成员在客户中曾担任的职务；

（二）该成员离开客户的时间长短；

（三）该成员在审计项目团队中的角色。

会计师事务所应当评价不利影响的严重程度，并在必要时采取防范措施将其降低至可接受的水平。

举例来说，防范措施可能包括由适当复核人员复核该审计项目团队成员已执行的工作等。

第十二章　兼任审计客户的董事或高级管理人员

第九十八条　如果会计师事务所的合伙人或员工兼任审计客户的董事或高级管理人员，将因自我评价和自身利益产生非常严重的不利影响，导致没有防范措施能够将其降低至可接受的水平。会计师事务所的合伙人或员工不得兼任审计客户的董事或高级管理人员。

第十三章　与审计客户发生雇佣关系

第一节　一般规定

第九十九条　如果审计客户的董事、高级管理人员或特定员工，曾经是审计项目团队

的成员或会计师事务所的合伙人，可能因密切关系或外在压力产生不利影响。

第一百条 如果会计师事务所前任合伙人或审计项目团队前任成员加入审计客户，担任董事、高级管理人员或特定员工，会计师事务所应当确保上述人员与会计师事务所之间不再保持重要交往。如果会计师事务所与该类人员仍保持重要交往，除非同时满足下列条件，否则将产生非常严重的不利影响，导致没有防范措施能够消除不利影响或将其降低至可接受的水平：

（一）该人员无权从会计师事务所获取报酬或福利，除非该报酬或福利是按照预先确定的固定金额支付的；

（二）应付该人员的金额（如有）对会计师事务所不重要；

（三）该人员未继续参与，并且在外界看来未参与会计师事务所的经营活动或职业活动。

即使同时满足上述条件，仍可能因密切关系或外在压力对独立性产生不利影响。

第一百零一条 如果会计师事务所的前任合伙人加入某一实体并担任董事、高级管理人员或特定员工，而该实体随后成为会计师事务所的审计客户，则可能因密切关系或外在压力对独立性产生不利影响。

不利影响存在与否及其严重程度主要取决于下列因素：

（一）该人员在审计客户中担任的职位；

（二）该人员将与审计项目团队交往的程度；

（三）该人员离开审计项目团队或会计师事务所合伙人职位的时间长短；

（四）该人员以前在审计项目团队、会计师事务所中的角色，例如，该人员是否负责与客户管理层和治理层保持定期联系。

会计师事务所应当评价不利影响的严重程度，并在必要时采取防范措施消除不利影响或将其降低至可接受的水平。

举例来说，防范措施可能包括：

（一）修改审计计划；

（二）向审计项目团队分派与该人员相比经验更加丰富的人员；

（三）由适当复核人员复核前任审计项目团队成员已执行的工作。

第一百零二条 如果审计项目团队某一成员参与审计业务，当知道自己在未来某一时间将要或有可能加入审计客户时，将因自身利益对独立性产生不利影响。会计师事务所应当制定政策和程序，要求审计项目团队成员在与审计客户协商受雇于该客户时，向会计师事务所报告。

在接到报告后，会计师事务所应当评价不利影响的严重程度，并在必要时采取防范措施消除不利影响或将其降低至可接受的水平。举例来说，防范措施可能包括：

（一）将该成员调离审计项目团队，可能能够消除不利影响；

（二）由适当复核人员复核该成员在审计项目团队中作出的重大判断，可能能够将不利影响降低至可接受的水平。

第二节　属于公众利益实体的审计客户

第一百零三条 如果某公众利益实体的关键审计合伙人加入该审计客户，担任董事、高级管理人员或特定员工，除非该合伙人不再担任该公众利益实体的关键审计合伙人后，该公众利益实体发布的已审计财务报表涵盖期间不少于十二个月，并且该合伙人未参与该财务报表的审计，否则独立性将视为受到损害。

第一百零四条　如果会计师事务所前任高级合伙人（或管理合伙人，或同等职位的人员）加入属于公众利益实体的审计客户，担任董事、高级管理人员或特定员工，除非该高级合伙人不再担任该职位已超过十二个月，否则独立性将视为受到损害。

第一百零五条　如果由于企业合并，导致出现第一百零三条和第一百零四条所述的情形，在同时满足下列条件时，不视为独立性受到损害：

（一）该人员接受该职务时，并未预料到会发生企业合并；

（二）该人员在会计师事务所中应得的报酬或福利都已全额支付，除非该报酬或福利是按照预先确定的固定金额支付的，并且应付该人员的金额对会计师事务所不重要；

（三）该人员未继续参与，或在外界看来未参与会计师事务所的经营活动或职业活动；

（四）已就该人员在审计客户中的职位与治理层沟通。

第十四章　临时借出员工

第一百零六条　如果会计师事务所向审计客户借出员工，可能因自我评价、过度推介或密切关系产生不利影响。

会计师事务所应当评价借出员工产生不利影响的严重程度，并在必要时采取防范措施消除不利影响或将其降低至可接受的水平。

举例来说，防范措施可能包括：

（一）对借出员工的工作进行额外复核，可能能够应对因自我评价产生的不利影响；

（二）不安排借出员工作为审计项目团队成员，可能能够应对因密切关系或过度推介产生的不利影响；

（三）合理安排审计项目团队成员的职责，使借出员工不对其在借出期间执行的工作进行审计，可能能够应对因自我评价产生的不利影响。

如果因向审计客户借出员工而导致会计师事务所高度认同审计客户管理层的观点和利益，通常没有防范措施能够消除不利影响或将其降低至可接受的水平。

第一百零七条　除非同时满足下列条件，否则会计师事务所不得向审计客户借出员工：

（一）仅在短期内向客户借出员工；

（二）借出的员工不参与本守则第十六章禁止提供的非鉴证服务；

（三）该员工不承担审计客户的管理层职责，且审计客户负责指导和监督该员工的活动。

第十五章　与审计客户长期存在业务关系

第一节　一般规定

第一百零八条　会计师事务所与某一审计客户长期存在业务关系，并委派同一名合伙人或员工执行某一审计客户的审计业务，将因密切关系和自身利益对独立性产生不利影响。

第一百零九条　在审计中，了解审计客户及其环境对审计质量至关重要。但如果审计项目团队成员与下列人员或事项之间长期存在业务关系，可能因密切关系对独立性产生不利影响：

（一）审计客户及其经营活动；

（二）审计客户的高级管理层；

（三）会计师事务所将发表意见的财务报表或财务报表编制所基于的财务信息。

如果会计师事务所人员担心失去长期交往的客户，或失去因与客户的高级管理层或治理层成员的密切私人关系而产生的利益，可能因自身利益对独立性产生不利影响。此类不利影响可能会不当影响该人员的判断。

不利影响存在与否及其严重程度主要取决于下列因素：

（一）该人员与客户之间关系的总体时间长度，包括该人员在之前的会计师事务所中与该客户之间已存在的关系（如适用）；

（二）该人员成为审计项目组成员的时间长短及其所承担的角色；

（三）更高层人员对该人员所实施的工作进行指导、复核和监督的程度；

（四）根据其资历，该人员能够影响审计结果的程度，例如，该人员可能作出关键决策或指导审计项目组其他成员的工作；

（五）该人员与客户高级管理层或治理层之间关系的密切程度；

（六）该人员与客户高级管理层或治理层之间互动的性质、频率和程度；

（七）审计客户会计和财务报告问题的性质和复杂程度，以及性质和复杂程度是否发生变化；

（八）审计客户高级管理层或治理层近期是否发生变动；

（九）审计客户的组织结构是否发生变动，从而影响会计师事务所人员与客户高级管理层或治理层之间互动的性质、频率和程度。

第一百一十条 本守则第一百零九条第三款第（一）项至第（九）项所述的两个或多个因素相组合可能提高或降低不利影响的严重程度。例如，会计师事务所人员与客户高级管理层之间由于交往时间长而形成的密切关系，可能会随着该客户管理层成员的离职而减弱，相应的由该密切关系产生的不利影响也会降低。

举例来说，防范措施可能包括：

（一）将与审计客户长期存在业务关系的人员轮换出审计项目团队，可能能够消除不利影响；

（二）变更与审计客户长期存在业务关系的人员在审计项目团队中担任的角色或其所实施任务的性质和范围，可能能够将不利影响降低至可接受的水平；

（三）由审计项目团队以外的适当复核人员复核与审计客户长期存在业务关系的人员所执行的工作，可能能够将不利影响降低至可接受的水平；

（四）定期对该业务实施独立的内部或外部质量复核，可能能够将不利影响降低至可接受的水平。

如果确定所产生的不利影响仅能通过将该人员轮换出审计项目团队予以应对，会计师事务所应当确定一个适当的期间，在该期间内该人员不得有下列行为：

（一）成为审计项目组成员；

（二）对该审计项目实施质量管理；

（三）对该审计项目的结果施加直接影响。

这一期间应当足够长，以确保因密切关系或自身利益产生的不利影响能够得以应对。

第二节　与公众利益实体审计客户长期存在业务关系的相关规定

第一百一十一条　会计师事务所应当制定政策和程序，指定专门岗位或人员对本所连续为公众利益实体审计客户执行审计业务的年限实施跟踪和监控。

会计师事务所应当识别和评价因长期连续为某一公众利益实体审计客户执行审计业务可能对独立性产生的不利影响，不利影响的严重程度主要取决于下列因素：

（一）会计师事务所已经为该审计客户提供专业服务的总体时间长度，包括审计、其他鉴证和非鉴证服务（如适用）；

（二）为该审计客户提供专业服务的核心人员是否发生变化；

（三）该审计客户在性质或业务规模上对会计师事务所或项目合伙人是否重要；

（四）某合伙人的报酬对来源于该审计客户的收费的依赖程度；

（五）该审计客户会计、审计和财务报告问题的性质和复杂程度，以及审计业务的风险；

（六）会计师事务所内部质量管理体系和利益分配机制，能否有效防止某些特定合伙人的利益与该审计客户直接挂钩。

第一百一十二条　如果会计师事务所为某一公众利益实体审计客户连续执行审计业务的时间达到十年或以上，会计师事务所应当在事务所层面采取防范措施消除不利影响或将其降低至可接受的水平。会计师事务所可以考虑在事务所层面采取下列防范措施：

（一）扩大审计项目团队成员轮换的范围，除实施本守则第一百一十三条至第一百二十一条规定的关键审计合伙人轮换外，将轮换范围扩大到审计项目团队其他核心成员。

（二）除项目质量复核外，由独立于审计项目团队、具备充分时间和胜任能力的人员实施第二内部质量复核，或由会计师事务所以外独立的、具备充分时间和胜任能力的人员实施外部质量复核。第二内部质量复核或外部质量复核需要形成专项质量复核报告，重点关注审计项目团队的独立性情况，以及重大审计程序执行及重大职业判断情况。

（三）指定专门岗位或人员定期评价实施关键审计合伙人轮换以及审计项目团队其他核心成员轮换（如适用）的情况和效果，形成书面结论。

（四）与被审计单位治理层沟通，沟通内容包括会计师事务所长期承接该审计业务的事实、可能对独立性产生的不利影响，以及所采取的防范措施。

第三节　与公众利益实体审计客户关键审计合伙人轮换相关的任职期规定

第一百一十三条　如果审计客户属于公众利益实体，会计师事务所任何人员担任下列一项或多项职务的累计时间不得超过五年：

（一）项目合伙人；

（二）项目质量复核人员；

（三）其他属于关键审计合伙人的职务。

任期结束后，该人员应当遵守本章第四节有关冷却期的规定。此外，在任期内，如果某人员继担任项目合伙人之后立即或短时间内担任项目质量复核人员，可能因自我评价对客观公正原则产生不利影响，该人员不得在二年内担任该审计业务的项目质量复核人员。

第一百一十四条　注册会计师担任本守则第一百一十三条第（一）项至第（三）项所述职务的时间应当累计计算，除非该人员不再担任这些职务的期间达到最短时间要求，否则累计期间不得清零并重新计算。最短时间要求应当是一个连续的期间，至少等于该人员所适用的冷却期。根据本守则第一百一十八条的规定，该人员担任的职务不同，冷却期的长度也不同，具体来说，某人员适用的冷却期应当根据该人员不再担任相应职务前所担任的职务来确定。

例如，如果某人员担任某个审计客户的项目合伙人三年，之后被调离该审计项目组二年，则该人员最多只能继续担任该审计业务的关键审计合伙人二年（即五年减去累计的三年）。在此之后，该人员必须遵守有关冷却期的规定。

第一百一十五条 在极其特殊的情况下，会计师事务所可能因无法预见和控制的情形而不能按时轮换关键审计合伙人。如果关键审计合伙人的连任对审计质量特别重要，在获得审计客户治理层同意的前提下，并且通过采取防范措施能够消除对独立性的不利影响或将其降低至可接受的水平，则在法律法规允许的情况下，该人员担任关键审计合伙人的期限可以延长一年。

例如，如果由于事先无法预见的原因导致无法实施轮换（如拟接任的项目合伙人突患重病），关键审计合伙人最多可以额外在审计项目组中继续担任相关职务一年。在这种情况下，会计师事务所应当与治理层沟通无法实施轮换的原因，以及所需采取的防范措施。

第一百一十六条 如果审计客户成为公众利益实体，在确定关键审计合伙人的任职时间时，会计师事务所应当考虑，在该客户成为公众利益实体之前，该合伙人作为关键审计合伙人已为该客户提供服务的时间。

如果在审计客户成为公众利益实体之前，该合伙人作为关键审计合伙人已为该客户服务的时间不超过三年，则该人员还可以为该客户继续提供服务的年限为五年减去已经服务的年限。

如果在审计客户成为公众利益实体之前，该合伙人作为关键审计合伙人已为该客户服务了四年或更长的时间，在取得客户治理层同意的前提下，该合伙人最多还可以继续服务二年。

如果审计客户是首次公开发行证券的公司，关键审计合伙人在该公司上市后连续执行审计业务的期限，不得超过二个完整会计年度。

第一百一十七条 在评价某人员与审计客户的长期关系产生的不利影响时，会计师事务所应当特别考虑该人员在成为关键审计合伙人之前所承担的职责以及参与该审计业务的时间长短。

在某些情况下，即使某人员担任关键审计合伙人的时间短于五年，会计师事务所通过运用职业道德概念框架，仍可能认为该人员不适合继续担任该审计业务的关键审计合伙人。

第四节 与公众利益实体审计客户关键审计合伙人轮换相关的冷却期规定

第一百一十八条 如果某人员担任项目合伙人或其他签字注册会计师累计达到五年，冷却期应当为连续五年。

如果某人员担任项目质量复核人员累计达到五年，冷却期应当为连续三年。

如果某人员担任其他关键审计合伙人累计达到五年，冷却期应当为连续二年。

第一百一十九条 如果某人员相继担任多项关键审计合伙人职责，冷却期应当按照以下规定：

（一）担任项目合伙人累计达到三年或以上，冷却期应当为连续五年；

（二）担任项目质量复核人员累计达到三年或以上，冷却期应为连续三年；

（三）担任项目合伙人和项目质量复核人员累计达到三年或以上，但累计担任项目合伙人未达到三年，冷却期应当为连续三年；

（四）担任多项关键审计合伙人职责，并且不符合上述各项情况，冷却期应当为连续二年。

第一百二十条　在确定某人员担任关键审计合伙人的年限时，服务年限应当包括该人员在之前任职的会计师事务所工作时针对同一审计业务担任关键审计合伙人的年限（如适用）。

第一百二十一条　在冷却期内，关键审计合伙人不得有下列行为：

（一）成为审计项目组成员或为审计项目提供项目质量管理；

（二）就有关技术或行业特定问题、交易或事项向审计项目组或审计客户提供咨询（如果与审计项目组沟通仅限于该人员任职期间的最后一个年度所执行的工作或得出的结论，并且该工作和结论与审计业务仍然相关，则不违反本项规定）；

（三）负责领导或协调会计师事务所向审计客户提供的专业服务，或者监控会计师事务所与审计客户的关系；

（四）执行上述各项未提及的、涉及审计客户且导致该人员出现下列情况的职责或活动（包括提供非鉴证服务）：

1.与审计客户高级管理层或治理层进行重大或频繁的互动；

2.对审计业务的结果施加直接影响。

本条规定并非旨在禁止个人担任会计师事务所的领导层职务，如高级合伙人或管理合伙人。

第五节　与公众利益实体审计客户关键审计合伙人轮换相关的其他规定

第一百二十二条　针对本守则第一百一十三条至第一百二十一条与关键审计合伙人任职和冷却期相关的规定，会计师事务所应当制定政策和程序，保证轮换的实施效果，防止其流于形式。这些政策和程序应当包括：

（一）会计师事务所应当建立完善的内部质量管理体系和利益分配机制，保证本所的人力资源和客户资源实现一体化统筹管理，并定期评价本所内部质量管理体系和利益分配机制的设计和执行情况，重点关注是否存在特定合伙人的利益与某一审计客户直接挂钩的情况。

（二）会计师事务所应当指定专门岗位或人员对关键审计合伙人的轮换情况进行实时监控，通过建立关键审计合伙人服务年限清单等方式，管理关键审计合伙人相关信息，每年对轮换情况进行复核，并在全所范围内统一进行轮换。会计师事务所应当将轮换实施情况作为内部质量管理制度执行情况检查的一部分。

第十六章　为审计客户提供非鉴证服务

第一节　一般规定

第一百二十三条　会计师事务所可能向其审计客户提供与其技能和专长相符的非鉴证服务。向审计客户提供非鉴证服务，可能对多项职业道德基本原则产生不利影响。

本守则并未涵盖会计师事务所向审计客户提供的所有非鉴证服务。当遇到本守则未列举的非鉴证服务时，注册会计师应当运用职业道德概念框架予以应对。

第一百二十四条 在接受委托向审计客户提供非鉴证服务之前，会计师事务所应当确定提供该服务是否将对独立性产生不利影响。

第一百二十五条 在评价不利影响存在与否及其严重程度时，注册会计师通常需要考虑下列因素：

（一）非鉴证服务的性质、范围和目的；

（二）审计业务对该非鉴证服务结果的依赖程度；

（三）与提供该非鉴证服务相关的法律和监管环境；

（四）非鉴证服务的结果是否影响会计师事务所将发表意见的财务报表中的相关事项，如果影响，影响的程度以及在确定这些事项的金额或会计处理方法时涉及的主观程度；

（五）客户管理层和员工在该非鉴证服务方面的专长水平；

（六）客户针对重大判断事项的参与程度；

（七）非鉴证服务对与客户会计记录、财务报表、财务报告内部控制相关的系统所产生影响的性质和程度（如有）；

（八）客户是否属于公众利益实体，如果客户属于公众利益实体，通常认为会产生更为严重的不利影响。

第一百二十六条 本章的相关规定涉及对财务报表重要性的考虑，注册会计师可以参考相关审计准则的规定。对重要性的考虑需要运用职业判断，并从性质和数量两个方面进行考虑，同时，重要性也受报表使用者对财务信息需求的影响。

第一百二十七条 会计师事务所可能向同一审计客户提供多种非鉴证服务。在这种情况下，会计师事务所应当综合考虑因提供这些服务可能产生的不利影响。

第一百二十八条 如果本守则不允许会计师事务所为其审计客户提供某项服务，则会计师事务所不得以任何形式参与提供该服务。

第二节 承担管理层职责

第一百二十九条 会计师事务所承担审计客户的管理层职责，将因自身利益、自我评价、密切关系、过度推介对独立性产生非常严重的不利影响，导致没有防范措施能够将其降低至可接受的水平。会计师事务所不得承担审计客户的管理层职责。

审计客户的管理层职责涉及控制和领导该客户的各项工作，包括针对人力资源、财务资源、技术资源、有形或无形资源的取得、配置和控制作出重大决策。

第一百三十条 会计师事务所应当根据具体情况并运用职业判断确定某项活动是否属于管理层职责。下列活动通常视为管理层职责：

（一）制定政策和战略方针；

（二）招聘或解雇员工；

（三）指导员工与工作有关的行动并对其行动负责；

（四）对交易进行授权；

（五）控制或管理银行账户或投资；

（六）确定采纳会计师事务所或其他第三方提出的建议；

（七）代表管理层向治理层报告；

（八）负责按照适用的财务报告编制基础编制财务报表；

（九）负责设计、执行、监督和维护内部控制。

如果会计师事务所仅向审计客户提供意见和建议以协助其管理层履行职责，通常不视为承担管理层职责。

第一百三十一条 为避免在向审计客户提供非鉴证服务时承担管理层职责，会计师事务所应当确保属于管理层职责的所有判断和决策都由客户管理层作出。这包括确保客户管理层：

（一）委派一名具备适当技能、知识和经验的人员，始终负责作出客户方面的决策，并对非鉴证服务进行监督。该人员最好是管理层成员，并且应当了解非鉴证服务的目标、性质和结果，以及客户与会计师事务所各自的责任。然而，该人员不一定必须具备执行或重新执行非鉴证服务的专长。

（二）对非鉴证服务进行监督，并评价已提供服务的结果是否充分满足客户的目的。

（三）对依据非鉴证服务的结果采取的行动承担责任（如有）。

第一百三十二条 当审计客户成为公众利益实体时，除非同时满足下列条件，否则会计师事务所向该客户提供非鉴证服务（无论是当前还是以往提供的）将会损害会计师事务所的独立性：

（一）以往向该客户提供的非鉴证服务符合本章有关向非公众利益实体提供非鉴证服务的规定；

（二）对于当前正在向该客户提供的非鉴证服务，如果属于不允许向公众利益实体审计客户提供的非鉴证服务，应当在客户成为公众利益实体之前终止，或之后尽快终止；

（三）会计师事务所采取防范措施应对超出可接受水平的不利影响。

第一百三十三条 本章禁止会计师事务所承担审计客户的管理层职责或向审计客户提供某些非鉴证服务。对于会计师事务所将对其财务报表发表审计意见的审计客户的下列关联实体，在满足一定条件的情况下，会计师事务所可以承担管理层职责或向其提供某些本章禁止提供的非鉴证服务：

（一）直接或间接控制该审计客户的实体；

（二）在该审计客户中拥有直接经济利益的实体，该实体能够对审计客户施加重大影响，并且在客户中拥有的经济利益对该实体重大；

（三）与该审计客户处于同一控制下的实体。

上述规定需要同时满足下列条件：

（一）会计师事务所不对该关联实体的财务报表发表意见；

（二）会计师事务所不对接受审计的实体直接或间接承担管理层职责；

（三）由于非鉴证服务的结果不构成实施审计程序的对象，因而该非鉴证服务不会因自我评价对独立性产生不利影响；

（四）会计师事务所采取防范措施应对因提供此类服务而产生的超出可接受水平的其他不利影响。

第三节 会计和记账服务

第一百三十四条 会计和记账服务主要包括下列多种类型：

（一）编制会计记录和财务报表，包括财务报表附注；

（二）记录交易；

（三）工资服务。

会计师事务所向审计客户提供会计和记账服务，可能因自我评价对独立性产生不利影响。

第一百三十五条 按照适用的财务报告编制基础编制财务报表是管理层的职责，这种职责包括但不限于：

（一）设计、执行和维护必要的内部控制，以使财务报表不存在由于舞弊或错误导致的重大错报；

（二）评估被审计单位的持续经营能力和运用持续经营假设是否适当，并披露与持续经营相关的事项（如适用）；

（三）确定会计政策并运用该政策确定会计处理方法，并作出恰当的会计估计；

（四）编制或更改会计分录，确定或批准交易的账户分类；

（五）编制或更改以电子形式或其他形式存在的、用以证明交易发生的相关凭证或数据。

第一百三十六条 在审计过程中，会计师事务所可能就下列事项与审计客户管理层进行沟通：

（一）对会计准则或会计政策，以及财务报表披露要求的运用；

（二）财务报告内部控制的有效性，以及资产、负债计量方法的适当性；

（三）审计调整建议。

这些活动通常被视为审计过程的正常组成部分，只要审计客户负责就会计记录及财务报表的编制作出决策，通常不对独立性产生不利影响。

第一百三十七条 审计客户可能要求会计师事务所在下列方面提供技术支持或建议等会计咨询服务：

（一）解决账户调节问题；

（二）分析和收集监管机构要求提供的信息；

（三）为会计准则转换（如为了遵守集团会计政策从企业会计准则转换为国际财务报告准则）提供咨询服务；

（四）协助了解相关会计准则、原则和解释，分享领先的行业最佳实践。

如果会计师事务所不承担审计客户的管理层职责，通常不会对独立性产生不利影响。

第一百三十八条 日常性或机械性的会计和记账服务通常不需要很多职业判断。这类服务的例子包括：

（一）根据来源于客户的数据编制工资计算表或工资报告，供客户批准并支付；

（二）在客户已确定或批准账户分类的前提下，以原始凭证（如水电费单据）或原始数据为基础，记录易于确定其金额并且重复发生的交易；

（三）根据客户确定的折旧政策、预计使用寿命和净残值计算固定资产折旧；

（四）将客户已记录的交易过入总分类账；

（五）将客户批准的分录过入试算平衡表；

（六）根据客户批准的试算平衡表中的信息编制财务报表，根据客户批准的记录编制相关财务报表附注。

第一百三十九条 除非同时满足下列条件，否则会计师事务所不得向不属于公众利益实体的审计客户提供会计和记账服务，包括编制会计师事务所将发表意见的财务报表（包括财务报表附注）或构成财务报表基础的财务信息：

（一）该服务是日常性或机械性的；

（二）会计师事务所能够采取防范措施应对因提供此类服务产生的超出可接受水平的不利影响。

举例来说，防范措施可能包括：

（一）由审计项目团队以外的专业人员提供此类服务；

（二）由未参与提供此类服务的适当复核人员复核已执行的审计工作或所提供的此类服务。

第一百四十条 除本守则第一百四十一条所规定的情形外，会计师事务所不得向属于公众利益实体的审计客户提供会计和记账服务，包括编制会计师事务所将发表意见的财务报表（包括财务报表附注）或构成财务报表基础的财务信息。

第一百四十一条 在同时满足下列条件的情况下，会计师事务所可以向属于公众利益实体的审计客户的分支机构或关联实体提供会计和记账服务：

（一）该服务是日常性或机械性的；

（二）提供服务的人员不是审计项目团队成员；

（三）接受该服务的分支机构或关联实体从整体上对会计师事务所将发表意见的财务报表不具有重要性，或者该服务所涉及的事项从整体上对该分支机构或关联实体的财务报表不具有重要性。

第四节 行政事务性服务

第一百四十二条 行政事务性服务包括协助客户执行正常经营过程中的日常性或机械性任务。此类服务通常不需要很多职业判断，且属于文书性质的工作。行政事务性服务的例子包括：

（一）文字处理服务；

（二）编制行政或法定表格供客户审批；

（三）按照客户的指示将该表格提交给各级监管机构；

（四）跟踪法定报备日期，并告知审计客户该日期。

向审计客户提供上述行政事务性服务通常不会对独立性产生不利影响。

第五节 评估服务

第一百四十三条 评估包括对未来发展趋势提出相关假设，运用适当的方法和技术，以确定资产、负债或企业整体的价值或价值区间。向审计客户提供评估服务可能因自我评价或过度推介对独立性产生不利影响。

第一百四十四条 如果审计客户要求会计师事务所提供评估服务，以帮助其履行纳税申报义务或满足税务筹划目的，并且评估的结果不对财务报表产生直接影响，则适用本守则第一百五十六条的相关规定。

第一百四十五条 会计师事务所向审计客户提供评估服务，可能因自我评价或过度推介对独立性产生不利影响。不利影响存在与否及其严重程度主要取决于下列因素：

（一）评估报告的用途和目的；

（二）是否对外公布评估报告；

（三）在确定和批准评估方法以及其他重大判断事项时，客户的参与程度；

（四）在运用标准或既定的方法进行评估时，评估事项的固有主观程度；

（五）评估结果是否对财务报表产生重大影响；

（六）与评估有关的财务报表披露的范围和明晰程度；

（七）对可能引起相关金额发生重大波动的未来事项的依赖程度。

会计师事务所应当评价不利影响的严重程度，并在必要时采取防范措施消除不利影响或将其降低至可接受的水平。

举例来说，防范措施可能包括：

（一）由审计项目团队以外的专业人员提供评估服务，可能能够应对因自我评价或过度推介产生的不利影响；

（二）由未参与评估服务的适当复核人员复核所执行的审计工作或提供的服务，可能能够应对因自我评价产生的不利影响。

第一百四十六条 如果评估结果涉及高度主观性，并且评估服务对会计师事务所将发表意见的财务报表具有重大影响，会计师事务所不得向审计客户提供评估服务。

某些评估服务的结果不涉及高度的主观性。例如，所依据的基本假设已由法律法规作出规定或已被广泛接受，并且所采用的技术和方法是依据公认的准则或法律法规确定的。在这种情况下，由两方或多方执行的评估结果通常不存在重大差异。

第一百四十七条 在审计客户属于公众利益实体的情况下，如果评估结果单独或累积起来对会计师事务所将发表意见的财务报表具有重大影响，则会计师事务所不得向该审计客户提供这种评估服务。

第六节 税务服务

第一百四十八条 税务服务通常包括下列种类：

（一）编制纳税申报表；

（二）为进行会计处理计算税额；

（三）税务筹划和其他税务咨询服务；

（四）与评估有关的税务服务；

（五）协助解决税务纠纷。

在实务中，上述各类税务服务通常是相互关联的。

第一百四十九条 会计师事务所向审计客户提供某种税务服务，可能因自我评价或过度推介对独立性产生不利影响。不利影响存在与否及其严重程度主要取决于下列因素：

（一）业务的具体特征；

（二）客户员工的税务专业水平；

（三）税务机关评价和管理有争议税务问题的方式，以及会计师事务所在该过程中的角色；

（四）税收法律法规的复杂程度，以及应用时需要进行判断的程度。

第一百五十条 编制纳税申报表的服务包括：

（一）编制信息，以协助客户履行纳税申报义务，例如计算应向税务机关缴纳的税额（通常采用标准化的表格）；

（二）对已发生交易的纳税申报处理方法提供建议；

（三）代表审计客户向税务机关提供所要求的附加信息和分析（例如，对所采用的方法提供解释和技术支持）。

由于编制纳税申报表的服务通常以历史信息为基础，主要按照现行的税收法律法规或惯例对该历史信息进行分析和列报，并且纳税申报表须经税务机关审查或批准，如果管理层对纳税申报表承担责任，会计师事务所提供此类服务通常不会对独立性产生不利影响。

第一百五十一条 注册会计师基于进行会计处理的目的，为审计客户计算当期所得税或递延所得税负债（或资产），且该会计处理随后由本会计师事务所审计，将因自我评价产生不利影响。

除本守则第一百四十九条第（一）项至第（四）项所列因素外，不利影响的严重程度还可能取决于该项计算是否可能对会计师事务所将发表意见的财务报表产生重大影响。

第一百五十二条 如果审计客户不属于公众利益实体，举例来说，下列防范措施可能能够应对上述因自我评价产生的不利影响：

（一）由审计项目团队以外的专业人员提供此类服务；

（二）由未参与提供此类服务的适当复核人员复核所执行的审计工作或提供的此类服务。

第一百五十三条 在审计客户属于公众利益实体的情况下，会计师事务所不得计算当期所得税或递延所得税，以用于编制对会计师事务所将发表意见的财务报表具有重大影响的会计分录。

如果为属于公众利益实体的审计客户计算对会计师事务所将发表意见的财务报表不重要的当期所得税或递延所得税，本守则第一百五十二条中的防范措施同样适用。

第一百五十四条 税务筹划或其他税务咨询服务有多种类型，例如，向审计客户提供如何节税，或如何运用新的税收法律法规的建议。提供税务筹划或其他税务咨询服务可能因自我评价或过度推介对独立性产生不利影响。

除本守则第一百四十九条第（一）项至第（四）项所列因素外，不利影响存在与否及其严重程度还可能取决于下列因素：

（一）在确定如何在财务报表中对税务建议进行处理时涉及的主观程度。

（二）在编制财务报表前，税务处理是否得到个别税务裁定的支持或税务机关的认可。例如，税务筹划或其他税务咨询服务提出的建议是否具有税务机关或其他先例作为明确的支持、是否属于既定惯例、是否具备税法依据。

（三）税务建议的结果是否对会计师事务所将发表意见的财务报表产生重大影响。

（四）税务建议的有效性是否取决于会计处理或财务报表列报，以及根据相关财务报告编制基础，是否对会计处理或财务报表列报的适当性存有疑问。

举例来说，防范措施可能包括：

（一）由审计项目团队以外的专业人员提供此类服务，可能能够应对因自我评价或过度推介产生的不利影响；

（二）由未参与提供此类服务的适当复核人员复核所执行的审计工作或提供的此类服务，可能能够应对因自我评价产生的不利影响；

（三）获得税务机关的预先批准或建议，可能能够应对因自我评价或过度推介产生的不利影响。

第一百五十五条 如果税务建议的有效性取决于某项特定会计处理或财务报表列报，并且同时存在下列情况，会计师事务所不得为审计客户提供税务筹划及其他税务咨询服务：

（一）审计项目团队对于相关会计处理或财务报表列报的适当性存有疑问；

（二）税务建议的结果或执行后果将对会计师事务所将发表意见的财务报表产生重大影响。

第一百五十六条 在向审计客户提供税务服务时，会计师事务所可能应审计客户的要求提供评估服务，以协助客户进行纳税申报或税务筹划。向审计客户提供税务评估服务可能因自我评价或过度推介产生不利影响。如果评估结果将对财务报表产生直接影响，会计师事务所应当按照本章第五节的规定处理。

如果评估服务仅为满足税务目的，其结果对财务报表没有直接影响（即财务报表仅受有关涉税会计分录的影响），且间接影响并不重大，或者评估服务经税务机关或类似监管机构外部复核，则通常不对独立性产生不利影响。

如果仅为满足税务目的而提供的评估服务无需进行外部复核，但其对财务报表的影响重大，除本守则第一百四十九条第（一）项至第（四）项所列因素外，不利影响存在与否及其严重程度还可能取决于下列因素：

（一）评估方法是否具有明确的税收法律法规、其他先例或惯例作为依据；

（二）评估固有的主观程度；

（三）基础数据的可靠性和范围。

举例来说，防范措施可能包括：

（一）由审计项目团队以外的专业人员提供该服务，可能能够应对因自我评价或过度推介产生的不利影响；

（二）由未参与提供该服务的适当复核人员复核所执行的审计工作或提供的服务，可能能够应对因自我评价产生的不利影响；

（三）获得税务机关的预先批准或建议，可能能够应对因自我评价或过度推介产生的不利影响。

第一百五十七条 如果会计师事务所协助审计客户解决税务纠纷，一旦税务机关通知审计客户已经拒绝接受其对某项具体问题的主张，并且税务机关或审计客户已将该问题纳入正式的法律程序（例如诉讼或仲裁），则可能因自我评价或过度推介对独立性产生不利影响。

除本守则第一百四十九条第（一）项至第（四）项所列因素外，不利影响存在与否及其严重程度还可能取决于下列因素：

（一）管理层在解决税务纠纷时所起的作用；

（二）税务纠纷的结果是否对会计师事务所将发表意见的财务报表产生重大影响；

（三）引起税务纠纷的事项是否与会计师事务所的建议相关；

（四）该事项是否具有明确的税收法律法规、其他先例或惯例作为依据；

（五）解决税务问题的程序是否公开。

举例来说，防范措施可能包括：

（一）由审计项目团队以外的专业人员提供该税务服务，可能能够应对因自我评价或过度推介产生的不利影响；

（二）由未参与提供该税务服务的适当复核人员复核所执行的审计工作或提供的服务，可能能够应对因自我评价产生的不利影响。

第一百五十八条 在同时满足下列条件时，会计师事务所不得向审计客户提供涉及协助解决税务纠纷的税务服务：

（一）该服务涉及在公开审理或仲裁的税务纠纷中担任审计客户的辩护人；

（二）所涉金额对会计师事务所将发表意见的财务报表具有重大影响。

本条并不禁止会计师事务所就公开审理或仲裁的事项持续提供有关法庭裁决事项的咨询，例如协助客户对特定信息要求作出回应、就所执行的工作提供背景材料或证词，或者协助客户分析相关的税务问题。

第七节 内部审计服务

第一百五十九条 内部审计的目标和工作范围因被审计单位的规模、组织结构、治理层和管理层需求的不同而存在很大差异。

协助审计客户执行内部审计活动属于内部审计服务。内部审计活动包括：

（一）监督内部控制，包括对控制进行复核，对其运行情况进行监控，并提供改进建议；

（二）通过下列方式检查财务信息和经营信息：

1.复核用以确认、计量、分类和列报财务信息和经营信息的方法；

2.对个别项目实施专项调查。专项调查包括对交易、账户余额和程序实施细节测试。

（三）评价被审计单位的经营活动，包括非财务活动的经济性、效率和效果；

（四）评价对法律法规、其他外部要求以及管理层政策、指令和其他内部规定的遵守情况。

第一百六十条 如果会计师事务所人员在为审计客户提供内部审计服务时承担管理层职责，将产生非常严重的不利影响，导致没有防范措施能够将其降低至可接受的水平。会计师事务所人员在向审计客户提供内部审计服务时不得承担管理层职责。

涉及承担管理层职责的内部审计服务主要包括：

（一）制定内部审计政策或内部审计活动的战略方针；

（二）指导该客户内部审计人员的工作并对其负责；

（三）决定应执行来源于内部审计活动的哪些建议；

（四）代表管理层向治理层报告内部审计活动的结果；

（五）执行构成内部控制组成部分的程序，如复核并批准员工数据访问权限的变更；

（六）负责设计、执行、监督和维护内部控制；

（七）实施企业内部控制评价工作，包括对内部控制的设计与运行情况的全面评估；

（八）提供内部审计外包服务，包括全部内部审计外包服务和重要组成部分内部审计外包服务，负责确定内部审计工作的范围，并且还可能负责执行上述第（一）项至第（七）项中的某项工作。

为避免承担管理层职责，只有在同时满足下列条件时，会计师事务所才能为审计客户提供内部审计服务：

（一）审计客户委派合适的、具有胜任能力的员工（最好是高级管理人员），始终负责内部审计活动，并承担设计、执行、监督与维护内部控制的责任；

（二）客户治理层或管理层复核、评估并批准内部审计服务的工作范围、风险和频率；

（三）客户管理层评价内部审计服务的适当性，以及执行内部审计发现的事项；

（四）客户管理层评价并确定应当实施内部审计服务提出的哪些建议，并对实施过程进行管理；

（五）客户管理层向治理层报告注册会计师在内部审计服务中发现的重大问题和提出的建议。

第一百六十一条 如果在审计中利用内部审计人员的工作，按照《中国注册会计师审计准则第1411号——利用内部审计人员的工作》的要求，注册会计师应当执行相应的程序，以评价内部审计工作的适当性。同样地，如果会计师事务所向审计客户提供内部审计服务，并且在审计中利用该服务的结果，可能导致审计项目团队不能恰当评价内部审计工作，或不会运用与会计师事务所以外的人员执行内部审计工作时相同水平的职业怀疑，这可能因自我评价对独立性产生不利影响。

不利影响存在与否及其严重程度主要取决于下列因素：

（一）相关财务报表金额的重要性；

（二）与这些财务报表金额相关的认定层次错报风险；

（三）审计客户对内部审计服务的依赖程度，以及审计项目团队对内部审计工作的依赖程度。

举例来说，由审计项目团队以外的专业人员提供该内部审计服务，可能能够应对因自我评价产生的不利影响。

第一百六十二条 在审计客户属于公众利益实体的情况下，会计师事务所不得提供与下列方面有关的内部审计服务：

（一）财务报告内部控制的组成部分；

（二）财务会计系统；

（三）单独或累积起来对会计师事务所将发表意见的财务报表具有重大影响的金额或披露。

第八节 信息技术系统服务

第一百六十三条 信息技术系统服务可能包括硬件或软件系统的设计或实施，例如计算机应用程序，移动端应用程序，基于云技术或网络的软件、模板或文档等多种类型。信息技术系统可以帮助审计客户：

（一）积累原始数据；

（二）生成财务报告内部控制的组成组分；

（三）生成影响会计记录或财务报表的信息，包括相关披露。

信息技术系统还可能包括与审计客户的会计记录、财务报告内部控制或财务报表无关的事项。

向审计客户提供信息技术系统服务可能因自我评价对独立性产生不利影响。

第一百六十四条 如果会计师事务所人员不承担管理层职责，则向审计客户提供下列信息技术系统服务不视为对独立性产生不利影响：

（一）设计或实施与财务报告内部控制无关的信息技术系统；

（二）设计或实施信息技术系统，其生成的信息不构成会计记录或财务报表的重要组成部分；

（三）实施由第三方开发的会计或财务信息报告软件（如果无需对软件进行较大改动就能适应客户的需求，例如针对第三方开发的软件仅进行配置而不需要进行定制化开发）；

（四）对由其他服务提供商或审计客户自行设计并实施的系统进行评价和提出建议。

第一百六十五条　如果向审计客户提供信息技术系统服务，会计师事务所应当确保同时满足下列条件：

（一）审计客户认可其建立和监督内部控制的责任；

（二）审计客户委派具有胜任能力的员工（最好是高级管理人员）负责作出有关系统设计和实施的所有管理决策；

（三）审计客户作出与系统设计和实施过程有关的所有管理决策；

（四）审计客户评价系统设计和实施的适当性及结果；

（五）审计客户对系统运行以及系统使用或生成的数据负责。

会计师事务所向审计客户提供信息技术系统服务，可能因自我评价产生不利影响。不利影响存在与否及其严重程度主要取决于下列因素：

（一）该服务的性质；

（二）信息技术系统的性质及其对客户会计记录或财务报表的影响程度；

（三）审计中对特定信息技术系统的依赖程度。

举例来说，由审计项目团队以外的专业人员提供该服务，可能能够应对因自我评价产生的不利影响。

第一百六十六条　如果存在下列情形之一时，会计师事务所不得向属于公众利益实体的审计客户提供与设计或实施信息技术系统相关的服务：

（一）信息技术系统构成财务报告内部控制的重要组成部分；

（二）信息技术系统生成的信息对会计记录或会计师事务所将发表意见的财务报表影响重大。

第九节　诉讼支持服务

第一百六十七条　诉讼支持服务可能包括下列活动：

（一）协助管理和检索文件；

（二）担任证人，包括专家证人；

（三）计算诉讼或其他法律纠纷涉及的估计损失或其他应收、应付金额。

会计师事务所向审计客户提供诉讼支持服务，可能因自我评价或过度推介产生不利影响。

不利影响存在与否及其严重程度主要取决于下列事项：

（一）提供服务所处的法律和监管环境，例如，法院是否会选择或委任专家证人；

（二）服务的性质和特征；

（三）服务的结果是否对会计师事务所将发表意见的财务报表产生重大影响。

举例来说，由审计项目团队以外的专业人员提供此类服务，可能能够应对因自我评价或过度推介产生的不利影响。

第一百六十八条　如果会计师事务所向审计客户提供诉讼支持服务涉及对损失或其他

金额的估计，并且这些损失或其他金额影响会计师事务所将发表意见的财务报表，会计师事务所应当遵守本章第五节关于评估服务的规定。

第十节 法律服务

第一百六十九条 法律服务通常是指必须由符合下列条件之一的人员提供的服务：

（一）已取得执行法律业务所需要的专业资格；

（二）已通过执行法律业务所要求的培训。

法律服务主要包括为客户提供法律咨询、担任首席法律顾问、担任辩护人等服务。

第一百七十条 法律咨询服务可能包含多种类型，包括为审计客户提供与公司事务或商业有关的法律服务，例如：

（一）合同支持服务；

（二）为审计客户执行一项交易提供支持；

（三）合并与收购；

（四）向客户内部法律部门提供帮助；

（五）法律尽职调查及重组。

会计师事务所向审计客户提供法律咨询服务，可能因自我评价或过度推介对独立性产生不利影响。不利影响存在与否及其严重程度主要取决于下列因素：

（一）特定事项对审计客户财务报表的重要程度；

（二）法律事项的复杂程度以及提供该服务所需判断的程度。

举例来说，防范措施可能包括：

（一）由审计项目团队以外的专业人员提供该服务，可能能够应对因自我评价或过度推介产生的不利影响；

（二）由未参与提供法律服务的适当复核人员复核所执行的审计工作或提供的服务，可能能够应对因自我评价产生的不利影响。

第一百七十一条 会计师事务所的合伙人或员工担任审计客户首席法律顾问，将对独立性产生非常严重的不利影响，导致没有防范措施能够将其降低至可接受的水平。会计师事务所的合伙人或员工不得担任审计客户的首席法律顾问。

首席法律顾问通常是一个高级管理职位，对公司法律事务承担广泛责任。

第一百七十二条 在审计客户解决纠纷或应对诉讼时，如果会计师事务所人员担任辩护人，并且纠纷或诉讼所涉金额对会计师事务所将发表意见的财务报表具有重大影响，将产生非常严重的不利影响，导致没有防范措施能够将其降低至可接受的水平。会计师事务所不得为审计客户提供此类服务。

第一百七十三条 在审计客户解决纠纷或应对诉讼时，如果会计师事务所人员担任辩护人，并且纠纷或诉讼所涉金额对会计师事务所将发表意见的财务报表无重大影响，采取下列防范措施可能能够应对因自我评价产生的不利影响：

（一）由审计项目团队以外的专业人员提供该服务；

（二）由未参与提供法律服务的适当复核人员复核所执行的审计工作或提供的服务。

第十一节 招聘服务

第一百七十四条 招聘服务可能包括下列方面：

（一）制定岗位描述；

（二）制定识别和选择潜在候选人的流程；

（三）寻找或筛选候选人；

（四）通过下列方式筛选潜在的候选人：

1.审核候选人的专业资格或胜任能力并确定其是否适合该职位；

2.对职位候选人实施背景调查；

3.面试、选择合适的候选人并就候选人的胜任能力提供建议。

（五）确定雇佣条款并协商如工资、工时及其他报酬等具体条件。

第一百七十五条 当向审计客户提供下列招聘服务时，只要会计师事务所人员不承担管理层职责，通常不会对独立性产生不利影响：

（一）对多名候选人的专业资格进行审核，并就其是否适合该职位提供咨询意见；

（二）对候选人进行面试，并对候选人在财务会计、行政管理或内部控制等职位上的胜任能力提供咨询意见。

第一百七十六条 当向审计客户提供招聘服务时，为避免承担管理层职责，会计师事务所应当确保同时满足下列条件：

（一）客户委派具有胜任能力的员工（最好是高级管理人员），负责作出有关聘用该职位候选人的所有管理决策；

（二）客户就聘用程序作出所有管理决策，包括：

1.确定准候选人是否合适并选择适合该职位的候选人；

2.确定雇佣条款并协商如工资、工时及其他报酬等具体条件。

第一百七十七条 向审计客户提供招聘服务，可能因自身利益、密切关系或外在压力对独立性产生不利影响。不利影响存在与否及其严重程度主要取决于下列事项：

（一）会计师事务所人员所提供协助的性质；

（二）拟招聘人员的职位；

（三）候选人和提供咨询意见或服务的会计师事务所之间可能存在的利益冲突或关系。

举例来说，由审计项目团队以外的专业人员提供该服务，可能能够消除因自身利益、密切关系或外在压力产生的不利影响。

第一百七十八条 在向审计客户提供招聘服务时，会计师事务所不得代表客户与应聘者进行谈判。

第一百七十九条 如果审计客户拟招聘董事、高级管理人员或特定员工，会计师事务所不得向审计客户提供下列招聘服务：

（一）寻找或筛选候选人；

（二）对候选人实施背景调查。

第十二节 公司财务服务

第一百八十条 向审计客户提供公司财务服务可能因自我评价或过度推介对独立性产生不利影响。例如，下列事项可能对独立性产生不利影响：

（一）协助审计客户制定公司战略；

（二）为审计客户的并购识别可能的目标；

（三）对资产处置交易提供建议；

（四）协助实施融资交易；

（五）对合理安排资本结构提供建议；

（六）对直接影响会计师事务所将发表意见的财务报表金额的资本结构或融资安排提供建议。

不利影响存在与否及其严重程度主要取决于下列因素：

（一）在确定如何恰当处理财务建议对财务报表的影响时涉及的主观程度；

（二）财务建议的结果对在财务报表中记录金额的直接影响程度，以及记录的金额对财务报表整体影响的重大程度；

（三）财务建议的有效性是否取决于某项特定会计处理或财务报表列报，并且根据相关财务报告编制基础，对该会计处理或列报的适当性是否存有疑问。

举例来说，防范措施可能包括：

（一）由审计项目团队以外的专业人员提供该服务，可能能够应对因自我评价或过度推介产生的不利影响；

（二）由未参与提供该服务的适当复核人员复核已执行的审计工作或提供的服务，可能能够应对因自我评价产生的不利影响。

第一百八十一条 会计师事务所不得提供涉及推荐、交易或承销审计客户股票的公司财务服务。

第一百八十二条 如果财务建议的有效性取决于某项特定会计处理或财务报表列报，并且同时存在下列情形，会计师事务所不得向审计客户提供此类财务建议：

（一）根据相关财务报告编制基础，审计项目团队对相关会计处理或列报的适当性存有疑问；

（二）公司财务建议的结果将对会计师事务所将发表意见的财务报表产生重大影响。

第十七章 含有使用和分发限制条款的特殊目的财务报表审计报告

第一节 一般规定

第一百八十三条 本章规定了涉及特殊目的财务报表审计且审计报告含有使用和分发限制条款的情况下，如何对本守则的相关规定作出变通。在本章中，符合本守则第一百八十四条规定条件的、出具含有使用和分发限制条款的审计报告的业务被称为“符合条件的审计业务”。

第一百八十四条 对于会计师事务所针对特殊目的财务报表出具含有使用和分发限制条款的审计报告的业务，仅在同时满足下列条件的情况下，本守则规定的独立性要求可以根据本章的相关规定作出变通：

（一）会计师事务所已与报告的预期使用者就在提供服务时适用的经过变通的独立性要求进行沟通；

（二）报告的预期使用者了解报告的目的和限制，并且明确同意变通独立性要求。

预期使用者可以通过直接参与，或由其授权代表参与确定会计师事务所提供服务的性质和范围，了解报告目的以及报告的使用和分发限制。无论哪一种情况，这种参与都可以加强会计师事务所与预期使用者就独立性事项（包括与评价对独立性的不利影响以及采取防范措施相关的情形）进行沟通，并获取预期使用者对变通独立性要求的认可。

第一百八十五条 如果预期使用者为某一类使用者，且在确定业务约定条款时并未特别明确预期使用者，会计师事务所应当随后通过预期使用者的代表告知该预期使用者适用的独立性要求。

第一百八十六条　当会计师事务所执行符合条件的审计业务时，除本章第二节至第七节中明确列出的可变通情形外，会计师事务所不得对独立性要求作出变通。如果执行法律法规要求的财务报表审计，会计师事务所不得变通独立性要求。

第一百八十七条　如果对同一审计客户既出具含有使用和分发限制条款的审计报告，又出具未含有使用和分发限制条款的审计报告，则对未加限制的审计报告业务，不适用本章的规定，会计师事务所应当遵守本守则第一章至第十六章的规定。

第二节　公众利益实体

第一百八十八条　当执行符合条件的审计业务时，会计师事务所可以不执行本守则中关于公众利益实体的特别规定。

第三节　关联实体

第一百八十九条　当执行符合条件的审计业务时，审计客户不包括其关联实体。然而，如果审计项目团队知悉或有理由相信，涉及客户某一关联实体的情形或关系与评价会计师事务所与客户的独立性相关，则审计项目团队在识别和评价对独立性的不利影响并采取防范措施时，应当将该关联实体包括在内。

第四节　网络与网络事务所

第一百九十条　当执行符合条件的审计业务时，会计师事务所不包括网络事务所。然而，如果会计师事务所知悉或有理由相信，某一网络事务所的利益或关系对独立性产生不利影响，会计师事务所在评价和应对对独立性的不利影响时，应当将该网络事务所包括在内。

第五节　经济利益、贷款和担保、密切的商业关系，以及家庭和私人关系

第一百九十一条　当执行符合条件的审计业务时，如果出现本守则第七章至第十一章，以及第十三章至第十四章列举的情形，则相关规定仅适用于审计项目组成员、其主要近亲属和其他近亲属（如适用）。

会计师事务所应当按照本守则第七章至第十一章，以及第十三章至第十四章的规定，识别、评价和应对审计客户和审计项目团队下列成员之间的利益和关系对独立性产生的不利影响：

（一）就有关技术或行业特定问题、交易或事项等提供咨询的人员；

（二）提供项目质量管理的人员，包括执行项目质量复核的人员。如果审计项目组有理由相信，审计客户与会计师事务所其他人员之间存在利益和关系，会计师事务所应当评价和应对这些不利影响。其他人员通常是可以直接影响审计业务结果的人员，即对审计项目合伙人提出薪酬建议，以及直接对其指导、管理或监督的人员，包括从审计项目合伙人的直接上级至会计师事务所高级或管理合伙人（首席合伙人或同等职位）之间的各级别人员。

第一百九十二条　当执行符合条件的审计业务时，如果审计项目组有理由相信，本守则第六十七条第（三）项至第（四）项、第六十九条、第七十一条、第七十五条第一款、第七十六条第一款提及的人员在审计客户中拥有的经济利益将对独立性产生不利影响，会计师事务所应当评价不利影响的严重程度。

第一百九十三条　当执行符合条件的审计业务时，在运用本守则第六十七条第（一）

项、第七十条、第七十一条有关会计师事务所经济利益的规定时，会计师事务所不得在审计客户中拥有重大直接或间接经济利益。

第六节　与审计客户发生雇佣关系

第一百九十四条　当执行符合条件的审计业务时，会计师事务所应当评价和应对本守则第十三章第一节所述的因雇佣关系产生的不利影响。

第七节　提供非鉴证服务

第一百九十五条　如果会计师事务所执行符合条件的审计业务，并同时向审计客户提供非鉴证服务，则应当遵守本守则第三章至第六章，以及第十六章的规定，除非本章第二节至第四节另有规定。

中国注册会计师职业道德守则第5号
——其他鉴证业务对独立性的要求

（2020年12月17日修订）

第一章　总　则

第一条　为了规范注册会计师职业活动，指导注册会计师运用职业道德概念框架，解决执行其他鉴证业务（以下简称鉴证业务）时遇到的独立性问题，制定本守则。

第二条　鉴证业务的例子包括：

（一）预测性财务信息的审核；

（二）对公司关键绩效指标的绩效鉴证。

第三条　《会计师事务所质量管理准则第5101号——业务质量管理》要求会计师事务所应当设定质量目标，以保证会计师事务所及其人员、受职业道德要求（包括独立性要求）约束的其他组织或人员（包括网络、网络事务所、网络或网络事务所的人员、服务提供商，如适用）充分了解与其相关的职业道德要求，并严格按照这些职业道德要求履行职责。中国注册会计师其他鉴证业务准则规定了鉴证业务合伙人和鉴证业务项目组在业务层面的责任。会计师事务所内部的责任分配取决于其规模、结构和组织形式。本守则大部分条款并未明确规定会计师事务所内部各种人员对于独立性各自的责任，而只以注册会计师或会计师事务所提及。根据质量管理准则的规定，会计师事务所应当将采取特定行动的责任分配给某个人或团队（如鉴证业务项目组）。此外，注册会计师个人也应当遵守与其个人的活动、利益或关系相关的所有规定。

第四条　如果会计师事务所向鉴证客户提供鉴证服务的同时，也向其提供审计或审阅服务，则在执行审计或审阅业务时，应当遵守《中国注册会计师职业道德守则第4号——审计和审阅业务对独立性的要求》。

第二章　基本要求

第一节　一般规定

第五条　注册会计师在执行鉴证业务时应当保持独立性。

第六条　独立性包括实质上的独立性和形式上的独立性：

（一）实质上的独立性。实质上的独立性是一种内心状态，使得注册会计师在提出结论时不受损害职业判断的因素影响，诚信行事，遵循客观公正原则，保持职业怀疑。

（二）形式上的独立性。形式上的独立性是一种外在表现，使得一个理性且掌握充分信息的第三方，在权衡所有相关事实和情况后，认为会计师事务所或鉴证业务项目团队成员没有损害诚信原则、客观公正原则或职业怀疑。

第七条　在执行鉴证业务时，注册会计师应当遵循职业道德基本原则，并运用职业道德概念框架识别、评价和应对可能对职业道德基本原则产生的不利影响。

第二节　鉴证业务

第八条　在鉴证业务中，会计师事务所发表鉴证结论，以增强除责任方之外的预期使用者对按照标准对鉴证对象进行评价和计量的结果的信任程度。《中国注册会计师鉴证业务基本准则》规定了鉴证业务的种类、目标和要素。

对鉴证对象进行评价和计量的结果是指对鉴证对象运用特定标准而得出的信息，即鉴证对象信息。例如，注册会计师运用一种评价内部控制有效性的框架，如《企业内部控制基本规范》及其配套指引（标准），对企业内部控制流程（鉴证对象）进行鉴证，得出该内部控制有效性（鉴证对象信息）的结论。

第九条　鉴证业务可以分为基于责任方认定的业务和直接报告业务。无论哪种类型的鉴证业务，都包括三方关系，即会计师事务所、责任方和预期使用者。

第十条　在基于责任方认定的业务中，责任方对鉴证对象进行评价或计量，鉴证对象信息以责任方认定的形式为预期使用者获取。

第十一条　在直接报告业务中，会计师事务所直接对鉴证对象进行评价或计量，或者从责任方获取对鉴证对象进行评价或计量的声明，而该声明无法为预期使用者获取，预期使用者只能通过阅读鉴证报告获取鉴证对象信息。

第三节　基于责任方认定的业务

第十二条　在执行基于责任方认定的鉴证业务时：

（一）会计师事务所、鉴证业务项目团队成员应当与鉴证客户（对鉴证对象信息负责，并且可能对鉴证对象负责的一方）保持独立。鉴证业务项目团队成员不得与鉴证客户的董事、高级管理人员，或能够对鉴证对象信息施加重大影响的员工存在某些特定关系；

（二）针对会计师事务所与鉴证客户中能够对鉴证对象施加重大影响的员工之间的关系，会计师事务所应当运用职业道德概念框架，识别、评价、应对对独立性的不利影响；

（三）会计师事务所应当评价和应对有理由相信的、因网络事务所的利益和关系产生的不利影响。

第十三条　在基于责任方认定的业务中，如果责任方对鉴证对象信息负责而不对鉴证对象负责：

（一）会计师事务所、鉴证业务项目团队成员应当与鉴证对象信息的责任方（即鉴证客户）保持独立；

（二）会计师事务所还应当运用职业道德概念框架，评价并应对有理由相信的，因会计师事务所、网络事务所、鉴证业务项目团队成员与鉴证对象的责任方之间存在的利益和关系对独立性产生的所有不利影响。

第十四条　在大多数基于责任方认定的业务中，责任方需要同时对鉴证对象信息和鉴证对象负责。然而，在某些业务中，责任方无需对鉴证对象负责。例如，环境咨询师就某公司的可持续性签署报告，以分发给预期使用者，当会计师事务所就该报告执行鉴证业务时，该环境咨询师是鉴证对象信息的责任方，而对鉴证对象（公司的可持续性）负责的则是该公司。

第四节 直接报告业务

第十五条 在执行直接报告业务时：

（一）会计师事务所、鉴证业务项目团队成员应当与鉴证客户（对鉴证对象负责的责任方）保持独立；

（二）会计师事务所还应当评价和应对有理由相信的、因网络事务所的利益和关系产生的不利影响。

第五节 多个责任方

第十六条 某些鉴证业务，包括基于责任方认定的业务和直接报告业务，可能存在多个责任方。这种情况下，在确定是否有必要将本守则的规定应用于每个责任方时，会计师事务所应当根据鉴证对象信息的具体情况，评价会计师事务所或鉴证业务项目团队成员与特定责任方之间的利益和关系对独立性产生的不利影响是否微小。在作出评价时，会计师事务所应当主要考虑下列因素：

（一）由特定责任方负责的鉴证对象信息（或鉴证对象）的重要性；

（二）鉴证业务涉及公众利益的程度。

如果确定与特定责任方之间的利益和关系对独立性产生的不利影响微小，会计师事务所不必将本守则的所有规定应用于该责任方。

第六节 网络事务所

第十七条 如果会计师事务所有理由相信网络事务所的利益和关系将对会计师事务所的独立性产生不利影响，应当运用职业道德概念框架，评价和应对这些不利影响。

第七节 关联实体

第十八条 如果鉴证业务项目团队知悉或有理由相信，涉及鉴证客户某一关联实体的关系或情形与评价会计师事务所与客户的独立性相关，则在识别和评价对独立性的不利影响并采取适当防范措施时，应当将该关联实体包括在内。

第八节 保持独立性的期间

第十九条 注册会计师应当在业务期间和鉴证对象信息涵盖的期间独立于鉴证客户。

业务期间自鉴证业务项目组开始执行鉴证业务之日起，至出具鉴证报告之日止。如果鉴证业务具有连续性，业务期间结束日应以其中一方通知解除业务关系或出具最终鉴证报告二者时间孰晚为准。

第二十条 如果一个实体委托会计师事务所对其鉴证对象信息发表意见，并且在该鉴证对象信息涵盖的期间或之后成为鉴证客户，会计师事务所应当确定下列因素是否对独立性产生不利影响：

（一）在鉴证对象信息涵盖的期间或之后，在接受鉴证业务委托之前，与鉴证客户之间存在的经济利益或商业关系；

（二）以往向鉴证客户提供的服务。

第二十一条 如果在鉴证对象信息涵盖的期间或之后，在鉴证业务项目组开始执行鉴证业务之前，会计师事务所向鉴证客户提供了非鉴证服务，并且该非鉴证服务在鉴证业务期间不允许提供，将对独立性产生不利影响。

会计师事务所应当评价提供的非鉴证服务对独立性产生的不利影响。如果不利影响超出可接受的水平，会计师事务所只有在采取防范措施将其降低至可接受的水平的情况下，才能接受鉴证业务。

举例来说，防范措施可能包括：

（一）不允许提供非鉴证服务的人员担任鉴证业务项目团队成员；

（二）委托适当复核人员复核鉴证和非鉴证工作（如适用）。

第二十二条 如果会计师事务所尚未完成非鉴证服务，并且在鉴证业务开始前不能完成或终止非鉴证服务，只有在同时满足下列条件时，会计师事务所才能接受该鉴证业务：

（一）会计师事务所确信，非鉴证服务将在短期内完成，或者客户拟在短期内将该非鉴证服务转给其他服务提供者；

（二）会计师事务所在服务期间采取必要防范措施；

（三）会计师事务所就该事项与治理层沟通。

第九节 工作记录

第二十三条 会计师事务所应当记录遵守独立性要求的情况，包括记录形成的结论，以及为形成结论而沟通的主要内容。

第二十四条 如果需要采取防范措施应对某种不利影响，会计师事务所应当记录该不利影响的性质，以及将其降低至可接受的水平所采取的防范措施。

第二十五条 如果通过对某种不利影响进行重要性分析，注册会计师确定不利影响未超出可接受的水平，注册会计师应当记录不利影响的性质以及得出上述结论的理由。

第二十六条 工作记录可以提供证据证明会计师事务所在遵守独立性要求时作出的职业判断。然而，缺少工作记录并非判定会计师事务所是否已考虑特定事项或是否保持了独立性的决定性因素。

第十节 违反本守则的规定

第二十七条 如果会计师事务所认为已发生违反本守则规定（以下简称违规）的情况，应当采取下列措施：

（一）终止、暂停或消除引发违规的利益或关系；

（二）评价违规行为的严重程度及其对会计师事务所的客观公正和出具鉴证报告能力的影响；

（三）确定是否能够采取适当行动以妥善处理违规后果。

在作出上述决策时，会计师事务所应当运用职业判断并考虑理性且掌握充分信息的第三方是否很可能得出会计师事务所的客观公正受到损害从而导致无法出具鉴证报告的结论。

第二十八条 如果会计师事务所确定无法采取适当行动以妥善处理违规后果，应当尽快通知业务委托方或治理层（如适用），并按照适用的法律法规的要求，采取必要措施终止鉴证业务。

第二十九条 如果会计师事务所确定能够采取适当行动妥善处理违规后果，应当与业务委托方或治理层（如适用）沟通违规情况以及已采取或拟采取的行动。会计师事务所应当结合业务和违规行为的具体情况，及时沟通有关违规行为以及拟采取的行动。

第三十条 如果业务委托方或治理层认为会计师事务所采取的有关行动不能够妥善处理违规后果，会计师事务所应当遵守适用的法律法规的要求，采取必要措施终止该鉴证业务。

第三十一条 会计师事务所应当记录下列事项：

（一）违规事项；

（二）采取的措施；

（三）作出的关键决策；

（四）与业务委托方或治理层沟通的所有事项。

如果会计师事务所继续执行该鉴证业务，还应当记录下列事项：

（一）根据会计师事务所的职业判断，客观公正原则并未受到损害；

（二）所采取的措施能够妥善处理违规后果，从而使会计师事务所能够出具鉴证报告及其理由。

第三章 收 费

第一节 收费结构

第三十二条 如果会计师事务所从某一鉴证客户收取的全部费用占其收费总额的比重很大，则对该客户的依赖及对可能失去该客户的担心将因自身利益或外在压力产生不利影响。不利影响的严重程度主要取决于下列因素：

（一）会计师事务所的业务类型及收入结构；

（二）会计师事务所成立时间的长短；

（三）该客户从性质或金额上对会计师事务所是否重要。

会计师事务所应当评价不利影响的严重程度，并在必要时采取防范措施消除不利影响或将其降低至可接受的水平。

举例来说，防范措施可能包括扩大会计师事务所的客户群，从而降低对该鉴证客户的依赖程度。

第三十三条 如果从某一鉴证客户收取的全部费用占某一合伙人从所有客户收取的费用总额比重很大，也将因自身利益或外在压力产生不利影响。会计师事务所应当评价不利影响的严重程度，并在必要时采取防范措施消除不利影响或将其降低至可接受的水平。举例来说，防范措施可能包括：

（一）扩大该合伙人的客户群，从而降低对来源于该鉴证客户的收费的依赖程度；

（二）由鉴证业务项目团队以外的适当复核人员复核已执行的工作。

第二节 逾期收费

第三十四条 如果鉴证客户长期未支付应付的费用，尤其是相当部分的费用在出具下一年度鉴证报告前（如适用）仍未支付，可能因自身利益产生不利影响。

会计师事务所通常要求鉴证客户在鉴证报告出具前付清上一年度的费用。如果在鉴证报告出具后鉴证客户仍未支付该费用，会计师事务所应当评价不利影响存在与否及其严重程度，并在必要时采取防范措施消除不利影响或将其降低至可接受的水平。

举例来说，防范措施可能包括：

（一）收取逾期的部分款项；

（二）由未参与执行鉴证业务的适当复核人员复核已执行的工作。

如果相当部分的费用长期逾期，会计师事务所应当确定：

（一）逾期收费是否可能被视同向客户提供贷款；

（二）会计师事务所是否继续接受委托或继续执行鉴证业务。

第三节　或有收费

第三十五条　或有收费是指收费与否或收费多少取决于交易的结果或所执行工作的结果。通过中介机构间接收取的或有收费同样属于本守则规定的或有收费。如果一项收费是由法院或政府有关部门规定的，则该项收费不视为或有收费。

第三十六条　会计师事务所在提供鉴证服务时，以直接或间接形式取得或有收费，将因自身利益产生非常严重的不利影响，导致没有防范措施能够将其降低至可接受的水平。会计师事务所不得采用这种收费安排。

第三十七条　会计师事务所在向鉴证客户提供非鉴证服务时，如果以直接或间接形式取得或有收费，也可能因自身利益产生不利影响。

如果非鉴证服务的结果以及由此收取的费用金额，取决于未来或当期的判断，而该判断与对鉴证对象信息有重大影响的事项相关，则没有防范措施能够将不利影响降低至可接受的水平。会计师事务所不得采用这种收费安排。

第三十八条　在向鉴证客户提供非鉴证服务时，如果会计师事务所采用其他形式的或有收费安排，不利影响存在与否及其严重程度主要取决于下列因素：

（一）可能的收费金额区间；

（二）是否由适当的权威方确定有关事项的结果，而该结果作为确定或有收费金额的基础；

（三）针对会计师事务所执行的工作及收费的基础，向报告预期使用者作出的披露；

（四）非鉴证服务的性质；

（五）事项或交易对鉴证对象信息的影响。

会计师事务所应当评价不利影响的严重程度，并在必要时采取防范措施消除不利影响或将其降低至可接受的水平。

举例来说，防范措施可能包括：

（一）由鉴证业务项目团队以外的适当复核人员复核已执行的工作；

（二）预先就收费的基础与客户达成书面协议。

第四章　礼品和款待

第三十九条　会计师事务所或鉴证业务项目团队成员接受鉴证客户的礼品或款待，可能因自身利益、密切关系或外在压力对独立性产生不利影响。

第四十条　如果会计师事务所或鉴证业务项目团队成员接受鉴证客户的礼品，将产生非常严重的不利影响，导致没有防范措施能够将其降低至可接受的水平。会计师事务所或鉴证业务项目团队成员不得接受礼品。

第四十一条　会计师事务所或鉴证业务项目团队成员应当评价接受款待产生不利影响的严重程度，并在必要时采取防范措施消除不利影响或将其降低至可接受的水平。如果款待超出业务活动中的正常往来，会计师事务所或鉴证业务项目团队成员应当拒绝接受。注册会计师应当考虑款待是否具有不当影响注册会计师行为的意图。如果具有该意图，即使其从性质和金额上来说均明显不重要，会计师事务所或鉴证业务项目团队成员也不得接受该款待。

第四十二条　如果会计师事务所或鉴证业务项目团队成员向鉴证客户提供或接受利益

诱惑，应当遵守《中国注册会计师职业道德守则第3号——提供专业服务的具体要求》第六章的相关规定，违反这些规定可能对独立性产生不利影响。

第五章 诉讼或诉讼威胁

第四十三条 如果会计师事务所或鉴证业务项目团队成员与鉴证客户发生诉讼或很可能发生诉讼，将因自身利益和外在压力产生不利影响。

会计师事务所和客户管理层由于诉讼或诉讼威胁而处于对立地位，将影响管理层提供信息的意愿，从而因自身利益和外在压力产生不利影响。不利影响的严重程度主要取决于下列因素：

（一）诉讼的重要程度；

（二）诉讼是否与前期鉴证业务相关。

会计师事务所应当评价不利影响的严重程度，并在必要时采取防范措施消除不利影响或将其降低至可接受的水平。

举例来说，防范措施可能包括：

（一）如果诉讼涉及某一鉴证业务项目团队成员，将该成员调离鉴证业务项目团队可能能够消除不利影响；

（二）由适当复核人员复核已执行的工作，可能能够将不利影响降低至可接受的水平。

第六章 经济利益

第一节 一般规定

第四十四条 在鉴证客户中拥有经济利益，可能因自身利益产生不利影响。不利影响存在与否及其严重程度主要取决于下列因素：

（一）拥有经济利益人员的角色；

（二）经济利益是直接还是间接的；

（三）经济利益的重要程度。

第四十五条 受益人可能通过集合投资工具、信托等投资工具拥有经济利益。确定经济利益是直接还是间接的，取决于受益人能否控制投资工具或具有影响投资决策的能力。

如果受益人能够控制投资工具或具有影响投资决策的能力，本守则将这种经济利益界定为直接经济利益。

如果受益人不能控制投资工具且不具有影响投资决策的能力，本守则将这种经济利益界定为间接经济利益。

第四十六条 在确定经济利益对于某个人来说的重要程度时，可能需要将该个人及其主要近亲属的净资产总额合并考虑。

第二节 在鉴证客户中拥有经济利益

第四十七条 下列各方不得在鉴证客户中拥有直接经济利益或重大间接经济利益：

（一）会计师事务所；

（二）鉴证业务项目团队成员；

（三）鉴证业务项目团队成员的主要近亲属。

第三节 在控制鉴证客户的实体中拥有经济利益

第四十八条 当一个实体在鉴证客户中拥有控制性的权益，并且鉴证客户对该实体重要时，会计师事务所、鉴证业务项目团队成员及其主要近亲属不得在该实体中拥有直接经济利益或重大间接经济利益。

第四节 作为受托管理人拥有经济利益

第四十九条 除非同时满足下列条件，本守则第四十七条的规定也应当适用于会计师事务所及相关人员作为受托管理人在鉴证客户中拥有经济利益的情况：

（一）受托管理人、鉴证业务项目团队成员、二者的主要近亲属、会计师事务所均不是受托财产的受益人；

（二）通过信托而在鉴证客户中拥有的经济利益对于该项信托而言并不重大；

（三）该项信托不能对鉴证客户施加重大影响；

（四）受托管理人、鉴证业务项目团队成员、二者的主要近亲属、会计师事务所对涉及鉴证客户经济利益的投资决策没有重大影响。

第五节 无意中获取的经济利益

第五十条 如果会计师事务所、鉴证业务项目团队成员或其主要近亲属，通过继承、馈赠或因企业合并或类似情况，从鉴证客户获得直接经济利益或重大间接经济利益，而根据本守则的规定不允许拥有此类经济利益，应当采取下列措施：

（一）如果会计师事务所获得经济利益，应当立即处置全部经济利益，或处置全部直接经济利益并处置足够数量的间接经济利益，以使剩余经济利益不再重大；

（二）如果鉴证业务项目团队成员或其主要近亲属获得经济利益，应当立即处置全部经济利益，或处置全部直接经济利益并处置足够数量的间接经济利益，以使剩余经济利益不再重大。

第六节 其他情况下的经济利益

第五十一条 如果鉴证业务项目团队成员知悉其其他近亲属在鉴证客户中拥有直接经济利益或重大间接经济利益，可能因自身利益对独立性产生不利影响。

不利影响存在与否及其严重程度主要取决于下列因素：

（一）鉴证业务项目团队成员与其他近亲属之间的关系；

（二）经济利益是直接还是间接的；

（三）经济利益对该其他近亲属的重要程度。

注册会计师应当评价不利影响的严重程度，并在必要时采取防范措施消除不利影响或将其降低至可接受的水平。

举例来说，下列防范措施可能能够消除不利影响：

（一）其他近亲属尽快处置全部经济利益，或处置全部直接经济利益并处置足够数量的间接经济利益，以使剩余经济利益不再重大；

（二）将该鉴证业务项目团队成员调离鉴证业务项目团队。

由鉴证业务项目团队以外的适当复核人员复核该鉴证业务项目团队成员已执行的工作，可能能够将不利影响降低至可接受的水平。

第五十二条 如果鉴证业务项目团队成员知悉下列其他人员在鉴证客户中拥有经济利益，可能因自身利益对独立性产生不利影响：

（一）除本守则第四十七条规定不得拥有此类经济利益的人员之外，会计师事务所的合伙人、专业人员或二者的主要近亲属；

（二）与鉴证业务项目团队成员存在密切私人关系的人员。

注册会计师应当评价不利影响的严重程度，并在必要时采取防范措施消除不利影响或将其降低至可接受的水平。

举例来说，防范措施可能包括：

（一）将存在密切私人关系的鉴证业务项目团队成员调离鉴证业务项目团队，可能能够消除不利影响；

（二）不允许该鉴证业务项目团队成员参与有关鉴证业务的任何重大决策；

（三）由适当复核人员复核该鉴证业务项目团队成员已执行的工作。

第七章 贷款和担保

第五十三条 涉及鉴证客户的贷款或担保可能因自身利益对独立性产生不利影响。注册会计师应当运用职业道德概念框架识别、评价和应对该不利影响。在运用概念框架时，可能需要考虑贷款或担保的重要程度。为确定贷款或担保对某个人是否重要，可能需要将该个人及其主要近亲属的贷款或担保净值一并考虑。

第五十四条 会计师事务所、鉴证业务项目团队成员或其主要近亲属从不属于银行或类似金融机构的鉴证客户取得贷款，或由此类鉴证客户提供贷款担保，将因自身利益产生非常严重的不利影响，导致没有防范措施能够将其降低至可接受的水平。会计师事务所、鉴证业务项目团队成员或其主要近亲属不得从不属于银行或类似金融机构的鉴证客户取得贷款，或由此类鉴证客户提供贷款担保。

第五十五条 会计师事务所、鉴证业务项目团队成员或其主要近亲属不得从银行或类似金融机构等鉴证客户取得贷款，或获得贷款担保，除非该贷款或担保是按照正常的程序、条款和条件进行的。

此类贷款的例子包括按揭贷款、银行透支、汽车贷款和信用卡等。

第五十六条 即使会计师事务所从银行或类似金融机构等鉴证客户按照正常的程序、条款和条件取得贷款，如果该贷款对鉴证客户或取得贷款的会计师事务所是重要的，也可能因自身利益对独立性产生不利影响。

会计师事务所应当评价不利影响的严重程度，并在必要时采取防范措施消除不利影响或将其降低至可接受的水平。

举例来说，防范措施可能包括由网络中未参与执行鉴证业务并且未从该贷款中获益的会计师事务所的复核人员复核已执行的工作。

第五十七条 会计师事务所、鉴证业务项目团队成员或其主要近亲属不得在银行、经纪人或类似金融机构等鉴证客户开立存款或经纪账户，除非该存款或经纪账户是按照正常的商业条件开立的。

第五十八条 会计师事务所、鉴证业务项目团队成员或其主要近亲属向鉴证客户提供贷款或为其提供担保，将因自身利益产生非常严重的不利影响，导致没有防范措施能够将其降低至可接受的水平。会计师事务所、鉴证业务项目团队成员或其主要近亲属不得向鉴证客户提供贷款或担保。

第八章 商业关系

第五十九条 会计师事务所、鉴证业务项目团队成员或其主要近亲属与鉴证客户或其高级管理人员之间存在密切的商业关系，可能因自身利益或外在压力对独立性产生不利影响。

举例来说，因商务关系或共同的经济利益而产生的密切的商业关系可能包括：

（一）与客户或其控股股东、董事、高级管理人员或其他为该客户执行高级管理活动的人员共同开办企业；

（二）按照协议，将会计师事务所的产品或服务与鉴证客户的产品或服务结合在一起，并以双方名义捆绑销售；

（三）按照协议，会计师事务所销售或推广鉴证客户的产品或服务，或者鉴证客户销售或推广会计师事务所的产品或服务。

第六十条　会计师事务所、鉴证业务项目团队成员不得与鉴证客户或其高级管理人员建立密切的商业关系。如果会计师事务所存在此类商业关系，应当予以终止。如果此类商业关系涉及鉴证业务项目团队成员，会计师事务所应当将该成员调离鉴证业务项目团队。

第六十一条　如果鉴证业务项目团队成员的主要近亲属与鉴证业务客户或其高级管理人员存在密切的商业关系，注册会计师应当评价不利影响的严重程度，并在必要时采取防范措施消除不利影响或将其降低至可接受的水平。

第六十二条　会计师事务所、鉴证业务项目团队成员或其主要近亲属从鉴证客户购买商品或服务，如果按照正常的商业程序公平交易，通常不会对独立性产生不利影响。

如果交易性质特殊或金额较大，可能因自身利益产生不利影响。会计师事务所应当评价不利影响的严重程度，并在必要时采取防范措施消除不利影响或将其降低至可接受的水平。

举例来说，可能能够消除此类不利影响的防范措施包括：

（一）取消交易或降低交易规模；

（二）将相关鉴证业务项目团队成员调离鉴证业务项目团队。

第九章　家庭和私人关系

第一节　一般规定

第六十三条　如果鉴证业务项目团队成员与鉴证客户的董事、高级管理人员或某类员工（取决于该员工在鉴证客户中担任的角色）存在家庭和私人关系，可能因自身利益、密切关系或外在压力对独立性产生不利影响。

不利影响存在与否及其严重程度主要取决于下列因素：

（一）该成员在鉴证业务项目团队中的角色；

（二）家庭成员或相关人员在客户中的职位以及关系的密切程度。

第二节　鉴证业务项目团队成员的主要近亲属

第六十四条　如果鉴证业务项目团队成员的主要近亲属担任的职位能够对鉴证对象施加重大影响，将可能因自身利益、密切关系或外在压力对独立性产生不利影响。

不利影响存在与否及其严重程度主要取决于下列因素：

（一）主要近亲属在鉴证客户中的职位；

（二）该成员在鉴证业务项目团队中的角色。

会计师事务所应当评价不利影响的严重程度，并在必要时采取防范措施消除不利影响或将其降低至可接受的水平。

举例来说，防范措施可能包括：

（一）将该成员调离鉴证业务项目团队，可能能够消除不利影响；

（二）合理安排鉴证业务项目团队成员的职责，使该成员的工作不涉及其主要近亲属的职责范围，可能能够将不利影响降低至可接受的水平。

第六十五条 如果鉴证业务项目团队成员的主要近亲属是鉴证客户的董事、高级管理人员，或担任能够对鉴证业务的鉴证对象信息施加重大影响的职位的员工（以下简称特定员工），或者在业务期间或鉴证对象信息涵盖的期间曾担任上述职务，将对独立性产生非常严重的不利影响，导致没有防范措施能够消除该不利影响或将其降低至可接受的水平。拥有此类关系的人员不得成为鉴证业务项目团队成员。

第三节 鉴证业务项目团队成员的其他近亲属

第六十六条 如果鉴证业务项目团队成员的其他近亲属是鉴证客户的董事、高级管理人员或特定员工，将因自身利益、密切关系或外在压力对独立性产生不利影响。

不利影响的严重程度主要取决于下列因素：

（一）鉴证业务项目团队成员与其他近亲属之间的关系；

（二）其他近亲属担任的职位；

（三）该成员在鉴证业务项目团队中的职责。

会计师事务所应当评价不利影响的严重程度，并在必要时采取防范措施消除不利影响或将其降低至可接受的水平。

举例来说，防范措施可能包括：

（一）将该成员调离鉴证业务项目团队，可能能够消除不利影响；

（二）合理安排鉴证业务项目团队成员的职责，使该成员的工作不涉及其他近亲属的职责范围，可能能够将不利影响降低至可接受的水平。

第四节 鉴证业务项目团队成员的其他密切关系

第六十七条 如果鉴证业务项目团队成员与鉴证客户的董事、高级管理人员或特定员工存在密切关系，即使该人员不是鉴证业务项目团队成员的近亲属，也将因自身利益、密切关系或外在压力对独立性产生不利影响。拥有此类关系的鉴证业务项目团队成员应当按照会计师事务所的政策和程序进行咨询。

不利影响的严重程度主要取决于下列因素：

（一）该人员与鉴证业务项目团队成员之间的关系；

（二）该人员在客户中的职位；

（三）该成员在鉴证业务项目团队中的角色。

会计师事务所应当评价不利影响的严重程度，并在必要时采取防范措施消除不利影响或将其降低至可接受的水平。

举例来说，防范措施可能包括：

（一）将该成员调离鉴证业务项目团队，可能能够消除不利影响；

（二）合理安排该成员的职责，使其工作不涉及与之存在密切关系的员工的职责范围，可能能够将不利影响降低至可接受的水平。

第五节 鉴证业务项目团队以外人员的家庭和私人关系

第六十八条 会计师事务所中鉴证业务项目团队以外的合伙人或员工，与鉴证客户的董事、高级管理人员或特定员工之间存在家庭或私人关系，可能因自身利益、密切关系或外在压力对独立性产生不利影响。会计师事务所合伙人或员工在知悉此类关系后，应当按照会计师事务所的政策和程序进行咨询。

不利影响存在与否及其严重程度主要取决于下列因素：

（一）该合伙人或员工与鉴证客户的董事、高级管理人员或特定员工之间的关系；

（二）该合伙人或员工与鉴证业务项目团队之间的相互影响；

（三）该合伙人或员工在会计师事务所中的角色；

（四）董事、高级管理人员或特定员工在鉴证客户中的职位。

会计师事务所应当评价不利影响的严重程度，并在必要时采取防范措施消除不利影响或将其降低至可接受的水平。

举例来说，防范措施可能包括：

（一）合理安排该合伙人或员工的职责，以减少对鉴证业务项目团队可能产生的影响；

（二）由鉴证业务项目团队以外的适当复核人员复核已执行的相关鉴证工作。

第十章　鉴证业务项目团队成员最近曾担任鉴证客户的董事、高级管理人员或特定员工

第六十九条　如果鉴证业务项目团队成员最近曾担任鉴证客户的董事、高级管理人员或特定员工，可能因自身利益、自我评价或密切关系对独立性产生不利影响。例如，如果鉴证业务项目团队成员在鉴证客户工作期间曾经编制鉴证对象信息的要素，现又对其进行评价，则可能产生不利影响。

第七十条　如果在鉴证报告涵盖的期间，鉴证业务项目团队成员曾担任鉴证客户的董事、高级管理人员或特定员工，将产生非常严重的不利影响，导致没有防范措施能够将其降低至可接受的水平。会计师事务所不得将此类人员分派到鉴证业务项目团队。

第七十一条　如果在鉴证报告涵盖期间之前，鉴证业务项目团队成员曾担任鉴证客户的董事、高级管理人员或特定员工，可能因自身利益、自我评价或密切关系对独立性产生不利影响。例如，如果在当期鉴证业务中需要评价此类人员以前就职于鉴证客户时作出的决策或工作，将产生不利影响。

不利影响存在与否及其严重程度主要取决于下列因素：

（一）该成员在客户中曾担任的职务；

（二）该成员离开客户的时间长短；

（三）该成员在鉴证业务项目团队中的角色。

会计师事务所应当评价不利影响的严重程度，并在必要时采取防范措施将其降低至可接受的水平。

举例来说，防范措施可能包括由适当复核人员复核该鉴证业务项目团队成员已执行的工作等。

第十一章　兼任鉴证客户的董事或高级管理人员

第七十二条　如果会计师事务所的合伙人或员工兼任鉴证客户的董事或高级管理人员，将因自我评价和自身利益产生非常严重的不利影响，导致没有防范措施能够将其降低至可接受的水平。会计师事务所的合伙人或员工不得兼任鉴证客户的董事或高级管理人员。

第十二章　与鉴证客户发生雇佣关系

第七十三条　如果鉴证客户的董事、高级管理人员或特定员工，曾经是鉴证业务项目团队成员或会计师事务所的合伙人，可能因密切关系或外在压力对独立性产生不利影响。

第七十四条 如果会计师事务所前任合伙人或鉴证业务项目团队前任成员加入鉴证客户，担任董事、高级管理人员或特定员工，该人员不得继续参与会计师事务所的经营活动或职业活动。

即使该人员不再参与会计师事务所的经营活动或职业活动，仍可能因密切关系或外在压力对独立性产生不利影响。

第七十五条 如果会计师事务所的前任合伙人加入某一实体，并担任董事、高级管理人员或特定员工，而该实体随后成为会计师事务所的鉴证客户，则可能因密切关系或外在压力对独立性产生不利影响。

不利影响存在与否及其严重程度主要取决于下列因素：

（一）该人员在鉴证客户中所担任的职位；

（二）该人员将与鉴证业务项目团队交往的程度；

（三）该人员离开鉴证业务项目团队或会计师事务所合伙人职位的时间长短；

（四）该人员以前在鉴证业务项目团队或会计师事务所中的角色，例如，该人员是否负责与客户管理层和治理层保持定期联系。

会计师事务所应当评价不利影响的严重程度，并在必要时采取防范措施消除不利影响或将其降低至可接受的水平。

举例来说，防范措施可能包括：

（一）作出安排，使该人员无权从会计师事务所获取报酬或福利，除非该福利或报酬是按照预先确定的固定金额支付的；

（二）作出安排，使得应付金额对会计师事务所不重要；

（三）修改鉴证业务项目团队的计划；

（四）向鉴证业务项目团队分派与该人员相比经验更加丰富的人员；

（五）由适当复核人员复核前任鉴证业务项目团队成员已执行的工作。

第七十六条 如果鉴证业务项目团队某一成员参与鉴证业务，当知道自己在未来某一时间将要或有可能加入鉴证客户时，将因自身利益对独立性产生不利影响。会计师事务所应当制定政策和程序，要求鉴证业务项目团队成员在与鉴证客户协商受雇于该客户时，向会计师事务所报告。

在接到报告后，会计师事务所应当评价不利影响的严重程度，并在必要时采取防范措施消除不利影响或将其降低至可接受的水平。

举例来说，防范措施可能包括：

（一）将该成员调离鉴证业务项目团队，可能能够消除不利影响；

（二）由适当复核人员复核该成员在鉴证业务项目团队中作出的重大判断，可能能够将不利影响降低至可接受的水平。

第十三章 与鉴证客户长期存在业务关系

第七十七条 会计师事务所与某一鉴证客户长期存在业务关系，并委派同一名合伙人或员工执行某一鉴证客户的鉴证业务，将因密切关系和自身利益对独立性产生不利影响。

第七十八条 如果鉴证业务项目团队成员与下列人员或事项之间长期存在业务关系，可能因密切关系对独立性产生不利影响：

（一）鉴证客户；

（二）鉴证客户的高级管理层；

（三）鉴证业务的鉴证对象和鉴证对象信息。

如果会计师事务所人员担心失去长期交往的客户，或失去因与客户的高级管理层或治理层成员的密切私人关系而产生的利益，可能因自身利益对独立性产生不利影响。此类不利影响可能会不当影响该人员的判断。

不利影响存在与否及其严重程度主要取决于下列因素：

（一）该项鉴证业务的性质；

（二）该人员成为鉴证业务项目团队成员的时间长短、其在鉴证业务项目团队中的资历及所承担的角色，包括该人员在之前任职的会计师事务所是否也与该鉴证客户存在关系；

（三）更高层人员对该人员所实施的工作进行指导、复核和监督的程度；

（四）根据其资历，该人员能够影响鉴证业务结果的程度，例如，该人员可能作出关键决策或指导鉴证业务项目组其他成员的工作；

（五）该人员与鉴证客户高级管理层或治理层之间关系的密切程度；

（六）该人员与鉴证客户之间互动的性质、频率和程度；

（七）鉴证对象或鉴证对象信息的性质和复杂程度，以及性质和复杂程度是否发生变化；

（八）责任方或高级管理人员（如相关）近期是否发生变动。

第七十九条 本守则第七十八条第三款第（一）项至第（八）项所述的两个或多个因素相组合可能提高或降低不利影响的严重程度。例如，会计师事务所人员与鉴证客户之间由于交往时间长而形成的密切关系，可能会随着责任方的离职而减弱，相应的由该密切关系产生的不利影响也会降低。

举例来说，防范措施可能包括：

（一）将与鉴证客户长期存在业务关系的人员轮换出鉴证业务项目团队，可能能够消除不利影响；

（二）变更与鉴证客户长期存在业务关系的人员在鉴证业务项目团队中担任的角色或其所实施任务的性质和范围，可能能够将不利影响降低至可接受的水平；

（三）由鉴证业务项目团队以外的适当复核人员复核与鉴证客户长期存在业务关系的人员所执行的工作，可能能够将不利影响降低至可接受的水平；

（四）定期对该业务实施独立的内部或外部质量复核，可能能够将不利影响降低至可接受的水平。

第八十条 如果确定所产生的不利影响仅能通过将该人员轮换出鉴证业务项目团队予以应对，会计师事务所应当确定一个适当的期间，在该期间内该人员不得有下列行为：

（一）成为鉴证业务项目组成员；

（二）对该鉴证业务实施质量管理；

（三）对该鉴证业务的结果施加直接影响。

这一期间应当足够长，以确保因密切关系或自身利益产生的不利影响能够得以应对。

第十四章 为鉴证客户提供非鉴证服务

第八十一条 会计师事务所可能向其鉴证客户提供与其技能和专长相符的非鉴证服

务。向鉴证客户提供非鉴证服务，可能对多项职业道德基本原则产生不利影响。

本守则并未涵盖会计师事务所向鉴证客户提供的所有非鉴证服务。当遇到本守则未列举的非鉴证服务时，注册会计师应当运用职业道德概念框架予以应对。

第八十二条 在接受委托向鉴证客户提供非鉴证服务之前，会计师事务所应当确定提供该服务是否将对独立性产生不利影响。

第八十三条 在评价不利影响存在与否及其严重程度时，注册会计师通常需要考虑下列因素：

（一）非鉴证服务的性质、范围和目的；

（二）鉴证业务对该非鉴证服务结果的依赖程度；

（三）与提供该非鉴证服务相关的法律和监管环境；

（四）非鉴证服务的结果是否影响在鉴证业务的鉴证对象或鉴证对象信息中反映的事项，如果影响，影响的程度以及鉴证客户对于确定重大判断事项的参与程度；

（五）客户管理层和员工在该非鉴证服务方面的专长水平。

第八十四条 本章的相关规定涉及对重要性的考虑，注册会计师可以参考《中国注册会计师其他鉴证业务准则第3101号——历史财务信息审计或审阅以外的鉴证业务》中的相关规定。对重要性的考虑需要运用职业判断，并从性质和数量两个方面进行考虑，同时，重要性也受使用者对财务信息或其他方面信息的看法的影响。

第八十五条 会计师事务所可能向同一鉴证客户提供多种非鉴证服务。在这种情况下，会计师事务所应当综合考虑因提供这些服务可能产生的不利影响。

第八十六条 会计师事务所不得承担涉及鉴证对象或鉴证对象信息的管理层职责。如果会计师事务所在向鉴证客户提供其他类型的服务时承担了管理层职责，应当确保该职责与鉴证对象或鉴证对象信息无关。

第八十七条 鉴证客户的管理层职责涉及控制和领导该客户的各项工作，包括针对人力资源、财务资源、技术资源、有形或无形资源的取得、配置和控制作出重大决策。

第八十八条 在向鉴证客户提供非鉴证服务时，如果会计师事务所承担管理层职责，将因自身利益和自我评价对独立性产生不利影响。如果非鉴证服务涉及鉴证业务的鉴证对象或鉴证对象信息，由于会计师事务所高度认同客户管理层的观点和利益，承担管理层职责还会因密切关系或过度推介对独立性产生不利影响。

第八十九条 会计师事务所应当根据具体情况并运用职业判断确定某项活动是否属于管理层职责。下列活动通常视为管理层职责：

（一）制定政策和战略方针；

（二）招聘或解雇员工；

（三）指导员工与工作有关的行动并对其行动负责；

（四）对交易进行授权；

（五）控制或管理银行账户或投资；

（六）确定采纳会计师事务所或其他第三方提出的建议；

（七）代表管理层向治理层报告；

（八）负责设计、执行、监督和维护内部控制。

如果会计师事务所仅向鉴证客户提供意见和建议以协助其管理层履行职责，通常不视为承担管理层职责。

第九十条 为避免在向鉴证客户提供非鉴证服务时承担管理层职责，会计师事务所应当确保属于管理层职责的所有判断和决策都由客户管理层作出。这包括确保客户管理层：

（一）委派一名具备适当技能、知识和经验的人员，始终负责作出客户方面的决策，并对非鉴证服务进行监督。该人员最好是管理层成员，并且应当了解非鉴证服务的目标、性质和结果，以及客户与会计师事务所各自的责任。然而，该人员不一定必须具备执行或重新执行非鉴证服务的专长。

（二）对非鉴证服务进行监督，并评价已提供服务的结果是否充分满足客户的目的。

（三）对依据非鉴证服务的结果采取的行动承担责任（如有）。

第九十一条 如果会计师事务所参与编制鉴证对象信息，随后又对该信息进行鉴证，可能因自我评价对独立性产生不利影响。在提供涉及鉴证对象信息的非鉴证服务时，可能因自我评价产生不利影响的例子包括：

（一）设计并编制预测性财务信息，随后对该信息进行鉴证；

（二）提供评估服务，服务结果成为鉴证对象信息的一部分。

第十五章 含有使用和分发限制条款的鉴证报告

第九十二条 本章规定了当鉴证业务报告含有使用和分发限制条款的情况下，如何对本守则的相关规定作出变通。在本章中，符合本守则第九十三条规定条件的、出具含有使用和分发限制条款的鉴证报告的业务被称为“符合条件的鉴证业务”。

第九十三条 对于会计师事务所针对鉴证业务出具含有使用和分发限制条款的报告的业务，仅在同时满足下列条件的情况下，本守则规定的独立性要求可以根据本章的相关规定作出变通：

（一）会计师事务所已与报告的预期使用者就在提供服务时适用的经过变通的独立性要求进行沟通；

（二）报告的预期使用者了解报告的目的和限制、鉴证对象信息，并且明确同意变通独立性要求。

预期使用者可以通过直接参与，或由其授权代表参与确定会计师事务所提供服务的性质和范围，了解报告目的以及报告的使用和分发限制。无论哪一种情况，这种参与都可以加强会计师事务所与预期使用者就独立性事项（包括与评价对独立性的不利影响以及采取防范措施相关的情形）进行沟通，并获取预期使用者对变通独立性要求的认可。

第九十四条 如果预期使用者为某一类使用者，且在确定业务约定条款时并未特别明确预期使用者，会计师事务所应当随后通过预期使用者的代表告知该预期使用者适用的独立性要求。

第九十五条 当会计师事务所执行符合条件的鉴证业务时，除本守则第九十七条至第九十八条的规定外，会计师事务所不得对独立性要求作出变通。

第九十六条 如果对同一鉴证客户既出具含有使用和分发限制条款的鉴证报告，又出具未含有使用和分发限制条款的鉴证报告，则对未加限制的鉴证业务，不适用本章的规定，会计师事务所应当遵守本守则第一章至第十四章的规定。

第九十七条 当执行符合条件的鉴证业务时，如果出现本守则第六章至第十章，以及第十二章列举的情形，则相关规定仅适用于鉴证业务项目组成员、其主要近亲属和其他近亲属（如适用）。

会计师事务所应当按照本守则第六章至第十章，以及第十二章的规定，识别、评价和应对鉴证客户和鉴证业务项目团队下列成员之间的利益和关系对独立性产生的不利影响：

（一）就有关技术或行业特定问题、交易或事项等提供咨询的人员；

（二）提供项目质量管理的人员，包括执行项目质量复核的人员。如果鉴证业务项目组有理由相信，鉴证客户与会计师事务所其他人员之间存在利益和关系，会计师事务所应当评价和应对这些不利影响。其他人员通常是可以直接影响鉴证业务结果的人员，包括对鉴证业务项目合伙人提供薪酬建议，以及对其直接指导、管理或监督的人员。

第九十八条 当执行符合条件的鉴证业务时，会计师事务所不得持有鉴证客户的重大直接或间接经济利益。